杭州电子科技大学数字社会研究中心对本系列丛书的出版给予了资助，特此致谢！

本专著为国家社科基金重大项目“加快数字乡村建设的理论创新与实践探索研究”（项目号：21ZDA031）的研究成果。

| 数字社会与文化研究系列丛书 |

数字赋能乡村

数字乡村的理论与实践

徐旭初 吴 彬 金建东◎著

ZHEJIANG UNIVERSITY PRESS
浙江大学出版社
·杭州·

序

数字是信息的基本单元，是人类社会赖以生存与发展的基本元素。人类社会从来没有像今天这样看重数字的价值，不是仅仅看重数字是经济社会发展的重要指标，更是看重数字技术、数字革命、数字运用对人类社会的变革性影响及其价值。当今世界，人类正在经历两大技术革命：一是生物技术革命，二是与数字有关的信息技术革命。由于信息技术革命，平凡枯燥的数字，其功能和价值变得无与伦比。在数字化时代，谁忽视数字、远离数字，谁就会被淘汰；谁重视数字、适应数字并且利用数字，谁就有可能获得超常规发展，就有可能引领时代发展潮流。

数字乡村是伴随网络化、信息化和数字化在农业农村经济社会发展中的应用，以及农民现代信息技能的提高而内生的农业农村现代化发展和转型进程，它既是乡村振兴的战略方向，也是建设数字中国的重要内容。数字乡村就是乡村发展的数字化，或者说，就是通过现代信息技术和大数据、互联网、智能化、区块链等手段的集成，对乡村经济社会的运行和发展进行赋能和重塑的过程。数字乡村也是乡村对数字革命的适应过程，是乡村对数字技术、数字业态的应用和创新的过程。

数字乡村建设与发展的功效至少可以体现在 4 个方面的“改变”。一是时空关系的改变。网络化、信息化和数字化一旦融入乡村的方方面面，乡村的时空关系就会发生深刻变化，乡村的物理时空性将呈现网络时空性的特点，传统乡村的信息壁垒将被打破，区位偏远的劣势将得到缓解。这种时空关系变化对于城乡关系的疏通和融合、乡村自然生态与人文生态价值的更好展现与实现，均具有积极的意义。二是交互方式的改变。网络化、信息化和数字化在乡村的普及，使得乡村信息运行与传递变得快速便捷。在这种情境下，乡村日常人际交往活动、各类经营主体产品营销与物流、百姓消费品选择与购买等经济社会活动，既可以在线下进行，也可以在线上进行，这大大增强了乡村人际交互方式的选择性和信息的流动性。三是要素组合的改变。在数字化时代，数字已不单纯是一种符号或度量单位，而是一种新的生产要素，这种要素一旦与其他要素，如土地、劳动力、资本、技术、制度等要素匹配，就会改变要素组合结构，形成数字生产力。从这一意义上讲，加快数字乡村发展就是要通过数字化进程，优化乡村要素组合，就是要实现数字化对其他要素的赋能，以信息流带动资金流、技术流、人才流、物资流，激活乡村各种要素，提高乡村经济社会运行和发展的质量与效率。四是治理方式的改变。很显然，将数字化融入乡村的治理体系，有助于乡村治理从经验式治理转向精准化治理，从少数人参与的治理转向多数人参与的治理，有助于促进乡村治理中自治、法治、德治和智治的“四治融合”，进而提高乡村治理的效率和效能。

近年来，我国数字乡村发展得到了党和政府的高度重视。2019 年 5 月，中共中央办公厅、国务院办公厅发布了《数字乡村发展战略纲要》，同时，结合国家“十四五”规划目标和任务，国家有关部委还联合制定了《数字乡村发展行动计划(2022—2025 年)》。随着国家数字乡村战略和数字乡村发展行动计划的实施，我国数字乡村发展取得了明显进展。这些主要体现在农业产业数字化、乡村治理数字化、乡村消费数字化、乡村文化数字化和乡村服务数字化等方面。在农业产业数字化上，数字技术的持续演化和全面创新逐渐构建起以技术作为支撑的现代化农业生产、经营和服务体系，涌现出数字农业、智慧农场、基地直采等一系列新业态新模式，由此促进农业生产走向高效精准，全面畅通农产品销售渠道，延伸农业产业链，以及实现农业产业深度融合。在乡村治理数字化上，微信、“乡村钉”、腾讯“为村”等各类应用软件在乡村治理中逐渐推广和覆盖，以数字技术强大的分散、积聚和赋权特性，在一定程度上颠覆、解构了乡村原有的社会结构和关系，重塑了乡村治理结构和村民群体的交往互动、话语表达与集体行动，更赋予了基层治理新的活力源泉，驱动着乡村治理走向智能化、精细化、精准化和民主化。在乡村消费数字化上，支付宝、微信支付等移动支付在乡村地区大面积普及，为乡村居民创造高效便捷、安全舒适的消费过程和体验。同时，农村电商的发展、乡村基础设施的完善以及以网络购物、网络直播为代表的数字消费新业态正在深刻改变着农村居民的消费习惯，成为推动乡村消费转型升级的重要抓手。在乡村文化数字化上，以抖音、快手为代表的短视频引流平台成为乡村文化传播的重要载体，打造新一代的农人和草根网红，借助短视频形式展现乡村传统民风民俗，输出优质乡村文化内容，激发乡村文化的活力，为社会大众呈现真实鲜活的乡村文化图景。在乡村服务数字化上，数字技术通过数据融合、业务融合、系统融合改变了乡村公共服务的底层逻辑，推动着乡村公共服务朝着多元化、平台化、多样化、个性化的方向转变。以要素重组、信息整合、层级跨越的方式推进政务服务向村社延伸；以资源对接、云上课堂、名师直播等方式践行教育公平理念，走向城乡教育优质均衡发展；以需求识别、流程优化、供需匹配的方式构建数字化乡村医疗服务应用体系，为乡村居民提供精准、便捷的医疗健康服务。

从整体上看，当前的数字乡村建设已取得一定的成果，展现了数字技术的正外部效应，但同时也不能忽略数字技术在乡村建设发展的具体情境中所面临的实践困境和挑战。不可否认，当前，农业产业数字化缺乏实用技术，经济效益偏低，投入大、产出少，在很大程度上需要政府财政资金的全方位扶持；乡村治理数字化在很大程度上进一步强化了基层政府的管控力度，却从另一方面抑制了村民自治的活力和热情，这不禁让人思考：乡村治理数字化究竟是“去中心化”还是“更中心化”；农民收入水平低下的客观现实成为阻碍乡村数字化消费发展和挖掘消费内需的最大障碍，说到底，增加农民收入才是释放消费潜力、驱动消费转型的根本途径，乡村消费数字化的发展同样需要以提高农民收入为基础支撑；在乡村服务数字化上，尽管乡村居民逐渐能够享受到与城市居民同等的基本公共服务，但其服务的内容、维度、广度、深度仍有待进一步扩展和完善，更为关键的是，客观存在的数字鸿沟和乡村基础设施相对不足影响了乡村服务数字化转型的理想效果，如何弥合城乡数字鸿沟、消解乡村内生性的技术困境以及充分发挥数字技术的普惠效应，使其数字红利能够持续释放、涌现，进而实现人人公平享受均等的公共服务，成为乡村服务数字化发展的新考验。在一定意义上，数字乡村建设面临的现实困境的原因是许多基层政府缺乏对数字化的全面客观、清晰透彻的理解和认知，数字乡村不仅仅是数字技术的应用，更根本的在于通过数字化手段实现理念认知、体制机制、组织结构等方面的全新塑造，真正实现数字赋智、赋能、赋权和赋利。与此同时，受基层政府数字素养较弱、改革信心决心相对不足以及缺乏科学的指导方法等因素的影响，不少地方数字乡村的建设尚未能够实现质的突破。

当前，数字乡村的实践探索步伐稳步推进，反观学术界的理论研究则相对滞缓，理论建构仍处于起步阶段，而数字乡村建设发展恰恰需要科学严谨的实践总结和理论指导。正是在此意义上，《数字赋能乡村——数字乡村的理论与实践》体现出了显著的价值，在当前不失为一本难得的数字乡村研究专著。一方面，该书通过聚焦国内外数字乡村发展相关实例，扎实开展多路径调查和多案例分析，客观总结我国数字乡村的发展现状和建设实践；另一方面，该书也积极对数字乡村发展进行理论建构和阐释，进而重点剖析我国数字乡村建设的实践模式和实现路径，很好地做到了理论与实际的结合。该书的问世，无疑也是我们浙江大学中国农村发展研究院(CARD)的一大重要理论成果，相信无论是关心中国“三农”问题，还是关心数字技术创新与应用问题，或是关心经济社会发展与治理问题的研究人员与实务工作者，都能从该书中获益匪浅。

谨以为序。

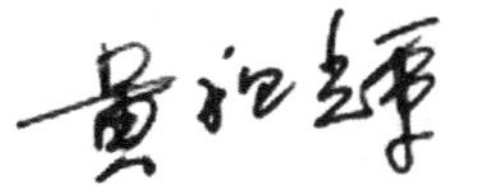

二〇二二年五月于浙大华家池

目　录

第一章　数字乡村的研究背景 …… 1

一、数字乡村的时代背景 …… 1
二、数字乡村的现实需求 …… 7
三、数字乡村的政策导向 …… 14
四、数字乡村的发展现状 …… 17

第二章　数字乡村的研究思路 …… 22

一、数字乡村的研究现状 …… 22
二、数字乡村的研究框架 …… 27
三、数字乡村的研究方法 …… 30

第三章　数字乡村的基本界定 …… 31

一、数字乡村的概念特征 …… 31
二、数字乡村的现实定位 …… 33
三、数字乡村的要素架构 …… 36

第四章　数字乡村的理论初探 …… 44

一、数字乡村的实现逻辑 …… 44
二、数字乡村的影响因素 …… 47
三、数字乡村的系统模型 …… 56
四、数字乡村的发展评价 …… 59

第五章　数字乡村的基础条件 …… 69

一、信息基础设施 …… 69
二、乡村数字素养 …… 78

第六章　数字乡村的数字大脑 …… 84

一、理解乡村数字大脑 …… 84
二、乡村数字大脑的基本架构 …… 88
三、乡村数字大脑建设的典型案例 …… 93

四、若干思考 …… 96

第七章　农业数字化生产 …… 98

一、理解农业数字化生产 …… 98
二、农业数字化生产的技术架构 …… 102
三、农业数字化生产的场景运营 …… 106
四、农业数字化生产的问题对策 …… 113
五、若干思考 …… 116

第八章　乡村数字化物流 …… 120

一、理解乡村数字化物流 …… 120
二、乡村数字化物流的技术架构 …… 123
三、乡村智慧共配物流 …… 128
四、数字化冷链物流 …… 134
五、若干思考 …… 141

第九章　乡村数字化营销 …… 144

一、理解乡村数字化营销 …… 144
二、平台电商 …… 151
三、社交电商 …… 157
四、新零售 …… 167
五、若干思考 …… 174

第十章　乡村数字化金融 …… 175

一、理解乡村数字化金融 …… 175
二、乡村数字化金融的赋能机制 …… 180
三、乡村数字化金融的减贫逻辑 …… 182
四、乡村数字化金融的主要模式 …… 185
五、若干思考 …… 194

第十一章　乡村数字化创新 …… 196

一、理解乡村数字化创新 …… 196
二、淘宝村 …… 197
三、乡村直播 …… 205
四、数字扶贫 …… 214
五、乡村智慧旅游 …… 226
六、若干思考 …… 231

第十二章　乡村数字化治理 …… 233

一、理解乡村数字化治理 …… 233
二、乡村数字化治理的基本维度 …… 242
三、乡村数字化治理的实践逻辑 …… 245
四、乡村数字化治理的应用场景 …… 250
五、乡村数字化治理的县域典例 …… 262
六、若干思考 …… 269

第十三章　乡村数字化生活 …… 271

一、理解乡村数字化生活 …… 271
二、乡村数字化服务 …… 273
三、乡村数字化文化 …… 289
四、乡村数字化消费 …… 292
五、若干思考 …… 295

第十四章　数字乡村的国际实践 …… 297

一、发达国家农业农村数字化的共性经验 …… 297
二、发达国家农业农村数字化的个性经验 …… 303
三、对我国数字乡村建设发展的启示 …… 309

第十五章　研究结论与趋势研判 …… 313

一、研究结论 …… 313
二、数字乡村的发展趋势 …… 318

参考文献 …… 324

后　记 …… 357

图　录

图 1-1　全国县域数字农业农村发展水平(2018—2020 年) …… 18
图 1-2　数字农业农村发展水平高于全国平均水平的省份(2020 年) …… 18
图 1-3　数字农业农村发展水平高于全国平均水平的省份(2019 年) …… 19
图 3-1　数字乡村的基本结构要素及其相互关系 …… 40
图 3-2　数字乡村的基本架构 …… 40
图 4-1　数字乡村共生系统模型 …… 59
图 5-1　信息基础设施的水平结构 …… 70
图 5-2　信息基础设施的垂直结构 …… 70
图 5-3　信息基础设施要素结构及相互关系 …… 71
图 6-1　乡村数字大脑的基本架构 …… 89
图 7-1　传统农业与数字农业对比 …… 100
图 8-1　乡村数字化物流的信息化技术 …… 124
图 8-2　乡村数字化物流的智能化装备 …… 125
图 8-3　乡村数字化物流的系统集成技术 …… 126
图 8-4　乡村数字化物流的技术架构 …… 127
图 8-5　基于资源要素的共配模式 …… 130
图 8-6　基于信息平台的共配模式 …… 131
图 8-7　基于自提柜共享的共配模式 …… 132
图 8-8　平台型农产品冷链物流发展模式 …… 137
图 8-9　租赁型农产品冷链物流发展模式 …… 138
图 8-10　中央厨房型农产品冷链物流发展模式 …… 138
图 10-1　网商银行县域数字普惠金融模式 …… 188
图 10-2　“大山雀”风控技术的信用评估逻辑 …… 189
图 10-3　网商银行“310”模式流程 …… 189
图 10-4　“猪联网”虚拟产业集群模式及运行机制 …… 191
图 12-1　乡村数字化治理六大基本结构要素 …… 238
图 13-1　数字化赋能乡村公共服务的整体性建设框架 …… 278
图 13-2　城乡教育互联共享体系 …… 283
图 13-3　“互联网＋养老”模式 …… 286
图 14-1　各国农业农村数字化转型的共性路径 …… 299

表　录

表 4-1　各地“数字乡村”建设项目公开招标情况（节选） ………………………… 50
表 4-2　全国县域数字农业农村发展水平评价指标体系（2020 年） ……………… 61
表 4-3　全国县域农业农村信息化发展水平评价指标体系（2021 年） …………… 62
表 4-4　数字乡村综合发展水平评价指标体系 …………………………………… 66
表 11-1　各省（区、市）淘宝村数量变化情况（2014—2021 年） ……………… 198

专栏目录

专栏 7-1　安徽省长丰县:“中国草莓之乡”搭上“数字列车” …… 110
专栏 7-2　重庆市荣昌区:生猪大数据中心数字化建设 …… 111
专栏 7-3　浙江省象山县:数字赋能渔业产业高质量发展 …… 112
专栏 8-1　菜鸟网络农村智慧物流共配 …… 133
专栏 8-2　澳慧冷云智慧冷链物联网平台项目 …… 140
专栏 9-1　“农智链”升级农业产业全链路 …… 156
专栏 9-2　拼购型:拼多多 …… 162
专栏 9-3　分销型:归农 …… 163
专栏 9-4　直播型:村播,来自下沉市场的“绝地反击” …… 165
专栏 9-5　社区型:淘菜菜 …… 166
专栏 9-6　生鲜农产品新零售——盒马鲜生 …… 172
专栏 10-1　中国农业银行“惠农 e 通” …… 186
专栏 10-2　网商银行“大山雀”项目 …… 188
专栏 10-3　大北农“猪联网” …… 190
专栏 10-4　太平洋产险“e 农险” …… 193
专栏 11-1　曹县:以淘宝村引领乡村产业振兴 …… 204
专栏 11-2　互联网企业助力农产品直播带货 …… 208
专栏 11-3　县长直播带货农产品 …… 210
专栏 11-4　赵小斌的“土味直播” …… 211
专栏 11-5　著名的“小朱配琦” …… 212
专栏 11-6　文成县特色农产品糯米山药直播首秀 …… 212
专栏 11-7　乐业开启电商扶贫模式 …… 217
专栏 11-8　云南元阳:旅游电商智慧探索 …… 218
专栏 11-9　河北沽源打造直播村 …… 220
专栏 11-10　阿里巴巴乡村特派员 …… 222
专栏 11-11　临洮:以数字化赋能脱贫攻坚 …… 224
专栏 11-12　梁家墩乡村智慧旅游系统 …… 229
专栏 12-1　“为村”助力陶坝村基层治理创新 …… 260
专栏 12-2　“乡村钉”助力临浦镇基层治理升级 …… 261
专栏 13-1　安吉:让数字化遍布每一个角落 …… 280
专栏 13-2　忠县:从“钉钉群”走出的乡村数字化教育转型 …… 284
专栏 13-3　抚州:智慧百乡千村医养服务工程 …… 286
专栏 13-4　大足:线上线下结合的智慧养老新模式 …… 287

第一章　数字乡村的研究背景

当数字技术穿透人类社会,我们便无以回避地进入数字时代。从而,农业农村领域也无以回避地进入数字乡村时代。数字乡村,不仅是时代趋势,业已成为社会事实,更作为农业农村现代化的内容、路径和方法而成为本书的研究对象。

一、数字乡村的时代背景

(一)数字技术重塑生产力

翻开人类发展的历史画卷,每一次重大的科学技术变革,都带来人类生产力的飞跃。当人类利用火进行烹饪和取暖,制造和利用工具进行生产活动时,这些看似粗糙的原始技术驱动着人类走上了一条完全不同于其他动物的发展道路,人类逐渐拥有了丰富的食物,进而拥有了时间进行思考和创造,人类的文化开始繁荣,文明开始发展。可以认为,人类能够进行技术创新和应用,是推动经济发展和文化繁荣的重要动能。

当技术的"潘多拉魔盒"打开后,人类在追寻技术创新和发展的道路上就从未停止。回顾人类的技术发展历史,这是一个技术变革不断加速的过程,也是一个生产力不断飞跃的过程。以生产力根本性飞跃为标志,人类至今大体发生了三次技术变革,而每一次的技术变革都带来了人类生产力的极大飞跃,产业形态获得极大改变,经济社会得到极大发展,物质生活水平实现极大提升。

第一次的技术变革大体发生于18世纪60年代。1765年,英国发明家瓦特对蒸汽机的改良取得关键性进展,蒸汽机的改良促进了机械自动化进程,把人们从大量的手工操作中解放出来,让机器代替人工从事生产。总体来看,第一次的技术变革是一场机器取代人力、大规模工厂化生产取代个体工厂手工生产的生产力革命。

第二次技术变革大体发生于19世纪中期。1831年英国科学家法拉第发现了电磁感应现象,随后德国人西门子根据这一现象发明了早期的电动机和发电机。经过不断完善的发电机在19世纪70年代进入生产领域,电力开始作为动力带动机器。总体来看,第二次技术变革实行了能源升级,电能开始走上工业发展的舞台,工厂规模进一步扩大,工业城市群形成,人类社会生产力进一步发展,一个新的"电气时代"呈现在世人面前。

第三次技术变革大体发生于20世纪中期。1946年世界上第一台电子数字计算机ENIAC的诞生,开启了人类社会的计算机时代。除计算机之外,20世纪四五十年代以来,人类在互联网、原子能、微电子技术、航天技术、分子生物学和遗传工程等领域都取得了重大突破。第三次的技术变革开启了人类的“信息时代”，通过互联网，分散在各地的人们超越了时空限制，实现了便捷高效的互动及合作，知识创新在“信息时代”得到爆发性增长，这些都助推了生产效率的大幅度飞跃。

当前来看，第四次技术变革的帷幕正在徐徐拉开，我们已经开始看到第四次技术变革在全球范围内引发颠覆效应的端倪。以人工智能、量子信息、移动通信、物联网、区块链为代表的新一代信息技术加速突破应用，以合成生物学、基因编辑、脑科学、再生医学等为代表的生命科学领域孕育新的变革，融合机器人、数字化、新材料的先进制造技术正在加速推进制造业向智能化、服务化、绿色化转型，以清洁高效可持续为目标的能源技术加速发展将引发全球能源变革，空间和海洋技术正在拓展人类生存发展的新疆域。纵观当前全球科技发展情况，从技术成熟度和系统性来看，以人工智能、5G 通信、光电芯片、大数据等为代表的智能化技术趋向成熟，这些技术最有可能率先推动人类社会变革，驱动人类社会进入“数字时代”。

这是一个以数字化为重要特征的技术大变革时代。各种各样新技术层出不穷并且不断成熟，迫使传统技术逐渐退出历史舞台。5G 技术实现突破并具有广阔的应用空间，成为全球争抢的技术制高点。人工智能已步入深度学习阶段，以 AlphaGo 为代表的人工智能已经在围棋领域将人类中的精英斩落马下，并且呈现快速革新和迭代的发展趋势。云计算实现算法和算力的飞跃式提升，从而构建了诸多数字化应用的“底座”。具有分布式、不可篡改特性的区块链技术将构筑人类交易的“信任基础”，逐渐衍生并应用到数字金融、智能制造、供应链管理、数字资产交易等多个领域。物联网能通过互联网与感知系统使物品与物品之间产生信息感知与互通，并处在快速变革当中。医疗领域的数字化技术创新也在快步推进，云诊断、云治疗等方式方法不断成熟。城市大脑和乡村大脑不仅迅速变革城市和乡村的传统治理模式，通过形成“数字驾驶舱”实现城市和乡村的数字化治理，更能通过城市大脑和乡村大脑的系统性建设和数据联动，实现城乡治理的联动化乃至一体化，进而逐渐促进城市和乡村的联动发展、协同共进。

这是一个数字技术赋能下的产业大变革时代。以移动互联网、云计算、大数据和人工智能为代表的数字技术加速渗透、广泛应用，与实体经济深度融合继而引发的企业变革、产业变革已经非常明显，企业在网络基础上围绕数据这一新的关键生产要素开展生产经营和资源配置，从而推动生产方式向数字化转型，形成新的研发、制造方式和产业组织形态。在数据成为核心驱动力的背景下，生产方式由传统的“标准＋集中”转变为数字时代的“定制＋分布”，产业组织方式由产业链条式变为网络协同式，进而呈现“智能生态群化”，表现为基于平台的集群化、基于数据的智能化、基于产业融合的服务化。各传统产业组织为了适应这种变化趋势，纷纷在外部发展战略以及内部生产组织形式方面进行转型升级，逐渐呈现生产方式的高度智能化、企业边界的柔性模糊化、客户关系的长期服务化、组织结构的平台网络化以及企业创新的开放系统化。同时，数字技术带来产业变革的内生活力，催生了诸多新的业态，如线上线下融合的新零售、基于内容的直播带货、基于数据和网络的无现金支付、乡镇传统产业触网催生的淘宝村等。归结来看，在数字技术赋能下，围绕产业数字化和数字产业化两条主线，产业变革将会不断推进，并会继续衍生出诸多新业态新模式，进而推动经济社会发展产生翻天覆地的影响。

这是一个数字技术赋能下的生产力大变革时代。研究表明，数字化程度每提高 10%，人均 GDP 将增长 0.5%至 0.62%。① 以 2018 年的数据来看，以互联网和相关服务为代表的现代新兴服务业对服务业生产增长的贡献率达 56.8%。工信部的调查则显示，数字化智能化改造后，企业生产效率平均提升超 30%，运营成本约降 20%。② 归结来看，数字技术对生产力的大变革主要来源于生产技术的变革和组织制度的变革。数字技术与新材料、新能源等技术融合，推动制造向数字化、智能化方向发展；工业机器人、增材制造等新技术新设备快速应用，大幅提高了制造业数字化、智能化、柔性化、模块化程度；大数据、人工智能、物联网、云计算、5G 等技术的出现和应用，正在或将要提升农业农村数据采集、储存、分析、呈现、应用的能力，乡村产业正在迈向精准化、数字化、自动化，生产效率和效能得到大幅度提高；数字技术也让服务业能以更高效率、更便捷方式满足社会多方面的个性化需求。同时，数字技术也推进组织制度安排更有效率，在数字技术赋能下，组织制度边界得到重构、内外部协同更有效率、协同价值取向凸显，组织的协同管理也更加高效。

(二)数字经济释放新活力

自"数字经济"概念提出以后，数字经济的内涵不断深化。③ 在实际的发展过程中，数字经济因其具体应用场景的丰富性，表现出极其丰富的概念内涵。2016 年，G20 杭州峰会将数字经济定义为以使用数字化的知识和信息作为关键生产要素、以现代信息网络作为重要载体、以信息通信技术的有效使用作为效率提升和经济结构优化的重要推动力的一系列经济活动。

当前来看，大力发展数字经济的必要性已经成为全球共识。联合国《2019 年数字经济报告》指出，数字经济创造了许多新的机会，它可以帮助改善经济和社会成果，成为创新和生产力增长的动力。④ 面对新的历史机遇，全球主要国家纷纷将数字经济视为实现经济复苏和推动可持续发展的关键依托，聚焦关键环节，强化政策引导，着力推动技术创新突破、产业融合应用、数字治理完善、数字技能提升，以战略制高点驱动数字经济腾飞。与此同时，G20、金砖、OECD 等国际组织纷纷将数字经济作为重要议题，通过一系列成果性文件，携手推动全球数字经济迎来更广阔的发展空间。

蓬勃发展已成为当前数字经济的基本图景。2019 年，经济规模最大的 20 个发达国家的数字经济规模超过了 20 万亿美元，数字经济占 GDP 比重约为 50%，数字经济增速达到 8%。从产业来看，全球主要国家中，各种产业数字化占数字经济比重均超过 50%，而德国

---

① 详见：王轶辰."新基建"构建产业体系新优势.(2020-05-30)[2021-10-05]. http://paper.ce.cn/jjrb/html/2020-05/30/content_420093.htm.

② 详见：张辛欣.数字改变中国——从数字经济看中国经济新高地.(2017-12-17)[2021-10-05]. http://www.xinhuanet.com/politics/2017-12/17/c_1122122520.htm.

③ 数字经济的概念早期出现在 1996 年唐·泰普斯科特(Don Tapscott)撰写的《数字经济：智力互联时代的希望与风险》上。1998 年，美国商务部发布了《新兴的数字经济》报告，由此数字经济的提法正式成形。

④ 详见：联合国贸发会议.2019 年数字经济报告(概述).(2019-09-04)[2021-10-05]. https://unctad.org/system/files/official-document/der2019_overview_en.pdf.

则超过了 90%，英、美、俄等国也超过了 80%。① 此外，在数字产业化方面，服务业成为发展最快的领域，工业领域加速发展，农业领域虽推进略微缓慢，但也处在快速发展当中。可以预见，全球经济在新冠肺炎疫情冲击下处于低迷发展的特殊历史时期，数字经济将成为拉动全球经济发展的引领力量和直接动能。

我国认识到发展数字经济的历史机遇和现实战略价值，将大力发展数字经济作为国家战略推进。2014 年，大数据首次写入政府工作报告。2015 年，党的十八届五中全会正式提出"实施国家大数据战略，推进数据资源开放共享"。同年，《促进大数据发展行动纲要》发布。2016 年，中共中央政治局第三十六次集体学习的内容中，包括了要做大做强数字经济，拓展数字经济发展新空间的内容。2017 年，数字经济写入了当年的政府工作报告。2018 年的政府工作报告再次提出，要促进新兴企业加快发展，壮大数字经济。由此，数字经济在我国如火如荼地发展起来。

当政策扶持、市场需求、数智企业相交汇，其迸发的火花给我国数字经济发展带来无限的遐想空间。在政策、市场和数智企业的驱动下，我国在此次数字经济蓬勃发展及数字技术变革的历史浪潮中，进入了引领世界发展的"头雁"阵营。从规模来看，2019 年，我国数字经济规模仅次于美国，位列全球第二。从产业来看，2018 年的数据表明，我国的电子信息制造业、电信业、软件和信息技术服务、互联网等数字化产业规模已达到 6.4 万亿元，占 GDP 比重为 7.1%，在数字经济中的比重达到了 20.5%。② 同时，随着数字技术与传统产业的深入融合，我国的生产效能大幅度提升，新模式新业态不断涌现，表现为以智能无人机、智能机器人等为代表的工业数字化，以及以共享经济、平台经济、电子商务、移动支付、云计算业务等为代表的服务业数字化等。这些业态变革催动着我国产业数字化强劲发展。2018 年，我国产业数字化规模达到了 24.9 万亿元，GDP 占比达到了 27.6%，对数字经济增长的贡献度则高达 86.4%。在此次新冠肺炎疫情当中，我国更是充分发挥了数字经济和数字技术优势，向世界展示了中国的数字化实力，提供了新冠肺炎疫情防控的"中国样板"。同时，数字经济快速发展也对我国经济发展带来了多方面的影响。

数字经济已日渐成为制造业变革的驱动器。正如前面所说，数字技术带来了产业大变革的时代。随着市场对数字经济需求越来越强及数字经济带来产业发展越来越可见的优势，以市场为导向的制造业被动或者主动地卷入了数字化浪潮，数字技术与产品、企业和产业等多层面融合创新，使高端装备产品附加值显著提升，加快企业研发设计、生产管理、协同营销的集成应用，提升制造业生产效率，促进管理精细化。数字经济也推动了产业发展模式创新，远程诊断、在线运维、个性化定制和供应链集成服务等创新模式层出不穷，大幅降低了生产成本。制造企业依托互联网开展众包生产、个性化定制，探索形成以用户为中心的新生产体系，促进了生产与消费的有序衔接。

数字经济已日渐成为服务业创新的孵化器。2019 年服务业增加值占 GDP 的 53.9%，

---

① 详见：数字经济发展研究小组，中国移动通信联合会区块链专委会，数字岛研究院. 中国城市数字经济发展报告（2019—2020 年）.（2020-05-11）[2021-10-05]. http://www.lianmenhu.com/blockchain-19767-1.

② 本段的数据基于《中国城市数字经济发展报告（2019 年—2020 年）》整理而成。

对GDP增长的贡献率为59.4%。① 而且，中国社会科学院财经战略研究院预测，到2025年，我国服务业增加值占GDP比重、服务业从业人数占全部就业人数比重将分别达到66%、52%，服务业渐成国民经济的主导产业。② 随着移动互联网的广泛普及，数字经济发展迅速，网络经济、分享经济等新形态、新模式在交通出行、商旅住宿、快递物流等领域渗透，并逐渐向知识内容、文化创意等领域不断拓展。未来服务业将形成"大平台＋全产业链数字化"的发展模式，数字经济平台将成为带动服务业数字化升级的核心动力。服务业也是数智企业进行创新的最活跃的领域，其中，支付宝宣布升级为数字生活开放平台，聚焦服务业数字化，并立下"(未来)3年携手5万服务商，帮助4000万商家完成数字化升级"的目标。③ 可以预见，服务业数字化将不断带给我们创新的惊喜，我们的生活也将更加便利。

数字经济成为农业农村现代化的助推器。农业是国民经济的命脉，农业农村现代化则是我国实现伟大复兴的关键之一。在大力实施乡村振兴战略的背景下，农业农村现代化急需动能转换，而数字化则提供了一条行之有效且值得期待的路径。随着数字技术的不断发展，以物联网等为代表的信息技术向农业生产、加工、销售等各个环节广泛渗透，加快推动农业领域数字化转型。数字经济作为农业现代化的助推器，提高了农业生产效率，促进了产销精准对接，为农民提供科学的决策支持。比如，大数据平台、物联网技术、人工智能、灌溉技术等智能设备助推1亿亩盐碱地水稻种植，亩产达300公斤。④ 数字技术在助力农村脱贫攻坚方面也有令人瞩目的成绩。比如，拼多多大力倾斜资源和技术，并通过"拼农货"模式，为分散的农产品整合出了一条直达4.185亿用户的快速通道，将全国贫困县的农田和城市的写字楼、小区连在一起，成功建立起了一套可持续扶贫助农机制。⑤

(三)数字基础提供新支撑

随着数字技术的不断革新和应用，数字经济在人们生产生活的方方面面蓬勃发展，尤其是随着我国政府对推动经济社会数字化转型的日益重视，我国的数字化基础⑥也日趋成熟和完善。数字素养和数字化发展经历着一个不断互构演化的发展过程。数字素养包括各类主体对数字化应用和模式的认知、接纳、习惯及需求等。数字化发展促进了经济社会的数字素养不断成熟，数字素养为经济社会数字化发展奠定基础，并且反过来进一步促进经济社会数字化发展的深化。当前看来，我国数字素养已经日趋成熟。

---

① 详见：王镜榕.去年第三产业增加值占国内生产总值比重为53.9%.(2020-01-17)[2021-10-05].https://finance.sina.com.cn/roll/2020-01-17/doc-iihnzhha3141922.shtml.

② 详见：刘灿邦.社科院：2025年服务业将占据中国经济主导地位.(2017-04-05)[2021-10-05].https://3g.yinhang123.net/guonacaijing/746195.html.

③ 详见：李经.支付宝全面转型数字生活开放平台 助推服务业数字化浪潮.(2020-03-10)[2021-10-05].https://tech.huanqiu.com/article/3xMeHGCMgyV.

④ 详见：老猫.袁隆平的互联网故事：创立互联网品牌、携手阿里、搞智慧农业.(2019-10-18)[2021-10-05].http://www.nyguancha.com/bencandy.php?fid=58&id=10748.

⑤ 详见：初梓瑞.拼多多发布《2018扶贫助农年报》农产品年销售额达653亿.(2019-03-06)[2021-10-05].http://gongyi.people.com.cn/n1/2019/0306/c151132-30961297.html.

⑥ 数字化基础包括数字技术和以数字技术为核心的设施设备，以及各类主体对数字技术的认知、意识、态度和能力等构成的数字素养。

互联网普及水平大幅度提升。据中国互联网络信息中心的《第49次中国互联网络发展状况统计报告》，截至2021年12月，我国网民规模为10.32亿，较2020年12月新增网民4296万，互联网普及率达73.0%，较2020年12月提升2.6个百分点。其中，农村网民规模为2.84亿，占网民整体的27.6%。城镇网民规模为7.48亿，较2020年12月增长6804万，占网民整体的72.4%。手机网民规模为10.29亿，较2020年12月新增手机网民4298万，网民中使用手机上网的比例为99.7%。城镇地区互联网普及率为81.3%，较2020年12月提升1.5个百分点；农村地区互联网普及率为57.6%，较2020年12月提升1.7个百分点。城乡地区互联网普及率差异较2020年12月缩小0.2个百分点。

互联网应用不断丰富并被社会接受和使用。据《第49次中国互联网络发展状况统计报告》，2021年12月，我国移动互联网接入流量达2216亿GB，比前一年增长33.9%，市场上监测到的APP数量为252万款。移动应用规模排在前四位的APP数量占比达61.2%，其他生活服务、教育等十类APP占比为38.8%。其中，游戏APP数量继续领先，达70.9万款，占全部APP比重为28.2%。日常工具类、电子商务类和社交通信类APP数量分别达37.0万款、24.8万款和21.1万款，分列第二至四位。

数智企业越发发展壮大和活跃。据全球知名会计师事务所普华永道发布的《2019全球市值百大企业排名》分析报告，截至2019年3月31日，全球市值排行前十的企业中，有七家属于数字经济范畴，它们分别是微软、苹果、亚马逊、Alphabet、Facebook、阿里巴巴、腾讯。① 这些企业不仅成了经济发展重要带动力量，更以其卓越的创新能力构建了社会创新发展的"数字底座"，激发了经济社会数字经济相关的创新创业的热情。以阿里巴巴、京东、拼多多等为代表的大型数智企业，通过为经济社会构建重要的平台，大幅降低了经济社会数字经济相关的创新创业成本，推动传统企业积极的数字化转型。这些数智企业不仅活跃在城市生产生活当中，更值得一提的是，它们已经开始在广大乡村及其相关市场上积极作为，带动着广大乡村地区数字素养日益走向成熟。比如，2019年，阿里巴巴设立了数字农业事业部，通过开展"基地直采"模式，在农业源头端建立数字化基地，打造数字农场。同时，阿里巴巴通过聚合淘宝、天猫、蚂蚁金服、菜鸟物流、聚划算、淘宝直播等庞大的涉农业务单元的力量，加速推进农业数字化发展；②京东也在农业农村发力，其在2014年初就提出了以县域为基本场景的农业农村发展战略，即"3F战略"。"3F战略"包括工业品进农村战略（Factory to Country），农村金融战略（Finance to Country）和生鲜电商战略（Farm to Table）；③拼多多通过"拼模式"，帮助农户搭上社交电商"快速通道"，助力农产品上行。同时，拼多多还围绕重塑农业产业链条打造"多多农园"模式，实现消费端"最后一公里"和原产地"最初一公里"直连，实现助农增收。④ 除此之外，以乐村淘、美菜网、一亩田、本来生活等为代表的垂直电

---

① 详见：中智科博产业研究院. 数字经济，撬动全球经济增长新动能.（2020-11-27）[2021-10-05]. https://www.sohu.com/a/434466919_423490.

② 详见：于婷婷. 阿里数字基地：带给消费者不一样的农产品.（2019-10-17）[2021-10-05]. http://www.nkb.com.cn/2019/1017/326525.shtml.

③ 详见：李剑. 京东农村电商3F战略是个啥（专家解读）.（2016-04-06）[2021-10-05]. https://www.sohu.com/a/67868447_379553.

④ 详见：任利. 拼多多拟打造1000个"多多农园"探索打通农业产销"最后1公里".（2019-04-24）[2021-10-05]. http://yzdsb.hebnews.cn/pc/paper/c/201904/24/c131391.html.

商平台，以字节跳动、快手等为代表的内容电商平台，以美团、饿了么等为代表的本地生活电商平台，以及以盒马鲜生、超级物种等为代表的新零售企业，在业务发展上都与农业农村有着直接或者间接的联系。

与此同时，互联网基础设施也在不断完善。据《第49次中国互联网络发展状况统计报告》，截至2021年12月，我国IPv4地址数量为39249万个，IPv6地址数量为63052块/32，IPv6活跃用户数达6.08亿，域名总数为3593万个；移动电话基站总数达996万个，全年净增65万个。其中，4G基站为590万个，5G基站为142.5万个，全年新建5G基站超65万个；互联网宽带接入端口数量达10.18亿个，比上年末净增7180万个；新建光缆线路长度319万公里，全国光缆线路总长度达到5488万公里。其中，长途光缆线路、本地网中继光缆线路和接入网光缆线路长度分别达112.6万、1874万和3502万公里，接入网光缆线路长度比上年净增达297万公里。

需要指出的是，我国的数字化发展正在大踏步向前。可以预见的是，随着数字经济的蓬勃发展，我国经济社会的数字化基础将不断成熟和完善，数字化将日益重塑人们的生产方式、生活习惯和消费态度，数智企业也将越发活跃，新业态新模式会不断涌现。在此进程中，沿着产业数字化和数字产业化两条主线，数字化应用和模式将会渗透到乡村生产生活的方方面面，从而全面促进乡村数字素养的日趋成熟和数字化基础设施的日益完善。

二、数字乡村的现实需求

(一)数字化转型与乡村经济需求

农村经济发展是实现乡村发展的基础。2019年9月，农业农村部有关领导在国务院新闻办公室举行的《乡村振兴战略规划(2018—2022年)》发布会上表示，产业振兴是乡村振兴的基础，应从夯实农业基础、推进质量兴农、抓好产业融合、抓好特色产业等4个方面推进乡村产业振兴。① 产业振兴的直接目的，就是通过推进乡村产业发展，激活农村经济发展的内生活力，从而为乡村振兴的可持续发展奠定产业基础、经济基础。可见，在乡村振兴战略深入实施的大背景下，驱动农村经济发展具有较强的现实必要性和急迫性。

当前来看，我国农村经济发展虽取得一定成效，但不足同样明显。一是农村经济发展内生活力不足给脱贫攻坚持续巩固造成了不确定性。新冠肺炎疫情影响了脱贫攻坚的持续巩固，给脱贫攻坚与全面实现乡村振兴有机衔接造成了重大的不确定性，这凸显了我国广大乡村地区经济发展的内生活力还存在着不足，返贫的可能性依然存在。二是乡村产业发展水平有待提升。当前来看，我国乡村产业的问题包括同质化竞争严重、产品质量参差不齐、科技创新不足、产业链短，从而表现为产业特色不明显、品牌效应不强、现代化程度低、产业融合低等等。三是农民收入水平还不高。乡村经济发展活力不足，导致农民收入水平不高。

---

① 详见：国务院新闻办公室．产业振兴是乡村振兴的基础 要从四方面措施推动落实．(2018-09-29)[2021-10-05]http://www.scio.gov.cn/xwfbh/xwbfbh/wqfbh/37601/39044/zy39048/Document/1638662/1638662.htm.

当前来看，农民收入水平的提升主要来源于进城务工带来的非农收入，农村经济活动带来的农民增收贡献非常有限。

农村经济的发展往往不单纯取决于经济系统本身，还取决于社会、生态、环境、政治、文化等因素（严瑞珍，1994）。从与农业、农村、农民及经济发展等相关议题的研究中，我们大体可以将农村经济发展的影响因素归结为主体因素、技术因素和制度因素等。①

所谓主体因素，指农民的主体特性对农村经济发展的制约和影响。从现实来看，小农户的长期存在是农村经济发展的现实，也是制约农村经济发展的重要因素。马克思从生产关系的角度认为，小农户的动机主要是反对压迫及争取生存自由。在马克思看来，小农经济本身就是一种碎片化、落后的经济形式。随着经济发展，走向消亡是小农户的必然宿命，也是实现社会化生产的内在要求（李海玉，2008）。总体来看，马克思对小农户持消极态度。恰亚诺夫则认为，小农户有其特殊性，是具有生产者和消费者合一的混合型特性的主体，呈现"自给小农"的形态。恰亚诺夫指出，"家庭农场经济活动的基本动力产生于满足家庭成员消费需求的必要性，并且其劳力乃是实现这一目标的最主要手段"，"全年的劳作乃是在整个家庭为满足其全年家计平衡的需要的驱使下进行的"（邓大才，2006）。与此类似，黄宗智基本同意恰亚诺夫的观点，他在整合了有关小农户的理论观点的基础上指出，小农既是一个追求利润者，又是维持生计的生产者，当然更是受剥削的耕作者（黄宗智，2000）。2019 年，《关于促进小农户和现代农业发展有机衔接的意见》指出，"当前和今后很长一个时期，小农户家庭经营将是我国农业的主要经营方式"。可见，小农户的存在将是制约我国农村经济发展的重要因素。

所谓技术因素，指与农村经济发展相关的各类技术要素。当前来看，与农村经济发展关系最紧密的是农业生产经营中的相关技术。舒尔茨通过对 20 世纪六七十年代印度尼西亚、印度等国农户的考察，基于商品经济充分发育、竞争机制完全成熟的市场机制假设前提，提出农户与企业家一样是"完全理性"的。在舒尔茨看来，农户在生产活动中能够依照"帕累托最优原则"对生产要素进行合理配置，其行为具有高度的理性，对于追求利润最大化的自觉性丝毫不逊色于企业家。农户经济是"贫穷而有效率"，在传统农业中生产要素配置效率低下的情况是比较少见的，改造传统农业方式的根本途径在于先进技术等现代生产要素的投入和增加（舒尔茨，1987）。然而，农业生产技术必然受制于农业生产的自然属性，换言之，农业生产技术的创新必然要实现对地理信息、环境数据等全方位的精准监测，在数据的支持下，通过运算和应用，才能实现农业的精准生产。美国科学院、工程院于 1997 年最早提出了"精准农业"（precision agriculture）的概念，美国副总统戈尔于 1998 年提出"数字地球"（digital earth）概念时，再次将"精准农业"定义为数字地球与智能农机技术相结合产生的农业生产和管理技术。我国一直对农业生产技术的重要性有清晰的认识，并多次提出要大力发展数字农业、智慧农业等，从而实现我国农业数字化生产技术的自主化和创新化。这也说明了我国在农业生产经营相关方面的技术水平还存在诸多不足。而且，我国在农村的非农产业的技术底座也相对薄弱，还很缺乏支撑农村非农产业创新及蓬勃发展的技术土壤或者

---

① 需要指出，土地也是影响农村经济发展的重要因素，但是，由于土地规模与制度安排有关，土地用途与主体生产意图有关，土地肥力又与技术因素有关；因此，在这里不单独将土地作为影响农村经济发展的因素进行论述。

技术底座。

所谓制度因素，指与农村经济发展相关的各种制度安排。在威廉姆森(Williamson)等为代表的新制度经济学家看来，在承认投机行为的现实下，不同的资产专用性水平、交易频率等需安排相匹配的制度，从而抑制投机行为，降低交易成本。不同制度安排对组织内部的激励也有重要影响。具体来看，与农村经济发展相关的各种制度安排包括关乎产权安排的农业生产经营体制、各类组织制度等。我国在20世纪80年代以来农业生产效率的大幅度提升，正是因为推行了"家庭联产承包经营责任制"以替代"人民公社"。双层经营体制激活了农户这一微观主体，赋予了农户在承包地上的经营自主权，激励农户从增加收益出发开展经济活动，由此极大地提高了经济效率，解放和发展了农村生产力，并为更大范围的改革提供了稳定的社会基础(高帆，2019)。当前来看，我国农村的制度安排在一定程度上制约了农村经济的发展。家庭联产承包经营责任制虽然激发了农民生产的热情，但也带来了土地经营规模细碎化的现实性困境。同时，我国农村经济活动中的企业组织等制度供给相对不足，从而导致了农村经济的活力不足，尤其是非农产业发展水平不高。

因此，动能转换是实现农村经济发展的现实需求，而数字化是实现农村经济动能转换的一条值得期待的路径。正如习近平总书记在2018年的全国网络安全和信息化工作会议上强调，要发展数字经济，加快推动数字产业化，依靠信息技术创新驱动，不断催生新产业新业态新模式，用新动能推动新发展。① 具体来看，数字化通过构建农村经济发展的"数字底座""数字引擎"，从而推进农村经济在主体因素、技术因素和制度因素等方面的革新，进而实现农村经济发展的动能转换。

数字化能够带来农民数字素养的成熟。虽然在我国农业生产经营体制的制度安排下，农业中小规模生产短时间内难以改变，但数字化将有助于小农户由"传统小农"走向更具有活力的"数字化小农"，带来农村经济发展的全新技术土壤。数字化能够带来农业经济的数字化转型，"手机成为新农具、数字成为新农资"将成为农业生产的基本技术图景，农业也将以"精准农业""智慧农业""数字农业"的形态走向现代化；数字化还能够带来农村制度供给的革新，这主要表现在数字技术赋能下，农村经济发展中将不断涌现出诸多新模式新业态，这些新模式新业态将极大提升农村经济发展活力。

(二)数字化转型与乡村生活需求

从霍布斯(Hobbes)提出的"自然状态"(state of nature)或罗尔斯(Rawls)提出的"原始情境"(original position)来看，人们追求自身生存需求是一种不受社会关系影响，外置于社会认知、规范及社会结构的"原始冲动"，正是这种原始状态驱动人类不断推动着历史向前进步。我国的经济社会发展，一直尊重个人需求的客观规律，以满足人民需求为经济社会发展的根本目的，这可以从我国对社会主要矛盾的表述中得到印证。新中国成立之后的很长一段时间里，我国社会的主要矛盾是人民日益增长的物质文化需要同落后的社会生产之间的矛盾，而根本任务是进一步解放生产力，发展生产力，逐步实现社会主义现代化，并且为此而

① 详见：吴晶，王思北，胡浩. 汇聚起建设网络强国的磅礴力量——习近平总书记在全国网络安全和信息化工作会议上的重要讲话引起热烈反响. (2018-04-23)[2021-10-05]. http://politics.people.com.cn/n1/2018/0423/c1001-29942042.html.

改革生产关系和上层建筑中不适应生产力发展的方面和环节。随着经济社会的发展，我国社会的主要矛盾已经发生了变化。十九大报告指出，“中国特色社会主义进入新时代，我国社会主要矛盾已经转化为人民日益增长的美好生活需要和不平衡不充分的发展之间的矛盾”。从新时代中国特色社会主义的国情来看，“美好生活”已不仅仅是满足人们的物质需求，而是包含着对人的全面发展的向往。当然，每个社会成员对“美好生活”的理解也是不一样的。一些人看重物质财富的积累，一些人看重政治参与度，一些人看重自己的贡献所带来的社会影响，一些人看重生态环境的美好，等等。

实际上，我国“人民日益增长的美好生活需要和不平衡不充分的发展之间的矛盾”的论断，在概念上就包含着城乡人民在美好生活需求满足上的地域性差异，而这种差异最主要就体现在城乡公共服务供给水平上。魏后凯分析认为城市人均的投入是农村的16.1倍。① 王凯等(2019)认为，我国乡村地区的义务教育水平、医疗资源配置等与城镇存在着明显的差距。类似的，熊冶琛(2016)认为，城乡居民在教育投入分配、办学条件、师资水平等方面存在显著差异；我国公共卫生财力投入、医疗卫生资源等方面存在巨大差异，导致城乡之间的卫生服务水平有着很大的差别；城镇居民和农村居民因其身份不同所享受到的社会保障也存在天壤之别。詹国辉等(2016)认为，城乡收入差距问题是影响当前城乡共生性发展的内生性结构障碍，而公共服务的均等化水平又逆向作用于城乡收入差距，因此有效理顺公共服务对城乡收入差距之间的转化效应是实现城乡共生性发展的必要前提。通过实证研究发现，教育支出、政府的固定投资及金融供给水平等因素都对乡村收入水平有显著影响。

回顾城乡公共服务差距的发展进程，历史原因和现实因素交织互构，从而形成了当前乡村公共服务水平相对于城镇的巨大差距。1958年全国人大颁布的《中华人民共和国户口登记条例》，标志着中国当代的城乡二元户籍管理制度正式问世。当时出台的法理解释是：宪法所指居住和迁徙自由，是指不违背国家人民利益下的自由，而不是不顾国家利益和集体利益的个人决定自由，所以不准随便迁移户口，不违背宪法规定。随之衍生的是城乡多方面的分割发展。城乡规划分割影响各类要素在乡村合理落地，我国存在城市和乡村两个规划体系、两套规划管理制度，在规划方面存在城乡脱节、重城市轻农村的问题。城市一般都有规划，但不少农村规划缺位，相当一部分乡村无规划或规划不实用，宅基地违规乱建，有新房没新村、有新村没新貌，农村基础设施、公共服务设施等布局整体上缺乏科学指引。城乡公共资源配置也出现了失衡。城市基础设施和教育医疗等公益事业几乎全部由国家财政投入，而农村公益事业除部分由政府财政投入外主要依靠农民自己。这一制度安排造成农村基础设施和公共服务严重落后于城市。城乡公共服务的差距在之后的理性考量中得到了进一步固化。城市人口集中，空间紧凑，公共投入有规模化、集约化优势。尤其是一些需要较大投入的管网建设，比如供电、供水、供热、宽带接入等，同样的资金，投入城市，可能使很多人受益，投入农村，则因为农村地广人稀，受益的人数远远没有城市那么多。在公共资源作为稀缺资源的情况下，这种从效率上进行的考量，有一定的合理性。

然而，社会公共服务的投入本身并不完全是一个经济问题，所以并不能将经济效益作为考量的唯一依据和目标。当前，推进乡村公共服务均等化已经成为共识是毋庸置疑的，而在

① 详见：王尔德.“十三五”城乡统筹“痛点”：公共服务不均等.(2015-10-21)[2021-10-05]. https://m.21jingji.com/article/20151021/34068d3c45449afec273a936b36f00b0.html.

现实境况下，政府是公共服务均等化的最主要的推动主体。在公共资源稀缺的现实约束下，我们需要思考其他方式或者路径对于实现公共服务均等化的价值，从而满足乡村对于美好生活的需要，在最大程度上实现惠民。数字化就是这样一种能够大幅提升乡村公共服务水平的有效方式。

通过数字化赋能，在公共服务资源稀缺的现实约束下，可以在最大程度上降低城乡公共服务的边际成本，实现公共服务资源向乡村流动。具体来看，通过加快实施学校联网攻坚行动，推动未联网的学校通过光纤、宽带卫星等接入方式普及互联网应用，实现乡村小规模学校和乡镇寄宿制学校宽带网络全覆盖。在此基础上，发展“互联网＋教育”，推动城市优质教育资源与乡村中小学对接，帮助乡村学校开足开好开齐国家课程，从而实现乡村教育服务水平的大幅提升；通过推进全面覆盖乡村的社会保障、社会救助系统建设，加快实现城乡居民基本医疗保险异地就医直接结算、社会保险关系网上转移接续。大力发展“互联网＋医疗健康”，支持乡镇和村级医疗机构提高信息化水平，引导医疗机构向农村医疗卫生机构提供远程医疗、远程教学、远程培训等服务。建设完善中医馆健康信息平台，提升中医药服务能力。完善面向孤寡和留守老人、留守儿童、困境儿童、残障人士等特殊人群的信息服务体系。所有这些，都可以大幅提升乡村的医疗服务水平。除此之外，数字化还能带来乡村文化的繁荣，满足村民对于文化生活的需求。

(三)数字化转型与乡村治理需求

当前，村民自治是我国乡村治理的最基本形式。村民自治源于农民的创造，后被制度化并纳入国家的整体发展进程之中，作为一项民主制度在全国推广。当然，村民自治也带来乡村治理的诸多问题。贺海波(2018)认为，在村民自治过程中也暴露出很多问题，比较突出的是以下3个方面：一是民主选举与民主治理的问题。在沿海发达省份和一些城郊村，因利益密集，村民选举竞争激烈，常选出“富人”来治村；但在中西部地区，特别是远离城市的农村，因利益稀薄，村庄精英不愿竞选村干部，常选出“混混”和“老好人”来治村。在民主选举“谁来治理”出现目标飘移问题的同时，“民主决策、民主管理和民主监督”解决“如何开展日常治理”也出现了组织困境。二是村级组织行政化的问题。村委会本是村民自我教育、自我管理和自我服务的群众性自治组织，但从产生伊始就受乡镇权力控制的压力型体制约束，承担了大量的行政性任务，没有充足的精力用于村民自治，逐渐与乡村社会脱嵌，成为“悬浮型”村级组织。近年来，很多省份推行村干部行政化，由县乡财政直接拨付村干部报酬，村委会更是将完成上级交办事项作为首要任务，从而导致村民自治属性不断萎缩，行政属性愈益扩张。三是村民参与积极性不高的问题。村民自治的关键是引导村民积极参与村庄治理，但全国大多数地区，特别是中西部地区，无论是民主选举还是日常民主治理，村民参与的积极性都不高，以至于在很多地方村民自治变成了村委会自治或者村干部自治。

乡村治理之所以存在不足，在于我国改革开放进程当中，国家政权与农民的关系从“汲取型”转变为“资源输入型”，导致乡村建设出现高度依赖于特定乡村精英或扶贫干部的个人能力和关系网情状，进而产生了乡村治理过程中农民边缘化和内生活力不足的困境。韩鹏云(2020)指出，税费改革之前，尤其是20世纪90年代，全国大部分地区的农村资源较为匮乏，劳动力外出务工较少，农业收入依然是家庭经济的主要来源。县乡基层政府的财政能力有限，只能通过征收农业税费及附加项目的形式来增强财政能力，这就导致乡村治理主要围绕税费征收及计划生育政策两项中心工作开展，任务的开展与农民的切身利益形成了较大冲突，基层政府启用了一些“狠人”甚至是“恶人”来治村，而这一过程中形成了类似于杜赞奇(Prasenjit Duara)所说的“盈利型经纪”团队。由此，乡村治理被乡村精英把控，呈现了乡村公共利益“内部人”控制的状态。我国在反腐进程中，有诸多的村委干部落网就是这一现象的真实写照。乡村公共利益的“内部人”控制状态导致了村民对于村务的疏远。虽然这些乡村的“盈利型经纪”团队对于实现真正意义上的村民自治有较大的副作用，但确实是实现政府管理乡村的有效抓手，甚至是一定意义上的“代理人”角色。为了稳固政权合法性基础并缓解农民的负担，21 世纪之初国家取消了农业税费，对计划生育政策也逐渐弱化，这导致了乡村原有的“盈利型经纪”团队功能的弱化，国家治理乡村逐渐失去了有效的抓手。因此，乡村治理出现了村民参与治理意愿不强且政府管理乡村能力较弱的现实困境。

当前来看，强化乡村治理能力，关键有赖于国家政权、地方精英和乡土社会三方互动。现实是，国家政权、地方精英和乡土社会三方之间缺乏有效的互动和互构。由于国家政权难以“下乡”，村民参与乡村治理意愿不强，从而出现了乡村治理的“悬浮化”。需要指出的是，提升乡村治理能力，不能简单强调对乡村的行政化管理，而是要站在符合村民意愿的角度来实现乡村治理。原因在于，地方精英作为政治代理人在与传统乡土社会和民间非正式组织的长期互动中，形成了与国家权力相对应的乡村权力文化网络，造就了一套乡村治理的运行逻辑，这一运行逻辑不能简单地被替代。而且，不能只限定在地域范围内实现乡村的有效治理，而应该从地缘、血缘、文化关联等多方面来实现乡村的有效治理，即要将外出村民纳入乡村治理体系。

数字技术的价值在于，可以将提升乡村治理能力的推进主体从政府单一主体扩展为政府、数智企业、市场三轮驱动。在这样一个多方力量参与的提升乡村治理能力进程中，可以带来政府单一驱动所没有的效果。一方面，数字技术可以大幅拓展乡村的公共生活空间。在这样一个数字化的线上公共空间中，不仅仅完全具有线下乡村公共空间所具有的地缘、血缘、文化联结，更能在超越地域限制的境况下，将外出村民纳入乡村治理体系，实现乡村与外界资源交换的广度。而且，由于线上公共空间信息交流的便利性和高效率，村民之间的联系将更加紧密，村务监督将更加透明高效，村民表达意愿也更加强烈，个人参与村务意愿将得到极大激活。另一方面，在数智企业和技术的参与下，乡村治理的信息传递不再简单依靠村委干部等乡村精英来实现，信息技术能够重构乡村的网络关系，使得乡村网络关系更加均等化，村委在原有乡村治理网络关系当中的“结构洞”功能将为技术所重塑乃至替代。政府通过数字技术，在感知设备、网络等加持下，可以更便捷且全面地实现对乡村治理所需信息的获取，并在“算法”的帮助下，最有效地做出对乡村治理的反应，从而大幅提升政府对乡村管理的效能。

(四)数字化转型与乡村重大公共安全需求

此次突如其来的新冠肺炎疫情，给农业农村造成极大的冲击。疫情发生以来，出于疫情防控管制、乡村道路封阻、物流运输困难、劳动力短缺等种种原因，多地出现大面积农产品滞销情况，而城市的农产品供应却面临不足的问题。全国多个农产品基地发出求援信号，包括海南三亚、辽宁丹东、四川大凉山等在内的多个优势农产品产业带，均出现大规模滞销。城市居家人群对农产品需求大幅增加，与大量农产品滞销的情况形成鲜明对比，引发各方关注。① 除此之外，由于疫情防控对于出行的管制，农民的生活也受到了巨大的影响。

令人瞩目的是，在此次疫情当中，数字技术以其独特的优势和广泛的应用，极大地助力了疫情防控工作，快速遏制了疫情可能给经济社会带来的广泛和持续不利影响的势头。在数字技术助力下，复产、复工、复学等以数字化、在线化的形式有序推进，经济社会以较快的速度恢复了有序运行。可以认为，此次新冠肺炎疫情在某种程度上验证了数字技术在助力经济社会应对重大公共安全事件上的重要现实价值。

数字技术之所以会对疫情防控带来如此积极的影响，在于其对个人在社会中网络关系的重新定义和改造，从而使得个人的信息及资源流动的渠道和方式发生了变化。此次新冠肺炎疫情防控的难点在于大规模疫情防控管制和经济社会发展之间的矛盾，而关键的节点在于如何实现个人健康信息、个人行动轨迹信息及疫情防控政策信息的有效传递，而数字技术能够改变个人的网络关系及之后带来的疫情信息传递方式、路径和效率。在信息时代，不仅仅个人的生活被网络化了，工作与组织也会越来越网络化，个人不再紧紧嵌入社会类属中，信息与通信技术打破了家庭与工作的界限，也打破了私人领域与公共生活的界限（雷尼等，2015）。相应的，数字技术还改变了人们获得各类服务和资源的渠道和方式，在线医疗、在线教育、在线缴费、电子商务等种种数字化形式大大提升了疫情期间人们生活的便利性。

除了疫情防控成效之外，此次疫情防控还为广大乡村地区的建设发展带来了意外的积极结果。首先，疫情加速了数字化应用向乡村地区的渗透和积淀。“健康码”作为个人健康动态监测和疫情防控通行码在乡村地区得到广泛应用，水电等生活缴费在线化带来的便利性受到广泛认可，这些进一步带动了支付宝在乡村地区的快速渗透和应用。由于出行的不便，广大乡村地区在疫情期间广泛接纳了消费在线化、教育在线化、政府管理在线化、医疗在线化等方式，进而促进了电子商务消费模式被更多村民接纳，加速了钉钉等社交软件在乡村地区的应用进程，也加快了医疗在线化在乡村地区的应用。其次，疫情促成了乡村多元主体数字素养的提前成熟。对政府而言，疫情让数字乡村建设发展的格局发生了极大的变化。地方政府更加认识到乡村数字化转型发展的必要性，各地（尤其是县域）竞相推进数字乡村建设发展的热潮。对企业而言，疫情让他们更加认识到数字乡村的巨大市场空间。各数智企业以更加积极的姿态投入乡村数字化转型发展的一系列市场活动当中，从而成为乡村数字化转型发展的主力军。对村民而言，疫情推动村民加速对各类数字化应用的接纳，从而在广大乡村地区迅速形成数字化的使用习惯，汇聚成数字化的现实需求。最后，疫情加快了乡村地区数字基础设施建设的步伐，尤其在乡村地区掀起“新基建”的建设热潮。

可以认为，此次新冠肺炎疫情为农业农村提出了一个现实性议题，即如何提升应对以后可能出现的重大公共安全事件的能力。此次疫情还验证了数字化对于提升农业农村在应对重大公共安全事业上的现实价值。数字化手段在新冠肺炎疫情防控中的使用，加快了农业农村数字化转型发展的步伐，构建了农业农村数字化转型的“数字底座”“数字引擎”，奠定了

① 详见：朱美娟. 新冠肺炎疫情下，农产品滞销问题带来的思考与启示.（2020-02-27）[2021-10-05]. http://sd.people.com.cn/GB/n2/2020/0227/c373025-33832440.html.

农业农村数字化转型发展的基础。因此，此次疫情为农业农村的数字化转型发展，明确了现实的必要性，昭示了发展的机遇性，奠定了实施的可行性。

三、数字乡村的政策导向

我国数字乡村发展的政策导向与我国农业农村信息化发展进程呈现较为鲜明的匹配态势，总体来看，经历了从信息化到数字化的概念转变，从硬件完善到软件应用的技术演进，从单一领域到综合领域的内容拓展，以及从政策提出、试点跟进、全面铺开的推进脉络。

(一)聚焦乡村信息基础设施的信息化政策导向

信息基础设施是实现农业农村数字化的基础。我国对农业农村信息基础设施的政策要求和实践导向起步时间较早，经历了从信息基础设施系统建设工程，到信息基础设施进村入户，再到信息基础设施建设迈向更体系化的农村信息服务体系建设。

2005 年，中央一号文件首次提出了加强农业农村信息化建设的政策要求；2006 年，中央一号文件则对加强农业农村信息化建设提出了更加系统化的政策要求，强调“充分利用和整合涉农信息资源，强化面向农村的广播电视电信等信息服务，重点抓好‘金农’工程和农业综合信息服务平台建设工程”；2008 年，中央一号文件要求“积极探索信息服务进村入户的途径和办法，在全国推广资费优惠的农业公益性服务电话，健全农业信息收集和发布制度，为农民和企业提供及时有效的信息服务”；2010 年，中央一号文件强调“推进农村信息化，积极支持农村电信和互联网基础设施建设，健全农村综合信息服务体系”；2011 年，中央一号文件聚焦农业产业的水利设施信息化建设，提出“加快建设国家防汛抗旱指挥系统和水资源管理信息系统，提高水资源调控、水利管理和工程运行的信息化水平，以水利信息化带动水利现代化”；2012 年，国家的农业农村新型基础设施建设迈向了试点阶段，中央一号文件提出“加快国家农村信息化示范省建设，重点加强面向基层的涉农信息服务站点和信息示范村建设”。

(二)聚焦乡村数字经济发展的信息化政策导向

为广大农民谋福祉，促进农民收入水平提升，全面实现农村脱贫一直伴随着我国经济发展和社会变革进程，也为我国的一系列农业农村政策所强调。2013 年习近平总书记到湖南湘西考察时首次做出“实事求是、因地制宜、分类指导、精准扶贫”的重要指示以来，尤其是 2015 年习近平总书记在中央扶贫开发工作会议上提出到 2020 年全面实现脱贫攻坚的重大战略目标以来，我国农业农村信息化的政策导向发生了针对产业的聚焦，旨在通过信息化提供乡村产业发展新动能，促进以数字农业、农村电子商务为代表形态的乡村数字经济业态蓬勃发展，为脱贫攻坚任务顺利收官提供数字技术扩散效应、普惠效应、溢出效应带来的数字技术新动能。

2013 年，中央一号文件提出“加快用信息化手段推进现代农业建设，启动金农工程二期，推动国家农村信息化试点省建设”；2014 年，中央一号文件提出“建设以农业物联网和精准装备为重点的农业全程信息化和机械化技术体系”。

从 2015 年开始，我国有关农业农村信息化的政策的发布进入了爆发期。2015 年，中央一号文件进一步提出“支持电商、物流、商贸、金融等企业参与涉农电子商务平台建设，开展电子商务进农村综合示范”；国务院印发《关于积极推进“互联网＋”行动的指导意见》，提出到 2025 年，网络化、智能化、服务化、协同化的“互联网＋”产业生态体系基本完善，“互联网＋”新经济形态初步形成，“互联网＋”成为经济社会创新发展的重要驱动力量；农业部印发《关于推进农业农村大数据发展的实施意见》，要求到 2025 年，实现农业产业链、价值链、供应链的联通，大幅提升农业生产智能化、经营网络化、管理高效化、服务便捷化的能力和水平，全面建成全球农业数据调查分析系统。

2016 和 2017 年的中央一号文件聚焦农业产业数字化转型发展，分别提出了“推动农业全产业链改造升级，大力发展智慧气象和农业遥感技术应用”及“实施智慧农业工程，推进农业物联网试验示范和农业装备智能化”等政策要求。与此同时，按照国务院印发的《关于积极推进“互联网＋”行动的指导意见》的部署要求，为了切实发挥互联网在农业生产要素配置中的优化和集成作用，推动互联网创新成果与农业生产、经营、管理、服务和农村经济社会各领域深度融合，农业部、发改委、中央网信办、科技部、商务部、质检总局、食品药品监管总局、林业局八部门于 2016 年联合印发《“互联网＋”现代农业三年行动实施方案》，提出到 2018 年，农业在线化、数据化取得明显进展，管理高效化和服务便捷化基本实现，生产智能化和经营网络化迈上新台阶，城乡“数字鸿沟”进一步缩小，大众创业、万众创新的良好局面基本形成，有力支撑农业现代化水平明显提升。同年，农业部印发《全国农业现代化规划(2016—2020 年)》的子规划《“十三五”全国农业农村信息化发展规划》，该规划提出，“十三五”期间，把信息化作为农业现代化的制高点，以建设智慧农业为目标，着力加强农业信息基础设施建设，着力提升农业信息技术创新应用能力，着力完善农业信息服务体系，加快推进农业生产智能化、经营网络化、管理数据化、服务在线化，全面提高农业农村信息化水平；到 2020 年，“互联网＋”现代农业建设取得明显成效，农业农村信息化水平明显提高，信息技术与农业生产、经营、管理、服务全面深度融合，信息化成为创新驱动农业现代化发展的先导力量。2018 年，中央一号文件则首次提出了数字农业概念，要求“大力发展数字农业，实施智慧农业林业水利工程，推进物联网试验示范和遥感技术应用”；除此之外，数字乡村战略概念也在 2018 年中央一号文件中被首次提出，并带动着国家政策发展导向的转变。

(三)聚焦数字乡村建设发展的综合性政策导向

随着 2018 年中央一号文件提出数字乡村战略概念，我国的政策导向开始围绕推进数字乡村建设。数字乡村建设是全面实现乡村振兴的重大战略举措，旨在通过数字化赋能乡村生产、生活、治理、管理等，促进数字技术与农业农村全面融合，为乡村全面振兴提供数字化新动能。数字乡村战略也是我国在农业农村信息化建设阶段成效基础上，依据数字经济发展态势和我国农业农村经济社会发展趋势而提出的，具有重大的历史意义、战略意义和现实意义。

2019 年，中央一号文件提出“实施数字乡村战略，深入推进‘互联网＋农业’，扩大农业物联网示范应用，推进重要农产品全产业链大数据建设，加强国家数字农业农村系统建设”；同年，中共中央办公厅、国务院办公厅印发了《数字乡村发展战略纲要》，旨在加强数字乡村顶层设计和整体规划，加快弥合城乡数字鸿沟，推动数字乡村建设发展，形成乡村振兴新动能。《数字乡村发展战略纲要》主要有3个特点：一是贯彻落实新发展理念和高质量发展要求，二是全面落实重大战略部署，三是坚持农业农村优先发展。农业农村部和中央网信办则联合印发《数字农业农村发展规划(2019—2025年)》，该规划明确了数字乡村建设的具体目标，并围绕推进数字产业化、产业数字化的主线，提出了构建基础数据资源体系、加快生产经营数字化改造、推进管理服务数字化转型、强化关键技术装备创新等四方面任务，以数字农业农村建设最急需、最关键、最薄弱的环节和领域为重点，提出了国家农业农村大数据中心建设工程、农业农村天地空一体化观测体系建设工程、国家数字农业农村创新工程三大工程九类建设项目。

2020年，中央一号文件提出"依托现有资源建设农业农村大数据中心，加快物联网、大数据、区块链、人工智能、第五代移动通信网络、智慧气象等现代信息技术在农业领域的应用""开展国家数字乡村试点"等政策要求；中央网信办、农业农村部、国家发改委、工信部联合印发《关于印发〈2020年数字乡村发展工作要点〉的通知》，明确了2020年数字乡村发展的工作目标是农村信息基础设施建设加快推进，基本实现行政村光纤网络和4G普遍覆盖，农村数字经济快速发展，乡村信息惠民便民不断深化，乡村数字普惠金融覆盖面进一步拓展，网络扶贫行动目标任务全面完成，巩固提升脱贫成果；国家发改委和中央网信办研究制定了《关于推进"上云用数赋智"行动 培育新经济发展实施方案》，指出要培育重点行业应用场景，推进数字乡村、数字农场、智慧物流等应用，打造"互联网＋"升级版；中共中央、国务院印发《关于构建更加完善的要素市场化配置体制机制的意见》，首次将数据作为一种新型生产要素，充分发挥数据对其他要素效率的倍增作用，培育发展数据要素市场，使大数据成为推动经济高质量发展的新动能，从而为数据要素在数字乡村建设过程中的优化配置和效能发挥提供了政策空间；中央网信办、农业农村部、国家发改委、工信部、科技部、市场监管总局、国务院扶贫办联合印发《关于开展国家数字乡村试点工作的通知》，部署开展国家数字乡村试点工作。

2021年，中央一号文件提出"实施数字乡村建设发展工程"的政策要求。至此，我国数字乡村的政策导向围绕深入推进数字乡村试点实践工作展开。为了深入实施《数字乡村发展战略纲要》，解答各地数字乡村建设中存在的问题与疑惑，扎实有序推进数字乡村建设，中央网信办、农业农村部、国家发改委、工信部、科技部、市场监管总局、国家乡村振兴局等七部门联合编写了《数字乡村建设指南1.0》，通过数字乡村建设的总体参考架构、建设应用场景及关键要素、典型案例等内容的阐释和呈现为我国数字乡村的试点实践工作提供参考；中共中央、国务院印发《关于加强基层治理体系和治理能力现代化建设的意见》，在加强基层智慧治理能力建设等方面提出了意见和要求；商务部、中央网信办和国家发改委研究编制了《"十四五"电子商务发展规划》，在积极开展"数商兴农"赋能赋智产业升级，利用电子商务大数据推动农业供给侧结构性改革，衔接农村普惠金融服务推动互联网支付、移动支付、供应链金融的普及应用等几个方面提出了要求；中央网信办印发《提升全民数字素养与技能行动纲要》，提出持续推进农民手机应用技能培训工作，提高农民对数字化"新农具"的使用能力，引导企业、公益组织等参与农民数字技能提升工作，推动数字服务和培训向农村地区延伸等政策要求。

2022年，中央一号文件提出"大力推进数字乡村建设"，并对数字乡村建设作了较为全面的要求，包括"推进智慧农业发展，促进信息技术与农机农艺融合应用""加强农民数字素养与技能培训”“以数字技术赋能乡村公共服务，推动‘互联网＋政务服务’向乡村延伸覆盖”“着眼解决实际问题，拓展农业农村大数据应用场景”“加快推动数字乡村标准化建设，研究制定发展评价指标体系，持续开展数字乡村试点”“加强农村信息基础设施建设”等；中共中央、国务院印发《乡村建设行动实施方案》，从实践推进层面进一步较为全面地提出“实施数字乡村建设发展工程”，包括“推进数字技术与农村生产生活深度融合，持续开展数字乡村试点”“加强农村信息基础设施建设，深化农村光纤网络、移动通信网络、数字电视和下一代互联网覆盖，进一步提升农村通信网络质量和覆盖水平”“加快建设农业农村遥感卫星等天基设施”“建立农业农村大数据体系，推进重要农产品全产业链大数据建设”“发展智慧农业，深入实施‘互联网＋’农产品出村进城工程和‘数商兴农’行动，构建智慧农业气象平台”“推进乡村管理服务数字化，推进农村集体经济、集体资产、农村产权流转交易数字化管理”“推动‘互联网＋’服务向农村延伸覆盖，推进涉农事项在线办理，加快城乡灾害监测预警信息共享”“深入实施‘雪亮工程’”“深化乡村地名信息服务提升行动”等。

四、数字乡村的发展现状

当前，在政策、市场、技术的共同推动下，数字化转型由城及乡，由第二、三产业向第一产业逐渐展开，使得我国数字乡村建设发展已具备了一定的基础，呈现出一定的成效。

(一)县域数字农业农村发展水平稳步提升

农业农村部信息中心历年发布的《全国县域数字农业农村发展水平评价报告》①显示，经综合测算，2020 年全国县域数字农业农村发展总体水平达到 37.9%，相较 2019 年的 36.0%上升 1.9 个百分点，相较 2018 年的 33.0%上升 4.9 个百分点。分区域来看，2020 年东部地区县域数字农业农村发展平均水平为 41.0%，相较 2019 年的 41.3%降低 0.3 个百分点，相较 2018 年的 36.0%上升 5 个百分点；2020 年中部地区县域数字农业农村发展平均水平为 40.8%，已接近追平东部地区，相较 2019 年的 36.8%上升 4 个百分点，相较 2018 年的 33.0%上升 7.8 个百分点；2020 年西部地区县域数字农业农村发展平均水平为 34.1%，相较 2019 年的 31.0%上升 3.1 个百分点，相较 2018 年的 30.0%上升 4.1 个百分点。详见图 1-1。

2020 年，共有 14 个省份的县域数字农业农村发展水平高于全国平均水平，相较 2019 年增加 1 个省份。其中，浙江一骑绝尘，在全国继续保持领先地位，其县域数字农业农村发展水平达 66.7%，虽然相较 2019 年小幅下降 2.1 个百分点，但仍然比第二名高出 10.2 个百分点；江苏超过上海，以 56.5%的发展水平跃居第二位，相较 2019 年大幅上升 8.8 个百分点；上海以 55%的发展水平位居第三，相较 2019 年上升 4 个百分点。此外，安徽以 49%的发展水平位列第四，相较 2019 年上升一位；湖南以 44.5%的发展水平位列第五，相较 2019 年上升两位；江西以 43.7%的发展水平位列第六，排名不变；重庆以 43.3%的发展水

① 2019 年与 2020 年的报告名称均为《全国县域数字农业农村发展水平评价报告》，而在 2021 年则更名为《全国县域农业农村信息化发展水平评价报告》，但主体内容相同。

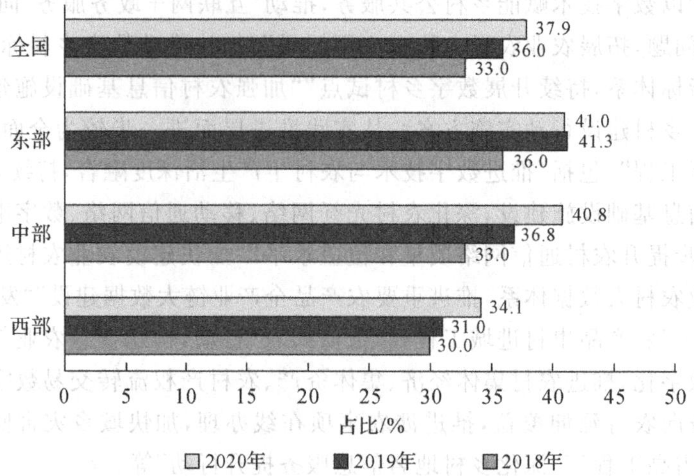

图 1-1 全国县域数字农业农村发展水平(2018—2020 年)

资料来源:据农业农村部信息中心发布的《2019 全国县域数字农业农村发展水平评价报告》《2020 全国县域数字农业农村发展水平评价报告》《2021 全国县域农业农村信息化发展水平评价报告》整理而成。

平位列第七,相较 2019 年上升一位;湖北以 42.0%的发展水平位列第八,其在 2019 年低于全国平均水平,未进入排名;福建以 40.8%的发展水平位列第九,相较 2019 年下降五位;天津以 40.5%的发展水平位列第十,相较 2019 年上升一位。详见图 1-2 和图 1-3。

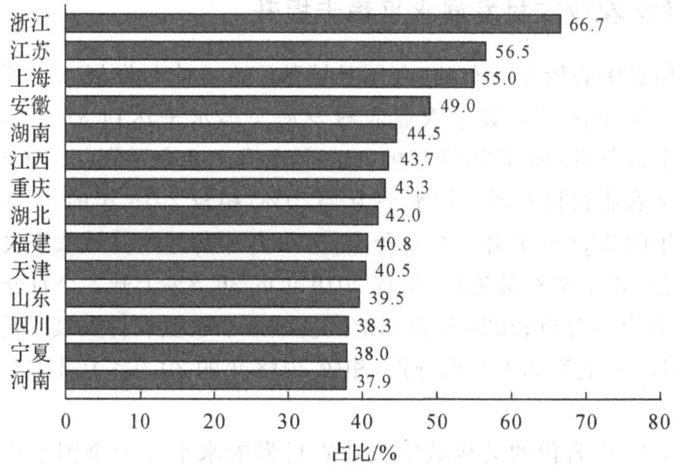

图 1-2 数字农业农村发展水平高于全国平均水平的省份(2020 年)

资料来源:据农业农村部信息中心发布的《2021 全国县域农业农村信息化发展水平评价报告》整理而成。

(二)农业农村信息化基础设施明显改善

据中国互联网络信息中心发布的《第 48 次中国互联网络发展状况统计报告》,截至 2021 年 6 月,我国网民规模为 10.11 亿,其中农村网民规模达 2.97 亿,占网民整体的 29.4%,农村地区互联网普及率已达 59.2%。自 2015 年以来,工信部联合财政部已成功组

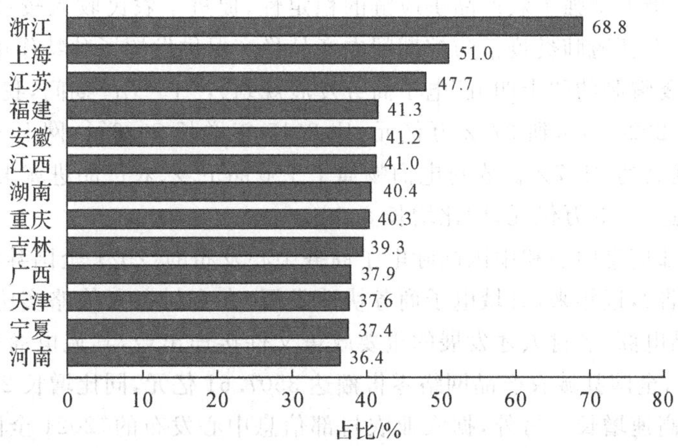

图 1-3　数字农业农村发展水平高于全国平均水平的省份(2019 年)

资料来源:据农业农村部信息中心发布的《2020 全国县域数字农业农村发展水平评价报告》整理而成。

织实施了六批电信普遍服务试点,全行业累计支持超过 13 万个行政村的光纤和 4G 网络覆盖,实现了全国行政村通光纤和 4G 网络比例均超过 98%,试点地区平均下载速率超过 70Mbps。① 农村互联网基础设施不断完善,农村和城市实现"同网同速",城乡互联网接入鸿沟逐步消弭。

同时,随着广播电视重点惠民工程深入实施,农村地区广播电视基础设施建设和升级改造也在持续推进。截至 2020 年,我国农村广播节目综合人口覆盖率达 99.17%,农村电视节目综合人口覆盖率达 99.45%,分别比 2019 年提高了 0.33 和 0.26 个百分点。乡村广播电视网络基本实现全覆盖,基本实现农村广播电视户户通。

(三)农业生产数字化改造升级快速推进

农业生产的数字化转型(包括大田种植数字化、设施栽培数字化、畜禽养殖数字化和水产养殖数字化)是农业农村数字化发展的重点和难点,是解决"谁来种地,怎么种地"的战略举措,也是我国由农业大国迈向农业强国的必经之路。

据农业农村部信息中心发布的《2021 全国县域农业农村信息化发展水平评价报告》,近年来,我国农业生产数字化改造升级快速推进,2020 年,全国农业生产信息化水平达到 22.5%。分区域看,东部地区为 25.7%,中部地区为 30.8%,西部地区为 19.6%;分省份看,农业生产信息化水平排名全国前 10 位的省份均高于全国平均水平,其中,江苏农业生产信息化水平为 42.6%,位居全国第一,浙江和安徽均为 41.6%,并列全国第二;分行业看,畜禽养殖信息化水平最高,为 30.2%,设施栽培、大田种植、水产养殖的信息化水平分别为 23.5%、18.5%和 15.7%。

(四)农村电商蓬勃发展助力农业数字化

当前,电子商务正日益成为农产品销售的重要渠道,已经成为农业农村数字经济发展的

① 详见:人民邮电报.不断满足人民对美好信息生活的向往.(2020-11-18)[2021-11-25]. http://jxt.zj.gov.cn/art/2020/11/18/art_1562851_58925404.html.

领头羊和突破口，极大增强了农产品供应链的稳定性，促进了农民收入较快增长，特别是对打赢脱贫攻坚战、在新冠肺炎疫情防控期间农产品稳产保供发挥了独特作用。据商务部、中央网信办和发改委编制的《“十四五”电子商务发展规划》，“十三五”期间，我国电子商务交易额保持快速增长，2020 年达到 37.2 万亿元，比 2015 年增长 70.8%；网上零售额达到 11.8 万亿元，年均增速高达 21.7%。农村电商畅通了工业品下乡、农产品进城渠道，2020 年全国农村网络零售额达 1.79 万亿元，同比增长 8.9%。①

据农业农村部信息中心和中国国际电子商务中心发布的《2021 全国县域数字农业农村电子商务发展报告》，近年来，县域电子商务快速发展，在乡村振兴战略实施的背景下，支持农村电商、农产品电商、乡村人才发展的重要政策文件接连出台，县域电商进入规模化发展新阶段。2020 年，全国县域农产品网络零售额达 3507.61 亿元，同比增长 29.0%，县域农产品电商市场保持高速增长。另外，据农业农村部信息中心发布的《2021 全国县域农业农村信息化发展水平评价报告》，截至 2020 年底，全国已建有电商服务站点的行政村共 40.1 万个，共建有电商服务站点 54.7 万个，行政村覆盖率达到 78.9%，较上年提升 4.9 个百分点。分区域看，东、中、西部地区的行政村覆盖率分别为 80.7%、82.8%和 71.9%。

(五)基层乡村治理数字化水平快速提升

农村基层党务、村务、财务“三务”公开是维护和保障农村居民知情权、参与权、表达权、监督权的重要内容和基本途径。信息技术的应用开辟了公开渠道，提高了公开质量，加快了公开步伐。据农业农村部信息中心发布的《2021 全国县域农业农村信息化发展水平评价报告》，2020 年应用信息技术实现行政村“三务”综合公开水平达到 72.1%，较 2019 年提升 6.8 个百分点，其中，党务公开水平为 73.1%，村务公开水平为 72.8%，财务公开水平为 70.5%。

近年来，在各级党委的领导下，综治部门切实把“雪亮工程”(以县、乡、村三级综治中心为指挥平台、以综治信息化为支撑、以网格化管理为基础、以公共安全视频监控联网应用为重点的“群众性治安防控工程”)作为一项民心工程来抓，扎实推进工程实施，行政村覆盖率快速提升，农村居民的安全感显著增强。2020 年全国“雪亮工程”行政村覆盖率达到 77.0%，较 2019 年提升 10.3 个百分点。

此外，近年来，各地扎实推进政务服务改革，利用数字化手段让信息多跑路、农民少跑腿，为农民群众提供了高效便捷的社会保险、新型农村合作医疗、婚育登记、劳动就业、社会救助、农用地审批和涉农补贴等重要民生保障信息化服务。2020 年全国县域政务服务在线办事率已达 66.4%，相较 2019 年的 25.4%大幅增加 1.6 倍。

(六)农业农村数字化发展环境逐年优化

县级农业农村信息化管理服务机构是落实各级党委政府有关农业农村数字化部署要求、确保各项任务措施落地见效的基层队伍和组织保障。近年来，随着网信事业的不断深入和拓展，县级农业农村信息化管理服务体系持续强化完善。据农业农村部信息中心发布的《2021 全国县域农业农村信息化发展水平评价报告》，2020 年全国县级农业农村部门设置了

---

① 详见：戈晓威. 2020 年全国农村网络零售额达 1.79 万亿元，同比增长 8.9%. (2021-01-24)[2021-10-05]. http://www.xunjk.com/xinwen/yejie/2021/0124/129652.html.

承担信息化工作的行政科（股）或信息中心（信息站）等事业单位的占比为78.0%，相较2019年提高了2.5个百分点。

同时，对农业农村数字化发展的重视主要体现在财政投入上。2020年全国县域农业农村信息化建设的财政投入总额达到341.4亿元，相较2019年的182.1亿元大幅提升87.5%。其中，县均财政投入1292.3万元，相较2019年的781.8万元大幅提升65.3%；乡村人均财政投入46.0元，相较2019年的25.6元大幅提升79.6%。此外，在乡村振兴战略的带动下，社会资本投资建设数字乡村的积极性持续高涨，市场优化配置资源作用日益凸显。2019年全国县域农业农村信息化建设的社会资本投入为478.5亿元，2020年快速增加至809.0亿元，增幅达69.1%。其中，县均社会资本投入3062.3万元、乡村人均109.0元，分别比2019年增长49.1%和62.2%。

第二章 数字乡村的研究思路

一、数字乡村的研究现状

数字乡村是一个近年来刚刚提出的概念范畴，因此在理论上或实践上都是一个新生事物。然而，由于可溯源至前些年国家大力推进的农业信息化、农村电商等，因此诸如数字经济、农业信息化、智慧农业、农村电商、淘宝村、乡村振兴、乡村治理、数字治理等相关方面的研究成果为数甚多。在此，限于篇幅，我们仅对数字乡村以及直接相关的智慧农业、农村电商、乡村数字治理等议题的研究现状进行简略检视。

(一)有关数字乡村的研究现状

自从2018年中央一号文件正式提出“实施数字乡村战略”以来，随着新一代信息技术在农业农村领域不断深入普及，对数字乡村的相关研究迅速增多，但总体上仍处于初步阶段，对数字乡村的研究主要集中于意义解读、现状分析以及实践探索等方面。

关于数字乡村的概念，一般都认同数字乡村建设是信息技术在农业农村领域的全面应用和深度融合，是以数字技术为主要驱动力的农业农村现代化发展进程(曾亿武等，2021；王胜等，2021；沈费伟，2021)。而且，学者们普遍认为数字乡村是新时代农业农村信息化发展的必然结果，是统筹推进乡村振兴战略的内在需求，是数字中国、智慧社会建设的外在要求，是实现农业农村现代化的应有之义，具有极为重要的战略意义和现实价值(王耀宗、牛明雷，2018；夏显力等，2019)。

关于数字乡村的发展现状，北京大学新农村发展研究院通过实证评估表明我国县域数字乡村整体处于起步发展阶段，且乡村经济数字化和治理数字化是主要短板；而据《2021全国县域农业农村信息化发展水平评价报告》，2020年全国县域数字农业农村发展总体水平已达37.9%，但仍处于较低水平。在认可当前数字乡村建设成绩的同时，温靖和郭黎(2018)、方堃等(2019)、温涛和陈一明(2020)、陈潭和王鹏(2020)、谢秋山和陈世香(2021)、杨嵘均和操远芃(2021)、苏岚岚和彭艳玲(2021)、陶建杰和尹子伊(2022)等分别指出我国在数字基础设施、数字人才培育和数据分享体系等方面较为薄弱，在城乡之间、东西部之间、两代人之间数字化水平存在较大差距，在加强乡村数字技术支撑、消弭城乡数字鸿沟、建构乡村数字赋能政策体系等方面都存在内生困境。

关于数字乡村的评价体系，北京大学新农村发展研究院构建了包括乡村数字基础设施、乡村经济数字化、乡村治理数字化和乡村生活数字化 4 个分指数的县域数字乡村指数体系。[①] 农业农村部信息中心在总结 2019 年和 2020 年开展全国县域数字农业农村发展水平评价工作经验的基础上，最终设计了包括发展环境、基础支撑、生产信息化、经营信息化、乡村治理信息化和服务信息化等 6 个一级指标，以及 14 个二级指标和 20 个三级指标。此外，常倩和李瑾(2019)、张鸿等(2020)、崔凯和冯献(2020)、韩瑞波(2021)、李振和张瑜(2022)等也提出了各自的数字乡村评价指标体系。

关于数字乡村的实现路径，王盈盈和王敏(2020)从城乡、乡村和生态尺度思考数字技术与乡村发展的关系，王铮和唐小飞(2020)提出以政府主导—农民参与—社会驱动的模式推动数字县域的建设，夏显力等(2019)提出围绕五大发展理念、农业供给侧结构性改革、农业产业兴旺找准"数字乡村"实现路径，郝政等(2022)针对农业农村部评选的乡村双创典型案例发掘出要素聚合型路径、科技驱动型路径、结构优化型路径等乡村高产业振兴质量的驱动路径，彭超(2019)、吕普生(2020)、苏岚岚等(2021)则着眼于提高农民数字素养以期激发数字乡村发展的内生动力。也有不少研究探讨了我国浙江、湖北、云南、贵州、甘肃等地数字乡村建设发展的实践经验(罗春龙等，2009；郭红东、陈潇玮，2018；刘俊祥、曾森，2020；魏振锋等，2020；沈费伟、叶温馨，2020；郑军南、徐旭初，2020；吴彬、徐旭初，2022)。

关于数字乡村的未来走向，徐旭初(2021)分析了数字乡村在乡村数字经济、数字治理、数字生活多方面的发展趋势及其疫情效应，师曾志等(2019)、沈费伟和叶温馨(2021)、袁宇阳和张文明(2021)关注到乡村善治、人本伦理、协同创新等方面的未来走向，而李依浓和李洋(2020)、武小龙(2022)则以法国、德国乡村数字化发展来观照我国数字乡村发展趋势。

(二)有关智慧农业的研究现状

近年来，国内外学者主要从理论和技术两方面对智慧农业开展探索。总体来看，国内的智慧农业研究仍处于起步阶段，如何在乡村振兴战略背景下科学推进智慧农业建设，亟待进一步探索和揭示。

首先需要指出，智慧农业的概念与精准农业、数字农业并无太大差异。汪懋华(1999)、匡远配等(2018)认为精准农业是现代空间信息技术、生物技术和机械工程技术等信息技能赋能下的现代化农业生产形式，主要技术包括卫星定位系统、地理信息系统、遥感技术和计算机自动控制技术等。王利民等(2018)、王甡等(2006)认为数字农业是在地学、空间、信息技术支撑下的集约化和信息化的农业技术，旨在最终达到农业生产的数字化、网络化和自动化，以获取农业经济效益、社会效益和生态效益的统一。刘建波等(2018)认为智慧农业以现代信息技术为手段，运用先进的数字化技术对农业生产经营进行智能化管理，可以实现农业生产精准化、可视化、智能化。而 Dagar 等(2018)则认为智慧农业是精准农业、数字农业、农业物联网等的统称。

随着现代信息技术在农业领域的广泛应用，以智慧农业为表现形态的农业智能革命已经到来，发展智慧农业已成为世界现代农业发展的趋势(赵春江，2019)。欧阳涛等(2000)、

① 详见：北京大学新农村发展研究院数字乡村项目组. 县域数字乡村指数(2018)研究报告. (2020-09-26)[2021-10-05]. http://www. aliresearch. com/ch/information/informationdetails? articleCode=142536283581976576.

胡钧铭等(2007)、Esfahani & Asadiye(2009)、刘金爱(2010)、Brand(2012)、黄祖辉(2014)、Walter 等(2017)、李谷成等(2018)、Goedde 等(2020)都对发展智慧农业的必要性有所论述,其中国外学者更多关注智慧农业对农业生产效率的作用,而国内学者则更多扩展到对农业现代化、乡村振兴等方面的作用。

赵春江等(2018)、陈潇(2019)、苏杭和马晓蕾(2020)、Park & Lee(2019)、Eom 等(2020)分别讨论了美国、日本、韩国的智慧农业发展情况。赵敏娟(2020)则从经济学视角指出智慧农业相较于传统农业发生了三大变化,即生产要素、产业环节对于要素的依存状态和数字要素的发展与变革。

目前,就我国智慧农业而言,胡亚兰和张荣(2017)、熊航(2020)、钟文晶等(2021)、赵春江(2021)、金建东和徐旭初(2022)分别指出我国智慧农业发展面临着土地经营分散、农业机械化水平不高、农村基础设施薄弱、小农排斥、效应陷阱、应用开发滞后、数据烟囱、政策体系与市场机制不健全等诸多问题和挑战。

关于智慧农业的发展模式,李微微和曹丽英(2016)认为,智慧农业的技术特点与农业生产方式耦合是智慧农业可持续发展的有效模式,应构建适合农业生产现状和现代农业发展需求的物联网云智慧农业生产模式。胡亚兰和张荣(2017)指出,我国农业产业向智慧农业转型过程中形成了农村电子商务模式、农业众筹模式、农村信息化服务模式、农村金融模式、农村电商物流模式五种创新模式。李瑾等(2018)认为,智慧农业在世界上的发展模式主要包括美国的全程全网化精准农业模式、荷兰的工厂化设施农业物联网模式、德国的技术创新驱动型农机智造模式、日本的适度规模经营型精细化农业模式、韩国的服务引领型农技推广互联网模式、印度的软件产业主导型信息服务模式等。杨盛琴(2016)则指出发展模式不能采用拿来主义,认为不同发展模式体现了不同的农业经济、农业科技的发展水准,各自适合了本国的国情及生产条件,我国应形成具有中国特色的智慧农业发展模式。

关于智慧农业的发展机制,张跃强和陈池波(2015)、赵恒(2016)、吴娜琳等(2018)认为,智慧农业良性发展得益于政府的高度重视、区域经济发展的内在要求、财政对农业科技的较大投入、涉农主体的使用素养以及高速发展的现代信息技术等。李世杰(2019)认为,智慧农业的发展机制应该是政府和市场的双向驱动机制,具体包括规划引导机制、平台汇集机制、利益分享机制、成果转化机制和协同创新机制。金建东和徐旭初(2022)指出,数字农业的实践逻辑包括技术逻辑和应用逻辑,其中技术逻辑表现为由信息感知、算法赋能、精准执行三方面衔接构成的内在机制和技术体系,应用逻辑表现为数字技术在农业的生产、物流、营销、金融等环节和领域中各场景的融合机制。杨晓北(2018)对比中美经验后认为,社会效益机制、生态环境效益机制、经济效益机制是影响我国精准农业发展的主要机制,并且重要性依次递减,这与美国经济效益机制、生态环境效益机制、社会效益机制的排序方式大相径庭。

关于智慧农业的实施路径与对策,张继梅(2017)、曹冰雪等(2021)提出要强化智慧农业顶层设计、研究制定配套政策机制、推进农业全产业链数字化、健全信息化人才培育体系等。此外,其他学者还强调智慧农业需要强化政府作用、建立公共服务平台、加强农村电子商务建设、扩大前沿技术的推广范围和建立农资及农产品销售新模式等(钱晔等,2019;韩楠,2018;刘建波,2018;陈媛媛等,2021)。于法稳(2021)指出,智慧农业的发展应关注主体的多元性、区域的适宜性、发展的阶段性、模式的多样性等问题,要从强化顶层设计、制定发展规划、实施技术集成、注重人才培养等方面寻找实现路径。

国内外关于智慧农业的相关技术研究主要集中在技术架构设计(刘金爱,2010;生吉萍等,2021)、传感器设施(汤建华等,2018;李瑾等,2018)、智能监测系统(唐世浩等,2002;谭杰等,2018)、智能控制系统(郑可锋等,2005;熊本海等,2015)、智能算法(王利民等,2019;兰玉彬等,2020)、智能农机具(甄鸣、涛高波,2018;彭炜峰、李光林,2018)等方面。

(三)有关农村电商的研究现状

近年来,有关农村电商的研究主要集中于农村电商的发展现状、影响因素、发展模式、电商扶贫、电商直播等方面,成果较为丰富。

有关农村电商发展现状,首先,众多研究都充分肯定了农村电商对于促进农民增收(Futch & McIntosh,2009;Moustier 等,2010;Shimamoto 等,2015;李向阳,2017;张党利,2020;汪茫、杨兴洪,2020;高彦彦等,2021;熊雅芬,2021;吕慧珍,2021)、促进农民消费升级(宋治国,2017;姚伟波,2019;冯富帅,2020)、农业农村现代化(王瑞峰,2020;李沛强,2020;王冬屏,2020;杨瑞等,2021;李志平、吴凡夫,2021;王坤,2021;邓琳佳,2021;陈婷,2021)的重要作用。然而,关于农村电商对收入分配效应的作用观点不一,一些研究肯定了农村电商缩小收入差距的正面作用(张奕芳,2019;贺业红,2020;张杰等,2021),而另一些研究则认为农村电子商务会拉大城乡收入差距(Schwab,2011;张磊、韩雷,2017;贺娅萍等,2019)。

其次,一些研究总结了农村电商的发展特征。其中,国外研究侧重对基础设施建设、农民科学素养、信息技术水平必要性(Posner,1961)、政府扶持与监管重要性(Yaseen 等,2021)、产品经营能力提升优势等方面进行归纳总结。国内研究更侧重于归纳农村电商发展趋势特征,认为农村电商具有草根创业、作坊式生产、同业集聚以及协同性等基本特征(张滢,2017;李坚强,2018);在农产品交易上呈现出覆盖面广、向心力效应强、信息获取更容易、效率优化、竞争力提升等特征(胡天石等,2005);在演化历程上表现为涉农电子商务阶段、农产品电子商务阶段和农村电子商务阶段 3 个阶段(刘静娴、沈文星,2019);王瑞峰(2021)则着眼于农村电商多维度特征,认为农村电商具有模式差异性、社会功能性、用户特殊性、经济发展不平衡性等动态特征。

最后,农村电商的发展困境也得到广泛注意,如同质化竞争严重(王坤,2021;金雪莹,2021;王志辉等,2021)、农户缺乏电商素养和人才缺乏(洪勇,2016;吴雪,2020;葛林,2022)、信息物流等基础设施不完善(钟燕琼,2016;邓琳佳,2021)、产品监管不到位和法律缺失(聂召英、王伊欢,2021;郭凯凯、高启杰,2022)、融资困难(骆婉琦,2019;唐艺等,2021)等。

关于农村电商发展的影响因素无疑是一项研究热点,主要从两条主线展开:一是外部因素,涉及市场环境、政府行为和保障条件等对农村电子商务发展的影响;二是基于农民和主体参与的个人层面、产品等内部因素。就外部因素而言,涉及资源禀赋(姚庆荣,2016;曾亿武等,2016;徐智邦等,2017)、市场环境(刘俊杰等,2020;何铁林,2021;赵文涛,2021)、基础设施(Rao,2008;周应恒、刘常瑜,2018;王文佳,2019;余晓红,2020)、政府支持(钮钦,2016;杨旭等,2017;徐智邦等,2017;Qi 等,2019;鲁钊阳,2018;易法敏等,2021)、社会创新(崔丽丽等,2014;董坤祥等,2016)等方面因素。就内部因素而言,农村电商创业能人的引领示范作用受到广泛肯定(周海琴、张才明,2012;周劲波、郑艺杰,2017;刘亚军等,2017;李红玲等,2018),此外,产品的标准化、交易成本等也是制约农村电商发展的内在影响因素(凌红,2017;王文佳,2019;李湘棱,2019;王冬屏,2020;赵建伟等,2020)。

农村电商的发展模式则是另一研究热点。从地域发展来看，形成了浙江临安模式、浙江丽水模式（李湘棱，2019）、“互联网＋三农”的沭阳电商模式（王雨，2021）、福建安溪模式和江苏睢宁模式（张党利，2020）、清河模式和沙集模式等（金勇、王柯，2019）。从产业链来看，主要形成了 B2C 模式（金恩焘等，2019）、B2B 模式（刘通，2021）、C2B 模式、C2C 模式、O2O 模式以及数字供应链金融赋能下农村电商供应链模式（葛林，2022）等众多发展模式；基于电商企业的作用，典型的“淘宝村”模式是极富中国特色的农村电子商务集聚形态（崔丽丽等，2014；周应恒、刘常瑜，2018），直播助农新模式是乡村振兴和网络扶贫在农村电商模式上的全新探索（李晓夏等，2020）。从电商扶贫来看，主要有以信息化与工业化联动转型升级为核心的沙集模式（董坤祥等，2016）、利用“龙头企业＋人才＋政策＋集散地＋电商”区位优势打造西货东进电商产业集散地的武功模式（郭承龙，2015）、以“合作社＋服务点＋网店＋物流”为核心的陇南电商扶贫新模式（陆刚、孙芸莉，2018），以及政府减贫引导下农村电商与农村物流协同发展最优模式（张诚，2020）等。此外，还有近年来日益火热的农村电商直播带货，其具有直观展示产品以获取消费者信任（叶怡雄，2019；刘平胜等，2020；周丽、范建华，2021）、优化农产品上行通道以实现精准产销对接（郭全中，2020；曾亿武等，2021）的特点，以及促进农产品销售、帮助农民增收脱贫，从而推动农村经济发展等重要作用。

（四）有关乡村数字治理的研究现状

乡村治理是一种复杂的社会政治现象（徐勇，2000；贺雪峰，1999；刘晔，2001），涉及乡村精英治理（郭正林，2003）、村民自治（郎友兴，2006；秦勃，2010；仝志辉，2000；徐勇等，2014）、民主协商（何包钢等，2007；赵秀玲，2016；黄君录，2019）、乡村内生秩序（曹海林，2005）和民间参与（俞可平、徐秀丽，2004；刘守英、熊雪峰，2018）等领域，学术界进行了长期的探索和研究。

目前，随着经济社会迅猛发展，传统乡村治理模式的问题日益凸显，典型如村民自治行政化（张新文、张国磊，2018；张会萍等，2019；郎友兴，2015；周学馨、李龙亮，2019），村民“政治冷漠”、参与治理热情不高（张新文、张国磊，2018；李莹，2019），乡村治理内卷化（贺雪峰，2011；周常春等，2016；陈锋，2015；韩庆龄，2016），乡村社会流动性加剧、村民个体原子化趋势明显（熊易寒，2012；任中平，2017；刘启英，2019），以及留守儿童、妇女、老人等社会弱势群体问题（任中平，2017）等。

进入技术驱动的数字时代，Dunleavy 等（2006）提出了“数字时代的治理理论”。国内对数字治理的研究一般集中在探讨数字治理的应用实践上，较多涉及电子政务（吴昊等，2009；张敏等，2015）、数字政府（黄璜，2020；孟天广，2021）、网络化治理（孙柏瑛等，2008；张康之等，2010）、整体性治理（胡象明等，2010；杨君等，2015）等领域。

乡村数字化治理是数字治理理论或数字治理在乡村社会治理中的扩展与应用，其内涵是整合国家与社会之间的资源，构建政府、市场、社会以及个人协同合作的治理机制（刘俊祥、曾森，2020；冯献等，2020）。与传统乡村治理相比，乡村数字治理模式“新”在治理场域和方式发生变化，具有交往的超时空性、参与的低成本性及监督的便捷性特征（何阳、汤志伟，2019），使得治理过程从被动处置转向主动预测、从精细管理转向精准服务（谭九生、任蓉，2017），提升治理内容精准性和治理手段有效性（王欣亮等，2018）。

乡村数字化治理作为一种新生事物，发展步伐较快，并且受到了学术界的普遍关注，研究结果主要集中在乡村数字治理的概念内涵(冯献等,2020;刘俊祥等,2020)、机理机制(高国伟等,2018;郭明,2019;韩瑞波,2021;苏运勋,2021)、实践路径(沈费伟等,2021)、现实挑战(李利文,2020;郑永兰等,2021)等方面。数字赋能乡村治理带来显著的嵌入效能,数字技术在乡村公共服务、村民自治、政府决策、权力监管等方面正在发挥着积极作用。例如:以数字化整合为轴心的数字乡村公共服务体系,能够发挥数字技术扩散效应,满足农民最关心最直接最现实的利益诉求及公共服务新需求(方堃等,2019);大数据嵌入乡村治理,可以提升治理主体的协同性、过程决策的科学性、问题应对的有效性(何欣亮等,2018);技术嵌入实现组织赋能,可提升政府组织管理服务水平、优化市场组织配置供给水平、推进社会组织公共服务水平(沈费伟,2020);等等。在乡村治理结构上,数字技术将多元主体纳入治理场域,实现了结构重组。例如:互联网重塑了农村治理的社会基础、结构与形态,形成了以交互性和群结构性为特征的交互式群治理模式(陈明等,2019);技术打破了传统乡村治理中基层政府"话语霸权"和草根群众"政治冷漠"的结构性困局,以技术赋权使乡村公共能量场呈现出由"威权主导"到"互动博弈"的变迁(胡卫卫,2019);等等。在乡村公共空间及社会关系上,数字技术实现场域拓展和关系建构。例如:移动网络平台凭借话语表达、媒介动员、公共行动等优势,重构了乡村内生秩序(牛耀红,2018);以村务微信群为代表的乡村网络公共能量场强化了村民在乡村治理中的主体性作用和在场性特征,形塑着村民的公共精神和村庄认同(邬家峰,2021);等等。同时,一些研究也指出,乡村数字治理仍面临各种挑战,乡村治理体系还存在技术性、结构性以及价值性方面的不确定性(马丽,2020;赵早,2020)。

二、数字乡村的研究框架

数字乡村(或数字乡村建设发展),简言之就是农业农村数字化转型发展,它不仅是一个经济现象,也是一个社会事实,更是一个因新技术、新经济、新时代而引致的乡村振兴和农业农村现代化的新阶段、新形态、新引擎和新基座。当前,我国正处在信息化与农业农村现代化的历史交汇期,已进入推进数字乡村发展的重要战略机遇期,亟须用数字化驱动乡村振兴和农业农村现代化,但却十分缺乏对数字乡村建设发展的系统性的实践总结和理论阐释。我们研究数字乡村,研究数字乡村建设发展,实际上是要回答:何为数字乡村?如何认识数字乡村之于乡村振兴、数字中国、农业农村现代化以及新发展格局、共同富裕的意义和价值?如何给予数字乡村以相应的理论阐释?如何理解数字乡村的技术架构和应用架构?如何揭示数字乡村的发展机理、发展模式和实现路径?如何认识各地有关数字乡村的丰富实践?如何研判数字乡村的发展趋势?等等。而更深层的则是要回答:在一个突飞猛进的技术革命时代,当具有革命性的"元技术"及其衍生的"技术簇"扩展、穿透、嵌入相对独特的农业农村领域中[①],将会发生怎样的互动、博弈和糅合?又将如何深刻地改变农业生产方式、农村生活方式、乡村社会运行方式乃至农民思维方式?

① 所谓元技术,是指在诸多信息传播技术之中处于基础性地位、起奠基作用的技术形态。数字化技术之所以被看作"元技术",是因为它是一种"技术中的技术",所有其他信息传播技术的创生、更替,都需以它为前提。

无论如何，至少在当下，对于数字乡村的理论和实践的研究，相对于一般的农业农村问题研究具有显著的特殊性。

其一，数字乡村无疑是实践性大于理论性的活动和进程。《数字农业农村发展规划（2019—2025年）》指出："农业农村数字化是生物体及环境等农业要素、生产经营管理等农业过程及乡村治理的数字化，是一场深刻革命。"因此，我们的研究注定不应是（也不可能是）纯理论的，而更应是（也更可能是）理论与实践相结合的，甚至是更偏于实践性的。换言之，数字乡村理论是迥异于科学理论的实践理论，应该以其他学科知识的范式、领域为基础，而建构出有助于指导数字乡村实践的原理。而且实话讲，数字乡村及其建设发展至今也是缺乏方法论的，缺乏理论架构和阐释的。于是，本书将大量结合各领域、各层面、各路径的数字乡村发展实践进行论述和讨论，并力图提出我们自己的理论架构和相应阐释。

其二，数字乡村显然是进行时而非完成时的活动和进程。尽管农业信息化、智慧农业发展已有时日，但数字乡村不仅是近年来刚刚提出的概念范畴，也是因数字技术近年来爆炸式地扩展、穿透、嵌入农业农村领域，还日益应用到乡村数字经济、乡村数字治理、乡村数字生活等各方面而出现的一个典型的新生事物，而且还不断出现各种创新性应用，从而至今并无太多的理论积累和实践总结，更缺乏系统性的理论阐释。数字乡村建设发展过程呈现显著的演进性，并非一蹴而就。同时，尤其因数字技术的创新性、迭代性和数智企业基于互联网精神的快速推动，数字乡村建设发展也呈现出快速迭代性。在此意义上，本书必将是速朽的，我们也希望它是速朽的。

其三，数字乡村必然是综合性而非单维度的活动和进程。数字乡村既是实施乡村振兴的战略方向，也是建设数字中国的重要内容，因而，它必然涉及农业农村发展中如乡村信息基础设施、乡村数字素养、乡村数字大脑、乡村数字经济、乡村数字治理、乡村数字生活、乡村数字决策等方方面面，注定是多领域建设、多维度发展、多路径推进的。相应的，在理论上，它必然涉及数字技术、数字经济、数字政府、数字治理、数字生活等多方面的理论问题。由于影响数字乡村的关系变量十分复杂，社会科学、管理科学或软科学等领域存量知识的"可供性"相对有限，也就很难在这些领域的存量知识资源中直接找到相应的理论框架、视角和方法，而且也很难提出能够总括数字乡村建设发展诸问题的创新性的总体阐释框架，即便能够提出，大抵也是比较宏观的、约略的理论架构。

其四，数字乡村尽管在各方面都有地方政府和数智企业积极投入和建设，但公关文稿居多，可靠资料较少，缺乏完整可靠的典型案例和可供分析的面上数据，而更多的是正在进行时、少有总结的分散案例。更值得指出的是，在我国不同区域经济社会发展客观上呈现差异发展格局的情形下，数字乡村建设发展目前尚较多在浙江、江苏、广东、山东、福建、河南、河北、四川、重庆、黑龙江、北京、上海等经济社会发展较为先进、农业农村发展较为领先的省市展开，一些欠发达地区相对缺乏开展（虽然它们也在努力进行实践，也有一些成功案例）；目前尚较多展开于乡村数字经济领域，在乡村数字治理领域也有所探索，而乡村数字生活领域相对缺乏进展。

因此，本研究的基本意旨在于总结迄今数字乡村的实践做法，为今后数字乡村建设发展提供一些指引；同时，也尽可能创新性地构建一个我国数字乡村建设发展的理论框架，并在此框架下深入探索我国数字乡村高质量建设发展的内在机理、实践模式、推进机制、实现路径、支撑保障体系等突出问题，力图为我国数字乡村建设发展提供理论支撑与实践指导。

本研究的基本理念是：在农业农村发展进入数字时代的大背景下，以解放和发展数字化生产力为核心，以农业农村数字化转型发展为发展主线，以数字技术与农业农村经济社会深度融合为主攻方向，通过技术赋能农业发展全链路、农村治理各领域、农民生活各方面，促进数字兴业、数字治理、数字惠民、数字决策，以全面提升农业农村数字化水平，进而促进乡村振兴和农业农村现代化。

本研究的基本视角是：数字乡村以解放和发展数字化生产力为核心；数字乡村建设发展是应用数字技术对乡村发展进行赋能、赋权、赋利和赋智的过程，也是典型的技术、政策和市场三轮驱动的发展进程；数字乡村还是多元发展主体互利共生的发展生态系统。

而且，本研究特别重视以县域为基本载体和基座的数字乡村实践。首先，在中国社会政治格局中，县域不仅是经济共同体，也是福利共同体，更是社会治理共同体。县域被认为是城市与乡村、现代与传统、中心与边缘地带的连接点，其独特性在于县域有城与乡的要素、现代与传统的要素、中心与边缘的要素，由此县域构筑了中国的基层社会治理共同体，可视为国家治理体制的基石。其次，县域政府具有为了实现特定治理目标而拥有的行动空间及所采取的相应行为，即县域自主性，包括县域政府的自主决策权、政策转化权、资源整合权和能动性等，自然也包括数字乡村建设发展的规划、实施和运营权。最后，从数字技术应用视角看，县域较乡镇、村社更可能建立足够大容量的数据池、足够多维度的应用场景，从而也更拥有数字技术应用的可能性，更体现数字乡村建设发展的效能。

本书总共 15 章，从研究说明、理论构建、实践应用、结论趋势等四大模块进行研究和论述：

第一模块为研究说明，即第一、二章内容，主要阐述本研究的研究背景及其问题提出，简述数字乡村的发展现状、研究现状，申明研究思路、写作结构和采用的研究方法。

第二模块为理论构建，即第三、四章内容，是本研究的主要内容之一，主要针对目前数字乡村建设发展尚缺乏系统的理论框架的现状，给予数字乡村以基本界定，初步提出数字乡村的理论建构。具体地，主要阐释数字乡村的基本界定、基本特征、现实定位、结构要素、基本架构等，揭示我国数字乡村建设发展的实现逻辑、影响因素、系统模型与评价测量。

第三模块为实践应用，即第五章到第十四章内容，也是本研究的主要内容之一。在此，基于上述研究理念和理论框架，我们分别从数字乡村的基础条件、数字大脑、乡村数字经济、乡村数字治理、乡村数字生活等方面进行研究和论述。其中，由于以数字技术与农业农村经济深度融合为主攻方向，相应地尤以乡村数字经济内容最多，在第七章至第十一章中，逐一讨论农业数字化生产、农村数字化物流、农村数字化营销、乡村数字化金融、乡村数字化创新等多方面专题。在第十二、十三章中，专门探讨了乡村数字治理、乡村数字生活的有关内容。在上述各章中，我们特别注重数字乡村的地方实践，确认数字乡村建设发展应以县域为基本载体和基座。而在第十四章中，我们专门介绍了农业农村数字化转型发展的国际实践。

第四模块为研究结论与趋势研判，即第十五章内容，主要为本研究的一些主要结论，并对数字乡村的发展趋势进行研判，以期作为数字乡村建设发展的未来指引。

三、数字乡村的研究方法

一项研究落地扎根的关键在于研究方法的合理选用，而研究方法的选用则更多地取决于研究对象的属性、情状及其相关材料的可得性等。在本研究中，研究对象显然是特殊的：如上所述，数字乡村建设发展是实践性大于理论性、进行时而非完成时、综合性而非单维度的活动和进程，而且少有典型案例和面上数据，更是典型的技术、政策和市场三轮驱动的发展进程和多元发展主体互利共生的发展生态系统。这些就决定了本研究必然是跨学科的从而需要研究创新，必然是缺乏理论框架的从而需要理论架构，必然是缺乏实践总结的从而需要实践透视。

本研究主要运用经济学、社会学、管理学、组织理论、生态系统理论等多学科相关理论和方法，注重理论联系实践，注重数字乡村发展实践的调查研究，注重案例研究。应该坦率地承认，当在文献、调查和案例的基础上进行本研究时，我们有意回避了许多社会科学研究中常被采用的问卷调查、计量分析等方法。其一是因为我国数字乡村建设发展至今相对缺乏统计资料和面上数据；其二也是更为重要的，因为数字乡村建设发展是一个涉及技术、经济、社会、政策等多要素相互交织、相互作用的复杂主题。因此，此领域研究若固守问卷调查、计量分析等实证研究方法，可能会出现显著的研究偏差。当然，研究水平有限、研究周期较短、数据获得较难等，也都是个中原因。无论如何，在本研究中，我们格外注重案例研究，更愿意通过自己的研究给出比其他理论更多的可以用可观察事实证伪的验证道路。

总体而言，本研究通过调研我国典型的数字经济发展地区和投身数字乡村建设的数智企业，进一步构建国内数字经济建设典型案例库，其中包括：(1)100 余个县(区)域数字乡村建设案例子库，主要是中央网信办国家数字乡村试点地区、阿里巴巴集团数字乡村业务签约县；(2)20 余家数智企业案例子库，如阿里巴巴、腾讯、京东、拼多多、网易、联想、蚂蚁金服、美团点评、菜鸟网络、快手、叮咚到家、云集、归农等；(3)100 余个数字乡村建设项目案例子库，主要是数字农业、数字物流、数字营销、数字金融、数字扶贫等方面的典型案例；(4)10 余类中国数字乡村发展政策库，主要涉及税收优惠政策、财政资金支持政策、金融支持政策等。此外，我们还注意收集美国、德国、日本、英国、韩国、以色列等发达国家农业农村数字化转型发展典型资料，通过分析这些典型案例的过程和趋势，获取其发展启示，总结其新鲜经验，同时掌握并规避其失败教训。

还要指出，自 2019 年以来，我们围绕数字乡村建设发展问题，已先后对浙江、江苏、广东、云南、贵州、四川、重庆、河北、河南、陕西、甘肃等 10 余个省区市的数十个数字乡村发展地区、大大小小数十家参与数字乡村发展的数智企业进行了实地调研，尤其是全程参与和贴近观察了阿里巴巴集团近年来在数字乡村、数字农业方面的业务活动。

第三章　数字乡村的基本界定

一、数字乡村的概念特征

(一)数字乡村的丰富内涵

2019 年 5 月，中共中央办公厅、国务院办公厅印发了作为数字乡村顶层设计的《数字乡村发展战略纲要》(以下简称《纲要》)。《纲要》明确指出："数字乡村是伴随网络化、信息化和数字化在农业农村经济社会发展中的应用，以及农民现代信息技能的提高而内生的农业农村现代化发展和转型进程，既是乡村振兴的战略方向，也是建设数字中国的重要内容。"具体而言，要按照产业兴旺、生态宜居、乡风文明、治理有效、生活富裕的总要求，着力发挥信息技术创新的扩散效应、信息和知识的溢出效应、数字技术释放的普惠效应，加快推进农业农村现代化；要着力发挥信息化在推进乡村治理体系和治理能力现代化中的基础支撑作用，繁荣发展乡村网络文化，构建乡村数字治理新体系；更要着力弥合城乡数字鸿沟，培育信息时代新农民，走中国特色社会主义乡村振兴道路，让农业成为有奔头的产业，让农民成为有吸引力的职业，让农村成为安居乐业的美丽家园。

由此可以看出，"数字乡村"其实是一个包容性概念，与其相关的概念还包括智慧乡村、数字农业、智慧农业、互联网＋农村、互联网＋农业、乡村数字治理等。自 2018 年中央一号文件正式提出实施"数字乡村战略"之后，前述相关概念均可被统括进"数字乡村"。需要指出，与前述相关概念相比，"数字乡村"的内涵更为丰富。数字乡村的建设发展涵盖了生产、生活、生态、治理等各领域，涉及主体除了传统的、现代的乡村居民，还涉及诸多的"非农"主体(如数智企业、平台企业、科研院所)。或许，最为关键的是，数字乡村将各类先进的数字技术(如大数据技术、云计算技术、人工智能技术、区块链技术)视为"元技术"，并极力促成以数字技术为核心的农业农村"技术簇"逐渐形成、壮大，并在农业农村各个领域中逐渐渗透、扩散和广泛应用，这势必改变农业生产方式、农村生活方式、乡村社会运行逻辑、乡村治理方式乃至农民思维方式。

还需要认识到，数字乡村建设发展是一项长期的、系统的战略任务。根据《纲要》要求，实施数字乡村战略可分 4 个阶段。

第一个阶段，到 2020 年，数字乡村建设取得初步进展。农村互联网普及率明显提升，农村数字经济快速发展，"互联网＋政务服务"加快向乡村延伸，网络扶贫行动向纵深发展，信息化在美丽宜居乡村建设中的作用更加显著。

第二个阶段，到2025年，数字乡村建设取得重要进展，城乡数字鸿沟明显缩小。4G在乡村进一步深化普及，5G创新应用逐步推广。农村流通服务更加便捷，乡村网络文化繁荣发展，乡村数字治理体系日趋完善。其中，根据中央网信办、农业农村部等十部门联合印发的《数字乡村发展行动计划(2022—2025年)》，到2023年，数字乡村发展要取得阶段性进展，具体而言：网络帮扶成效得到进一步巩固提升，农村互联网普及率和网络质量明显提高，农业生产信息化水平稳步提升，"互联网＋政务服务"进一步向基层延伸，乡村公共服务水平持续提高，乡村治理效能有效提升。

第三个阶段，到2035年，数字乡村建设取得长足进展。城乡数字鸿沟大幅缩小，农民数字化素养显著提升。农业农村现代化基本实现，城乡基本公共服务均等化基本实现，乡村治理体系和治理能力现代化基本实现，生态宜居的美丽乡村基本实现。

第四个阶段，到本世纪中叶，全面建成数字乡村，助力乡村全面振兴，全面实现农业强、农村美、农民富。

(二)数字乡村的基本特征

具体而言，数字乡村具有以下基本特征。

1. 数字乡村具有鲜明的技术性

新一代信息技术的快速发展以及农业农村领域的数据爆发增长及海量集聚，推动农业产业体系、生产体系、经营体系逐步向网络化、信息化、数字化、智能化方向转型，设施装备研发显著加快，遥感、物联网与大数据应用蓬勃发展，数字技术产业化与农业产业数字化同步发展，带动传统农业农村数字化转型升级。

2. 数字乡村具有典型的政策性

数字乡村建设发展蕴含着突出的公共性和非营利性特征，包括乡村通信设施的网络化和数字化建设、农业生产经营的数据化和智能化基础设施建设、乡村信息惠民服务的基础体系构建、数字技术的产业扶贫应用、新型职业农民的数字化培育等任务，都需要政府部门在政策上予以支持并在资金上予以投入。

3. 数字乡村具有显著的市场性

数字乡村建设发展需要在市场经济框架下进行，尤其在乡村消费升级、农产品上行、消费品下行等乡村市场经济领域，更要以市场化机制驱动资源要素的合理配置和高效运行。如农业全产业链的数字化改造及数字技术研发等，不仅需要政府的引导和资源投入，更需要技术实力强劲且富有社会责任感的数字经济企业投身其中。而且，在数字乡村发展进程中，将呈现政策属性越来越弱、市场属性越来越强的良性发展趋势。

4. 数字乡村具有突出的创新性

数字乡村建设发展是一个创新进程，是数字技术创新、渗透并应用于农业农村经济社会发展的直接结果，必然有效激发农业农村发展的内生活力。强化农业农村科技创新供给，在农业农村现代化进程中实现诸如组织创新、模式创新、理念创新、文化创新、制度创新等一系列创新活动，使得农村数字新产业新业态竞相涌现，必将极大地推动农业农村高质量发展。

5. 数字乡村具有鲜明的综合性

数字乡村是乡村经济社会和农业产业全方位地进行网络化、信息化和数字化转型，包括基础设施数字化、乡村产业数字化、乡村治理数字化、乡村公共服务数字化、绿色乡村数字化、乡风文明数字化、农民素养提升数字化等诸多维度，并且，基于数字技术和网络平台，不同维度之间呈现出联动性、体系性、生态性等特征。

6. 数字乡村具有显著的演化性

在一定意义上，数字乡村发展是新一代信息技术对多元利益主体的赋能，包括网络赋能、技术赋能、数据赋能、平台赋能等，从而形成新的利益空间及边界的进程。各类相关主体，如普通农民、乡村精英、政府官员、企业家等围绕新出现的利益空间，采取不同的行动和策略，共同助推乡村形成新业态、构建新模式、出现新变革。换言之，数字乡村建设就是乡村的数字化，是一个动态发展的过程，要注重政府和市场的边界划分，为数字乡村发展创造良好的政策和制度空间，从而激活数字乡村的内生动力，实现乡村经济社会可持续发展。

因此，我们认为，数字乡村是伴随网络化、信息化和数字化在农业农村经济社会发展中的广泛应用以及农民现代信息技能的提高，用以实现乡村经济发展、乡村社会治理、乡村生活服务、乡村文化发展等方面数字化转型的发展进程和现实形态，具有较强的技术性、政策性、市场性、创新性、综合性和演化性等本质特征。其既是乡村振兴的战略方向，也是建设数字中国的重要内容，更是解决“三农”问题的历史机遇和时代要求。

二、数字乡村的现实定位

(一)数字乡村与乡村振兴

1. 数字乡村是乡村振兴的新引擎

实施乡村振兴战略是顺应经济社会发展的时代趋势，通过政策支持和市场引导，把各种现代元素注入农业农村，最终实现乡村的产业振兴、人才振兴、文化振兴、生态振兴、组织振兴，推动农业农村的历史性变革。显然，乡村振兴是一个基于某些核心驱动力的发展进程，最终实现乡村生态位的不断改进和跃升，从而达到理想的乡村发展状态。在一定意义上，数字乡村就是在数字经济时代通过解放和发展数字化生产力来推进和最终实现乡村振兴。而数字化生产力也就是在农业农村领域通过全方位采用数字信息技术，重构生产力三要素——劳动者、劳动资料和劳动对象，亦即培养具有数字化知识、素养和技能的新型劳动者，采用与数字信息技术相结合、以数字化生产工具为主的劳动资料，提高劳动对象的数字化应用水平，整体带动和提升农业农村现代化发展水平。概言之，数字乡村是数字经济理念及新一代信息技术发展、渗透和应用于农业农村各方面的结果，是乡村振兴全面插上数字化翅膀的直接表现形式，从而激活主体、激活要素、激活市场，不断催生乡村发展内生动力，形成乡村振兴的数字化新引擎。

2. 数字乡村是乡村振兴的新阶段

当前,以智能手机为代表的个人智能数据终端设备在乡村越来越普及,促进了乡村个人数据汇集的便利性,形成了乡村振兴潜在的数据资源和数据动力。同时,伴随乡村电子商务的不断发展,在县域出现了一大批基于当地特色产业资源的电商村镇,发展出一些具有一定集聚效应的新产业新业态。另外,乡村空心化也亟须应用互联网技术破解线下地域限制问题,围绕乡村现实性议题提供广阔的虚拟网络表达交流渠道。由此,基于新一代信息技术应用和数据资源价值挖掘的数字化发展趋势已日益显现在农业农村经济社会发展的方方面面。简言之,一是网络化、信息化和数字化在农业农村经济社会发展中日益得以体现和应用,二是农民现代信息技能和素养不断提高,三是农业农村现代化发展的历史命题和现实任务对数字经济发展理念、技术和模式提出了新要求。因此,要顺应数字经济发展趋势,直面数字经济发展带来的机遇和挑战,将数字经济理念、技术和模式应用到乡村振兴各个方面,推进乡村振兴走向数字乡村新阶段,开创乡村振兴新局面。

3. 数字乡村是乡村振兴的新形态

观照现实及未来,数字乡村必然是乡村振兴发展的过程形态和未来形态。从宏观来看,数字乡村要使得乡村的生产方式、生活方式、消费方式、产业形态、治理形态、文化形态等全面进入数字化形态。从中观来看,数字乡村应该是一种呈现政府乡村决策科学化、乡村社会治理精准化、乡村公共服务高效化、农业生产经营智能化、乡村生态发展绿色化、村民生活服务便捷化的线上线下融合的综合体。从微观来看,数字乡村将演化出一系列高能级的数字化理念、主体和模式。其中,在中观层面,政府乡村决策科学化和乡村社会治理精准化必然演化出基于大数据和云计算的“乡村+数字政府”发展模式;乡村公共服务高效化必然演化出公共服务内容的数字化转型和服务体系的网络化转型,实现数字公共服务和个人需求的精准指向和反馈,形成“数字政务+业务在线化”的高效公共服务模式;农业生产经营智能化必然形成基于农业产业智能化,涵盖多元利益主体和全产业链的农业产业发展新形态,表现为“农业全产业链+数据化+智能化”发展模式;等等。

(二)数字乡村与新发展格局

1. 数字乡村为构建新发展格局提供有效的市场供给

构建新发展格局需要贯通生产、分配、流通、消费各环节,形成国民经济良性循环。但发展相对滞后的乡村经济,在城乡融合发展以及整体经济运行过程中,仍存在诸多堵点。一方面,数字乡村建设能推动农业数字化转型,通过科技创新和数字技术的应用,打通农业生产中的堵点,改变中国农业竞争力弱、资源消耗大的现状,助推中国农业高质量发展,在市场供给方面实现突破。另一方面,需要充分利用数字技术,发展生态经济以及休闲文旅产业,形成农村经济新业态,突破产业瓶颈、加强创新供给,进而有效提升供给能力。除此之外,数字乡村的建设致力于提供城乡统一的智慧公共服务,这提升了农村人口的幸福指数,也为农村劳动力供给提供了良好条件,使劳动力要素畅通有序流动。在数字乡村治理方面,数字技术助推构建农村宅基地、建设用地、农业用地等资源资产的数据管理平台,畅通城乡之间、产业之间的资源资产要素流通渠道,穿透经济循环中的堵点,形成强大有效的生产供给体系。

2. 数字乡村为构建新发展格局培育强大的内生动能

随着信息基础设施日益完善，数字经济背后的新技术逐渐成熟，数字经济模式推陈出新，县域经济结构将不断优化调整，经济社会发展内生动能将得到极大释放。在经济发展过程中，市场规模一直是我国拥有的巨大优势，但乡村市场活力长期处于未充分激发状态。推动数字乡村建设，第一，可以利用财政投入进行乡村信息基础设施建设，创造就业机会，增加农民收入，扩大市场需求；第二，数字乡村经济的发展会催生大量的经济新业态，推动乡村产业重构，激发产业发展活力，促进一、二、三产业融合发展，带来就业岗位的增加；第三，乡村居民运用数字技术，通过电商平台购置商品，使得消费产品种类越来越丰富，消费方式的网络化程度逐步提高，消费层次稳步提升，内需潜力得到有效释放，有利于推动超大规模的国内市场进一步形成。

3. 数字乡村为构建新发展格局提供坚实的治理保障

通过数字乡村建设，可以加快形成党组织领导的自治、法治、德治、智治相结合的基层治理体系，有效提升乡村治理现代化水平，实现有效治理，从而为推进乡村振兴战略的实施、为加快构建新发展格局提供坚实的治理保障。一方面，通过开启"互联网＋党建"新模式，乡村基层党组织以在地化为基础，利用数字化技术，加强基层党组织的领导力、战斗力和凝聚力，增强基层党组织领导乡村振兴工作的能力。同时，乡村基层党组织通过线上平台建设，丰富了党员干部联系群众的方式，可以有效收集、整理群众意见和需求，提高及时精准回应群众需求的能力。数字乡村建设也为基层群众参与公共事务管理提供了新路径，充分调动群众参与基层社会治理，提升群众的参与度和满意度。另一方面，通过"互联网＋法律服务"，数字乡村建设可以帮助农村居民了解、学习法律知识，增强其法律意识，加强法治乡村建设。另外，通过乡村文化数字化建设，可以有效宣传乡村文化成果、促进乡风文明。

（三）数字乡村与共同富裕

1. 数字乡村为乡村弯道超车提供新轨道

农村新型基础设施建设是数字乡村建设的重要支撑。因此，近年来，我国大力推进数字中国建设发展，尤其重视提升农村"新基建"发展速度，在农村地区加快布局5G、人工智能、物联网等新型基础设施，积极引入信息化主流技术，实现数字技术与农业的深度融合，筑牢数字乡村的发展基础。无疑，数字乡村建设发展将成为乡村振兴的"新基建"，各地将以县域为基本场景，大力推动5G、数据中心、云计算、人工智能等新科技领域，以及教育、医疗、社保等民生消费升级领域基础设施的建设。而数字乡村建设发展将加速推动数字技术在乡村地区的推广和应用，形成由数字技术软硬件构成的乡村经济社会运行高能级新基座，为农民生产、生活、创新创业等提供新工具，为偏远山区、后进乡村地区的换轨运行、弯道超车提供新轨道，进而为乡村不同地区、不同群体以及城乡携手迈向共同富裕提供坚实的科技支撑。

2. 数字乡村为缩小城乡差距提供新动能

通过全方位采用数字技术，数字乡村将促进农业农村劳动者、劳动资料、劳动对象的数字化改造，实现数字化生产力在农业农村的解放和发展，促进农业农村生产关系的重构。随着数字乡村的建设发展，乡村的信息基础设施将不断完善，农村创新创业将以数字化和在线化为重要形式展开。各类乡村创新创业主体，将超越地域的限制，以数字化和在线化的方式，实现与其他市场主体的价值链接、价值交换、价值共创，从而构建乡村在线化创新创业的价值链，众筹农业、定制农业、共享农业、云农场等新模式新业态也将在这一过程中不断涌现。由此，数字乡村发展将形成一个个乡村经济社会发展的“增长极”，而这些“增长极”将成为乡村链接城市资金、人才和技术的战略高地，并进一步通过致富示范效应、技术的溢出效应和知识扩散效应辐射带动乡村不同地区、不同群体增收致富，进而驱动城乡发展差距的不断缩小。

3. 数字乡村为全民共享共富提供新路径

数字乡村使得乡村的生产活动、生活消费、公共服务等从线下逐渐走向线上，进而为村民提供共享共富的新路径。具体而言，数字乡村使得城乡资源和要素通过线上向乡村集聚，进而提升乡村经济发展活力，促进农民通过要素参与和在地就业实现增收；又如通过电子商务的方式促进工业品下乡和农产品进城，既满足农民群众美好生活的物质需求，又提升其收入水平。同时，乡村治理的数字化将数字技术与治理实践有效结合，可以为乡村治理赋能、赋权、赋利、赋智，将其打造成有秩序、有活力、有品质的乡村社会。其中，乡村基层治理将由村两委单一治理模式逐步走向数字技术赋能下的村民全员参与治理模式，乡贤和在外人员的数字化管理服务平台将成为乡村获取外部资源的创新手段，乡村治理活力将会极大激活，形成多元主体共同参与的良性治理格局。

总而言之，加快推进数字乡村建设，既是巩固拓展网络帮扶成果、补齐农业农村现代化发展短板的重要举措，也是深入贯彻共富理念、加快构建新发展格局、实现乡村全面振兴的关键一环。

三、数字乡村的要素架构

(一)数字乡村的结构要素

为了更加客观地呈现数字乡村的内涵，还可以通过厘定数字乡村的基本构成要素以给出其结构性定义。通过对《数字乡村发展战略纲要》《数字农业农村发展规划(2019—2025)》《关于开展国家数字乡村试点工作的通知》《数字乡村建设指南 1.0》《数字乡村发展行动计划(2022—2025 年)》等重要政策文件的梳理以及对国内数字乡村试点县市的实地考察与反思，可以认为，建设和发展数字乡村应至少从设施、素养、平台、数据、场景及应用等 6 个结构性要素着手。

1. 设施(Facility)

设施主要指信息基础设施。信息基础设施是信息化各领域开展建设和应用的前提和基础，同时也是信息化水平的一个体现。随着信息通信技术的发展和创新，信息基础设施也在不断向新的方向发展。事实上，信息基础设施早就存在，但以前只在讨论信息化建设的时候才被强调，并没有被纳入基础设施的范畴。而到了现在，信息化日益成为承载国民经济和社会发展的重要基础条件，因而信息基础设施顺理成章地成为国家基础设施的重要部分。一方面，传统基建已趋于饱和，要避免重复建设导致资源浪费和无效发展；另一方面，传统基建的边际效用快速下降，急需新的经济增长点。而能支撑产业向网络化、数字化、智能化方向发展的信息基础设施正是我国新一轮基础设施建设的重点所在。在新的历史阶段，信息基础设施具体涵盖：第一，以5G、物联网、工业互联网、卫星互联网为代表的通信网络基础设施；第二，以人工智能、云计算、区块链等为代表的新技术基础设施；第三，以数据中心、智能计算中心为代表的算力基础设施等。信息基础设施为数字平台运行提供技术支撑环境，是数字乡村的底座和基石，其建设水平将从根本上决定数字乡村的建设发展水平。随着国家“新型基础设施建设”（“新基建”）的持续发力，①特别是新一代数字基础设施建设投资高潮的到来，数字乡村建设发展将迎来千载难逢的历史机遇期。

2. 素养(Literacy)

素养即数字素养，这一概念最早由Gilster(1997)提出，并被界定为获取、理解、整理和批判数字信息的综合能力。Eshet(2004、2012)进一步将数字素养的定义扩展为新兴数字环境下居民生活、学习和工作所需的生存技能，并从图片—图像素养、再创造素养、驾驭超媒体素养、信息素养、社会情感素养和实时思考技能6个方面构建了概念框架。立足发展阶段性视角，Martin和Grudziecki(2006)将数字素养定义为个人正确使用数字工具和设备、合理利用数字资源、构建新知识、创新媒体表达以及与他人沟通等的意识、态度和能力。欧盟也将数字素养作为21世纪欧洲公民必备的八项核心素养之一。② 国内学者虽然尚未就数字素养的核心要素达成一致意见，但整体上的认识不断深化。如肖俊洪(2006)认为数字素养不仅涉及纯数字技术的使用技能，还包括认知技能、情感技能和社交技能；王佑镁等(2013)指出数字素养概念包括了计算机素养、网络素养、信息素养和媒体素养等相关概念的主要内容，且各素养概念体系随时代发展呈现出既相互交融又连续统一的关系；程萌萌等(2015)则基于批判性和创造性角度，指出数字素养强调运用数字技术批判、评估和交流不同格式的信息并创造新知识的能力。

因此，可以认为，各类主体的数字素养水平是数字乡村建设发展的另一底座和基石。数字化发展促进了经济社会的数字素养不断成熟，数字素养为经济社会数字化发展奠定基础，并且反过来进一步促进经济社会数字化发展的深化。有学者甚至指出，随着人与自然及其相互关系的数字化发展，人类在大气层和生物圈之上正在构建一个素养层(noosphere)，即世界上所有的可由数据沟通的信息、知识、素养和思想组成的新维度(段伟文，2015)③。在

---

① 需指出，新型基础设施的范围除了信息基础设施，还包括融合基础设施（主要指深度应用互联网、大数据、人工智能等技术，支撑传统基础设施转型升级，进而形成的融合基础设施）和创新基础设施（主要指支撑科学研究、技术开发、产品研制的具有公益属性的基础设施）。详见：国家发展改革委举行4月份新闻发布会介绍宏观经济运行情况并回应热点问题.(2020-04-20)[2021-10-05]. https://www.ndrc.gov.cn/xwdt/xwfb/202004/t20200420_1226031.html.

② European Commission. E-skills for the 21st Century: Fostering Competitiveness, Growth and Jobs. (2007-09-07) [2021-10-05]. https://www.cedefop.europa.eu/en/news/e-skills-21st-century-fostering-competitiveness-growth-and-jobs-communication.

③ 也正如潘云鹤院士2019年在题为《人工智能2.0与数字经济》的报告中敏锐指出的，我们已经由传统的以“物理空间”和“人类社会”为主的二元空间逐步进入了“物理空间”“人类社会”“信息空间”所构成的三元空间。

数字乡村建设发展中，对政府、村民、数智企业等主体的数字素养都提出要求。其中，地方政府逐步认识到乡村数字化转型发展的必要性，各地（尤其是县域）竞相推进数字乡村建设发展；村民也加速对各类数字化应用的接纳，在广大乡村地区迅速形成数字化的使用习惯，汇聚成数字化的现实需求①；而由于认识到数字乡村的巨大市场空间，各数智企业更是积极地投入乡村数字化转型发展的一系列市场活动，日益成为乡村数字化转型发展的主力军，成为数字素养的领先者和普及者。

3. 平台(Platform)

平台即数字平台，是一种基于软件系统的可延伸代码库，借助其聚合效应、扁平化效应及功能化效应，实现数据资源的整合、传输与共享（任天浩、曹小杰，2020）。一般而言，数字平台的模块化技术（可区分为核心模块和外围模块）能够使其自身保持着相对稳定的状态（互补组件的模块化接口是最稳定的元素）（Baldwin & Woodard，2009；Gawer，2014）。可以认为，平台在整个数字化领域已经成为一种发展趋势。在数字乡村领域中，数字平台无处不在。其中，数字平台主要集成了数字产业系统（从乡村产业着手构建乡村数字经济生态）、乡村数字治理系统（推动农村由内生动力出发实现数字转型）和数字公共服务系统（在城乡融合发展背景下推进乡村公共服务的数字化转型）等三大系统。具体而言，例如在数字产业系统中，通过自然资源遥感监测"一张图"和综合监管平台，可以对永久基本农田实行动态监测；又如在农业科技信息服务平台上，技术专家可以在线为农民解决农业生产难题；再如在农村人居环境综合监测平台上，可以实现对农村污染物、污染源全时全程监测。而在乡村数字治理系统中，通过建设推广统一的在线政务服务平台，可以实现"最多跑一次""不见面审批"，有效提高乡村居民的办事便捷程度。此外，乡村数字平台还应构建一个乡村大数据中心，旨在从村级单位逐个突破数据孤岛问题，短期内快速实现乡村资源的数字化、资产化。

4. 数据(Data)

数据主要指大数据。习近平总书记指出："在互联网经济时代，数据是新的生产要素，是基础性资源和战略性资源，也是重要生产力。"②联合国贸发会议（UNCTAD）发布的《数字经济报告 2019》也指出，数据已经成为创造和捕获价值的新经济资源，是所有迅速出现的数字技术的核心③。2020 年 4 月 9 日，中共中央、国务院《关于构建更加完善的要素市场化配置体制机制的意见》印发，将数据作为与土地、劳动力、资本、技术并列的第五生产要素，并进一步提出要加快培育数据要素市场，充分挖掘数据要素价值。④ 可见，信息技术与农业产业

---

① 苏岚岚和彭艳玲(2022)探索性构建了包括数字化通用素养、数字化社交素养、数字化创意素养和数字化安全素养 4 个方面的农民数字素养评估指标体系。

② 详见：央视网. 习近平带政治局集体学习 领导干部要学懂用好大数据. (2017-12-10)[2021-10-05]. http://news.cctv.com/2017/12/10/ARTI3HNR1LMiMiNZKmr1NMD1171210.shtml.

③ 详见：UNCTAD. Digital Economy Report 2019 | Value Creation and Capture: Implications for Developing Countries. (2019-09-04)[2021-10-05]. https://unctad.org/webflyer/digital-economy-report-2019.

④ 详见：中共中央，国务院. 关于构建更加完善的要素市场化配置体制机制的意见. (2020-04-09)[2021-10-05]. http://www.gov.cn/zhengce/2020-04/09/content_5500622.htm.

链有效融合产生的数据要素，对于改造传统农业、转变农业生产方式、优化农业生产经营方式、缓解信息不对称、激活城乡要素流动具有重要意义（薛楠等，2022）。诚然，在数字时代，数据不仅是一种生产要素，也是一种治理要素。对于数字乡村的建设而言，构建跨层级、跨部门、跨领域三级联动的数据归集、交换、共享的基础数据资源库无疑是基础的基础。在现实架构中，数据要素主要呈现为数据中台（即县域数据中心），旨在通过数据技术连接数据前台和后台，对乡村数字化转型产生的大数据进行采集、计算、存储、加工，为相关决策提供数据分析挖掘服务。

5. 场景（Scene）

场景即应用场景，指特定应用被使用时乡村居民"最可能的"所处场景，在一定程度上是一种分析和描述乡村居民需求的方法，因此也可被称为需求场景。数字乡村的建设发展是一项复杂而庞大的系统性工程，必然涵盖农业生产生活、乡村政务服务、乡村文化繁荣、生态环境整治、乡村公共服务等多方面的应用场景。例如，农业数字化转型不仅包括种业数字化、种植业数字化、林草数字化、畜牧业数字化、渔业渔政数字化等各种分行业的农业生产数字化场景，还包括农产品加工数字化、农产品市场数字化监测和农产品质量安全数字化追溯管理等衍生场景。

6. 应用（Application）

应用指应用系统和具体应用程序，主要体现为可安装在个人电脑或智能手机上的应用软件或其他数字化应用端。数字乡村的建设发展最终必然体现在诸多对应于特定应用场景的技术产品应用上，主要包括：农业及其他产业的生产管理数字技术应用（如大田种植、设施农业、畜禽养殖、水产养殖、智慧农机、农业气象服务等数字化应用）、乡村流通营销数字化应用（主要是聚焦产销对接的农村电子商务应用）、乡村行业监管数字化应用（包括乡村自然资源和生态人居环境监管、农村房屋信息管理、农产品质量安全追溯、农资管理等数字化应用）、乡村公共服务数字化应用（涉及水、电、煤气、气象、交通、社保、医疗、教育、养老、金融等农村基本公共服务的集成应用）以及乡村治理数字化应用（旨在创新农村集体资金、资产、资源管理，推动党务、村务、财务线上公开，助推村级组织建设管理规范化，充分释放"互联网＋四治融合"新效能）。在乡村数字治理方面，目前已出现的相关应用典型如阿里巴巴"乡村钉"（及其针对各地乡村具体情况开发的各种衍生"钉"）和腾讯"为村"（正逐步从微信公众号版转向手机客户端版）。

数字乡村6个结构性要素的分布及其相互关系详见图3-1。具体而言，信息基础设施与相关主体的数字素养是数字乡村建设发展的两大底座，其中信息基础设施是"硬条件"（相当于数字乡村的"骨骼"），数字素养是"软条件"（相当于数字乡村的"毛细血管"）；数字平台及数据属于核心层级，其中数字平台（中台）是数字乡村的中枢（相当于数字乡村的"大脑"），数据则是最活跃的要素（相当于数字乡村的"血液"）；具体场景及其应用是数字乡村的前台内容（相当于数字乡村的"器官系统"），二者最反映农业农村经济社会发展的性状和数字乡村建设发展的内涵外延。

（二）数字乡村的基本架构

基于对数字乡村内涵特征及关键结构要素的分析，可以认为，较为理想化的数字乡村内

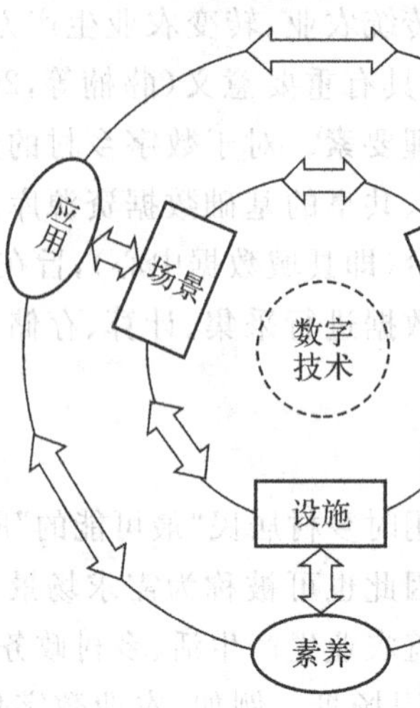

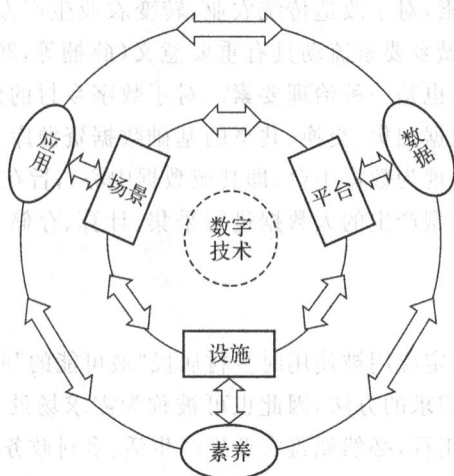

图 3-1　数字乡村的基本结构要素及其相互关系

容架构应涵盖基础层、控制层、内容层三大层级以及一套制度保障体系，大致体现为“223(N)1”的形式，详见图 3-2。

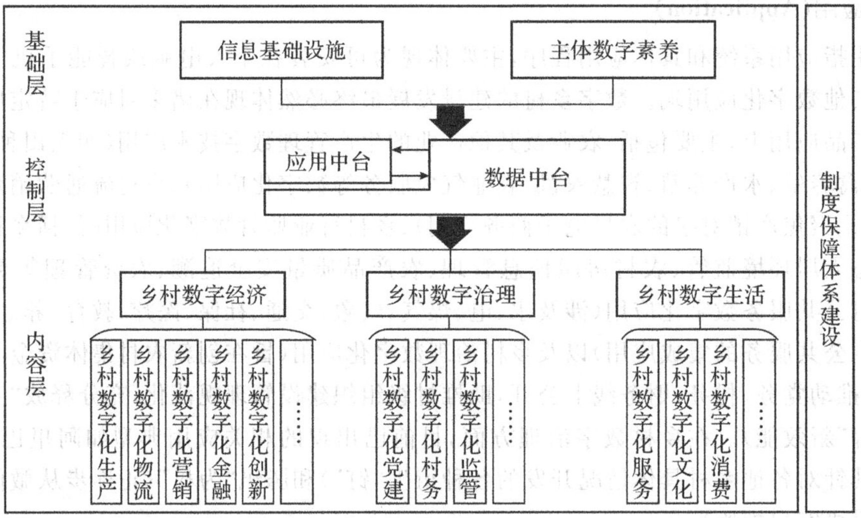

图 3-2　数字乡村的基本架构

1. 基础层

数字乡村建设的基础层主要包含两大基础条件，即作为物质条件的乡村信息基础设施和作为认知条件的相关主体数字素养，两大基础条件缺一不可，相辅相成。

具体而言，数字乡村建设发展首先要建设完善乡村信息基础设施，要加强基础设施共建共享，加快农村宽带通信网、移动互联网、数字电视网和下一代互联网发展；持续实施电信普遍服务补偿试点工作，支持农村地区宽带网络发展；推进农村地区广播电视基础设施建设和升级改造。同时，要完善信息终端和服务供给，要鼓励开发适应“三农”特点的信息终端、技术产品、移动互联网应用（APP）软件，推动民族语言音视频技术研发应用，全面实施信息进村入户工程，构建为农综合服务平台。在传统乡村基础设施数字化转型升级方面，要加快推动农村地区水利、公路、电力、冷链物流、农业生产加工等基础设施的数字化、智能化转型，推进智慧水利、智慧交通、智能电网、智慧农业、智慧物流建设。

与此同时，在数字乡村建设发展中，对政府、村民、数智企业等相关主体的数字素养都提出了要求。其中，地方政府逐步认识到乡村数字化转型发展的必要性，各地（尤其是县域）竞相推进数字乡村建设发展。村民也加速对各类数字化应用的接纳，在广大乡村地区迅速形成数字化的使用习惯，汇聚成数字化的现实需求。因此，要积极开展信息化人才下乡活动，加强对农村留守儿童和妇女、老年人网络知识普及，充分发挥第一书记、驻村工作队员、大学生村官、科技特派员、西部计划志愿者等主体作用，加强农民的数字素养培训。另外，由于认识到数字乡村的巨大市场空间，各数智企业更是积极地投入乡村数字化转型发展的一系列市场活动，日益成为乡村数字化转型发展的主力军，成为数字素养的领先者和普及者。

2. 控制层

数字乡村建设的控制层即“乡村数字大脑”，主要包括基于乡村基础数据系统构建的乡村数据中台和乡村应用中台。所谓中台指的是通过对系统中各项基础资源与服务进行集中整合后开放给前台使用的一个强大的、资源整合的、能力沉淀的平台。中台通过提高复用性避免职能重复，通过功能整合避免数据孤岛、业务孤岛的形成。专业和缜密设计的中台能够对不同部门和业务层级进行协调和支撑，确保整个乡村数字大脑正常运行。

其中，乡村数据中台主要基于大数据计算存储平台进行建设，包括各级各类数据资源以及数据相关服务的综合体。其核心内容应涵盖：(1)数据归集与整理，包括数据技术属性（包括数据类型、数据格式、数据长度等），结构化、半结构化数据的抽取、转化和加载等；(2)数据交换与开放，包括数据接口、数据共享等；(3)数据分析与开发，包括数据分析方法、单一领域或跨领域数据模型构建及扩展等；(4)数据生命周期管理，包括数据分级存储管理、数据管理组织架构等。

乡村应用中台则是乡村数字大脑的应用中枢，是一套将乡村中各项业务、经验等模型能力进行沉淀后形成的各类政务组件构成的政务服务共享能力体系。应用中台的建设目标是通过明确乡村各项业务需求来定义平台服务，优化并迭代各项业务。其中可能包括统一的乡村地图、区块链工具、表单工具、村民管理工具、产业管理工具等农业农村数字化管理通用组件和网关服务、系统安全管理支持、数据质量管理支持等数字大脑组件。

3. 内容层

数字乡村建设的内容层即应用场景，指的是在乡村信息基础设施和主体数字素养有效培育基础上，在乡村数字大脑（数据中台和应用中台）支撑下，结合数字乡村建设共性及个性需求而形成的应用领域。主要包括三大领域及 N 个具体场景，即乡村数字经济（包括乡村数字化生产、乡村数字化物流、乡村数字化营销、乡村数字化金融等）、乡村数字治理（包括乡村数字化党建、乡村数字化村务、乡村数字化监管等）和乡村数字生活（包括乡村数字化服务、乡村数字化文化、乡村数字化消费等）。

需要指出，在各个具体应用场景中还可以不断细分，例如数字化生产场景还可以细分为传统农业数字化转型、涉农加工数字化改造、乡村数字服务业等。具体而言，传统农业（农、林、牧、渔)的数字化转型场景可包括数字化农业机械与设备、农业生物信息系统、农作物生长模型、动植物数字化虚拟设计技术、数字化栽培、数字化病虫害监测、农业问题远程诊断、农业专家系统与决策支持系统、农业远程教育多媒体信息系统、嵌入式手持农业信息技术产品、温室环境智能控制系统、数字化农业宏观监测系统、渔船精密智控等具体场景;涉农加工产业数字化改造场景可包括数字化加工设备、智慧能源管理、数字化的预防性维护、自适应测量等具体场景;乡村数字服务业场景可包括服务运营平台、数字化支付、数字化展示、数字化体验系统等具体场景。

4. 制度保障体系

数字乡村的建设发展还需逐步完善相关制度保障体系,具体要从组织领导、机制保障、政策支持、人才支撑、氛围营造5个方面着手。

一是要加强组织领导。做好整体规划设计,研究重大政策、重点工程和重要举措,督促落实各项任务,形成工作合力。各地区要将数字乡村工作摆上重要位置,抓好组织推动和督促检查。要深化"放管服"改革,处理好政府与市场的关系,充分调动各方力量和广大农民参与数字乡村建设。建立健全省、市、县三级数字乡村建设工作机制,压实县级"一把手"主体责任。可以考虑在省级成立由网信、农业农村、发改、工信、科技、市场监管、乡村振兴等有关部门组成的数字乡村发展统筹协调机制,负责统筹制定本地区数字乡村建设实施方案、标准规范、扶持政策、监测评价,跟踪重大工程、重点任务举措落实,协调解决部门间涉农数据共享机制、数据基础设施保护等关键问题。

二是要建立保障机制。建立政产学研用多方协同共建保障机制,其中,政府要做好指导和监督并提供政策和资金支持,高校和科研院所提供智力支撑,行业协会、涉农企业和事业单位为农民开展技术指导和技术培训等服务,农业经营主体开展具体项目建设,落地实施农业生产经营各环节的应用场景。可以成立跨行业、跨区域数字乡村专家咨询委员会、数字乡村产业发展联盟等,引导行业协会、中介组织和涉农企业广泛参与,为数字乡村建设提供智库支撑与解决方案。当然,最为关键的是要完善监督考评机制,分解落实数字乡村建设任务,将数字乡村建设作为乡村振兴战略重要内容纳入省、市、县(区)政府年度工作考核,确保各项工作部署落到实处。

三是要完善政策支持。《数字乡村发展战略纲要》将数字乡村建设融入信息化规划和乡村振兴重点工程,完善产业、财政、金融、教育、医疗等领域配套政策措施,持续推进落实。应统筹利用省、市、县(区)现有财政涉农信息化政策、项目、资金,支持数字乡村基础设施、基础平台、生产生活数字化应用等项目建设。还可以积极拓展资金来源渠道,发挥政府资金引导作用,通过市场化机制撬动电信运营商、软硬件提供商、电子商务企业、金融服务企业和应用服务提供商参与投入数字乡村基础设施、智慧农业、便民服务等领域的建设运营,形成政府资金引导、社会多元化投入的资金筹措机制。

四是要强化队伍建设。建立多层次数字乡村人才支持体系,广泛吸引信息化人才下乡创业创新,参与数字乡村建设。聚集科研机构、高校、企业资源,坚持引进与培养相结合,打造一批数字乡村领域组织型人才和领军人才。可以积极发挥本土企业、职业院校、培训机构的作用,提高信息化应用技能课程在教育培训中的比重,普及农业科技知识,培养一批应用技能型人才、农业技术人才。要持续完善农村地区基础设施与配套公共服务,对符合条件的返乡入乡高校毕业生、农民工就业及创业创新给予政策支持。还可以依托国家电子商务示范基地、全国电子商务公共服务平台，开展农村电商人才培养，推广农村电商网络公开课，共享培训资源。

五是要营造良好氛围。积极探索数字乡村建设典型工作方法，及时总结推广有益经验，重点展示数字化助农惠农的新成果，定期开展数字乡村优秀成果展示和经验交流活动。采取多种形式，及时对数字乡村建设工作进行全面宣传报道，总结推广成功经验，营造有利于数字乡村建设的良好氛围。充分发挥主流媒体和重点新闻网站作用，讲好数字赋能乡村振兴故事，做好网上舆情引导，为全面实施乡村振兴战略凝聚共识、汇聚力量。

第四章　数字乡村的理论初探

一、数字乡村的实现逻辑

正如著名管理学家西蒙所言："为了建立理论，特别是为了建立那些使我们能够据之推理的理论，我们要对现实进行简化。"（转引自李友梅，2001，p. 125）因此，面对数字乡村这一新生事物，我们首先要认识到，乡村是一个复杂的系统，因此数字乡村必定是一个复杂的工程。由此，我们尝试回到理论原点，对看似纷繁复杂的数字乡村内核运用"奥卡姆剃刀"进行简化，透过生产方式、生成过程及功能运行等视角对"数字乡村何以可能"议题进行解读。

（一）生产方式视角

2020 年 4 月，中共中央、国务院发布了《关于构建更加完善的要素市场化配置体制机制的意见》，提出要"加快培育数据要素市场"，并明确将数据作为与土地、劳动力、资本和技术并列的第五大生产要素。可以看出，在数字时代，数据扮演着越来越重要的角色，作为新型生产要素，大数据的广泛应用必将带来生产力和生产关系的变革。近年来，随着数字技术创新推动影响越来越大，当代经济社会开始从传统的技术经济范式向数字技术经济范式转变，数字经济成为继农业经济、工业经济之后的一种新的经济形态。在数字经济时代，数据作为生产要素参与分配，是技术参与分配在逻辑与发展趋势上的一个延续，具有深远的意义。大数据、人工智能等新兴技术将全面渗透到经济社会运行的方方面面，推动数字经济步入发展新阶段。于是，在数字经济浪潮中，尤其在新冠肺炎疫情期间，许多行业都将数字化转型视为摆脱困境、实现弯道超车的重要工具（Corsini et al.，2021）。然而，数字化转型的本质是生产力重构（陈剑等，2020），数字化转型实现"赋能"的关键在于"能"，那么，"能"从何而来？

从狩猎时代到农业时代，人类经历了从打猎技术向耕种技术的跳跃式革命，而后蒸汽机的发明开启了工业化革命，电力的出现催生了电气化革命。伴随着生产力的不断更迭，生产力工具也从"刀耕火种"发展到"铁犁牛耕"，而随着数字经济时代的到来，信息技术革命催生发展出数字化生产力（Colbert et al.，2016）。就本质而言，数字化生产力意味着数字技术突破带来的社会生产函数重构，即通过数字化技术实现生产要素的重新组合，把一种从来没有的关于生产要素和生产条件的数字化新组合引进生产体系中去，以实现对生产要素或生产条件的创新（翁一，2020）。

因此，从社会生产方式革新的视角看，数字乡村的实现必然以解放和发展乡村数字化生产力为核心，旨在重构一个凝结基层政府、乡村居民、数智企业及社会组织等多元发展主体的互利共生生态系统。在一定意义上，数字乡村就是在数字经济时代通过解放和发展乡村数字化生产力并革新生产关系，进而推进农业农村现代化和最终实现乡村全面振兴，全面实现农业强、农村美、农民富。所谓乡村数字化生产力指的是在农业农村领域通过全方位采用数字信息技术重构生产力三要素（劳动者、劳动资料和劳动对象），亦即培养具有数字化知识、素养和技能的新型劳动者，采用与数字信息技术相结合、以数字化生产工具为主的劳动资料，提高劳动对象的数字化应用水平，整体带动和提升农业农村现代化发展水平。

（二）生成过程视角

传统的经济社会发展往往由政策和市场双轮驱动，而新经济则主要由技术赋能驱动。当前，我国经济发展进入新常态，深化供给侧结构性改革任务艰巨，传统产业亟须创新驱动发展。随着互联网与实体经济的加速融合，工业、农业、服务业等传统产业逐步迈出了数字化转型的步伐。传统产业由于应用数字技术普遍带来生产数量和生产效率提升，新增产出构成了数字经济的重要组成部分。中国信息通信研究院发布的《中国数字经济发展白皮书》显示，截至 2020 年，我国数字经济规模已达 39.2 万亿元，占 GDP 比重为 38.6%，而数字经济增速达到 GDP 增速 3 倍以上，成为稳定经济增长的关键动力，我国数字经济规模目前仅次于美国，位居世界第二。

因此，从发生学角度看，数字乡村的建设发展大体包括建设（政策导向）、运行（市场导向）、发展（技术导向）三方面，是技术、政策和市场三轮驱动的发展进程，其中，技术驱动是第一驱动力。在当前数字乡村的推进过程中，需要注意，由于数字乡村天然具有的技术先导特质，众多数智企业正在深度介入数字乡村的建设发展。相比传统工业企业，数智企业有着技术驱动、现代创新人格、互联网精神的显著特征，这就使得它们必然成为走在数字时代前沿的弄潮儿。作为数字乡村建设发展的关键“新主体”，数智企业将在今后的农业农村发展中发挥引领、推动和催化作用，成为农业农村数字化转型发展新时代的“造风者”。例如，中国电信通过结合云网资源、服务体系、研发能力、项目经验等优势，自主研发了数字乡村综合信息服务平台——“村村享”，并于 2019 年 3 月正式启动试点，目前已涌现了诸如甘肃两当、江西武宁、陕西鄠邑等优秀标杆。又如，阿里巴巴提出了数字乡村“125 工程”，即构建一个大数据中心，建设两大业务体系（产业服务体系和治理服务体系），面向乡村构建生产管理、流通营销、行业监管、公共服务和乡村治理等五大应用体系。其中，为积极探索创新乡村治理方式，阿里巴巴推出了数字乡村治理整体解决方案——“乡村钉”，目前已经在全国 16 个省份的 900 多个县、镇、村试点推广①。再如，腾讯依托通信和社交优势，倾力打造了“为乡村连接情感、连接信息、连接财富”的“为村”平台，截至目前，全国共有 30 个省 15788 个村（社

---

① 详见：阿里巴巴．构建乡村数字化新基建．“乡村治理数字化实践暨党建引领强村善治研讨会”论文集．浙江建德，2020-09-28.

区)加入“为村”,认证村民超过250万人[①]。

(三)功能运行视角

从具体的功能运行视角看,数字乡村的实现是应用数字技术对乡村发展进行赋能、赋权、赋利和赋智的过程。

首先,随着云计算、移动互联网、大数据、人工智能等数字技术的快速创新与应用,数字经济不仅正成为全球经济社会发展的重要引擎,而且已加速向农业农村广泛渗透,为农业农村数字化建设提供了良好契机。因此,就本质而言,乡村数字经济即应用数字技术赋能农业数字化生产、物流和营销等体系,并衍生出诸多的乡村经济新业态新模式。据估计,目前中国的农业数字经济规模是5778亿元,预计到2025年能够达到1.26万亿元。[②] 其中,据《2021全国县域农业农村信息化发展水平评价报告》,2020年,全国农业生产信息化水平已达到22.5%。分区域看,东部地区为25.7%,中部地区为30.8%,西部地区为19.6%;分省份看,农业生产信息化水平排名全国前10位的省份均高于全国平均水平,其中,江苏农业生产信息化水平为42.6%,位居全国第一,浙江和安徽均为41.6%,并列全国第二;分行业看,畜禽养殖数字化水平最高,为30.2%,设施栽培、大田种植、水产养殖的信息化水平分别为23.5%、18.5%和15.7%。

其次,乡村数字治理的实现是数字赋权加数字赋智的过程。具体而言,一方面,数字赋权指依托数字平台和数字化应用,设置三务公开、意见征求、村民办事、矛盾调解、村民议事等模块,营造数字公共空间,联结脱嵌村民、在外乡贤,实现在线沟通、有效互动,打造共建共治共享的基层治理格局。通过基层治理,以数字化激活了乡村内生动力,激发了村民自治热情,增强了村民情感联系,发挥了数字监督作用,重构了干群信任关系。可以认为,数字技术改变了乡村治理的参与结构和权力结构,串联起乡镇干部、乡贤精英、社会组织等内部资源,甚至引入了乡村外部资源,继而实现了治理主体、治理资源的互联互通。另一方面,数字赋智则是指通过打造乡村数字大脑,聚焦乡村治理中的人、财、地要素,统一地理信息数据采集,以发现问题智能化、处理过程自动化、事件管理全流程为核心,旨在构建乡村治理数字化平台,可以有效统筹推动数据资源整合汇聚、辅助决策,动态掌握乡村生产、生活、生态发展态势。乡村数字治理平台的深度应用有效支持了政府农业农村发展决策的精准化、动态化、科学化,极大提升了基层政府的乡村治理现代化水平。

需要指出,乡村数字治理具有三层内涵,在宏观上指着眼于乡村治理能力和治理体系现代化,使用数字化手段对乡村经济、社会、文化等进行全方位治理;在中观上指乡镇及以下的数字治理,包括乡村数字监管(即乡镇政府基本治理职能的数字化)、基层数字治理(村社治理的数字化)以及乡村公共服务数字化;而在微观上仅指村社基层的数字治理。由此,考察乡村治理数字化的实现过程需要重新思考政府的角色定位,研判数字技术的应用是否会“去

① 详见:腾讯.数字化手段助力基层社会治理和乡村振兴.“乡村治理数字化实践暨党建引领强村善治研讨会”论文集.浙江建德,2020-09-28.

② 转引自中国工程院院士、国家农业信息化工程技术研究中心首席科学家赵春江在2020多多农研科技峰会上的发言。详见:丁雅雯.中国工程院院士赵春江:2025年中国农业数字经济规模预计可达1.26万亿.(2020-12-18)[2021-10-05].http://www.xinhuanet.com/info/2020-12/18/c_139599249.htm.

中心化”(即弱化政府的中心主体角色)。可以认为,由于政府治理的逻辑是技术赋权,与约束是非对称的(张丙宣,2018),而通过数字技术可以产生议题分流(不是让村民参与乡村政治,而是将议题分流到公共服务和社会治理中),因此,在我国当下现实情境中的乡村数字治理可能呈现为议题分流之下的乡村“重新部落化”(师曾志等,2019)。

最后,乡村是乡村居民生活的空间载体,乡村生活是一个多元化多维度的社会经济范畴,既包括个体的物质精神消费,又涵盖社会条件和消费环境,其涉及基础设施建设、生活消费、文化教育、社会保障、医疗保险、生态环境等多方面内容。对于当今人们来说,数字化生活已不再是一种选择,而是一种必需。就乡村而言,一方面,数字技术的快速发展为乡村生活数字化转型奠定坚实基础,可以带给乡村全新的发展面貌和不一样的生活体验。另一方面,数字技术与乡村生活相融合是大势所趋,借助数字化技术和信息化手段可以推动乡村公共服务、消费模式、乡村文化、生态环境等方面实现现代化,促进农民生活在形式和内容上的数字化转型发展,满足广大农民日益增长的美好生活需要;更重要的是,实现乡村生活数字化转型发展是解决我国城乡发展不平衡的现实需要,也是缩小城乡数字鸿沟、实现共同富裕的关键之举。

二、数字乡村的影响因素

根据农业农村部信息中心历年发布的《全国县域数字农业农村发展水平评价报告》,通过从发展环境、基础支撑、生产信息化、经营信息化、乡村治理信息化、服务信息化等6个维度对全国2642个县(市、区)(基本覆盖全国所有涉农县域)的测评,2020年全国县域数字农业农村发展总体水平达37.9%,相较2019年36%上升1.9个百分点,相较2018年的33%上升4.9个百分点。然而,我国数字乡村的建设发展仍处于起步阶段,总体发展水平仍然较低。那么,在确认数字乡村是推进我国农业农村现代化必然载体的前提下,我们不禁要问:数字乡村的建设发展究竟主要取决于哪些因素?我们认为,影响数字乡村发展的因素或许大致可归结为本地的资源禀赋、信息化基础、经济社会条件、政府偏好以及特殊发展契机等。

(一)资源禀赋

对于建设发展数字乡村而言,不同的地区首先在资源禀赋上存在异质性。所谓资源禀赋,又称要素禀赋,是指一个地区拥有包括自然资源、劳动力、资本、技术、管理等各种生产要素的丰裕程度。在建设发展数字乡村时,各地所涉及的资源禀赋制约条件主要体现在自然资源和劳动力资源(或称人力资源)两大方面。

一方面,所谓乡村自然资源是指存在于乡村地区,能为人们所利用的各种自然要素和自然条件的总和(包括光、热、水、土地、生物、矿产等资源),它既是乡村自然地理系统的构成要素,又是乡村地区人类赖以生存的环境条件和社会经济发展的物质基础。因此,推动数字乡村发展,尤其是数字农业和智慧绿色乡村发展,必须立足于本地的乡村自然资源禀赋优势来选择合适的产业。应基于自然资源禀赋优势,以农业为基础,总体谋划乡村一、二、三产业融合发展。尤其是对于欠发达地区而言,由于产业基础相对薄弱,因此更应注重努力培育发展特色乡村产业，走出一条根植于县域、因地制宜、特色突出的差异化的农业产业数字化转型之路。具体而言，应聚焦传统农业的改造升级，大力发展现代种养业、农产品加工流通业、乡村旅游业等优势明显、特色鲜明的现代乡村产业。通过创新产业组织方式，推动传统农业产业延伸拓展产业链，不断提高质量效益和竞争力。同时，还可以因地制宜发展小宗类、多样性的特色乡村产业，加强地方品种种质资源保护和开发，不断挖掘潜力、扬长避短，建设特色农产品优势区，形成特色产业集群。

另一方面，数字乡村的建设和发展是一项极为繁杂的系统性工程，要想取得良好的效果，不仅需要国家的战略重视和大量的政策与资源支持，更需要能将各种政策与资源"用对、用好、用活"的乡村人才。然而，当前乡村地区"老龄化""空心化"现象突出，中坚人才队伍匮乏。据统计，截至2020年，全国农村实用人才总量已达2254万人（李晓晴，2021）①，但仍然仅占农村劳动力总数的绝对少数②。而第三次全国农业普查主要数据公报显示，农业从业人员中初中及以下学历者占总人数的比例高达91.8%，大专及以上学历的仅占1.2%。③同时，农业推广人才，农业生产型、经营型和技能服务型人才严重匮乏。相比城市，农村生活环境不佳、发展机会不足、文化吸引力匮乏，再加上对农民职业的偏见，导致农村对人才吸引力不足。此外，一个更为现实的问题是，随着城镇化率的不断提高，中国乡村的人口数量还会继续减少，而从中国城镇化的长期事实经验来看，乡村人口的减少主要是因为大量青壮年劳动力外流。比如，第六次人口普查数据显示，2010年中国乡村总人口为66281万人，其中15—64岁的青壮年人口为46912万人④，而第七次人口普查数据显示，2020年中国乡村总人口为50979万人，其中15—64岁的青壮年人口为32121万人⑤。从第六次人口普查到第七次人口普查的10年间，中国乡村青壮年人口减少数占乡村总人口减少数的96.7%。虽然在城镇化建设过程中，乡村人口减少实属正常现象，但是人口减少特别是青壮年人口的外流确实会削弱推进数字乡村建设的人才基础。实际上，国家对乡村人才流失的情况也有清醒的认知，因此在《数字乡村发展战略纲要》中明确指出，要"强化人才支撑"，"开展信息化人才下乡活动"，"充分发挥第一书记、驻村工作队员、大学生村官、科技特派员、西部计划志愿者等主体作用"。

---

① 所谓农村实用人才是指具有一定的知识或技能，为农村经济和科技、教育、卫生、文化等各项社会事业发展提供服务、做出贡献，起到示范或带动作用的农村劳动者，是广大农民的优秀代表，是新农村建设的生力军，是我国人才队伍的重要组成部分。详见：中共中央办公厅，国务院办公厅. 关于加强农村实用人才队伍建设和农村人力资源开发的意见. (2010-07-02)[2021-10-05]. http://www.mohrss.gov.cn/SYrlzyhshbzb/zhuanti/syhexieminshengxing/zcfg/bxfzoujinnongcun/201007/t20100702_91129.htm.

② 按第二次全国农业普查全国农村劳动力资源总量53100万人计算（注：第三次全国农业普查未公布全国农村劳动力总量数据），农村实用人才占比仅为4.2%。详见：国务院第二次全国农业普查领导小组办公室，中华人民共和国国家统计局. 第二次全国农业普查主要数据公报（第五号）. (2008-02-27)[2021-10-05]. http://www.stats.gov.cn/tjsj/tjgb/nypcgb/qgnypcgb/200802/t20080227_30465.html.

③ 详见：国务院第三次全国农业普查领导小组办公室，中华人民共和国国家统计局. 第三次全国农业普查主要数据公报（第五号）. (2017-12-16)[2021-10-05]. http://www.stats.gov.cn/tjsj/tjgb/nypcgb/qgnypcgb/201712/t20171215_1563599.html.

④ 详见：中国2010年人口普查资料（表1-7c）.[2022-03-05]. http://www.stats.gov.cn/tjsj/pcsj/rkpc/6rp/indexch.htm.

⑤ 详见：中国统计年鉴2021（表2-20）.[2022-03-05]. http://www.stats.gov.cn/tjsj/ndsj/2021.

(二)信息化基础

据工业和信息化部运行监测协调局发布的《2021年通信业统计公报解读》,截至2021年底,我国累计建成并开通5G基站142.5万个,建成全球最大5G网,实现覆盖全国所有地级市城区、超过98%的县城城区和80%的乡镇镇区,并逐步向有条件、有需求的农村地区推进。同时,全行业持续推进电信普遍服务,宽带网络逐步向农村人口聚居区、生产作业区、交通要道沿线等重点区域延伸,农村偏远地区网络覆盖水平不断提升,农村宽带用户规模持续扩大。可见,随着农村互联网基础设施的不断完善,农村和城市实现"同网同速",城乡互联网接入鸿沟正逐步消弭。然而,据《第49次中国互联网络发展状况统计报告》,截至2021年底,我国网民规模为10.32亿,但其中农村网民规模为2.84亿,只占网民整体的27.6%;农村地区互联网普及率为57.6%,与全国互联网平均普及率73.0%以及城镇地区互联网普及率81.3%相比均存在较大差距。另据《2021全国县域农业农村信息化发展水平评价报告》,当前全国县域家庭宽带入户率不足50%的县(市、区)有572个,不足20%的有221个,占比分别高达21.7%和8.4%。此外,在当前推进乡村"新基建"过程中,以建设5G基站为例,由于5G工作频段高、基站建设场景多、投资规模大(5G设备单价是4G的2—3倍)、成本回收周期长,以至于目前5G基站建设仅延伸到大城市郊区、县城和人口比较集中的乡镇,农村地区严重滞后。特别需要指出的是,面向农业生产的4G和5G网络、遥感卫星、北斗导航、物联网、农机智能装备、大数据中心、重要信息系统等信息基础设施在研发、制造、推广应用等方面都远远落后于农业现代化发展的需求。

另外,数字乡村建设的活跃主体(尤其是乡村民众)的数字素养水平也有待提升。现阶段,我国乡村信息化基础设施较为薄弱,不同层级之间的信息互动缺乏统一平台,数据资源的整合管理、开发利用不足,而农民数字素养整体水平也偏低(赵敬丹、李志明,2020;殷浩栋等,2020)。随着全国行政村基本实现4G网络普遍覆盖,以及以人工智能、大数据中心等为代表的新型基础设施建设的持续推进,农村数字基础设施将在较大程度上实现改善。与此同时,我国多依托于信息化教育和计算机教育来提高居民信息素养,滞后的数字素养教育体系越来越难以满足数字经济快速发展对居民数字素养的迫切要求(温涛、陈一明,2020)。苏岚岚和彭艳玲(2022)从数字化通用素养、数字化社交素养、数字化创意素养和数字化安全素养4个维度设计构建了农民数字素养评估指标体系,基于对四川省和重庆市654个农户的调查分析,发现当前农民数字素养水平整体偏低。另据中国社科院信息化研究中心发布的《乡村振兴战略背景下中国乡村数字素养调查分析报告》,当前我国城市居民数字素养的平均得分56.3分,农村居民数字素养的平均得分则为35.1分,差值高达21.2分,农村居民比城市居民平均得分低了37.5%。① 可见,虽然近年来农村信息化建设已经取得显著成效,城乡地区互联网普及率的差距也在不断减小,但城乡之间依旧存在明显的信息逆差和数字鸿沟,而且城乡数字鸿沟问题的主要矛盾正逐步从基础设施差距转向数字素养差距。

① 详见:赵艳艳.社科院:全面推进乡村振兴需弥合城乡"数字素养鸿沟".(2021-03-12)[2021-10-05].https://economy.gmw.cn/2021-03/12/content_34682446.htm.

(三)经济社会条件

我国沿海与内地的社会发展具有明显的差异,依照各省(区、市)经济社会发展水平,可把全国大致分成东部、中部、西部 3 个地区①。从当前数字乡村的发展现状可以看出,我国数字乡村建设发展的区域差异较为明显。据《2021 全国县域农业农村信息化发展水平评价报告》,当前我国西部地区县域农业农村数字化发展总体水平仅为 34.1%,与东部地区相差 6.9 个百分点,特别是发展总体水平排在前三位的省份与排在最后三位的省份平均发展水平差距高达 40.3 个百分点;县域农业农村数字化发展总体水平排名全国前 100 的县(市、区),东部地区占 51%,中部地区占 35%,西部地区只占 14%,尤其是排在后 100 的县(市、区)中,西部地区占比高达 48%。由此不难看出,数字乡村的发展水平与区域经济社会发展水平大致呈现正相关关系。

通过对"中国政府采购网"的检索梳理也可以发现②,从 2019 年至今,在"中国政府采购网"发布的各级有关"数字乡村"项目采购公告中,来自东部地区的招标项目最多(其中浙江和广东的县级招标项目最多),中部地区次之,西部地区最少。从表 4-1 关于各地"数字乡村"建设项目公开招标情况(节选)可以看出,浙江五地(丽水市、嘉兴平湖市、湖州吴兴区、金华婺城区、杭州桐庐莪山乡)的数字乡村招标项目总预算金额达 6680 万元,平均预算金额为 1336 万元;广东五地(清远市、茂名高州市、佛山禅城区、珠海斗门区、梅州五华县华城镇)的数字乡村招标项目总预算金额约为 2167 万元,平均预算金额为 433.4 万元。

表 4-1　各地"数字乡村"建设项目公开招标情况(节选)

项目名称	采购需求	采购金额
浙江丽水市"数字乡村·智慧三农"云平台信息化建设项目(一期)③	建设内容包括:(1)数据工程。建设资源环境数据库、经营主体数据库、涉农人员数据库、产业产品数据库、惠农服务数据库,在现有数据共享整合的基础上,进行"三农"基础数据采集。(2)软件工程。具体包括云平台引擎和智慧应用系统(建立"三农"人员管理系统、"三农"项目监管系统、"三农"农业主体管理系统、"三农"数据分析系统等核心业务系统)。	795 万元

① 根据国家统计局的划分标准,东部地区包括北京、天津、河北、辽宁、上海、江苏、浙江、福建、山东、广东、海南等 11 个省(市);中部地区包括山西、吉林、黑龙江、安徽、江西、河南、湖北、湖南等 8 个省;西部地区包括内蒙古、广西、重庆、四川、贵州、云南、西藏、陕西、甘肃、青海、宁夏、新疆等 12 个省(区、市)。

② 为加强政府采购信息网络建设,在全国范围内建立起统一、规范的政府采购信息发布渠道,提高政府采购工作的公开性和透明度,财政部于 2000 年 12 月 31 日创办了"中国政府采购网"。作为国家级政府采购专业网站,"中国政府采购网"是财政部唯一指定的政府采购信息网络发布媒体。

③ 详见:浙江建航工程咨询有限公司关于丽水市"数字乡村·智慧三农"云平台信息化建设项目(一期)的公开招标公告.(2019-08-28)[2022-03-05]. http://www.ccgp.gov.cn/cggg/dfgg/gkzb/201908/t20190828_12779698.htm.

续表

项目名称	采购需求	采购金额
广东清远市数字乡村治理及公共服务项目①	围绕乡村治理打造三大业务应用,包括:(1)新时代文明实践中心,打通宣传、教育、服务群众的“最后一公里”;(2)线上“云调解”,实现乡村居民法律咨询、司法调解信息化、远程化、专业化、实时化;(3)5G数字化智感安防区,打造平安乡村+智慧乡村,实现村庄的数字化网格治理的基础。另外,围绕公共服务打造三大业务应用,包括5G+VR+云学堂、乡村医疗“新视界”、5G云VR展播。	991万元
浙江平湖市农业农村局“平湖市数字乡村大数据中心”项目②	建设内容包括:一个“农业农村数据资源平台”、4个业务应用场景(“为农服务系统”“农产品流通监管系统”“本地鲜系统”“自然资源一张图监管平台”)。通过在线互联、数据共享、业务协同,全面提升平湖农业农村数字化生产经营、管理服务和科学决策水平。	2150万元
浙江吴兴区数字乡村建设项目③	建设内容包括:合作建设智慧安防社区、合作建设基础数据汇聚平台、合作建设应用中台和数据中台、合作建设大数据可视化平台。	2085万元
浙江婺城区数字乡村一期建设项目④	建设内容包括:“一中心、三系统、一体系”。“一中心”为婺城区数字乡村统一数仓;“三系统”分别为“浙农码”+农产品质量安全追溯管理系统、“浙农码”+肥药两制管理系统和“浙农码”+农耕地管理系统;“一体系”为数字乡村运营服务体系。	650万元
海南琼山区数字乡村建设方案项目⑤	建设内容包括:一份《琼山区特色农产品电商发展规划2020—2022年》、一套“数据大屏管理系统”、一套“农业农村数字参谋决策系统”、一套“电商产业数字参谋决策系统”、琼山电商直播主播培训服务等。	441万元
河北肃宁县数字乡村综合管理平台项目⑥	建设内容包括:智慧肃宁管理中心、城乡环卫公交供水一体化管理中心和肃宁乐购平台,实现数字乡村一体化管理。	376万元

① 详见:2021年清远市数字乡村治理及公共服务项目招标公告.(2021-04-07)[2022-03-05]. http://www.ccgp.gov.cn/cggg/dfgg/gkzb/202104/t20210407_16127588.htm.

② 详见:平湖市农业农村局“平湖市数字乡村大数据中心”项目单一来源公示.(2020-04-29)[2022-03-05]. http://www.ccgp.gov.cn/cggg/dfgg/dylygg/202004/t20200429_14228251.htm.

③ 详见:关于湖州市吴兴区数字乡村建设项目的单一来源公示.(2020-11-30)[2022-03-05]. http://www.ccgp.gov.cn/cggg/dfgg/dylygg/202011/t20201130_15523918.htm.

④ 详见:婺城区数字乡村一期建设项目的公开招标公告.(2021-07-01)[2022-03-05]. http://www.ccgp.gov.cn/cggg/dfgg/gkzb/202107/t20210701_16495313.htm.

⑤ 详见:海口市琼山区农业农村局-琼山区数字乡村建设方案项目-成交公告.(2020-09-10)[2022-03-05]. http://www.ccgp.gov.cn/cggg/dfgg/cjgg/202009/t20200910_15050262.htm.

⑥ 详见:肃宁县数字乡村综合管理平台项目公开招标公告.(2021-10-15)[2022-03-05]. http://www.ccgp.gov.cn/cggg/dfgg/gkzb/202110/t20211015_17020896.htm.

续表

项目名称	采购需求	采购金额
宁夏平罗县国家数字乡村试点项目(一标段)①	建设内容包括:开发建设平罗县数字乡村系统平台,即一图(平罗县数字乡村一张图,采用大数据、GIS等技术,全景展现乡村规划、环境整治、乡村治理等内容)、一中心(平罗县数据共享中心,通过建设数据标准规范,多渠道对接涉农信息化系统,全面整合平罗县各类农业农村数据)、四应用(数字产业、生态宜居、乡村文化、乡村治理4个方面应用)。	214万元
新疆吉木乃县数字乡村服务平台建设项目②	建设内容包括:数字农业基础数据库、数字农村基础数据库、数字农民基础数据库、"三农"大数据管理服务平台、数字社区基础数据库、新型经营主体基础数据库、乡村治理服务平台、乡村振兴人才管理服务平台、数字乡村数据应用中台、县-镇-村一张图展示平台(时空信息大数据服务平台)等。	1293.74万元
广东高州市数字乡村建设项目③	建设内容包括:农产品价格分析平台、数字基地监控建设、农业科技指导推广直播系统、直播间音响扩声发言系统、直播间装修等。	100万元
广东禅城区数字乡村智慧治理云图(一期)项目④	建设内容包括:综合管理和服务平台建设(包括宅基地管理系统、股权管理系统、工程和采购项目管理系统)、乡村治理一张图建设(包含乡村治理基础功能、乡村治理管理功能)、数据及业务服务(包含系统数据对接、数据外业服务、终端应用业务服务)。	450.8万元
广东斗门区数字乡村支撑平台(一期)项目⑤	建设内容包括:斗门区数字乡村建设的顶层设计、数字乡村数据共享支撑平台建设、数字乡村一张图平台建设、基地基础数据调查工作,基于数据共享支撑平台和一张图平台的宅基地管理信息系统以及配套的硬件采购。	380万元
福建寿宁县国家数字乡村试点服务采购项目⑥	建设内容包括:数字乡村管理端平台、下乡的味道服务平台(包含APP和微信小程序)、数字乡村大数据数据采集平台、数字乡村大数据资源中心、乡村一张图等。	275万元

① 详见:中共平罗县委网络安全和信息化委员会办公室平罗县国家数字乡村试点项目(一标段)项目招标公告.(2021-04-30)[2022-03-05]. http://www.ccgp.gov.cn/cggg/dfgg/gkzb/202104/t20210430_16232638.htm.

② 详见:吉木乃县数字乡村服务平台建设项目的公开招标公告.(2021-06-30)[2022-03-05]. http://www.ccgp.gov.cn/cggg/dfgg/gkzb/202106/t20210630_16493310.htm.

③ 详见:高州市数字乡村建设项目竞争性磋商公告.(2021-07-13)[2022-03-05]. http://www.ccgp.gov.cn/cggg/dfgg/jzxcs/202107/t20210713_16548153.htm.

④ 详见:佛山市禅城区农业农村局禅城区数字乡村智慧治理云图(一期)招标公告.(2021-04-27)[2022-03-05]. http://www.ccgp.gov.cn/cggg/dfgg/gkzb/202104/t20210427_16219737.htm.

⑤ 详见:珠海市斗门区数字乡村支撑平台(一期)项目磋商公告.(2021-10-27)[2022-03-05]. http://www.ccgp.gov.cn/cggg/dfgg/jzxcs/202110/t20211027_17084093.htm.

⑥ 详见:寿宁县国家数字乡村试点服务采购项目招标公告.(2021-05-28)[2022-03-05]. http://www.ccgp.gov.cn/cggg/dfgg/gkzb/202105/t20210528_16346100.htm.

续表

项目名称	采购需求	采购金额
宁夏数字西夏(数字乡村)治理现代化项目①	建设内容包括:在梳理银川市西夏区社区服务信息化现状的基础上,围绕“统一规划、整合资源、多元参与”的思路,建设数字西夏领导辅助决策系统、数字西夏社会协同平台、数字西夏乡村综合服务平台。	500万元
甘肃临洮县数字乡村建设一期电商服务体系建设项目②	建设内容包括:精品网货标准打造、整合营销策划与执行、临洮县产业门户、临洮县三位一体平台深化应用建设、数字参谋、产地仓规划及运营推进和电商人才培训。	420万元
浙江桐庐县莪山畲族乡数字乡村建设项目③	建设内容包括:综合治理中心软硬件(乡村智脑)、生态环境基础设施、数字治理模块、数字教育板块、数字健康板块、数字农业板块、专线与通信。全面助力莪山畲族乡成为“全国少数民族5G示范应用第一乡”。	1000万元
广东五华县华城镇数字乡村信息化平台项目④	建设内容包括:构建“数字乡村三维治理模型、基层管理一张图、乡村旅游一张网、应用整合一入口、‘区块链+’农业应用”的理念,充分利用五华县“数字政府”公共支撑能力,以华城镇为试点,搭建数字乡村信息化平台。	248.19万元
重庆南川区大观金龙村数字乡村建设项目⑤	建设内容包括:金龙村数字乡村系统(建设金龙村智慧管理平台,前端包括综合管理模块、智慧旅游模块、智慧农业模块、在线党支部模块,后端包括基数数据管理、地块及建筑物管理、账户权限管理)、金龙村智慧展示中心、环境监控系统及硬件等。	326万元

(四)政府偏好

有效解决“三农”问题一直是党和政府工作的重中之重。改革开放以来,我国农村面貌焕然一新,农民物质生活水平得到大幅度提升。然而,与城市地区相比,农村地区发展仍然缓慢。党的十九大报告指出,我国社会主要矛盾已经转化为人民日益增长的美好生活需要和不平衡不充分的发展之间的矛盾,而城乡差距正是中国发展不平衡的主要表现之一。这表明我国“三农”问题仍然严峻,农业现代化工作依然任重道远。近年来,随着数字技术快速发展而出现的新的经济形态和商业模式,成为最具有潜力的经济增长点之一。为此,中央政府高度重视数字技术在繁荣农村经济方面的巨大潜力,积极推动农村信息化基础设施建设,

① 详见:数字西夏(数字乡村)治理现代化项目招标公告.(2021-08-13)[2022-03-05].http://www.ccgp.gov.cn/cggg/dfgg/gkzb/202108/t20210813_16714307.htm.

② 详见:临洮县商务局关于采购数字乡村建设一期电商服务体系建设项目单一来源公示.(2020-12-10)[2022-03-05].http://www.ccgp.gov.cn/cggg/dfgg/dylygg/202012/t20201210_15597569.htm.

③ 详见:杭州欣兴建设工程招标代理有限公司关于桐庐县莪山畲族乡数字乡村建设项目的公开招标公告.(2021-01-19)[2022-03-05].http://www.ccgp.gov.cn/cggg/dfgg/gkzb/202101/t20210119_15818933.htm.

④ 详见:五华县华城镇数字乡村信息化平台项目公开招标公告.(2021-07-28)[2022-03-05].http://www.ccgp.gov.cn/cggg/dfgg/gkzb/202107/t20210728_16624945.htm.

⑤ 详见:南川区大观金龙村数字乡村建设项目公开招标公告.(2021-02-09)[2022-03-05].http://www.ccgp.gov.cn/cggg/dfgg/gkzb/202102/t20210209_15912349.htm.

鼓励农村电商发展，实施“互联网＋农业”等一系列信息化政策，坚持推动“四化”（工业化、城镇化、农业现代化和信息化）融合发展。

2019 年，作为数字乡村顶层设计的《数字乡村发展战略纲要》出台，标志着我国数字乡村建设从“分散化探索”进入“系统化推进”阶段；之后《数字农业农村发展规划（2019—2025年）》《2020 年数字乡村发展工作要点》《关于开展国家数字乡村试点工作的通知》进一步明确了国家数字乡村建设的任务重点；2021 年《数字乡村建设指南 1.0》的编制则系统回答了数字乡村“为什么建、怎么建、谁来建、建成什么样”的问题；2022 年初《数字乡村发展行动计划（2022—2025 年）》的制定又针对“十四五”时期数字乡村的建设发展做出了具体的部署安排，是各地区、各部门接下来推进数字乡村工作的重要指引。

不难看出，数字乡村建设是新时期中国实现乡村振兴的重要举措，是数字中国建设的重要组成部分，也是现代信息技术助力经济高质量发展的重要体现。在这一过程中，中央政府与地方政府之间逐渐形成合力，为数字乡村建设提供政策加持、资本驱动与资源调配等方面的扶持。借鉴三螺旋模型理论①，地方政府支持能为数字乡村建设发展带来新活力，尤其是在政府宏观调控与市场调控相结合的治理框架下，政府偏好对于区域数字乡村发展具有强大的推动力②。具体而言，一方面，政府偏好可以奠定数字乡村发展的主基调。在政府各项优惠政策作用下，农业农村数字化改革方向日益明晰。另一方面，政府偏好能够帮忙提升区域基础设施（尤其是乡村信息化基础设施）建设水平，更好地服务于数字乡村发展。另外，政府偏好对于数字乡村建设投入能够形成明显的杠杆作用，在提升本地数字乡村发展水平的同时，也会带动相邻地区的数字乡村发展。当然，如果数字乡村建设发展在某些地方政府偏好序列中暂时难以位居前列，则数字乡村建设发展在那些地方也就很难排上议事日程。

（五）特殊发展契机

在我国数字乡村建设发展的过程中，由于数字乡村天然具有技术性特质，数智企业成为数字乡村建设发展的关键“新主体”，为农业农村数字化转型发展营造了特殊的发展契机。当前，我国社会政治结构对企业（特别是数智企业）的社会责任期待日益显著。在此背景下，阿里巴巴、腾讯、拼多多、华为等数智企业既感受到宏观环境传导的政策激励和社会期待，也察觉到农业农村数字化进程带来的巨大风口，纷纷以农业农村数字化创新主体的态势，抢抓农业农村数字化转型发展的历史机遇。无疑，数智企业（包括数字化平台企业的业务生态网络）基于市场诉求和社会担当，会更加主动作为，逐步形成数字乡村建设发展的市场化竞争生态，助推数字乡村建设发展。

以甘肃省临洮县为例，在前期针对生产、供销、金融的部门化探索实践基础上，2019 年 9 月，临洮县正式启动农业农村“三位一体”综合改革。同时，临洮依托阿里巴巴钉钉系统搭建

---

① 三螺旋模型（Triple Helix Model）由 Etzkowitz 和 Leydesdorff（1995）首次提出，用以解释大学、商业和政府三者在知识经济时代的新关系，认为支持区域创新系统必须形成一个螺旋状的联系模式，这种缠绕在一起的螺旋由三股构成：一是由地方或区域政府及下属机构组成的行政链，二是由垂直和水平联系的公司构成的生产链，三是由研究和学术制度组成的技术-科学链。

② 不难看出，在乡村振兴与数字中国两大国家战略背景下，发达地区政府希望通过数字乡村建设在农业农村发展方面继续领跑，而欠发达地区政府则希望通过借力数字乡村建设可以实现本地农业农村的跨越式发展。

了“数字临洮 1.0”，即临洮县农业生产数字化服务平台，上线了农资直供、科技小院、数字农场、电商培训、直播互动等服务功能，为农户提供种子、农药、化肥、农机等全品类农资和种养技术指导、电商培训等“一站式”服务。2020 年初，这一平台又快速迭代升级至 2.0 版本，其服务项目由建立初期的 3 类 12 项增加到现在的 5 类 30 项，吸纳各类市场主体入驻平台，为群众生产生活提供便捷高效服务，真正使“手机”变成了“新农具”，“上网”变成了“新农活”。2021 年初，临洮还与阿里巴巴集团专门签订了数字农业协议，建立了西北第一个数字农业产地仓。2021 年 1 月 10 日，由阿里巴巴发起的数字乡村 50 人论坛在临洮举办，与会专家普遍认为，“三位一体”改革是习近平总书记亲自命题、亲自破题的命题作文，虽然起源于浙江，但在甘肃却探索出了“临洮模式”，干出了“临洮速度”，促成了“阿里实践”，做成了欠发达地区推进数字乡村建设的样板。对于阿里巴巴而言，临洮是其数字乡村业务在西部地区的一个重要试点，旨在探索在欠发达地区乡村振兴中发挥自身数字化能力优势的方案和路径。也正如阿里巴巴集团董事会主席兼首席执行官张勇在出席第八届中国淘宝村高峰论坛时所言：“我们要向农村全面开放沉淀了 20 年的数字化能力，让农村因为阿里的数字基础设施而不同。”①

另外，值得一提的还有腾讯“为村”。“为村”是一个用移动互联网发现乡村价值的开放平台，它以“互联网＋乡村”的模式，为乡村连接信息、连接财富、连接情感。“为村”助力每个村庄打造云端上的党群服务中心、村民手机里的精神家园和属于咱村自己的互联网名片。然而，“为村”其实起源于 2009 年腾讯公益慈善基金会发起的一个叫“筑梦新乡村”的公益项目。“筑梦新乡村”选点在贵州省黔东南州黎平县、雷山县等贫困山区，计划用五年的时间投入 5000 万元，重点开展公益帮扶。在项目执行中，腾讯发现传统的输血式的捐赠和扶贫很难给乡村提供系统性的解决方案，也很难创造出具有推广复制价值的乡村发展模式。因此，在 2014 年 11 月，腾讯公益小组开始教黎平县铜关村村民建微信群，而且腾讯甚至联合中国移动在铜关村架设了贵州省第一台为村庄提供的 4G 基站，又联合中兴通讯向村民们捐赠了智能手机，培训他们使用智能手机和微信。然而，村民们对在线沟通没有感觉，更没有热情。直到 2015 年 7 月，铜关村开始了新一年度低保的评定工作，腾讯公益小组鼓励村委干部把低保初审名单放在该村微信群中，竟在半小时内就产生了 500 多条信息，40 多名在外地务工的村民也新加入群。经过在线公开透明的激烈争论，低保名单几经修改终于确定，成为铜关村历史上群众满意度最高的一次低保评定。基于铜关村的实验，2015 年 8 月，腾讯依托微信正式发布针对乡村场景的公众号平台，以“连接为乡村”为名，简称“为村”平台（郭芳，2019）。

不难想象，资源禀赋、信息化基础、经济社会条件、政府偏好以及特殊发展契机的差异，导致实现农业农村数字化转型的起步方式和发展路径不尽相同，必然会造成我国数字乡村建设和发展的目标、方式和走向的独特性。总之，要适配本地资源禀赋、信息化基础和经济社会发展水平的场景内容，逐步探索出具有本地特色的数字乡村发展路径。

---

① 详见：许维娜. 阿里巴巴张勇：向农村开放数字化能力.（2020-09-26）[2022-03-05]. http://finance.people.com.cn/n1/2020/0926/c1004-31876004.html.

三、数字乡村的系统模型

数字乡村即农业农村的全方位数字化转型发展，换言之，数字乡村的建设发展涵盖了生产、生活、生态、治理等各领域，涉及主体除了传统的和现代的乡村居民，还涉及诸多的"非农"主体。当前，我国数字乡村发展仍处于初始起步阶段，有鉴于此，我们尝试引入共生理论分析框架，尝试探讨数字乡村多元发展主体互利共生的作用机制。

(一)共生理论概述

共生(Symbiosis)概念起源于生物学，由德国科学家 H. 德贝里(H. de Bary)于 1878 年首次提出。德贝里指出，共生是指不同种属的生物体生活在一起的现象(转引自 Oulhen et al.,2016)。虽然源于生物学，但自 20 世纪中期以来，随着学科交叉融合的推进，诸多社会科学领域，如哲学、社会学、生态学、经济学与管理学等也纷纷开始引入共生理论对本学科议题进行借鉴分析。需要指出，共生理论在国内社会科学领域的首次应用当属袁纯清，其借鉴共生理论细致研究了小型经济(即对中小企业在宏观层面的统称)(袁纯清，1998)，认为共生的本质是竞合关系，通过合理分工获得效益，并具有资源使用的循环性、上下游产业的关联性、生产成果的增值性等重要特征(王珍珍、鲍星华，2012)。

(二)数字乡村的共生系统

共生可被理解为不同种属基于利害关系结成协作关系并保证自我实现的均衡，它蕴含了事物进化的基本规律(张永缜，2009)。对于数字乡村而言，其本身是一个复杂的动态系统，是从对立竞争到和谐共生的演进结果，这与共生理论所强调的多元交互具有一定的相通性。有鉴于此，我们认为可以从共生理论视角着眼分析数字乡村议题，并认为数字乡村本质上是农业农村领域中相关共生单元通过共生界面形成一种数字化协同发展共生系统的过程及其结果。

1. 共生单元

共生单元是指构成共生系统的基本单位，负责生产和交换能量，为共生系统的协同演化奠定物质基础并提供动力来源(袁纯清，1998)。从生态系统的视角看，数字乡村建设发展过程中的主要共生单元包括生产者(农户、相关经营主体)、消费者(农户、中枢企业、终端消费者)、分解者(数字技术应用、专家系统)以及可被视为"太阳能"的外部关键主体(政府、投资者、平台企业等)，其相互融合形成复杂多变的共生系统。因此，数字乡村共生单元之间并不是简单的机械组合，而是复杂的深度融合。需要指出，数字乡村发展过程中相关共生单元的异质性较为明显，因而导致各共生单元之间的利益诉求、生态位以及竞争策略均呈现明显差异。

2. 共生界面

共生界面是指共生单元之间交换和传导物质、信息和能量的方式及机制，为共生模式(或关系)的形成和发展提供了基础条件(袁纯清，1998)。换言之，各共生单元之间所有相互作用关系端赖于共生界面才得以实现。我们认为，在数字乡村发展过程中，由各类传导机制构成的共生界面主要体现在以下 3 个方面。

第一，技术驱动机制。相比传统的经济发展模式，数字经济主要是由数字技术赋能驱动。在当今世界，以互联网、云计算、大数据、人工智能、5G 等为代表的新一代信息技术迅猛发展，数据正逐渐成为关键生产要素，数字技术已从效率提升的辅助角色演变为创新发展的主要驱动力。面对不确定的气候变化和资源利用不可持续等威胁，加之农业的天然"弱质性"特点以及农村"空心化"趋势，传统的农业农村如何转型发展成为当务之急。对此，数字技术创新或许就是重要的解决方案。换言之，改造传统农业农村需引入现代要素，因此，利用数字技术引入现代要素成为实现乡村产业数字化、重构乡村经济社会发展模式的重要手段（马晓河、胡拥军，2020）。当前，通过手机 APP 及配套设备实现数字化种养殖、用遥控无人机实现厘米级植保作业、在线办理"村民一生事"、直播成为新农活……许多人曾以为数字化、信息化离乡村很远，但近年来，数字技术已经不断融入乡村生活的各类场景，不断改变着乡村生活的点点滴滴（徐旭初、吴彬，2021）。

第二，主体融合机制。对于数字乡村建设发展而言，不同发展阶段所涉及的主体不尽相同且不断变化，因此数字乡村的相关主体构成较为复杂。从县域层面来看，发展数字乡村涉及的相关行动主体可能包括县级行政区的党委政府、乡镇（街道）的党委政府、所辖行政村的村两委、村级农民组织、普通农户，以及涉农企业、数智企业、金融机构、科研院所等外部主体；而除了前述人类主体，还包括大量重要的非人类主体，如本地涉农核心资源以及土地、资金等生产要素。其中，最为核心的主体，也是发展数字乡村的直接受众，无疑就是农户。第三次农业普查结果显示，当前我国的小农户仍然占所有营农主体绝对多数，农业从业人员的 90%为小农户，全国 70%的耕地面积为小农户经营。① 可见，"大国小农"在相当长一个时期内依然是我国的基本国情农情，农村弱质性的社会基础和农民低组织化的状况与当下市场经济的发展已不相适应（张晓忠、杨嵘均，2007），因此，要实现小农户与农业农村数字化转型的有效衔接，组织化就是一种必然的选择。

米尔斯（1987）认为，组织能够使组织成员的公民权利意识得到加强。可以看出，只要组织化过程能为小农户带来切实收益，这一发展思路就可以得到他们的认可和支持。诚然，组织化过程需要强有力的领导者和协调者，而村社组织正是这一角色的合适人选，村级基层组织作为政府与乡村社会联结的桥梁与纽带，在促进小农组织化过程中具有核心和凝聚作用（李宁等，2015；李武、钱贵霞，2021）。当然，数字乡村的发展基于村域，但理应跳出村域，村社主体可与外部环境建立有效联结，从外部网络中获取、转移、积累和创造更多创新资源，为自身赋能。概言之，通过跨组织边界的主体融合，乡村组织化程度可以进一步提升，各相关独立组织可以演变为关系紧密的合作联盟（张娟，2015）。

第三，动态攀升机制。组织总是存在于特定的外部环境中，组织与环境之间通过持续不断的互动关系产生了生态位（钱辉、张大亮，2006；吴彬、徐旭初，2022）。可以认为，数字乡村的生态位主要是指各地数字乡村项目在持续与环境及其他相关主体互动过程中所形成的动态性关系状态、相对地位与功能作用。一般而言，由于"三农"的先天性状，现实中数字乡村

① 乔金亮．全国 98%以上农业经营主体仍是小农户 现代农业路上不能让小农户掉队．(2019-03-02)[2022-03-25]．http://www.ce.cn/xwzx/gnsz/gdxw/201903/02/t20190302_31597515.shtml.

项目的生态位起点均较低。例如，农业要素具有自然依赖性，农产品的价格弹性和收入弹性都较低，这导致了农业的先天不足，而农业的这一性质又决定了农民的相对弱质性(姬亚岚，2006)；又如，出于历史原因，以农促工、以乡促城的城市化发展路径形成了单向的“黑洞效应”，中心城镇不断地吸收着农村年轻人口，致使广大农村日益空心化，甚至消亡。为此，数字乡村的生态位效能提升可采用如下策略：一是要根据本地资源禀赋条件，走出一条根植于县域、因地制宜、特色突出的差异化数字乡村发展之路；二是要以乡村居民的多元需求为价值导向，在更大范围内探索尚未被发现和占据的潜在生态位(如在乡村经济、乡村治理、公共服务等方面的需求盲点)，通过创新用户价值使之变为现实；三是通过技术、管理或服务等创新方式积极扩充数字乡村的生态位空间，最终实现数字乡村生态位的动态攀升。

3. 共生模式

共生模式(或共生关系)，是指共生单元之间相互作用的方式(袁纯清，1998)。从组织程度和行为方式的组合来看，共生模式可细分为点寄生共生、间歇偏利共生以及连续互惠共生，其中连续互惠共生是最理想化的共生模式(胡海、庄天慧，2020)。对于数字乡村而言，相关共生单元在从间歇偏利共生不断探索走向连续互惠共生的过程中，其相互作用关系还体现出如下特征：(1)长远性。尤其是作为核心共生单元的地方政府，因其极具责任感和大局观，不仅着眼于乡村经济发展，更着眼于服务乡村居民的根本宗旨，因此在政府主导之下，地方的农业农村数字化转型发展过程在一定程度上可以有效规避短视行为。(2)演进性。数字乡村发展往往表现出鲜明的动态演进特质，例如往往先从农业产业的数字化转型切入，然后逐步走向聚焦数字乡村整体生态位攀升的数字化转型过程。(3)整合性。数字乡村的发展首先是一个内外部组织(即共生单位)的融合过程，同时，基于数字化的核心特性——在线，数字乡村的发展也是一个线上线下的传导及融合过程。(4)开放性。不同于传统农业农村发展，数字技术的应用和驱动将不断突破着数字乡村共生单元之间的物理距离、行业界限、价值壁垒等，因此数字时代的数字乡村多元主体共生系统将体现出鲜明的开放性。

4. 共生环境

共生单元的所有外部因素构成了共生环境(袁纯清，1998)。不难看出，良好的共生环境是数字乡村共生系统形成和发展的前置条件。一般而言，共生环境包括硬环境和软环境。对于数字乡村转型发展而言，其硬环境主要指乡村信息化基础设施，而软环境主要包括制度环境(主要是法律法规)和相关共生单元(多元主体)的数字素养。其中需要着重指出，有两大制度环境最为关键，即乡村振兴战略和数字乡村战略。随着我国脱贫攻坚任务的全面完成，全面实施乡村振兴战略成为新的“三农”发展阶段(并将一直持续到本世纪中叶)的工作重心。进入数字时代之后，我们应积极抓住数字乡村建设发展的窗口期，加快推进数字乡村建设与乡村振兴的有效对接，努力开创农业农村现代化新局面(徐旭初、吴彬，2021)。

综上所述，基于共生理论分析框架，数字乡村建设发展中的各相关主体(共生单元)在一定共生环境中，出于其利益诉求和生态位的差异，以及数字技术的渗透、应用，通过共生界面形成了相对理想的数字化共生模式，旨在构建一个共同进化、协同发展的数字乡村共生系统(见图 4-1)。

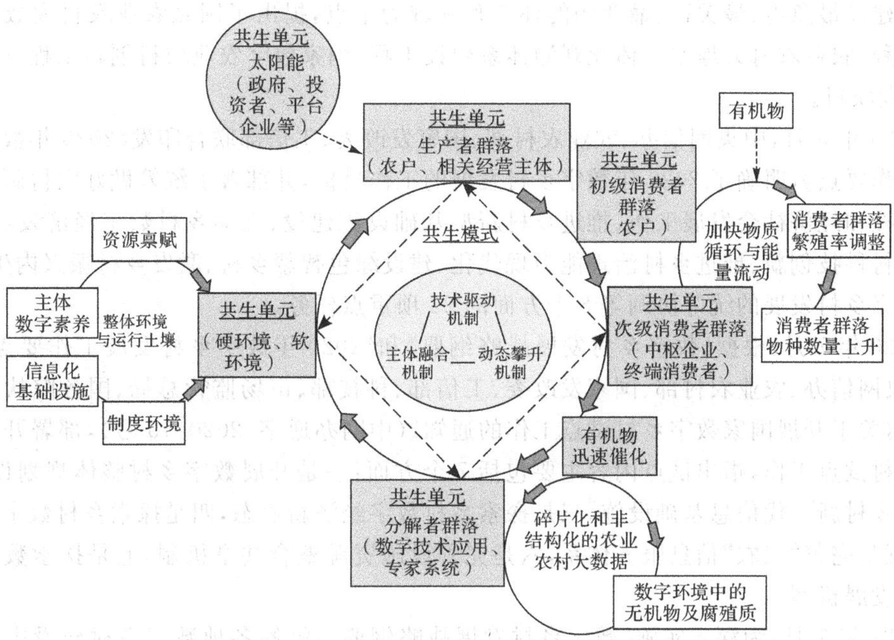

图 4-1　数字乡村共生系统模型

四、数字乡村的发展评价

数字乡村的建设发展离不开评价指标体系的确立。由于我国数字乡村的建设发展仍处于初始起步阶段，因此，亟须创设科学合理的评价指标体系，以此对我国数字乡村的建设发展情况进行综合研判和具体分析。

(一)数字乡村评价指标体系设计的参考依据

1. 数字乡村相关中央政策文件导引

2019 年 5 月，为贯彻落实《中共中央、国务院关于实施乡村振兴战略的意见》《乡村振兴战略规划(2018—2022 年)》和《国家信息化发展战略纲要》，中共中央办公厅和国务院办公厅印发了《数字乡村发展战略纲要》，旨在加强数字乡村的顶层设计和整体规划，并主要部署了数字乡村建设的 10 项重点任务，具体包括：加快乡村信息基础设施建设、发展农村数字经济、强化农业农村科技创新供给、建设智慧绿色乡村、繁荣发展乡村网络文化、推进乡村治理能力现代化、深化信息惠民服务、激发乡村振兴内生动力、推动网络扶贫向纵深发展、统筹推动城乡信息化融合发展等。

2019 年 12 月，农业农村部和中央网信办联合印发《数字农业农村发展规划(2019—2025 年)》(农规发〔2019〕33 号)。该规划明确了数字乡村建设的具体目标，并围绕推进数字产业化、产业数字化的主线，提出了构建基础数据资源体系、加快生产经营数字化改造、推进管理服务数字化转型、强化关键技术装备创新等四大方面的 20 项重点任务；同时，以数字农业农村建设最急需、最关键、最薄弱的环节和领域为重点，提出了国家农业农村大数据中心建设工程、农业农村天地空一体化观测体系建设工程、国家数字农业农村创新工程三大工程9类建设项目。

2020年5月，中央网信办、农业农村部、国家发改委、工信部联合印发《2020年数字乡村发展工作要点》，明确了2020年数字乡村发展的工作目标，并部署了统筹做好农村新冠肺炎疫情防控和经济社会发展工作、推进乡村新型基础设施建设、推动乡村数字经济发展、促进农业农村科技创新、推进乡村治理能力现代化、建设绿色智慧乡村、激发乡村振兴内生动力、加强数字乡村发展的统筹协调等8个方面的22项重点任务。

2020年7月，根据《数字乡村发展战略纲要》和《2020年数字乡村发展工作要点》的要求，中央网信办、农业农村部、国家发改委、工信部、科技部、市场监管总局、国务院扶贫办联合印发《关于开展国家数字乡村试点工作的通知》（中网办通字〔2020〕15号），部署开展国家数字乡村试点工作，指出试点内容主要包括7个方面：一是开展数字乡村整体规划设计，二是完善乡村新一代信息基础设施，三是探索乡村数字经济新业态，四是探索乡村数字治理新模式，五是完善“三农”信息服务体系，六是完善设施资源整合共享机制，七是探索数字乡村可持续发展机制。

2021年7月，为深入实施《数字乡村发展战略纲要》，解答各地数字乡村建设中存在的问题与疑惑，扎实有序推进数字乡村建设，中央网信办、农业农村部、国家发改委、工信部、科技部、市场监管总局、国家乡村振兴局等七部门联合编写了《数字乡村建设指南1.0》，提出了数字乡村建设的总体参考架构，主要包含信息基础设施、公共支撑平台、数字应用场景、建设运营管理和保障体系建设等方面。其中，信息基础设施是数字乡村建设的物理基础，包括网络基础设施、信息服务基础设施，以及水利、电力、交通等传统基础设施的数字化升级；公共支撑平台是数字乡村建设的系统基础，包括公共数据平台和各类应用支撑平台；数字应用场景则是数字乡村建设的主要内容，包括乡村数字经济、智慧绿色乡村、乡村网络文化、乡村数字治理、信息惠民服务等5个领域。

2022年1月，中央网信办、农业农村部、国家发改委、工信部、科技部、住建部、商务部、市场监管总局、广电总局、国家乡村振兴局等十部门联合印发《数字乡村发展行动计划（2022—2025年）》，对“十四五”时期数字乡村发展做出了部署安排。该计划共部署了8个方面的重点行动，包括：第一，数字基础设施升级行动；第二，智慧农业创新发展行动；第三，新业态新模式发展行动；第四，数字治理能力提升行动；第五，乡村网络文化振兴行动；第六，智慧绿色乡村打造行动；第七，公共服务效能提升行动；第八，网络帮扶拓展深化行动。

2. 数字乡村发展评价相关部门研究报告

2019年4月，为对标“十三五”农业农村信息化发展规划主要指标，结合农业农村部机构职能调整拓展，农业农村部信息中心发布了《2020全国县域数字农业农村发展水平评价报告》，通过引入关键绩效KPI(Key Performance Indicator)理念，设计了发展环境、基础支撑、信息消费、生产信息化、经营信息化、乡村治理信息化、服务信息化等7个一级指标、13个二级指标和13个三级指标，开展了首次全国县域数字农业农村发展水平评价工作。

到了2020年，为充分体现中共中央、国务院关于“数据要素市场化”和“推进国家治理体系和治理能力现代化”等战略部署，农业农村部信息中心发布的《2020全国县域数字农业农村发展水平评价报告》重新调整确定了评价指标体系，新评价指标体系包括发展环境、基础支撑、生产信息化、经营信息化、乡村治理信息化及服务信息化等6个一级指标，以及15个二级指标和20个三级指标。详见表4-2。

表4-2　全国县域数字农业农村发展水平评价指标体系(2020年)

一级指标	二级指标	三级指标
发展环境	农业农村信息化财政投入	乡村人均农业农村信息化财政投入(元/人)
	农业农村信息化社会资本投入	乡村人均农业农村信息化社会资本投入(元/人)
	农业农村信息化管理服务机构	县级农业农村信息化管理服务机构综合设置情况
基础支撑	互联网普及程度	互联网普及率(%)
生产信息化	种植业信息化	信息技术在种植业中的应用率(%)
	设施栽培信息化	信息技术在设施栽培中的应用率(%)
	畜禽养殖信息化	信息技术在畜禽养殖中的应用率(%)
	水产养殖信息化	信息技术在水产养殖中的应用率(%)
经营信息化	农产品网络销售情况	农产品网络销售率(%)
	农产品质量安全追溯信息化水平	种植业农产品质量安全追溯信息化水平(%)
		设施栽培农产品质量安全追溯信息化水平(%)
		畜牧业农产品质量安全追溯信息化水平(%)
		水产养殖农产品质量安全追溯信息化水平(%)
乡村治理信息化	农村“互联网+监督”	应用信息技术实现行政村党务公开水平(%)
		应用信息技术实现行政村村务公开水平(%)
		应用信息技术实现行政村财务公开水平(%)
	农村“雪亮工程”覆盖情况	“雪亮工程”行政村覆盖率(%)
	“互联网+政务服务”	在线办事率(%)
服务信息化	信息进村入户建设	信息进村入户村级信息服务站行政村覆盖率(%)
	电商服务站建设	电商服务站行政村覆盖率(%)

资料来源：农业农村部市场与信息化司，农业农村部信息中心. 2020全国县域数字农业农村发展水平评价报告. (2020-11-27)[2021-10-05] http://www.agri.cn/V20/ztzl_1/sznync/ltbg/202011/P020201127365950018551.pdf.

相比2019年，2020年的评价指标体系主要调整内容包括：(1)新增“农业农村信息化社会资本投入”“农村‘雪亮工程’覆盖情况”“互联网+政务服务”3个二级指标及其对应的三级指标。(2)删除了原“信息消费”一级指标。主要是考虑到微信等免费通信服务已十分普遍，在“提速降费”的大背景下，不再专门收集分析信息消费水平数据。(3)细化了“农业农村信息化管理服务机构”“农产品质量安全追溯信息化水平”“农村‘互联网+监督’”等3个二级指标。(4)调整了“生产信息化”下二级指标和“农产品质量安全追溯信息化水平”下三级指标的权重，改为由产值占比决定的动态权重。

到了2021年，农业农村部信息中心在总结前两年开展全国县域数字农业农村发展水平评价工作经验的基础上，在保持框架基本稳定的前提下，再次更新的评价指标体系重点突出对农业生产信息化水平的监测，并对个别指标进行了优化完善和权重调整，最终确定了发展环境、基础支撑、生产信息化、经营信息化、乡村治理信息化和服务信息化6个一级指标、14个二级指标和20个三级指标。详见表4-3。

表4-3　全国县域农业农村信息化发展水平评价指标体系(2021年)

一级指标及权重	二级指标	三级指标
发展环境(15%)	农业农村信息化财政投入情况	乡村人均农业农村信息化财政投入(元/人)
	农业农村信息化社会资本投入情况	乡村人均农业农村信息化社会资本投入(元/人)
	农业农村信息化管理服务机构情况	县级农业农村信息化管理服务机构综合设置情况
基础支撑(5%)	互联网普及程度	互联网普及率(%)
		家庭宽带入户率(%)
生产信息化(30%)	大田种植信息化	大田种植信息化水平(%)
	设施栽培信息化	设施栽培信息化水平(%)
	畜禽养殖信息化	畜禽养殖信息化水平(%)
	水产养殖信息化	水产养殖信息化水平(%)
经营信息化(25%)	农产品网络零售情况	农产品网络零售额占比(%)
	农产品质量安全追溯信息化	大田种植业农产品质量安全追溯信息化水平(%)
		设施栽培业农产品质量安全追溯信息化水平(%)
		畜禽养殖业农产品质量安全追溯信息化水平(%)
		水产养殖业农产品质量安全追溯信息化水平(%)
乡村治理信息化(15%)	农村“互联网+监督”情况	应用信息技术实现行政村党务公开水平(%)
		应用信息技术实现行政村村务公开水平(%)
		应用信息技术实现行政村财务公开水平(%)
	农村“雪亮工程”覆盖情况	“雪亮工程”行政村覆盖率(%)
	农村“互联网+政务服务”情况	在线办事率(%)
服务信息化(10%)	电商服务站建设情况	电商服务站行政村覆盖率(%)

来源：农业农村部市场与信息化司，农业农村部信息中心. 2021全国县域农业农村信息化发展水平评价报告. (2021-12-20) [2022-03-05] http://www.agri.cn/V20/ztzl_1/sznync/ltbg/202112/P020211220311961420836.pdf.

可以看出，最新版的评价指标体系将“全国县域数字农业农村发展水平”更名为“全国县域农业农村信息化发展水平”，并具体调整了如下内容：

第一，细化了“生产信息化”一级指标。分作物品种监测大田种植业中农机作业信息化、水肥药精准控制、“四情监测”等信息化应用覆盖面积；监测设施栽培业中环境信息化监测、环境信息化控制、水肥一体化智能灌溉等信息化应用覆盖面积；分畜禽品种监测畜禽养殖业中养殖场环境信息化监测、养殖场环境信息化控制、自动化饲喂、疫病信息化防控等信息化应用覆盖面积；分水产品种监测水产养殖业中信息化增氧、自动化投喂、疫病信息化防控等信息化应用覆盖面积。

第二，新增"家庭宽带入户率"三级指标。为了充分体现《乡村振兴战略规划(2018—2022 年)》和《数字乡村发展战略纲要》的要求，支持重视农村地区宽带网络建设，改善信息基础设施条件。

第三，删除了原"信息进村入户建设"二级指标。主要是考虑到"信息进村入户建设"指标与"电商服务站建设"存在交集。

第四，优化了原"农产品网络销售情况"二级指标。重点监测农产品网络零售情况，农产品网络零售额指通过公共网络交易平台(包括第三方平台、自建网站和新型社交电商等)实现的农产品(初级农产品、初加工农产品以及与农业农村发展密切相关的深加工农产品和食品)的零售额。

第五，细化了"在线办事率"三级指标的填报项。重点监测社会保险、新型农村合作医疗、婚育登记、劳动就业、社会救助、农用地审批、涉农补贴等重要民生保障业务是否实现了全部环节或部分环节的在线办理。

同时，在 2020 年 11 月，由中央网信办信息化发展局、农业农村部市场与信息化司指导，农业农村信息化专家咨询委员会还编制了《中国数字乡村发展报告(2020 年)》，从乡村信息基础设施、农业农村大数据、农业生产数字化、乡村数字经济、乡村数字化治理、乡村信息服务、智慧绿色乡村、农业农村科技创新、网络扶贫等 9 个方面全面总结了我国数字乡村建设工作的重要进展和经验探索。

3. 数字乡村发展评价相关学术研究

当前，国内已有不少学者开始关注数字乡村的发展评价研究，例如：

常倩和李瑾(2019)通过汇总国内关于信息化、农业信息化、农村信息化评价的代表性指标体系，构建了包含能力类指标和成效类指标的智慧乡村评价指标体系总体框架，该指标体系由 9 个一级指标、31 个二级指标构成。其中能力类指标用于反映智慧乡村发展能力和潜力，主要是影响智慧乡村建设与应用的主要因素；成效类指标则反映智慧乡村建设应用的实际效果，主要是服务提供和应用现状以及村民参与和评价。

沈剑波和王应宽(2019)通过收集农业信息化水平评价的相关文献，采用文献分析法对农业信息化水平的评价指标进行统计与梳理，根据统计结果并结合《中国农业年鉴》构建了农业信息化水平评价指标体系，归纳了包括农业信息化资源与信息技术应用、农业信息化基础设施、农业信息化产业、农业信息化人力资源、农业信息化政策与环境等 5 大类指标以及 21 个具体指标，为科学开展农业信息化水平评价工作提供了参考借鉴。

张鸿等(2020)借鉴经济合作与发展组织(OECD)、世界经济论坛(WEF)及《数字中国建设发展报告(2018)》的相关指标，并充分结合当前学者农村电子商务指标构建体系的研究成果，引入了就绪度的概念，构建了数字乡村发展就绪度评价指标体系。该体系包含数字乡村宏观环境、数字乡村基础设施支持、数字乡村信息环境、数字乡村政务环境、数字乡村应用环境等 5 个一级指标和 29 个二级指标。

崔凯和冯献(2020)基于数字乡村建设视角，遵循投入产出框架，构建了数字环境、数字投入、数字效益和数字服务等 4 项一级指标及对应的 16 项二级指标的乡村数字经济发展指标评价体系。

方迎君(2020)结合《乡村振兴战略规划(2018—2022 年)》中乡村全面振兴的指标体系，整合构建了一个数字乡村评价指标体系，包括科技农业、智慧农民、数字经济、网络政务、智慧环境、信息惠民、数字基础设施 7 个一级指标，下设 27 个二级指标。

马晓蕾等(2021)通过梳理和总结目前智慧城市评价体系的共性指标，在尊重乡村数字化建设规律的基础上，将部分智慧城市评价指标延伸运用到乡村中，构建了包含发展支撑、数字基础设施、数字治理、数字民生、产业数字化在内的 5 个一级指标、13 个二级指标和 21 个三级指标的数字乡村评价指标体系。

吴园(2022)在把握数字乡村内涵和特征基础上，设计和构建了数字乡村发展评价指标体系，包括数字乡村环境、乡村数字经济、农业科技创新、智慧绿色乡村、乡村数字治理、农业信息服务等 6 项一级指标及 24 项二级指标。

另外，2020 年 9 月，北京大学新农村发展研究院联合阿里研究院编制了“县域数字乡村指数”，在第八届中国淘宝村峰会发布。该研究从乡村数字基础设施指数、乡村经济数字化指数、乡村治理数字化指数、乡村生活数字化指数 4 个一级指标界定数字乡村内涵和外延，从理论层面构建县域数字乡村指数的框架体系，最终实际纳入 39 个指标进行指数测算，其中 21 个指标采用数据源于阿里巴巴集团及旗下业务和生态伙伴，8 个指标采用数据源于国家统计数据及网络爬取。①

同在 2020 年 9 月，西安邮电大学西部数字经济研究院在 2020 西部数字乡村发展论坛上发布了《2020 陕西数字乡村发展报告》。通过借鉴《数字中国建设发展报告(2018)》相关指标和《陕西省加快数字乡村发展三年行动计划(2020—2022 年)》相关内容，以乡村数字基础设施、数字化发展环境、乡村数字化应用、乡村政府数字化治理 4 个一级指标和 20 个二级指标构建了“数字乡村发展指数”。之后，侯光文等(2020)还基于对陕西地区乡村的调查，设立乡村基建、政府服务、生态环境、就业质量和医疗养老等 5 个一级指标和 25 个二级测度指标，对陕西的数字乡村高质量发展情况进行分析和评价研究。

2021 年 12 月，中国社会科学院财经战略研究院、农业农村部信息中心与京东云联合发布了《数智乡村白皮书(2021)》。该研究通过对乡村建设评价指标体系相关文献的总结，结合《乡村振兴战略规划(2018—2022 年)》中乡村全面振兴的指标体系，初步构建数智乡村评价指标体系，包括基础设施、生产与服务、治理与环境、生活水平在内的 4 个分类指标，下设 14 个基础指标和 29 个解释指标。②

---

① 详见：北京大学新农村发展研究院数字乡村项目组. 关于县域数字乡村指数.(2020-12-02)[2021-10-05]. http://www.aliresearch.com/ch/information/informationdetails?articleCode=142536283581976576.

② 中国社会科学院财经战略研究院，农业农村部信息中心，京东科技. 数智乡村白皮书(2021).(2022-08-22)[2022-10-20]. https://lmtw.com/mzw/content/detail/id/216898. 注：该白皮书认为“数智乡村”是引申自“数字乡村”的一个全新概念，更加强调智能化，强调通过智能化技术赋能，实现数智乡村与智慧城市之间要素高效流动、缩小城乡数字鸿沟。

(二)数字乡村评价指标体系的构建

1. 基本原则

数字乡村评价指标体系的构建必须注意把握以下基本原则：首先要注重科学性，应坚持以《数字乡村发展战略纲要》《数字农业农村发展规划（2019—2025 年）》等相关中央政策文件为导引，结合农业农村部《2020 全国县域数字农业农村发展水平评价报告》《中国数字乡村发展报告（2020 年）》等重要研究报告的主要内容，并充分借鉴参考数字乡村评价的相关学术研究成果，以此对评价指标进行科学设计；其次要注重全面性，指标体系的设计应包含数字乡村的主要目标及重点建设任务，同时也要强调指标的适用性，更要强调指标的可操作性；最后要注重指导性，根据数字乡村的内涵，在把握数字乡村规律和发展趋势的基础上，总结并提炼数字乡村的关键特征和主要内容，可为各地区开展数字乡村发展评价工作提供指引和参考依据。

2. 基本思路

首先，数字乡村建设和发展的前置条件是具备扎实的软硬件环境，所谓硬环境主要指乡村信息化基础设施，而软环境主要指数字乡村相关主体的数字素养。因此，要评价数字乡村的发展水平，必先测量其必要条件，本研究主要界定了信息基础设施和主体（主要即村民）数字素养两个方面。

其次，平台在数字化领域已经成为一种发展趋势，而在数字乡村建设发展中，数字平台无疑是关键节点。数字乡村的“数字”意味着其具有一个居于中枢地位的“数字大脑”，通过对数字乡村各项基础资源与服务进行集中整合，可以凝练出一个强大的、资源整合的、能力沉淀的数字平台。对于乡村数字平台的指标操作化，本研究主要界定了数字平台应用和数字辅助决策两个方面。

再次，结合数字乡村建设发展的共性及个性需求而形成的应用领域，本研究将数字乡村的主要内容界定为乡村数字经济、乡村数字治理和乡村数字生活三大领域及数字生产、数字物流、数字营销、数字金融、数字监督、数字政务、数字医疗、数字教育等数个具体应用场景。

最后，除了以上基础测量指标项，本研究还考虑引入加分项，主要对测评地区是否被选定为数字乡村试点以及试点级别进行额外加分。

3. 指标设计

根据前述基本原则及思路，本研究设计和构建了数字乡村环境、乡村数字平台、乡村数字经济、乡村数字治理、乡村数字生活等 5 项一级指标、18 项二级指标以及 48 项具体测量指标的数字乡村综合发展水平评价指标体系（详见表 4-4）。需要指出，本评价指标体系只是原则性的框架，在具体的实践应用中，应结合评价对象的发展需求、阶段目标以及数据的可获得性等方面，围绕一级指标进行二级指标及具体测量指标的适当调整和取舍，形成符合本地实际的数字乡村综合发展水平评价指标体系。

表 4-4　数字乡村综合发展水平评价指标体系

一级指标	二级指标	测量指标	指标解释
数字乡村环境	信息基础设施	互联网普及率	乡村地区网民数量占地区常住人口总数的比例
		智能手机普及率	乡村地区智能手机使用人数占地区常住人口总数的比例
		农村宽带用户占比	乡村地区宽带用户占地区常住人口总数的比例
		5G 网络覆盖率	乡村地区 5G 网络的覆盖比例
		农业农村信息化/数字化财政资金投入比	农业农村信息化/数字化财政资金投入占农业农村财政总投入的比例
	主体数字素养	村民高学历比例	乡村地区居民拥有大学以上学历（大专、本科及研究生）人口数量占地区常住人口总数的比例
		农村信息员比例	农村信息员数量占地区常住人口总数的比例
		数字化专业人才比例	从事农业农村相关数字产业的专业技术人员数量占地区常住人口总数的比例
		村民智能手机应用技能培训率	村民接受智能手机应用技能培训的比例
乡村数字平台	数字平台应用	数字平台应用比例	通过各类平台开展信息采集并开展数字化服务的行政村数量占地区行政村总数的比例
		涉农数字平台比例	农业农村相关数字平台建设数量占各部门数字平台总数的比例
		村级服务终端比例	拥有智能服务终端的行政村数量占地区行政村总数的比例
	数字辅助决策	部门数据协作比例	实现数据共享协作的部门数量占本级政府部门总数的比例
		部门数字监管/服务比例	实现监管/服务职能数字化转型的部门数量占本级政府部门总数的比例
乡村数字经济	数字生产	大田种植数字化水平	数字技术在大田种植业的应用规模（以种植面积表示）占比
		设施栽培数字化水平	数字技术在设施栽培业的应用规模（以栽培面积表示）占比
		畜禽养殖数字化水平	数字技术在畜禽养殖业的应用规模（以养殖数量表示）占比
		水产养殖数字化水平	数字技术在水产养殖业的应用规模（以水面面积表示）占比
		大田种植业质量安全追溯数字化水平	通过接入农产品质量安全追溯平台实现质量安全追溯的大田种植农产品产值占大田种植业产值的比例
		设施栽培业质量安全追溯数字化水平	通过接入农产品质量安全追溯平台实现质量安全追溯的设施栽培农产品产值占大田种植业产值的比例
		畜禽养殖业质量安全追溯数字化水平	通过接入农产品质量安全追溯平台实现质量安全追溯的畜禽产品产值占大田种植业产值的比例
		水产养殖业质量安全追溯数字化水平	通过接入农产品质量安全追溯平台实现质量安全追溯的水域面积占水产养殖总水域面积的比例

续表

一级指标	二级指标	测量指标	指标解释
乡村数字经济	数字物流	物流网点覆盖率	拥有物流网点的行政村数量占地区行政村总数的比例
		物流仓库数	乡村地区拥有的物流仓库总数
	数字营销	电商服务站覆盖率	拥有电商服务站点的行政村数量占地区行政村总数的比例
		农产品网络零售比例	本地农产品网络零售额占农产品总交易额的比例
		网商数量比例	本地从事农业农村相关业务的网商数量占市场主体总数的比例
乡村数字经济	数字金融	基础金融服务覆盖率	享受金融机构基础金融服务的行政村数量占地区行政村总数的比例
		手机银行用户比例	本地使用手机银行服务的农村客户数量占金融机构客户总数的比例
		数字金融产品使用率	本地使用数字金融产品的农村客户数量占金融机构客户总数的比例
	数字新业态	电商专业村比例	符合电商专业村认定标准的行政村数量占地区行政村总数的比例
		直播销售比例	本地农产品网络零售总额中通过网络直播完成的销售额比例
		智慧旅游比例	开展乡村智慧旅游的景点数量占地区乡村旅游景点总数的比例
	数字监督	党务网上公开率	应用数字化技术基本实现党务网上公开的行政村数量占地区行政村总数的比例
		村务网上公开率	应用数字化技术基本实现村务网上公开的行政村数量占地区行政村总数的比例
		财务网上公开率	应用数字化技术基本实现财务网上公开的行政村数量占地区行政村总数的比例
	数字政务	农村“互联网＋政务服务”情况	涉农政务服务事项的在线办事率
		群众在线办事满意率	群众对线上事务(行政审批等事项)办理的总体满意率
	绿色乡村	污染物排放监测系统覆盖率	应用数字化技术建立污染物排放监测系统的行政村数量占地区行政村总数的比例
		垃圾分类数字化应用覆盖率	应用数字化技术实现生活垃圾分类收集处理的行政村数量占地区行政村总数的比例
	数字安防	“雪亮工程”覆盖率	完成或正在实施“雪亮工程”建设的行政村数量占地区行政村总数的比例
	数字党建	党员远程教育覆盖率	基层服务点接通全国党员干部现代远程教育网的行政村数量占地区行政村总数的比例

续表

一级指标	二级指标	测量指标	指标解释
乡村数字生活	数字医疗	电子健康档案开放率	向本地居民开放个人电子健康档案的比例
		线上问诊情况	每万人网络医疗平台注册的本县域的医生数
	数字教育	“三个课堂”覆盖率	落地中小学“三个课堂”应用的乡村学校数量占地区乡村学校总数的比例
	数字社保	电子社保卡覆盖率	开通电子社保卡的农村居民数量占地区常住人口总数的比例
	数字便民	益农信息社覆盖率	建有益农信息社的行政村数量占地区行政村总数的比例
附加分	试点级别	数字乡村试点级别	根据数字乡村试点级别酌情加分

注：①由于本评价指标体系还只是原则性框架，因此未给出各项指标的权重赋值，后期应用建议采取主观赋权与客观赋权相结合的方式（如结合德尔菲法、熵值法等）确定指标权重；②对于在实际操作中无法直接获取的指标拟通过资料分析和抽样调查进行综合测量。

4. 计算方法

一般地，我们可以根据分层赋权逐层汇总方法计算数字乡村的综合发展水平，其具体计算方法大致如下：

首先，对各指标进行规格化处理。由于各个指标的物理量及数量级相差较大，计量单位不同，必须进行规格化处理，即必须采用具备统计学合理性的方法来计算各指标的规格化指数。本研究主要使用“功效系数法”以消除不同指标量纲的影响并计算分值。功效系数法是在进行综合统计评价时，先运用功效系数对各指标进行无量纲同度量转换，然后再采用算术平均数或几何平均法，对各项功效系数求总功效系数，作为对总体的综合评价值，并进行比较判定。具体计算公式如下：

$$f_i=\frac{x_i-x_i^{\min}}{x_i^{\max}-x_i^{\min}}\times 50+50$$

$x_i(i=1,2,...,n)$指各项评价指标；$x_i^{\max}$ 指评价指标所在数列的最大值；$x_i^{\min}$ 指评价指标所在数列的最小值。同时，对各项评价指标的功效系数乘以 50 再加上 50，使得处理后的规格化指数居于 50 至 100，而且该指标各合作社的位次不会发生变化。

其次，根据预先确定的各项指标的权重，利用各项指标的规格化指数计算各地区数字乡村的分项发展水平和综合发展水平，并按照综合发展水平的大小对所测评的所有地区（主要是县域）进行排序。

第五章 数字乡村的基础条件

一、信息基础设施

(一)信息基础设施的基本界定

信息基础设施(information infrastructure)是指能随时给用户提供大量信息的,由通信网络、计算机、数据库以及日用电子产品组成的完备网络体系(姜竹等,2022)。狭义的信息基础设施,主要包括物理上的通信网络和其他信息传输网络以及数据库、计算机和其他电子产品等。广义的信息基础设施则是一个包括诸如信息网络、信息设备、信息资源和信息人员等在内的以网络为核心的系统结构。

美国是世界上信息基础设施建设水平处于领先地位的国家之一,并首先提出了国家信息基础设施这一概念,旨在以因特网为雏形,兴建信息时代的高速公路——"信息高速公路",使所有的美国人方便地共享海量的信息资源。①

《新世纪领导干部百科全书》指出,信息基础设施又称"信息高速公路",是指数字化、大容量高速度的光纤通信网络,是把家庭、企业、大学、科研机构以及政府联系起来的计算机网络。它以光纤电缆为"公路",以集电脑、电视、电话为一体的多媒体机为"汽车",以各种图、文、声信息为"货物",高速进行传输,形成遍布全国的高速信息网。它如同交通公路那样四通八达,全国的计算机用户在自己的家中,就像使用电话那样利用终端设备,方便迅速地传递和处理各种信息,从而最大限度地实现信息资源共享。实际上,一个国家的信息基础设施指的不仅仅是"路",而是由 5 个部分组成,即信息通道(通信网络)、信息资源(信息内容)、信息设备、应用信息系统、信息主体(信息人才、信息用户)。②

归结来看,广义的信息基础设施包括水平和垂直结构、要素结构、网络结构、体系结构(陈文理,2012)。其中,信息基础设施的水平和垂直结构,指信息通过网络在不同用户之间的流转过程,它们是信息基础设施发展中物理网络建设的基础部分(详见图 5-1 和图 5-2);信息基础设施的要素结构,指信息网络、信息资源、人力资源、应用系统与软件等核心要素,

① 1993 年 9 月 15 日美国政府发表的"国家信息基础设施行动动议"(The National Information Infrastructure: Agenda for Action)中首先提出国际信息基础设施(National Information Infrastructure)这一概念,缩写为 NII。

② 详见:秦玉琴. 新世纪领导干部百科全书. 北京:中国言实出版社,1999:15-17.

以及法规政策和信息产业两大环境要素的综合体系（详见图5-3）；信息基础设施的网络结构，指由电信网、计算机网和广播电视网三大网络组成的网络体系，其中有六种信息基础网络在现代社会占据着核心地位，包括公众电网、移动通信网、互联网、有线电视网、广播电视网以及直播卫星网等；信息基础设施的体系结构，指一个包括地域上不同辐射范围和功能上不同应用领域的层次体系。该体系有以下特点：从纵向上看，不同层次的信息基础设施，其空间特性、辐射范围和权力约束明显不同；从横向上看，不同类型的应用系统彼此之间通过不同层级的信息基础设施发生信息的沟通和传递，并随着技术的发展逐步实现无缝连接。此外，无论纵向的层级划分还是横向的功能划分都受到各种环境因素的约束，其中比较重要的包括政府行为、市场因素、人力资源和教育状况、信息安全、技术环境和标准等。

图 5-1　信息基础设施的水平结构

资料来源：陈文理.信息基础设施的逻辑结构、特点与发展模式选择.广东行政学院学报，2012(3)：5-11.

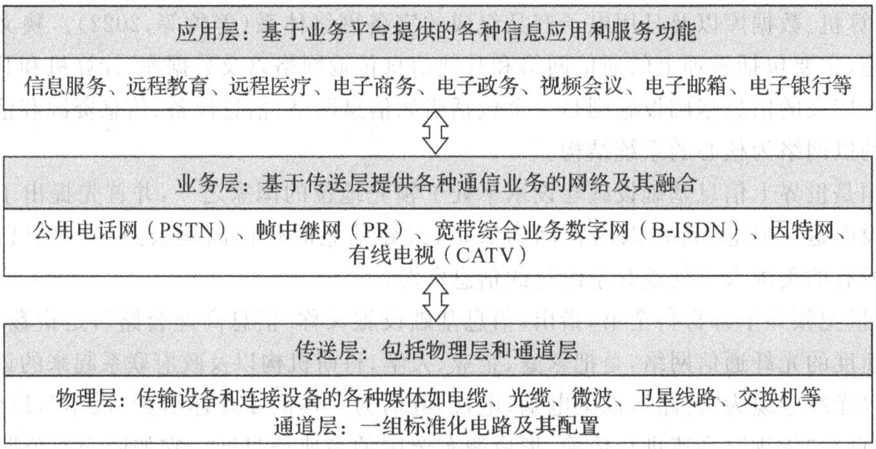

图 5-2　信息基础设施的垂直结构

资料来源：陈文理.信息基础设施的逻辑结构、特点与发展模式选择.广东行政学院学报，2012(3)：5-11.

狭义的信息基础设施则大体有5个基本要素：一是物理设备，用于传输、存储、处理和显现声音、数据和图像的各类物理设备，如摄像机、扫描仪、键盘、电话机、传真机、转换器、视频和音频带、电缆、电线、卫星、光纤传输线、微波网、打印机等；二是信息，包括资源、环境、社会、经济、文化教育等各个领域的图形、图像、文本、多媒体等海量信息；三是应用系统和软件，它们允许用户使用、处理、组织和整理由信息高速公路提供给用户的大量信息；四是传输编码与网络标准，这些编码与标准促进网络之间的互相联系和兼容，同时保证网络的安全性和可靠性；五是人员，包括信息及设施的生产者、使用者和决策者等（陈文理，2012）。

随着经济社会的发展、技术的革新和应用场景的延伸，信息基础设施的概念在原有的基础上发生了新的变化，表现为越发迈向智能化发展，应用也更加广泛，包括数字经济、数字生活、数字治理、数字管理等诸多领域。

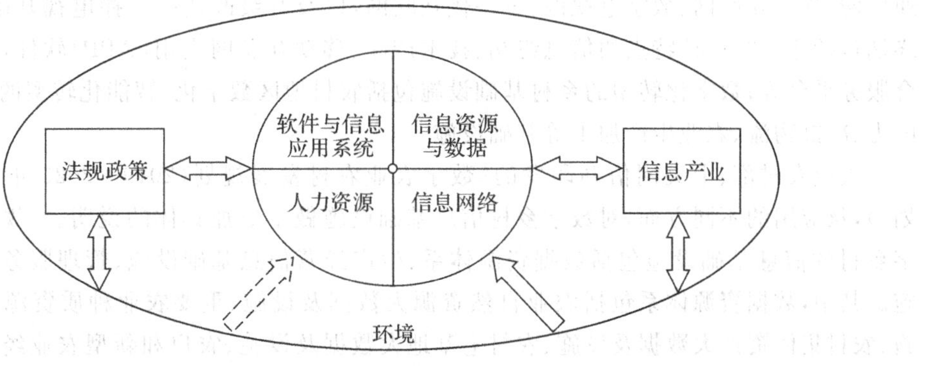

图 5-3 信息基础设施要素结构及相互关系

资料来源：陈文理. 信息基础设施的逻辑结构、特点与发展模式选择. 广东行政学院学报，2012(3)：5-11.

我国也提出了新一代信息技术的发展规划，带来了与之相适应的信息基础设施建设诉求。2010 年，《国务院关于加快培育和发展战略性新兴产业的决定》中列举了七大国家战略性新兴产业体系，其中便包括新一代信息技术产业。关于发展新一代信息技术产业的主要内容包括：加快建设宽带、泛在、融合、安全的信息网络基础设施，推动新一代移动通信、下一代互联网核心设备和智能终端的研发及产业化，加快推进三网融合，促进物联网、云计算的研发和示范应用；着力发展集成电路、新型显示、高端软件、高端服务器等核心基础产业；提升软件服务、网络增值服务等信息服务能力，加快重要基础设施智能化改造；大力发展数字虚拟等技术，促进文化创意产业发展。①

与新一代信息技术相对应的新型基础设施，包括信息基础设施、融合基础设施、创新基础设施。信息基础设施指以 5G、物联网、工业互联网、卫星互联网为代表的通信网络基础设施，以人工智能、云计算、区块链等为代表的新技术基础设施，以及以数据中心、智能计算中心为代表的算力基础设施；融合基础设施指深度应用互联网、大数据、人工智能等技术，支撑传统基础设施转型升级，进而形成的融合基础设施，比如智能交通基础设施、智慧能源基础设施等；创新基层设施指支撑科学研究、技术开发、产品研制的具有公益属性的基础设施，比如，重大科技基础设施、科教基础设施、产业技术创新基础设施等。②

无须赘言，信息基础设施是农业农村信息化发展的前提条件，对推进农业农村信息化有不可或缺的基础支撑作用。本质上，数字乡村建设发展的信息基础设施，对技术和设施的要求与一般意义上的信息基础设施无本质区别，但由于应用需求的不同，数字乡村的信息基础设施在表现形式和类别上有所不同。

中共中央办公厅、国务院办公厅印发的《数字乡村发展战略纲要》(简称《纲要》)对数字乡村建设发展的信息基础设施有明确的说明。《纲要》指出，数字乡村的信息基础设施包括乡村网络设施、信息终端、数字化转型的乡村基础设施。其中，乡村网络设施包括农村宽带

① 详见：国务院关于加快培育和发展战略性新兴产业的决定. (2010-10-18)[2021-10-05]. http://www.gov.cn/zhengce/content/2010-10/18/content_1274.htm.

② 详见：李金磊. 国家发改委首次明确新基建范围 将从四方面促进新基建. (2020-04-20)[2021-10-05]. https://www.chinanews.com.cn/cj/2020/04-20/9162373.shtml.

通信网、移动互联网、数字电视网、下一代互联网，以及升级改造的广播电视基础设施；信息终端包括适应“三农”特点的信息终端、技术产品、移动互联网应用（APP）软件，以及为农综合服务平台等；数字化转型的乡村基础设施包括农村地区数字化、智能化转型的水利、公路、电力、冷链物流、农业生产加工等基础设施。

农业农村部、中央网信办印发的《数字农业农村发展规划（2019—2025 年）》（简称《规划》），从应用的不同方面，对数字乡村信息基础设施做了更加具体的说明。《规划》指出，数字乡村的信息基础设施包括数据资源体系、生产经营信息基础设施、管理服务信息基础设施。其中，数据资源体系包括农业自然资源大数据及设施、重要农业种质资源大数据及设施、农村集体资产大数据及设施、农村宅基地大数据及设施、农户和新型农业经营主体大数据及设施；生产经营信息基础设施包括种植业、畜牧业、渔业、种业、新业态、质量安全管控等方面的信息基础设施；管理服务信息基础设施包括农业农村管理决策支持技术体系、重要农产品全产业链监测预警体系、数字农业农村服务体系、农村人居环境智能监测体系、乡村数字治理体系等。

（二）信息基础设施的必要性

1. 为乡村生产数字化运行提供支撑

乡村生产数字化，即运用数字化的技术和手段，实现乡村生产的数字化转型，具体形态表现为数字农业。数字农业是数字技术和手段对农业生产经营的改造，进而实现农业生产经营全过程的数字化转型。追本溯源，数字农业的概念源自“数字地球”，于 1997 年由美国科学院、工程院两院士正式提出，是指以网络为载体，以云计算和大数据分析为依托，通过多学科、跨领域集成，不受空间和环境限制，高集约化生产高品质农产品的新型智慧农业生产模式，而不足之处是核心关键技术研发和建设滞后、信息数据资源标准不健全等信息基础设施建设问题（殷浩栋等，2021）。换言之，当前要加快推进数字农业建设，应以推进相应信息基础设施建设为重点方向，从而为数字农业的建设发展提供数字化运行的底座。除此之外，农业产业领域的金融数字化、物流数字化、营销数字化等，都是信息基础设施建设。这些设施当中，有共性的信息基础设施，如大数据中心、网络设施，也有个性化的信息基础设施，如数字农业当中的物联网，数字金融的个人数据收集和运算系统，数字物流当中产地智慧舱、智能驾驶系统和车辆、无人机等。

2. 为乡村生活数字化提供“端”和“路”

实现乡村生活的数字化，关键要推进“端”和“路”等信息基础设施的建设。所谓“端”，指让村民获得各类数字化、在线化生活服务内容的“末端”，即直接与村民接触的设施设备等，一般包括手机应用端和信息基站等。而在智能手机普及程度不高的地区，抑或智能手机使用不便的地区，如因年轻人流失导致老年人占比过高的地区，益农信息社等协助村民获取生活数字化服务的“端”就显得非常重要，可以更好帮助村民像城里人一样在家门口收发快递、缴纳水电气费。“路”则是联通村民和生活数字化服务内容的重要通路。一般来说，“路”指以互联网、移动通信网络等为代表的信息传输设施，从而确保村民通过“端”与数字化的生活服务内容以在线的方式相连通，进而让村民获得各类数字化、在线化生活服务，最终在乡村形成办事不出村的村民生活服务良好格局。

3. 为乡村治理提供数字化手段

乡村治理的数字化转型，是数字技术和手段在乡村治理当中应用的结果。从现实来看，乡村治理数字化转型程度较高的地区，基本是信息基础设施建设和应用水平较高，或者数智企业相对活跃的地区。如浙江省由于具有数字经济高地优势，在全省涌现了如德清的县域全域数字治理模式、龙游的“龙游通”模式等。各种模式能涌现的根本原因，在于已有信息基础设施的构建和充分应用给乡村治理带来了丰富的数字化手段，从而实现乡村治理的数字化转型。同时，各地乡村数字治理模式的特点，也与其信息基础设施建设的境况有着显著的关系。如浙江德清的县域全域数字治理模式，是建立在全域已经构建相对完整和体系化的信息基础设施之上的，包括基础网络设施、物理感知设施、大数据离线计算体系、应用中台、数据中台、决策中枢平台等；又如浙江龙游的“村情通”模式，是建立在已经开发应用的“村情通”平台和微信应用端等信息基础设施设备的基础之上的，进而实现对乡村生产生活的全方位服务和治理；四川省陶坝村的“为村”治理模式，则是在腾讯的参与下，在大力推进信息基础设施的建设和应用的境况下发展起来的。可以认为，信息基础设施是乡村治理数字化转型的基础和关键，能为乡村治理提供必要的数字化手段和方式。

4. 为乡村服务数字化提供平台

在乡村推进数字医疗、数字教育、数字政务等的发展，能够提升乡村公共服务水平，促进城乡公共服务走向均等化。在本质上，乡村公共服务数字化的关键类似于乡村生活数字化，即服务资源的数字化和服务方式的在线化，如教育资源的数字化和学习方式的线上化等，又如各类政务服务内容的资源化和获取方式的线上化，从而实现政务服务不出村。而这些都需要建立在信息基础设施相对完善的基础之上。同时，乡村公共服务数字化相比乡村生活数字化，更加强调各类数字化平台的构建，以及基于平台实现各类功能和资源的整合，从而让村民通过各类数字平台，便利地获取各种“一站式”的公共服务。总体来看，信息基础设施的建设是实现乡村公共服务数字化的关键，能提供各类型的集成式平台。

5. 为乡村创新创业提供基座

近年来，乡村信息基础设施的快速推进，使得电子商务具备了由城及乡发展的条件，带动了农村电商的蓬勃兴起，从而为乡村草根经济崛起带来新机遇。大量的传统乡镇经济在数字技术赋能下得以快速发展，淘宝村镇、村播等新业态新模式不断涌现。而且，随着乡村振兴的深入推进，以及数字技术与农业农村的不断融合发展，进而引发多元要素向乡村流动，乡村日渐成为创业者和社会资本争相进入的热土，外出务工人员逐渐回流就业创业，新农人积极投身农业农村，这些都带来了乡村创新创业的新活力、新浪潮。可以认为，农业农村正在蓬勃兴起的创新创业现象，很大程度上是由于农业农村逐渐形成的“数字底座”。各创业主体基于“数字底座”，取用其合宜的模块和功能，如村播的兴起基于内容电商功能模块，淘宝村的兴起则基于电子商务功能模块。可以预见，随着乡村信息基础设施的不断完善，各类乡村创新创业主体将超越地域的限制，以数字化和在线化的方式，实现与其他市场主体的价值链接、价值交换、价值共创，从而构建乡村在线化创新创业的价值链，而众筹农业、定制农业、共享农业、云农场等新模式新业态也将在这一过程中不断涌现。

(三)乡村信息基础设施建设的现状

1. 乡村信息基础设施建设的成效①

(1)乡村网络设施建设取得显著成效。目前,我国已实施了6批电信普遍服务试点,支持13万个行政村通光纤和5万个4G基站建设,并优先支持"三区三州"等深度贫困地区加快网络覆盖和普及应用,全国行政村通光纤和通4G比例双双超过98%,保障农村群众的上网用网需求。中央财政和基础电信企业累计投资超过500亿元,支持全国13万个行政村光纤建设以及3.6万个基站建设。截至2019年底,全国行政村通宽带比例达到98%,农村互联网应用快速发展。农村宽带接入用户数达到1.39亿户,比上年末净增488万户,比上年同期增长8%。

(2)乡村广播电视网络基本实现全覆盖。农村地区广播电视基础设施建设和升级改造取得成效。截至2019年底,农村广播节目综合人口覆盖率98.84%,农村电视节目综合人口覆盖率99.19%。其中,农村有线广播电视实际用户数0.73亿户,直播卫星公共服务有效覆盖全国59.5万个行政村1.43亿用户。应急广播体系建设不断推进,443个深度贫困县应急广播体系建设取得成效,补助建设了32042个符合条件的行政村综合文化服务中心广播设施。地面电视全面进入数字化时代。无线模拟电视退出历史舞台,5000余座发射台、上万部数字电视发射机覆盖广大城乡地区,保障农村群众享受高质量电视服务。全国有线电视网络整合和广电5G建设一体化发展。编制出台有线电视网络IP化升级改造和5G接入深度覆盖相关指导文件,引导推动广电网络面向广电5G的光纤化、IP化、云化、智慧化、融合化升级改造。乡村广播电视网络基本实现全覆盖,基本实现农村广播电视户户通。

(3)水利网信发展水平得到显著提升。水利是我国农业发展的重要基础设施之一,在水利网信的发展上,我国也取得了一定成效。具体来看,截至2019年底,全国省级以上,水利部门在用的各类信息采集点达43.57万处,各类视频监视点共134840处。全国共有32个省级水利部门、341个地市级水利部门、2540个区县级水利部门和15427个乡镇接入了视频会议系统,统计342个地市级单位接入率约为99.71%,统计2822个区县级单位接入率约为90.01%,统计24040个乡镇的接入率为64.17%,水利网信基础设施能力不断提档升级。

(4)农村公路数字化改造取得明显成效。我国重视农村公路的建设,尤其近年来在推进农村公路的数字化改造方面取得了一定成效。具体来看,截至2019年底,全国农村公路总里程达420万公里,新改建农村公路28.8万公里,实现了具备条件的乡镇和建制村100%通硬化路。农村公路数字化持续推进,建立了全国农村公路基础属性和电子地图数据库,至今累计数据量超过800G,实现了对农村公路基础设施信息的动态更新,实现了对全国农村公路发展状况的精准掌握。

(5)乡村智慧物流建设取得进步。物流设施是实现农产品出村进城和城市工业品下乡的重要通路。当前来看,我国乡村智慧物流建设取得了明显进步。2020年,我国在河北、内蒙古、黑龙江、江苏、安徽、青海6个省(区)和太原、吉林、济宁等15个市(州)开展"快递进

---

① 本部分数据根据《2021全国县域农业农村信息化发展水平评价报告》《第49次中国互联网络发展状况统计报告》《中国数字乡村发展报告(2020)》等整理而成。

村”全国试点，鼓励各地充分发挥市场对资源配置的主导作用，加快利用社会资源推动农村末端服务网络建设，因地制宜推广驻村设点、快快合作、快邮合作、快交合作、快商合作等模式，实现快递服务进村。截至 2020 年前半年，全国乡镇快递网点覆盖率已超过 97%。通过邮政乡镇网点开办、村里小商超搭载、村邮站叠加等方式提供电商服务功能，邮政电商服务站点建设迈上新台阶，全国累计建设邮乐购电商服务站点 53.8 万个，其中设在建制村的邮乐购站点达 31 万个，设有邮政电商服务站点的建制村达 24.5 万个，覆盖率约为 44.8%；乡村无人机投递示范区建设广泛开展，推动智能信包箱、无人机相关标准研究制定工作，积极支持有条件的乡村布局建设无人机起降场地。总体来看，我国乡村智慧物流基础设施日益完善，配送体系日趋成熟。

2. 乡村信息基础设施的不足

(1)区域差异较大。乡村信息基础设施的发展动力，最初源于技术、市场等牵引。换言之，数字技术水平较高、市场应用需求较强的地区对于乡村信息基础设施建设的需求相对较大。以浙江省为例，浙江农村电子商务发展水平较高，淘宝村等新业态在乡村地区蓬勃发展，政府推进的“最多跑一次”政策等则进一步加快了乡村信息基础设施的建设，即通过应用数字化手段提升政府办事效率和为民服务的效能。因此，浙江等数字技术雄厚、市场经济发达的地区，乡村信息基础建设水平较高。然而，在中西部地区，其总体的乡村信息基础设施建设水平相对落后，尤其是边远的欠发达农业产区和乡村。在这些发展较慢的农业型乡村，连传统的基础设施如公路、水利、电力设施的建设都十分缓慢，更不用说互联网和信息技术的发展了，这些地区已成为国家信息化发展的“洼地”，信息化基础设施建设的任务依然艰巨。究其原因，一方面，这些地方的数字产业化水平较低，乡村信息基础设施建设所需的各种设施设备和技术需要其他地方的支持。另一方面，政策的滞后和资金的缺乏是这些地方启动和深入推进乡村信息基础设施建设的关键障碍。需要指出的是，虽然数字乡村战略已经上升为国家战略，但乡村信息基础设施的这种区域差距局面将会进一步扩大，需要在全面推进数字乡村的过程中予以重视。

(2)标准化建设不足。乡村信息基础设施是数字乡村运行和功能发挥的基础，为数据传输提供硬件通道。换言之，乡村信息基础设施的数据传输标准和连接程度，将决定数据的采集、传输、归集、应用。当前，我国乡村的数据资源体系建设尚不完善，标准缺失，在应急状态下，实时性、标准化基础数据不足，数据传输和共享过程中存在“中梗阻”，政府部门之间信息未打通，基层信息部门机构设置不完善，信息服务功能不足，不仅形成了一定的信息孤岛，政府间权责分立与信息分割还造成信息资源库重复建设等现象。而且，随着数字乡村建设热潮的兴起，乡村信息基础设施将成为诸多市场主体抢占未来市场的竞争阵地，各龙头数智企业纷纷将自身已有的技术基础和数据标准应用到乡村信息基础设施建设当中，各地政府的建设也呈现各自为政的发展态势，从而导致数据上下不连通、横向不共享，乃至同一区域乡村信息基础设施都因不同数据类别而有不同，使得乡村数据庞大但归集困难，应用效能也未充分显现。

(3)融合应用不够。数字乡村建设发展，需要强调乡村信息基础设施在乡村经济、生活、治理等全方位的融合应用，从而构建农业农村数字化转型的“数字底座”，实现动能转换。从现实来看，当前乡村信息基础设施处于快速启动和推进当中，呈现出发展速度快但融合应用不足的现实。除了农村电子商务对于乡村信息基础设施的使用较深入之外，乡村信息基础设施在乡村公共服务、乡村治理等方面的融合应用程度远远不足，从而使得智慧农业、智慧医疗、智慧教育、智慧政务等未能形成服务于农业农村生产、生活、生态、治理全面发展的信息支撑。究其原因，一方面是融合问题。当前我国与乡村基础设施建设配套的软件开发水平远远滞后，使得乡村信息基础设施与场景应用未能有效衔接，基于不同数据的设施集成融合水平程度也不够。另一方面，乡村信息基础设施的应用也面临着发展理念更新、文化观念转型、发展路径转换等障碍。比如要实现农业生产中"数据成为新农资、手机成为新农具"的数字农业发展态势，必须对包括劳动力等在内的整个农业经营管理体系进行转变和提升，这是一个漫长的过程。

(4)资金投入不足。乡村信息基础设施建设具有鲜明的公共属性和普惠属性，即乡村信息基础设施的使用不能完全按照市场化机制进行定价和收费，这就造成了市场主体投入乡村信息基础设施建设的动力不足。同时，任何基础设施都需要大量的资金投入建设，乡村信息基础设施也不能例外。毫无疑问的是，乡村信息基础设施在建设的过程中，必须要政府大量的资金投入予以支持，而不能等待市场经营主体参与建设，要发挥市场资金作用，也应采取政府资金投入起到主导作用，市场资金投入起到辅助功能的发展策略，进而保障乡村信息基础设施的公共属性和普惠属性。然而，我国农业农村信息化处于起步阶段，2020 年全国县域农业农村信息化建设财政投入县均为 1292.3 万元，但财政投入低于全国平均水平的县(市、区)有 2218 个，占比高达 84.0%；乡村人均财政投入低于全国平均水平的县(市、区)有 2201 个，占比高达 83.3%。① 显然，当前我国乡村信息基础设施建设的资金投入水平与高水平推进数字乡村建设发展的现实要求差距较大，乡村信息基础设施建设所需要的资金存在较大缺口，需要加大资金投入，加快乡村信息基础设施建设，进而为数字乡村建设发展提供坚实的基础设施支撑。

(四)加强信息基础设施建设的对策

1. 强化顶层规划

应围绕乡村信息基础设施建设的需要，加快出台相应的顶层规划，在各个层面成立乡村信息基础设施建设领导小组，统筹规划各项建设工作，实现整体性和有序性。政府部门应协同龙头数智企业等主体，根据技术、市场等的实际情况，出台统一的乡村信息基础设施建设和运行参照标准，在允许多元市场主体参与建设的境况下，实现乡村基础设施建设和运行标准的尽量统一，畅通数据归集的接口，实现各类数据的开放共享，从而避免建设过程中出现"数据烟囱"等不利于数据效能展现和数字乡村各平台功能发挥的情况。在具体的建设过程中，应注重以县域为单位全面推进乡村信息基础设施的建设和落地，注重建设的自主性和标准的统一性。同时，乡村信息基础设施配套使用的软件应尽量便捷、好用，注重降低农民使用的技能门槛，实现乡村信息基础设施使用的不同学历、年龄、职业等的全覆盖，从而为乡村基础设施的应用推广奠定良好的基础。

① 详见：农业农村部市场与信息化司，农业农村部信息中心. 2021 全国县域农业农村信息化发展水平评价报告.（2021-12-20）[2022-03-05]. http://www.agri.cn/V20/ztzl_1/sznync/ltbg/202112/P020211220311961420836.pdf.

2. 注重区域协调

乡村信息基础设施建设是一个因地制宜的发展过程,因此,乡村信息基础设施的建设要注重区域的梯次性。有条件的地区应加快乡村信息基础设施的建设进度,尽快为数字乡村建设发展奠定基础,总结可复制推广的经验做法,为其他地方乡村信息基础设施建设提供参考;中西部等偏远地区,则可根据自身情况有序推进建设。同时,注重乡村信息基础设施建设的全方面覆盖,注重各区域建设的有序推进,避免乡村信息基础设施建设出现空白区域,以及出现建设过程中不同区域之间基础设施水平差异较大导致数字乡村建设水平差距扩大的情况,从而影响乡村振兴的全面实现,以及因此出现数字贫困等问题。在这一过程中,中央应该加强统筹协调,对于建设乡村基础设施所需资金、技术、人才等资源不足的地区,应该在政策上给予相应的支持和倾斜,破解其在建设过程中的各种瓶颈,注重通过政策支撑和引导激活建设的内生活力,实现各地乡村信息基础设施建设的统筹、协同、可持续。

3. 加快融合应用

乡村信息基础设施建设的根本目的是基于基础设施的建设及其在乡村生活、经济、治理等全方位的应用,实现农业农村的数字化转型,实现发展动能转换。换言之,在数字乡村建设发展过程中,应注重根据农业农村各应用场景的需要,实现乡村信息基础设施建设与场景需求的融合推进。从当前来看,数字乡村建设发展面临着生活、经济、治理等各种现实基础先于数字化技术应用的情况。换言之,数字乡村基础设施建设并不是在空白的境况下推进建设,而是在原有基础上通过数字技术赋能,实现农业农村的数字化转型发展。正如农业农村部和中央网信办发布的《数字农业农村发展规划(2019—2025 年)》中指出的,数字乡村建设发展应以产业数字化、数字产业化为发展主线,以数字技术与农业农村经济深度融合为主攻方向,以数据为关键生产要素,着力建设基础数据资源体系,加强数字生产能力建设,加快农业农村生产经营、管理服务数字化改造。因此,乡村信息基础设施建设尤其要注重融合应用,从而发挥乡村信息基础设施的效能。

4. 加大资金投入

乡村信息基础设施具有鲜明的技术属性,包括技术研发、设施建设、设备维护等各方面都需要大量的资金支撑。资金也是各地推进乡村信息基础设施建设的关键,尤其是中西部偏远地区和欠发达农业产区、乡村等。由于缺乏资金,部分地区在推进数字乡村建设的过程中,以资金需求较少的软件设施等为首先切入点,如微信群、钉钉等的应用,这毫无疑问是全面推进数字乡村建设发展的良好开端。但是,全面推进数字乡村建设发展,必然要求实现乡村信息基础设施建设迈向深入,构建坚实基础。因此,各地应注重乡村信息基础设施建设的资金投入和支持,对于非关键领域应探索创新资金来源渠道,引导社会资本参与建设,优化利益联结和分配方式。各级对于乡村信息基础设施建设的资金支持方面,要注重分工和协同。在国家层面,尤其要对资金薄弱地区加大资金倾斜和支持,助推全国乡村信息基础设施建设的协同共进。各地则应在进度协同、标准一致的前提下,优化资金投入的项目方向,避免出现重复建设、浪费建设等各种问题。

二、乡村数字素养

(一)数字素养的基本界定

伴随信息化发展进程,数字素养(digital literacy)最早由 Gilster(1997)提出,并被界定为获取、理解、整理和批判数字信息的综合能力。Eshet-Alkalai(2004)进一步将数字素养的定义扩展为新兴数字环境下居民生活、学习和工作所需的数字素养生存技能,并从图片图像素养、再创造素养、驾驭超媒体素养、信息素养、社会情感素养和实时思考技能 6 个方面构建了概念框架。Martin(2006)将数字素养看作一种动态发展过程,认为其具有动态性、发展性和演进性,即数字素养会随着外部环境变化和个体内部不断习得而不断提升和演变,指个体正确使用数字工具和设备、合理利用数字资源、构建新知识、创新媒体表达以及与他人沟通等的意识、态度和能力。类似的,肖俊洪(2006)认为数字素养不仅涉及纯数字技术的使用技能,还包括认知技能、情感技能和社交技能。至此,国内外关于数字素养的研究更多关注其构成维度及框架。如欧盟委员会将数字素养作为 21 世纪欧洲公民必备的 8 项核心素养之一,包含信息域、交流域、内容创建域、安全域和问题解决域 5 个方面的素养域(转引自任友群等,2014)。英国联合信息系统委员会则提出了包括信息通信技术水平、数据与媒体素养、数字制作与创新、数字交流与协作、数字学习与发展、数字身份与健康 6 个方面的数字能力框架(转引自布朗,2018)。

综合来看,数字素养是一种个人面对数字化环境时的与心理状态有关的能力。从表面看来,数字素养是个人先天潜能的一部分,但事实证明它需要通过长期的社会经验积累才能发展丰腴。换言之,数字素养是个人通过内外部互动逐渐发展形成的一种心理状态,具有动态性、渐进性、演进性等。综合来看,人的数字素养是包括情感、意志和感觉、知觉、表象、思维等在内的人的全部精神活动,并表现为外在的数字技术使用能力。深入剖析,数字素养具有几个特征:(1)数字素养是一种人在面对数字化环境时信息加工处理的内在模式,这种模式在不同个体之间具有一定的差异性;(2)数字素养的形成有先天的因素,但更多是通过教育培训或实践经验形成的;(3)数字素养影响个体对外界数字化环境刺激的反映,并表现为实践能力的不同。因此,数字素养概念大概可以归结为个体具有对数字化状态、技术、趋势等的感知、意识的能力,并应用心理知识预期具备参与数字化的能力。

与此同时,数字乡村建设发展的数字素养,根据主体的不同在特征表现上也有所不同:(1)政府的数字素养。政府是数字乡村建设发展的政策供给者,政府的数字素养指其对数字乡村建设发展重要性的意识、发展规律的认识,形成数字乡村建设发展清晰、有效、合理、科学的实现路径,从而为数字乡村建设发展提供良好的政策环境。换言之,政府的数字素养水平决定着数字乡村建设发展的政策供给水平。(2)数智企业的数字素养。数智企业是数字乡村建设的技术供给者,数智企业的数字素养指其对数字技术内在规律和应用的整体把握情况,从而为数字乡村建设发展提供合用的技术支撑。换言之,数智企业的数字素养决定了数字乡村建设发展的技术水平。(3)农民的数字素养。农民的数字素养指其对于乡村各数字技术、应用等的使用意愿和能力等。意愿是主观因素,受到文化、知识、技能等的影响,能力是客观因素，受到使用技能的影响。使用能力在一定程度上影响使用意愿，两者之间呈现正向关系。

（二）数字素养的必要性

1. 为数字乡村建设发展提供完善的政策环境

数字乡村建设发展是国家战略，具有鲜明的政策驱动性。自2019年《数字乡村战略纲要》发布，我国数字乡村建设就开启了全面推进的新局面，政府成为数字乡村建设发展的首要推动力量。从建设任务来看，数字乡村建设发展，是通过数字技术赋能，实现农业农村在生产、生活、治理等全方位的数字化转型，从而激活乡村经济发展活力，提升乡村公共服务水平，强化乡村管理效能等。在这个过程中，必然面临着发展的统筹规划、资金的大量投入、法律的有效更新等问题，这些也都需要政府发挥关键作为，进而为数字乡村建设发展提供完善的政策环境。换言之，不管是宏观战略还是具体任务，政府都是当前推进数字乡村建设发展的关键力量。然而，数字乡村建设发展相关完善的政策的出台，必然基于政府对数字乡村建设发展基本概念、发展现状、发展规律、实现路径等的熟知，即政府应具备足够的数字乡村建设发展的数字素养水平，从而能制定科学、合理、可持续的数字乡村建设发展政策，从政策层面助推数字乡村有序建设。

2. 为数字乡村建设发展提供坚实的技术支撑

除了政策驱动外，数字乡村建设发展还具有鲜明的技术驱动属性。数字乡村建设发展是数字化浪潮的必然趋势，是数字技术在农业农村的全面应用，进而实现动能的数字化转换。可以认为，数字乡村建设发展就是在农业农村掀起的数字技术革命。在这个过程中，数智企业是数字乡村的主要技术提供者，也是发展过程的关键推动者之一。在数字化发展之初，正是数智企业在市场当中的活跃，才首先在乡村经济领域催生了农村电子商务、淘宝村、村播等业态和模式，实现了乡村经济的蓬勃发展。在云计算、大数据等技术领域，数智企业也有着雄厚的技术实力和丰富的实践经验。而在全面推进数字乡村建设发展的过程当中，需要全面的数字技术支撑，从而构建完善的“数字底座”，实现数字乡村在技术底座上的有效运行。因此，数智企业的数字素养水平，将影响数字乡村建设的技术供给水平。

3. 为数字乡村建设发展提供有效的应用路径

农业农村数字化转型的根本目的，就是实现农民更加便利、农村经济更加发展、乡村治理更加高效，从而实现农业农村的发展，农民增收致富，满足农民对于美好生活的向往。正如《数字乡村发展战略纲要》中指出的，数字乡村建设发展应坚持以人民为中心，建立与乡村人口知识结构相匹配的数字乡村发展模式，着力解决农民最关心最直接最现实的利益问题，不断提升农民的获得感、幸福感、安全感。换言之，农民能否参与到数字乡村当中，享受到数字化红利，是衡量数字乡村建设发展成效的根本标准。进一步看，农民能否参与数字乡村建设并享受数字化红利，关键看农民的数字素养是否成熟，能否有效使用各种数字化应用。农民成熟的数字素养，将推动数字乡村建设发展各项应用有效落地，从而从需求层面形成数字乡村建设发展的牵引力。

(三)乡村数字素养的现状

1. 乡村数字素养的成效

(1)各级政府日益提升对建设数字乡村重要性的认识。农业农村部信息中心发布的《2021全国县域农业农村信息化发展水平评价报告》显示,在网络强国、数字中国、智慧社会等战略决策的推动下,各有关部门、各地区认真贯彻落实"互联网+"现代农业、农业农村大数据发展、农村电子商务、数字乡村发展战略等重大部署,积极推进县域农业农村信息化稳步发展。经综合测算,2020年全国县域农业农村信息化发展总体水平达到37.9%,其中东部地区41.0%,中部地区40.8%,西部地区34.1%。从县域看,发展总体水平排名全国前100的县(市、区)平均发展水平为69.5%,排名全国前500的县(市、区)为57.9%。发展总体水平超过60%的县(市、区)有164个,占比6.2%;处于30%—60%的有1754个,占比66.4%。从评价工作看,各级农业农村部门和县级党委政府对全国县域数字农业农村发展水平评价工作高度重视并积极参与,与前一年相比,自愿参与的县域数量稳步增加,涉农县域基本全覆盖,数据质量进一步提升。换言之,各级各地政府已越发重视数字乡村建设发展工作。

(2)数智企业日益提升参与数字乡村建设的积极性。数智企业一直活跃在农业农村的数字化转型进程当中。随着数字乡村战略的提出,数智企业愈发意识到农业农村数字化转型巨大的蓝海市场,纷纷将数字乡村建设发展作为业务新拓展方向和企业新增长点,积极将自身积累的数字技术、实践经验等应用到农业农村数字化进程当中。例如,阿里巴巴将农村战略业务作为企业重要业务内容,并于2014年创立农村淘宝,2018年成立数字乡村与区域经济发展事业部,2019年又分别成立数字农业事业部和数字乡村实验室,并在经济体层面设立农业办公室,统筹构建数字助农网络,发展数字乡村业务。拼多多则积极运用"拼购"模式,积极开展数字乡村业务。以2019年数据来看,拼多多共额外投入159亿元营销资源以及29亿元现金补贴,帮助农户实现增收。拼多多平台农(副)产品活跃商家数量达58.6万,较前一年同比增长142%,直连农业生产者超过1200万人。除此之外,联想、网易、京东、华为等企业,纷纷从不同维度切入数字乡村业务,在技术、资金、人才等多个维度助推了数字乡村建设发展。

(3)农民的数字素养日益成熟。我国农民的数字素养已在农村电商蓬勃发展以及智能手机的快速普及进程当中日趋成熟,从而为全面推进数字乡村建设发展奠定了一定的素养基础。中国互联网络信息中心《第49次中国互联网络发展状况统计报告》显示,截至2021年12月,我国农村网民规模为2.84亿,占网民整体的27.6%;城镇网民规模为7.48亿,较2020年12月增长6804万,占网民整体的72.4%。农村地区互联网普及率为57.6%,较2020年12月提升1.7个百分点。城乡地区互联网普及率差异较2020年12月缩小0.2个百分点。随着农村电子商务的蓬勃发展,"直播+电商"等网购新业态不断涌现,网络扶贫让新业态向农村地区延伸,手机成为新农具、电商成为新农活已呈现鲜明发展态势。越来越多的农民参与到淘宝村的创业当中,农村数字化创业的热情日益高涨。阿里研究院的数据显示,2021年,全国28个省(区、市)共出现7023个淘宝村,较2020年增加1598个,增量再创新高,连续第四年增量保持在1000个以上。在淘宝村经历了十余年的发展且数量已达到较高基数的背景下,淘宝村今年仍然实现了近30%的较高增长。与此同时,数字经济向内陆相对欠发达地区乡村扩散的态势已显现。从区域分布上看，东部沿海地区在淘宝村数量上保持较大优势，达到6538个，占到全国淘宝村总数的93.1%，其中山东省淘宝村增速尤为亮眼，淘宝村数量排名达到全国第三。中部地区淘宝村增速普遍超过东部沿海地区，西部以及东北地区部分省份淘宝村数量实现了跨越式增长。① 换言之，中西部及偏远地区农民数字乡村建设参与的数字素养正在日益成熟。

2. 乡村数字素养的不足

(1)政府对建设数字乡村的思路还不够清晰。虽然当前我国地方各级政府开启了数字乡村建设的浪潮，也纷纷出台了数字乡村建设发展的政策文件，然而，政府数字乡村建设的数字素养更多停留在政治任务驱动的意识认知层面，而对于如何更好因地制宜推进数字乡村建设发展，以及建设过程中如何避免可能出现的各种问题等方面的知识和能力还有所缺乏。换言之，在加快推进数字乡村建设发展的政治任务背景下，尤其是《数字农业农村发展规划(2019—2025年)》对具体任务时间节点的要求，使得建设任务式政府数字素养水平之间产生巨大张力。从区域差异来看，中西部地区政府的数字素养不足现象明显。《2021全国县域农业农村信息化发展水平评价报告》显示，浙江、江苏、上海等数字经济领先省市的农业农村数字化水平发展程度分别位居1—3位，其中浙江更是达到了66.7%。这样的发展水平显然离不开政府的政策引导和支持，也是政府在数字经济实践发展中日益成熟的数字素养的表现。从各地出台的文件来看，更多是基于中央相关政策文件要求制定各自的发展规划，在如何有效助推农业农村发展，助力乡村振兴实现，满足农民日益增长的美好生活需求等方面，因地制宜地制定数字乡村建设规划的思路和措施并不明显。这些都体现了当前政府对建设数字乡村的思路还不够清晰，数字素养还不够成熟。

(2)数智企业对农业农村业务还不够熟悉。数智企业的主要业务大都基于城市市场，销售的产品也主要是工业品等，换言之，不管是地域还是提供的产品和服务，数智企业对于广大乡村地区和农产品的了解显然不够深入。数字乡村建设发展是乡村文化、制度、产品、习俗等嵌入背景下的数字化转型过程，换言之，数字乡村建设发展要求数智企业对于广大乡村地区及农产品有着深入的了解，并相应地使用数字技术，推广数字应用，推进数字乡村建设发展。从已有的实践来看，阿里巴巴、拼多多等数智企业开展数字乡村业务的时间都不长，业务人员也主要为非农业务人员，短时间内难以对广大乡村地区和农产品有深入的了解，从而导致数智企业在开展数字乡村业务时的数字素养存在不足，需要尽快加强和提升。

(3)农民的数字化应用能力有待进一步提高。我国农民的数字素养虽然已有一定的提升，但与全面参与数字乡村建设发展并享受红利的要求还存在着较大的差距。中国互联网络信息中心《第49次中国互联网络发展状况统计报告》显示，我国非网民仍以农村地区为主，农村地区非网民占比为54.9%，高于全国农村人口比例19.9个百分点。这些非网民群体无法接入网络，在出行、消费、就医、办事等日常生活中，无法充分享受智能化服务带来的便利。数据显示，非网民认为不上网带来的各类生活不便中，没有"健康码"无法进出一些公共场所位列首位，占非网民的28.4%；其次是线下服务网点减少导致办事难，占非网民不上网不便比例的25.6%；无法及时获取信息，比如各类新闻资讯占非网民不上网不便比例的

① 详见:左臣明. 2021年淘宝村名单出炉 全国淘宝村数量已突破7000. (2021-10-12)[2022-03-05]. http://www.aliresearch.com/ch/information/informationdetails? articleCode=256317657652006912.

23.9%；无法现金支付、买不到票、挂不上号的比例均为23.1%。使用技能缺乏、文化程度限制、设备不足和年龄因素是非网民不上网的主要原因。因为不懂电脑或网络而不上网的非网民占比为48.4%；因为不懂拼音等文化程度限制而不上网的非网民占比为25.7%；因为没有电脑等上网设备而不上网的非网民占比为17.5%；因为年龄太大或太小而不上网的非网民占比为15.5%；而因为没时间上网、不感兴趣等不上网的非网民占比则均低于10%。换言之，农民参与享受数字乡村建设红利的素养障碍，更多在于无相应的使用概念和能力，而不是意愿不足。

(四)提升乡村数字素养的对策

1. 在政府层面成立数字乡村建设发展智囊团队

面对多变的新形势，再高明的领导者仅凭个人或少数几个人的经验也是远远不够的，必须借助"外脑"。国内外都非常重视智力资源在重大政策方面的价值，比如过去的一百多年来，美国思想库在美国外交政策制定过程中一直有很大影响，且作用日益重要。数字乡村建设发展是我国重大的发展战略，也是一个新近出现的事物，在建设发展当中，需要在数字乡村建设发展的技术应用、政策制定、实施措施等方面有着清晰的思路。然而，作为一个新生事物，政府对其在相应知识和经验等方面都存在一定的不足。因此，需要在政府层面探索成立数字乡村建设发展智囊团，作为政府数字素养不足的补充。具体来看，可以引入高等院校的优质智力资源，成立政策的数字乡村建设发展智库，发挥智库的思想库和智囊团作用，在数字乡村建设发展具体思路、措施对策等多维度提供智力支撑，从而在政府层面助推数字乡村有序建设和良性发展。

2. 开展政府数字素养培育提升工程

教育理论是实践理论，迥异于科学理论，教育应该以其他学科知识的形式、领域为基础，而建构出有助于指导教育实践的原理。换言之，应基于数字乡村建设发展实践需要，通过教育实现政府在数字乡村建设发展实践理论和知识方面的成熟，从而提升相应的数字素养。因此，要开展政府数字素养培育提升工程，针对各级政府数字乡村建设发展的需要，对各项目负责人开展数字乡村建设发展专题培训。具体来看，县域是数字乡村建设发展的落地实施环节，也是数字乡村能否建成的最关键节点，因此，县委书记的数字素养尤为重要。建议开设县委书记专题培训班，从政策层面开设专题课程，解决县域开展数字乡村建设发展的"头雁"问题。同时，对数字乡村各主要负责人开展持续的专题培训，以保障数字乡村建设发展各项任务有效、持续建设发展，并在发展过程中进行错误诊断、反馈和修正，实现数字乡村建设的更好落地和发展。

3. 开展农民数字素养提升工作

农民是数字乡村实现落地的关键环节，农民是否受益是衡量数字乡村建设的根本标准，而农民良好参与其中是实现数字乡村建设的关键。在落实农民数字素养提升政策时，需针对不同群体实行差异化策略。对于老年群体，需要重点关注的是数字设备的使用问题，要去了解老年群体为何不使用或者较少使用数字设备，通过何种方式能提升其设备使用率以及使用频率。而对于青少年群体，则需关注由于网络过度使用而形成的网络成瘾问题，探索如何通过家校联动的方式，有效提升青少年数字技术使用层面的素养。同时，由于城乡居民在网络使用方面，诸如使用技能、使用方式、使用的功能，以及对生活各方面产生的影响等方面，仍存在着不容忽视的差距；因此，要注重从如何弥补城乡数字鸿沟的角度考虑提升农民的数字素养，注重由网络接入的差距转向数字素养的差异层面，兼顾农村社区与农村居民的特定习惯与需求，做出符合农村社会与农村居民现状的调整，采取切实有效的措施提升农民的数字素养。

4. 加大数字素养培育财政投入

数字乡村建设发展涉及设施设备建设、软件开发推广、建设队伍培训、使用技能提升、运行系统维护等全方位的建设、运行、维护等任务，尤其是数字乡村的相关设施设备和软件开发的高技术属性，使得其必须投入大量的资金。从新基建的资金投入水平来看，2021 年，一批新基建重大项目迎来密集开工，湖北、广东等地正加紧谋划一批千亿级的新基建投资建设项目，5G 基站、大数据中心、工业互联网等成为部署重点。与此同时，地方政府正加大政策支持，创造良好环境，推动银行、证券、保险等金融机构支持市场主体加大项目融资，鼓励和促进市场化投资成为主力。与此同时，广大乡村地区的新基建资金投入水平与城市地区差距明显，乡村数字化转型的趋势与新基建投入建设水平不足的张力越发显现。除此之外，乡村地区在软件开发推广、建设队伍培训、使用技能提升、运行系统维护等全方位的建设、运行、维护等任务，也需要大量的资金投入。虽然激活市场主体参与是数字乡村持续发展的动力来源，但我国数字乡村建设发展仍处于起步阶段，政府财政投入是加强数字乡村发展的必需要件，尤其是要加大对中西部和偏远乡村地区的财政投入。

第六章　数字乡村的数字大脑

一、理解乡村数字大脑

（一）乡村数字大脑的概念及特征

2020年3月31日，习近平总书记在杭州城市大脑运营指挥中心考察调研时指出，“运用大数据、云计算、区块链、人工智能等前沿技术推动城市管理手段、管理模式、管理理念的创新，从数字化到智能化再到智慧化，让城市更聪明一些、更智慧一些，是推动城市治理体系和治理能力现代化的必由之路，前景广阔”。诚然，数字技术可以让城市更“聪明”，同样也深刻影响着现代乡村的转型。借用城市大脑的定义——“指由中枢、系统与平台、数字驾驶舱和应用场景等要素组成，以数据、算力、算法等为基础和支撑，运用大数据、云计算、区块链等新技术，推动全面、全程、全域实现城市治理体系和治理能力现代化的数字系统和现代城市基础设施”①，我们可以将乡村数字大脑界定为：一个基于大数据、云计算、人工智能等新一代信息技术构建的用以支撑乡村经济社会数字化转型发展的开放式智能系统和新型乡村基础设施。

从第三章“数字乡村的基本界定”可知，在数字乡村的基本架构中，作为控制层的乡村数字大脑主要包括基于乡村基础数据系统构建的乡村数据中台和乡村应用中台。其中，乡村数据中台主要基于大数据计算存储平台进行建设，包括各级各类数据资源以及数据相关服务的综合体；乡村应用中台则是乡村数字大脑的应用中枢，是一套将乡村中各项业务、经验等模型能力进行沉淀后形成的各类功能组件构成的共享能力体系。需要指出，在狭义上，乡村数字大脑只是进行农业农村的数据融合与技术运用，以数据报表、分析图表等形式为政府提供数据分析的运算系统。但在广义上，乡村数字大脑则是在乡村规划、经济发展、乡村治理、公共服务等主要方面整合而成的一套乡村数字化发展新模式。

此外，由于乡村受到经济技术等各方面能力的限制，乡村数字大脑的建设应主要基于县级行政区，是一个包含县域所有农业农村相关数据资源的大数据平台。但在未来，随着城乡融合的进一步加速，乡村数字大脑应逐步与城市大脑进行对接融合，或者可将乡村数字大脑

---

① 详见：杭州城市大脑赋能城市治理促进条例.(2021-01-21)[2021-10-05]. http://www.hangzhou.gov.cn/art/2021/1/21/art_1229063379_1717741.html.

视为城市大脑等数字化平台向乡村的延伸。[①] 换言之，乡村数字大脑应嵌套在县域乃至省市的治理体系中，具备较强的城乡融合属性，这也是乡村数字大脑的特殊性。此外还需指出，乡村数字大脑在具体实践中还可以因地制宜地打造分类大脑，如乡村产业大脑（可细分为种植业大脑、养殖业大脑、畜牧业大脑、林业大脑、乡村文旅大脑等）、乡村政务大脑、乡村水利大脑、乡村电力大脑、乡村安全大脑（涵盖乡村安防、灾害监测预警等内容）等。

总体而言，乡村数字大脑的基本特性可体现在如下 4 个方面。

第一，数据化（digitalization）。所谓数据，代表着对特定事物的描述，数据可以记录、分析和重组，而数据化是指一种把现象转换为可制表分析的量化形式过程（舍恩伯格、库克耶，2013）。更进一步，可以认为，数据化可以将均匀、连续的数字比特进行结构化和颗粒化，以此形成标准化的、开放的、非线性的、通用的数据对象，并基于不同形态与类别的数据对象实现相关应用。随着信息技术和产品的普及，乡村生产生活中各个环节无时无刻不在产生着数据。在数字时代的背景下，数据成为重要的生产要素和战略资源，资源化的数据成为驱动乡村产业智能化的关键原料，而数据这一“原料”必须通过“大脑”的加工处理成为信息才能够对乡村数字治理提供支持，这是数字大脑存在的最重要价值。在农业农村领域，基于政务信息资源目录，对原始数据进行集成、清洗、脱敏和归集，保证一数一源，可以形成关于乡村数字经济、数字治理、数字生活等一系列专题数据库。进而，利用各类专题数据库，可以实现对各级部门行政事项和服务场景进行全映射，支撑各类数字乡村应用。

而更为重要的是，在完成数字乡村相关数据的汇聚之后，利用共享交换体系横向融通农业农村、商务、民政、公安、市场监管、自然资源等相关部门数据，可以进一步汇聚形成省、市、县、乡、村各级有关农村生产、生活和管理的大数据集。各类乡村大数据在开源的同时，会借由具体应用场景产生“压强”，从而推动乡村数据在相关部门间的流动共享。而这一切的关键便是乡村数字大脑的中枢协同机制，通过打破数据壁垒，真正实现精密智控。同时，乡村数字大脑通过对授权系统、数据空间、数据加工工具进行开放等方式还可以向社会提供服务，为授权机构及个人利用开放数据进行应用创新提供便利，凝聚社会力量参与数字乡村建设。简言之，数据化正在努力推动数字乡村发展进入一个正向循环：通过更优的乡村数据采集和共享可以推动更好的基层部门协同，而更好的基层部门协同可以挖掘更多的农业农村应用场景并提供更多的乡村公共服务，最后这些场景和服务又会沉淀更多的数据，推动乡村加速数字化、智能化。

第二，全面性（comprehensiveness）。乡村数字大脑通过实现对“人、地、事、物”等全要素的数字化，旨在提供一个全量、全域、全局及全流程的整体乡村视角，以此形成乡村经济社会运行的生命体征指标体系。在传统意义上，农业农村的部门信息化受行业划分和管理等局限，仅侧重解决乡村某一领域的问题，乡村数字大脑则面向现实需求，旨在解决跨部门、跨领域、跨层级的综合性、交叉性问题（例如土地资源管理、乡村治理、生态环保等场景化问题）。此外，部门的信息化系统一般只能覆盖乡村运行和管理的部分过程或环节，乡村数字大脑则是以县域整体为视角，汇集政府、企业和社会等全量数据构建乡村数据资源体系，将已有农业农村各领域应用系统的业务进行互联和融合，从县域全局呈现动态的乡村运行体

① 乡村数字大脑一方面必须考虑能够以数字化的方式建设服务于运营体系，另一方面则必须能够与城市大脑等其他平台形成连接与融合，以此拓展乡村数字大脑的业务边界，融入更大的生态体系。

征，实现对乡村事件全流程监督管理，协调多部门业务协同和一体化联动。

第三，赋能性(empowerment)。当前，“互联网＋”已经不再能处理乡村治理中更深刻的问题，乡村数字大脑通过“智能＋”的形式，利用人工智能等技术为县、乡镇、村等各级管理者构建数据智能的运用能力，在实时共享数据的依托下运用算法提供精准治理建议和决策支持，这是乡村数字大脑在数字乡村建设中的关键路径。乡村数字大脑通过对农业农村相关数据的深度采集、挖掘和治理，能够充分融合云计算、大数据、人工智能、空间地理信息等技术应用，形成乡村运行管理“一张图”“一键调度”等乡村治理相关应用。通过构建乡村数字逻辑空间，横向拉通各相关垂直部门的业务协同，将深层级治理结构简化为扁平化的新型乡村治理结构。同时，乡村数字大脑还有助于实现农业农村数据的融合共享与政府管理职能整合，或将推动县域政府机构改革并驱动农业农村相关职能部门的业务流程再造。此外，随着乡村数字大脑建设的持续推进，新兴数字技术手段将不断深入乡村各类应用场景，助推乡村治理能力的进化提升。具体而言，如通过乡村数字大脑广泛应用数字辅助决策系统，可以深度支持政府农业农村发展决策的精细化、动态化、科学化，极大提升政府的乡村治理能力现代化水平；又如有效融合丰富的数据资源和适用性技术，也将极大助力打造分级管理、上下衔接的乡村综合服务体系，为乡村居民提供交通出行、看病就医、政务服务、在线缴费等惠民服务，让乡村公共服务更高效。

第四，复用性(reusability)。在传统意义上，信息化建设通常根据需要独立开发某一应用软件，结果就是多头建设、重复建设，兼容性低，升级更新往往就是推翻重建。中台即为解决这一问题而出现，可以认为，中台是对软件“复用性”思想的创新。所谓复用性即可以多次使用的特性。对于乡村数字大脑(中台)而言，其数据化特性决定其在算法、代码及数据使用方面体现出高复用性。首先，算法和代码的复用性是一种框架式结构，高度抽象使得部门性算法和代码能适应农业农村多样性场景，实现在不同场景、不同平台、不同编译环境中的可移植与可复用。① 其次，乡村数字大脑是具备业务协同和数据融合能力的新型乡村基础设施，它可以充分利用分散在各政府部门、乡村各类组织的线下“死数据”，使其变成发挥业务协同作用的线上“活数据”，通过提高数据复用性避免职能重复，通过功能整合避免数据孤岛、业务孤岛(即“脑梗”问题)的形成。具体而言，在数据一体化方面，以“县—乡—村”为部署架构的乡村数字大脑具有多级数据汇聚能力，在为各层级提供数据的同时又能实现数据多级碰撞，源源不断地产生新的数据集合，为融合场景应用提供更加精准的可复用的数据服务，有利于真正实现乡村经济社会发展的“乐高模式”②。

(二)乡村数字大脑建设的瓶颈

需要指出，数字乡村建设发展是一项长期的、系统的战略任务，其中作为中枢系统的乡

---

① 所谓算法是指一系列用于描述一个问题解决方案的步骤，符合正确性和有限性的标准，是与具体实现相互独立的抽象计算步骤。而代码是指一系列计算机指令，它是计算的具体实现，使用一种特定的编程语言，运行在一个特定的平台上。

② 所谓乐高模式是指在数字技术的不断发展之下，通过开源开放的方式，把平台企业的底层基础设施和技术、产品、服务、资源、解决方案等能力输出给广大开发者，开发者可以用类似乐高搭积木的方式，方便快捷地获取自己所需的“乐高模块”，从而在各领域中搭建出新的经济推动力。

村数字大脑主要面临着如下难关。

其一，乡村数字大脑的架构复杂度高。相对而言，政府的组织结构、业务场景、服务流程、政务数据要比其他信息系统复杂得多，其服务对象包括乡村居民、部分城镇居民、企业、社会组织等，因此乡村数字大脑的建设应当实现跨部门、跨层级、跨地域的协同运作，其复杂度和建设难度极高。

其二，乡村数字大脑的复用性考验大。不同乡村有不同情况，乡村产业结构、人口结构的不同决定了数字乡村建设形式不应简单地相互推广，而乡村数字大脑为了服务于数字乡村建设也应当满足不同乡村的不同需求。另外，新技术的不断迭代也对乡村数字大脑的功能创新提出了考验，乡村数字大脑应当“千村千面”而非千篇一律。因此，乡村数字大脑的建设既要集约化，优化资源配置和减少重复投资，也要考虑各村不同情况，针对性进行功能设计和整合。这就意味着，一方面，乡村数字大脑建设需要通过可扩展接口为新生事物的升级和转变创造可能、留下空间；另一方面，还需要通过预留固有系统与新架构的数据互通接口，兼容“历史版本”，对固有的数字化系统实现反向的可扩展性，形成“建新融旧”的发展范式。而这就对乡村数字大脑的功能复用性以及服务功能的流畅性、协同度提出了更高要求。

其三，乡村数字大脑对政府能力考验大。乡村数字大脑建设并不是只将农业农村相关业务流程简单迁移到线上，其顶层设计不仅仅是技术架构设计，还需要全方位、多维度的创新。这就会对政府的各方面能力提出极大考验，例如：(1)协同能力。乡村数字大脑需要跨地区、跨部门、跨层级的协同，因此对各级政府之间协同进行流程再造，提升协作效率，优化行政效能的能力提出了要求。(2)集约能力。乡村数字大脑需要集约化建设，其目的是优化资源配置，减少重复投资，促进信息资源高效循环利用，所以对政府集约化处理业务流程能力提出了要求。(3)创新能力。乡村数字大脑是推进新一代信息技术与治理现代化深入融合，以此创新政府治理手段的崭新途径，目前仍然处于探索阶段，因此政府必须具备创新能力和创新精神才能在建设乡村数字大脑时不断给出新的解决方案、不断试错找出最优解。(4)共享能力。乡村数字大脑是在一定程度上具备开放性的系统平台，而推动数据资源汇聚和开放、促进创新和增值则是政府所需承担的任务，因此政府的数字共享能力至关重要[①]。

应当承认，当前各地政府部门(尤其是广大县域政府)和数智企业在试点开展数字乡村建设时已进行了有益探索，纷纷投入巨额资金和人力资源积极打造专属的“乡村数字大脑”，但在实践中也逐渐暴露出一些普遍性的问题，亟待识别并规避。

对政府而言，首先，政府在数字乡村建设发展中普遍存在统筹规划不足的问题，尤其是在规划设计乡村数字大脑时缺乏必要的顶层架构，以致系统开发主体多元，“多脑”并立，形式多样，场景不一，许多系统功能重复投入开发，而使用人数有限，以致经费浪费严重；其次，不少地方政府未能充分因地制宜地建设发展数字乡村，而盲目复制发达先进地区的乡村数字化经验能力，建设了很多以大屏系统为代表的乡村数字“空脑”；再次，在数字乡村建设过程中，体制机制未能理顺，数据共享机制缺乏，使得农业农村相关部门之间因数据无权共享

① 数字共享能力是“平台驱动的数字政府”的核心所在，政府的共享能力表现形式包括3个层次，即面向最终使用者的服务级共享能力、面向系统开发者或管理者的应用级共享能力以及面向业务流程的数据级共享能力，其中，应用级共享能力处于核心位置，为服务级共享能力和数据级共享能力提供应用支撑(北京大学课题组，2020)。

等而出现数据条块分割和壁垒化问题，容易形成一系列“烟囱式应用”，最终使得乡村数字大脑普遍存在功能单一、覆盖范围小、集约化水平低、数据闭塞等共性问题；最后，当前推出的各类乡村数字大脑大多偏重政府部门需求，在功能设计上重“管理”轻“治理”、重“形式”轻“实质”，容易忽视乡村居民的实际需求。

对企业而言，受政府(主要是县域政府)委托，相关数智企业通常倾向于设计一系列主要依靠数据中心设备、物联网设备、监控设备等硬件构成的乡村数字大脑建设方案，但受企业自身技术能力制约，乡村数字大脑相关配套应用软件和服务设计考虑不足，鲜见能得到乡村居民普遍认可的软件应用，以致乡村数字大脑建设“软硬失衡”。

对村民而言，乡村数字大脑建设很难有效平衡技术性和人本性的问题。例如，乡村数字大脑建设在平台系统落地方面，未能兼顾适老化、适弱化，在设计和内容上存在乡村老人和病残等群体看不懂(知识储备不足)、分不清(视力下降、屏幕或字体太小)、学不会(步骤较复杂、学习能力下降)、记不牢(记忆力下降，不常进行的操作步骤更容易遗忘)、跟不上(某些操作步骤时限过短)、信不过等问题。

对基层工作者而言，各部门“多脑”并立的情况，致使基层干部疲于应对、重复工作、低效工作等。同时，相关数字化建设任务存在“一刀切”现象，导致基层工作者面临心理和身体的双重压力，出现乡村数字大脑的数据采集“跑量不保质”的问题。另外，出于末端数据收集设施建设不完善，以及设施自动化、智能化水平不足等客观原因，或者出于工作意识和工作方式未能有效与数字乡村工作需要相匹配等主观原因，基层工作者面临工作负担重、效果差等问题。

二、乡村数字大脑的基本架构

在乡村数字大脑的建设过程中，自上必须始终坚持系统性的思维强化顶层设计，自下必须从场景和需求出发，通过数据创新实现业务流程和服务流程的再造。而这首先就要求各级政府各部门之间进行高效协同合作，构建畅通合理的业务流程体系。同时，乡村数字大脑的设计也要考虑乡村居民在生产生活中既有的、变化的需求，因此思维创新也十分必要。换言之，健康的乡村数字大脑应当既能够有效满足IT资源需求，支撑数据创新，还要拥有高度灵活的可扩展性，可以支持多层体系架构，支持多部门并行部署，能够实现多层级、跨业务的端上用户需求，以便最大化发挥“大脑”优势。

因此，通过对《数字乡村发展战略纲要》《数字农业农村发展规划(2019—2025)》《关于开展国家数字乡村试点工作的通知》《数字乡村建设指南1.0》《数字乡村发展行动计划(2022—2025年)》等重要政策文件的梳理以及对国内代表性地区乡村数字大脑建设的实践反思，我们认为，设计架构乡村数字大脑应至少从数基、数聚、数通、数智等四大方面着眼，详见图6-1。

(一)“数基”模块

“数基”即数字基础设施，是乡村数字大脑的数据采集前端。主要采集数据涵盖基础网络数据(主要包括互联网通用数据、政务网专用数据和视频专网数据等)、基础感知数据(主

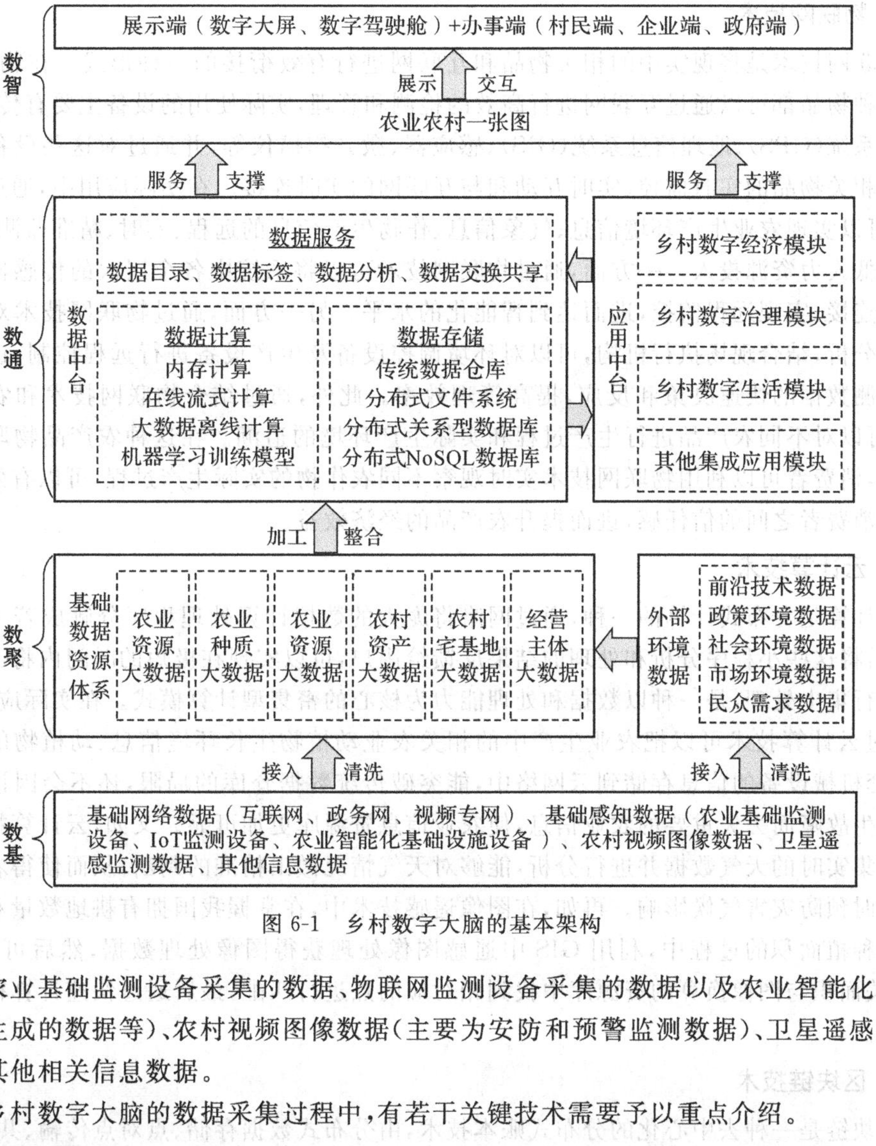

图 6-1 乡村数字大脑的基本架构

要包括农业基础监测设备采集的数据、物联网监测设备采集的数据以及农业智能化基础设施设备生成的数据等）、农村视频图像数据（主要为安防和预警监测数据）、卫星遥感监测数据以及其他相关信息数据。

在乡村数字大脑的数据采集过程中，有若干关键技术需要予以重点介绍。

1. 传感器技术

传感器是一种能够对被检测对象相关参数进行感应，并按照既定公式计算以特定信号输出的电气元件。传感器技术是现代信息技术的重要基础技术之一，它能够感受被测量信息并将采集到的信息数据输出，在信息的采集、传输、存储、显示、控制等领域发挥着十分重要的作用。传感器在现代农业领域的应用主要体现在监测管理方面，即对作物生长周围环境（如土壤、大气、水环境等）进行监测。具体而言，例如在大棚智能监测系统中，温度传感器、湿度传感器、光传感器等可用于实时监测育种环境，满足作物最优生长的条件；土壤传感器则可实时监测土壤水分、不同土层温度、土壤 pH 值，以及氮、磷、钾等农药化肥元素等，进而精准传递土壤水分和土壤颗粒组成的信息；而二氧化碳传感器可实时监控植物生长环境中二氧化碳的含量以保障植物光合作用。

2. 物联网技术

物联网技术是将现实中的相关物品和互联网进行有效衔接的一种形式。在物联网中，任何一种物品都可以通过互联网进行高效的检测和管理，实际使用的设备主要有传感器、全球定位系统(GPS)、地理信息系统(GIS)、感应器、激光扫描仪等，并通过对这些设备的操控实现对相关物品的实时监控、实时互动和与互联网的实时连接。在实际应用中，通过传感器组网，可以实现农业生产环境信息、气象信息、作物生产信息的远程、实时、精准监测和采集，有效降低人力资源投入。一方面，通过物联网技术可以将系统中各个层次的传感器和互联网进行连接，实现远程监控，进而达到智能化的水平。另一方面，通过物联网技术对数据的监测与分析，结合现场执行机构，可以对环境调控设备及生产设备进行远程控制，进而实现基于监测数据的快速决策和反应，提高管理效率。此外，通过结合物联网技术和农产品电商，还可以对不同农产品进行生产过程和实际生产环境的追溯。在这种农产品物联网电商平台中，消费者可以利用物联网技术实时观察不同农作物的实际生产过程，可以有效增强生产者和消费者之间的信任感，进而提升农产品的经济效益。

3. 云计算技术

云计算是分布式计算的一种，通过网络将庞大的数据计算处理程序分解成若干个小程序，然后将这些小程序分析和处理的结果反馈给用户，可以实现在极短的时间内将庞大的数据量进行集中处理，是一种以数据和处理能力为核心的密集型计算模式。在实际应用中，例如，通过云计算技术可以把农业生产中的相关农业动植物生长环境信息、动植物的生物信息、配套机械设备的信息存储到云网络中，能突破传统数据仓库的局限，还不会因该存储服务器发生故障而丢失重要的农业信息，使农业信息资源库更加可靠。又如，云计算技术可以通过收集实时的天气数据并进行分析，能够对天气情况做出精准的判断，从而使得农业生产可以及时预防灾害气候影响。再如，在图像遥感技术中，在掌握我国拥有耕地数量和农作物的实际种植面积的过程中，利用 GIS 中遥感图像处理获得图像处理数据，然后可以从“云端”有关面积与图像换算的资源库中找到相对应的点进行匹配，最后通过快速计算得出准确的数据。

4. 区块链技术

区块链是一种去中心化的分布式账本技术，由分布式数据存储、点对点传输、共识机制、加密算法、智能合约等技术集成。区块链具有去中心化、不可篡改、开放透明、匿名等特征优势，有助于从根本上解决信息数据保存的信任与安全问题。在实际应用中，农产品“上链”有助于打破农产品监管中存在的数据孤岛、供应链数据断裂等问题，对于推动农产品生产数字化、标准化，健全监管体系，具有重要意义。同时，区块链技术还可以将不同的信息通过节点的方式共享给不同主体，做到实时共享真实可靠的一手信息，有效解决参与主体之间的信息不对等的问题。此外，区块链技术提供的数据可以通过“上链”帮助农民降低信贷成本，通过区块链节点把数据共享给银行之后，也帮助银行减少被骗贷以及坏账的风险。

5. 5G 技术

5G 是具有高速率、低时延和大连接等特点的新一代宽带移动通信技术，是实现人机物互联的网络基础设施。相比 4G，5G 在资源利用率、系统吞吐量、频谱资源等方面得到了进一步强化，业务能力得到了极大提升。在实际应用中，例如，由于 5G 网络的高准确性，因而可以采用高精度土壤探测器和智能气象站，远程在线采集土壤水分和气象信息，提前自动预测土壤水分，灌溉时智能调控降温，并及时将数据反馈给技术人员，从而达到集约化种植、精确施肥、合理灌溉的目的。又如，农业无人机可以利用5G技术进行田间操作，既可以实现低时延传输，又可以实现高清图像处理，同时，无人机还可以凭借5G网络进行智能云端运算，处理多种数据和信号，大大提升了数据在传输过程中的可靠性和高效性。

（二）"数聚"模块

"数聚"即数据汇聚，是乡村数字大脑架构中数据中台的数据入口。数据汇聚将各种异构网络、异构数据源的数据采集到数据中台进行集中存储，是后续数据融通的基础。数据汇聚可通过实时及离线的数据采集方式得以实现，形成的内部数据主要体现为涵盖农业资源大数据、农业种质大数据、农村资产大数据、农村宅基地大数据以及经营主体大数据的基础数据资源体系，外部数据则包括前沿技术数据、政策环境数据、社会环境数据、市场环境数据、民众需求数据等可通过数据服务商购买或通过网络爬虫爬取到的环境数据。

作为乡村数字大脑执行大脑指令最关键的步骤，"数聚"环节的建设目的是通过对数据的采集、汇聚、存储、整合、服务来统一数据标准，形成数据体系，保护数据资源。同时，"数聚"环节既需要体现数据的存储与使用，也需要体现数据的分析与挖掘。前者对数据的获取、接口、存储结构、吞吐量和可视化水平提出了要求，而后者则对数据的处理机制、算法、挖掘、交换能力提出了考验，因此构建一个严谨的数据资源体系显得非常重要。

对于具体的从"数基"到"数聚"的数据归集主要可以通过批处理或流处理两种方式实现。流式计算和批量计算是两种主要的大数据计算模式，分别适用于不同的大数据应用场景。具体而言，对于先存储后计算，实时性要求不高，同时数据的准确性、全面性更为重要的应用场景，批量计算更加适合；而对于无须先存储，可以直接进行数据计算，实时性要求很严格，但对数据的精确度往往不太苛刻的应用场景，流式计算具有明显优势。在流式计算中，数据往往是最近一个时间窗口内的增量数据，因此数据时延往往较短，实时性较强，但数据的信息量往往相对较少，只限于一个时间窗口内的信息，不具有全量信息。总之，流式计算和批量计算具有明显的优劣互补特征，在多种应用场合下可以将两者结合起来使用，通过发挥流式计算的实时性优势和批量计算的计算精度优势，满足多种应用场景在不同阶段的数据计算要求。

（三）"数通"模块

"数通"即数据融通，是乡村数字大脑的精髓。作为一个处在中间层的能力平台，数据"融通"是其根本任务。在业务层面需要尽可能连接各种数据源作为其生产资料；同时，由于生产数据的场景越来越多，覆盖了线上线下等多渠道，各数据生产资料之间也需要进行连接，才能形成全域的数据；数据在数据中台上按照标准的模型进行规范加工处理后需要服务于多种场景，同样需要提供标准的数据服务接口将数据与应用场景连接起来。因此，融通是数据中台的根本能力，也是数据中台的价值所在。数据中台通过数据技术，对海量数据进行采集、计算、存储、加工，同时统一标准和口径，然后再进行存储，形成大数据资产层，进而为用户提供高效服务。

在具体应用中，数据中台首先应包含数据存储与计算功能。数据仓库通过集群的分布式计算能力和分布式文件系统来计算和存储数据。借助分布式文件系统可以存储大量的数据，同时，为了规划整合数据，数据仓库可以将数据池中的数据进行清洗、解析、计算，并划分为不同的层级。其次，数据中台提供统一数据服务，以满足不同数据的使用场景，同时降低数据的开发门槛。统一数据服务作为唯一的数据服务出口，实现了数据的统一化管理，在有效降低数据开放门槛的同时，也保障了数据开放的安全。在实际架构中，数据中台可通过API 接口服务将数据共享给其他业务系统，对外提供数据服务。其具体适用于数据库不直接对外开放，而通过接口提供“高并发快返回”的数据服务场景，如将数据中台加工的结果数据通过数据 API 的方式，提供给上层数据应用、数据门户、可视化大屏等。

而应用中台则是乡村数字大脑的应用中枢，是一套将乡村各项业务、经验等模型能力进行沉淀后形成的各类政务组件构成的政务服务共享能力体系。应用中台的建设目标是通过治理需求定义平台服务，优化并迭代各项具体业务。组件可能包括统一的表单工具、村务管理工具、产业管理工具等农业农村数字化管理通用组件和网关服务、系统安全管理支持、数据质量管理支持等数字大脑组件。可以认为，应用中台主要承载乡村数字大脑的输出功能，包含了所有能够且需要在乡村数字大脑中实现使用的业务，具体涵盖数字经济、数字治理、数字生活等模块中的各项业务，以及和其他相关系统功能沟通整合建设的集成应用业务①。

总而言之，乡村数字大脑的数据中台可以提供丰富的数据智能算法，以及多源、异构、海量数据的管理工具，通过挖掘海量农业农村数据中蕴藏的价值，同时提供丰富的开发接口与所有主流计算框架，建立繁荣的数据智能生态。一方面，数据中台为各类农业农村场景式应用提供业务模型和数据智能方面的支撑，让各类场景应用能够使用跨结构、跨领域、跨维度的鲜活智能数据，从而让应用能从不同视角和维度洞察业务，呈现出数据背后的内在价值；另一方面，各业务场景持续产生的运营数据又为各业务模型和数据仓库提供了良好的训练样本，促使数据治理流程和业务模型及数据仓库不断进化和改良，最终形成数据中台和应用中台之间的良性循环。

(四)“数智”模块

“数智”即数据赋智，是乡村数字大脑根据不同场景与应用实现数据的智能输出过程，具体是指基于农业农村一张图基础上的应用交互体系。所谓农业农村一张图，是以电子地图、遥感影像、三维实景地图等多类型、多尺度、多时态的空间数据为基底，叠加自然资源、农业、水利、交通、建设、文旅、民政等相关部门图层构建的数字乡村底图。而应用交互体系是指乡村数字大脑在使用过程中与每一个体进行信息交换的通道，用户通过智能手机或其他终端上的 APP、小程序的交互体系向数字大脑输入信息、进行操作，数字大脑则在处理后在对应程序上向村民反馈信息，以供阅读、分析和判断，或是通过乡村大脑驾驶舱的大屏进行呈现。具体如下：

1. 大脑展示端

通过对所有数据的统计分析，乡村数字大脑可以将各数据指标与分析结果依照不同功能模块更结构化、更友好地将“农业农村一张图”呈现出来。展示端可以全程全方位实时监

---

① 集成应用指的是在城乡、三产等融合进程中出现的业务，可能包括城乡融合全域治理、农产品产业融合、乡村智慧旅游等业务，集成应用需要具备一定的跨系统能力。

控各部门各业务状况，确保乡村各项工作积极有效落实，对有风险、出现问题的环节第一时间予以发现并跟进处理，为数字化协同管理提供了决策思路。

2. 村民办事端

通过村民办事端，能够快速让各类村民群体通过智能移动设备获取村务信息或完成日常办事所需操作。办事端的使用能够在简化办事流程的同时使民生诉求得到及时关照，村民能够有效参与乡村治理，提高办事效率，维系村民情感，实现数字乡村的共建、共治、共享。

3. 企业办事端

与村民办事端类似，企业也可以通过乡村数字大脑的应用交互体系获知政府政策，避免政策落空。也可以直接在线连接政府办事，解决人才、资金、物资等方面的难题。

4. 政府办事端

政府办事端主要是政府工作人员进行事项审批与公文流转等日常办公业务的平台。政府办事端一方面能够使乡村重要事项以及相关政策得以公开、透明地传达，另一方面在进行乡村事项处理时也提高反应速度和办事效率。而且，通过政府办事端可以实现公共数据资源的收集和一体化管理，能够不断完善公共数据资源体系，完善公共数据交换平台和共享平台建设，以此推进基础数据资源向部门数据仓和省、市数据中心汇集，强化数据资源在更高层级的统筹规划和整合共享。

三、乡村数字大脑建设的典型案例

(一)浙江省湖州市德清县[①]

德清县位于浙江省北部，东望上海、南接杭州，位于长三角腹地，具有良好的区位优势。近年来，德清以土地制度改革为核心，承担了100多项省级以上改革试点，结出了“城乡一体化”“农地入市”“数字乡村一张图”等累累硕果。2018年首届联合国世界地理信息大会在德清召开，推动无人机航拍、三维地图、遥感影像、高精度定位等地理信息技术在德清县域的广泛运用。

德清县人民政府基于“数字乡村一张图”，发挥遥感监测全面、准确、可追溯的技术优势，解决当前人居环境、“三改一拆”、农地保护、水域监测等方面发现难、监管难、处置难等实际问题。

一是统一遥感监测数据，实现资源利用高效化。全县统一采集遥感监测数据，通过大数据分析、智能分析比对等，自动发现垃圾堆放、违章建筑、河流改道、粮食功能区变化等问题，将农业农村、民政、建设和水利等业务部门的遥感监测治理需求一次性采集，从整体智治的角度，节约资源成本、统筹乡村治理。

二是依托地理信息技术，实现乡村治理可视化。在“数字乡村一张图”上叠加遥感监测

---

① 案例来源：中央网信办，等. 数字乡村建设指南 1.0. (2020-09-23)[2021-10-05]. http://www.cac.gov.cn/2021-09/03/c_1632256398120331.htm.

地图、电子地图、国土空间规划、三维实景地图以及各部门应用等18个图层，建成数字化“孪生”乡村，使遥感监测的问题点位一目了然，方便村干部直观了解问题点位的位置和产生问题的原因，前后对比的遥感监测图像也为村干部工作提供参考。

三是实施工单管理机制，解放基层干部的手脚。通过在公众平台上线“工单管理”模块，将遥感监测发现的问题自动下发至村干部手中，减少了“部门—镇（街道）—村干部”的烦琐通知步骤。村干部通过平台认领任务后进行现场确认和处置，最后将处理结果上传，经过镇（街道）的审核后完成处置流程。全流程线上可查，免去了村干部制作台账的麻烦，也减轻了镇（街道）和相关部门的督查考核工作量。

通过遥感监测功能，解决当前基层治理中传统人力不足、事件覆盖不全、发现不够及时、流程不够规范等痛点难点。以“一张图”为底板，运用“天空地”一体化遥感监测体系和人工智能分析，统一遥感地图服务，实现人居环境、治水拆违、私建墓地、粮食功能区等9类基层治理问题点位的全面发现和自动归集，构建“天上看、网上查、地上管”的闭环监管链条。2021年已发现问题点位10万余个，发现时间缩减86%，处置率达95%。

（二）广东省佛山市禅城区①

2021年，佛山市禅城区以打造广东省营造智慧化共建共治共享社会治理格局综合试点为契机，以数字化为抓手，从“人、事、财、物、组织”5个维度着手创新打造“乡村大脑”，通过人工智能和电子地图，实现“以图管人、以图管财、以图管物、以图知事、以图指挥”，让管理高效化，全面提高乡村治理水平和治理能力，赋能构建农村基层共建共治共享的新格局。

禅城53个行政村集体经济规模已近400亿元，每年乡村集体经济总收入接近70亿元，村民人均分红约1.5万元，乡村振兴与城市发展互补融合。打开禅城区乡村大脑首页，可以看到治理云图、村务共治、宅基地管理系统、股权管理系统、资产交易、工程和采购项目管理、财务监控和预警监督等八大板块清晰展现。

首先，“乡村大脑”以业务系统平台为底座，实行标准化管理。规范的业务工作流程，让村委会工作人员在电脑前进入“乡村大脑”就可高效地完成合同管理、资产台账等关乎村民的业务。数据也代替了人来“跑路”，镇街管理员远程就能审核基层提交的申请，据统计，2021年禅城区平均每个工作日完成70多宗集体资产交易，为村民掌握村的重大事项决策、民生、治安管理、资产交易提供便捷渠道。禅城区“乡村大脑”的持续探索，让农村基层党组织密切联系群众，激发了乡村治理活力。

其次，涉农数据“一张图”统揽，直观地展现出农村基层的相关数据，为资源配置和精细管理提供空间数据支撑和决策支持。云图体系的具体功能版块包括了智慧党建、集体资产、宅基地、人居环境、农业执法、招商引资等等，将全区所有的涉农数据全都汇集在“一张图”上。在重点开发的集体经济数字云图上，村集体的物业和资产交易数据均实现了一图展示，图上每一个定位代表一个物业资产，村民可以随时查阅村集体资产信息，监管部门还可以通过抽取闲置资产来查处私下交易行为。

最后，村务小程序打通沟通渠道，使得连接村民群众纽带更紧密。村务共治小程序不但

---

① 案例来源：刘钰滢．禅城“乡村大脑”探索数字化治理，乡村管理共纳“一张图”．南方都市报，2022-01-18．有删改。

覆盖现有的政务服务事项，还让财务收支、物业出租、民主表决等村务信息更加公开透明，畅通群众与村委、群众与政府的沟通渠道。当前，重大事项、财务信息等都可以经过小程序公示，所有公示的内容都会被永久保存，村民随时可以查阅，突破了空间和时间的局限。

据了解，2022 年禅城将继续投入 498 万用于“乡村大脑”第二期的建设，在人居环境系统及食品安全、鱼塘水质监管方面下功夫，重构整合数字经济云图，并对数据进行深入维护。

(三)浙江省宁波市鄞州区云龙镇①

宁波市鄞州区作为改革开放先行地，随着乡村基层治理水平和治理能力的提升，村民的生活水平不断提高，村民整体素质大幅提升，但仍然面临村民参与治理程度不足、治理模式较传统、决策机制不够科学等当前各地乡村治理中普遍存在的问题。为此，该区以争创社会主义现代化先行区为使命，积极探索乡村数字化治理新路径，通过在云龙镇试点打造“乡村大脑”“掌上智村”，依托数字科技加强乡村治理体系建设，发挥信息化在推进乡村治理体系和治理能力现代化中的基础支撑作用，取得了明显成效。

第一，着眼“可能、可行”，搭建智慧平台。搭建一个成本低、安全性高、适用性强的智慧平台是打造“掌上智村”的必要前提。云龙镇在对软件平台进行多方比较后，选择了隐私性和数据安全性较好的钉钉软件作为基础平台。在智慧平台具体建设中，云龙镇坚持 3 个原则：一是坚持统筹谋划，整体推进。充分利用“书记一点通”、出租房旅馆式服务管理、4 个平台等资源，持续实施广度整合、深度开发。选择 1—2 个村社先行试点，探索村社智慧云建设，以点带面，稳步推进。二是坚持以人为本，应用导向。坚持实用优先、易用优先、常用优先，以覆盖人民群众广、服务社会价值大为基本原则，打造即点即用“傻瓜式”应用。三是坚持安全可靠，有序运行。采用严格的身份认证、安全部署、数据加密和分级授权机制，最大限度保护信息安全。

第二，注重“易用、实用”，建好八大场景。为群众提供丰富、实用的应用场景，让群众便于使用、乐于使用是发挥“掌上智村”实效的根本保障。云龙镇对村民需求进行分析梳理后发现：一方面，随着自治意识提升，村民想要更高效便捷地参与村务、监督村务的意愿愈发强烈；另一方面，基层治理薄弱、党建内容滞后、信息传达低效、数据搜集困难、乡村文化流失等都是村级基层治理的痛点堵点。为此，该镇通过钉钉的组织架构搭建起“我的组织我的村”“我的服务我的村”“我的治理我的村”“我的骄傲我的村”“大家一起玩”五大板块，展现八大场景，为群众提供了从村务参与、村务决策、村务评议到村务监督的闭环式治理体系，又为群众提供了包含创业就业、行政服务、乡亲互助等在内的服务内容。

第三，融合“治理、服务”，实现多重效果。云龙镇探索的“掌上智村”数字乡村治理新模式，以贴合基层治理实际的模块设置，彰显了因地制宜的朴实效用，实现乡村治理和为民服务的在线化、精细化、实时化，已至少取得四方面的成效。一是激发村民参与热情，提升了决策科学性。二是创新便民服务方式，提升了群众满意度。三是督促干部担当作为，密切了干群关系。四是保留乡愁记忆，繁荣了乡村文化。

---

① 案例来源：傅利国. 谋划“乡村大脑” 打造“掌上智村” 鄞州区积极探索乡村数字化治理新路径. 宁波通讯，2021(11)：56-58. 有删改。

(四)浙江省衢州市柯城区余东村①

智慧治理服务一体化中心被柯城区沟溪乡余东村村民称为"乡村大脑"。这个"乡村大脑"既可以监测"一米菜园"蔬菜的生长情况,也可以监督村干部的工作;既可以巡视村道卫生状况,也可查看独居老人的饮食起居是否正常,甚至可以帮助村民销售文创产品。

在余东村智慧治理服务一体化中心,墙上有一块像是"信息超市"的电子屏幕。电子屏上下左右分成四个区域,分别是"数字党建""智慧治理""智慧便民""数字产业"四大板块,关联着产业信息、文旅信息、食堂流量等功能信息。屏幕中间是一张三维实景地图,全村风貌尽收眼底。有了这块大屏幕,就能实时了解整个村庄、村业、村民的动态详情。

余东村,被誉为"全国十大农民画村"之一。这个800多人的小山村,参与农民画创作的村民就有300多人,走进村里,宛如"十里画廊"。为此,余东村"乡村大脑"专门设立了"农民画"区块。里面所有的农民画都标上了价格,供客人挑选。同时,余东村还委托华为公司帮忙开发了"农民画屏保"等产品。通过这一模式,余东村的农民以画作版权形式入股。通过把画作做成农民画壁纸等电子产品,农民画家获得了不菲的收益。一般而言,平台上每卖出一张屏保,华为公司获益30%,农民画家获益70%。这一文化产品的营销模式优势明显,之前余东农民画的销售渠道和模式局限性比较大,有了这个平台,余东农民画的销售走向了新蓝海。反过来,这种销售模式又大大激发了农民画家的创作激情,同时也让余东农民画的影响力越来越大。

同时,"乡村大脑"还像尽心尽责的"大管家"。例如,"乡村大脑"可以实时显示村中的"一米菜园"实景。余东村所在的沟溪乡是柯城区最早打造"一米菜园"的乡镇,通过"一米菜园"带动了村民的增收,并打造出沟溪乡"一米菜园"的品牌。"一米菜园"是村里"乡村大脑"监测的重点之一,如果发现蔬菜管理和蔬菜生长有什么问题,平台会马上联系菜园主人。而且,乡村大脑还为"一米菜园"设置了另一项功能——在村里那些规模比较小的"一米菜园"里插入二维码。客人如果对菜园里的蔬菜感兴趣,扫一扫二维码就能看到该菜园里各种蔬菜的价格。

另外,"乡村大脑"还专门设立了养老模块。数字大屏可以标识出村中孤寡老人的位置。为了孤寡老人安全、幸福地生活,余东村特意为全村的孤寡老人安装了门磁系统,一旦孤寡老人在家需要帮助,"乡村大脑"立刻会有警示。比如,某位孤寡老人超过24小时没有出门,"乡村大脑"就会给网格员发送报警信息,让网格员上门查看。

四、若干思考

当前,乡村数字大脑已经成为诸多乡村实现数字化转型发展道路上不可或缺的尝试,但需要认识到,乡村数字大脑的建设和使用是一个需要深思熟虑、严谨规划并不断反思的过程,有一些基本问题在建设乡村数字大脑时需要予以重点考虑。

---

① 案例来源:郑理致,陈雯.余东装上"乡村大脑"——生活越来越便利 管理越来越智慧.衢州日报,2021-07-30.有删改。

第一，投入产出比问题。乡村数字大脑的建设需要耗费巨大的人力、财力，尽管乡村数字大脑建设完成后的各项功能看起来美好，但并不是所有乡村都具备充足的资源进行建设，在选择建设乡村数字大脑时一定要审慎，充分考虑政府财政状况，避免出现项目烂尾、浪费前期投入的状况。而且，后期使用中也应当随时跟进开销，避免带来财政负担。

第二，村民使用意愿问题。乡村数字大脑的使用不仅面对政府，更需要面对村民。对于一些数字素养并不高的村民而言，他们不愿意介入数字大脑，甚至会认为数字大脑建设会形成监视。对于这种情况需要从长远的视角来看，积极消除数字鸿沟，充分保证村民需求，保证线上业务处理之外保留线下的村民服务，通过长时间的实践逐渐赢得村民认可。

第三，版本与功能选择问题。不同乡村实际情况并不相同，因此很难直接照搬其他地区的成功经验，实际建设中必须根据本县本村的实际情况，有针对性地对功能模块和业务流程进行调整，防止与本村状况不匹配导致的浪费投入或错误操作。

第四，专业化人员培养问题。数字大脑的建设需要一批具备一定数字化能力的村干部进行牵头，必须加强内部数字化能力建设，培养一批具备较强数字心智的人才团队，才能保证乡村数字大脑长期稳定运营。

综上所述，乡村数字大脑只是提供了一种乡村数字化治理的新思维，它的建设不能只图其形而不图其神。在乡村数字化、基础设施未达到一定水平的情况下，建设乡村数字大脑并非数字乡村建设的最优解。因此，应当先从提升硬件设施实力、村民数字素养等方面着手，为后续可能的乡村数字大脑建设打好基础。总之，我们要理性看待乡村数字大脑能实现的功能，不可将其神化为乡村“万事通办”的存在而忽视了对老百姓的直接服务。乡村数字大脑的最终目的一定是更好地服务村民，只有服务于村民，它才是指引村民走向更美好生活的“大脑”。

第七章　农业数字化生产

一、理解农业数字化生产

将数字科技与农业农村发展相融合，已成为世界主要国家农业农村现代化发展的战略重点和优先发展方向。美国于1997年提出精准农业概念，即利用信息技术实现农业生产环节的精准化、自动化。之后，美国、英国等国家大力推进农业生产的数字化发展，包括应用遥感技术对作物生长过程进行监测和预报、在大型农机上安装GPS设备、应用GIS处理和分析农业数据等，对大田作物进行生产前、中、后期的全面监测与管理。我国抢抓数字化发展历史机遇，在大力推进农业数字化生产方面开展了有效尝试，为我国的农业现代化发展注入了数字动能。可以认为，大力推进农业数字化生产建设发展，已经成为我国推动乡村振兴、建设数字中国的重要组成部分，也是推动我国农业现代化发展的有效路径。

（一）农业数字化生产的基本界定

1. 农业数字化生产的基本概念

首先探讨数字农业概念更有助于厘清农业数字化生产的概念内涵和外延。数字农业的概念伴随着数字化发展而被提出，是数字技术向农业渗透及应用的结果。维基百科将数字农业定义为将遥感、地理信息系统、全球定位系统、计算机技术、通信和网络技术、自动化技术等高新技术与地理学、农学、生态学、植物生理学、土壤学等基础学科有机地结合起来，实现在农业生产过程中对农作物、土壤从宏观到微观的实时监测，以实现对农作物生长、发育状况、病虫害、水肥状况以及相应的环境进行定期信息获取，生成动态空间信息系统；对农业生产中的现象、过程进行模拟，达到合理利用农业资源，降低生产成本，改善生态环境，提供农作物产品和质量的目的。可以认为，维基百科关于数字农业的定义更多接近于美国提出的精准农业，在旨趣上更多聚焦农业生产环节的数字化。

我国数字农业概念更多从农业产业数字化层面进行探讨。于敏（2020）认为，数字农业是一个新兴领域及新兴概念，主要体现的是信息技术及互联网技术与农业领域相结合，在发展农业方面所采取的新措施，这是当代社会发展不断向农村及农业渗透的体现，也是传统农业向现代化数字农业发展模式转变的过程。赵春江（2020）认为，数字农业是用现代工业生产的组织方式、管理理念和先进技术发展现代农业而形成的一种新的农业业态。由于信息和知识作为生产要素介入，数字农业使得生产效率得到成倍放大，实现产业结构升级、产业组织优化和产业创新方式变革，增强农业产业整体素质、农业效益和竞争力，提升资源利用率、劳动生产率和经营管理效率。

在辨析数字农业概念的同时，还应注意到另一个相似的概念，即智慧农业（intelligent agriculture）①。我国非常重视数字农业对农业现代化的价值，但基本将数字农业和智慧农业的概念等同。2016 年中央一号文件提出要在智能农业等领域实现突破；2017 年中央一号文件再次提出要实施智慧农业工程，推进农业物联网和农业装备智能化，发展智慧气象；2018 年中央一号文件则提出发展高端农机装备制造，发展数字农业；2019 年中央一号文件则重新使用了智慧农业概念，提出要推动智慧农业等领域自主创新。可以认为，数字农业在某种意义上，是智慧农业的另一种表述。② 维基百科将智慧农业定义为在相对可控的环境条件下，采用工业化生产，实现集约高效可持续发展的现代超前农业生产方式，就是农业先进设施与陆地相配套、具有高度的技术规范和高效益的集约化规模经营的生产方式。它集科研、生产、加工、销售于一体，实现周年性、全天候、反季节的企业化规模生产；集成现代生物技术、农业工程、农用新材料等学科，以现代化农业设施为依托，科技含量高，产品附加值高，土地产出率高和劳动生产率高。杨立新（2020）认为，智慧农业是农业生产的高级阶段，通过互联网、计算机、现代通信技术、物联网技术、现代化智能机械等高新技术应用，增强对农业生产环境条件的感知，实现农业可视化远程诊断、远程控制、灾变预警等智能化管理，加强对农业生产工人的管理，减少农产品流通损耗，实现农业产、供、销的高度智能化、自动化、精细化。与之类似的是，周路（2020）认为，智慧农业是综合运用农业大数据和云计算技术、遥感和传感技术、智能化农业设备等技术，实现农业生产过程自动化、管理可视化、控制最优化、监管全程化、决策智能化，为实现农业可持续发展增加新的原动力。对比数字农业与智慧农业的概念可以发现，两者都包含了信息感知设施、数据、算法、高效等元素。

进一步对比数字农业和传统农业的概念，传统农业主要依靠过去积累的经验或手艺来进行判断决策和执行，以“人”为核心，这也导致了整体生产环节效率低、波动性大、农作物或农产品质量无法控制等问题。而在数字农业模式中，通过数字化设备比如田间摄像头、温度湿度监控、土壤监控、无人机航拍等，以实时“数据”为核心来帮助生产决策的管控和精准实施，并通过海量数据和人工智能对设备的预防性维护、智能物流、多样化风险管理手段进行数据和技术支持，进而大幅提升农业产业链运营效率并优化资源配置效率等。参见图 7-1。

综合以上关于数字农业及智慧农业的概念梳理，我们可以发现数字农业的概念包括广义和狭义两个维度。狭义的角度可以理解为，精细农业、智能农业是直接与农业生产活动与生产管理相关联的；广义的角度可以理解为，对农业各个方面（包括种植业、畜牧业、水产业、林业等）、各种过程（生物过程、环境过程、经济过程）全面实现数字化、信息化，并在农业的各个部门（生产、科研、教育、行政、存储、流通、服务等）全面实现数字化与网络化管理。显然，我们所说的农业数字化生产是狭义上的数字农业，指农业生产环节的精准化、自动化、智能化。

2. 农业数字化生产的主要特征

农业数字化生产具有鲜明的技术驱动特点，从而表现出鲜明的技术性特征。葛佳琨、刘淑霞（2017）认为，数字农业具有数字化、智能化、网络化、综合性的特点。所谓数字化，指农

① 智慧农业又称智能农业。

② 在此，我们并不简单认为智慧农业先于数字农业，而只是表述数字农业和智慧农业之间的关系。

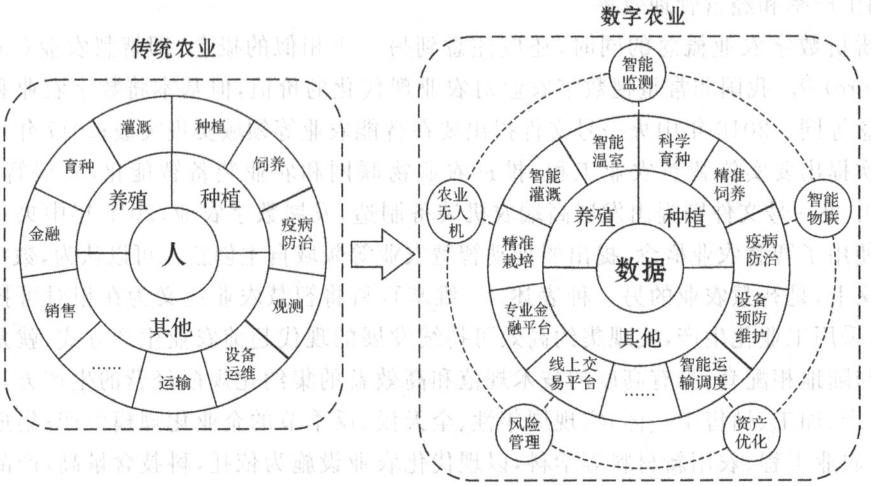

图 7-1　传统农业与数字农业对比

资料来源：赵国栋. 数字生态论. 杭州：浙江人民出版社，2018.

业数据信息、农业生产过程、农业管理数据均实现数字化。所谓智能化，指农业装备及配套技术的智能化，也是数字农业的关键。随着智能装备的快速发展，科技含量高、性能稳定且适应性强的技术装备不断地运用到农业生产当中，智能化装备的运用使农业生产标准化作业程度明显提高。所谓网络化，指数字农业的各节点的链接和信息传递通过互联网来实现。所谓综合性，指数字农业的发展需要多学科多层次的农业知识体系加以辅助。具体来看，不仅包括物联网、互联网、大数据、云计算等信息技术，还包括地理学、农学、生态学、植物生理学、土壤学等基础学科。作为狭义上的数字农业概念，农业数字化生产除了具备数字农业的基本特征外，还具有不同于农业产业其他环节的农业生产的特征，具体可以归结为以下几个方面。

一是建设过程的高投入性。数字乡村建设发展具有高投入性，而农业数字化生产是数字乡村建设过程当中投入占比相对较高的内容。从《数字农业农村发展规划（2019—2025年）》来看，我国农业数字化生产建设内容包括种植业信息化、畜牧业智能化、渔业智慧化、种业数字化等内容，在每块内容当中涉及大量的设施设备。相对于乡村公共服务或者治理，农业数字化生产需要数字技术和设施对原有农业装备进行全方位的数字化改造，硬件投入占比较高。单看机械的智能化，据《中国数字乡村发展报告（2020 年）》，截至 2020 年 9 月底，支持 1.2 万农户购置农业用北斗终端 1.5 万台；支持 20 个省份开展植保无人飞机规范应用试点，支持 0.5 万农户购置近 1 万台植保无人飞机。显然，农业数字化生产的数字化设施设备，远不止于机械智能化这个维度，而是涉及空天地等多个维度、多个作业场景、多个环节的设施设备投入，这些设施设备构成了农业生产经营的信息感知系统，也是实现农业数字化的关键。

二是建设投入的低效费比。农业数字化生产建设过程具有高投入性，而需要投入资金占比相对较高的是对生产端的设施设备的建设投入。同时，生产端投入呈现低效费比的特征，即从投入和收益的角度来看，农业数字化生产在生产端建设投入的收益率相对较低。单从设施农业的投入来看，我国一直采取补贴的方式促进其发展，从另一个侧面也说明，只依靠市场化的方式难以有效实现设施农业的有效发展，即设施农业的盈利空间不足以实现农业的设施化发展。已有研究表明，实际农业生产总值对固定资本投入量的弹性系数为−0.1091，表明对增加农业固定资本投资并不一定能增加农业产出（吴清华等，2015）。农业数字化生产在生产端显然是设施农业的升级版，在技术研发、设施建设等方面的投入要求更高。换言之，农业数字化生产在生产端的建设投入，必须注重效费比，即如何在投入和农民受益之间实现均衡，对某些关键领域，必须采取政府财政补贴的方式形成推动力和牵引力。

三是小农户的不友好性。大国小农是我国的基本国情，综合素质不高也是中小农户的基本特征。总体来看，我国农村劳动力文化水平普遍偏低，农业劳动强度大，年轻人不愿意从事农业，在一定程度上制约了数字技术的应用（农业农村部信息中心课题组，2020）。哪怕是农业数字化生产技术人员，其专业水平都难以达到工作要求，更不要说广大农民普遍知识水平不高的现实（梁斌等，2020）。从已有的实践来看，拼多多生产端的数字化，直接采取自建基地方式，即多多果园。而阿里巴巴的盒马鲜生也同样通过自建基地方式，即"盒马村"来实现对于农业生产端数字化的实践。这些实践一方面为小农户提升数字化能力提供了机遇，另一方面对小农户的知识、素养、能力造成了巨大的挑战，极易造成小农户被排除在农业数字化生产建设发展的进程之外。对政府来说，要实现中小农户参与并享受农业数字化生产红利，在无法降低技术要求的背景下，难度可想而知。换言之，农业数字化生产对于中小农户在技术上具有不友好性，同步带来了农业数字化生产背景下如何实现中小农户有机衔接农业数字化生产发展的现实议题。

（二）农业数字化生产的必要性

推进数字农业发展是大势所趋，世界主要发达国家都将发展农业数字化生产作为构建农业现代化发展的产业竞争优势，我国也已进入加快发展数字农业农村的新阶段。可以认为，农业数字化生产不仅是对经济、社会、技术发展趋势的顺应，更是贯彻落实中共中央、国务院关于发展数字经济、建设数字中国、实施数字乡村战略的重大举措。

1. 有效提升农业供给体系效率

农业数字化生产的发展能够促进农产品真正实现标准化生产，使农产品生产实现从依靠人工经验，到根据物联网传感器数据信息分析精准种养方案的转变，实现高产、优质、低耗的农业生产体系。具体来看，遥感、物联网、大数据等现代信息技术能够对农产品生长发育、产地环境质量状况的影响进行长期跟踪监测和分析，为农业绿色发展积累数据支撑，并为形成完整可视化的追溯体系提供源头支撑，让农产品从生产、运输、加工、销售的所有信息都可基于物联网客观记录特性而透明化呈现，真正保障农产品质量安全。换言之，农业数字化生产能够有效提高供给体系的质量和效率，一方面，农业数字化生产能够对农业生产全过程进行智能化、精准化控制，有效追溯农业投入、生产、流通全过程，实现农业供给侧的高品质和高质量；另一方面，农业数字化生产能够充分运用物联网实时获取农业数据，改进农业生产流程，形成全程标准化生产体系，提升农业运营效率，降低农业生产成本。可以认为，农业数字化生产通过数字技术赋能，可以实现粮食等农产品生产及向市场的有效供给，从而满足人民对于优质农产品的现实需求。

2. 有力推动现代农业发展进程

2014 年 12 月，习近平总书记在江苏调研时对江苏农业发展提出，要按照生产技术先进、经营规模适度、市场竞争力强、生态环境可持续的要求，加快建设现代农业，力争在全国率先实现农业现代化。① 数字农业是数字中国的重要组成部分，是创新推动农业农村信息化发展的有效手段，也是抢占农业农村现代化制高点的战略举措。相应的，推进农业生产数字化成为数字农业的题中之义。具体来看，农业数字化能为现代农业发展提供数字化新动能。如农业机械数字化，可以实现农机自动化、智能化；施肥施药数字化，可以根据各传感器收集的作物状态、土壤条件、大气环境等实现自动、精准施放，实现农业施肥施药的定量化、绿色化；农业管理数字化，则可实现粮仓数字化、农业灾害预测预警、农业产量品质监测预测等。可以认为，农业数字化生产是农业现代化的重要前提和关键环节，而数字技术在农业领域的应用越广泛，越能带来更多的经济效益。

3. 促进形成农业再生产共同体

在加快推进数字经济发展过程中，应加快推进数字产业化、产业数字化，努力推动高质量发展、创造高品质生活。② 农业数字化生产是在数字经济快速发展的背景下应运而生的。换言之，推进农业数字化生产建设发展，应加快推进数字产业化和产业数字化。数字产业化指以大数据产业为核心并催生出如数据交易、数据租赁服务、分析预测服务、决策外包服务等新兴产业业态。换言之，数字产业化涉及多元主体和多样要素，通过集成创新的模式来完成传统产业信息化，从而实现农业数字化生产与产业数字化的协同共进。产业数字化指运用数字技术实现农业生产要素的重塑和生产关系的重构，从而实现农业生产环节的全面数字化，并通过数字技术和数字化渠道实现与市场的衔接。换言之，产业数字化带来的信息资源共享能让生产者和消费者在深度互动中进行价值创造和价值实现，从而使农业经济活动的生产端和消费端的联系更为紧密、趋于同一，表现为农产品生产的消费化、消费的生产化，生产者和消费者成为紧密的利益共同体，即在农业再生产体系里生产、分配、交换和消费关系实现有机统一，成为不可分割的环节。通过使数据成为配置农业生产资源的新要素，农业经济活动的每个利益相关者能以无约束的数据“联结”实现交易的“去中间化”，形成数字化的“自激励”机制，实现生产和消费之间的协作。

二、农业数字化生产的技术架构

（一）农业数字化生产的基础技术③

1. 遥感技术

遥感技术包含了多种先进的科学技术，比如定位技术和地理信息技术等等，已经实现了

---

① 详见：杨岳. 人民日报人民要论：努力率先实现农业现代化.（2017-10-27）[2021-10-05]. http://opinion. people. com. cn/n1/2017/1027/c1003-29611324. html.

② 详见：石建勋. 加快推动数字产业化和产业数字化.（2021-10-15）[2022-03-05]. http://opinion. people. com. cn/n1/2021/1015/c1003-32254156. html.

③ 在此，只是将已有的数字农业典型技术做一个简单介绍，并不完全囊括所有的数字农业技术，也未覆盖未来将出现的数字农业技术。

从地面到天上，以及航空的遥感，是一个对各个空间进行检测的技术。按与地面距离，遥感分为近地遥感、航空遥感和航天遥感。这种技术可以快速精确地采集分析数据，且具有很好的功能，一般情况下，不会受到外界因素的影响，普遍运用于各个领域，尤其是在农业领域。在农业上的应用主要是调查植物的土壤和水分，植物的评估和监测，作物病虫害监测等。

2. 农业传感器

数字农业基础数据多源于各类传感器，作物养分、生理信息多采用光谱、多光谱、高光谱成像技术。作物生长过程中光照、叶温、水势、径流、干鲜物重、叶片形状、叶密度等生态信息采用三维模拟虚拟技术。病害、草害信息采用光谱、多光谱、高光谱成像技术。土壤含水率信息可采用直接干燥法，或选用电阻法、介电法、光谱分析法等间接方法获得。土壤 pH 值、土地面积、有机质等理化指标采用光谱分析法、电流一电压四端法、3S 等技术。动物生命体征传感器包括运动量、取食量、体温和疾病传感器。国际上基于新材料、新纹理、新工艺的研发的先进传感器已得到广泛应用。

3. 地理信息技术

地理信息技术是通过将地理信息制作成一种有文字和数字的地图，利用计算机对地图进行研究和操作。运用这个技术可以进行不同维度空间的信息收集、存储、分析和传输等工作，并且还可以分析预测空间信息。这种技术是一种形象直观明了的科学技术。具体来看，在农业中使用地理信息技术，可以分成以下 4 个方面，即农业管理的辅助决策、农业资源分析、农业资源调查、农业生产管理等。其中，农业管理的辅助决策通常是通过该信息系统的分析预测的功能，融入农业的支持系统、专家系统和其他技术中，从而运用到农业生产上。

4. 数字化装备技术

数字化装备技术是数字基于与农业生产装备融合的产物，以实现农业生产装备的自动化、智能化等。数字化装备能够基于数字农业获取的农作物、土壤和环境状况的实时数据，在保护环境的前提下同时确保收益和可持续性，实现在精准的时间、位置点获得最适宜的投放，进而实现农业生产作业过程的自动化和智能化，如数字化农机、无人机等。

(二)农业数字化生产的技术逻辑

1. 信息感知：农业数字化生产基础条件

“数据”作为感知化、物联化、智能化世界的微观构成，在生产过程中发挥重要作用（曹宏鑫等，2012），在价值创造过程中担当重要角色。相应的，“数据”是实现农业数字化生产效能发挥的关键要素，而“数据”收集的基础是相应的数据感知设施。从农业信息化的发展历程来看，从 20 世纪 50 年代至今，已经历了以科学统计计算为主的农业计算机应用阶段、以农业专家系统为代表的数据处理及模型应用阶段、以网络信息服务等智能控制等应用为主的全面信息化阶段、大数据等新一代信息技术在农业领域应用阶段等 4 个阶段，而每一个阶段的核心就是对农业生产经营管理过程各类数据的收集和运算处理（赵春江等，2018）。换言之，信息感知设施是农业数字化生产的硬件基础，只有通过各种传感器获取信息数据，才能够为后续各种操作提供信息依据。

当前来看，由于农业领域的特殊性，大量的农业数据以非结构化或半结构化形式存在，如卫星云图、音频、视频、数字等信息格式。农业数据的非结构化或半结构化形式，使得市场、天气、病虫害、水肥、食品安全等因素对传统农业的生产经营活动会产生巨大的不利影响，进而在一定程度上造成农业在生产领域、消费领域等的“弱质性”特征，使得农业面对大市场处于不利地位，而不得不采取组织化以实现农民生态位的跃升（刘美平，2009）。然而，组织化只是从加强市场博弈力量层面提升农民的产品议价能力，本质上并未消除产业本身具有的“弱质性”特征。因而，农业数字化生产发展的技术逻辑起点，就是通过开发和建设各类农业射频识别技术设施、全球定位系统技术设施、农业传感器技术设施、遥感技术设施、市场信息感知技术设施等，将大数据技术应用于获取的大量数据上，开发出各种精准农业模型与系统（毛烨等，2016），实现对于农业生产经营过程中各类数据的收集、处理、运算等，从而对农业生产经营过程中的自然环境、市场环境进行全面感知和掌握，通过技术消除存在的信息不均等，为农业快速应对环境变化提供数据基础。

2. 算法赋能：农业数字化生产智能大脑

算法是种古老的技艺，运用算法来解决生活中的问题一直伴随人类历史发展进程，并且人们一直在设计、修改并分享着算法。彼时，受制于数据存储和处理能力，算法的功能和影响力有限。随着大数据时代的到来，算法在社会经济生活各方面得到应用，助推了智能时代的到来。可以认为，算法与智能正在日益侵入人类的生活，并从虚拟屏幕走向田间地头。从技术逻辑来看，算法和数据相互支撑、相互促进，共同构成了智能化时代的一体两面。算法在数据的不断输入下变得更加精准化和智能化，算法逻辑也更加优化，而随着算法的不断优化，数据的价值也能在最大程度上得到实现（张恩典，2019）。

从农业数字化生产来看，由于农业面临内外部环境的复杂性，尤其是农业产业链化之后，农业生产环节在对接大市场时面临着生产、流通、市场、金融等环节和领域当中的多元要素，因而必须通过建立相应的算法模型，实现对大量数据有效、及时、精准的运算处理，进而形成精准预测。换言之，通过算法赋能是发挥数据效能的关键，也是构建农业数字化生产“智能大脑”的核心技术。而且，随着机器学习和人工神经网络兴起，算法将呈现出基于自主学习而独立进化的发展态势，即在自身的错误中学习和自我改进（王旭等，2021）。这将为农业数字化生产的精准化、智慧化提供无限可能。从表征来看，农业数字化生产基于算法赋能的“智能大脑”，根据具体场景，大概包括作物生长模型、农业产业结构模型、农业市场监测分析模型、农业环境监测预测模型、农产品质量分拣和溯源模型等领域（王利民等，2018）；根据综合功能，又可分为专家系统、农业认知计算模型等（兰玉彬，2020）。无须赘言的是，我国农业数字化生产基于算法的“智能大脑”，本质上就是基于我国农业现实需要和典型特征的本土化技术实践过程，即基于具体的场景需要开发相应规则逻辑的算法，并形成适合现实需要的“智能大脑”。

3. 精准执行：农业数字化生产效能保障

在马克思看来，人类改造自然是为了满足自身需要的有目的实践（曹孟勤、姜赟，2020）。有目的的实践，意味着人对于自然的实践活动需要与意识相吻合，实现有目的的精准执行。相应的，农业数字化生产的本质，就是要通过对于数据的收集和智能分析决策，达成精准的执行，进而对于农业生产经营环境进行应对乃至改造。换言之，精准执行是农业数字化生产应对生产经营环境多样性、不确定性，并发挥效能的最后一个环节，是将农业数字化生产“智能大脑”运算指令实施到农业生产各个环节和领域的关键。与此同时，精准执行存在着可达性的问题。正如莱斯定理指出,基于图灵机及内在的技术逻辑在一定程度上具有不可判定的特性(即不确定性或不稳定性),而相应执行可达性也是一个不可判定性质,因此需要根据具体的应用场景,对执行可达性分析结论的完备性和可靠性做出保障(杨克等,2018)。换言之,实现农业数字化生产精准执行,就是要提高农业数字化生产技术系统的稳定性,并根据具体场景研发技术逻辑,推进执行设施设备建设。

在具体的实践过程当中,数字农业需要根据具体的场景建设配套的设施设备,以实现数字农业在具体场景需求当中对指令的精准执行。从生产过程来看,这些设施设备大概包括耕种(养殖)控制设施系统、植保(疾病防范)控制设施系统、灌溉(精准饲喂)控制设施系统、种养殖收获控制设施系统等(郑可锋等,2005;熊本海,2015);从加工过程来看,大概包括饲料控制设施系统、自动加工屠宰控制系统、果蔬加工控制设施系统等(熊本海,2015)。

4. 可控效能:农业数字化生产目标指向

一直以来,农业与其他产业最大的不同,在于其鲜明的自然属性,即农业生产长期是一个"靠天吃饭"的产业,使得农业面临着自然风险、市场风险等。从我国来看,随着市场化改革的深入推进,农业面临着卖方市场向买方市场的转变,农业的自然属性在面临买方市场的境况下,其带来的问题更加突出。数字农业概念的提出,就是希望通过数字技术赋能农业,使得农业的自然环境变成一个可控的要素,从而降低农业生产风险、提高生产效率、提升产品品质等。

因此,数字农业就是要将数字技术应用到传统农业生产的各个环节和领域,进而提升具有可控性的农业生产效能。具体来看,一是生产过程的监测和执行。土壤土质、地下水环境、土壤的温度湿度、空气的温度湿度及光照等都会影响作物的生长,从而对作物的产量、品质等造成影响。这些因素是持续动态过程,需要对各类状态数据实时收集、科学分析、精准预测,进而通过精准执行来有效应对,而数字农业能够对各类信息实现实时、动态的感知和收集(沈维维、周波,2020)。二是自然风险的预测和应对。农业生产过程当中,自然风险一直是造成农业损失的主要因素,包括病虫害、旱灾、台风等。数字农业就是要通过应用物联网技术等,自建或者与气象部门共享自然灾害预警系统,实现对大气环境、水环境和其他突发状况的感知,从而应对各类自然灾害,降低自然灾害风险。同时,精准农业还能够为购买合适的农业保险提供参考,降低投保审核成本,进而有助于降低灾害给农民造成的经济损失(方向明、李姣媛,2018)。三是生产物料的精准控制。农产品的品质控制、病虫害的防治等,需要在物料供给上实现精准控制,而数字农业能够根据农业生产土壤、作物、天气等要素动态变化,实现农业生产所需物料供应的精准控制,从而实现农业生产的增效和降本(匡远配、易梦丹,2018)。四是生产效益和生态效益的兼顾。绿色发展是各国经济的发展方向,更是我国农业可持续发展的趋势和方向。数字农业能够通过对各类资源的合理安排和精准施用,降低农业生产对土壤、水质等的污染(Brand,2012)。

三、农业数字化生产的场景运营

(一)农业数字化生产的主要场景

1. 农田信息的数字化监测

农田信息的数字化监测指聚焦墒情、苗情、病虫情、灾情农业“四情”的监测。

土壤墒情监测指运用数字技术(以物联网技术运用最为广泛),建设土壤温度、土壤电导率、地下水位、空气温湿度、太阳辐射、降雨量等众多相关传感器,实时监测系统收集农田作物的墒情信息,农业和环境干旱的信息,给农户提供农牧业灌溉、干旱的形成及分布发展和抗旱救灾方面的准确信息,使之做出科学的决策,以便及时给有条件的灌区放水灌田,以提高农作物的产量,增加农民的收入。

苗情监测指通过对农田进行农业物联网传感器布局,结合气象、墒情等传感器等,对整个农种过程中的耕种、施肥、采摘、包装等各个环节进行视频监控,使管理人员可以远程关注作物生长状况,根据作物在不同生长周期的需求,指导灌溉、施肥、喷药等措施,实现农业生产的精准化管控,保障农产品的品质,提升农业生产效能。

病虫情监测指将风速风向、环境温湿度、光照等多种传感器接口与智能虫情监测系统结合,形成集害虫诱捕和拍摄、环境信息搜集、数据传输、数据分析于一体的病虫情监测技术体系,实现在无人监管的情况下,自动完成诱虫、杀虫、收集、分装、排水等系统作业,以及监测环境与病虫害之间的关系并精准应对。

灾情监测指运用气象信息技术、地理信息技术、高清远红外摄像系统,以及数据传输、控制、显示、存储等技术,用户通过视频系统可以清晰直观地实时远程查看种植区作物的生长情况,并对台风、暴雨、冰雹等突发性异常事件的过程及时进行监视、储存、分析、决策,以提供及时高效的指挥和提高应对气象自然灾害等的能力,提升农业生产的自然灾害防范能力。

2. 农田生产的自动化管理

农田生产的自动化管理大致包括作物生长过程的自动化管理和农机作业的自动化管理。

作物生长过程的自动化管理指通过信息监测、信息分析、智能决策、自动控制等技术手段,实现农田的信息在线感知、精细生产管控、高效运维管理。农业生产经营主体可通过手机 APP、小程序等,依托农田自动化生产系统(自建或购置),在线监测作物生长信息,并根据作物生长需要自动调控设施环境,开展灌溉、施肥、防病、除虫、除草等自动化生产管理,降低生产成本。

农机作业的自动化管理则指采用物联网、卫星定位、GPS 实时定位等技术获取数据,结合云计算、大数据等技术,构建智能终端、信息管理平台、轨迹算法模型的智慧农机技术体系,促进农机作业信息、农业地理信息、气候土壤信息、智能农机决策支持信息的整合,实现农机作业的组织协调,强化多种农机作业场景的作业监管,在实现对农机智能智慧调度的同时,极大地提升农机作业的智能化水平。

3. 畜牧业数字化管控

畜牧业的数字化管控主要包括疫病管控数字化和养殖管控数字化。

疫病管控数字化指利用网络数字技术、智能感知技术和监控设施设备对规模化养殖场进行疾病监测和疫病传播跟踪，提高动物疫病防控能力与处置效率。利用物联网技术建立养殖疫病智能监测、预警和诊断系统等，基于 AI 等技术构建疫病预警算法模型、诊治模型和专家会诊算法模型等，并通过远程传感器、图像和视频监测系统等，实时监测畜禽生长状况并及时发现疫病，进而通过算法模型给出预警信息和诊断方案，从而提高动物疫病防控能力与处置效率。

养殖管控数字化则指利用传感技术、网络通信技术、自动控制技术、信息处理技术等信息技术，构建环境智能监控系统、疾病智能检测预警和诊断系统、精细化饲喂系统、育种繁育系统、集约化物联网管理平台等技术系统，实现养殖环境（空气、土壤、湿度）等的在线监测、养殖过程中的设施设备自动联动及应对调控能力、装备调度和设备派遣能力、数据挖掘分析和决策支持能力，从而对畜牧养殖过程进行全程监控，记录全环节畜牧养殖流转信息，形成环环相扣的信息链条，实现要素合理调配、养殖条件优化，提高监管能力，提升产品品质，有效防范不法分子违规开具检疫证明、违规调运等问题。

4. 渔业数字化管服

渔业的数字化管服包括渔船渔港管理信息化和渔业服务的数字化。

渔船渔港管理信息化通过集成北斗导航、视频、AIS、传感器等技术获取船舶、人、港口等渔业生产过程数据，对数据及其分析结果进行可视化，支撑审批、检验、执法等不同业务服务，为管理机构决策提供依据，为公众提供便民服务。有条件的渔港依托渔船渔港动态监控管理系统平台，可在渔船进港、在港、出港航行过程中对渔船进行自动识别、安全预警、联动跟踪和历史记录等。渔船所有人、涉渔企事业单位、执法船等终端用户通过业务功能模块，实现渔船业务各类数据的采集上传。

渔业服务的数字化指将渔业生产过程中产生的大量数据加以处理和分析，并将有用的结果以直观的形式进行呈现，提供面向涉渔、涉海不同人群的定制化服务，为企业、乡镇、村社、船东、船员、养殖户及社会提供精准化、智能化服务，包括网上政务自助服务、安全应急服务、船位数据分析服务、国内渔业捕捞服务、远洋渔业服务、渔港服务、养殖管理和服务、水产品供应服务、专题数据共享与开放服务等，为渔业生产提供辅助决策，提高渔业综合生产力。渔业生产主体可利用手机、电脑等终端设备将水产养殖过程数据与市场交易数据采集上传至省级大数据应用平台，并从大数据平台获取水产养殖的指导性建议，获得涵盖渔业生产、经营、加工全环节的数据。

5. 农业数字化生产工厂

农业生产的数字化工厂包括数字农场、数字牧场和数字渔场。

数字农场指基于数字技术和设施设备、AI 算法等，构建智慧农场数字技术体系，为种植基地提高标准化管理水平和数字化服务能力提供支撑，实现全流程数字化管理，让农作物种植全程可见、可管、可控、可追踪，助力农场管理数字化、决策智能化，作物生长管控智能化，实现实时感知作物生长环境，提升种植管理效率和农业大田基地智能化灌溉效率，提供农场无人化植保作业服务，提升农田精准化、规模化植保作业水平等。

数字化牧场指运用RFID电子芯片、电子耳标技术、HACT系列手持阅读器、REBT系列通道式阅读器、自动识别分群系统、历源动态称重系统等数字技术和设施设备，构建形成一套数字化养殖管理系统，沉淀各类畜牧动物生长周期的养殖模型，围绕饲养、繁育、保健等环节提供智能测温耳标服务、智能脖环服务、环境监测服务、视频监控服务、联动控制服务、资产盘点服务等，让养殖过程高效、精细、降本、安全，实现养殖全过程的数智化管理。

数字化渔场指利用物联网、云计算、大数据、AI智能等新技术在农业领域的应用，实现对养殖环境（溶解氧、温度、pH值、氨氮等）数据指标的实时在线监测、养殖过程的自动控制、产品质量的监测、数据的统计决策，从而增强对农业生产环境条件的感知，实现数字化生产、远程控制、灾变预警等智能化管理，达到渔业生产的高度智能化、自动化、精细化、标准化，从而降低人力和生产成本，提升水产养殖生产效益。

6. 农产品质量追溯数字化管理体系

农产品质量追溯管理的场景应用当中，以区块链技术应用最为有效和成熟。基于区块链技术构建的农产品追溯系统体系架构，以区块链系统层次结构为基础，叠加农产品质量安全溯源体系的运作规则，跟踪记录生产经营主体、生产过程和农产品流向等农产品质量安全信息，在满足监管和公众查询需要的同时，规范企业生产经营活动，实现农产品来源可追溯、流向可跟踪、风险可预警、产品可召回、责任可追究，有效促进农业绿色生产，保障公众消费安全。

7. 农业的数字化服务体系

农业数字化服务体系包括农业生产的数字化服务和农业市场数据的数字化服务。

农业生产的数字化服务指通过产业服务平台打通农业生产侧和产业互联网服务侧，面向企业、政府和个人提供一体化农业生产相关服务。业务涵盖农机、农技、订单农业、金融、保险等领域，解决了涉农主体获取农机利用率低、农技服务覆盖率低、农产品品质感知弱等相关问题，实现农业产业一站式服务。

农业市场数据的数字化服务指利用自动定位匹配采集、信息智能识别与数据规则验证等信息技术，通过信息采集设备和信息采集系统，依据信息采集标准规范，对农产品交易地点、价格、交易量等多维度信息进行实时采集，并进行大数据分析，实现对农产品价格及变化趋势的监测预警。利用APP、公众号及时发布热点品种市场供需和价格信息，为市场监管主体、农业生产经营主体和消费者提供决策依据。

（二）农业数字化生产的运营管理

农业数字化生产运营管理指采用新型物联网系统为基础支撑体系，对农业要素和过程进行数字化，以及对形成的数字资源进行分析使用的过程中，产生的与农产品生产和服务创造密切相关的计划、组织、实施与控制等各项管理工作，其目标是实现农业投入产出控制的精准化、农业知识经验传承的显性化、农产品交易过程的透明化和农业对环境负面影响的最小化。

1. 农业数字化生产流程重组

近些年，信息技术尤其是互联网技术已经使诸多领域发生了较大或者彻底改变，例如零售业、金融业和运输业等，这些领域在互联网环境下的运作流程已经远远不同于传统流程。

新型物联网技术的应用会给这些流程带来更大的变革。具体来看，农业生产资料的库存会实现自动化无人化管理，具有实时监测、自动订货和自动入库等功能；农业生产过程会应用更多的监测与控制系统，包括无人机遥感与飞防一体化系统、农业信息全景感知的移动传感系统和农业生产要素在线优化调度系统等。可见，物联网环境下的农业数字化生产运作流程与传统农业生产管理过程会有巨大不同，进而会导致其运营管理的计划、组织、实施与控制功能的实现方式也有很大变化，需要采用业务流程重组的思想对其进行优化设计。

2. 农业数字化生产产业融合

技术创新是产业融合的内在驱动力，信息与通信技术对农业产业链、信息链和价值链的重构，势必加剧传统工业、服务业以及新兴的信息业、知识业和文化业与农业的融合。放松管制是产业融合的另外一个重要推动力，范围经济是指企业产品类型增加导致平均成本降低的经济现象，是产业融合的一个基础理论。因此，农业数字化生产产业链的设计与控制需要考虑链条上的业务活动是否满足范围经济，注重构建完善的政策管制空间，强化技术在推进农业数字化生产产业融合方面的功能和作用。

3. 农业数字化生产知识管理

知识是人类进步的根本性动力，网络经济的到来促成了现代知识管理理论体系的形成。知识分为显性知识和隐性知识，前者能够格式化表达，后者难于格式化表达。传统农业生产过程由于缺少对农业元素数据的系统收集与长期积累，主要通过局部的经验交流来促进农业的发展，农业知识的形成与传承进程比较缓慢，而新型物联网环境下的农业数字化生产会破除传统农业发展的数据制约因素。因此，农业数字化生产运营管理的一个重要内容是如何利用新兴信息与通信技术构建出物联网环境下的农业知识管理系统以实现以下功能，即转换现有农业显性知识为模型算法，形成智能化的农业决策知识系统，进一步促进农业领域的知识融合和加快农业经营主体知识内化过程；通过农业知识的应用和技术经验的实践积累，以数字化的形式输入农业决策知识系统，进而促进新增农业知识的外化与积累。通过以上功能的循环实现，农业知识可以在物联网环境下得到持续传承与快速发展，为智慧农业和精准农业的最终实现提供有力支持。

4. 农业数字化生产运筹优化

运筹学的主要思想是运用数学模型和逻辑模型对现实问题进行刻画，通过最优化方法和计算机技术求解建立的运筹模型以找到解决现实问题的最优方案。在利用信息与通信技术对农业产业链进行重组融合和对农业技术知识进行显性化的过程中以及新型农业物联网系统运行中，需要进行操作层面的运筹优化，如农业传感网络的优化设计、智能农机的自动驾驶路线优化、数据上传间隔时间的优化设置等，才能实现农业数字化生产的智能化和精准化，以最小化运营成本和最大化农业收益。

5. 农业数字化生产质量管理

传统农业生产管理过程中，各环节信息的缺乏导致难以有效管控农产品质量。而在新型物联网环境下，可以构建基于"信息链—证据链—信任链"的低冗余存储且安全性能高的农产品供应链置信溯源系统，对农产品实现全面质量管理。具体来看，首先通过覆盖农产品生命周期的物联网信息采集系统，形成从生产到销售全过程的基于区块链机制的分布记账式信息链；每一次针对特定农产品质量追溯是基于区块链内存储数据及链外关联数据的置信求证和规则推理，找出与农产品质量安全风险相关的证据链；进而结合网络节点本身属性（如在线平台信誉、个体农户声誉等）映射到信任网络中，构建一条贯穿上下游成员的信任链，并动态调整、更新信任网络。这种以"信息链—证据链—信任链"为主线的农产品供应链置信溯源系统，可以快速实现农产品溯源查询、证据推理、置信求证、信任融合等置信分析过程，为解决农产品质量难题提供新技术。

专栏 7-1

安徽省长丰县："中国草莓之乡"搭上"数字列车"①

长丰县利用物联网、大数据、区块链、人工智能等技术，建设"数字草莓"大数据中心、草莓园区智能管理、草莓品质品牌数字管理等数字化系统，构建长丰草莓"产业布局、病虫害识别、肥水管控、农产品质量安全追溯、销售网络"一张大图，实现草莓生产温、光、气、土、肥、药可视化和联动控制，打造草莓资源数字化、生产智能化、管理精准化、服务远程化、质量监管网络化"五化"体系，形成可复制、可推广的数字农业应用场景模式。

一是建设"数字草莓"大数据中心。依托建立的草莓品质品牌数字管理、草莓园区智能管理系统，对草莓资源数据进行梳理、整合、分析，为全县草莓产业优化升级提供决策参考。大数据中心采集和汇聚全县草莓基地在农业产业化、农业物联网、农产品质量安全、病虫害防控、草莓市场销售等方面的数据资源，按照安徽省农业大数据综合信息服务平台建设数据规范要求，实施数字草莓全量数据集成。

二是建设草莓园区智能管理系统。推动草莓大棚数字化升级，配备自动气象站、土壤环境和植物本体传感器、视频监控、水肥药一体化综合管理等设施设备，采集土壤水分、土壤温度、空气温湿度、光照、二氧化碳浓度、高清图像等信息，借助大数据、图像识别、可视化等技术，依托建立的智能水肥一体化、病虫害智能化识别、草莓专家等远程服务系统，为农事管理、病虫害防御提供科学依据，实现温室大棚的自动化运行管理。包括电子屏实时AI识别病虫害，农民通过慧植农当家APP实时获知信息。园区工作人员介绍，这款APP能AI识别1690种病虫害，覆盖27种农作物，"莓农"只要对着草莓果拍张照上传到系统里，只需2秒就能获知病虫害的名称。对于病虫害如何防治，"莓农"也能在线上得到业界专家的权威回复。

三是建设草莓品质品牌数字管理系统。在示范园区温室大棚内部安装智能巡检机器人，通过运用AI识别传感器和AI算法，对草莓生长果形、裂果、成熟度等表型信息进行动态采集。结合各类传感器采集的资源数据，利用AI技术构建专业的本地化草莓大数据模型，形成标准化草莓AI品质控制模型。通过构建统一的"长丰草莓"溯源标识，接入溯源的扫码系统，使经销商和消费者在购买农产品时可以了解该农产品的质量等级，进一步提升长丰草莓国家地理标志农产品的品牌影响力。

四是建设长丰草莓高新技术示范园，释放"数字经济"。位于草莓小镇核心区域的长丰草莓高新技术示范园，由博士草莓科技园、皇后草莓采摘园、艳九天草莓种苗繁育中心、田峰

---

① 专栏7-1、7-2、7-3案例资料来源于《数字乡村建设指南1.0》，有删改。

草莓产销一体化基地等5家草莓园区组成，占地2000多亩，园区内部基础设施配套完备，通过1公里参观走廊串联，充分融合草莓“生产、生态、生活、生意”四生内容，集中展示了长丰草莓一、二、三产业融合发展新成就。

五是以草莓为契机吸引游客。每到周末或者节假日，前来采摘草莓和研学游的人络绎不绝，人气爆棚。游客来到这里，除了品尝远近闻名的“红颜”草莓，还能坐上有着时代记忆的绿皮小火车，感受有颜值有内涵有品位的乡村游。这些美好的画面不是“纸上谈兵”，而是已逐步在兑现，这里将成为市区和周边城市游客打卡的网红点。

专栏7-2

重庆市荣昌区：生猪大数据中心数字化建设

(一)开发“荣易管”生猪数字监管平台，打造非洲猪瘟防控与监测“荣昌模式”，打通政府服务最后一公里

一是助行业精准监管。基于动物检疫出证业务流程和实名管理，对贩运行为、产地检疫、无害化处理、阉割免疫等环节动态数据进行关联，打破信息壁垒；通过大数据分析建模，对生猪从养殖到屠宰各环节市场主体、监管主体行为进行痕迹化管理和风险预警，提高政府生猪市场调控和动物疫病防控能力。

二是助猪肉食品安全。记录全环节生猪流转信息，形成环环相扣的信息链条，有效防范不法分子违规开具检疫证明、违规调运生猪等问题；同时，市民通过扫码即可溯来源、查去向，保障食品安全。

三是助生猪产业提档升级。“荣易管”的全链条数据共享模式，大幅降低散养户养殖信息流转成本；构建起多层次的生猪质量标准体系，引导散养户实现不同规模、模式的生猪养殖品牌化、差异化发展，做到生猪产业的整体提档升级。

(二)搭建生猪智能养殖平台——“荣易养”，降低养殖户养殖成本和养殖风险，保障养殖户持续增收

充分发挥农业农村部智慧农业试点区县项目撬动作用，搭建养殖投入品及生产管理系统——智能化养殖平台“荣易养”，为养殖户提供智能化解决方案。通过赋予示范场精准饲喂、智能环控、物联网、5G、智能管控等数字化设备，监控生猪活动行径，达到降低成本、提高存活率目的。国家级生猪大数据中心在形成采集全地域、全行业、全链条市场和监管数据的网络渠道基础上，加快大数据分析，形成《生猪交易分析报告》《仔猪价格高位运行对生猪养殖的影响评析》，向养殖场定期发布数据资讯，提供生猪补栏、出栏、疫病防控等信息预测预警，为生猪行业稳产保供提供科学指导。

(三)开设生猪线上交易平台——“荣易卖”，有效解决生猪养殖户销路问题和采购户采购问题，提供生猪价格“晴雨表”，促进生猪市场“稳供保价”

生猪市场作为全国首个、迄今唯一一个畜禽产品大市场，2013年获批以来，通过建设生猪价格形成、产业信息、科技研发、会展贸易、物流集散五大中心，借助互联网、物联网、大数据等技术，在有效解决线上交易标准、疫病防控及实物交收三大难题的基础上，实现了生猪活体线上交易+线下交收，解决了传统交易模式中信息不对称、交易不自由、公平缺失、打白

条等一系列问题，减少了养殖户交易环节和交易成本，成功建立了中国生猪活体网络市场。

（四）开设生猪金融服务平台——“荣易贷”，通过生猪大数据实现数字本地化，切实解决生猪产业上下游企业“融资难、融资贵”问题，为生产赋能

在精准掌握生猪全行业、全链条监管数据和下场数据的情形下，利用庞大的数据库，会同大型国有银行和城商行，创新开发生猪交易系统、结算系统以及生猪金融产品，为生猪全产业链用户提供数据查询、数据保险及数据金融服务，拓展“生猪大数据＋”新业态。一是“生猪大数据＋金融”，与中国农业银行、重庆银行、重庆三峡银行、哈尔滨银行等金融机构合作开发“猪e贷”“猪易贷”“生猪贷”等系列金融产品。二是“生猪大数据＋保险”，与中华联合保险共同开发生猪保险和病死猪无害化联动处理模式，均受到广泛好评。

专栏7-3

浙江省象山县：数字赋能渔业产业高质量发展

第一，建设渔船进出港雷达识别系统。根据石浦港的地理特征，在铜瓦门、东门、下湾门、三门口、蜊门、金高椅等6个口门和檀头山岛安装雷达监控点，对全省渔船综合研判，全时段、全天候监管进出石浦港的渔船。自2019年5月1日以来累计监控进出港船舶31.6万余艘次，累计接到报警3137起，查扣三无船（筏）341艘，立案查处渔船违法违规案件261起，2020年新冠肺炎疫情暴发以来劝返不符合进港要求渔船119艘。

第二，建设渔船动态管理系统。渔船动态管理系统运用电子海图，重点监控渔船实时位置。该系统主要有两大功能：一是安全提醒。在渔船临近中日、中韩边界等敏感水域、航行至商船习惯航行线路附近5海里以及渔船脱离生产编组5海里时，及时进行安全提醒。二是离线点验。对渔船没有按时报位，及时点验提醒，普通渔船每2小时点验一次，重点渔船每1小时点验一次。2019年以来，累计点验渔船1.8万余艘次，提醒渔船164.5万余艘次。

第三，建设渔船进出港报告系统。2019年，象山县根据实际情况，自主研发渔船进出港报告系统“象港通”，要求渔船出港前24小时上传船员个人照片、身份证、船员证书等信息，系统自动比对渔船、船员资料，杜绝渔船“带病出海”和船员“无证上岗”。2019年8月1日投入使用以来累计执行进出港报告20万余艘次。2020年，省农业农村厅在全省推广象山县进出港报告系统。该系统后台数据与公安部门相连，2020年以来在渔船抓获多名逃犯、吸毒人员。

第四，建设港岸船一体化视频监控系统。该系统主要由环石浦港、岸线制高点、船载等3个视频系统组成。在环石浦港设置104个高清监控，结合公安系统的“雪亮工程”，对进港的重点渔船进行视频跟踪抓拍。2020年4月，在檀头山、东门岛、崇站岛等地安装4个制高点高清视频监控，与环石浦港104个高清监控形成互补，两套系统实现环石浦港主要海域的全方位实时视频监控。同时，对全县1755艘12米以上渔船和204艘渔供船的前、后甲板和驾驶舱安装3个船载视频监控，增加渔船视频识别抓拍系统，对船员违规行为进行抓拍提醒。

第五，打造农业农村数字大脑。宁波移动携手象山县农业农村局打造的农业农村“数字大脑”正式发布，通过农业基地视频图像采集、物联网数据采集、区域环境监测、全程质量监

管、特色农产品展示等，做强产业赋能，助推象山数字乡村发展走在前列。在半岛农业星创天地展示大厅，大屏上展示着由“三农”驾驶舱、智能应用、数据中枢、多模式组网、物联感知等模块构成的农业农村“数字大脑”平台。平台利用5G＋大数据、云计算、区块链、物联网等信息化技术，汇聚、分析、整合包括柑橘、梭子蟹和浙东白鹅等象山特色产业链数据、农业环境、农情信息、农机数据、种苗数据、物联网感知数据、农户服务数据等，打造了农业大数据综合服务平台、物联网管控平台、全产业链数字化平台等智能应用。

四、农业数字化生产的问题对策

(一)农业数字化生产的现实问题

1. 整体统筹规划存在不足

作为数字乡村建设的重要内容，由于数字乡村整体统筹规划的欠缺，农业数字化生产的统筹规划同样存在着不足。目前我国尚未就农业数字化转型进行系统化布局，造成农业数字化产值规模明显小于其他产业、数字化速度明显慢于二、三产业。虽然我国已经出台了《数字农业农村发展规划(2019—2025年)》，但在各地落地实施层面的统筹规划存在明显的不足，尤其在县域层面，县(市、区)根据自身区域优势、特色、农业农村发展阶段等情况编制县域农业数字化生产农村专项规划或者专项实施方案的很少，顶层设计引领支撑作用不足。深入来看，由于统筹规划的差异，我国数字乡村发展水平的差距不小。《2020全国县域数字农业农村发展水平评价报告》显示，浙江省农业数字化生产发展水平达到了59.5%，是第二名吉林省的将近两倍。在具体实施过程中，技术应用层面也存在着标准不同的现象，数据存在着庞杂且开放共享水平不足的问题。具体来看，缺乏统一的农业传感器技术标准和应用后台数据规范，导致传感器通用性差，物联网操作平台之间联网对接困难，升级整合成本较高，而在数字资源应用上，农业信息资源分散、数据标准不统一、数据共享机制缺乏、数据支撑能力薄弱已成为制约大数据建设的重要瓶颈，省级各类涉农系统的数据以孤岛的形式存在，各系统之间没有关联，且与农业农村部、市县级的涉农平台也未形成数据互通互联的发展局面，各级农业农村部门决策者和使用者无法准确、全面地获取信息资源，不能从多维度进行决策分析和高效管理。

2. 基础设施建设水平不足

硬件、软件和网络基础建设情况直接决定了农业农村数字化发展的基础水平，对于农业数字化生产更是如此。刘元胜(2020)研究认为，我国在农业数字化生产的信息基础设施方面存在着明显不足，表现为农村宽带通信网、移动互联网、数字电视网的覆盖面和信号强度仍存在不足，广播电视基础设施建设急需提档升级，破坏电信基础设施、销售“伪基站”设备等违法犯罪行为时有发生，安全工作还需提高；匹配“三农”特征的信息终端、移动互联网应用软件的开发存在缺口，涉农综合服务平台的信息化程度仍需加强；在物理基础设施数字化改造方面，部分地区水利、电力、公路、冷链物流、农产品生产加工等基础设施的数字化深度不够，智能化转型所需基础设施建设尚未完成，智慧水利、智能电网、智慧交通、智慧物流等支撑农业数字化转型的分项目标尚未实现。从县域来看，则存在着数据采集硬件的生产和创新不够、数据资源库过于单一、网络运营成本还较高等现实问题。从单个设施装备来看，我国无人机应用虽然可以使得农业生产效率、质量获得有效提升，但是其制造成本也远高于传统的农业机械，而植保无人机的售价甚至高达5万至20万元，在我国基本上无法实现大范围推广应用，无线传感技术则存在着电源能量有限、数据存储和计算能力有限、输送能力有限等问题。基础设施建设水平不足制约了我国数字乡村建设发展进度。

3. 小农户参与水平不足

农业数字化生产建设发展不仅是实现我国农业现代化发展的重要战略部署，更应是带动广大中小农户增收致富的有效模式和举措。党的十九大提出，要实现小农户和现代农业发展有机衔接，应扶持小农户，提升小农户发展现代农业的能力。之后中共中央办公厅和国务院办公厅印发了《关于促进小农户和现代农业发展有机衔接的意见》。然而，大国小农还是我国的基本国情，广大农户普遍存在着知识和技能不够的现实情况，农业劳动力人口则存在着中老年占比过高等现实问题。同时，我国农业规模总体水平不足，农业经营者经济实力不够。这些现实都与农业数字化生产的高技术属性不匹配，从而表现出了农业数字化生产对中小农户的不友好性。换言之，中小农户参与农业数字化生产并享受数字红利的水平不足，与当前党中央对于现代农业发展带动中小农户的要求存在差距。

4. 产业融合水平有待加强

农业数字化生产的本质是数字技术赋能农业各环节，实现农业全面的数字化转型。换言之，数字技术只有嵌入农业再生产全过程，实现数字技术和农业深度融合，才会成为农业转型升级的驱动力。然而，我国数字技术与农业的融合水平存在明显不足。刘元胜(2020)研究认为，数字技术研发人员仍以专业电子信息技术人员为主，农业从业人员数量相对较少，研发人员更多专注于技术研发，对农业问题缺乏全方位精准的理解，无法把握农业再生产规律，造成数字技术研发成果不适用于农业再生产全过程，导致数字技术与农业"两张皮"现象较为普遍。同时，具有丰富农业再生产经验的从业人员，对数字技术缺乏深度认知，数字素养不高，不能驾驭数字技术从事农业再生产，使农业再生产的数字化科技含量不高；农业数字化工程过于偏重硬件开发，重视展示和演示，看重形象工程，看轻农业数字化软件运行和管理，尚未将数字化技术深度渗透到农业再生产体系，造成农业硬件的数字化更多停留在形式层面，导致农业数字化成效不高、深度融合急需强化；囿于数字化政策支持、成本、收益等原因，当前我国涉农主体数字化意愿不强的现实延缓了农业高质量数字化转型的步伐。

5. 人才支撑水平有待提升

农业数字化生产农村建设是一项融合信息科学技术的发展与农业农村建设的系统工程。然而，农民受教育程度相对较低，对新事物、新信息的理解和接受能力有限，缺乏数字化、智能化发展的知识和操作技能，而有一定文化基础的年轻人多数在外打拼，农村出去的大学生返乡创业意愿大多不强。从操作层面来看，农业数字化生产技术人员专业水平远远不能达到工作要求，使得农业数字化生产工程建设难以取得很好效果。从企业层面来看，很多科技型企业和研究机构在核心技术研发、大数据挖掘应用等领域的人才储备不足，自主创新研发能力较弱。综合来看，我国农业数字化生产建设发展面临着农民、操作人员、科技研发人员等各个维度能力不足的现实问题。

（二）农业数字化生产的发展对策

1. 加强农业数字化生产的统筹规划

促进农业产业链数字化发展，提高我国农业产业的国际竞争力，必须破除“数据烟囱”障碍，实现信息在农业产业链的开放共享。因此，必须在我国数字乡村战略建设浪潮下，加强对农业数字化生产建设发展统筹规划的力度，推进农业数字化生产技术体系和数据标准的统筹规划，促进数据在整个农业产业链的有效共享，实现产业链在数据赋能下有效协同。在具体的工作机制上，应在数字乡村建设发展的整体工作机制下，成立农业数字化生产建设发展工作专班，在各级统筹领导农业数字化生产建设发展工作。尤其要加强县级层面的统筹规划工作力度，充分实现农业数字化生产建设发展各个环节和领域相关政府部门的协同，保障农业数字化生产落地实施的系统性和协同性。同时，针对已经建设的技术体系和数据标准，基于因路径依赖而转型成本过高的现实，应加大财政支持和补贴力度，通过补贴鼓励农业数字化生产产业链各环节的各类主体推进标准化技术体系和数据标准的建设，加快这些主体有效融入农业数字化生产产业链的步伐，从而有效推进农业数字化生产产业链的发展。

2. 提升小农参与农业数字化生产的能力和空间

促进小农户参与农业数字化生产建设发展并享受其数字红利，实现生态位的跃升，提升收入水平等，应注重提升小农参与数字乡村的能力和空间。能力是小农户参与数字乡村的意识、知识和技能，空间指小农参与数字乡村的机会。因此，应围绕有效参与数字乡村建设发展的知识和能力要求，针对小农户开展农业数字化生产知识和技能专题培训班，通过培训提升小农参与农业数字化生产的积极性，破除技能障碍。在此过程中，应加强对农民培训的政策和资金支持，保障农民培训的可持续性。与此同时，应注重在生产端和营销端提升小农参与农业数字化生产并享受数字红利的空间。具体来看，生产端应该针对小农需要，推进各类数字化为农服务的建设，进而为小农生产提供给力数字化的服务。政府可以考虑对各类数字化为农服务提供补贴，实现小农在生产环节以较低成本享受数字化红利。在营销端，应该鼓励发展各类新模式新业态，如直播营销、淘宝村等，对小农加强这些新模式新业态相应技能的培训，从而让小农参与到这些新模式新业态当中，助推小农农产品销售的渠道和空间开拓，提升其收入水平。

3. 加快农业数字化生产应用的开发推广

为了使农业数字化生产更好地推广应用，应在推进农业数字化生产建设发展的过程中，根据农民的需要和使用习惯，加快推进匹配的应用开发，进而安装到农机、手机等设备上，供农民方便地使用。在此过程中，应充分发挥数字经济企业的作用，利用其丰富的应用开发经验和雄厚的数字技术实力，加快农业数字化生产配套应用的开发。政府除了引导数字经济企业开发应用外，应在财政上予以支持，设立农业数字化生产应用开发奖励补贴制度，从而激发数字经济企业开发农业数字化生产配套应用的主动性。与此同时，应在尊重农民主观意愿的基础上，注重引导、鼓励各类应用在营农主体当中的应用，对于应用推广缓慢等现象的原因进行精准分析、有效应对，及时破除推广应用当中的障碍。同时，及时分析应用推广效果，找出应用推广当中存在的不足，根据对应用推广的反馈分析，及时对农业数字化生产的相关应用进行优化调整，形成农业数字化生产建设发展“反馈—优化”的可持续良好发展态势。

4. 注重农业数字化生产的成本控制

效益陷阱要求农业数字化生产建设发展需注重成本控制。本质上，成本控制是在数字技术满足农业数字化转型要求，尤其满足农民现实需求的条件下，注重成本控制，避免农业数字化生产建设发展出现“消耗型增长模式”。从国际上看，各国发展农业数字化生产都注重成本控制，并根据自身实际因地制宜推进农业数字化生产建设发展，美国、加拿大、澳大利亚、德国、英国、丹麦等发达国家都根据自身的实际情况，因地制宜推进符合各自需要的农业数字化生产发展，形成了不同的模式。因此，我国在推进农业数字化生产建设发展过程中，应遵循技术逻辑和应用逻辑，在保障技术和设备体系完整性的基础上，根据实际需要，因地制宜推进农业数字化生产建设发展。农业数字化生产建设模式的成效，应以农民是否真正需要为根本标准，进而避免盲目建设。在建设驱动力选择上，应发挥政府的引导作用，以普惠农民为基本原则，引入并发挥市场主体在农业数字化生产建设发展当中的作用，通过市场竞争机制实现农业数字化生产建设成本的有效控制，并且保障效能的有效发挥。在资源使用上，应注重存量改革，即对已有的农业基础设施进行有效的数字化升级，进而实现已有资源的充分利用，降低农业数字化生产建设成本，避免资源浪费。

5. 加强农业数字化生产的人才支撑

对农口管理部门人员，应重点开展农业数字化生产的管理平台使用能力，尤其应开展专项培训破除年龄结构趋老造成农口管理部门人员对于农业生产数字化发展的不适应；应邀请农业生产数字化技术系统开发企业，重点对农业经营主体开展农业数字化应用使用技能的专项培训工作，实行应用使用技能提升和应用使用门槛降低双举措以促进农业数字化生产在农业经营主体群体当中的推广；应针对农业生产数字化建设发展引入专业性的运营人才和创新创业人才，一方面，依托创新创业人才的农业生产数字化创新创业项目驱动农业生产数字化实现更快速度、更高质量、更强示范、更广辐射的发展进程，另一方面，依托专业性运营人才提供农业生产数字化的专业性运营服务，并对知识水平不高、老龄化等的小农户提供各种专业的运营服务。

五、若干思考

在政策支撑和数智企业投身等作用下，我国农业生产数字化发展取得了明显成效，但依然面临诸多的挑战。

一是分散经营现实带来规模经营的挑战。从种植业来看，家庭联产承包经营责任制虽然激活了我国农民的生产积极性，但也带来了农业分散经营的现实问题，阻碍了我国农业的规模化和现代化进程。因而，数字农业建设发展将直面土地分散经营带来的现实挑战。

首先，数字农业效能的发挥，需要大量数据的积累，从而为进一步的运算和决策提供支撑。数据越丰富，运算和决策将会越智能。这就要求农业经营具备一定规模。其次，规模经营更有利于数字农业效能发挥，如智能无人机进行作业，规模化作业效能要远比细碎化作业的效能要高。再次，土地细碎化经营，带来了数字农业建设的复杂性。分散经营使得数字农业功能发挥面临着复杂的环境因素，如相比于规模化地块上的作业，智慧农机在面临分散的土地经营境况时，要求更高的信息感知、运算、执行能力，从而对数字农业的技术层面提出了更高要求。最后，高交易成本制约了数字农业的实施。数字农业的物流、营销等环节，是服务农业生产环节对接市场的重要节点。然而，数字农业的物流环节和营销环节在面对分散经营的农业生产环节时，不得不面对大量的小农户，使得在产品品质控制、合约执行、交易达成等方面面临着高交易成本问题（彭澎、徐志刚，2021）。

二是小农排斥现实带来小农生态位跃升的挑战。从种养殖业来看，在大国小农的基本国情农情下，实现小农户与现代农业有机衔接是数字农业建设发展应有的题中之义，尤其是种植业。因而，数字农业建设发展将直面如何促进小农户融入数字农业，改善其生态位跃升，分享数字化红利，最终促进和提升其收入水平的挑战。

深入来看，小农给数字农业建设发展带来的挑战，来源于小农的现代性不足，从而与数字农业建设发展的现代性要求产生了冲突（田敏、夏春玉，2016）。抛开将小农视为一种带有意识形态的政治文化现象视角不谈，从经济视角来看，小农在一定程度上表现为自给自足、与自然交换、相互隔离的特征（刘金海，2013），从而呈现技术状态长期不变、缺乏引入新要素的动力、生产要素的供给与需求长期不变的现象（罗必良，2020）。而作为现代农业的数字农业，是传统农业在数字技术要素的引入下发展起来的技术型农业（Schultz，1964）。显然，小农的这种特征，使得其在数字农业的技术采纳、参与技能等方面存在着不足，进而造成小农衔接数字农业建设发展的困境。

具体来看，小农衔接数字农业建设发展的困境，主要源于我国小农在市场化浪潮中呈现的现状。一是农村劳动力结构的老龄化。在市场化浪潮中，农村年轻劳动力大量外流，已表现出农业老龄化趋势（宋斌文，2004）。二是小农的数字心智不足。数字化浪潮由城及乡，以电子商务为主的形式，在一定程度上促进培育了乡村数字心智的日益成熟，但农民的心智水平依然较低，尤其在面对数字农业相对更高的技术要求背景下。三是小农的资金水平不足。从可持续的角度看，数字农业的建设运营主体应该是各类营农主体，相应的需要大量的资金投入，而小农总体的资金水平存在不足，尤其是边远农业产区和贫困乡村地区。四是小农的精英俘获现象。数字农业建设发展过程中，容易出现本来为多数人而转移的资源，被少数具有政治或经济优势的精英群体获取的情况（杨璐璐等，2020），使得小农无法获取相应的资源。

三是效益陷阱带来建设成本控制的挑战。具有高技术和高资产特征的数字农业，其建设发展需要大量的资源投入。纵观世界，美国的精准种植，法国的联合收获机产量图生成及质量测定、施肥机械和电子化植保机械，以及荷兰的"智慧牧场助理"等，无不是资源大量投入驱动的（陈媛媛等，2021）。然而，高资源投入的数字农业，并不一定意味着农业生产效率的提升。我国在大幅推进农业技术应用过程当中，农业技术效率相比投入呈现出的效益有限。根据测算，1978—2017 年，我国农业全要素生产率年均增长 3.4%，技术进步年均增长 7.2%，技术效率则年均下降 3.5%，且技术效率的变动与技术进步的变动呈现相背离的态势（王芳、曾令秋，2021）。

这种技术效率呈现下降的态势，有着我国农业特性的内在逻辑。当农业人均种养殖面积过小，尤其农业种植规模过小，即处于相对劳动密集型状态时，农业生产将呈现出"内卷化"的现象(黄宗智,2021)。相应的,在我国农业面临分散经营和小农经济的状态下,数字农业的技术投入容易出现"技术内卷",即数字农业建设的效费比呈现效益陷阱的现象。换言之,数字农业建设发展面临着效益陷阱的挑战,即应避免在建设过程当中出现"消耗型增长模式"。"消耗型增长模式"指资源的大规模投入实现数字农业的建设发展,进而造成投入产出比的不断下降,表现为技术进步缓慢,生产经营效率低,技术的边际效率呈现不断下降的态势(崔松子、金华,1996)。更加重要的是,数字农业的效益陷阱,将导致营农主体基于利益考量,不愿意推进数字农业的建设发展。

四是应用开发滞后带来推广应用的挑战。各类应用是数字农业真正发挥效能的重要基础。当前来看,我国数字农业的建设还处在完善硬件基础设施阶段,包括网络的进村入户、道路及水利的数字化转型等,而在种业、畜牧业、渔业、种植业、农机装备、农垦等产业和领域的数字应用开发和推广更是处在起步阶段,应用的丰富程度相较于现实需求还有较大的缺口,具体的应用的推广上,也只是以信息报送和服务类为主,远未符合数字农业效能发挥的现实需要。

除了应用开发不够丰富外,功能便捷程度及界面友好性等也还需进一步优化,从而提升使用体验。界面和功能是应用给用户的第一体验,而用户选择应用的基础条件是具有优质的用户体验,以满足需求。应用能否被接受,关键看应用的感知有用性和感知易用性。感知易用性起关键作用,与感知有用性共同影响了应用的推广程度(王法硕、丁海恩,2019)。总体来看,我国数字农业配套的应用在感知易用性上还有着较大的提升空间。

因而,我国数字农业建设发展将直面应用开发相对滞后带来的挑战。一方面,数字农业场景极其丰富,需要大量应用的开发,以安装在各类设施设备上供营农主体使用,尤其是能够在手机等移动端上方便地供农民使用,从而实现农民对数字农业的移动式、一键式操作。另一方面,数字农业应用的功能集成性水平有待提升,易用性程度相比电子商务领域还有待进一步加深,从而解决农民总体年龄结构老龄化、知识水平不高、操作技能较低的现实背景中存在的农民使用数字农业应用不便,因知识和技能上无法达到数字农业应用使用的要求而产生了畏难的情绪,使得数字农业推广存在困难等问题。

五是"数据烟囱"带来产业数字化转型的挑战。在经济全球化发展背景下,农业的经营优势由产品竞争逐渐转向整个产业链的竞争。当前,我国农业产业化发展面临着各环节衔接不够紧密、利益分配机制不完善、与市场需求脱节等现实问题(任传华,2018),而数字化浪潮的到来,为农业产业化发展注入了新动能。随着物联网、区块链、大数据技术的不断成熟和应用,农业产业链各个环节的信息共享、信息披露的技术支撑日益成熟,提供了解决农业产业链各主体之间的信息不对称问题的技术空间(付豪等,2019)。深入来看,数字技术赋能农业产业化发展的内在逻辑在于,产业链各环节及主体发挥不同信息职能并进行信息交换,从而实现农业产业链的信息功能生态位、资源生态位和时空生态位的协同,实现各环节和主体的职能发生转换和协同,即实现了农业产业链信息的共享及生态位的调整(蒋勇等,2017)。换言之,农业产业的数字化转型,关键在于各环节和主体的信息共享和交换。

然而,农业产业的数字化转型面临着"数据烟囱"的现实制约,表现为时间和空间方面信息传输不及时、不对称,进而造成数据共享与交互率极端低下甚至无法联通的问题,以至于呈现资源浪费、重复投资、效率低下的现象(王翀等,2018)。形成"数据烟囱"的现象的原因,在于我国数字农业发展总体处于起步阶段，农业产业链各环节和各主体未形成统一的数据标准和体系，产业链之间数据存在互联互通难的问题。而在资产专用性投入的现实下，形成了我国农业产业链各环节和各主体数据运行系统和设备的路径依赖，使得统筹规划面临着较高的转换成本。换言之，农业产业的数字化转型将直面“数据烟囱”的现实挑战。

第八章　乡村数字化物流

一、理解乡村数字化物流

（一）乡村数字化物流的基本界定

数字化物流概念源于 2008 年 IBM 提出的"智慧地球（Smart Planet）"概念，明确 IT 产业下一阶段的任务是在各行各业中充分运用新一代 IT 技术，形成普遍连接的"物联网"。2009 年上海市信息化与工业化融合会议上有专家提出"智慧供应链"概念，指将物联网技术和现代供应链管理的理论、方法和技术相结合，从而在企业中和企业间构建并实现供应链的智能化、网络化和自动化的技术与管理综合集成系统（黄敦高、吴雨婷，2014）。随后，中国物流技术协会信息中心等部门联合提出了"数字化物流"的概念，指采用集成智能化技术，运用感知、学习、推理和判断等思维能力模仿人的智能，使物流系统具备自行解决物流中某些问题的能力（黄小娟，2020）。换言之，数字化物流是科技创新发展与工业科技革命背景下的研究成果，是自动化技术、智能化技术及信息化技术等现代技术在物流领域的实际应用，是物流产业的高级发展形态。

乡村数字化物流是数字化物流在农业农村领域的延展性应用，其所具有的地域特性、产业特性等，使得乡村数字化物流有着较为明显的内在特性。具体来看，农业农村独特的经济地理特征，如农产品具有的非标准性、不易储藏运输、易损耗等特性，以及农村地域广阔、分散、多样等特性，使得乡村数字化物流呈现一种农业农村嵌入背景下的适配特性，在具体的运作模式、技术模块、仓点设置等方面，与城市或者其他产业的数字化物流之间呈现出显著的差异性。具体来看，乡村数字化物流因运输的产品特性不同而呈现不同的形态。伴随农村电子商务发展兴起的乡村数字化物流称为农村电商物流，主要运输除生鲜农产品以外的乡村产品，以满足城市居民通过电商形式获取乡村优质农产品（非生鲜）的需求。而运输生鲜农产品的乡村数字化物流则是乡村冷链物流，主要实现生鲜农产品运输过程中温度、湿度、时间等的精准管控和高效运行，保障生鲜农产品在整个运输过程中的品质稳定。归结来看，乡村数字化物流有以下几个特征。

一是产业适用的独特性。乡村数字化物流的产业适用涵盖一产和二产。二产主要是乡村特色手工业品，其对乡村数字化物流的产业适用性相对没有什么特殊要求。一产则对乡村数字化物流的适用性提出了要求。大部分农产品具有的易腐烂、高损耗、季节性等弱质性特征，使得乡村数字化物流必须实现农产品从产地到消费市场整个链条的快速、保质、保鲜等，从而让消费者获取优质的生鲜农产品。随之而来的是，通过大数据、云计算、物联网赋能的数字化物流，必须通过整个环节的自动化（自动分拣、自动包装、自动装配等）、智能化（智能感知、智能分析、智能决策、智能执行）来解决农产品弱质性和消费者需求之间的张力。

二是技术通用的困难性。农产品类目的复杂性使得乡村数字化物流的技术通用性更加困难，使得乡村数字化物流的规模经济性更弱。单从产品分类来看，乡村手工业品与生鲜农产品之间的农村数字化物流技术通用性存在着鲜明的边界。生鲜农产品具有鲜明的非标品特性，使得农村数字化物流必须具有更高的资产专用性才能保障产品的自动分拣、自动包装、自动装配等方面的效能。在很大程度上，不同产业的生鲜农产品可能都难以实现技术上的互通。因此，乡村数字化物流在面对生鲜农产品时，往往必须针对单一品类建设高度智能化的物流体系，从而构建多类型的产品实用性数字化物流体系，或者在技术上实现模块化功能包，以在一定程度上实现对多类相似农产品的智能化物流储运。

三是运作模式的协同性。相较于城市集中居住的社会地理特性，乡村地域辽阔，公路等基础设施条件参差不齐，实现乡村数字化物流上行的全链化和城市工业品下乡的进村入户全覆盖都较困难，单一主体自建乡村数字化物流体系难度大、成本高。当前来看，除了有政府背景的邮政系统之外，其他市场主体基本难以实现乡村数字化物流体系的全覆盖。邮政虽然在乡村物流覆盖上具有优势，但在实现乡村物流智慧化的技术上并不具有优势，需要数智企业参与建设。因此，农村数字化物流体系必然是多主体参与的协同运作模式，发挥各主体在技术、体系、资本等方面的优势，协同共建农村数字化物流体系，尤其是在实现农村数字化物流体系最后一公里方面。

进一步来看，相较于农村传统物流，农村数字化物流具有以下几方面的鲜明特征。

一是技术性。数字化物流的兴起，正是以大数据、云计算等为代表的新一代信息技术改变了传统的物流模式的结果（韩俊，2020），大数据、物联网等关键技术作为数字化物流发展的根基，在整个数字化物流体系框架中起到关键的支撑作用。可以认为，相较于乡村传统物流，乡村数字化物流就是在技术赋能下，实现对物流全链条的精准赋能。其中，大数据是信息要素，物联网是信息通路，云计算是决策大脑，分拣、包装、装备等是精准执行的设施设备。可以预见的是，随着乡村数字化物流的不断发展，将构建起一个与智能物流全链条对应的数字孪生世界，从而实现孪生空间与现实空间的实时信息交换、决策支撑、执行传输和效果反馈的映射关系，进而实现乡村数字化物流的自动化、智能化、高效化。

二是创新性。乡村数字化物流的创新性，来自其鲜明的技术基底。当前，信息技术处在快速发展时期，其更迭速度前所未有，令人眼花缭乱。随之而来的是，各种新出现的信息技术，或者基于信息技术演化的各种应用模块和功能，不断嵌入乡村传统物流体系中，助推其不断走向智能化。在此进程中，信息技术变革浪潮是乡村数字化物流发展的历史必然，国家政策导向为乡村数字化物流发展提供了坚实的政策支撑，数智企业的活跃和技术支持为乡村数字化物流的发展提供了创新变革的根本性内生活力。

三是综合性。这种相较于乡村传统物流所具有的更高的综合性，主要体现在：一是物流全链条的技术更加丰富、整合更加紧密、协同性更高，从而使得乡村数字化物流具有更高的综合性和体系性，各功能单元之间必须紧密衔接、精准协同。二是在技术赋能下，乡村数字化物流的功能更加丰富，场景实用性也更加广泛。三是相较于乡村传统物流，乡村数字化物流需要更多样的要素支撑和参与，技术要素在其中就扮演着重要的角色，而乡村数字化物流需要的建设主体也相应的更加多元。

四是高效性。乡村数字化物流的高效性本质在于技术赋能下，实现信息的高速传输、分析的智能运算、执行的精准到位。在此过程中，物流的仓储、分拣、包装、装配、运输等各个环节，都将依据产业特性、空间特性、地理特性、需求特性等，通过现状感知、智能分析、科学决策、精准执行的闭环，实现农产品运输的保质、高效。乡村数字化物流的高效性，正是在大数据、云计算、物联网等技术赋能下实现的。

(二)乡村数字化物流的必要性

乡村数字化物流对促进农产品食品安全保障、缩短产销运输链、促进农村电商繁荣、助推新模式新业态发展、推进城乡融合发展、助力脱贫攻坚、推动农业农村现代化等具有重要作用。

1. 有效降低农产品质量安全保障的信息成本

如果说粮食问题关乎国人能否吃饱，食品安全则关乎国人的健康问题。食品安全的实现，关键是对生鲜农产品从生产、分拣、加工、装配、运输等全链条信息的精准把握和可追溯。乡村传统物流由于在信息上的不完备和可篡改，使得食品安全需要通过大量的人力、物力、财力，以及相应的政策法规得以有限保障。乡村数字化物流则为保障食品安全从技术层面提供了可能。以区块链为代表的新一代信息技术融入乡村数字化物流，区块链具有的分布式结构与集体维护、时序不可篡改、公开透明等特征，使得乡村数字化物流的每一个节点信息都能够记录在无法修改或是以共识机制为基础、区块链上所有成员共同参与维护的一个公开性质的大账簿当中，从而实现食品安全信息事中可信性、事后可追溯性。

2. 有效缩短农产品从产地到市场的运输链

传统物流企业在乡村受有限的基础设施、时间、成本等资源约束，通过班线班列、运输工具、物流园区、运输组织等现代物流管理手段集中集约利用资源，在满足客户需求的前提下尽可能降低成本，衍生出了中转、分拨、仓储、集拼等作业。乡村数字化物流的实施有利于加快物流运作与管理方式的转变，提高物流运作效率与产业链协同效率。在数字化物流模式下，需求即时响应，供需自动匹配，资源智慧整合，可突破现有集约集中利用有限资源的解决形式，产生更多的点到点运输，减少衍生作业，越来越多地参与商品价值创造。乡村数字化物流使货物能够以最优的路径、最经济的方式、最合理的时间配送到目的地，回归物流创造时间价值和空间价值的本质。

3. 有效助推新零售等新模式新业态的发展

物流业经营模式的转型升级是适应新零售发展的重要途径，而融合大数据、物联网、云计算等最新技术的数字化物流是物流行业转型升级的重要趋势。然而，我国物流链条相关主体之间的信息互联互通相对缺乏，“信息孤岛”现象突出，物流数据基础设施建设水平总体处于起步发展阶段。各类信息沟通障碍，需要通过物流企业平台与客户生产系统、流通系统平台之间数据和信息的整合互动予以消除。从乡村数字化物流中最重要的生鲜农产品数字化物流来看，其具有“智能化”和“物联化”等特征，数字化物流企业在农产品物流运作流程中大量设置信息采集装置及数据传输装置，对农产品物流链条中所截取的信息进行分析、预测，据此来支持物流企业的决策系统，并可以对导致物流问题的根源实施“追踪化”管理(孟庆鹏、王诚杰，2019）。换言之，目前发展迅速的县域新零售、盒马等农产品新零售模式，需要现有的乡村物流实现数字化转型发展，大力推进数字化物流体系建设，以实现农产品属性与乡村物流属性的匹配，降低农产品运输的损耗，提升产品品质，缩短物流运输时间，从而助推乡村新零售等业态的发展。

4. 有效助推农业规模化、产业化和现代化发展

我国农产品产量虽然逐年上升，但农产品仓储、物流、销售渠道等配套设施没有相应地升级，导致农产品滞销现象层出不穷，农产品“丰产不丰收”，不仅限制了农民的收入，降低了农民的生产积极性，更不利于农业的持续稳定发展。为了更好促进农产品销售，构建完善的农产品物流体系，充分发挥市场调节的作用，解决农产品滞销现象所暴露出来的深层次问题显得至关重要。甚至可以认为，农产品流通效率直接决定着农业产业化发展和农民的收入水平，尤其是在出现疫情等重大公共安全事件的时候。乡村数字化物流相较于乡村传统物流，在数字技术赋能下，具有更高的流通效率，能更好地在农产品流通信息掌握、产品品质管控、产品可追溯等方面实现提升，从而助推农业的规模化、产业化和现代化发展。以盒马鲜生为例，其在乡村数字化物流的赋能下，发展了一些规模化、产业化和现代化的“盒马村”，有效助推了当地农业现代化发展。

二、乡村数字化物流的技术架构

（一）乡村数字化物流的基础技术

乡村数字化物流是大数据、云计算、物联网、智能机器人等技术在物流行业应用的结果。换言之，乡村数字化物流具有技术密集型的特征，信息技术是实现乡村数字化物流的关键。归结来看，乡村数字化物流的关键技术包括信息化技术、智能化装备、系统集成技术等。

1. 信息化技术

按照信息数据处理过程，乡村数字化物流的信息化技术主要包括信息获取关键技术、网络传输关键技术和数据处理关键技术（见图 8-1）。

在信息获取关键技术中，RFID 和定位导航技术应用最广泛。RFID（Radio Frequency Identification），也称无线射频识别，通过无线电信号识别目标、读写数据，而且无须目标与识别系统建立机械或光学接触。该技术能够大幅提高乡村数字化物流在识别农产品运输全环节的效率。定位导航技术能够通过空间定位对物流轨迹实现实时定位和数据记录，为有效优化物流路径并应对各种状况提供数据分析和决策支持。目前应用最广泛的定位导航技术是美国开发的 GPS（Global Positioning System）系统。我国坚持“自主、开放、兼容、渐进”的原则，已于 2020 年建成北斗三号系统，向全球提供服务。北斗系统的建立，将为乡村数字化物流的发展提供有力的技术支持，也避免了核心技术受制于人的风险。

网络传输关键技术中最重要的是物联网和区块链技术。物联网在技术上也叫传感网，是指通过无线射频识别（RFID）装置、红外感应器、全球定位系统、激光扫描器、二维码识别终端等信息传感设备，按约定的协议，把任何物品与互联网相连接，进行信息交换和通信，以

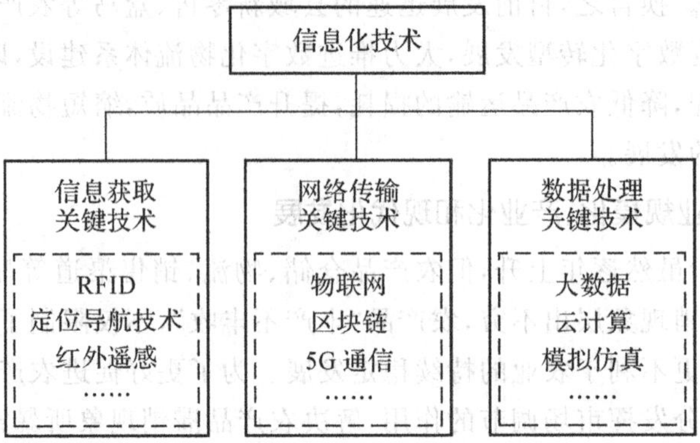

图 8-1 乡村数字化物流的信息化技术

资料来源：姜大立，张巍，王清华. 智慧物流关键技术及建设对策研究. 包装工程，2018(23)：9-14.

实现智能化识别、定位、跟踪、监控和管理的一种网络。汪旭辉和张其林(2016)认为通过物联网技术的集成运用，可以实现对生鲜农产品的位置跟踪、来源追溯，以及运输、仓储、流通加工等环节的电子化作业，特别是可以对整个流通过程进行温湿度监控，能够有效加强冷链物流各个环节的沟通，减少信息不对称现象，提高冷链效率，防止冷链中断。区块链技术则能助推乡村数字化物流建立信任、防护信息安全等。

数据处理技术是乡村数字化物流的关键，也是实现科学决策和精准执行的重要支撑，其中，大数据和云计算是乡村数字化物流数据处理关键技术的重要组成。大数据技术亦称巨量资料，指的是需要新处理模式才能具有更强的决策力、洞察力和流程优化能力的海量、高增长率及多样化的信息资产，可在经济效益最大化的时间范围内被选择、管理并整合成帮助决策者进行战略规划的资讯及信息。将大数据融入农产品冷链物流中，不仅可以高效整合物流资源，降低供应链各环节企业的物流成本，还有利于搭建农产品流通平台，保障农产品的配送质量。云计算是一种利用互联网实现随时随地、按需、便捷地访问共享资源池的计算模式，能为不同类型终端用户提供计算和存储功能的一个服务传递过程(Hayes，2008)，在冷链物流配送过程中引入云计算和智能物流的概念可以有效地提高资源的整合能力，实现按需分配，提高配送效率，增加企业的经济效益。

2. 智能化装备

按照物流运作流程来讲，乡村数字化物流的智能化装备主要包括智能存储设备、智能包装设备、智能搬运设备、智能分拣设备、智能配送设备等(见图 8-2)。

智能分拣设备是乡村数字化物流的必备设施条件之一，也是提高运作效率的关键因素。由于乡村数字化物流的产品面临的产品类型多样，尤其涉及生鲜农产品，需要按照质量、大小、品相、品类等不同标准进行分拣。换言之，乡村数字化物流面临着更大的产品分拣任务，需要更高分拣效率的设施设备。智能分拣设备正可以为乡村数字化物流提供所需的分拣功能。

典型的智能存储设备包括 AS/RS 自动托盘堆垛系统、Miniload 高密度自动箱式堆垛机以及 SCS 旋转货架。AS/RS 自动托盘堆垛系统，也称自动化仓储系统，是由高层立体货架、堆垛机、输送机系统、计算机控制系统、通信系统等组成的自动化系统。Miniload 高密度自动箱式堆垛机，用来存取周转箱和硬纸箱，体积更小，灵活性更强。SCS 旋转货架是一

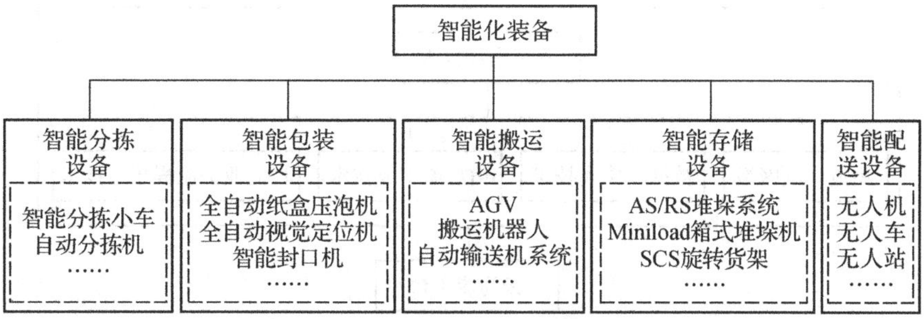

图 8-2　乡村数字化物流的智能化装备

资料来源：姜大立，张巍，王清华. 智慧物流关键技术及建设对策研究. 包装工程，2018(23)：9-14.

种高度动态而且完全自动的仓储系统，能够处理绝大部分拆零品类的物品。这些智能存储设备，能够有效满足乡村数字化物流当中各类产品的存储，包括生鲜农产品。

智能包装设备为包装增加了更多的新技术成分，使包装产品具有基本通用的包装功能，以及一些特殊的性能。典型的智能包装设备如全自动纸盒压泡机、全自动视觉定位机器等，这些设备具有全自动化生产、包装成型快速高效、进料输送带高度可调节，以及自动诊断、自动目标识别、自动定位、模块化设计、定位精度高等功能。

智能搬运设备能有效实现乡村数字化物流各环节物料运转的自动化、智能化、高效化。目前应用比较广泛的智能搬运设备是 AGV 和搬运机器人。智能搬运设备是自动化控制领域出现的一项高新技术，配备电磁或光学等自动导引装置，能够沿规定的导引路径行驶，具有安全保护及各种移载功能。它们是联系和调节乡村数字化物流离散作业的设施设备，是乡村数字化物流实现连续化作业的必要智能化手段，优点是自动化程度高、安全性高、成本低、灵活性好、调度能力强。

智能配送设备的重要代表包括无人车和无人机，可以说，无人化不仅仅是智能配送设备的发展趋势，也是数字化物流智能化装备未来的发展指向。从技术设备发展角度看，无人车技术已相对成熟，这些无人车能够对目的地进行自主路径规划并自动避障，实时监控、位置查询可以保证无人车和货物自身的安全。

3. 系统集成技术

乡村数字化物流的系统集成技术是将各种分离设备和功能等通过结构化的综合布线系统和计算机技术集成到互联、统一的系统中，达到资源共享，实现高效、集中、便利的管理。系统集成技术主要包括物流集成网络、数据流集成技术、信息流集成技术和物流业务流程集成技术等(见图 8-3)。

云物流平台是以新兴信息技术为基础的智能化、网络化、可靠性高的新物流服务模式，它通过云计算、物联网等新技术的融合，将物流供应方的物流资源和能力整合成资源池，并通过集中管理与经营实现物流资源和物流能力的及时获取，高效协调地为多用户提供服务，达到多方共赢的目的。尤其是生鲜产品，其在电子商务的环境下市场得以扩大；但是生鲜产品不同于普通货物，对电子商务的各个要素特别是物流提出了特殊的要求，因而需要云物流平台赋能。

物流集成网络是云物流的数据交换组件，可以完成全球服务发布与调用，支持多标准

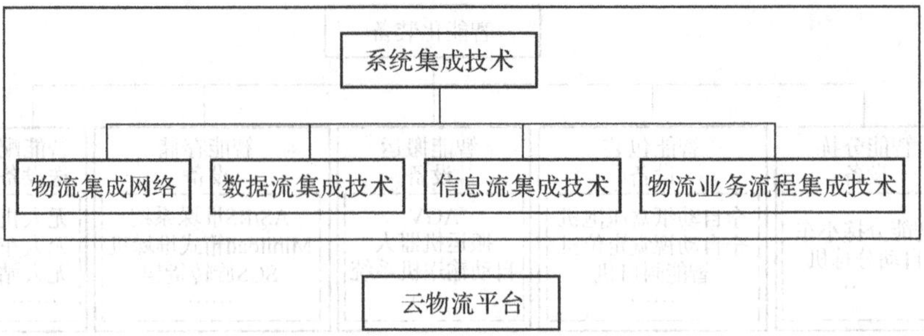

图 8-3 乡村数字化物流的系统集成技术

资料来源:姜大立,张巍,王清华.智慧物流关键技术及建设对策研究.包装工程,2018(23):9-14.

(国际标准、国内标准和行业标准等)相互映射和转换,支持混合云的组网模式,允许用户以更灵活、更高效、更低成本的方式使用数据网络服务。物流集成网络主要功能是部署和维护、服务管理、安全和流控、监控与报警。

数据流集成技术是根据一定的规则逻辑,将多个分布式异构物流数据源集成到统一的数据集中,通过网络协议实现数据流的流通,并向系统提供查询接口。数据流集成技术包括数据库技术、XML 技术等。数据是信息的载体,信息流集成技术实现了数据表达上的一致和畅通传递。

信息流集成技术是根据对象化数据操作,在更高层面进行系统内部对象之间的信息交换,以解决语义层次交互问题。信息流集成技术包括对象数据操作技术、接口集成技术、分布式对象等。

物流业务流程集成技术的主要功能是分析、监控以及重组优化物流业务流程,推进人与人之间、人与系统之间以及系统与系统之间的整合,它包括工作流技术、业务流程管理、中间件技术等。物流服务集成技术的功能是为用户提供更便捷和个性化的物流服务,围绕物流过程的业务活动、工作任务、对象等进行服务种类划分和信息输入输出。

(二)乡村数字化物流的技术系统

除了关键技术之外,乡村数字化物流是技术赋能下的综合体系,各技术环节协同发挥作用,才能实现乡村数字化物流高效运作,保障物流运转各个环节的有序进行。具体来看,乡村数字化物流的技术架构主要包括基础层、作业层、感知层、传输层、分析层、决策层(见图 8-4)。

1. 基础层

基础层是乡村数字化物流实现运行的基础。乡村数字化物流的基础层包括地理信息数据、货物数据标准、智慧基础设施、数据交换标准等。具体来看,地理信息数据包括乡村数字化物流所涉及的广大乡村地区的空间地理信息,包括路网信息、水网信息、定位信息等等,从而为乡村数字化物流运输路径规划的科学决策和路径优化功能的实现提供支撑;货物数据标准则实现了农产品信息的数据化,便于通过信息化传感设备对农产品的品类、品质、形状等数据进行精准识别,形成农产品大数据,为进一步的分拣、包装等提供支撑;智慧基础设施则主要指实现乡村数字化物流的各种硬件设施,包括产地仓、销地仓、车辆,以及各类传感器等智能化装备；数据交换标准指乡村数字化物流各环节和系统之间所采用的数据交换的统一标准，它能有效实现各环节和系统之间的数据交换，提高系统运作效率。

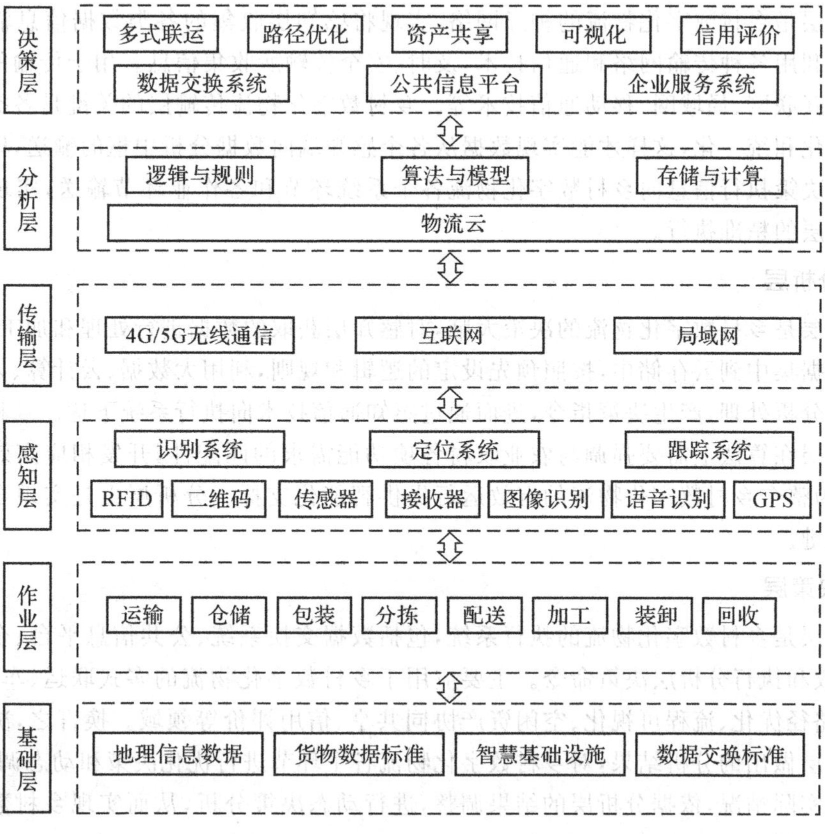

图 8-4　乡村数字化物流的技术架构

资料来源：王帅，林坦. 智慧物流发展的动因、架构和建议. 中国流通经济，2019(1)：35-42.

2. 作业层

作业层是乡村数字化物流的具体操作层面，以基础层为硬件基础，为感知层提供作业数据信息，并受到决策层的参谋指引。作业层包括运输、仓储、包装、分拣、配送、加工、装卸、回收等具体的环节。从技术层面来看，作业层是乡村数字化物流实现智慧化的关键。作业层是乡村数字化物流状态感知的起点，为数据分析提供数据来源，也是数据科学分析和精准执行的落脚点，从而构成了数字化物流从状态感知、数据分析到科学决策、精准执行的逻辑闭环。换言之，乡村数字化物流必须实现作业层和新一代信息技术的有效衔接，以及衔接后与应用场景的有效适配。

3. 感知层

这是数字化物流的数据入口，是实现物流全程可视、可控、可追溯的基础和前提，通过射频识别(RFID)、二维码、传感器、音视频处理等技术捕捉物流运作过程中的流体、流速、流向、流量、环境等各种基础数据参数，实现物流业务数字化。感知层是乡村数字化物流的神经末梢，主要对乡村数字化物流的各种路网信息、空天定位信息、产品信息、流程信息等各类信息进行精确完整的状态感知，从而形成数据分析所需的大量有效数据，构建乡村数字化物流信息化的关键数据要素。

4. 传输层

传输层是乡村数字化物流的神经网络,实现将感知层收集的各类数据信息输送至分析中枢。其利用各种传输网络和通信技术,及时、安全传输所收集信息。用于传输的数据通路主要包括互联网、局域网、移动通信技术等。乡村数字化物流传输层的关键是各类数据和接口的标准化和统一化,这样才能实现数据从各个感知端向数据分析中枢的输送,以及数据分析之后的决策执行信息向乡村数字化物流各个系统环节和各作业环节输送,实现各环节协同和作业层的精准执行。

5. 分析层

分析层是乡村数字化物流的决策大脑,对感知层获取的数据进行处理和加工,把各种物流信息数据集中到云存储中,按照预先设定的逻辑和规则,利用大数据、云计算、人工智能等技术进行分析处理,产生决策指令,进而通过感知通信技术向执行系统下达。乡村数字化物流的分析层在算法上需要强调与农业农村各项功能需求的匹配性,开发相应高效的算法模型,从而为整个乡村数字化物流的有效运行提供智能化支撑。分析层也是实现乡村数字化物流的关键。

6. 决策层

决策层是乡村数字化物流的执行系统,包括数据交换系统、公共信息平台、企业服务系统等,接收和执行分析层决策命令。主要应用于乡村数字化物流的多式联运、车货匹配、需求预测、路径优化、流程可视化、空闲资产协同共享、信用评价等领域。换言之,决策层主要依据分析层做出的分析结果,对乡村数字化物流各个环节进行优化决策和动态调整,并根据作业层的实际情况,依据分析层的结果调整,进行动态决策分析,从而实现乡村数字化物流处在最优化状态。

三、乡村智慧共配物流

长期以来,受制于乡村广阔的地理空间、分散的村落布局、小散的农业产业格局等,农村物流体系建设进展相对缓慢。从发展进程来看,我国农村物流经历了信件递送的邮政建设运行发展阶段,电子商务由城及乡激发四通一达、顺丰、菜鸟物流等企业投身农村电子商务物流发展,以及消费升级、数字乡村战略、数字技术扩散应用驱动着农村电子商务物流越发迈向网络化、数字化、智慧化发展阶段。当前,我国农村电子商务蓬勃发展,产生了提升、完善物流体系的迫切需求,尤其破除农村物流体系最后一公里的痛点受到国家、社会等的广泛关注,即农村物流体系进村入户,延伸至田间地头,进而实现农产品通过电子商务形式出村进城的便利化和高效化。当前,完善农村物流体系最后一公里面临着高昂的建设和运行成本难题,单靠一家企业难以为继,而已有的农村物流体系布局存在体系性不足、协同性缺失等问题。在此背景下,乡村智慧共配物流应运而生。

(一)乡村智慧共配物流的基本界定

乡村智慧共配物流属于共享经济的范畴,是共享物流的组成部分。于1978年提出共享经济的美国学者费尔森和斯佩思(Marcus Felsen & Joe L. Spaeth)认为,共享经济是社会组织和个人通过第三方建立的信息技术平台实现产品交易和资源、信息的共享,强调了信息技术平台的关键作用。共享经济是由"产能过剩+共享平台+人人参与"这3个核心要素构成的经济模式(蔡斯,2015)。共享经济之所以能优化社会资源配置,提高资源利用效率,其主要途径是社会资源的持有者通过有偿的形式与他方共享资源或交换资源使用权(赵广华,2018)。

共享物流是在共享经济的基础上及范围内实现的,即通过共享或交换途径实现物流资源的优化配置,从而提高物流系统的运行效率,它符合我国政府所倡导的"创新、协调、绿色、开放、共享"五大发展理念。我们可从三方面理解共享物流:一是必须有可供共享的物流资源,既包括仓储设施、包装器具、物流机械、运输配送工具等物流硬资产方面的资源,也包括知识、技术信息和管理模式等物流软资产方面的资源,才有可能对其进行优化配置和利用。物流资源使用价值的转移使用是共享物流区别于传统"交换经济"的本质,共享物流是对现有或闲置资源的挖掘和再利用,强调"使用比拥有更重要"。二是共享物流的目的是提高物流系统效率,降低物流成本。通过整合优化资源配置,提升运营绩效。如推进托盘循环共用可以减少倒托盘的货物装卸搬运次数,减少货损,提高效率。三是获取收益回报是共享物流追求的重要结果。这些回报不仅包括共享参与者经济收益的提高,而且还推动整个物流系统的巨大变革,实现系统的整体效益大于个体独立运行的效益之和。

观照乡村智慧共配物流的概念,其旨在完善农村电商物流体系最后一公里,破除农村电商物流体系建设和运营高成本难题,优化已有农村物流设施和资源的配置,通过数字技术促进多元主体、多样要素的整合和协同,进而以较低成本完善农村物流体系。深入来看,共配是完善乡村物流体系最后一公里的关键,数字技术是实现共配的手段,智慧是乡村物流高效、自动的形态。共配意味着已有乡村物流建设和运营主体之间基于利益耦合,实现各自体系、资源、业务等的协同,而持续性动力源自利益的充分耦合、运行成本的合理、信息共享的高效;数字技术的应用,是在数字乡村战略、数字经济发展、数字技术成熟应用背景下,通过数字技术实现共配利益耦合保障、运行成本降低、信息共享的重要手段;而智慧则是数字技术应用的结果,也是乡村共配物流建设发展的高级形态。

具体来看,乡村智慧共配物流涉及主体、空间、平台、技术、数据等要素,是由这些要素协同互构形成的体系。(1)主体。乡村智慧共配物流的企业主体包括传统物流企业和新经济企业等。传统乡村物流企业包括邮政、四通一达、顺丰等,这些企业在乡村地区已有布局,但存在着体系不够完善的不足,因而产生共配需求。与此同时,这些企业在数字技术越发成熟和应用越发广泛的过程中迈向乡村物流建设的智慧化发展。新经济企业包括菜鸟物流等,这些企业在一开始就将数字技术应用到乡村物流领域,以构建乡村智慧物流为目标。(2)空间。乡村智慧物流的空间包括地域空间、主体空间等。地域空间指乡村智慧物流的运行涉及县、镇、村不同行政空间,以及生产生活等不同需求空间;主体空间指乡村智慧物流所涉及的不同利益主体之间的充分协同耦合的利益格局和协同机制等。(3)平台。平台指以促进乡村智慧物流高效协同运行为目标,不同技术要素及相互之间作用的技术逻辑所形成的技术系统，实现信息共享、业务派单、收益结算、端口接入等不同功能，一般由信息录入平台、结算平台、统一配送平台等构成。(4)技术。乡村智慧共配物流的数字化技术包括大数据、云计算、物联网等，以及由这些技术根据不同需求在应用过程中形成的不同功能模块。(5)数据。数据是实现共配高效、智能的关键要素，包括产品数据、业务数据、用户数据、收益数据等。

(二)乡村智慧共配物流的典型模式①

1. 基于资源要素的共配模式

资源要素体系是乡村智慧共配物流的基础。该模式中的资源主要有硬件资源(如包装机械、库房仓储作业场地及附属机械设备、运输配送车辆等)和软件资源(如知识、技术、数据信息、人力资源、客户资源和管理模式等)。资源要素协同就是根据用户需求和任务量将不同类型的资源进行整合，在第四方物流核心企业的主导及协调下，通过交换共享或租赁共享实现资源共用(见图 8-5)。

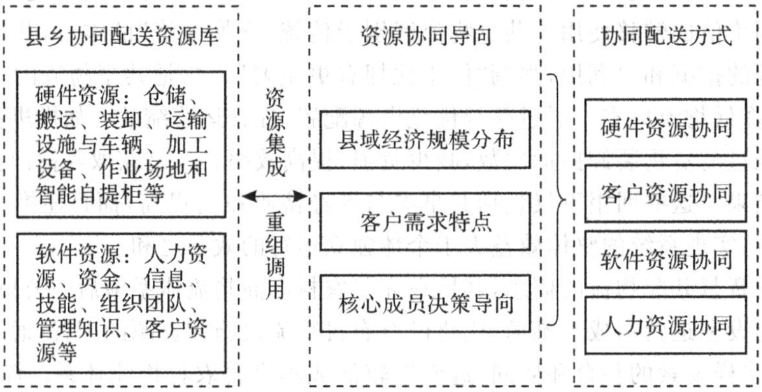

图 8-5　基于资源要素的共配模式

资料来源：赵广华. 基于共享物流的农村电子商务共同配送运作模式. 中国流通经济，2018(7)：36-44.

除了硬件资源和软件资源的共享之外，各类主体参与协同运作决策支持的有效信息成为各合作成员间信息流通的纽带，建立信息共享机制使信息资源协同有效运行。具体来看，在人力资源共享方面，建立供应链人才资源数据库，整合配送联盟中企业的管理机构，优化人才配置，相互调派管理人才，加强企业间人才交流；在客户资源共享方面，对不同“货种”的客户进行合理搭配、同配送车辆中分别装载不同客户的轻货和重货，进行“去程＋来程”客户的整合，以及不同价值要素的客户资源整合，如低附加值与高附加值客户的资源整合、大客户与小客户的资源整合等，通过整合资源为客户提供差异化、多元化和一体化的物流服务。

---

① 主要参考自：赵广华. 基于共享物流的农村电子商务共同配送运作模式. 中国流通经济，2018(7)：36-44.

2. 基于信息平台的共配模式

实现共享物流的重要条件之一就是要实现物流配送信息的互联互通。农村电商配送的环节较多,实施配送的有电商平台企业、物流企业以及个体经营者等,要协调各方协同运作必须建立信息共享平台。

具体来看,信息平台系统由 3 个部分组成:一是配送联盟的核心企业,负责平台系统的运作管理,借助信息平台工具进行信息采集传递和协同决策分析;二是在平台注册的电商企业、参与共同配送的物流企业或个人等成员;三是村镇集配站,为共同配送作业提供活动场所,使人、货在空间上集散(见图 8-6)。平台的功能为:采集和发布各方货物流通信息,提供应用软件技术的支持、优化及后期维护,为共同配送参与者提供协同作业的决策支持方案,当联盟成员自身的应用系统不能较好地满足需求时,可在平台上应用或租用应用软件系统以得出更优方案。平台系统拥有先进的技术算法和管理规则,对庞大的订单实施大量实时动态优化,从而保证配送运力在任何情况下都能够实现快速响应、即时配送。村镇集配站提供综合配送作业的空间场所、公共设施及工作人员,以保障各类配送服务商能够在此进行货物集配活动。

图 8-6　基于信息平台的共配模式

资料来源:赵广华. 基于共享物流的农村电子商务共同配送运作模式. 中国流通经济,2018(7):36-44.

3. 基于共享自提柜的共配模式

自提柜系统由系统平台和自提柜两部分组成。该系统基于物联网技术,具备智能收取件、信息发布、查询及货件配送流程监控等功能。通过该系统,电商企业、快递公司、收件人、自由快递人及村委会管理者等方面可无缝对接,实现 24 小时随机存取。根据各村人口分布特征,快递业务需求、配送范围等,电商企业和第三方物流企业对该区域内待配送货物进行统筹和整合,共同出资投建智能快递柜,并由村委会统筹安排,配置专兼职管理员负责维护快递柜。快递自提柜系统整合到县级集配中心信息平台统一管理,电商企业、快递公司等均可通过信息平台发布和接收邮件信息,快递员在征得收件人同意后把包裹放进快递自提柜,同时系统自动通过短信通知收货人,收货人通过密码自主决定取货时间和方式。这种实时投放、移动支付、适时提取的"一站式"服务模式,同时方便了快递员和收件人,提高"最后一公里"的配送效率并节约配送成本,还保护了家庭地址隐私(见图 8-7)。

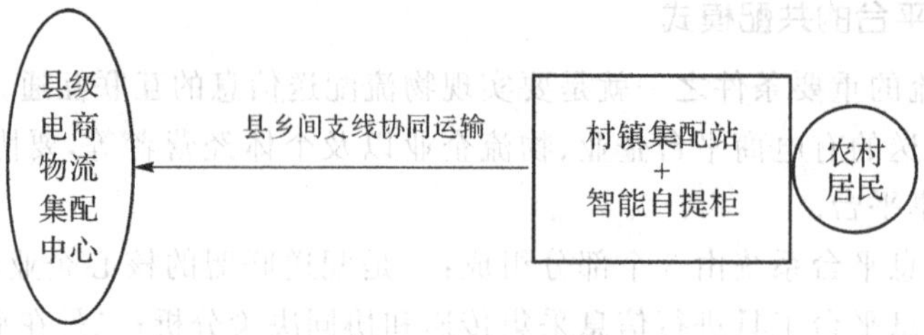

图 8-7 基于自提柜共享的共配模式

资料来源：赵广华. 基于共享物流的农村电子商务共同配送运作模式. 中国流通经济，2018(7)：36-44.

(三)乡村智慧共配物流的现实问题

1. 多元化主体协同存在不足

乡村智慧共配物流的关键在于乡村已有物流体系和资源的协同整合。当前，农村电子商务的蓬勃发展带来广阔的乡村物流市场，各物流企业为争夺市场形成了相互竞争的市场关系，不同的利益诉求使得乡村智慧共配物流发展存在着困难。而且，由于乡村智慧共配物流相关企业之间物流基础体系和资源现状存在不同，企业规模和力量也存在差距，因而如何形成合意的合作机制，保障不同主体在乡村智慧共配物流发展过程中能实现合理的利益诉求，成为当前制约乡村智慧物流发展的关键难题。这就要求不同物流企业之间构建充分信任的互动关系，从而形成基于乡村物流业务整合、信息联动、收益共享的发展格局。

2. 智慧化平台建设还需深化

数字技术加持下的乡村智慧共配物流，旨在利用智慧化平台助力各物流企业的乡村物流体系、资源、业务等的充分共享和协同，以及利益结算的高效、便捷和合意。当前，我国乡村智慧共配物流总体发展处于起步阶段，如何适应乡村智慧共配物流推进匹配的智慧化平台建设成为摆在当前的现实问题。换言之，数字技术只解决乡村智慧共配物流高效运行的技术问题，而技术效能的保障，在于技术平台设计与乡村智慧共配物流运行逻辑和应用场景的充分匹配，这意味着当前还需进一步推进与乡村智慧共配物流相适宜的智慧化网络平台建设，为可能出现的不同乡村智慧共配物流模式提供有力的技术平台支撑。

3. 政策优化有待进一步提升

作为新生事物，乡村智慧共配物流与现存的政策法律存在一定程度上的张力。如由于乡村智慧共配物流是乡村物流市场上多元物流企业的联合发展，在一定程度上呈现对乡村物流市场垄断的特征，因而在持续发展中存在着乡村物流行业市场垄断的政策风险，需要在充分研究和论证的基础上对相关法律法规进行科学的调整。除此之外，促成多方物流企业在乡村智慧共配物流发展过程中充分协同和整合的，除了多元主体出于利益诉求的内生动力外，政策支撑是重要的外生动力。在当前新经济发展格局下，乡村物流体系完善重要性日益凸显，我国政府对于乡村智慧共配物流发展在宏观政策导向上已有所重视，但在具体的微观支撑政策方面，如财政支持、税收优惠等方面政策的出台进度相对缓慢，从而在构建乡村智慧共配物流发展的外生动力构建上存在明显不足。

(四)乡村智慧共配物流的发展对策

1. 提升多元化主体的协同程度

应根据不同乡村物流企业在技术、资金、人才、物流网络等方面的不同优势,从横向和纵向两个角度提升多元主体的协同水平。横向上,应对不同企业的同类型资源进行有效协同整合,在实现乡村物流服务的规模化提升和覆盖面扩大,实现规模经济和降低经营成本的同时,有效完善乡村物流末端网络体系;纵向上,应从产业链和价值链提升角度,依据不同企业在乡村智慧物流末端服务体系不同环节的优势,探索对各企业作用和功能的重新定位和协同,既使不同物流企业在乡村智慧物流体系的经营服务过程中实现自身收益水平的提升,又使整个乡村智慧物流体系实现价值共创。

2. 加快智慧化平台建设和应用

应根据不同乡村智慧共配物流模式,开展契合持续运营需要的乡村共配物流智慧化平台建设。具体来看,智慧化平台应能够充分实现各乡村物流企业以及乡村物流各环节业务信息的及时高效分享,进而发挥平台基于信息对乡村智慧共配物流各物流企业和资源的有效调动和整合作用;除此之外,智慧化平台应探索充分运用数字技术保障收益结算系统的可信度的方法,如将“去中心化”的区块链技术应用到智慧化平台的收益结算系统当中。与此同时,应提升收益结算系统的完整性、系统性、高效性和便利性,进而为高效保障不同乡村物流企业的利益耦合提供数字技术支撑。

3. 加强智慧共配物流的政策供给

应为乡村智慧共配物流的多元主体协同、智慧平台建设、数字应用研发、物流基础设施完善等方面提供有力的政策支持。具体来看,对于符合重大政策导向和迫切现实需求的地区,应在税收优惠、专项资金、奖励机制等方面给予有力的支持,进而引导各乡村物流企业开展乡村智慧共配物流实践;对于有规模需求和普适应用价值的技术平台,应在专项资金方面给予支持,对技术平台研发取得成效的数智企业给予专项资金奖励,也可对有急迫现实需求,但缺乏研发动力的数智企业,用政府的专项资金推进其技术平台的开发进程;对于乡村智慧共配物流需要的,且具有鲜明公益性的物流基础设施,政府应该加强财政投入,促进相关基础设施的建设完善;对于乡村智慧物流实践与现存政策法律存在的矛盾,应加快研究和调整进度,有力破除乡村智慧共配物流建设发展的法律政策壁垒。

专栏 8-1

菜鸟网络农村智慧物流共配①

在阿里巴巴数字化基础设施、新零售供应链和全球化网络“一横两纵”战略下,结合阿里巴巴技术、商业、品牌和人才赋能,借助中国地方政府农村产业资源和政策优势,推动县域农村物流整合升级,畅通县乡村三级配送通道,帮助农村快递物流行业提质增效。项目与国

---

① 根据阿里巴巴提供的资料整理而成。

家、省(市)相关政策文件精神不谋而合，菜鸟希望通过农村物流共配项目，结合省级文件精神和地方资源优势，为快递物流降本增效、地方农产品上行销售和快递末端站点新零售赋能。

第一，商业整合。菜鸟推动县域主要快递公司进行商业整合，快递公司联合在县域成立合资公司，将快递公司物流、信息流进行整合，集中仓储、入库、分拨和运输，降低企业物流成本和运营压力。

第二，技术增效。菜鸟利用自主研发的快件共同配送技术系统和设备，对快递公司的快件配送业务进行技术赋能，实现各快递公司县域快递物流信息端口的打通，快件信息高效识别，数据融合管理、跟踪和分析，突破传统地方快递物流或地方传统共配瓶颈(简单的物理或人工配送，缺少优质的技术赋能)，为成本日渐走高的快递企业降低运营压力，提高运营效能。

第三，标准赋能。依托菜鸟先进的共配技术系统和规范标准，利用“统一分拨处理、统一运输配送、统一末端站点、统一服务标准、统一信息系统”模式，对合作的快递公司配送运营进行标准化、规范化管理和赋能，消除传统快递企业各自为政、缺少规范、信息隔离等问题，推动快递行业规范化管理和融合。

第四，上行助力。该项目引入阿里巴巴体系商流优势网络渠道，利用农产品规模化基地直采、淘宝直播、挑枣儿农产品官方旗舰店等资源平台以及专业的农产品选品团队商业化优势、农产品选品促销和销端搭线等渠道，畅通县域农产品出山进城“第一公里”，助力农产品上行、农民增收和脱贫攻坚。

菜鸟乡村共配项目旨在赋能农村“电商+物流”融合水平，通过协同完善城乡电子商务、快递配送、交通商贸数字化物流基础设施，建立健全县域集约高效、协同共享、融合开放、绿色环保的农村物流信息数据应用平台和农村物流评测服务体系，更好地服务农村消费者，让其更加便捷地享受电商红利、现代物流服务和阿里巴巴上行商业网络的赋能，助力中国农村脱贫攻坚和乡村振兴。

四、数字化冷链物流

(一)数字化冷链物流的基本界定

冷链是现代物流中一个特殊且重要的环节，指农产品经过预冷处理后，从原料产地通过冷藏车、低温液体运输车运往食品加工厂进行加工处理，通过冷藏车运往冷库进行保温储藏或直接由冷藏车运到卖场和消费者手里的物流过程。换言之，冷链物流涵盖从产地到市场全链路的技术体系和物流体系，包括制冷技术、环节衔接、要素协同等内容。(1)制冷技术。制冷技术是冷链物流的关键技术，在冷链物流各环节发挥着重要的作用，能够保障生鲜农产品品质和减少腐败变质。(2)环节衔接。冷链物流包括产地环节、仓储环节、运输环节、配送环节等，并实现这些环节的有效衔接。而产地预冷作业、合理仓储温度、稳定运输温度控制等的实现是冷链全过程高效运行的重要内容。(3)要素协同。冷链物流是一个全过程的供应链体系，其通过多个子体系或若干物流要素之间的协调合作，使物质、能量、信息、技术、资金等得到有效整合和利用,保持系统的可持续发展。这些要素或子系统通过区域物流中的各种“活”的自适应代理的竞争与合作,实现协同进化。

信息化的不断发展以及数字技术的日益成熟,带来了冷链物流效能提升的新手段和新动能,驱动着冷链物流逐渐向数字化冷链物流发展。发达国家率先将物联网应用于冷链物流体系的构建,美国、加拿大、德国、意大利、澳大利亚、日本、韩国等已经形成了完整的数字化冷链物流体系,典型事例如加拿大与韩国的猪肉追踪系统以及英国的耳标追踪系统等,利用物联网技术实现对于生鲜肉制品流通全过程的跟踪管理,从而实施有效的监管(张喜才、李海玲,2020)。总体来看,数字化冷链物流包括数字技术及其融合应用两个方面。对于数字技术而言,第一类是信息基础技术,包括互联网、物联网、移动互联网、5G 等,为冷链物流提供技术基底,第二类是数字技术,即实现冷链物流过程可视化、智能化、集成化、可控化等的各类数字技术,包括大数据、云计算、区块链、边缘计算等;对于融合应用而言,指通过数字技术在冷链物流管理各个环节和流程的融合,实现冷链物流的流程优化、网络优化、运营调度、运输管理等方面效能的提升。

综合来看,数字化冷链物流指运用无线射频、传感器(如温度、湿度、重量、气体、开门和关门等)、物联网、GPS、图形信息系统和人工智能等技术,实现冷链物流的动态检测(如动态路径优化、动态温湿度控制、信息共享、故障预警等)和精准溯源,确保食品的质量控制和安全,并实现上下游利益相关者之间的信息链接、人力成本降低、物流的节能减排等。

(二)数字化冷链物流的基础技术

1. 冷链智能运输技术

智能化的运输技术可实现对冷链物流环节涉及的温湿度、物品、车辆进行实时监控监管。发展全程冷链智能运输技术可帮助企业提高冷链运行网络的契合度及减少货损率。

一是冷藏车载全球定位系统。冷藏车载全球定位系统采用多采点智能温度仪与冷藏车载 GPS 系统实现无缝对接,能迅速准确地记录和回传冷藏车厢体内的多点温度,使冷藏运输温度监控借助 GPS 系统在国际互联网和移动通信系统中实现;将拥有地球表面三维精准坐标的 GPS 技术与有着高速度、低功耗、低延迟的 5G 通信技术相结合,以确保货品在配送过程中的实时定位和导航的精准度,在应用的深度和广度方面进行极大扩展,不仅可以对生鲜冷链物流车辆和货品都进行实时监控,而且通过对货品即将到达的时间进行计算,提前进行货品的接收、存放安排,提高物流效率。

二是 RFID 技术。利用 RFID 技术,将温度变化记录在“带温度传感器的 RFID 标签”上,在冷链运输过程中,实现全程“零开箱”检查,全部通过外部无线射频读写设备进行温度记录的获取,对产品的生鲜度、品质进行细致、实时地管理。“零开箱”不仅能避免“断链”情况,还能降低能耗。另外,RFID 还可扩展为覆盖全冷链流程的冷链监测中心数据平台,企业或联盟成员通过口令获取相关数据,实现对冷链温度的全程、实时监控和预警,实现全程实时温度获取,节约人工成本和出错率。

三是区块链技术。区块链是一种将数据区块按照时间顺序相连的方式组合成的一种链式数据结构,并且是以密码学方式保证的不可篡改和不可伪造的分布式账本。区块链在冷链物流中的应用,主要体现在运输过程中,通过使用温度传感器,对货品进行实时的信息记录,把温度信息和定位信息进行匹配,从而形成具有无法篡改的电子证据的信息链,起到对抵赖造假行为的监督作用，便于在出现问题时追溯到需要承担责任的承运商。

总体来看，冷链智能运输技术包括运用 RFID、GPS+5G 定位跟踪技术、区块链技术等，实现对冷链物流环节所涉及的物品、车辆实时监控监管。冷链过程中所关联的供货方、运输方、收货方和监管方都可通过电脑或手机登录平台查询各环节的实时环境情况。企业采用车载智能终端+无线传感器的方式，实现生鲜产品的整个冷链环节的温湿度数据、冷链车具体地理位置监测等。

2. 智能仓储技术

智能仓储技术不仅包括智能冷链仓储管理系统，还包括智能化冷库、智能温控技术、智能保温箱技术等，可帮助企业规范冷链作业的各个环节，助力企业实现精细化管理，提升冷链物流数据化运营的核心竞争力。

一是冷链仓储管理系统。冷链仓储管理系统可帮助企业规范冷链作业各环节，有效监控冷链物流全过程，提高冷链业务的管理水平和运营效率，降低供应链整体成本，提升资源使用效率，从而实现降本增效。顺丰、京东等冷链行业知名企业都拥有高效先进的冷链供应链一体化管理系统，助力其实现精细化管理和提升客户冷链物流数据化运营的核心竞争力。

二是智能化冷库。智能化冷库不仅可以满足温度分区的需求，还能保证冷库中的温度随时可监控。京东自建的冷链仓中搭建了全流程可视化的智能温控平台，提供了包括深冷（−22℃以下）、冷冻（−18℃）、冷藏（0～4℃）和控温（10～15℃；16～25℃）等 4 个温区，保证各类产品对于温控的要求。另外京东冷链自动分拣中心和冷库"货到人"拣货系统相继上线，极大地提高了订单流程的效率，让消费者在更短的时间内收到新鲜的货物，也提升了员工的工作体验。

三是智能温控技术。智能温控技术在冷链物流中的使用能更有效地保障生鲜质量安全。智能温控技术集物联网技术、信息技术、人工智能、自动化设备于一体，实现了冷链信息与实物的完美结合。京东的智能温控技术还实现了智能温控共享功能，建立了一套智能的冷链全程温度控制系统，实现了对生鲜仓储、运输、配送各个环节的温度变化、运输速度和配送时间的综合监控。

四是智能仓储技术。智能仓储技术可为用户提供来源可查、去向可追、质量可控、责任可究的完整方案，使商家对冷链海鲜、食品、农产品都可以实现"源头"到"销售"的全程溯源，从而提升产品新鲜度，以及经营者的安全保障能力。

五是温度传感采集技术。温度传感采集技术可将采集的温度定时写入 RFID 标签的芯片中，当标签接到读写器天线信号时，温度数据将上传给 RFID 读写器并交由后端系统处理。此系统可实时监控仓储货物的温度变化，实现实时监视、预警管理的作用。

（三）数字化冷链物流的典型模式①

1. 平台型农产品冷链物流发展模式

目前，国内出现了众多以电子商务和公共混合云为依托，整合国内冷链物流行业资源的

---

① 主要参考自：张喜才，李海玲. 基于大数据的农产品现代冷链物流发展模式研究. 科技管理研究，2020(7)：234-240.

冷链物流信息服务平台，成为现代平台型农产品冷链物流发展模式的孵化器。农产品冷链物流信息服务平台的服务范围往往面向全国，是可以为“物流三源”（车源、货源、库源）提供农产品交易撮合、冷链物流在线支付、冷链供应链金融、冷链保险服务、冷链行情指数发布等服务的综合冷链物流交易平台（见图 8-8）。从顾客下单到承运方调度、转运、配送，平台通过整合物流各节点资源，优化交易方式，创新商业模式，实现高效链接农产品供应链上下游多方及冷链物流作业监控与可视化的物流链云平台。解决农产品冷链物流环节信息不对称和诚信缺失两大瓶颈和难题。提供一站式、个性化、多元型的经营与服务，从而引领农产品冷链物流行业网络化的进程，促进现代冷链物流发展。

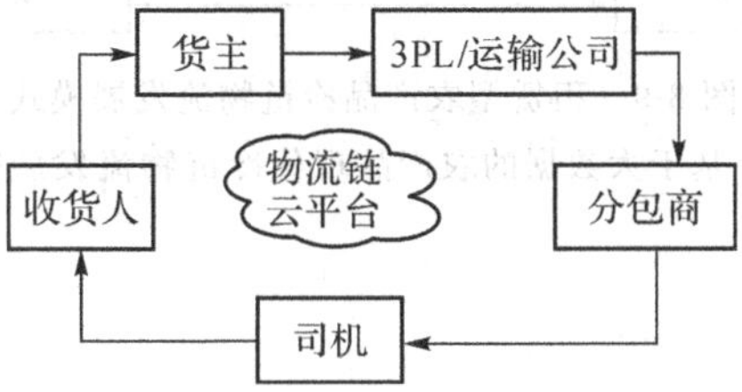

图 8-8　平台型农产品冷链物流发展模式

资料来源：张喜才，李海玲. 基于大数据的农产品现代冷链物流发展模式研究. 科技管理研究，2020(7)：234-240.

2. 租赁型农产品冷链物流发展模式

在市场需求推动下，我国对冷库、冷藏车等冷链设施装备部署需求越来越大，出现了众多从事农产品冷链租赁服务的物流公司，租赁型农产品冷链物流模式也应运而生（见图 8-9）。一方面，众多专业经营农产品客户管理、押金管理、保证金管理、收费及成本管理等租赁业务的冷链物流公司出现了集信息咨询、物流服务、仓储配送、全程运输、电子商务结算为一体的现代化智能冷链物流信息系统。另一方面，部分从事冷库、冷藏车等冷链设备租赁业务的企业开始尝试与社会性专业物流企业结成联盟，并有效利用第三方物流企业，实现农产品冷链物流业务的对接与合作，从而建立起科学的、固定化的现代农产品冷链物流管理和运作体系。

3. 中央厨房型农产品冷链物流发展模式

中央厨房将菜品用冷藏车配送，全部直营店实行统一采购和配送。规模化的中央厨房通过一致化采购、生产、配送等环节进行产业链细分并获得集聚效益，比传统的配送要节约30%左右的成本。通过兼并、整合冷链物流中小企业以及联合上下游优质供应商和渠道商合作，形成有影响力有实力的大企业，打造以中央厨房为核心的精益化供应链管理体系（见图 8-10）。用中央厨房型农产品冷链物流发展模式打造各个小区内部的社区厨房后，只要消费者在网上下单，就可以直接在社区厨房中取货。这既解决了农产品冷链运输过程的全链条问题，从而保证蔬菜品质；又减少了农产品配送的中间环节，在时间和空间上更具灵活性。

4. 共享冷库模式

严格来说，共享冷库不是冷链物流的模式，只是冷链物流过程中的一个环节。共享冷库是基于共享经济的理念，将冷库通过租赁的方式实现共享，只要有冷库需求就可以通过“共

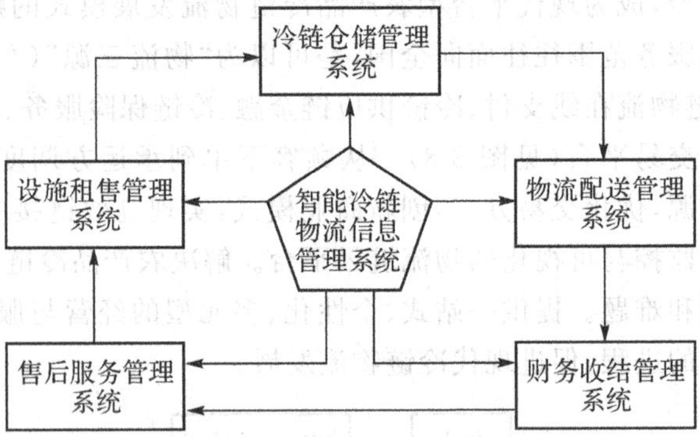

图 8-9　租赁型农产品冷链物流发展模式

资料来源：张喜才，李海玲. 基于大数据的农产品现代冷链物流发展模式研究. 科技管理研究，2020(7)：234-240.

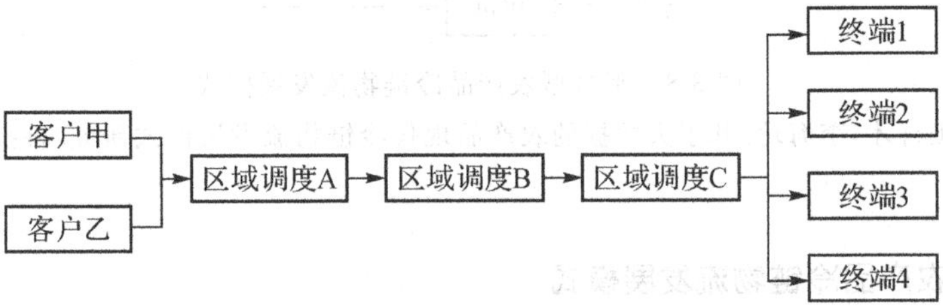

图 8-10　中央厨房型农产品冷链物流发展模式

资料来源：张喜才，李海玲. 基于大数据的农产品现代冷链物流发展模式研究. 科技管理研究，2020(7)：234-240.

享云冷库"平台获取冷库信息，选择自己满意的冷库。"共享云冷库"也就是将冷库提供方和需求方联系在一起的开放式冷库共享平台，旨在整合碎片化冷库，整合冷链行业上下游，建立高效、集约、统一化管理、标准化服务的冷链平台。在"共享云冷库"平台上，需要对所有入驻冷库进行标准化认证、集中云管理，并根据冷库配置进行分类，将所有冷库信息发布在平台上；利用大数据云仓管理技术、实时监测技术，将仓库信息和货物周转信息直观展现在用户面前，利用两方信息内置时间窗实现仓货精准匹配。

(四)数字化冷链物流的现实问题

1. 农产品产地仓冷藏保鲜设备不齐全

2020 年，我国冷库仓容超 7000 万吨，冷藏车保有量 28 万多辆①，冷链物流企业快速发展，制冷工艺技术逐步完善，现代信息技术装备加快应用，初步形成了连接产地供给与销地需求的农产品仓储保鲜冷链数字化物流体系。但相对于市场需求来说，农产品仓储保鲜冷链数字化物流设施依然是我国发展现代农业的突出短板和瓶颈制约，配套设施设备发展滞后，"最先一公里"贮藏保鲜环节普遍缺失，需要采取有效措施予以解决。

---

① 详见：洪涛. 农产品数字物流模式创新.(2022-01-27)[2022-03-05]. https://www.sohu.com/a/519411489_457412.

农产品易腐、易变质的特性使得其在储存、运输、配送环节对温度、湿度等条件的要求较高。没有对生鲜农产品进行田间预冷的意识，产品品质就会从内到外出现问题。这就需要产地仓的冷藏保鲜设备在数量、布局上满足需求。但是在农产品的生产端往往经济发展水平较低，尤其是中西部地区，冷藏设施的建设成本比较高，导致生产端的预冷库、冷库设施的不足。

2. 专业化、标准化程度有待进一步加强

我国的冷链数字化物流行业的发展时间较短，相应的配套基础设施不健全，导致在冷链数字化物流体系标准化建设中存在一些问题。尽管农业部于 2012 年颁布了《农产品等级规格标准编写通则》，但是离农产品分级标准的市场化应用还有较大距离。目前，我国农产品标准化推进程度进展不一。像玉米、面粉、棉花等大宗农产品经过多年发展已经建立了一套相对完善的生产标准体系，而果蔬、鲜肉、海鲜等生鲜农产品则在生产上还难以做到标准化。成熟的电子商务市场需要对产品进行标准化认证后才能允许其销售。而国内农业生产，特别是生鲜农产品的生产形成规模化的还很少，一般都是小农生产，这些人没有意识，也没有资金进行产品认证。

3. 专业人才需求缺口大

在我国，冷链数字化物流专业人才培养得较少，大多数冷链数字化物流人员都是由普通物流人员发展而来的，他们都缺乏专业的技术指导和职业培训。目前，冷链数字化物流行业主要缺乏三大类型的人才：其一，信息人才。互联网为冷链数字化物流行业的发展提供了平台，而若想让冷链数字化物流与互联网技术深度融合，需要专业化的信息技术人才，构建完善的冷链数字化物流信息技术平台，促进冷链数字化物流的进一步发展。其二，管理人才。冷链数字化物流在运输过程中需要争分夺秒的高效运转，各个环节需要无缝协调配合，这就需要有经验的管理人才对信息、资源、设备等进行优化配置，以保障冷链数字化物流各个环节都能畅通无阻，保质保量地完成农产品的冷链数字化物流过程。其三，技术人才。由于生鲜农产品对温度和时间的苛刻要求，普通的运输方法无法满足要求，需要技术人才操控温度控制设备和制冷设备，以满足农产品运输的需求。

4. 运输过程中断链情况仍有发生

虽然目前冷链物流遍地开花，京东、苏宁、顺丰等电商/物流巨头纷纷入局，我国冷链产业数字化转型发展已经有了一定的进步，但毕竟起步晚、基础薄弱，全国各地冷链基础设施分布不均的矛盾十分尖锐。沿海相对较多，中西部地区冷链资源匮乏，发展相对滞后。而在运输过程中，本应全程低温保存，但企业为了降低冷链数字化物流成本，间断性地关闭制冷设备，造成冷链中断，产品的保质期大大缩短，再加上产品预冷缺失造成的损坏，相关产品的损坏率自然高。

(五)数字化冷链物流的发展对策

1. 科学布局冷链物流节点

科学布局数字化冷链物流节点，实现目标区域全覆盖。依托现有资源和服务网络，基于当地农产品特征、地理特点、区域定位等因素，分别考虑以市、县、镇为单位的中心冷库、预冷库的位置、数量及规模，合理规划冷链物流网络的区位和功能。推动冷链物流网络向基层末梢延伸覆盖，形成运营中心—中心冷库—产地预冷库三级冷链物流骨干网。以中心冷库为支撑、镇（村）级预冷库为支点，为当地优质农产品在采摘、运输、销售全过程提供专业化、规范化、高效率的冷链物流服务。

2. 打造农产品冷链一体化运作模式

为减少冷链运输不完善造成的资源浪费，在农产品冷链物流的整个环节充分利用冷链物流技术和数字化技术实现全程控温、全程可视、分温区等。除此之外，应根据冷链企业基于不同物品、不同运输距离对不同配送冷链专用车的需求，进行数字技术赋能冷链智慧物流运输车和运输路线规划。在此过程中，冷链企业应在打造智慧冷链一体化解决方案中发挥骨干作用，进而满足不同运输工况、运输品类的需求，构建"产地预冷、冷链运输、市内配送中心、销售终端"四点一线的冷链模式，减少"断链"的可能。

3. 创建数字化冷链监管平台

以GIS、数据库和无线通信技术为基础，以互联网、移动通信、无线传输为主要接入方式，搭建集快递物流配送系统、智慧冷链综合管理系统和智慧冷链数据驾驶舱于一体的数字化冷链管理平台。该平台可提供冷链温湿度监测设备、车辆定位设备、数据采集、数据监测、数据分析等服务，并可视频监控冷链仓库情况，对仓库出入库货物进行统计管理，对存放仓库的客户进行有效跟踪以及对配送车辆进行定位监控，并将相关内容在运营中心进行呈现。通过高水平的数据采集、存储、应用和分析等能力，逐步实现智能化的冷链资源管理和调配。

4. 完善流通主体冷链设施

加快推进现有农产品批发市场、农产品配送中心等农产品流通主体的改造升级，解决冷库建造标准较低、温控相对单一、冷冻机械设备相对陈旧等问题，重点提升冷链物流的仓储运输功能。引导其面向市场商户、超市、企事业单位等市场主体，参与针对果蔬、肉类等鲜活农产品冷链数字化物流体系的建设和使用，进一步完善冷链网络的"毛细血管"，发挥各节点连接效率，保障冷链数字化物流全链的高速有效运转。

专栏 8-2

澳慧冷云智慧冷链物联网平台项目①

澳慧冷云智慧冷链物联网平台是一款应用于冷链运输全流程的信息化平台。使用原理是通过软件和硬件设备的通信，实现冷链运输的全流程追溯。该平台全面覆盖冷链生产、运输、仓储等全过程，对冷链全链条冷链设备和装备进行监管，可追溯。对生产、运输、仓储等全流程实时采集、存储、查询、上传温湿度、位置轨迹等信息，并对多种数据分析，判断可能存在的风险，实时报警，实现全流程溯源与平台信息化。平台将原本分散的冷链各环节整合在一条价值链上，在打通端到端通路基础上，贯穿冷库、冷藏车、商超设备、电动保温车、生鲜自提的全冷链产品线，实现了互联网与传统制冷产品的结合。

---

① 案例来源：青岛澳慧冷云物联科技有限公司. 澳慧冷云智慧冷链物联网平台项目案例.（2020-01-20）[2021-10-05]. https://vote1.qingdaonews.com/branch/news/202001/ACdemo/wapDetail.php?uid=7. 有删改。

1. 先进与开放特性。冷链运输作为一个新兴的行业,冷链运输标准和监管机制尚未健全,行业情况鱼龙混杂,企业执行力差。该平台的推出可以更好地推动行业发展,帮助企业建立有效的监督管理和追溯体系,实现冷链运输平台信息化。澳慧冷云智慧冷链物联网平台以大数据、物联网技术、IT技术为依托,融合物流金融、保险等增值服务,构建"互联网+冷链物流"的先进开放式平台模式。澳慧冷云智慧冷链物联网平台拥有自主研发的硬件(I-Box云盒)和自主搭建的软件平台、手机客户端、云端等,实现冷链运输全流程的信息化覆盖、智能化控制,有助于实现商品在冷链运输流程的标准化、信息透明化。

2. 创新与引领特性。澳慧冷云智慧冷链物联网平台由硬件部分与软件部分组成,公司具有自主研发技术的团队与能力。硬件创新与引领特性:(1)利用WSN技术①,自动寻找最佳数据传输路径及传输时间节点,实现智慧传输。(2)硬件具有超低功耗的核心特点,能够独立工作三天。(3)体积小、方便灵活,可以随时部署在不同区域,具有无线功能,开箱即用。(4)具备不同种类、不同精度传感器接入能力,可实现多信息采集。硬件技术趋于智能化和融合化。软件创新与引领特性:软件平台由设备管理、实时监控、报警中心、历史查询、冷链资源信息平台五大模块构成。可帮助企业实现实时掌握关键信息、智能化管理、远程升级、方便维护等功能。软件模式趋于信息透明化和智能管理化。

3. 并联与共享特性。平台分为五大模块,模块之间可随时切换,随时查询位置、货物数据,实现冷链运输全流程不断链,信息并联与共享和智能化控制。(1)设备管理:通过建立组织层级,层级下方设立账户,账户关联设备的方式,进行整体管理。(2)实时监控:用户可通过多种方式实时查询监控用户所属设备、温度、湿度、工作状态等信息。(3)报警中心:会实时推送报警信息,查询特定时间范围内的设备报警信息。(4)历史查询:用户可查询监控设备不同形态的历史信息和报警信息并导出excel表格。(5)冷链资源信息平台:各类用户可在平台上自由实现库源信息、货源信息、车辆信息的查询、发布,抢单,订单管理等功能,可大幅提高设备利用率、车辆利用率,实现冷链资源信息并联与共享。

4. 以人为本和资源节约特性。公司可以通过自主开发的软件平台、APP在冷链运输过程中随时查询信息,实时报警通知、冷链信息资源共享等功能基本满足用户和市场的需求,我司也可根据企业需求和企业模式定制专业化模块功能。平台的硬件体积小、灵活方便、易操作,极大地为企业节约了人力成本,方便企业管理。随着产品的迭代,我司将不断吸纳冷链物流方面的专业化人才,定期为用户企业举行产品、冷链知识培训,增加企业重视程度。积极争取参加行业标准建设,促进冷链物流的发展。

五、若干思考

一是要避免乡村数字化物流发展的区域失衡。物流具有鲜明的引致性驱动特征,即物流主要服务生产端和消费端的对接需求,使产品通过物流实现对时空的超越,进而以更加便捷、高效的方式满足市场的各种生产生活需求。回顾乡村数字化物流的发展进程,正是电子

① WSN技术是一种分布式传感网络,它的末梢是可以感知和检查外部世界的传感器。

商务由城及乡发展，直播电商、社交电商等新模式和新业态不断涌现，以及城市电子商务消费日益深入人心，驱动着以电商物流为代表的乡村物流的快速发展和不断完善。总体来看，乡村数字化物流发展是市场和技术双重驱动的结果，市场需求是乡村数字化物流发展的根本因素，技术因素是乡村物流效能提升的重要支撑。但不可忽视的是，我国经济社会发展总体不平衡，市场需求和技术基础在不同区域经济社会具有较为明显的差距，使得我国乡村物流发展过程中呈现嵌入性发展的不均衡态势。具体来看，东部沿海地区经济发展水平高，信息化进程快、基础好，不仅涌现了众多实力强劲的数智企业，为乡村数字化物流发展提供了坚实的数字技术支撑；而且，广阔的利益空间也驱动着数智企业、物流企业等不断投身、探索、创新、完善乡村数字化物流体系。与此同时，受制于中西部地区和偏远乡村地区道路基础条件不佳、乡村产业发展水平不高、数字化基础较差、建设成本较高等各种困境，乡村数字化物流发展水平严重不足。更加重要的是，不同区域的乡村数字化物流的发展差距，在乡村数字化物流与乡村产业（尤其是电子商务）互构演化的螺旋式发展过程中不断扩大，亟须从外部进行引导和支撑。换言之，乡村数字化物流的发展需要构建政府、市场、技术的三轮驱动格局，在激发其内生活力的同时，避免出现乡村数字化物流发展的区域失衡，从而为中西部地区及偏远地区的乡村产业发展、创新创业等提供坚实的物流支撑。

二是要避免乡村数字化物流发展的结构性失衡。乡村数字化物流主要包括乡村智慧共配物流和数字化冷链物流等方面。乡村智慧共配物流主要伴随农村电子商务、国内大循环等市场和政策实践而发展，旨在通过共配模式和数字技术应用健全乡村物流的末端体系。而农产品冷链数字化物流则主要服务于农业产业发展，实现生鲜农产品的出村进城的优质、便捷、高效。总体来看，乡村智慧共配物流在数智企业的大力参与下呈现蓬勃发展势头，数智企业为了抢占农村市场，拓展新的业务空间，纷纷投身乡村智慧共配物流建设发展进程，促进了乡村智慧共配物流各种模式的涌现，如阿里巴巴的溪鸟共配等。形成对比的是，数字化冷链物流因建设成本较高、技术要求较高等各种不利因素，建设发展进程相对缓慢。究其原因，在于数字化冷链物流受制于农业产业特性、地域特性和产品特性等，其建设发展面临着经济效益不高、回报周期较长等困境。除此之外，为实现冷链物流全程对温度的精准控制，需要在仓库建设、道路完善、车辆运输配备等方面进行大量的专用性资产投入，使得数字化冷链物流建设具有高投入、高风险等特性，因而对于建设主体在建设经验、资金水平、抗风险能力等方面具有一定的门槛要求。进言之，综合对比乡村智慧共配物流和数字化冷链物流，在发展态势、驱动力、建设主体、资金需求、技术要求等方面，乡村智慧共配物流和数字化冷链物流极易出现结构性失衡发展态势。因此，在我国农业农村优先发展的历史阶段，尤其是现代农业发展的关键时期，应围绕助力现代农业发展和促进城乡经济内循环，推进数字化冷链物流体系的建设和完善，实现乡村智慧共配物流和数字化冷链物流的均衡发展。

三是要避免乡村数字化物流发展的持续性动能不足。构建内生发展动能是乡村数字化物流可持续发展的重要保障，而激活市场参与乡村数字化物流建设的主动性和积极性是关键。应该看到，作为内生活力关键的市场主体，其参与乡村数字化物流建设的内在逐利逻辑与政府的追求合法性逻辑有着本质区别。换言之，激活乡村数字化物流建设发展的市场主体活力，需要乡村数字化物流具有良好的政策空间和利益空间。因此，政府推动乡村数字化物流建设发展时，除了遵循合法性逻辑外，更应注重将乡村数字化物流建设发展置于整个产业链视角，因地制宜、因产制宜地推进发展，明晰政府和市场主体在乡村数字化物流建设发展过程中的作用边界，从而促进乡村数字化物流形成政府、市场、技术三轮驱动的良性发展格局，尤其应激发新经济企业、物流企业、创新创业主体等在追求乡村数字化物流利益空间过程中的活力，进而为乡村数字化物流建设发展提供持续的动能。

第九章 乡村数字化营销

一、理解乡村数字化营销

(一)乡村数字化营销的基本界定

数字化营销是数字技术在营销领域融合应用的结果,表现为电子商务的模式和业态,并重构了消费领域的观念、逻辑、机制、习惯等。电子商务被称为新商业(new commerce),涵盖了许多不同领域的经济活动。具体而言,电子商务有广义与狭义之分。广义的电子商务是指使用各种电子工具进行商务活动,这些工具包括电话、广播、电视、互联网、电子邮件等;狭义的电子商务单指利用互联网从事商务活动,这些活动包括采购、销售、客户关系管理、物流及供应链管理等(Dawson & Sparks,1985)。与此同时,按照交易对象和交易关系,可以将电子商务划分为多种类型,其中最常见的有企业对企业的电子商务(B2B)、企业对消费者的电子商务(B2C)、消费者对消费者的电子商务(C2C)。

观照农业领域,农产品销售难问题一直伴随着我国乡村的发展进程,严重制约了乡村产业发展活力,对我国农业现代化进程造成极其不利的影响,制约了脱贫攻坚、农民增收、乡村振兴、共同富裕等政策和价值诉求的实现。农民的群体特征、产业特性、城乡制度安排、经济结构等多方面因素,致使农民在农产品销售的供需对接方面乏力,难以改变强势中间环节盘剥的境况。而且,随着市场(主要是城市)日益呈现由追求产品消费转向价值消费态势,即不仅要求获得农产品使用价值,而且更加诉诸如健康、便利、品质等消费需求。因而,传统农产品的销售渠道、模式、体系在市场需求升级的态势面前更加无力,农民在销售方面的不利局面亟待突破。

数字经济蓬勃发展,并且以电子商务形态由城及乡扩散,极大促进了农村电子商务的发展。与电子商务概念类似,农村电子商务也有广义和狭义的概念范畴。广义的农村电子商务指利用互联网、计算机、多媒体等现代信息技术,使从事涉农领域的生产经营主体通过电子化、网络化方式完成产品或服务的销售、购买和电子支付等业务过程,包括农村电商公共服务体系和农村电商培训等;狭义的农村电子商务则指互联网与乡村经济活动结合(余世英,2011)。与此同时,从产品类别上看,农村电子商务包括生鲜农产品和非生鲜农产品;从流通路向上来看,农村电子商务包括农产品的出村进程,以及城市工业品的下乡,既满足城市对生鲜农产品的需求,又满足农村的生产生活需求;从内容上来看,农村电子商务包括农产品和城市工业品以电子商务形态的流通消费,以及农村电子商务人才的教育培训。农村电子商务发展对于促进农业产业发展、满足城乡消费需求具有重要现实价值。在数字技术加持下，农村电子商务能够快速掌握和汇集市场需求，如平台电商（淘宝等）能有效降低农产品市场信息掌握成本，直播电商（抖音等）能通过内容呈现方式对农产品品质进行直观展示，解决消费信任、信息搜索成本问题，社交电商则能在较短时间内汇集大量的消费需求，促进供需精准对接，压缩中间流通环节，从而有效破除信息不畅、社会资本缺乏等造成的中间环节盘剥的问题。

进一步看，乡村数字化营销具有地域性、产业性、产品性3个特性，并对应农村电子商务、农业电子商务和农产品电子商务3个概念。农村电子商务除了涉及农村地区的农业电子商务，还包括农村地区工业和服务业电子商务，而且是农村与外部的双向流通；农业电子商务除了农产品电子商务，还包括农资采购环节和生产经营环节的电子商务，甚至包括休闲农业的电子商务；农产品电子商务则仅限于农产品产出之后供应链环节的电子商务（张义博，2018）。

（二）乡村数字化营销的必要性

1. 为破解农产品销售难问题提供新路径

农村电子商务在数字技术赋能下重构了营销模式，实现了传统农产品销售路径的重构和空间再造，农村不再依托传统的农批市场、中间收购商等路径实现农产品销售，市场信息获取难的问题也得以破解。在电子商务模式下，消费者可以通过电子商务平台和模式快速地了解产品信息，这大幅降低了农产品销售的市场搜索成本，促进了农产品生产端和销售端的有效衔接，从而大幅压缩了中间环节的成本。而且，在农村电子商务物流体系的协同下，农产品能够快速地到达消费者手中，实现农产品的高效、快速流通。

2. 为乡村创新创业提供新手段

随着乡村振兴战略的深入实施和城乡融合发展的有效推进，经济社会要素向乡村流动态势越发明显，尤其是农村电子商务的日益兴起，有力促进了城乡二元格局的改变，城乡商贸流通和资源流动日益频繁，乡村变得越来宜居和宜业，从而吸引了大量的人才投身乡村创新创业浪潮当中。仅2015年到2016年，年轻人返乡创业迁出最多的10个城市依次是广州、杭州、上海、深圳、北京、东莞、金华、温州、苏州和厦门。① 年轻人返乡后的创业方向大多和电子商务有关，如通过电商平台销售特色产品、帮助乡亲网购生活生产用品、承接本地的电商快递服务等成为返乡创业的主流方向。究其原因，在于电子商务形式超越了地域空间的限制，使得乡村广阔的地域空间不再成为限制经济活动的不利因素，而乡村丰沛的乡土资源和丰富的特色产品反而在这种改变中形成了明显优势，为创新创业带来了广阔空间。

3. 为村民增收致富提供新保障

农民群体一直是我国经济社会发展的弱势群体，也是国家在实现现代化发展进程中一直强调和重视的群体。无论是脱贫攻坚抑或乡村振兴等战略，能否实现农民群体增收致富都是重要的考量指标。而电子商务则为农民增收致富提供了新保障，注入了新动能。数字

① 详见：阿里研究院. 2016年返乡电商创业研究报告.（2016-09-08）[2021-10-05]. http://pre.aliresearch.com/Blog/Article/detail/id/21062.html.

技术加持下的农村电子商务具有明显的普惠性，能够缩小贫富差距、增强社会的公平正义、转变经济增长方式等，在政策取向上是要让更多的人享受发展成果，让弱势群体得到保护，在经济增长过程中保持平衡等。因此，农民同样能够有机会从包容性增长中获得实惠（叶秀敏，2014）。具体来看，电子商务形态能够让助力农民增收的资源更有效地向农民倾斜和聚集，农民也可以通过电子商务形式直连消费市场，从而改变受中间流通环节盘剥的不利局面，实现生态位跃升和传统营销模式利益分配格局的转变，获得更多的农产品销售利润。

4. 为乡村经济创新发展提供新动能

农村电子商务具有鲜明的创新性和演化性，形成了平台电商、直播电商、淘宝村等各种模式和业态，极大激活了乡村经济发展的内生活力。这些模式和业态改变了乡村的传统经济发展模式，为乡村经济发展要素提供了新效能空间，即数字技术的加入极大提升了乡村各类生产要素的边际收益，农民的劳动力边际收益也在接受电子商务技能培训后得到了极大提升。在此背景下，乡村经济活动的生产要素形成了涵盖数字技术、劳动力、土地、资金等的发展新格局，生产要素边际收益的大幅增加明显地提升了乡村经济发展的收益水平，从而有力促进了乡村经济发展的要素聚集、产业聚集等，尤其极大激活了乡村经济活动主体的积极性和主动性，从而为乡村经济创新发展提供了持续的内生动力。

（三）乡村数字化营销的典型模式

1. 平台＋自营模式

平台＋自营模式是指电子商务平台从农产品供销商处采购农产品，然后实行统一的品控、仓储、营销、物流配送，用产业链中后端资源去整合与优化产业链前端。京东自营就是这种模式的代表。这种模式的优点是有利于充分发挥大型电子商务平台流量大、产品全的优势，有利于通过电商平台自身的良好信誉和品牌，为农产品的质量安全提供保障。农产品供应的保障程度越高，就越能够获得消费者信任。

2. 平台＋商家店铺模式

平台＋商家店铺模式是指农产品生产者（或者供应商）在大型电商平台开设网店，负责农产品的货源、产品质量掌控、仓储和营销，然后选择第三方快递公司负责物流配送。实践中，各电商平台上的农产品商家店铺、旗舰店、地方特色馆、地方产地仓储等都属于这种模式。该模式的进入门槛相对较低，是各地农产品比较快速地进入电子商务时代的一种捷径。现阶段，这种模式的农产品交易规模和品类均位于各类现有模式之首。然而，由于其农产品供应和物流完全由商家负责，电子商务平台对各商家的管理监督难度大，假冒伪劣等机会主义行为难以避免，这是各大型电子商务平台企业的最大痛点之一。

3. 平台＋品牌营销驱动模式

平台＋品牌营销驱动模式是指电子商务平台企业以其自有的品牌影响力和营销能力为基础，在产业链前端整合农产品生产和加工资源，确保产品供应充足，在产业链后端积极响应消费者需求，借助电子商务平台进行农产品网销。例如西域美农、百草味、三只松鼠等都属于这种模式。在这里，强化顾客黏性是现代营销的主要目标。然而，在这种模式下，企业对于上下游合作方的监督管理不可能做到完全到位，质量把控难度大，产品质量事件难以从根本上杜绝，给农村电子商务发展留下了隐患。

4. 全产业链运营模式

全产业链运营模式是指农产品生产加工企业自己建设电子商务平台，包括农产品的生产、加工、品控、仓储、营销、物流配送等全产业链活动都自行自主负责。实践中，沱沱工社、“我买网”的自营部分是这种模式的代表。该模式最大的特点是全产业链运营，农产品供应和品质都能在最大程度上得到保障，响应消费者需求更迅速。当然，这种模式也存在资产重和风险大两类问题。因为企业不但要投资自建电子商务平台，而且还要投资建立生产基地，建设物流体系，是各类模式中资产最重的一种。同时，全产业链各个环节的成本和风险都必须由企业独自承担，风险较大。

5. 电子商务扶贫模式

电子商务扶贫模式是指由政府提供农产品生产端的政策支持，电子商务平台联合村委会、合作社或贫困户，以订单农业＋保护价方式销售贫困户的农产品，由电子商务平台或其合作方承担农产品的生产管理、收购、品控、仓储、营销和物流配送，也即电子商务平台在政府的支持下为贫困户销售农产品，增加收入，实现脱贫。除了京东在河北省武邑县发起“跑步鸡”项目外①，各地在贫困地区实行的“电商＋产业基地”“电商＋龙头企业”“电商＋贫困户”等都属于这种模式。该模式从本质而言是一种公益性活动，旨在整合各方资源解决贫困地区的农产品销路问题。当然，现阶段各级政府的投入热情在很大程度上是建立在限期完成脱贫攻坚任务基础上的，随着扶贫任务的完成，这种模式的政策支持力度和项目盈利的可持续性必将成为问题。

6. 政府服务＋市场效率模式

政府服务＋市场效率模式是指政府全力打造区域电商服务中心，为电商企业做好配套服务，让电商企业顺利成长壮大。这种模式以浙江省丽水市为代表，其核心是电商服务中心建设。电商服务中心不仅具备主体培育、孵化支撑、平台建设、营销推广四大功能，而且承担“政府、网商、供应商、平台”等参与各方的资源与需求转化。这种模式的特点是“政府投入、企业运营、市场主导”，通过政府服务与市场效率有效结合，吸引大量人才和电商主体参与，以此推动电子商务快速发展。

7. 平台体系＋基地模式

平台体系＋基地模式是指由大型电商平台、本地自建平台、其他电商平台构成电商平台体系，实行平台与农产品生产加工基地紧密结合，共同促进农村电子商务发展。四川省三台县是这种模式的代表。三台农村电子商务以促进县域经济快速发展为目标，积极探索以邮政“邮乐购”、本地平台“云端 363”为基础，协调融合其他各类电商平台，构建起了三台农村电商“2＋N”的平台体系，以电商网点的“成活率”为重点，依托“万村千乡”市场工程农家店、邮政便民服务点，结合农副产品生产和加工企业、新型农村专业合作组织等产业的实际，规划建成了 398 个电商服务网点并全部开通邮乐网“邮掌柜”及本土平台“云端 363”等电商运营系统。同时，积极培育发展电商农产品生产基地，示范引领农产品标准化生产，发展互联网＋定制农业、订单农业，建立和健全农产品生产标准和食品安全标准，以及网销农产品溯

① “跑步鸡”项目是京东发起并于 2016 年在武邑县落地的扶贫项目。

源体系。这一模式的特点是抓住了平台和基地两大农村电子商务发展的关键环节,抓住了根本。缺点是政府作用发挥在尺度的把握上有难度。

8. 平台十乡村旅游模式

平台十乡村旅游模式是指充分利用电子商务平台,把农村电子商务发展与当地的旅游资源优势有机地结合起来,用电子商务的手段推动农旅融合和乡村旅游加快发展。四川理县是这种模式的代表。理县地处风光优美的阿坝,旅游资源十分丰富,距离成都185公里,具有区位优势,发展旅游特别是乡村旅游具有得天独厚的条件。在推进电子商务进农村综合示范项目过程中,其充分利用县域内丰富的旅游资源,以"农场来了""客栈帮"等电商平台,大力开展网推特色农场、民宿客栈和其他重要旅游景点,极大地推动了农旅融合发展,加快了乡村旅游电子商务的客观进程。移动电子商务和网购网销的普及应用,将众多临时购物游客转化成了长期网购理县农产品的消费对象,实现了农村电子商务和乡村旅游同步快速发展。然而,这种模式很容易受旅游资源丰富度和交通条件的制约。

9. 淘宝店模式

淘宝店模式是指个别人在淘宝网上卖产品意外成功后,引发大规模仿效,从而形成了以淘宝店为特征的电子商务发展格局。这种模式以河北省清河县为代表。清河目前已成为全国最大的羊绒制品网络销售基地。清河借助淘宝天猫电商平台,强化电子商务产业园、物流产业聚集区以及仓储中心等一大批电子商务产业聚集服务平台建设,正在实现由"淘宝村"向"淘宝县"的转型提升。其主要特点是开设"网店"。

10. 平台十原产地直销模式

平台十原产地直销模式是指利用电商平台,把本地(原产地)农产品直接销售到全国各地。吉林省通榆县是这种模式的代表。通榆是典型的农业大县,农产品丰富,但受限于人才、物流等因素,资源优势难以转化为经济优势。通榆政府根据自身情况,积极"引进外援",与杭州常春藤实业有限公司深度合作,为通榆农产品量身打造"三千禾"品牌,开启了农村电子商务的独特道路。初期与网上超市"1号店"签订原产地直销战略合作协议,通过"1号店"等优质电商渠道将通榆优质农产品销售到全国各地,后期配套建立电商公司、绿色食品产业园区、线下展销店等,开展全网营销,借助电子商务全面实施"原产地直销"计划,把本地农产品卖往全国。主要特征是充分发挥地方政府的作用。

(四)乡村数字化营销的发展机理

1. 技术的赋能效应

数字技术的出现,在生产和消费层面都引致了新的利益空间,促使了农村传统产业形态迈向电子商务产业形态。数字技术改变了城市居民的消费习惯,便利、快速地获得产品的消费体验已深入人心,驱使以电子商务为形态的营销方式出现新的利益空间(尤其是双11、618等营销活动的出现)。与此同时,电子商务在乡村的日益成熟则为农村电子商务的发展奠定了良好的文化、技术、硬件、技能等各方面的基础,为农民、数智企业、服务商、政府围绕追逐发展农村电子商务新利益空间提供了良好条件。综合来看,在数字技术赋能下,伴随着生产和消费层面的数字化转型和链接,不同利益主体追逐数字化营销的新利益空间而驱动着乡村数字化营销的不断发展,从而为乡村农产品的销售不断注入数字化新动能。

2. 致富的示范效应

农村电子商务的发展更多源于自下而上的自发行为，是数字化浪潮与农村广袤土地碰撞的结果。具有敏锐的市场意识、较强行动能力和创新精神的行动者（一般为乡村精英），如回村创业的大学生，还有具备较强电子商务意识的大户、能人等，首先投入农村电子商务的发展过程当中。他们通过电子商务形态的创新创业，抑或"电子商务＋农村（特色）产业"的形态，实现了较为明显的增收致富。在此过程中，其他行动者（追随者）因看到实实在在的利益空间，将消除对风险的害怕而采取模仿行为，从而为农村电子商务蓬勃发展提供了持续动力。以淘宝村为例，虽然其更多应该归结为数字化创新，但本质上是营销领域在数字技术加持下的一种创新，发展路径正体现了鲜明的致富示范效应。除此之外，采用直播、社交、微商等电子商务形态的农村电商的加速发展，也正是由致富的示范效应提供可持续的动能。

3. 知识的扩散效应

不同于传统营销方式对知识和技能的要求，电子商务营销模式有不同的运作逻辑，并带来对相应知识和技能的新要求。因而，我国普遍采取培训的方式发展农村电子商务，成效较为明显。而在电子商务知识技能培训缺失，抑或还未介入的阶段，农村电子商务发展的首要驱动力在于致富的示范效应，以此解决追随者参与农村电子商务的意愿和动能问题。而首先参与农村电子商务的驱动者，则会摸索出相对成熟的农村电子商务知识、经验、技能和模式等，再通过农村社会经济网络和乡土文化，以圈层的方式不断地向外传播，如首先在亲属、朋友等之间进行传播，并不断扩散。在此过程当中，追随者不仅受到了致富示范效应的驱动，更在这种知识、经验、技能、模式的传播过程当中，通过模仿、学习，不断增进所需的知识和技能，为投身农村电子商务发展奠定基本的知识和能力基础。与此同时，这种知识扩散效应的圈层式传播，会进一步在致富的示范效应下得以加速。

4. 产业的集聚效应

农村电子商务的本质是传统乡村产业的电子商务化，在此过程当中，既可以是已有传统优势（特色）产业的电子商务营销模式转型，也可能是因电子商务的发展驱动催生了新的农村产业，例如很多的淘宝村产业就是在电子商务模式下衍生而来的，但一般意义上电子商务的发展还是要具有一定的产业基础。与此同时，由于电子商务模式提供了庞大的市场空间，以及在较短时间内实现销售的大幅增加，会驱动与农村电子商务相关的主体、资源、产业、技术等要素向农村电子商务首先发生的地理空间（或者若干个地理空间）聚集，形成单一的规模产业或者产业集群。例如我国在发展过程当中不断涌现的淘宝村、淘宝镇以及直播村等，都是产业不断聚集的产物。而电商产业园虽然更多的是政府规划下的产物，但更具有活力的电商产业园一般是在一定程度上具备农村电子商务产业基础，在发生了较为明显的产业集聚背景下，由政府参与规划形成的。而出于政府强行规划的电子商务产业园，虽然成功的可能性较大，但存在着可持续性和生命力不足的问题。

（五）乡村数字化营销的实现路径

1. 完善信息基础设施，夯实乡村电商发展基础

信息基础设施是农村电子商务发展的硬件底座和必要条件。发展农村电子商务，应推进5G基站、信息服务站、宽带等的进村，尤其要推进农业产区的信息基础设施完善，为生鲜农产品发展电子商务奠定基础。应推进乡村道路的建设、完善，以及道路的数字化改造，为农村电子商务的物流运输提供完善的道路条件。除此之外，要注重信息基础设施建设的体系性和系统性，避免出现信息孤岛，从而为农村电子商务产业监管提供更加高效的数字化手段。在注重信息基础设施服务产业的同时，不应忽视信息基础设施对乡村治理功能的兼容，从而为农村电子商务的绿色发展提供治理保障。

2. 制定产品标准体系，助力乡村产品品质提升

除开假冒伪劣等在质量上有明显不足的产品，相对不一的产品标准很大程度上制约了农村电子商务的发展。原因在于我国的农村电子商务大都在数字技术加持下内生演化，并基于已有的产业基础，产品发展参差不齐，而电子商务模式并不天然地具有驱使农产品迈向标准的内在逻辑，尤其是生鲜农产品，受制于产品特性，客观上存在着实现产品标准化的困难。与此同时，市场经济活跃的区域，逐利和投机行为倾向不可避免，产业无序竞争和内耗发展时有发生，使得农产品在缺乏标准的情况下极易出现“劣币驱除良币”的不利境况。例如以内容呈现的直播电商，也普遍存在着“货不对板”等现象，危及了农村电子商务的可持续发展。因此，我国农村电子商务发展已有经验表明，由政府牵头抑或能人组织推进实施农产品标准化制定和施行工作，以标准指导农村电子商务产业开发，促进农产品迈向品质化、标准化等，尤其在生鲜农产品的标准化建设工作上加大投入，是促进农村电子商务发展的必要路径。

3. 开展品牌开发运营，提升市场知名度美誉度

一直以来，受制于农村产业基础较差、产品标准不一等因素，农产品品牌化建设工作进程缓慢且效果有限。缺乏品牌制约着乡村产业的发展，破解方法的出现也一直缺乏有力的驱动力。而农村电子商务的发展，恰好为乡村产业迈向品牌化带来了强大的市场驱动力。除了内容电商(直播等)能够直接呈现优质农产品特性外，其他电子商务模式使农产品定位越发细分，而依据不同细分市场定位推进产品的标准化和品牌化建设，是农村电子商务健康发展、附加值提升的必然趋势和有效路径。可以认为，农产品品牌化和标准化建设是农村电子商务发展过程中的一体两面。标准化建设为品牌价值提供基础，并使品牌获得市场认可。需要指出，农产品标准化建设必须配套强化推进产业监管，在注重农村电子商务发展的同时，推进产业的数字化监管，并实施相应的奖惩措施，从而保障农产品标准的权威性，最终为农村电子商务品牌化发展提供有力支撑。

4. 应用电商新兴方式，提升农村产品营销效能

农村电子商务发展应充分利用多种电子商务方式，鼓励因地因产选择匹配的电子商务方式。应针对生鲜农产品大力推进基地直采的电子商务方式，同步推进农业生产基地的数字化转型升级，提升产品的品质，为生鲜农产品的新零售、社区团购等电子商务营销方式提供优质的源头支撑。直播的应用对象则比较广泛，关键在于头部网红的培育和网罗，以及乡村经营主体直播技能的培训和提升，从而既可以通过头部网红实现快速的产品销售，也可由乡村经营主体自行开展直播，促进农产品销售和利润回归乡村经营主体。除此之外，微商也是农村电子商务发展的有效方式，乡村经营主体可以通过微商代理或者自行营销的方式，利用微信等应用端，将农产品通过朋友圈实现快速销售。

5. 建设电商产业园区，促进农村电商集聚发展

农村电子商务发展不仅仅是一个产业问题，更是运营主体围绕农产品而进行的采购、生产、服务、运营、销售过程，以及政府对产业的规划、引导和监管过程。一般来说，在致富示范效应和知识扩散效应的作用下，各跟随者的复制、聚集会促进农村电子商务产业的自发聚集，如淘宝村、淘宝镇等就是典型代表。毋庸置疑，农村电子商务产业的聚集发展有利于其形成规模效应，但也易出现无序竞争现象，危及产业健康持续发展。因此，从各地实践来看，在农村电子商务发展到一定程度，抑或在农村电子商务发展之初，政府就应积极开展农村电子商务产业园的规划，并提供资金支持、税收优惠、培训服务等，推进产业园的招商引资工作，促进农村电子商务产业的加速发展，并对产业的健康持续发展进行监管。因此，推进农村电子商务产业园发展是促进农村电子商务发展的重要充分条件。

6. 加强电商人才培养，强化农村电商人才支撑

人才是农村电子商务发展的关键，也是长期相对缺乏的一块。从农村电子商务发生过程来看，头部主体首先投身是农村电子商务发展的重要驱动力，而追随者跟投则是农村电子商务发展壮大的活力来源。从价值期许来看，让更多的村民参与农村电子商务产业，对于乡村产业振兴、小农户与现代农业有机衔接、农民收入水平提升等都具有重要意义。因此，农村电子商务发展必须培育和引入农村电子商务头部主体，如各头部网红、创新创业主体等。而开展农村电子商务技术专项培训工作，不仅能让更多的村民具备参与农村电子商务发展的基本技能，更能加快农村电子商务产业发展，让更多的村民享受农村电子商务发展带来的红利。除此之外，不应忽视对政府工作人员的培训工作，要提升其产业监管、引导、规划、服务的专业能力，从而为农村电子商务持续健康发展提供专业的管服人才。

7. 构建运营服务平台，提供农村电商服务保障

农村电子商务的发展需要专门的平台和专业的服务提供支撑。农村电子商务发展的关键在于其技术属性及相应的电子商务运用逻辑体系，而这些难以靠市场主体自行解决。这些运营服务平台包括县、镇、村级电子商务服务中心，以及各类电子商务运营、销售、企业服务主体提供的各类服务平台等。除此之外，县级智慧物流分拨中心、镇级电子商务服务站、村级电子商务服务网点等不仅是信息基础设施建设的内容，更是农村电子商务运营服务平台建设的重要组成内容。因此，政府应充分发挥引导作用，利用政府政策和资金激发社会资源参与构建农村电子商务运营服务平台的积极性和主动性，形成农村电子商务可持续发展有力的服务支撑力量。

二、平台电商

（一）理解平台电商

平台电商又称平台型电商，是国内外最早出现的电子商务形态，并已经成为电子商务发展过程中的中坚力量。从概念来看，平台电商指平台企业为平台卖家及买家提供良好的网络交易场所，形成的一种特殊组织形态。其中平台企业是提供架构、规则与平台中介的主体。平台卖家是为买家提供商品、服务和信息的群体。平台买家是指将电商平台作为购物渠道的消费群体。平台电商将平台卖家和平台买家联系起来,促进买卖双方共享资源并提升彼此的价值(Schwaiger,2004)。换言之,平台电商是传统线下交易市场和载体的线上化,实现产品卖家和买家通过电子商务平台在线交易,从而促使交易超越地理空间限制,形成了一个以电子商务平台为中心的庞大买卖交易市场。相比其他电子商务形态,平台电商的交易平台处于交易流量的中心位置,买卖双方都通过交易平台呈现的信息实现商品的交易,并且平台的导向将直接影响卖家的销量和买家的购买倾向。因此,在平台电商形态中,卖家声誉和平台声誉共同构成了消费者购物的信誉机制,而平台电商企业在平台电商交易关系中除了为平台买卖双方提供网络交易场所之外,更扮演着维持平台声誉的支持者、维护者和管理者的角色,并且这种角色在实际运行中显得尤为重要(汪旭晖、王东明,2018)。从具体的实践来看,平台电商的典型企业包括淘宝、京东、eBay 等。观照乡村数字化营销,其平台电商的形态指农民在淘宝、京东等电子商务平台开设网店,通过专业的平台电商运营技能,实现农产品通过淘宝、京东等平台连接消费者,从而促进农产品的销售。

(二)平台电商的基本逻辑

1. 交易平台处于流量中心位置

在平台电商的建设发展和运营服务过程中,平台成为流量的中心环节。对卖家来说,平台向买家进行的信息呈现的先后顺序,将直接影响消费者对于卖家的信息搜索成本。可以认为,平台在一定程度上决定了卖家的市场生态位,影响了卖家的产品销售量和盈利水平;对于买家而言,他们的信息搜索则直接受制于平台的信息搜索逻辑,而信息搜索逻辑由平台背后的技术底层逻辑所决定。换言之,买家在平台构建的信息搜索规则中开展产品信息搜索及购买行为的转化。在这种以交易平台为中心的特征中,平台与买家和卖家的互构关系和逻辑有着区别。相对来说,卖家相对于平台处于弱势地位,尤其是市场品牌知名度相对缺乏的卖家,更需要通过平台声誉及平台提供的流量入口促进产品市场知名度和销量的提升。而买家相对于平台来说,虽然其搜索结果受平台信息搜索逻辑影响,但平台出于提升用户黏性考虑,更倾向于向消费者提供受市场欢迎、具有一定实力、品牌知名度较高、产品质量较好的商品。因此,一方面,平台处于流量中心位置,具有流量把控形成市场交易的"技术垄断优势";另一方面,平台和卖家及买家之间基于不同的利益诉求和动机导向,使得这种平台的中心位置随着电子商务规模不断发展而动态变化,不同主体的生态位和议价能力也在发生变化。在平台发展初期,平台电商出于网罗更多的买家和卖家的诉求,更倾向于运用平台流量吸引更多的卖家加入平台销售产品,提供卖家快速增长必要的技术支撑。而在发展相对成熟的中后期,具有较多卖家和买家时,平台则更倾向于利用流量中心地位实现获利变现。与此同时,卖家则在这种中心地位特征中逐渐出现分化态势,实力弱小的卖家的市场生态位将在平台电商的发展过程中变得越发边缘化,发展成本也会越高。而实力较强的卖家将获得更多的平台流量资源支持,在更大程度上实现发展。

2. 平台信誉影响持续发展力

产品品牌信誉和平台信誉是驱动形成用户黏性的重要影响因素。平台信誉是由消费者在平台获得的良好购物体验积淀的,而品牌信誉则在一定程度上与平台信誉关系较小,本质上是优质品牌产品的线上交易。进言之,追求产品品牌信誉的消费者在一定程度上选择合宜的电子商务平台(模式)进行产品购买,而对于品牌信誉不高的产品,消费者则更看重平台信誉带来产品质量的保障,此时平台信誉起到了至关重要的作用。原因在于,相比其他电商形态,平台电商的流量中心地位使得平台信誉对于消费者识别产品品质在一定程度上具有更加重要的作用。比如,聚美优品和京东等在一开始就主打"正品"牌,从而极大营造了平台信誉,追求产品质量的消费者更倾向于在该类平台上购物。与此同时,平台电商的信誉树立取向与策略,与平台电商企业的发展战略、用户定位、发展阶段、竞争策略等有着一定的关联。如定位于低价竞争策略和低端用户的平台电商企业更强调以低价代替平台信誉以获得更大的客户流量,而定位于高价策略、追求优质消费体验的平台电商企业则更强调平台电商信誉对于提升用户黏性的价值,即通过构建平台信誉减少消费者对优质产品的信息搜索成本。而对于处于发展初期的平台电商来说,一般倾向于容忍产品质量不高的商家加入平台开展产品销售,从而加快线下交易线上化进程,有利于促进业务规模的快速增长,但也带来了平台信誉的损害。而随着平台电商的日趋成熟,平台将日益注重信誉的树立,如淘宝在发展过程中做出天猫这一平台品牌,以有品牌、渠道、资金等实力的商家为主要入驻群体,进而为消费者提供足够的信誉保障。

3. 呈现集中性和对比性

平台电商交易的集中性和对比性,源于平台电商的流量中心特征。各卖家通过平台向消费者呈现信息,而买家通过平台搜索所需的商品,并从集中呈现的同类和相似商品中挑选所需的商品,从而转化为购买行为。对于卖家来说,获客的重要途径在于相较其他同类卖家,能在平台上尽可能呈现体现产品特色、吸引消费者的信息,进而衍生了淘宝店铺设计、模特等一众产业。这种态势本质上是平台电商高度集中交易的竞争性所致。从该特征来看,平台电商更多是线上集中交易形态,如集市、批发市场等实体的线上化,而平台型电商企业更多的是为卖家提供了一个集中展示产品和交易的线上场所。而且,相较线下交易场所,平台电商的线上交易空间更加集中,产品信息对比也更加便利。这种集中性和对比性,一方面有利于倒逼商家提升产品品质以满足消费者偏好和需求,另一方面有利于消费者降低信息搜索成本,拓宽了消费者对优质优价产品的选择空间,有力吸引了消费者进行电商消费。

(三)平台电商的现实问题

1. 农民缺乏专业的平台电商运营技能

农产品平台电商的产品信息线上展示和交易的线下实现的特性,使其获得消费者青睐的重要路径就是尽可能地在平台上通过图文的方式展现产品的特点、优势等各类信息。从实践看,平台上的产品信息呈现越完善,相对越能吸引消费者并转化为购买行为。从一定程度上说,卖家在平台上呈现信息方式的专业性、美观性等,成为消费者判断卖家信誉、实力和产品品质的重要依据。相应的,平台电商的这种特点带来了更高的平台运营技能要求。在现实中,相比其他电商形态,平台电商的产品界面设计和线上运营等已经日益形成了专业化的产业,并且呈现日益细化和深化的产业链发展态势。与此同时,以专业化的能力和水平展现农产品的特点和优势,对于农民来说具有极大的挑战,尤其在城乡二元发展背景下,我国农民总体年龄偏大、知识水平不高、数字化素养欠缺、学习能力不足,造成了农民开展农产品平台电商实践的困难。

2. 缺乏专业的农村平台电商运营人才

农村电子商务需要专业的电商运营人才，农产品平台电商也不例外，尤其在农民缺乏专业的平台电商运营技能的背景下。与此同时，农村基础设施水平不足、生活环境较差、公共服务水平较低、产业发展空间受限等种种问题，使得乡村流失劳动力回村开展农产品平台电商建设的意愿不足。更加重要的是，农村特有的传统乡土文化和人际社会关系，给具有现代性和技术性的农村电子商务发展造成了更加深远的不利影响。一方面，平台电商运营人才扎根乡村开展农产品平台电商建设很可能遇上在生活、社会关系、文化观念等方面的不适应；另一方面，缺乏了解乡村特性的平台电商运营人才，会对开展农产品平台电商运营造成一定阻碍。综合来看，在当前种种不利因素影响下，农产品平台电商的建设和发展面临着缺乏专业的农村平台电商运营人才的困难。

3. 农产品标准化不足制约了平台电商发展

不稳定的产品品质容易造成消费者对农产品平台电商的质疑和不信任，从而对消费者复购行为和用户黏性产生不利影响。从这个意义上说，大量消费者不愿通过平台电商购买农产品的原因正是在于农产品标准化的不足。观照当下，我国农业产业面临家庭联产承包经营责任制、劳动力水平低下等制约，导致农产品的粗放式发展，呈现为农产品的标准化水平不足。虽然有部分乡村农产品(非农业)伴随工业化发展进程，在生产模式上实现了工业化和现代化的长足进步，但相比城市来说，其生产工具、组织方式、管理理念等诸多方面依然存在明显不足。与此同时，生鲜农产品的标准化不足困境更加凸显。由于农业难以采用工业化的生产方式进行，而设施农业的投入要求巨大，农民难以开展现代化的设施农业投入和改造，农业长期处于粗放式生产经营状态。除去农民自身在农产品平台电商的投机行为，当前农产品标准化不足的产业特性在客观上制约了其通过平台电商发展。

4. 流量中心化制约了农产品销量

平台电商的流量中心特性，使得农产品交易双方只能通过平台提供的信息进行商品交易。因而，对于卖家来说，产品的销售逻辑在于，消费者产生了消费需求，进行了平台电商产品信息搜索行为，通过对比和理性选择，最后转化为产品购买行为。在这样的销售逻辑当中，卖家产品信息的单链路(通过电商平台由用户搜索获取)、图文式传播速度相比社交电商的社交化传播，以及直播电商的产品信息视频化展示等，存在着明显的不足。而有效提升农产品信息到达消费者速度的重要路径，在于平台电商企业主动向农产品卖家提供流量支持和信息曝光机会。而在现实当中，平台电商出于利益动机，并不会自发产生向农产品卖家提供流量支持的行为，卖家付费购买流量已成为常态。而出于追求政策合法性(如政府要求开展脱贫攻坚、助农增收等)诉求为农产品卖家提供支撑的行为，在一定程度上也缺乏相应的内生活力和持续动力。这意味着，具有流量中心特性的农产品平台电商在一定程度上相比其他电商形态在开展农产品销售时有明显不足和劣势。

(四)平台电商的发展对策

1. 开展农民专业化平台电商运营技能培训

可以通过政府、数智企业协同开展农民平台电商专业运营技能培训工作。政府应该加强培训政策和资金的倾斜和支持，鼓励数智企业主动投入农民培训工作，并且给予数智企业税收、财政等方面的优惠和倾斜，激活其开展农民培训的主动性和积极性；数智企业则应充分发挥平台电商运营优势，根据农民和乡村产业特性开发适配的农民培训项目、课程，创新信息化手段，打造“线上线下”相结合的培训模式，提升农民培训的灵活性和有效性。针对农民接受培训低风险偏好的特征，政府和数智企业应通过平台电商项目的致富示范效应、知识扩散效应，通过示范引导激发农民主动参与平台电商运营技能的培训项目，进而形成“致富—示范—吸引”的农产品平台电商运营技能培训和项目推广的良性循环。

2. 增强农村对于专业化电商运营人才吸引力

针对乡村人才吸引力不足的现实问题，应聚焦专业化电商运营人才生活和工作的现实诉求，优选农产品平台电商运营服务园区区位布局，重点挑选靠近城市、交通便捷、生活便利、环境优美的地区开展园区布局，以园区吸引专业化运营人才入驻并为农产品平台电商提供专业化的运营服务；对于经济社会发展水平不高的乡镇级农产品平台电商运营服务中心，则要通过加强乡村建设发展和提升人才优惠政策两个方面提升人才的入驻意愿。从加强乡村建设发展方面来看，应重点聚焦辐射能力强、条件优越的乡镇，推进环境整治、道路建设、公共服务提升、乡村治理推进等举措，提升这些乡镇对于人才引入在宜居宜业等方面的吸引力，进而发挥这些乡镇对周边乡村地区的辐射带动作用。从提升人才优惠政策来看，应该对于入驻的专业化电商运营人才在住房补贴、生活补贴、创业补贴、奖励资金等方面给予支持，并且可以通过签订服务协议的方式延长人才留驻乡村开展运营服务的年限，防止人才骗补行为，提升人才优惠政策的奖补效能。

3. 推动乡村产业攀升和提质升级

围绕平台型电商对于农产品标准化和品质化的要求，应有力推动乡村产业攀升和提质升级工作。对于非生鲜乡村产业，应在政策引导和财政支持方面给予有效支撑，促进产业从粗放式生产向现代化生产方式逐渐转变，助力产品品牌的创建和运营，打响产品的市场知名度。甚至可以基于该类乡村产业对于生产地域要求不高的特点，有序推进产业园区建设，促进产业集约化、品质化、现代化发展。以园区建设为思路也更有利于政府政策支持的集中性、资源汇集的聚合性；对于农业产业，则要从大力推进设施农业建设发展和完善农业社会化服务体系两个方面着力，尤其应以数字乡村建设为契机，在条件成熟地区有序推进数字农业建设发展，以数字技术助力农业产业向标准化、品质化发展。在此过程中，应注重发展农业产业提质升级过程中政策、市场、农业经营主体、技术供给主体等多方力量的协同作用，激活农业产业提质升级的内生活力和持续发展动力。

4. 创造持续助力农产品销售的法律法规空间

围绕数智企业等各类市场主体在助力农产品通过平台电商销售的合作性政策回应和资源诉求，在宏观层面、中观层面和微观层面构建体系性、层次性、在地性相结合的法律法规，从而通过创造市场主体助力农产品销售的法律法规空间以激活市场主体的活力。注重法律法规在农产品平台电商不同发展阶段的重点性和导向性，注重不同层次政策灵活性的调整，尤其在微观层面注重与重点任务的匹配和耦合，指引市场主体的行为动机和价值指向。除此之外，应尽量取消市场主体参与助力农产品通过平台电商销售农产品的不利政策制度，如土地制度、财政制度、集体经济制度等，降低市场经济主体作用发挥的法律风险和经济风险。

应对已有的法律法规进行系统性梳理，对分散于不同部门的法律法规进行系统整合和调整，避免新旧法律法规共存和政出多门导致市场经济主体面临可依照的法律法规混乱的局面。

专栏 9-1

“农智链”升级农业产业全链路①

龙泉市是浙江省丽水市下辖县级市，地处浙江西南部、瓯江上游，东临温州，西接武夷山，面积 3059 平方公里，人口 28.85 万，为浙闽赣交界商贸重镇。长期以来，龙泉市立足自然生态优势，稳定粮食和生猪生产，大力发展“竹茶菌蔬”四大主导产业，积极发展生态水果、中药材、中蜂等特色产业。龙泉市有着悠久、浓厚的食用菌文化，是世界香菇人工栽培发源地。竹木产业是龙泉市的传统特色产业，历经“资源培育、笋竹加工、生态康养”三次转型，开辟了一条竹木产业“二产带一产促三产”的转型发展之路。

2020 年 6 月 10 日，龙泉市政府与阿里巴巴签约，围绕高山蔬菜和菌菇两大类龙泉特色农产品，从数字化种植、电商公共服务体系建设、品牌营销、产业规划、人才培育等方面，推动龙泉特色农产品的数字化升级。龙泉市高质量推动生态农业发展，建成省级“五园”示范基地 6 个，在全省率先成功试种黑木耳液体菌种，“龙泉灵芝”“龙泉四季豆”“龙泉茄子”成为全国名特优新产品，“龙泉农师”品牌投入使用。龙泉入选中国特色农产品优势区，成为全省首批农业绿色发展先行市。

第一，以数字化赋能生产，实现生产端智慧化。建设高海拔集约化种苗基地，基地农户可随时随地在移动 APP 上查看基地温度、湿度、氧气浓度、作物生长情况，一键进行大棚开闭、温室调控、药水喷洒等操作。建设全县域智能化蔬菜大棚，基地的农户可利用自动转膜器、山地自动运输轨道、温湿水肥智能化测控栽培、温湿智能化测报、气象监控系统等自动化设备和技术获取可靠农情，高效开展生产种植。建设高水平全链路数据媒介，依托“供销 e 城”和阿里巴巴数字平台资源综合优势，开展云平台数据资源转化和利用，构建“1＋4”全链路数据媒介，“1”为一个数字化服务系统，“4”为四块数据化展示大屏。政府通过数据媒介，极大地提升在农业产业上的服务、监管、决策水平。

第二，以多维度铺陈营销，实现销端全域化。2020 年起通过数字化平台赋能全面提档“供销 e 城”平台。以“产品生产、网上交易、仓储物流、终端配送”一体化经营，以“合作＋返利”建设蔬菜基地 3825 亩，联结合作社 150 多家，产品远销各地，高效的冷链配送为消费者第一时间供应精品蔬菜，并让消费者通过一键扫码快速获取溯源信息。以“供销 e 城”为运营主体，围绕“茶蔬菌菇”，打造“龙泉农师”区域公共品牌，以唐代龙泉农师季大蕴为原型，通过品牌文化塑造、形象设计战略规划，将龙泉市农特产品内容故事化、媒体化，形成农产品统一品牌特征与文化。全面拥抱电商、新零售，在农特产品标准化、规范化、商品化、电商化基础上，全面拓展“供销 e 城”营销渠道。现在农业主体和消费者可在天猫龙泉原产地官方商品旗舰店、盒马鲜生门店和 APP 进行交易，并不定期在斗鱼等 8 个直播平台互动买卖；同时，“供销 e 城”不断开发大润发、橙心优选等渠道，拓展与消费者的接触面。

---

① 详见：阿里研究院. 数字化助力乡村振兴案例集(2021 年).

第三，以一站式提供服务，实现服务现代化。为更好地为全市农业主体提供专业化、电商化、全链条式服务，着力在“供销 e 城”打造电商公共服务中心。在服务中心，农业主体可免费享用摄影棚、直播间、办公室等硬件设施，获取商品素材库，获得电商咨询、法务咨询、运营指导、产品设计、品牌营销、货源供应、冷链、仓储、物流等服务，享受“政银担”信贷服务，真正实现一站式服务农业主体“所思、所率、所求”。为夯实农业产业基础、为农业全链路注入多元化人才，响应直播经济和粉丝经济，告别数字乡村建设中技术水平薄弱、专业人才匮乏的问题，龙泉市联合阿里巴巴建立“供销 e 城”电商学院实训基地，积极倡导“大众就业，万众创新”，全力引导年轻人及农业从业者抓住时代风口，聘请专业团队常驻“供销 e 城”，通过实地走访，让农业主体精准获得农业营销和电商运营的指导。

第四，创建“四舱两端”集成系统，数据分析辅助决策。在业务、数据全链路集成的基础上，结合决策及生产、服务需求，将所有功能进行深度集成，形成了“四舱两端”，融决策支撑、主体服务、产销管理为一体的集成系统。“四舱”指的是农业产区驾驶舱（展示全市各产区农业构成数据）、产业物联网驾驶舱（展示各生产基地监控检测数据）、数字产业农合联驾驶舱（展示农业产业整体概括数据）、电商孵化驾驶舱（展示淘系平台、政采云平台、“供销 e 城”平台线上营销数据）。“两端”一是指集成生产加工监控、产业服务、产品溯源等功能为一体的“龙泉农业”APP 移动端，明确四大功能模块，生产模块依托农业传感器和视频监控系统收集基地情况，实现产品生产过程关键要素及时获取、实时监测、全程可控等功能；二是指用于数据分析、经营管理、总体呈现的生产管理 PC 端，PC 端为农业生产、销售提供全链路管理、数据统计、产品溯源等功能，所有数据均通过数据中台集中、汇聚、分析，进而指导产销全链路。

三、社交电商

（一）理解社交电商

1. 社交电商的基本界定

社交电商（social electronic commerce）是数字技术在消费领域融合应用和创新发展的结果，是电子商务的创新实践形态之一。社交电商将传统的搜索购物模式演变成发现式消费、口碑式消费，而且随着智能手机等智能终端的普及，让移动社交网络成为电子商务交易的前台，实现以人为中心，满足消费需求的升级。社交电商近年来快速发展，成为我国电子商务新的增长极（刘湘蓉，2018）。作为一种新型的电子商务模式，社交电商概念最先由雅虎于 2005 年在其网站提出（刘运国等，2021），并引起了学界对于社交电商的持续关注和研究。社交电商是基于极具个性化和互动性的社交关系的特殊形式的电子商务（Afrasiabi & Benyoucef，2011），更多地强调用户进行讨论、评价商品或服务的可能性（Kang & Park，2009）。从社交电商和传统电商（平台电商）对比来看，社交电商融合了社交媒介的功能与属性，论坛社区、信息分享或推荐、产品服务评价或经验分享等基础构面都将对用户的信任和消费行为产生影响（Hajli & Sims，2015），即用户嵌入的社会关系网络改变了消费需求结构，参与社交网络活动的同时受到信息促发而产生了需求，或者用户模糊的需求通过社交网络中的专业知识实现转化。社会关系网络在一定程度上创造了更多的价值（闫慧丽、彭正银，2019）。在此过程中，社交电商改变了信息来源和传递方式。信息来源可以是平台、企业以及用户，而用户成为信息内容的重要提供者和加工者，信息的传递方向变成双向（闫慧丽、彭正银，2019）。换言之，社交电商是一种整合社交图谱（基于人际关系的互动）和兴趣图谱（基于信息流的互动）来对产品或服务进行推广和销售的商务模式（宗乾进，2013）。除此之外，社交电商还能带给消费者一种与线下购物类似的临场感，而这种临场感来源于社交电商的社交情境性、数字技术特性以及社会元素共享性等（戴建平等，2019）。这种消费者购物的临场感，能够促使用户与商家间的交互，从而改善用户的购物体验，进而影响用户做出购买决策的过程（Marsden，2010）。综合以上概念来看，农产品社交电商是社会关系网络嵌入农产品线上购物过程背景下，通过改变消费者与卖家之间信息传递过程和信息来源，形成消费者购物过程的临场感，强化消费体验，进而促成消费者做出购买决策的电商模式。

深入来看，农产品社交电商在类型上包括拼购型、内容型、分销型、社区型。拼购型社交电商指聚集 2 人及以上用户，通过低价折扣引导用户进行分享的电商模式。以社交分享的方式组团，用户组团成功后可以以比单人购买时更低的价格购买商品。拼团的发起人和参与者多通过微信分享并完成交易，通过低价激发消费者分享积极性，让消费者自行传播。拼购型社交电商的典型代表如拼多多。内容型指在电子商务活动中，运用 IP（internet protocol）、直播等方式，向外输出优质的内容，吸引相应的核心目标人群，拉近与消费者的情感距离，最终实现转化效果的商业活动。内容电商的形式非常多样，图文、视频、动画等都可以作为内容电商的载体，但其本质还是一种“内容营销”，在内容电商下，消费者的购物行为和购买行为发生了分离而在内容电商的环境下，消费者并没有处在购物的目的以及场景下，而是开辟一个流量入口，通过“内容”将消费者吸引，形成粉丝经济。现有的比较有代表性的内容电商有李子柒、Papi 酱、小红书等。分销型指通过构建基于社交关系网络进行传播的营销体系。营销网络的构建具有关系性、扩散性、层级性、繁殖性，而在不同的分销节点则更多地依靠节点的社会网络关系实现营销，从而形成整个分销型社交电商基于社会网络关系的营销模式，典型的代表包括归农等。社区型指基于 LBS（location based services）的以社区为中心，以微信小程序等为平台，以微信朋友圈为传播渠道，以熟人和轻熟人社交为纽带的新型 OTO（online to offline）零售模式。该模式一般以依托于真实社区的一种区域化、本地化的团购形式呈现。

2. 社交电商的主要特点

（1）社交性。社交电商的鲜明特点在于利用数字技术构建线上社区空间，消费者在线上线下结合的重构空间中，围绕商品开展信息传播、内容互动、产品交易等。在具体的实践中，卖家可以通过电商平台发布产品信息，或者直接通过可视化方式呈现产品形态信息，或者由卖家基于利益诉求（如更低价格）自发进行信息传播，从而形成以社交性为内核的产品自传播发展路径。除此之外，社交电商还提供了消费者之间基于在线实时场景，围绕产品品质而开展的互动。虽然平台电商也具有消费者之间的信息互动，但社交电商的这种互动性更强。而且，不管是卖家与买家的互动，还是买家之间的互动，都有利于消费者在做出购买决策前更全面地了解商品信息，也利于扩展用户的社会关系，从而形成产品信息加速扩散的发展进程。

(2)需求被动性。平台电商的购物流程呈现“消费者产生购物需求—搜索商品信息—筛选商品—购买决策—完成付款—确认收货”的行为流程,用户在网上搜寻商品信息是因为其对某功能商品有主动需求。而社交电商的发展,打破了这一传统流程,用户不再因为需要某功能的商品而主动搜寻商品信息,潜在消费者使用社交电商类平台时并没有特定的购物需求,他们在进行购买行为之前,更多地被某一优质内容吸引,抑或被社交网络中个体的推荐、分享行为引导,也可能是被某一网络社群当中的分享行为影响。换言之,社交电商是一种基于内容和社交网络的购买需求被动激发的电商模式。

(3)内容自生性。社交电商的鲜明特征在于以用户社会网络关系为流量来源,而不完全依赖电商平台提供流量,学者们将其归结为“去中心化”的特性。之所以如此,是因为随着数字技术延伸在线社交形态的创新,内容自生成已成为越来越普及的互联网产品形态。在此过程中,社会电商形成了一种利用社交媒体工具来传播商品信息并引导消费者购买行为的电子商务模式,即卖家不再单一依靠打造产品品牌获得消费者信任和消费偏好,而是通过自身社交网络的信任关系,或者通过产品内容的直接呈现,抑或通过创造具有吸引力的内容以吸引流量,实现消费者注意力从社交路径转移到产品。具体表现即卖家通过数字技术平台呈现产品内容,消费者分享购物体验、推荐或评论商品。这些自生性的内容将在消费者中不断传播扩散,进而助力产品销售。

(4)信息双向传播性。传统电商的信息传播方式是由商户主动向消费者介绍,消费者获取产品信息的渠道单一。而社交环境下,用户做出购买决定之前,会充分了解商品的质量信息,用户往往通过查看商品的历时交易信息、历时评价来判断商品质量,而基于社交关系的评论、推荐信息更易被用户信任和采纳;在购买商品行为完成之后,用户亦可分享自己的购物经历和使用感受,从信息接收者变成信息发布者,同时实现信息的双向传播。除此之外,在直播电商形态中,消费者可以与卖家基于呈现的商品品质直接进行交流互动,卖家实时呈现并解答消费者对产品品质的疑问,进而在这种双向互动中打消消费者对于产品购买的疑虑。

(5)信任传递性。信任影响消费者的购买意向,因此扩大商品的被信任度对商家而言至关重要。社交电商有利于促进消费者对产品品质信任的增加,而这种增加过程的逻辑在于,社交电商能够通过社交网络关系信任,或者出于对卖家(典型如主播)的个人信任,实现社交网络关系信任和个人信任代替产品品牌信任的转变。而且,社交电商还能够借助社会化媒体平台,将消费者以自发分享、转载、推荐等方式呈现的对于某一卖家或产品的信任,通过社会网络关系扩散传递给其他潜在消费者,而这种信任传递路径能进一步提高信息分享的可信度,从而促进产品信任传递过程的发生。

(二)社交电商的基本逻辑

1. 基于优质内容提供流量入口

在社群电商中,内容具有媒体属性。随着移动互联网的出现与发展,人与人之间的交流和协作不断地加强,同时也使得信息的产生和传播效率大幅度提高。如今,在人人都是媒体的一种社会化关系网络中,企业或者个人发布的内容即可为广告,优质的内容是非常容易产生传播效果的。从产品的研发、设计环节开始,到生产、包装、物流运输,再到渠道终端的陈列、销售、产品以及售后,每一个环节都可能产生优质的内容。在社群电商模式下,这些优质内容就可以让消费者和潜在用户自发地传播。而这些包含品牌信息的内容，就会成为最好的软性广告。它们在潜移默化影响更多消费者的同时，还能成为流量的入口，为品牌带来忠实粉丝和消费者。更进一步看，内容是社群电商的关键部分之一，它不仅仅是一篇文章、一段视频、一张图片、一次活动等，任何可以为社群成员提供学习、欣赏和使用价值的载体都可以被称为内容。随着网速的加快，语音、直播、视频等内容通过一个具有极低门槛的传播方式被输出。如果能充分利用产品、创始人、员工、活动等，一切都可以成为内容的载体。所有的内容都要变成文字、精美的图片、有氛围的视频等形式，才能在各类媒体、社交平台、社群内实现快速传播。

2. 基于社群关系累计流量

在社群电商中，社群是具有关系属性的。这里所说的社群是指一群被商业产品满足需求的消费者以共同的兴趣爱好、共同的价值观为基础组成的固定群体。即社群是由志同道合的消费者组成的，它具有去中心化、兴趣化以及中心固定、边缘分散的特性。内容营销可以通过创造或分享媒体内容来获取和维持目标消费者的关注，也可以通过发布有价值、高度相关、持续性的内容吸引和培养潜在消费者。通过与文化内容密切结合，采用设计、互动等差异化形式产生共鸣，形成流量入口，建立信任，达到产品或品牌受认同的目的。好的产品或内容如同一道锋刃，能够打开并满足用户的需求，但无法有效地沉淀粉丝用户。因此，社群就成为沉淀价值的必需品，而基于社群的商业变现则是衍生盈利点的主流方向。

3. 以商业属性实现流量变现

社群的背后不单是粉丝和兴趣，还承载了非常复杂的商业生态。究其根本原因，就是人社会化的必然性，即现在我们关注的社群生态是基于商业和产品的，以互联网为载体进行跨时间和地域的扩散。商业社群生态的根本价值，是实现并满足社群中不同层次的消费者的需求。在社群电商中，商业是具有交易属性的。其根本就是基于商业和产品的社群生态，以打破时间与空间的互联网为商业载体，实现产品或商业价值；其本质价值，是针对不同的社群成员，提供不同的价值满足，促使用户得到好的体验。其商业本质就是以用户为主导的C2B(consumer to business)商业模式。所谓的C2B，是互联网经济时代下新的商业模式，也是电子商务模式的一种，即消费者到企业，这是用户需求驱动的产品生产模式。通常情况为消费者根据自身需求定制产品和价格，或让消费者主动参与产品设计、生产和定价，其中产品、价格等彰显消费者的个性化需求，生产企业进行定制化生产。具体来说，我们通过内容吸引粉丝，提供粉丝相关属性匹配度高的商品和服务来实现流量变现。关键点是提供的产品和服务要与受众的兴趣、关注点及人群属性有较高的匹配度。

(三)社交电商的现实问题

1. 信任机制存在缺陷

虽然社交电商基于社会网络关系构建用户信任传播，促进农产品销售，但从本质来说，这种信任传播机制在一定程度上存在着隐匿性和投机性等缺陷。就社交型电商、直播型电商等类型来说，消费者传递商品信息更多是出于追寻更低价格和出于对主播的认同，因此，在这种过程中具有一定的盲目性。之所以如此，是因为这些类型的社交电商是社交关系信任先于消费购买体验。除此之外，消费行为后的社群留言互动似乎更具有可信性，但由于网络匿名特性，留言很容易被收买而涌现大量的虚假分享，抑或真实分享也可在卖家给予的经济补偿面前做出改变，从而使得购买后的分享行为真假难辨，造成了消费者的疑惑，甚至是对于产品的不信任。

2. 缺乏有效的供应链平台和必要的售后保障

由于社交电商属于新兴的电子商务模式，并且在农产品信息传播速度和效率，以及产品供应链的广度等方面都是空前的，这对社交电商企业开展供应链管理，进而有效满足消费者需求方面提出了较高的要求。表现为不仅要对可能存在的庞大社交网络进行管理，还要对合作厂家进行管理，形成稳定高效的供应链体系。除此之外，消费者在所购商品出现问题时，难以及时通过网络平台有效解决所购商品存在的诸如产品质量、外观、时效等问题，售后服务得不到有效保障，无法及时维护自身的权益。之所以如此，是因为社交电商明显的去中心化属性，使得社交电商平台或者发起企业难以对整个社交电商体系进行管理和服务。

3. 透支熟人信任

在社交电商的这种农产品信息传递过程中，由于消费者更多利用自己的社会网络关系传递产品消息，以获取传递结果带来的某些增益，因而给他人造成了不必要的困扰，表现为传播对象在一定程度上呈现一种被迫参与的情境。除此之外，哪怕是出于自身兴趣进行的农产品内容自创并传播的行为，也很难做到完全无商业逻辑蕴含其中，即社交电商的社会网络关系信任传递很容易出现熟人信任透支问题。进言之，社交电商容易呈现 UGC(user generated content，用户生成内容，也叫作用户原创内容)伦理失范问题，表现为存在用户价值观扭曲、UGC 内容虚假、透支熟人之间的信任等现象(熊恒晓，2017)。

(四)社交电商的发展对策

1. 加强对社交电商的规制

针对社交电商信任机制代替传统商业模式中的品牌机制，参照传统商业中对于虚假广告行为的严格规制，应该对消费者购买行为前的社交网络传播行为做出规定，对于故意传播虚假信息，或者出于利益诉求对虚假产品信息进行非故意传播并造成消费者损失的行为，在政策法规上进行明晰。对于商家购买虚假网络评论、回复、互动等的行为，应该对商家进行严格的处罚，在源头上防止虚假产品的社交传播。对于消费者自发产生的虚假传播行为，应将管理责任归结到网络社群，由网络社群根据真实调查进行精准有效管理，对于故意不作为的网络社群，对相关责任人进行相应的处罚，从而减少可能出现的消费者自发传播虚假农产品信息的空间和可能性。

2. 加强社交电商供应链体系建设

对于直播型电商和社区型电商，应重点针对大量消费需求对农产品供应链管理能力造成的压力，提升农产品生产、物流、销售等整个供应链的管理能力，从而实现消费者产品供应的高效、便捷、优质；对于拼购型和分销型电商，由于每个消费者都可以成为农产品信息传播的一个重要节点，甚至可以将每一个消费者看成供应链体系的组成部分，因此，不仅要提升农产品生产、物流、营销等链条的管理能力，防止断链的发生，而且应转变理念，将参与信息传播的消费者纳入供应链管理，从而提升消费者产品供应能力和售后服务能力，以及消费者自发农产品信息传播的质量。

3. 加强农业产业提质升级

虽然部分消费者讨厌被动地接受商业逻辑，通过“私人领域”进行被动传播，从而导致消费者信任在这种传播中被不断投资。但更一般意义上的在于，农产品品质不稳定特性与社交电商私人领域传播造成张力，使得部分消费者对于社交电商形成了显著的不信任，并且为社交电商贴上了负面的价值标签。因此，解决路径在于促进农业产业提质升级，通过促进农业土地流转，推进农业规模化生产，投入资金、技术、人才等，实现农业的规模化、标准化、品质化发展，从而在源头层面保障农产品社交电商信息传播的优质性，使消费者在接受这种社交属性的农产品信息传播过程中，真正能够获得优质的农产品和良好的消费体验，从而破除存在的信任投资困局。

专栏 9-2

拼购型：拼多多①

1. 农货大规模进城，产销无缝对接

拼多多创立初期，农产品便是平台核心类目。拼多多团队很早就发现，“拼”的模式，能在短时间内聚集海量需求，迅速消化掉大批量的当季农产品，为中国农业突破“小而散”的分散化制约提出新的答案。

通过“拼农货”模式，拼多多为分散的农产品整合出了一条直达 4.185 亿用户的快速通道。经由这条通道，吐鲁番哈密瓜 48 小时就能从田间直达消费者手中，价格比批发市场还便宜；一度滞销的河南中牟大蒜，打包卖到了北京，价格只有超市的四分之一。经由这条通道，平台将全国贫困县的农田，和城市的写字楼、小区连在一起，成功建立起了一套可持续扶贫助农机制。

依托创新的“拼农货”模式，拼多多解决了传统搜索电商场景下，农货被动等待搜索、销量难以持续的普遍性难题，通过主动向 4 亿消费者呈现“产地直发”优质水果的方式，帮助“小农户”连接“大市场”。

对此，北京工商大学商业经济研究所所长、中国流通三十人论坛(G30)专家洪涛分析认为：“新型电商模式的出现，对农产区和市场进行了双向渗透，从而进一步解决了农货产销结合的问题，打通了一条可持续的上行通路。”

“深入各大产区的过程中，农货团队遇到了两个普遍难题：一是贫困地区的上行基础设施薄弱，快递物流吞吐量较小，部分贫困县的农产品要运输到地级市才能进行有效集散，不仅错过了农产品的最佳成熟期，也由此产生了大额冷链及仓储成本，无法形成价格优势，只能靠固定补贴维持。”达达表示：“二是贫困地区懂电商的青年人稀缺，较为依赖外地客商，很难形成该地区的‘内生动力’。”

基于上述普遍问题，拼多多于 2017 年底全面践行“人才本地化、产业本地化、利益本地

① 案例来源：李乔宇. 拼多多发布 2018 扶贫助农年报，农产品销售额达 653 亿，同比增长 233%. (2019-03-05)[2021-10-05]. http://www.ce.cn/xwzx/gnsz/gdxw/201903/05/t20190305_31618190.shtml. 有删改。

化”策略，并通过“多多大学”和“新农人返乡体系”，带动有能力的特别是受过高等教育的青年人返乡创业。

2018 年，拼多多平台开店数量最多的 20 个贫困县中，西藏城关区、河南镇平县、安徽寿县、湖南邵阳县、江西上饶县、湖北麻城市、安徽望江县、河南虞城县、西藏日喀则市等 9 个县市区，拥有最多的返乡新农人。

基于新农人主导产地农产品集聚、分级、加工、包装工作的梳理和整合，“拼农货”模式有效推动了覆盖产区实现增收，使得乡村常住人口中包括老人、妇女在内的非技能型人口，可以通过出租土地、被雇佣的方式，获得更多的收入。

2. 孵化 13 款百万＋“冠军农货”，带动产业下沉

为了充分保障新农人及农民的收益，2018 年度，拼多多累计投入 86 亿营销资源，持续加大关键地区农货上行扶持力度。在此带动下，2018 年，拼多多平台累计诞生 13 款销售百万＋的冠军单品，以及超过 600 款销量 10 万＋的爆款农货，由此孵化出了一批带有地理标志的新农货品牌。

拼多多扶贫助农报告显示：销量过百万的“冠军农货”中，雪莲果、芒果、百香果、大蒜、小黄姜等名列前茅。此前，雪莲果、百香果等非传统消费类水果，在“拼农货”体系的推动下，已成为北上广深等一线城市消费者的新宠。

除挖掘新消费市场外，拼多多“农货上行”还呈现两大趋势：一是批发采购订单量激增，二是乡域、县域农副产品加工业显著升级。

随着农产品需求量的攀升，区域性农副产品产业实现快速升级，乡村车间、县域加工产业集群扎堆涌现。拼多多扶贫助农报告显示，2018 年度，平台新增林特花卉苗木等特色农产品商户超 8 万家，绝大部分注册地址为农村地区。

此外，在新农人的带动下，部分县域农副产品加工业显著升级。相关产业链的下沉，不仅丰富了当地的轻工业体系，创造了更多的就业岗位，也持续提升覆盖地区农户的收益。

由拼多多新农人发起的湖南省宁乡市某“外婆菜”产品，是此类产业升级的案例之一。自去年 4 月于平台上线以来，已实现单品销售超过 500 万，原材料采购覆盖 300 余农户，其中包括 75 户建档立卡扶贫家庭，每户年创收达 2000 至 20000 元。

在拼多多新农人的带动下，部分县域农副产品加工业显著升级，县域热门农副产品加工地的封装打包生产线，已实现 24 小时运转。

“双十一”“年货节”等大促期间，县域热门农副产品加工地的封装打包生产线，24 小时运转，十几辆物流车轮流“待命”，已成为普遍现象。

专栏 9-3

分销型：归农①

归农社交电商模式，以“中央仓储、万店同源”方式实现了高效的在线连锁运营，以独有

① 案例来源：商界杂志. 归农如何用内容电商模式颠覆传统商业逻辑. (2020-01-05)[2021-10-05]. https://www.sohu.com/a/364887459_465566. 有删改。

的“社群＋社团＋社区”的分销体系方式，通过“社群社团化、社团本地化”进行内容营销、销售布局，让真正天然的好产品有人信、有人买，通过市场来倒推农场，为乡村振兴做出努力。

1. 社群营销情感真挚

归农是国内首创的内容电商模式，归农的营销模式以社群为基础。因为“物以类聚，人以群分”，共同的话题、理念和消费体验，会使消费者产生高度的自我身份识别和高度的相互认同。用社群把他们凝聚在一起，让他们有归属感，也便于统一进行内容输出和交流成长。就像很多过着平凡生活的家庭妇女，通过归农不仅能成为志同道合的好姐妹，还能由此获取非常可观的经济利益和创造一定的社会价值。

通过社群的辐射，归农还将大量落地全国各城市居民社区，用地推方法，将左邻右舍吸引到归农平台之中，同时在归农会员中成立各种社团，吸引外部的爱好者，也植入各种外部社团，将外部社团优势转化为归农的优势，用“社群＋社区＋社团”，深度拓展归农阵地。

此时产品广告、品牌广告等都不需要了，人际传播就是最好的广告，消费者信任归农，平台上的产品就不需要过度包装，因此产品的成本可以降到最低，从而使商业“回归本质”。归农就用这种信息对称的方式，利用互联网趋零的传播成本，使过去滞销的各地农产品，实现大规模销售，实现了商业模式的逻辑闭环，彰显了助农兴农的公益人文情怀和普及生态农产品的商业理想，具备了一种强大的正能量的感染力。

2. 信息对称赢得人心

传统农产品商业模式有一种痼疾，农业与市场之间存在重大的结构性矛盾，农业不了解市场，市场不了解农业，二者信息不对称，产销脱节，“丰收成灾”屡见不鲜，太多市场潜力巨大的好产品走不出当地，变得一文不值。同时，新时代“消费升级”的社会趋势，又使人们对农产品的优质、环保要求空前提升，但是因为信息不对称，符合市场需求的优质农产品，还是难以出现在合适的市场上。

为此，归农会通过实地考察调研，将优质产品的生产知识、历史故事、人文情怀等所有真实内容，包括实地“鉴证”的活动现场，制作成“有料有趣有爱”的图片、视频、文字等内容，在移动社交平台上广泛传播，以丰富透明、真实可靠的信息，打消人们的疑虑，从而改变消费者的认知和偏好，激发消费欲望。同时，由于信息高度透明，产品价格就不可能虚高，对于货真价实的好产品，消费者使用之后，甚至尚未使用就会主动向朋友推荐。

此时消费者不仅会向朋友推荐归农的原创内容，还会分享自己的使用体验，从而实现“内容众创”。这时他会因为有参与感而更加倾心，而且他成了一个自组织，显现为“量子态”——高度活跃且内容丰富地自主构思，自主创作，自主传播。同时因为每个人制作的内容不同，就会有无数种主题相同而内容不同的二次创作内容，成千上万的二次创作内容在成千上万的朋友圈中广泛传播、交互，进而三次四次更多次地再创作再传播，形成铺天盖地的网络交互传播之势。

这时归农在移动互联网上的形态，就显现为成千上万个开放的话题信息，遍布在移动互联网上任何一个可能的地方，这时移动互联网的形态，就等于归农的形态——也就是量子世界的形态，也是量子时代“个体崛起”的显现。人的无限可能也尽显于此，商业信息交互的可能也尽显于此。消费者的众创传播，自然是他在朋友之间的一种信任背书，潜台词是，“我以你朋友的身份，向你推荐这款我信任的好产品”，这时朋友的信任、产品与归农三者之间，就画上了等号，推荐产品即推荐归农，产品所到之处，即归农所到之处，下单成交就顺理成章。

这就是归农内容电商模式优越性的一种表现，也是信息对称的一种表现。使得“不负农人苦心，分享自然真味”的传播，一让人接触就能立即赢得人心。

专栏 9-4

直播型：村播，来自下沉市场的“绝地反击”①

QuestMobile 报告显示，我国下沉市场用户规模超过 6 亿。无论是移动互联网人均使用时长还是用户增长速度，下沉用户均领先于非下沉用户。

在商家、资本、平台眼里，这里更是一片片诱人的宝地。来自市场上游的他们纷纷举旗呐喊，叫嚣着要“狂揽五环之外，收割小镇青年”。拼多多、快手、趣头条等平台的加速崛起也见证了下沉市场巨大的流量和商机。

这片被打上“低端、平价、朴实”烙印的市场是否只能被上游收割，一群来自下沉市场的村播们打响了反击战。他们出现在田间地头、竹林果园、鱼塘海边，举着和周边环境看似格格不入的手机，介绍并售卖着面前的农产品。

大嗓门、无滤镜、不加修饰、浓重的口音……村播主播也许是淘宝主播中最特殊和最多样化的一个群体。他们穿梭在下沉市场的毛细血管中，担当着乡村和消费者之间交换产品的红细胞。而村播们的直播间，正是下沉市场最淳朴初始的样貌。

1. 城市包围农村，外贸精英回乡卖雷笋

物价上涨的 2019 年，许多人失去了水果自由。在大家因为囊中羞涩而不敢踏进水果店的同时，农村歌王小军哥正目睹着一番完全不一样的场景。

盛夏，知了在枝头上叫得畅快淋漓。这是山西运城一个果园，田垄齐整，果树茂密，枝头上挂着的水蜜桃娇嫩欲滴。果农们却并没有丰收的喜悦，眼里布满了焦虑和不安。当地的水蜜桃滞销了，只能任凭大量成熟的果子烂在地里，收购商也见机压价。

小军哥用一场直播解决了果农们的焦虑。

做村播前，小军就职于义乌的一家外贸公司。他凭借着一口流利的英语和法语，在 2003 年的时候就收入颇丰、月薪过万。每天衣冠楚楚，还经常和外国人打交道，在老家长辈们眼里小军的工作体面又高级。但他如今却戴着头饰、穿着鲜艳的衣服、对着手机举止夸张地唱歌跳舞。“我现在一个月工资还没十五年前高，很多人都不太理解。”

小军的村播之路，是从《舌尖上的中国》介绍过的雷笋开始的。小军的老家在江西省上饶市万年县，在这里，许多村民守着一片雷竹林赖以为生。雷竹的主要收益是雷笋，每年春天村民们都会在笋子变老前，发动全家劳动力上山挖笋、制作笋干。小军的父亲也不例外。

做干货是一件极耗精力的事情，二三十斤的鲜笋只能做出一斤的笋干。但笋农的文化水平普遍不高，再加上市场闭塞、销路单一，在售卖笋干时他们十分被动。“许多收购商给的价格都非常低，十块、十五块就把笋子收走了。”小军愤愤不平。

2017 年，他做了一个大胆的决定，辞职回乡开淘宝店。他用收购商两倍的价格去购买

---

① 案例来源：奕琦．村播，来自下沉市场的“绝地反击”．(2019-09-05)[2021-10-05]．https://xw.qq.com/amphtml/20190905A0P5LB00．有删改。

优质的干货，再通过电商渠道售卖。“一开始我的父母们都不相信，会有人从手机里买东西，他们都觉得是骗人的。”

一年后，小军又开启了淘宝直播的业务。野炊烧烤、进村收货、上山挖笋……粉丝们透过直播间看到他的一举一动。“没有花一分钱推广费，店铺的销量在一个月内翻了两倍!”

在积累了一定的粉丝后，小军有了更大的野心。除了江西，他的身影还出现在了湖南、湖北、陕西、山西等地的村子里。他也不再拘泥于卖笋干，还卖起了辣椒、小土豆、西红柿等其他农产品。

山西运城果园里，他和几个村播小伙伴卖出了50万斤桃子，帮助1000多户果农减少损失。“我们就像打了鸡血一样，嗓子都喊哑了。”小军从城市回到了村子，又通过淘宝直播将部分农产品带回了城市。

2. 下沉市场，一股不可小觑的力量

通过电商模式让农产品走出乡村，早已不再是一件稀奇的事情。淘宝发布的《全国地方特色农产品上行报告》显示，来自天南海北的特色农产品正在加速“入淘”步伐，截至2018年，淘宝天猫上地方特色农产品数量逾2900种。

“土”在大众认知里是一个贬义词，但对村播却是个再好不过的褒义词。“土”意味着天然、无害、少加工，但“土”也意味着封闭，远离消费市场。村淘主播们在其中起到了桥梁作用，对接了农村和消费市场需求。

村播是一份新兴职业，也是下沉市场一股不可小觑的力量。7月23日，“村播计划”正式启动百日，累计共开展村播近5万场，参与用户超过2亿。8月15日，第二期“村播日”上线，全日整体成交718万，开播场次906场，成交件数12.1万。

和美妆、穿搭等精致的直播间不同，村播直播间散发着淳朴自然的气息。溯源直播，是他们最大的特点。主播们向粉丝展示生产地或制作过程，不加修饰的画面建立了相互的信任感。

农村主播的真性情同样不需要滤镜。没有脚本，鲜少客套的话术，村播们凭借产品打开市场。和大流量主播相比，村播的粉丝基数和观看量并不多，但他们的转换率却十分惊人。农产品的客单价低、消耗量大、粉丝回购率高、主播黏性强。千把观看量就卖空库存的情况在村播中并不少见。

撇开物理层面，村播也包含了精神寄托。无论是精准扶贫的献爱心，还是消费者对自然的向往，产品天然具有购物驱动力。许多村播由于长期与农业打交道，他们对产品的了解也不仅仅浮于表象，直播时能如数家珍地介绍生长周期、制作过程、传统故事等。

专栏9-5

社区型：淘菜菜[①]

淘菜菜隶属阿里旗下社区电商事业群，是阿里社区电商对外的统一品牌。阿里社区电

① 详见：林寰宇. 社区团购：精益运营，徐图进取.（2022-04-14）[2022-05-14]. https://www.djyanbao.com/report/detail? id=3038309&from=undefined.有删改。

商事业群由零售通旗下社区团购业务及盒马集市整合而成。其中，零售通业务成立于2016年5月，是阿里B2B事业群下针对线下零售小店推出的B2B进货平台，为小店店主提供订货、物流、营销及其他增值服务。盒马集市成立于2020年10月，是阿里早期社区团购探索的团队之一，隶属盒马事业群。2021年9月14日，据阿里社区电商在湖南的发布会，阿里将其社区电商平台正式升级为“淘菜菜”。

淘菜菜依托阿里生态资源，业务多点协同。其优势在于以下几点：

1. 手淘、淘特为其导流，淘菜菜反哺助力生鲜日杂品类渗透

阿里旗下国民级APP手淘、淘特为淘菜菜精准引流。淘菜菜目前共有4个入口，分别为手淘、淘特、支付宝小程序以及微信小程序，手淘、淘特均在APP首页为其开放入口。得益于国民级APP为淘菜菜业务的导流，淘菜菜用户得以快速成长。

2. 淘菜菜整合阿里生态供应链资源，建立自有供应链体系

除原有的零售通供应链资源，淘菜菜还整合了盒马、阿里数字农业事业部的生鲜品类、大润发的商超品类以及淘特与1688的日杂广货资源。淘菜菜的供应链体系并不是各供应链资源的简单加总，据淘菜菜供应链管理负责人金蝉，淘菜菜会将阿里生态内的各供应链资源进行分层，针对不同的用户需求进行分类，尽可能满足家庭生活消费需求。

3. 串联阿里仓配、物流基建，布局多级履约网络

淘菜菜主要利用了菜鸟积累的物流商资源，快速开仓，建立配送网络。依托阿里集团完善的仓配体系及物流基础设施，淘菜菜将原中心仓至网格仓的两级履约网络升级为混合多层级式网络，实现覆盖面积、履约时效及运营效率间的平衡。在供应链环节，淘菜菜依托阿里集团于2020年建成的五大产地仓及1000多个县域物流共配中心，解决了农产品最先一公里的运输问题；在履约环节，淘菜菜与菜鸟网络进行协同，借助菜鸟的物流园区优势拓展中心仓，同时凭借旗下的菜鸟乡村及通达系加盟商完善网格仓网络及配送服务。

四、新零售

（一）理解新零售

1. 新零售的基本界定

“新零售之轮”理论是“新零售”的理论来源，是由麦克奈尔在1958年提出的“零售之轮”理论发展而来的。“零售之轮”理论阐释了零售业态的变化，一经提出就得到了广泛认同。该理论认为，零售业普遍采取低成本、低价格和低毛利进入市场的战略，通过低价格成功进入市场之后，迫于激烈的市场角逐，零售企业会不断提升服务质量，并逐渐和已经进入市场的传统零售商一样具有高成本、高价格和高毛利，吸引新一代零售革新。

“新零售之轮”理论认为，技术革新可以帮助零售企业和整个零售业内部摆脱价格竞争，零售业应该不断进行技术革新，使企业提升物流配送的效率、有效地控制成本、提升信息管理的水平，这样才能推动零售业进入发展新阶段（中西正雄，1996）。“新零售之轮”理论指出依靠“低成本、低毛利、低价格”进入市场的方式不是唯一的，任何竞争优势都有可能产生新

业态,“新零售之轮”重点在于技术革新,新型业态只有具备了技术革新的优势,才能成为主流业态。

随着互联网技术发展,消费升级,新思维新思想出现,传统零售领域发生重大变革,实体零售业纷纷开拓线上渠道,电商企业则抢占线下市场,零售业不断打破原有界限,沿着线上线下加物流的方向融合发展。2016 年 10 月,马云出席云栖大会时首次提出“新零售”的概念,引发社会广泛讨论。马云口中的“新零售”,是依托互联网技术,通过运用大数据、云计算、人工智能等先进手段,实现线上服务、线下体验和现代物流的融合发展。因此,所谓的“新零售”就是“线上+线下+物流”。2017 年 3 月,阿里研究院发布的《C 时代 新零售——阿里研究院新零售研究报告》中也对“新零售”进行了明确的界定,即“‘新零售’是以消费者体验为中心的数据驱动泛零售形态”,并且具有三大基本特征:以人为本,掌握消费者需求重构人货场,实现从“货—场—人”到“人—货—场”的转变;零售二重性,从物理化和数据化二维角度考虑“新零售”;零售物种大爆发,孵化多元零售新形态与物种。杜睿云等(2017)指出,“新零售”的核心是实现线上线下的一体化发展,关键在于线上电商平台与线下实体零售店要形成合力,这样才能实现价格消费时代向价值消费时代的转型。赵树梅等(2017)认为,“新零售”是有别于传统零售的一种新业态,“新零售”是依托互联网技术和思维,对传统零售方式进行改良,以将货物和服务出售给最终消费者为目的的活动。蒋亚萍和任晓韵(2017)将其概括为,利用互联网技术,线上线下融合,构建“店商+电商”的经营格局,实现零售创新。王帅(2021)认为新零售是由供货商、经销售、品牌商、物流商和信息服务商为主导的复合型供应链流通模式,具备良好的线上和线下融合机制。乡村消费市场是国内市场的重要组成部分,王美美(2021)认为乡村新零售是以大数据技术、人工智能及物联网等技术为依托,结合区域消费水平、消费行为、消费习惯等,将乡村消费市场与新业态新模式融合发展。

虽然学者们对“新零售”的认知有所差异,但基本上达成了共识,即“新零售”是企业依托互联网,利用大数据、人工智能等先进技术,实现商品的生产、流通、销售各个环节的升级。这种线上线下与智慧物流深度融合的新零售模式,旨在强化用户体验,提升零售企业运营效率,促进零售产业转型升级。而农产品“新零售”则是“新零售”在乡村产业应用的结果,即农产品新零售的概念是乡村产业和新零售融合后的概念域。

2. 新零售的主要特征

新零售作为零售业发展的新业态,代表着先进的零售模式,其特征主要表现在以下 3 个方面:(1)以人为本,关注消费需求。随着现代生活水平的提升,人们的消费能力与消费意愿随之增长,高端需求越来越多,消费结构转型升级。同时消费主力军也变为“90 后”“00 后”,他们作为互联网的土著,消费特征表现为购物移动互联化、个性化、碎片化、便利化,也更加注重方便、快捷、情感等方面的消费体验。“新零售”应从关注用户体验出发,注重消费互动,营造消费氛围,从开放式服务创新入手,提供消费全过程的优质服务,形成体验式消费场景。(2)线上线下全渠道构建。“新零售”的发展是线上线下的深度融合,是多种类型渠道的整合,通过打造全渠道购物体验,满足顾客多样化的体验需求。业界将其概括为“$1+N+n$”的运营模式,即同种品牌的商品拥有多个渠道(N),提供线上线下的各种服务(n),使得实体门店、电商平台和移动应用渠道融合在一起,以满足消费者在任何时间、任何地点、任何方式的购买需求,形成全渠道的无差别服务体验。(3)行业跨界融合,多元化零售。借助互联网技术,物流业、文化娱乐业、餐饮业等多元业态均延伸出零售态势,有望孵化产生更多的零售物种。(4)生态性。商业生态体系是由生产者、消费者、分解者、协调者、外部环境所构成的自循环系统，各角色相辅相成、互相依赖，共同推进生态体系不断进化。新零售作为一种更为高级的商业生态，为消费者提供多元化的服务种类，包括线上线下一体化购物体验、便利性支付、高品质产品供应等，将大数据等新兴技术应用在日常运营管理中。

3. 新零售的主要类型

(1)城市农产品新零售。城市是支撑新零售发展的重要力量，不但是承载新零售实践发展的基础，还是落实国家政策的载体，为新零售产业和企业的发展提供环境、奠定基础、准备条件。2018 年 4 月 26 日，阿里巴巴集团提出打造“新零售之城”的概念。“新零售之城”的本质是以新技术为驱动，对商品全链路进行数字化重塑，提升商业效率、优化生活环境。新零售理念与农产品营销融合是时代发展的必然，城市新零售以农产品为主，线下实体店提供消费场景体验，线上的宣传优势有利于实现品牌的推广和营销，“智慧门店”是城市新零售发展的特色。根据 DT 财经在 2018 年 4 月发布的《2018 年中国“新零售之城”发展报告》，上海排在中国新零售城市的首位，盒马鲜生以及星巴克等国际品牌相继在上海开设智慧门店，大规模应用 AR 购物、云货架等技术手段，打通了线上线下的渠道和服务。杭州是最具典型意义的“新零售”诞生地，创新实践和政策包容是其发展新零售的突出优势，其线上服务功能开通数居全国首位。

(2)乡村新零售。乡村新零售是乡村消费的体现，是新业态新模式在乡村消费市场的开拓及发展。乡村新零售以大数据技术、人工智能及物联网等技术为依托，结合区域消费水平、消费行为、消费习惯等，将乡村消费市场与新业态新模式融合发展。伴随着互联网经济的普及、电子商务的发展，农村消费由“自给自足”的传统消费方式发展至开放化、市场化的现代化消费方式，由传统的线下消费方式向“线上＋线下”消费方式转变，推动着乡村新零售的发展。具体表现为以下四种模式：一是“熟人经济＋多功能便利店”乡村新零售模式，利用乡村小店、村镇夫妻店等当地区位优势，鼓励乡村当地小店加盟乡村新零售联动平台，推动乡村小店、村镇夫妻店、乡村小超市等当地小店数字化转型升级，实现乡村消费市场与新零售消费模式融合发展；二是“线上＋线下”新零售模式，推行乡村小店“熟人经济＋数字化”微物流，打造“熟人经济＋数字化”现代农村小微主体，开展“线上＋线下”双线新零售服务，助推农村消费需求下行及农产品生产上行，构建“熟人经济＋数字化”农村消费新业态新模式；三是农超对接模式，互联网企业通过搭建网络平台连接农业生产者(包括小农户、农民专业合作社或其他涉农组织)和超市，及时将超市面对的市场需求信息反馈给农业生产者，协同第三方物流企业为指定超市提供优质足量的农产品；四是新零售农村电商模式，基于新服务体系、新生产要素、新基础设施，构建由村民、合作社、农企、政府、渠道服务商等组成的线上线下全渠道，运用云计算、物联网等数字化技术构建以农村大数据为核心的农村电商生态体系。

(二)新零售的基本逻辑

1. 信息技术驱动

新零售模式发展的主要驱动力是现代信息技术。近年来，信息技术的发展和智能手机的普及，对人们的生产和生活产生日益显著的影响。人工智能、物联网、大数据、云计算、互联网金融、智慧物流等信息技术的发展，促使商品、资金、信息等零售环节不断优化升级，从而推动了零售业的数字化进程，最终实现整个零售生态系统的价值链重塑。区别于传统零售的新零售深刻把握数据与商业结合的逻辑，利用消费方式逆向引导生产变革。数据驱动是新零售的显著特征，因此，新零售的发展离不开先进的互联网技术。

2. 消费升级驱动

我国目前正处于消费需求急剧变化的新时代，消费主体、消费方式、消费结构、消费观念等纷纷发生颠覆式变化，对零售业的发展提出了更高的诉求。进入21世纪以来，中国消费主力逐渐由60后转为70后、80后，并展现出向90后和00后一代迁移的趋势。从消费方式来看，互联网的"迁移者"70后、80后及"原住民"90后、00后对网络零售的依赖不言而喻，对实体零售的场景化、休闲化需求同时并存；从消费结构来看，吃穿住行用消费样样升级，同时美丽消费、娱乐休闲消费、教育医疗消费等享受型、高端型消费趋势更为突出，单一的消费方式已难以满足日益提升的消费诉求，线上线下协同是必然趋势；从消费观念来看，"新新消费者"消费的从众心理逐渐淡化，而时尚、绿色的品质化消费及定制化、DIY的个性化消费趋势日益明显。个性化、多元化的消费需求对传统零售业提出了更高的要求，在消费者需求升级的压力下，新零售模式应运而生。

3. 行业态势驱动

放眼全球，实体零售发展缓慢，亟须寻找新的增长动力。中国实体零售发展处于初级阶段，流通效率整体不高，缺乏知名的零售品牌，实体零售萎靡。而传统网络零售自诞生之日起就存在不能弥补的缺陷，例如，网络消费的体验总是无法与线下实体店消费的体验相比拟，线上购物体验差一直困扰着线上零售业的发展。在向客户提供产品和服务时，与实体店相比，网络零售一直都未能发掘为客户带来真实消费场景与优质消费体验的方式。因此，如何实现传统线下实体零售和线上零售的融合发展成为今后的努力方向，新零售模式应运而生。同时，依托互联网技术，物流业、大众文化娱乐业、餐饮业等多元业态均延伸出零售态势，多元零售形态的涌现也进一步刺激了新零售的发展。

4. 市场竞争驱动

新零售通过"线上线下"结合的商业模式，既具备了线下购物的情景体验感，又具备了线上购物的便捷性，从而形成了零售行业的有力竞争优势。而且，新零售对于农产品供应体系的整合和优化，实现了农产品供应链高效化发展，并为市场竞争提供了有力支撑。在这样的商业模式特征和市场竞争优势特性中，市场主体纷纷抢占新零售发展风口，力图抢占新零售的历史机遇，从而构筑自身的市场竞争优势，满足市场对于新零售模式的消费偏好。在此过程中，激烈的市场竞争使得企业更加希望通过新零售模式促进农产品更快捷、高效地传递到消费者手中，提高消费者和商品的链接效率，从而使得相关主体纷纷投身农产品新零售建设发展过程。

（三）新零售的现实问题

1. 互联网流量红利逐渐消退和消费群体变化快并存

中国互联网络信息中心发布的《第49次中国互联网络发展状况统计报告》的统计数据显示，截至2021年12月，我国网民规模达10.32亿，互联网普及率73.0%，但目前网民增速已经见顶,从侧面体现了互联网流量红利正在消退,预示着我国未来几年网购增速还将放缓。新零售行业的发展,在某种程度上会随着消费者消费结构变化以及经济发展而发生变化。随着我国社会经济的不断发展,越来越多消费者开始产生了多元化、个性化的消费需求,对于高品质商品需求越来越大,移动化、碎片化是其行业消费主体的关键特征,新零售行业需要不断进行转型升级来满足消费需要。

2. 运营管理难和经营成本高并存

传统零售业在进行新零售转型过程中,不仅面临线上和线下的协同管理、多部门利益分配、配送选择等诸多问题,而且传统企业转型新零售的获客成本不断提升,再加上房租等基本经营费用的增加,使得零售企业转型困难。此外,虽然阿里巴巴、京东等领军企业各自的新零售体系得到迅猛发展,但在生鲜超市、便利店等领域面临相似的新零售商业模式和选址布局问题,如何妥善处理竞合关系成为实现新零售模式多主体协同合作的关键。天猫小店、京东便利等因加盟费高、自营成本高、产品滞销、库存成本高或配送难等问题,在快速扩张线下布局的过程中出现了亏损,暴露了当前新零售模式在运作决策中的不足。当前各大企业的战略要点还是以城市为主,乡村和西藏、新疆等偏远地区存在交通不便等问题,使得物流配送成本极高,新零售企业难以在这些地方得到充分发展。而且,这些领军企业还面临着多主体间合作机制不够完善、多渠道库存难以共享以及物流配送缺乏协同等运营管理问题。

3. 自主创新度低和生存环境差并存

从平台的角度看,大型互联网电商平台竞争激烈,更愿意推广大品牌的官方店铺或者开店时间长、成交量大、知名度高的老店铺。不知名的、新开的店铺则很难得到平台推广,缺乏曝光的机会,品牌建设困难,网络环境会进一步加剧马太效应。新零售模式领域的竞争主体包括资本、渠道和品牌制造商,在近十年的发展下,国内基本形成了以阿里巴巴、京东和苏宁易购为代表的综合电商发展模式,现有的竞争环境导致传统零售业转型只能依托于这些大型综合电商平台,而在入驻、销售及售后等环节,零售企业缺少自主权,需遵循大型综合电商平台规定,生存环境恶劣,自主创新度不足。

4. 传统交易营销理念根深蒂固和消费者信息安全难以保障并存

新零售的实质是一种关系营销,要为商家和消费者构筑长久的战略合作关系,而长久合作关系的建立高度依赖消费体验的场景化。目前的零售业中,商家的交易营销观念根深蒂固,消费场景化流于形式,消费者场景体验感极差。新零售与新金融、新技术的融合尚处于成长期,有效保障消费者信息安全仍较困难,在投资环境不成熟、金融法律监管缺位的情况下,新金融自身发展存在诸多问题,而与新技术的融合同样存在产业数字化水平低、数据开放共享与整合度不足等弊病,与新技术、新金融的融合度不足,导致消费者线上消费的黏性不足,也增加了消费者信息泄露的风险。

(四)新零售的发展对策

1. 线上线下协同发展

电商企业与实体零售企业实施新零售战略的最佳路径就是进行合作共享,利用资源优势互补达成融合升级,将风险降到最低,实现线上线下同款同价、线上购物线下取货、线下购物线上发货的全渠道零售。利用大数据等信息技术将销售资源和客户信息数据化,通过线上和线下相结合的方式来实现消费升级、提高零售服务水平。线上线下深度协同是新零售的核心,两者与物流的协同是新零售发展的保障。新零售的主导企业的发展重视线上经营和线下布局,连通实体企业业务,与物流协同表现为扩充自营物流网络,提高物流智能化、自动化水平,利用数据技术赋能物流。

2. 完善优化消费体系

改善商家营销理念,满足消费者多维需求,将线上与线下利益链条进行融合,为消费者提供各种信息媒介完全融合的全零售平台,升级基于互联网体系的信息安全保障机制,保障消费者信息安全问题。新零售的目标就是营造消费场景化,形成重复购买、客户满意、客户忠诚的良性循环。消费场景化的实质就是一种关系营销,旨在为商家和消费者建立一种长久的战略合作关系,凸显新零售满足顾客多维需求的商业本质和以顾客体验为中心的原则。新零售的发展要有利于消费者提高购物效率和购物实绩,为消费者创造更多享乐性、功能性以及社会性购物价值。

3. 深度融合应用新技术

新零售要加强零售生态圈管理,在促进零售生态圈协同上求发展。金融要素市场化的同时金融主体也变得更加多元化,给投资者带来了更多盈利机会,创造了更好的融资环境,为新零售发展创造了更多主体。众多产业生态链资源的开放和共享,再加上线上线下数据资源的结合与挖掘,能够全方位地为消费者提供升级体验。新零售与新技术、新资源、新金融的深度融合为其健康发展打下了坚实的基础,也为消费者的体验增加无限可能。以区块链赋能新零售,并借助其他数字技术的力量,集成多种技术,使新零售通过技术集成构建信息集成的大数据体系。同时,利用好区块链技术,构建新零售生态圈的信息共享机制、交易优化机制、协同发展机制以及环境安全机制,为新零售行业提供一套适用性较强的线上与线下深度融合的联盟体系,让相关行业能够将现有资源进行整合,并形成资源共享的协同发展格局,进而促进供应链的变革与重构。

专栏 9-6

生鲜农产品新零售——盒马鲜生①

盒马鲜生,成立于 2015 年 3 月,是阿里巴巴集团旗下的新零售平台。其将线下实体门店与线上电商平台结合,提供生鲜食品和餐饮服务。快速配送是它的一个特点,即门店附近 3 公里范围内,最快 30 分钟送货上门。2016 年 1 月,盒马鲜生的第一家门店在上海开业,盒马金桥店被业内人士称为"新零售第一店"。近几年,盒马鲜生加速发展,已经在全国布局超 220 家门店,覆盖北京、上海、广州、深圳、杭州等城市。2019 年 6 月 11 日,盒马鲜生入选"2019 福布斯中国最具创新力企业榜"。

1. 线上线下一体化融合发展

盒马鲜生是将线下超市与线上 APP 进行融合重构的一种新零售模式。采用线上下单、

① 案例来源:曹海林,史敏烨. 盒马鲜生新零售模式的发展分析及对策. 中外企业家,2019(31):16-17. 有删改。

门店配送的运作模式，线上APP汇集各类商品，线下门店集超市、餐饮、仓储为一体，为消费者打造一站式购物体验。盒马鲜生的线上零售模式通过自营物流进行配送，消费者在线上完成订单，线下门店接到订单后通过自动化设备进行拣货打包，在半小时内送到消费者手中。盒马建立了包括WMS、ERP和财务、门店、POS、物流配送、APP、会员、支付、营销等的线上线下一体化系统，给消费者一个良好的消费体验，在保证高效率的同时降低了成本。线下门店中设立各类餐饮区域，满足消费者对于实体商品直观体验的消费需求，在获得消费者对于线下产品的信任度后，发展线上下单自然水到渠成。盒马鲜生利用阿里大数据、云计算等人工智能技术，对消费者的购物习惯有着更加清晰的认识，更能从消费者的角度出发，为消费者创造一个舒适的用户体验。

2. 高效的物流配送服务

盒马鲜生除了具有零售模式的创新外，快速的物流配送服务同样为盒马的一大优势。盒马利用大数据、互联网、物联网、自动化技术等构建了一整套物流体系，从供应链、仓储、分拣再到配送，这也是盒马鲜生与传统零售业的一大区别。用户下单后在10分钟内完成打包，3公里内半小时完成配送，在保证产品新鲜度的同时，又提升了用户体验。

3. 不断优化消费者体验

盒马鲜生的目标用户群体是80后、90后的中高端消费人群，他们更加注重商品的品质和服务体验。盒马鲜生为消费者提供多品类的商品，满足消费者多样化的需求。消费者在线下门店购买生鲜食品，可以选择打包回家，也可以选择支付一定的费用，由相应的档口加工后在店内享用美食。此外，盒马鲜生还会开展DIY、品尝等社交活动，打造零售生活圈，和消费者进行互动，提高消费者的忠诚度。

4. 独特优质的产品组合

盒马鲜生虽然采用线上线下一体化的新零售模式，但线上和线下功能却不同：线上要提高各种商品的SKU(库存进出计量单位)，解决物品的丰富度问题，而线下则要给予消费者良好的消费体验，并向线上引流。简单来说，线下负责"体验生活"，而线上则是"发现生活"。盒马鲜生的产品组合从消费者的具体需求出发，满足消费者的即时购买需求，始终为消费者提供好的"内容"，注重产品品质，为消费者提供优质的产品组合。

"盒马鲜生"的产品组合不是以商品的组织为出发点，而是以消费者的具体需求为逻辑起点，零售经营各要素的调整也是围绕该需求主题展开的。这种零售经营形态不同于传统零售业态，而是复合型、集成型、满足即时购买需求的经营形态。新零售从"货—场—人"到"人—货—场"，始终为消费者提供超出期望的"内容"，注重产品品质，不卖"长尾"，只卖"头牌"，提供优质的产品组合。

5. 构建完整供应链

为了满足消费者对生鲜产品质量的需求，盒马鲜生向顶端供应链延伸，寻求质量和成本之间的平衡。在果蔬肉食等产品的选择上，盒马与供应链源头的农场、屠宰场等合作；将次日的销售计划发送给供应商，供应商根据计划进行统一的采摘、包装、冷链运输到门店，再进行统一的包装、定价。这种直接由供应商供货的供应模式降低了传统生鲜供应模式的运输成本，并降低了产品损耗。盒马帮助农场制定种植标准，并对土壤、水源等提出要求。在源头制定统一的标准，这就解决了消费者对生鲜产品的质量信任问题。盒马跳过了生鲜产品的各级经销商，在源头进行了统一的包装和运输，不仅降低了中间损耗，保证了产品的新鲜程度，同时大幅降低了产品成本，使消费者既能享受到新鲜的产品，又能享受到比其他生鲜店低的价格。

五、若干思考

乡村数字化营销的蓬勃发展在推动乡村产业发展、激发乡村经济内生活力、助力农产品销售和农民增收方面展现了令人瞩目的成效。在此过程中，政府出于乡村振兴和农业农村优先发展的政策合法性诉求，对于乡村数字化营销发展给予了高度期许和大量的政策支持。而数智企业则出于乡村广阔的蓝海空间，纷纷投身乡村数字化营销发展领域，为乡村数字化营销发展带来了强劲的动能。从现实来看，这种蓬勃发展的态势，让人在欣喜的同时，不得不对当前乡村产业特性与数字化营销特性之间张力带来的持续性动能做出思考。

一是乡村数字化营销在乡村的蓬勃发展，本质上是城市资本下乡的过程，这在一定程度上会与乡土文化产生张力。由于乡村数字化营销更多聚焦于乡村生产领域，在此过程中，基于乡土传统伦理的乡村产业文化和经营关系，很有可能在这种资本下乡中进行重塑，甚至呈现基于资本逻辑的"脱嵌—再嵌"的发展路径。这种路径对于乡村人口老龄化、公共福利缺乏、内生活力式微等现状是一种治理整合提升还是破坏，这值得思考，更需要开展研究并进行必要的应对。

二是乡村数字化营销带来的城市资本下乡过程，本质上是数智企业与乡村经营主体的不断互动的过程，而具有市场优势、技术优势、资本优势、经验优势的数智企业，极易出现农业生产经营者的"俱乐部化"、精英俘获、小农排斥等各种问题。

三是虽然当前乡村数字化营销更多在于农产品的销售，但需要指出，在乡村振兴和共同富裕等背景下，仅仅通过乡村数字化营销助力农产品销售，对于驱动乡村全面振兴明显不够，而提振和激活乡村振兴和共同富裕基本单元活力，将乡村打造成宜业宜居的地理空间是值得期待且行之有效的路径。

在实践中，各地通过乡村一、二、三产业融合发展，打造农文旅产业，提振乡村集体经济，吸引城乡资金、技术、人才回流乡村，引导、鼓励、吸引创新创业人才投身乡村，为乡村活力全面提升提供了有效样板。这意味着，乡村数字化营销远不止于助力农产品销售这一价值议题，其更有通过数字化营销的优势，在助力乡村一、二、三产业融合发展和价值提升方面发挥更大作用的价值期待。与此同时，将乡村数字化营销应用于助推乡村一、二、三产业融合发展，实现乡村整体的价值提升，则需要在理论层面进行检视，更应在实践层面开展探索。

第十章　乡村数字化金融

一、理解乡村数字化金融

(一)农村金融①的供需困境

农村金融,顾名思义是指发生地点在农村的货币资金融通。中国人民银行发布的《中国农村金融服务报告(2008)》定义农村金融服务一般是指在县及县以下地区提供的包括存款、贷款、汇兑、保险、期货、证券等在内的各种金融服务。② 中共十七届三中全会在《中共中央关于推进农村改革发展若干重大问题的决定》中明确提出:“创新农村金融体制,放宽农村金融准入政策,加快建立商业性金融、合作性金融、政策性金融相结合,资本充足、功能健全、服务完善、运行安全的农村金融体系。”③

在现代社会中,金融服务已经成为社会经济生活中必不可少的组成部分,对社会整体运行和个体福利改善具有重大的基础意义。然而,世界各国和地区至今依然普遍存在着程度不同的“金融抑制”和“金融排斥”问题。Mckinnon(1973)和 Shaw(1973)分别提出了“金融抑制”和“金融深化”的概念,他们认为以政府严格管制利率、汇率,实行过度干预和管制的金融政策为特征的金融抑制会阻碍经济发展。而 20 世纪 90 年代中期提出来的“金融排斥”则是指直接或间接地排斥穷人以及弱势群体享用主流金融服务(Leyshon & Thrift,1993);换言之,处于弱势地位的低收入群体没有机会和能力获得满足自己需求的金融服务和产品。而农村地区尤其贫困地区的金融抑制、贫困人群的金融排斥,复合表现为地理排斥、评估排斥、条件排斥、价格排斥、营销排斥和自我排斥等,不仅存在于发达国家和地区,更是我国经济社会发展中一个亟待解决的现实问题。

近些年,我国学者对金融抑制问题的研究主要集中在金融供给、金融需求方面。有部分学者认为我国的金融抑制属于供给型金融抑制,其成因可归结于农村金融机构缺乏,农业银

---

① 在已有研究中,既有称农村金融,也有称乡村金融,以前者为多;但与金融相关多称为农村金融,与数字化相关则多称为乡村数字化金融。在本书中,考虑到所讨论的语境背景,尊重习惯用法,不强求一致。

② 详见:中国人民银行农村金融服务研究小组. 中国农村金融服务报告(2008). (2018-12-10)[2021-10-05]. http://www.pbc.gov.cn/yanjiuju/resource/cms/2019/12/ 2008 年中国农村金融服务报告. pdf.

③ 详见:中共中央关于推进农村改革发展若干重大问题的决定. (2008-10-19)[2021-10-05]. http://www.gov.cn/jrzg/2008-10/19/content_1125094. htm.

行进行商业化改革，将工作重心转移到城市，很少向农民贷款，民间金融也缺乏合法地位。表面上看，我国农村金融体系比较完善，基本形成了以农村信用社为主体、中国农业银行和中国农业发展银行共同发展、民间金融为补充的农村金融体系，但实际存在着商业银行“不为”、政策性银行“不能”、邮政储蓄“分流”、农村信合“有限”、农业保险“缺位”、民间借贷“活跃”的诸多现实问题，使农村金融体系的整体功能受到削弱（薛桂霞、孙炜琳，2013）。也有些学者认为我国的金融抑制主要是需求型金融抑制，其原因在于小农金融的特性是金融需求较低；外出务工人员给家里提供经济支持，使家人的生活相对稳定，从而很少需要出于生活目的而进行资金借贷；等等。

2016 年以来，在国务院《推进普惠金融发展规划（2016—2020 年）》的政策推动下，通过推进金融基础设施建设、鼓励金融机构下沉服务等手段，我国的金融抑制或排斥现象有了明显缓解，但当农村金融体系改革发展到深层阶段后，上述手段的边际效应逐渐减弱。2020 年对江苏、山西、安徽、贵州等地的调查发现，46.11％的农户因手续费或利率过高而放弃融资，37.42％的农户与 34.42％的新型农业经营主体因没有抵押物或抵押物不足而面临融资困难（韩尚宜、许晶晶，2020）。贫困地区的金融排斥现象最为严重，2016 年对贵州省集中连片特困地区的调查显示，99.4％的样本农户存在不同程度和不同用途的借贷需求，农户缺资金现象较为普遍，而且大额资金缺口的农户占比更高（陈芳，2016）。贷款额度和期限不能满足需要、利率偏高是农户向正规金融借贷过程中面临的主要约束。

大量经验和研究表明，金融抑制或排斥仍是农村金融中的普遍现象，导致金融抑制或排斥的主要因素是农村金融服务成本较高、资本回报率较低引致的金融供给与需求匹配度较低。如何解决金融抑制或排斥问题，为农村地区尤其贫困地区的弱势群体提供有效、合意的金融服务，无疑成为我国农业农村经济社会政策的重点之一。

（二）农村普惠金融的必要性

农村金融改革中诸多问题均指向金融普惠性问题，其出路多指向普惠金融。普惠金融在支持经济增长、促进就业、消除贫困、实现社会公平等方面的积极作用已得到广泛认可。联合国将普惠金融（inclusive finance）定义为能有效地、全方位地为社会所有阶层和群体，尤其是贫困、低收入人口提供服务的金融体系。国务院《推进普惠金融发展规划（2016—2020）》指出，普惠金融是指立足机会平等要求和商业可持续原则，以可负担的成本为有金融服务需求的社会各阶层和群体提供适当、有效的金融服务。① 其基本含义在于，金融体系应该具有包容性，应该以有效方式使金融服务惠及每个人、每个群体，尤其是那些通过传统金融体系难以获得金融服务的弱势群体。从该定义看，金融的普惠性主要包含两大原则：一是机会平等，二是商业可持续。

机会平等源于“人人生而平等”的思想，也即人生来就应被赋予享受基本金融服务的权利，无论是高收入者还是低收入者，这同人的生存权、发展权一样，是一项基本权利。然而，受制于金融交易中的信息不对称、交易费用、规模经济和风险控制等客观因素，在世界上绝大多数国家尤其是发展中国家，众多低收入者被排除在金融服务对象之外。

---

① 详见：国务院. 国务院关于印发推进普惠金融发展规划（2016—2020 年）.（2015-12-31）[2021-10-05]. http://www.gov.cn/zhengce/content/2016-01/15/content_10602.htm.

长期以来，农村地区一直承担着中国经济社会发展的调节器作用，并为中国经济社会发展提供源源不断的动力。由于农业生产本身具有地域性、周期性、季节性和农产品需求弹性小等特点，也由于城乡经济“二元结构”以及农业农村领域中诸多制度桎梏，农民虽然占有土地和劳动力两种生产要素，但因缺少相应的原始资本积累和企业家才能、数据信息等其他生产要素，农业部门的发展长期落后于城市部门（张晓山等，2018）。与此同时，信息不对称（Stiglitz，1981；周鸿卫、田璐，2019）、金融排斥现象和金融门槛效应的存在（Leyshon & Thrift，1993；粟芳、方蕾，2016），需求方“精英俘获”和供给方“使命漂移”的现实困境（温涛等，2016），金融资源和服务供需不匹配（莫媛等，2019）等问题导致农业农村农民发展受到很大制约，也成为农村金融的发展瓶颈。从普惠金融的服务对象看，其与农村金融的服务对象重点范围基本一致，包括“三农”、贫困人口和小微企业等，两者有着高度的耦合性。农村金融普惠性的机会平等原则与我国实施乡村振兴战略、实现共同富裕目标有着共同的指向，都是为了补齐社会发展的短板，致力于建设更加均衡、包容的现代化经济体系。

商业可持续是指金融机构提供普惠金融服务所产生的收入，能够覆盖成本和风险，在不需要大量外部特殊资助情况下，能够实现自我生存和发展。普惠金融商业可持续性主要包括两方面内容：一是金融机构可持续，金融机构作为市场化运营机构，提供普惠金融服务要实现财务盈余，以保证金融服务供给的可持续性；二是服务对象可持续，普惠金融的重点服务对象要以可承担的成本和良好的可得性获取普惠金融服务，以保证其自我发展、生产经营的可持续。

普惠金融商业可持续是一个世界性难题。一般而言，由于普惠金融服务的成本高、风险大、回报低以及服务对象发展基础较差等，金融机构和服务对象两者的可持续很难兼顾。一方面，普惠金融服务价格过高，服务对象的成本将加大，其生存发展的可持续面临压力，普惠金融服务的需求下降；另一方面，金融服务价格过低，金融机构的盈亏平衡条件将变差，其收益难以覆盖成本，普惠金融服务的供给不足。当前学者们普遍认同的一个观点是，普惠金融最大的痛点和难点是商业可持续，发展的关键点也是商业可持续。商业可持续本身包含了社会公平的含义，只有在商业可持续的基础上，普惠金融体系才能平稳健康运行（焦瑾璞，2016）。商业可持续是当前普惠金融发展的应有之义，要坚持市场化与政策支持相结合，以可负担的成本为有金融需求的社会各阶层提供适当、有效的金融服务。此外，发展普惠金融应把握好3个核心原则。一是金融服务提供者的商业可持续原则。也就是说，金融服务提供者可以也有必要收取一定的费用，而且从长期来看，这些费用应能够弥补其提供服务的成本，且能获取适当利润。与单纯的转移支付不同，普惠金融试图建立一种市场化的、可持续的运营机制，在金融服务提供者“有利可图”的情况下，让更多的人享受到更优质的金融服务。二是服务对象的成本可负担原则。也就是为弱势群体提供的服务不能超出这些人的负担能力，即向消费者收取的费用应是他们能够负担得起的。否则，高昂的费用将会成为低收入人群和弱势群体获取金融服务的壁垒，普惠金融也会失去意义。三是需要践行“负责任金融”原则。负责任金融需要监管者、金融服务商以及金融消费者的共同努力。只有践行负责任金融，金融体系才能健康稳健运行，金融参与者才能享受到高质量的金融服务（余文建，2020）。

普惠金融与乡村振兴密切相关，2018年中央一号文件就指出“普惠金融重点要放在乡村”。服务乡村振兴是普惠金融的应有之义，而发展普惠金融是实现乡村振兴战略目标的重要手段，同时实施乡村振兴战略对发展普惠金融也提出了新要求，因此，必须坚持以“创新、协同、绿色、开放、共享”五大发展理念引领农村普惠金融发展，破解普惠金融发展难题，为乡村振兴提供发展动力。

综合来看，农村普惠金融的基本含义便是在遵循市场规律的基础上，为农村金融的服务对象提供机会相对均等、成本可负担的金融服务。而且，农村普惠金融的内涵与范畴应是与时俱进的，在满足弱势群体存贷汇等基本金融服务需求时，对于保险、租赁、理财产品需求的满足也应逐步成为农村普惠金融服务的着力点。一个富有弹性的农村普惠金融体系需要监管者、金融服务商以及众多乡村小微金融消费者的共同参与和努力，以服务于乡村振兴、共同富裕和农业农村现代化。

(三)农村普惠金融数字化的必要性

在某种意义上，农村金融问题即农村普惠金融问题，因此，农村金融数字化转型问题即农村普惠金融数字化转型问题。

从普惠金融的目标看，其主要目标是为弱势群体提供平等享受现代金融服务的机会和权利。虽然我国一直在努力改革和完善农村金融体系，加强农村普惠金融建设，但农户融资难的困扰并未从根本上得到有效改善。究其原因，在于传统的农村普惠金融无法妥善解决以下发展瓶颈。

其一，传统的农村普惠金融存在供需矛盾。从农村普惠金融供给侧来看，我国金融服务覆盖率逐年提升，基础金融服务已覆盖到绝大部分乡村。截至2019年末，全国已设立银行卡助农取款服务点87.35万个，行政村覆盖率达99.21%，已为近1.9亿农户建立了信用档案(尹优平等，2020)。然而就涉农信贷服务的普惠性而言，一方面，由于我国县域金融机构经营自主权和审批权日益收缩，限制了涉农领域信贷投放效率。大型国有商业银行和部分股份制商业银行，在相当程度上依然存在机构和人员下沉而业务发展重心没有下沉的情况。除农村信用社、村镇银行外，当前大多数金融机构均上收县域分支机构信贷审批权限，县域金融机构只有少数有小额、存量贷款转贷的审批权限。另一方面，由于国有大行对中小银行农村金融的“挤出效应”，多头贷款、交叉授信的现象也相当突出。近年来，国有大型商业银行受监管考核影响，纷纷抢占农村金融市场，中小银行竞争压力加大，为争夺优质客户，一些金融机构争相把资金集中投放给效益好的优质企业，由此导致农村金融普惠性目标的再度偏移。

从农村普惠金融需求侧来看，农村居民金融意识和金融素养相对薄弱，相比于正规金融模式，他们更倾向于选择民间借贷甚至是高利贷，存在严重的“劣币驱逐良币”现象。与此同时，涉农领域有效信贷需求整体不旺，农村种养殖等传统农业“靠天吃饭”的现象仍然普遍存在，抗风险能力薄弱，承贷能力不足。农村普惠金融的需求侧障碍在我国贫困地区的表现尤为明显。中国人民银行金融消费权益保护局(2000)指出，贫困地区的金融消费者对金融体系和金融产品很不熟悉，缺乏基本的金融能力、金融责任意识，获取金融产品和服务的需求和愿望不高，甚至产生对金融的惧怕，这在很大程度上影响了他们获取正规的金融服务。

此外，农村普惠金融还存在供需两端的配套保障不足问题。具体而言，一是我国农村产权的评估制度缺位。现有的《资产评估准则》《国有建设用地使用权出让地价评估技术规范》等主要适用于城镇，农村产权评估缺乏执业技术规范和标准，市场发育不足，制约农村产权抵押融资试点。二是政策性担保机制不健全。虽然各地探索组建了一系列的政策性农业担保公司和农业贷款担保基金，但由于担心“国有资产流失”的考核导向，相关担保机制作用发挥不充分。三是农村征信服务供给不足。农村征信体系建设依然处于金融机构“各自为政、分头推进”的阶段，缺乏整体性的制度设计，农村贷款“缺信息、缺担保”等问题难以得到解决。

其二，农村普惠金融成本高，缺少可持续的商业化模式。一般而言，由于普惠金融服务成本高、风险大、回报低以及服务对象发展基础较差等，金融机构和服务对象的可持续发展很难兼顾。当前，我国农村金融发展以政策导向和政治任务为主导，商业银行、乡镇银行及农村信用社等大量农村网点的建设成本远高于收益。而普惠金融作为包容性金融的延伸，具有商业金融属性，但是，按照当前的市场定价模式，其显然不能匹配广大农村居民的金融价格承受能力，致使农村金融的普惠性与可持续发展之间存在一定的矛盾。例如，中国人民银行福州支行的调查显示，自 2018 年以来福建省部分银行的涉农贷款不良率持续走高，普惠金融事业部需靠其他部门赚钱补贴（单强，2020）；湖北省山区农村普惠金融发展调查报告显示，部分湖北地区深度贫困县的地方政府主导扶贫产业一哄而上，导致产业集中度高，贷款投向集中，而山区农村产业发展较为脆弱，经济下行时期风险容易集中爆发（王玉玲，2020）。

随着新一代信息技术迅速发展、扩散和应用，大数据、云计算、人工智能、生物识别、区块链等数字技术和传统农村金融、农村普惠金融日益结合，深刻改变了农村金融、农村普惠金融的发展方式，也催生了农村数字金融的概念。数字金融利用信息技术的创新成果和移动终端快速普及所蕴含的巨大机会，使传统金融服务突破了空间和时间限制，不但具有共享、便捷、低成本、低门槛的特点，而且也使得金融排斥群体能够享受到更多样的金融服务；从这个角度讲，农村数字金融一定意义上就是新型的农村普惠金融。

2016 年 G20 框架下普惠金融全球合作伙伴（GPFI）认为，数字普惠金融泛指一切通过使用数字金融服务促进普惠金融的行动。2021 年中央网信办、农业农村部等发布的《数字乡村建设指南 1.0》指出，农村数字普惠金融主要包括便捷金融服务、涉农信贷服务、新型农业保险等，借助数字化技术减少金融服务中的信息不对称，精准匹配资金需求，降低农民和新型生产经营主体融资门槛，缓解农村融资难、融资贵、融资慢等问题。一般说来，数字金融服务主要包括数字支付、数字信贷、数字授信、数字理财及数字保险等五种。

从发展现状看，在金融服务方面，农村数字金融已经实现了传统的农村普惠金融业务流程再造。信息技术的影响贯穿商业银行的全过程，从客户身份识别、画像，到产品创新、产品和服务申请、办理，到风险控制及后续监测。在业务全链条中，金融机构得以充分利用远程身份识别、大数据、云计算、人工智能，摒弃传统繁杂低效的业务流程，摆脱或部分摆脱传统的业务模式，实现了业务流程重塑和再造。业务流程再造帮助商业银行拓展了客户范围，促进了产品创新，降低了服务成本及金融风险，大大提高了金融服务的可得性及精准性。与此同时，数字技术的运用使商业银行可以提供 7×24 小时在线化金融服务，商业银行不再局限于传统的物理银行网点和工作时间，真正实现了让客户随时随地获得金融服务。

在涉农信贷服务方面，传统意义上，商业银行的业务仅局限于融通资金、提供支付等，服务较为单一，影响面有限。利用数字技术，商业银行可以发挥自身的比较优势，将服务扩展到电子商务、政务服务、技术和数据输出等各类生态场景。

在农业保险方面，普遍存在的信息系统风险和严重的信息不对称问题是我国商业性农业保险市场至今发展不理想的主要原因。现有研究都认为如何解决市场信息不对称问题是打破市场失灵现状的关键(张志鹏、陈盛伟，2020)。依托农业气象风险识别与分析技术、人工智能、大数据等数字技术，保险公司可聚焦农险客户需求和农险业务管理需求，开发暴风系统、灾情预警、风险地图、台风预警等功能系统，帮助农户防灾减损。

二、乡村数字化金融的赋能机制

(一)农村数字金融中的数字技术

从狭义上讲，数字技术可认为是通过使用一些特定设备把拥有的信息(图、文、声、像等)转化成计算机可以识别的语言(二进制代码)，然后对其进行运算、加工、存储、传送、传播、还原的技术。其应用内涵主要是利用数字技术对具体业务、场景进行数字化改造，更加注重对业务的降本增效作用。广义上的数字技术是多种数字化技术的统称，包括大数据、云计算、人工智能、生物识别、区块链等新一代信息技术。其应用内涵主要是利用数字技术对各类组织的业务模式、运营方式进行系统化、整体性的变革，更加关注数字技术对各组织的体系进行赋能和重塑。

农村数字金融中的数字技术是指为了提高农村金融经营效率，推动农村金融转型升级而应用的前沿创新技术，现阶段数字技术的核心技术包括大数据、云计算、人工智能、生物识别、区块链等。因此，现阶段农村数字普惠金融是基于农村金融的创新和转型需求，运用大数据、云计算、人工智能、生物识别、区块链等前沿创新科技，包括但不限于依靠信息技术的快速发展，突破信息搜集和加工成本高的障碍，提高资源配置的效率，以此增加金融服务的可得性；通过大数据和云计算来评估用户的行为风险，以此提高农村居民获得信贷服务的可能性；通过移动支付平台，使金融机构突破时空限制，减少对物理网点的依赖，为贫困地区金融排斥群体享受金融服务提供基础；等等。

(二)数字技术对农村金融的赋能机制

数字技术的出现及其在农村金融领域的运用，深刻改变了农村普惠金融的发展方式，产生了颠覆性的影响。从发展逻辑上看，数字技术赋能传统农村金融、农村普惠金融主要体现为以下机制。

1. 数据信任机制

数字技术的出现，有效解决了传统征信模式下信息主体的风险信息甄别盲区问题，将传统征信被动报送转变为运用大数据主动抓取，为金融机构风险甄别提供了数据支撑。大数据技术可以通过电商平台、社交软件、公共服务平台等渠道采集信息主体的多维数据，人工智能和云计算技术则能对数据进行深度加工、挖掘和分析，构建出基于知识图谱的风险识别模型和风险定价模型，大幅提升金融机构风险甄别效率，降低风险甄别成本，从而最大限度满足潜在客户的融资需求。而区块链技术通过分布式、不可篡改的数据共识算法，在完全不信任的节点之间建立了信任机制，成为一种不需要信任的信任，较好地解决了个人隐私外泄等问题，还实现了互联网企业、金融机构和各类平台之间的相互信任，有利于建成数据共享长效机制。

2. 普遍服务机制

相对于传统普惠金融，数字普惠金融具有更好的地理穿透性和更强的地区覆盖度，使得落后地区也可以享受到更多的金融服务。普惠金融的存在就是要打通金融服务的“最后一公里”，为边缘地区、分散农户、小微企业和社会低收入群体提供及时和有效的金融服务，而利用数字技术能够使普惠金融具有更好的穿透性，只要实现了互联网覆盖和移动终端设备配置，金融机构依靠较少的投入就可以将金融服务输送到“毛细血管”的最末端。《北京大学数字普惠金融指数》报告显示，2011 年至 2015 年，全国 31 个省(自治区、直辖市)、337 个地级以上城市以及 1754 个县，地区间的差异在逐渐缩小，甚至在中西部出现“弯道超车”的可能。可见数字技术在金融领域的实践使“普惠”两字克服了地理障碍，以便捷的金融服务触达边远地区，使之具有更强的地区覆盖度。

3. 场景延伸机制

为了让数字技术在普惠金融领域更好用、更便捷，各金融机构和互联网平台积极推进场景金融建设，从而使客户能够获得更贴心合意的金融服务。在场景金融模式下，金融机构、金融服务消费者和应用平台能够实现多方共赢：一是场景金融作为一个完整的金融系统，能够提供大量的客户数据，金融机构能够通过场景金融充分挖掘县域潜在客户。二是县域数字普惠金融可以更多地关注生产场景，通过场景金融，将这些生产信息转化为量身定制的信贷产品。三是应用平台可以打造基于用户属性、社交属性、消费属性、上下游产业链等多维度的场景金融，丰富盈利模式。

4. 商业可持续机制

与传统金融模式不同，数字技术具有跨越时空的特点和“公共物品”的属性，能够大幅降低金融服务成本。首先，日渐普及的移动终端设备使金融机构能够提供 24 小时实时在线服务，数字普惠金融的边际成本接近于零。其次，数字技术有助于普惠金融服务的标准化和批量化，降低金融机构的运营成本。再次，数字技术使县域金融服务需求方往返物理网点次数和排队等待时间成本大幅下降，还降低了转账手续费等服务成本。数字技术不仅降低了县域普惠金融供给方的运营成本，也减少了向需求方转嫁的成本。

5. 倒逼融入机制

数字技术不但推动了新型金融的发展，还在传统金融服务领域产生了“鲇鱼效应”。一方面，互联网企业进入金融业，如支付宝、微信支付等；另一方面，金融机构不断引进数字技术，如直销银行、智能投顾等。同时，互联网企业与金融机构正在开展深层次跨界共享融合，逐渐形成一种数智企业供给模式，各类中小银行机构也先后开发了各自的手机 APP 等数字金融产品。这种倒逼融入机制，可以有效缓解金融排斥现象，一定程度上解决农村金融抑制和信贷配给歧视问题。①

---

① 详见：中国人民银行金融消费权益保护局. 中国普惠金融发展研究. 北京：中国金融出版社，2020：412-414.

三、乡村数字化金融的减贫逻辑

金融扶贫是普惠金融的外在显化形式之一，蕴含着金融和扶贫双重属性，其可持续发展的关键在于把握好商业性和社会性二重目标的均衡。现有的金融扶贫实践证明，基于传统金融的农村普惠金融并未在农村减贫中发挥出应有的效能，其痛点在于金融扶贫成本与收益的不匹配，故而脱离政府政策扶持的传统普惠金融机制难以持续深入推广。而农村数字金融具有数字技术和普惠金融的双重优势，具有成本低、覆盖广、便捷性强、开放度高等特征，开创了运用数字技术手段解决长期困扰传统普惠金融减贫痛点的新模式。与传统金融不同的是，农村数字金融从理论建构上直接关注贫困人口的减贫问题，借助数字技术将服务对象精准瞄向贫困人口，基于“普”和“惠”的理念，强调金融减贫社会性与商业性之间的平衡，突出市场运行机制的基本遵循。通过大数据赋能的独特风险防控机制提升贫困人口的金融可获得性，并通过缓解资金约束和信息约束来降低农户脆弱性，从而达到以有效的赋权赋能机制增强贫困人口的自我发展能力的最终目标。同时，通过金融普惠促进贫困地区经济发展，进而间接提高贫困人口的福利水平和增强减贫效果。

(一)农村数字金融提升金融减贫精准性

信息是金融机构进行信用评估的基础，农户数据的缺乏产生信息阻隔，信息不对称容易导致金融资源的扭曲性配置，结果是真正获得普惠金融资源的并非贫弱群体，“精英俘获”“使命漂移”“跑冒滴漏”“私下寻租”等问题层出不穷，造成金融减贫交易成本高企，其精准性和持续性严重受阻(董玉峰等，2020)。在金融减贫中，通过传统金融减贫或者普惠金融减贫手段，往往难以做到扶贫对象的精准识别、扶贫金融资金的精准投放以及精准管理。当前精准扶贫过程中的农户信息主要依赖垂直化、科层式的逐级填报，审核节点在于村干部和驻村第一书记。而金融精准扶贫实践中的金融机构则依据扶贫信息数据库，筛选出符合条件的农户进行精准放贷，其关键要件为借款农户是否拥有合格的抵押担保物，但这些标准化硬信息恰恰是贫困农户所普遍欠缺的。目前，我国贫困人口精准识别的基础性工作基本完成，但出于贫困线划分的标准与建档立卡方法方案的交叉重叠与错位冲突等原因，我国金融机构与政府扶贫部门之间的信息共享仍然难以实现，金融机构往往不得不通过政府下发的扶贫名单与规划来确定哪些贫困人群是有金融需求的，这种识别方式往往存在瞄准机制偏差、效率低、遗漏多等困境，很难达到对扶贫对象识别精准的要求。因此，破解农村信息缺失问题是提升金融减贫精准性的关键所在。

如何穿透信息壁垒和打通信息孤岛，是提升金融减贫的对象识别精准性、政策制定精准性、绩效评价精准性的重要着力点。随着农村互联网普及率的逐渐提升，农户网络行为数据变得更为丰富多样，通过社交网络建立的自愿分享和共享机制，一些软信息可以形成连续性的完整信息，进而构建数字化的社会关系网。农村数字金融具有大数据、云计算、区块链、人工智能等金融科技优势，可运用大数据技术对扶贫对象、扶贫项目进行动态评估，并通过云计算、人工智能技术引导扶贫金融资金精准投放到尚需金融服务的贫困户手中或者更具经济效益的扶贫项目中；而区块链技术所构建的统一的信息链系统可以确保金融减贫各个主体间信息的有效对接，从而能够在统一协作下对贫困主体进行差异性区分，提升扶贫金融资金投放的精准性。此外，互联网上保存的连续性信用记录不但难以篡改销毁，而且可以通过透明化的信息披露共享机制使金融机构便利地进行查询，有助于金融机构对借款农户开展精准化的信用评价，进而精准识别农户风险、精准对接农户需求，扭转传统金融减贫实践中的边际效应递减现象。

(二)农村数字金融提高金融服务可得性

农户贫困的本质是生计资本的匮乏，其家庭生计资本组合结构具有脆弱和非均衡特征。单调而不完善的生计资本阻碍了贫困农户的可持续发展，应对风险冲击的能力变得较为脆弱。作为生计资本重要构成的金融资本，是增强农户获取和利用经济社会资源发展的重要途径和渠道。通过发展普惠金融，提升贫困地区农户金融资本可获得性，可以在一定程度上帮扶贫困农户脱离生计困境，有效改善家庭生计质量。因此，金融减贫首先要提高贫困地区及农户的金融可得性，通过增加贫困农户金融资本以提高其资源和要素获取能力，减缓家庭生计脆弱性。但现实境况却往往与预期相反，贫困地区在地理空间上表现出显著的集聚特征，往往处于偏远山区，这些地方经济发展较为落后、农户居住分散、信息交流闭塞、生态环境脆弱，产业转型升级动力不足，经济内生性增长乏力，因此难以吸引金融资源流入。贫困地区金融浅化严重，突出表现于金融资源分布匮乏，农户尤其贫困户面临着严重的金融排斥。尽管金融机构迫于政府行政压力在农村地区设置网点，在扶贫实践中往往宣传声势大于实质行动，提升贫困农户金融服务可得性的执行效果较差。

金融减贫的关键点在于增强贫困人群的金融可得性，可细分为金融接触和金融使用。首先要确保实现贫困人群在时间维度和地理空间上的双重可接触，而后在其具备一定金融素养基础上再逐步深化金融使用，如此才能实现以普惠金融促进减贫增收的目标。农村数字金融基于金融科技的赋能，具有内在的时空穿透性。对于地广人稀的偏远山区等贫困地区而言，农村数字金融无边界的特征可以有效实现时间和空间双重维度的可接触性，将金融服务精准送达贫困人群，如通过手机银行、移动支付等方式使贫困地区农户足不出户出村即可享受到及时、快捷的金融服务，进而拓宽金融减贫活动的范围和提高包容性，将金融服务延展到更多传统金融所不能覆盖的“长尾”贫弱人群，加速推进金融服务公平性的有效实现。在金融减贫中“普”的接触性问题解决之后，“惠”的使用性难题凸显出来。农村数字金融利用大数据、区块链、人工智能等技术，可以有效整合和挖掘农户软信息和硬信息，连通各部门封闭分散的数据，突破“信息孤岛”，扭转传统金融高成本、低效率的金融资源配置和授信模式，促进金融机构扶贫降本增效。新型数字金融机构的快速发展和扶贫实践，在促进金融供给侧结构性改革的同时，带来的机构增量效应还会产生“鲇鱼效应”，通过提升市场竞争性激发传统金融减贫动能。总的来看，农村数字金融可以使金融资源有效触达贫困地区，减轻金融资源空间分布的非均衡程度，在精准定位贫困人群发展需求的基础上进行个性化匹配，提升贫困人群的金融可得性，进而充分发挥以金融资本带动更多其他生产要素的协同联动效应。

(三)农村数字金融降低农户生计脆弱性

金融减贫的终点不在于单纯地使贫困人口摆脱贫困，还在于避免脱贫人口返贫。随着我国经济发展进入新常态，农户家庭面临诸多风险事件，在保险市场不够成熟的情况下，刚刚摆脱贫困的部分农村人口缺乏有效应对各类风险冲击的能力，因此有些农户即使已经脱贫也还可能返贫，一些原本不算贫困的家庭也有陷入贫困陷阱的可能，这就要求注意农户的脆弱性问题。普惠金融通过向农村家庭提供他们所需的金融服务或避险工具，帮助其提升家庭风险应对水平，进而降低其贫困脆弱性。相比传统的农村普惠金融模式，农村数字普惠金融通过使用金融科技发展带来的数字金融服务，扩宽了农户应对风险的途径和手段，提高了农村家庭的风险应对水平，使他们能及时有效地应对风险事件，避免由于消费波动过大而产生贫困脆弱性。

作为一种同时包括融资、投资和支付功能的金融形式，数字普惠金融通过缓解农户在资金和信息上的约束来降低其脆弱性。首先，数字普惠金融的融资和投资功能有利于缓解农户面临的约束，并增加农户的收入及提升其风险管理能力。借贷方利用大数据分析深入挖掘农户网络行为背后的软信息，降低借贷双方信息的不对称性，从而缓解农户受到来自供给方的信息约束。农户借助融资功能开展小型的非农创业，或直接将资金投向农业产业，通过扩大规模来提高收入，并借助数字技术来分析和规避风险，从而降低自身陷入贫困的概率。其次，数字普惠金融的融资、投资和支付功能具有信息传递的功能，信息约束的缓解有助于农户增收和提升风险管理的能力。农户利用互联网平台及时获取生产经营、经济金融和日常生活等重要的外部信息，对有关生产经营的信息进行加工处理，更准确地把握市场和政策的动态，并根据信息对自身所拥有的资源重新进行优化配置，进而提高自身对抗外部风险冲击的能力。

(四)农村数字金融破解金融减贫目标矛盾

金融减贫属于现代扶贫开发的重要方式，其通过金融手段帮扶贫困人群获得资本要素进而得到更多其他要素，最终达到提升家庭生计能力和强化风险抵御能力的减贫目的。金融减贫本质上所具有的金融和扶贫双重属性，决定了金融减贫并非传统资源转移的“输血”式扶贫，其更偏重基于能力建设的“造血”机制，以市场化的资源配置实现减贫目的。而逐利性是金融的内在特征之一，这就使得金融减贫存在社会性和商业性的二重目标矛盾，如果完全基于市场机制扶贫，则金融减贫必然缺乏可持续性，而政府行政主导的强制性扶贫又容易导致金融减贫效率低下。金融减贫双重目标矛盾主要源自成本收益的倒挂，而农村环境的天然脆弱性、贫困农户增信能力的匮乏，加剧了不确定性风险。金融减贫的风险定价机制难以有效发挥作用，市场绩效考核压力又使得金融机构参与扶贫后的财务负担加重，加之缺乏有效的激励约束措施，金融机构扶贫动能不足。

如何破解金融减贫双重目标的内在性矛盾，成为金融精准扶贫质量提升的关键节点，这就需要在原本金融减贫实践基础上，进行必要的理念创新、制度创新和技术创新。基于数字技术的物理成本降低和信用征信提升，是农村数字金融破解金融减贫双重目标矛盾的实现路径。一方面，数字普惠金融降低了金融服务的供给成本，从而拓宽了农村金融服务覆盖广度，提高了贫困农户金融服务的可得性，缓解了贫困农户金融排斥和融资约束问题。传统金融机构通过设置物理网点来扩大覆盖面，但物理网点的高成本导致传统金融服务难以渗透到农村及边远地区，而互联网的“泛在性”(ubiquitous)特征决定了数字普惠金融网络零边际成本效应，极大降低了金融服务的门槛。另一方面，数字金融降低了金融服务的使用成本，拓展了贫困农户金融服务使用深度，有效解决了贫困农户自我排斥和有效需求不足的问题。不同于传统金融服务往往要求业主到物理网点办理业务，互联网应用使得数字金融服务可以在移动终端上快捷地享受各类金融产品的服务和功能，这样，更加简洁和标准化的操作程序可以有效降低贫困农户使用金融服务的交通、时间和沟通成本，从而提升其金融服务使用意愿。此外，农村小额贷风险大、业务分散，传统农户授信需要工作人员深入现场开展尽职调查，这种模式不仅耗时、费力、成本高，还面临着人工操作风险、道德风险、客户风险评估难、授信不准确等问题。依托数字技术，通过大数据和云计算来评估用户的行为风险，从而使借贷方得到用户网络行为背后的软信息，可以有效地提高农村居民获得信贷服务的可能性。

综上所述，借助数字技术，金融机构可以跨时间、跨空间地为农村地区的相关主体提供金融服务，无须设立物理网点，大大节省了经营成本；互联网大数据等数字技术在普惠金融领域的广泛使用，亦使得对缺乏信用信息的群体进行风险评估与控制、降低服务成本、设计与提供相适应的金融产品成为可能。因此这不仅有利于解决各种金融排斥问题，还可以大幅度降低金融服务的门槛和成本，降低农户的脆弱性，增强普惠金融的可持续性，提升金融服务质量，从而达到数字普惠金融的减贫目的。

四、乡村数字化金融的主要模式

数字技术在金融领域已经衍生出多种形态的应用，网上银行、手机银行等金融服务终端，如支付宝、微信等第三方支付渠道，众筹等互联网平台式融资模式等。《数字乡村建设指南 1.0》指出农村数字金融主要包括便捷金融服务、涉农信贷服务、新型农业保险等。

目前，农村数字金融的主要模式大体可分为基于商业银行的数字普惠金融模式，基于数字平台的数字普惠金融模式，基于龙头企业的数字普惠金融模式和数字农业保险。

(一)基于商业银行的乡村数字金融模式

商业银行作为服务“三农”、振兴乡村的传统金融机构，一直以来是农村金融的供给主体，其传统线下业务模式和以物理网点经营为主的重资产经营模式，在继续提供普惠金融服务的同时，不断向“线下+线上”联动服务转型。商业银行提供的数字普惠金融服务包括移动金融业务、传统金融业务的数字化、金融机构与金融科技企业合作开展业务等。《2021 年中国银行业服务报告》显示，2021 年银行业金融机构离柜交易笔数达 2219.12 亿笔；离柜交易总额达 2572.82 万亿元，同比增长 11.46%；行业平均电子渠道分流率为 90.29%。截至 2021 年末，银行业金融机构客服从业人员为 5.02 万人，全年人工处理来电 7.14 亿人次，人工电话平均接通率达 94.15%。①

相比金融基础设施覆盖范围的扩张，商业银行的数字普惠金融服务更重要的功能是满足普惠金融目标群体多样化的金融服务需求，通过对农户普及数字普惠金融知识，告知农户

① 详见：中国银行业协会发布《2021 年中国银行业服务报告》.(2022-03-15)[2022-04-05]. https://www.china-cba.net/Index/show/catid/14/id/40628.html.

数字金融产品的利弊，加强其对数字金融的理解和运用。通过比较互联网和传统银行网点推动农村金融发展的效率发现，相比增设基层银行网点，促进金融服务下沉对于推动农村金融建设的效率更高。商业银行在客户基础、自有资金、专业团队、数据等方面均具有强大优势，可结合数字技术打造完备的线上服务体系，增加普惠金融产品的包容性，简化用户的操作流程，增大数字普惠金融服务覆盖面。相较于新兴金融机构，商业银行更容易帮助农村普惠金融的服务对象获得正规的金融服务（慕丽杰、郭昆宇，2020）。2020 年 12 月至 2021 年 3 月对武汉市 53 家商业银行进行调研（谢升峰、牟素涵，2021）发现，80％的银行都对困难群体、"三农"、小微企业等群体进行了数字普惠金融知识的普及和培训服务，75％的银行会对农户在网上信贷、理财以及保险等金融服务业务的各类条款详尽告知，重视对数字普惠金融的风险提示，从而使农村地区的用户能够安全、高效地使用数字普惠金融产品。

专栏 10-1

中国农业银行"惠农 e 通"①

惠农 e 通是中国农业银行互联网服务"三农""一号工程"的平台，是通过丰富支付结算手段和网络融资渠道，强化电商金融服务，构建起集客户、渠道、场景、产品于一体，覆盖展现、服务、管理前中后全维度的平台，其主要涵盖以下几个产品。

1. 惠农 e 付。惠农 e 付是为核心商户及下游经销商提供的多渠道、多认证、多场景的支付渠道，包括商 e 付、综合收银台、超级收银台、缴费中心、E 收款等。农业银行通过 POS 支付、微信支付、单位结算卡支付、快捷支付等多种方式为客户提供付款通道，方便客群进行金融结算。

以某标准生产销售型企业为例，经营范围包括生猪养殖、种畜禽生产经营、有机肥料添加剂饲料生产、生猪屠宰、猪肉销售、养殖技术及咨询服务等，其下游经销商约 150 个，每天均有大量的交易。该公司在长期的实际运营中，面临着销售人员与商户素质参差不齐，部分客户用卡习惯未能有效养成，现金使用较为频繁，每日现金收付量较大等急需解决的问题。个人网银汇款、柜面汇款、POS 机 T＋1 以轧差方式入账均造成企业对账困难。在资金结算、业务衔接、资金对账等各个方面都急需运用网络化、现代化的工具进行改革。农业银行了解企业客户需求后，为企业专门设计了"手机银行＋POS 机＋网上银行"的现代结算模式，满足现代化金融需求，解决客户对账烦恼，实现产业升级转型。短时间内绑定下游经销商 60 余户，绑定存款 2000 余万，实现了农业银行与企业的双赢。

2. 惠农 e 商。惠农 e 商是为核心商户及下游经销商提供商品、采购、销售、对账、营销和经营分析等一揽子综合服务的平台。涵盖的功能主要有快速建立关系、分级分类管理的经销商管理模块；自定义分类、一键上下架、价格策略设置的商品管理模块；赊销和预付模式、自主下单和代客下单的多种订单管理模块；全渠道收付款、轻松对账、资金归集的财务管理模块；订单与库存联动、手工出入库、库存盘点的库存管理模块；与企业 ERP 实现系统对接支付模块。标准模式与 ERP 对接模式涵盖了中小型生产性企业、区域总代、连锁商户、快

① 案例整理自以下文章：李良杰. 浅谈农行"惠农 e 通"助力"三农"服务. 现代金融，2019(6)：40-42；黄海. 福建分行：依托数据分析 提高服务质效. 中国城乡金融报，2017-08-04.

消品批发商以及大型生产型企业、大型商贸批发企业和农业产业化龙头企业等各种企业类型。

以位于贫穷偏远地区的某县为例，当地的批发商的覆盖范围基本在本县，没有辐射能力，仅有县城的百货批发部作为全县的集中出货点，但沿用的是电话订货、批发商配货、现金支付结算的传统订货和支付方式。为解决批发商日常下单、对账和现金管理等方面的问题，农业银行为其综合提供e商业务，创建"互联网＋三农"的服务模式，转变经销商原有的订货模式和支付方式，降低批发商与商户之间的物流和支付成本。通过联合开展促销活动、召开产品推介会等多种形式，实现线上支付万余笔，交易金额千万元。

3.惠农e贷。惠农e贷是按照"线上化、批量化、便捷化、普惠化"的目标，为核心企业及上下游渠道商户提供在线融资服务。它是依托电商平台的注册商户及交易数据、交易场景，运用区块链、大数据等金融科技手段，建立信贷模型，开发电商融资服务功能，为符合条件的供应链上下游及惠农商户，提供批量、自动、便捷、短期可循环的流动资金贷款，包含快农贷、数据网贷和电商贷等多种形式。

中国农业银行福建分行运用互联网金融和大数据技术对接铁观音茶乡福建安溪的农资监管平台，通过获取安溪农资监管平台上茶农的经营、交易、行为等数据，建立信贷模型，并结合人行征信记录以及农行掌握的农户资产、存款、银行卡交易流水等，从13.8万户茶农历史数据中筛选生成茶农准入"白名单"5.8万户，以信用方式发放贷款。符合一定条件的金穗惠农卡持卡农户，通过农业银行物理网点及个人网银、手机银行、自助机具等渠道申请贷款，系统自动审查审批贷款，自动匹配贷款额度、利率、期限，支持自助用信、快速到账、循环使用、随借随还。在业务推广应用中，福建分行又利用数据挖掘技术，将"金穗快农贷"推广到多个产业。在业务风险防控方面，福建分行依托大数据技术，针对茶农、烟农采取"五及时""七严"的风险防控措施。

(二)基于数字平台的乡村数字金融模式

随着大数据、云计算及人工智能技术的日趋成熟并不断应用到农村电商行业中，一些大型的综合电商和金融科技公司开始迅速向农村金融市场拓展，形成了数字普惠金融下的数字平台模式。此类综合电商平台及金融科技公司在用户的覆盖广度和覆盖层次上均具有独特的优势，如阿里巴巴旗下的支付宝截至2020年6月，在国内拥有约7.1亿活跃用户，在全球范围内拥有超过10亿的活跃用户，已成为全球最大的移动支付平台。在农村数字金融服务方面，以阿里巴巴、京东为代表的基于综合电商的数字平台通过整合线上线下资源，运用电商的现金流、信息流和物流大数据，针对小微企业和农村居民在农业生产和日常生活中的金融需求，给予最贴合的金融服务。大型综合电商平台多年来在农村地区已经拥有了庞大的客户群体，积累了海量的客户交易数据，包括买方的购买信息、卖方的销售信息和供应商的供货信息，能为农村客户提供涉及生活、生产乃至销售等全方位的金融服务。这种模式将农村金融服务中的各个流程制定成可循环的流程，大大减少运营成本，还使农民在参与金融服务时更加简单化，更具高效性。在传统金融交易方式中，真实货物交易的存货量、应用回收账和贷款等都有可能直接作为金融担保物；与此同时，借助我国互联网平等、开放、共享、服务完全无任何边界的特点，电商金融平台已经能够直接触及我国传统农村金融服务薄弱的部分农村贫困地区，为农村弱势人群提供低成本、快捷、高效的涉农信贷服务。

此外，部分网贷平台也通过互联网实现了资金端与资产端的有效对接，借款人在互联网借贷平台上发布借款信息，出借人根据自己的资金情况、投资偏好和项目收益进行投标。出借人与借款人双方直接达成借贷协议，网贷平台作为信息中介，资金则是通过独立的第三方机构存管，形成了独具特色的P2P网贷平台。并结合互联网技术和农业产业链条，与农业实体企业合作，为农业产业链上下游企业和客户设计金融产品，有效降低了信息不对称，弥补了“三农”资金缺口，完善了数字平台对金融减贫的供给与金融服务。

与传统金融机构相比，基于数字平台的数字普惠金融模式的突出优势在其创新性，如网商银行在其原有的农村数字普惠金融模式基础上发展出了县域普惠金融模式（见图10-1）。在该模式下网商银行在与县政府签约后，将“互联网＋城市服务”能力下沉到县域，在提供智慧政务、民生服务的同时，也在线上开通针对当地农户的普惠金融申贷入口。它还与县级政府建立“专属授信风控模型”，为农户提供更广泛、更精确的数字信贷服务。截至2021年12月底，网商银行在全国已覆盖28个省/自治区/直辖市，与1000多个涉农县区签约，陕西省、宁夏回族自治区已经完成数字普惠金融合作的全覆盖。①

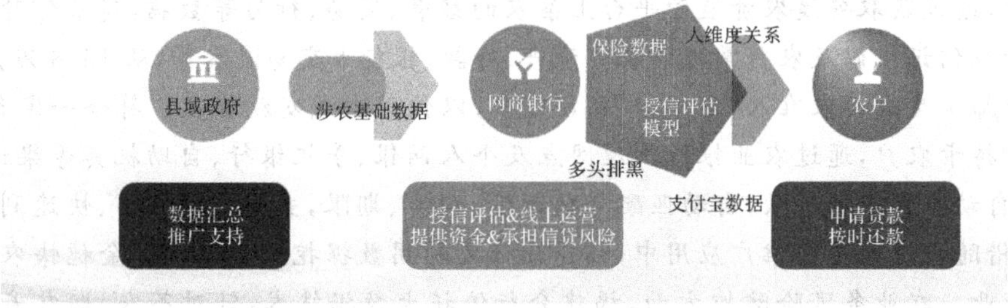

图10-1　网商银行县域数字普惠金融模式

资料来源：网商银行。

专栏10-2

网商银行“大山雀”项目②

网商银行将卫星遥感技术和人工智能技术创新运用在农村金融中，为解决数字技术在农村运用上的困境提供了一个可资借鉴的解决方案。

2019年开始，网商银行积极探索通过卫星遥感技术结合AI模型算法获取可信动态数据，并创造性地将识别结果应用到涉农信用贷款模型中，来服务全国的种植大户（见图10-2）。如今，网商银行基于深度神经网络、Mask-RCNN等AI模型算法建立了28个卫星识别模型，涵盖水稻、小麦、玉米等的全生长周期识别模型，地块识别、云块识别等模型，模型准确率在90%以上。通过模型识别，网商银行了解了农户种的是什么、种多大、种得好不好的问题。同时，认真研究农业行业产业化发展趋势及行业特点，搭建农业特色行业的专属风控模

① 根据网商银行提供的相关资料。

② 根据罗妍等编写的《金融科技赋能互联网银行，创新业务模式助力乡村振兴》（复旦大学管理学院案例，2021年11月）等相关资料整理而成。

型。通过深入了解分析不同区域、不同行业种植成本的差异，结合对种植户的风险识别以及生产经营的判断实现对农户的精准实施授信。同时，风控模型会结合各地的农忙时间，在不同季节节点基于农户差异化的授信方案，在满足各周期生产经营所需的情况下，防止过度授信以降低信贷风险。此外，利用时间序列等模型对各地的历史气候数据进行深度挖掘，并对未来一段时间内的气候进行预测，形成基于"地域—气候—作物—农户"的全方位种植评价体系，进一步精准识别农户及贷款风险。为县域内新型农业生产经营主体提供更便捷、更精准和额度更加适配的信贷服务，支持农户的生产经营。

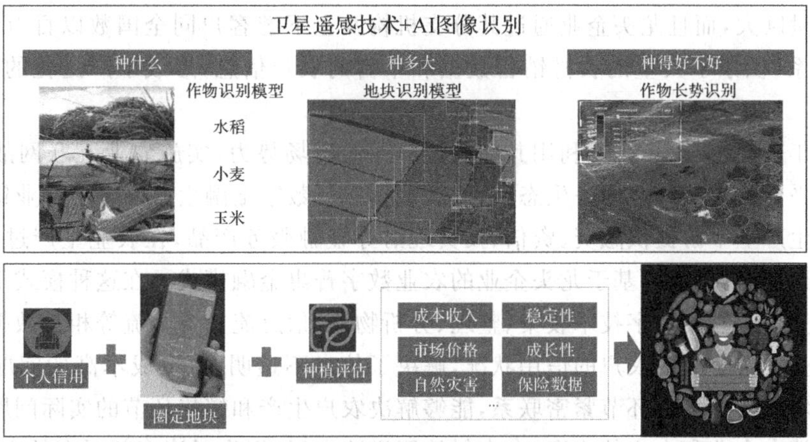

图 10-2　"大山雀"风控技术的信用评估逻辑

资料来源：网商银行。

此外，网商银行借助数字技术独创"310"模式（详见图 10-3），即 3 分钟审核，1 秒钟放款，0 人工干预，为客户提供高效便捷服务，以此突破小微企业融资难问题，从而强化普惠金融发展。农户在使用时，只需要打开手机软件，围着耕地走一圈，圈出自己实种的耕地，或直接在卫星图中手动圈出耕地，并按要求提供完整的授权。1 秒内，网商银行后台的风控体系便会基于内部的作物识别模型以及其他多维数据评估该农民的信用水平和风险，为符合标准的农民提供信贷准入，并为获得准入的农民显示授信额度，农民随后便可通过线

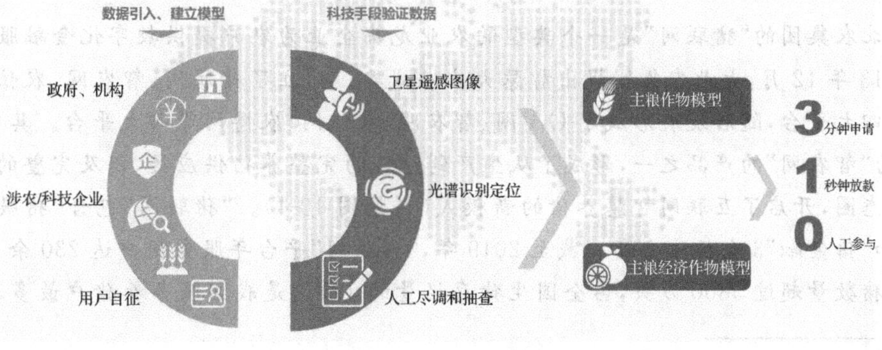

图 10-3　网商银行"310"模式流程

资料来源：网商银行。

上支付平台提款使用资金。网商银行利用天上的卫星数据和地下的农民圈地信息，再结合县政府公开的土地数据等多重数据来源，共同确认"这位借款人在经营种植着某作物的某块耕地"。

(三)基于龙头企业的乡村数字金融模式

传统农业龙头企业在自身传统领域领先，拥有扎实的产品、渠道及高黏性的客户。一方面，龙头企业拥有较高信誉，通过其分支机构积累了丰富的线上网点；另一方面，供应链上下游客户量巨大，而且龙头企业通过其分支机构及上下游客户同全国数以百万计的农户建立间接联系，积累了大量的农村销售数据和丰富的农户信息，形成了广泛化的农村准网络化组织。

近年来，农业龙头企业利用其在农业产业的市场势力，实施农业互联网战略，打造基于互联网平台的农业综合服务生态圈，然后根据农业数字金融生态圈中各产业链的资金需求，为农业生产上下游提供融资、资信、投资理财等金融服务产品，在农业生产过程中开发农村数字金融产品，形成了基于龙头企业的农业数字普惠金融模式。在这种模式下，农业供应链中的龙头企业利用数字技术收集、整理、分析物流、信息流及资金流等相关数据信息，从而全面掌握上下游企业或农户的信用状况，解决了信息不透明、获取成本高的问题，并且基于产业链与农户生产销售环节紧密联系，能够解决农户生产和销售环节的实际问题，受到供应链上下游涉农企业和农户的欢迎，在农村地区迅速发展，衍生了诸多新形态的产品和应用。目前，具有代表性的产品包括新希望集团的希望金融平台推出来的"慧农贷""应收贷"，深圳诺普信农化股份有限公司推出的"农发贷"、大北农集团的"智慧大北农"建设。此类农村数字普惠金融模式具有效率高、成本低、安全可控、与农业生产紧密相连的独特优势，有效缓解了农业生产和销售环节的资金筹措与融通这一难题，成为数字普惠金融在农村发展的重要模式之一。

专栏 10-3

大北农"猪联网"①

大北农集团的"猪联网"是一个典型的农业龙头企业为农户提供数字化金融服务的案例。2013 年 12 月，大北农集团提出智慧大北农战略。建立了猪联网、智农网、农信网及智农通等四大平台，随后发展形成了 OA 网、智农网、农信网、农博网等四大平台。其中"猪联网"作为"智农网"的产品之一，形成了从生产到销售的完整养猪供应链，以及完整的互联网金融生态圈，开启了互联网智慧养猪的新模式(详见图 10-4)。"猪联网"包含"猪服务""猪交易"和"猪金融"3 个核心内容。截至 2019 年，"猪联网"平台年服务用户达 230 余万人，年服务生猪数量超过 5800 万头，占全国生猪存栏量的 10%，是我国服务养猪户最多、覆盖猪

① 案例由资料整合修改而成。详见：贺爱光．"猪联网"——"互联网＋"养猪服务平台．四川农业与农机，2019(4)：16-18；王山，王丹玉，奉公．"互联网＋"驱动下的农业产业化经营体系创新——"猪联网"的实践与启示．中国科技论坛，2016(9)：155-160.

头数规模最大的"互联网＋"养猪服务平台。

1. 猪服务。猪服务是融合物联网、大数据、智能设备等新兴产品和技术开发的养猪智能养殖管理、财务分析、生产管理、行情监测、猪病诊断、养猪知识学习等一系列服务。具体包括利用大数据、物联网、云计算等数字技术实现猪场自动化设备和生猪生产环境互联互通的生猪智能管理系统;帮助企业优化工作流程、提升工作效率的猪场智能管理系统;面向全国养殖户、经销商、兽医、技术员等提供猪病远程诊断服务的猪病通;为用户提供全国生猪价格及原料价格的行情宝以及为涉猪人群提供学习交流机会的猪学堂。

2. 猪交易。猪交易是面向生猪产业链中生产资料生产企业、农资经销商、猪场、猪贸易商、屠宰场等各个生产经营主体提供的电商交易平台,包括农信商城和国家级生猪交易市场两部分。养殖户可以从农信商城购买猪饲料、兽药、疫苗等物品。国家级生猪交易市场可以帮助用户买卖猪。

3. 猪金融。猪金融则是基于农信云平台,为管理和交易中的生产资料生产企业、养殖户、经销商、贸易商、屠宰场,提供既不同于商业银行也不同于传统资本市场的第三种农村金融服务。

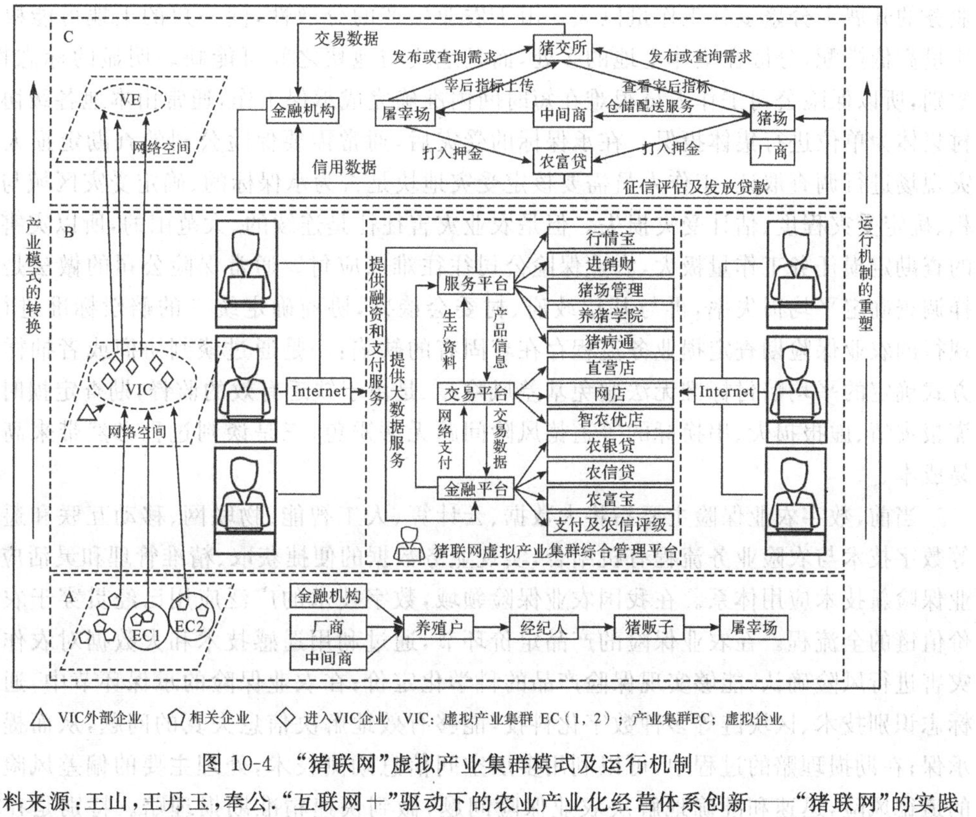

图 10-4 "猪联网"虚拟产业集群模式及运行机制

资料来源:王山,王丹玉,奉公."互联网＋"驱动下的农业产业化经营体系创新——"猪联网"的实践与启示.中国科技论坛,2016(9):155-160.

"农信金融"通过 SaaS 软件获取的生产经营数据和农信商城得到的交易量,结合公司业务人员对养猪户深入服务得到的基础信息,建立农信资信模型,形成较强的信贷风险控制力,联合银行、保险、基金、担保公司、第三方支付机构等众多金融机构,为农业客户提供综合性金融解决方案。

此外，大北农依靠“农信网”为其数字金融服务进行风险防控。其风控机制：其一，大北农集团作为养猪产业的龙头企业，在自身产业具有雄厚的实力和较高的信誉，因此具有极其扎实的高黏性客户群体，才能够吸引足够多的上下游客户成为供应链的资金需求端。其二，大北农可以结合农户的历史生产数据，有效地评估用户信用，构建精准的信用评估、风险监测和欺诈侦查体系，从而在生产过程中准确、定期地投入资金，使农户的每笔贷款都不会产生闲置成本。其三，大北农为养猪户提供农业生产贷款，且贷款的期限和额度与养殖业的特点保持一致，并且农户获得贷款资金后，只能用于购买特定厂商的生产资料，从而实现龙头企业和担保公司共同监督贷款资金的使用，以确保资金流动的安全性，形成供应链闭环贷款。

(四)数字农业保险

农业保险作为农业支持保护政策的重要组成部分，在为农业提供风险保障、分散农业风险、稳定农村经济等方面发挥了重要的“稳定器”作用。在传统的农业保险经营过程中，保险业务的开展十分繁复且工作量巨大。由于农业生产的分散性，同一户的土地可能根据土地质量高低搭配，分散在集体土地的多处，而且地块与地块之间可能缺乏明显的标志物，不易辨别，所以保险公司工作人员很难在短时间内准确完成承保工作，通常由本地各级协保员以村集体为单位进行集体投保。在承保标的受灾后，通常需要保险公司的查勘定损人员到受灾现场进行调查取证，工作人员需要核定受灾地块是否为承保标的、确定受灾区域与受灾面积、确定受灾程度、估计受灾损失。但是农业灾害往往是连续的、大范围的，所以灾害发生时的查勘定损任务工作量极大，农业保险公司往往难以应付。通常保险公司的做法是通过抽样调查确定平均损失率，再与基层政府、村委会谈判，协商确定统一的赔偿标准进行赔付。现行的农业保险勘查定损业务流程存在着固有的缺陷：一是通过谈判协商或者抽样定损的方式确定的平均赔付标准无法避免基差风险；二是由于缺乏有效的监督，勘查定损时投保人谎报灾情、虚报损失、串换标的等道德风险问题无法避免；三是谈判过程必然带来高额的交易成本。

当前，数字农业保险主要指将大数据、云计算、人工智能、物联网、移动互联和遥感技术等数字技术与农险业务流程有机结合，实现业务数据的便捷获取、精准管理和灵活应用的农业保险新技术应用体系。在我国农业保险领域，数字技术的广泛应用已经贯穿于农业保险价值链的全流程。在农业保险的产品定价环节，通过利用遥感技术和大数据对农作物自然灾害进行风险确认，能够实现保险产品的科学化定价；在农业保险的承保环节中，通过智能标志识别技术、区块链等多种数字化科技，能够有效地解决信息失真的问题，从而提供精准承保；在勘损理赔的过程中，可以利用多层空间信息勘测技术，处理主要的偏差风险和事后的道德风险，迅速和准确地解决农业保险问题，做到快速精准勘损理赔。特别是在理赔阶段，数据技术的应用可以大大节省工作人员费用，同时促进工作人员改进工作方法，提高业务效率。

从应用现状看，卫星遥感技术和无人机技术是目前保险公司应用规模最广泛、应用实践最成熟的保险科技，几乎所有的农业保险公司都进行了相关的试点和应用(张志鹏、陈盛伟，2020)。卫星遥感技术在农业保险领域应用较早，以太平洋产险、中华财险、国寿财险为代表的农险公司已经推出了基于卫星遥感技术的农业保险智能系统，比如"e农险""智慧农险""i农险"等应用系统。由于应用成本更低、操作更加简便，无人机在农业保险查勘定损环节的应用则更加广泛。无人机技术结合卫星遥感技术已经形成了高低尺度搭配、空天地一体的应用体系，主要应用于作物面积估测、农业灾害预警、农业灾害评估。

专栏 10-4

太平洋产险"e农险"①

1. 服务创新背景

近十年来我国农业保险事业持续快速发展，已成为世界第二大农险市场，农业保险已成为我国现代农业风险治理体系的重要组成部分。传统的农险经营服务模式在不少地区存在成本高、效率低、体验较差等问题，虚假承保、虚假理赔等套取中央财政补贴、侵害农户权益等违法违规事件屡有发生，承保理赔数据完整性和真实性问题突出，合规风险高已经成为农险经营服务中的突出痛点，既不利于国家强农惠农政策的落实，也不利于公司农业保险的持续健康稳定经营。

太平洋产险认真践行"太平洋保险在你身边"的服务理念，主动思考和聚焦农险经营发展中的痛点解决和农险服务需求发展趋势，顺应"互联网＋"技术革新趋势，将移动平台搭建、终端功能开发、相关前沿新技术应用和业务流程再造等方面工作有机结合，改变传统经营管理与服务模式，自 2015 年起联合中国农科院打造了数字农险移动运营体系——太保e农险，并通过不断迭代升级，实现了农险承保服务"精确承保、保真保准"、理赔服务"精准快速、有图有址有真相"，变"农险服务难"为"农险服务易"，颠覆了行业、政府和农户对农险服务的传统认知，实现了公司在依托高新技术应用创新农险服务体验方面的不断超越和行业引领。

2. 技术、功能体系

"太保e农险"数字化农险运营体系从解放劳动力、改变劳动工具和调整劳动对象入手搭建技术体系。体现在 3 个方面：一是使用移动终端、信息互联互通技术打破时间空间限制，将人从传统业务流程中解放出来，提高效率；二是使用 3S(RS＋GIS＋GPS)、卫星与无人机遥感等技术，实现标的的快速识别、自动定位、归属信息获取以及关联档案数字化存储；三是使用图像识别、光谱分析和机器学习等技术强化数字信息分析应用，实现从人算到机器算、从人判断到人监控机器判断、从人分析到人建立模型分析的创新变革。

e农险功能体系由业务操作、风险管理、辅助工具和咨询管理四大功能版块组成，触及农险经营服务的全流程。业务操作版块通过"验标/查勘助手、e键承保/理赔、移动核保/核赔、远程专家、后台辅助"等功能应用，实现了一线操作移动化、传统操作线上化、外部流程内部化、内部流程标准化，极大地提高了工作效率，确保了业务档案数字化、真实可信可跟踪；风险管理版块通过"气象证明、灾情预警、风险地图、气象服务、智农瑞田"等功能应用，可以为内外部客户提供风险数据与信息，有效协助公司加强风险管控，帮助农户开展防灾减损；

---

① 案例来源：太平洋保险. 太保e农险：用高新技术将农险服务带入"真、准、快、好"新时代. (2018-04-10)[2021-10-05]. http://www.cbimc.cn/zt/2018-04/10/content_258991.htm. 有删改。

咨询管理版块涵盖农业常识、农情、产品、制度等各类信息，为内外部客户提供全面“三农”及保险咨询服务；辅助工具版块为用户提供了包括“水印相机、测亩仪、航拍助手”等多个便捷小程序应用，工具在手，便捷高效。

3. 主要特色

一是实现了从粗放承保向精确验标承保和承保信息数字化的转变，保真保准。使用太保 e 农险能远程、便捷、快速地采取承保标的精确信息，包括四至位置、面积大小、作物长势等，相关信息与后台核心系统无缝链接、直接上传，能快速发现重复投保问题、核实投保面积真实性问题等，所有信息、照片资料和操作全程防伪，从根源上杜绝了虚假承保问题，也为后期理赔服务提供了有力的支持。

二是实现了从粗放理赔向快速精准理赔的转变，有图有真相。使用卫星遥感勘损技术，实现大面积（省级/县级）灾害损失快速勘查和快速识别，加强第一时间对损失的全局性把握；使用无人机遥感勘损技术，实现中尺度（乡镇/村）精确查勘与调查；通过手机、ipad 等移动互联勘损技术，实现小尺度（以户为单位）精确查勘。同时，借助无线网络实现勘损信息快速传输，保险机构可组织定损专家足不出户远程指挥定损，从而简化查勘程序、降低查勘成本、提高查勘定损效率、增强定损专业性。

三是实现了从提供单纯保险服务向全面风险管理服务的转变，及时便捷。通过客户端随时为投保农户提供灾情预警和气象服务，协助农户及时开展灾害预防和科学采取减灾减损措施；通过气象证明等工具的应用，极大地减少了农户提供灾害证明等工作量，改善了客户体验。通过历史大数据与即时数据的结合，太保 e 农险能够提供实时气象服务和近乎实时的灾情预警，并按照 T+1 的要求提供气象证明服务等。

四是实现了产品创新与技术创新融合，全面优化创新客户体验。将新技术应用融合于天气指数保险、价格保险等产品创新中，通过风险识别、评估、分析与区划技术，实现基于多源数据（农作物单产数据、农作物灾情数据和农作物单产与灾情混合数据）的风险评估与“地（省、市、县）、物（水稻、玉米等作物）、灾（干旱、洪涝、台风等）”组合化费率厘定，并通过移动端和物联网等技术应用，对承保理赔业务流程进行再造，进而实现了自助投保、自动承保和自动触发理赔等全流程自动化处理。

五、若干思考

乡村金融数字化转型是必然趋势，但并不一定带来乡村普惠金融的发展，因此，乡村金融在数字化转型的同时必须坚持普惠金融的基本方向。乡村数字普惠金融高质量发展的“普惠”不仅仅是金融普遍惠及，更应是共同富裕基础上收入差距的缩小。乡村金融数字化转型要围绕这一目标，在共同富裕背景下努力实现乡村普惠金融的高质量发展。

在某种意义上，乡村数字化金融就是乡村数字普惠金融。乡村数字普惠金融这一概念是数字技术与普惠金融理念在乡村场域相结合的产物。而在乡村场域背景下考量数字普惠金融，其一，虽然强调尤其要满足被正规金融部门排斥或服务不足的人口的金融服务需求，但数字普惠金融并非仅仅满足这部分人口的需求，同时也须重视满足新型农业生产经营主体的金融服务需要；前者在农村视角具有重要意义，后者在农业视角具有显著价值。其二，农村金融服务不只包括正规金融服务，还应包括非正规金融服务，比如农村资金互助。其三，数字普惠金融除了强调可得性、成本可负担、商业可持续性等特点，还应强调获得和使用金融服务的多样性、安全性、适当性和便捷性等。

考量乡村数字化金融(或乡村数字普惠金融)，应以县域为基本观察单元。应该看到，近年来，我国县域数字普惠金融总体发展水平快速提升，但目前仍然存在区域间县域数字普惠金融发展不平衡问题，其中东部地区县域数字普惠金融发展水平最高，中部地区次之，西部地区和东北地区发展水平相对滞后。不过，县域数字普惠金融的发展空间巨大，有关研究表明，几乎所有县级的服务广度、服务深度与服务质量的绝对水平仍然不高，仍然有着较大的提升空间。而且，相对于数字支付、数字信贷和数字授信的显著提升，数字理财和数字保险的服务广度和服务深度还存在更大的提升空间。

当前，县域数字普惠金融服务发展面临一些现实问题：一是相当多县域的数字普惠金融基础设施还相对落后，城乡数字鸿沟依然显著。因此，必须进一步改善全国农村地区，尤其是西部地区和东北地区的数字普惠金融基础设施。具体地，应改进全国通信基础设施，提高移动通信和互联网的覆盖面和可达性；应优化数字金融服务点建设；应鼓励传统农村金融机构做实做好农户和新型农业经营主体的数字化信用评级和授信系统，从而促进其发展自身的数字普惠金融服务。二是农村信用环境依然不很理想，农村数字普惠金融服务缺乏良好的落地环境。因此，必须继续改善农村信用环境，促进金融科技平台企业和传统农村金融机构之间的相互竞争和合作。应切实推行农村金融机构多元化，促进其相互竞争，这里应包括来自金融科技平台企业的竞争，推动形成一种多元化、差异化、分工协作的农村普惠金融体系，以此推动农村数字普惠金融服务的供求对接和服务本身的提供，真正提升县域数字普惠金融服务广度、深度和质量；应完善全国城乡个人与企业征信体系和社会诚信体系，为金融科技平台企业和传统农村金融机构的农村数字普惠金融服务创造更好的条件；应通过提供税收优惠、提升数字授信和数字贷款的额度、增加数字保险的种类及其覆盖性等路径，鼓励“支农支小”数字普惠金融产品与服务的多元化、广覆盖、高质量供给。三是相当部分县级政府对县域数字普惠金融缺乏认知，当然也缺乏相应的行动。因此，县级政府应充分认识到县域数字普惠金融在推动其自身发展中的作用，结合本地发展特色，对适合本地发展的数字金融模式给予政策支持；尤其需要与合格的金融科技平台公司和传统金融机构保持开放合作，允许其依法使用地方政务和民生数据，改善其提供数字普惠金融服务的数据基础和客户基础，最终促进其提供更好的数字普惠金融服务。同时，也应加强和改善县级政府对县域数字普惠金融运作的监督管理，促进县域数字普惠金融发展。四是当前依然有一部分县域人口不使用互联网，还有部分使用互联网者不使用或者较少使用网络红包之外的数字金融服务。因此，应进一步提升县域人口数字普惠金融素养，激活其数字普惠金融服务需求。

第十一章　乡村数字化创新

一、理解乡村数字化创新

在新一代信息技术迅速发展的数字时代环境中，随着数字技术在农业农村领域不断渗透、扩散并日益广泛应用，各种以数字技术为驱动、为基座、为中枢的新产品、新模式、新业态纷纷涌现，极大地改善、提升、促进甚至深刻地改变着农业生产方式、农村生活方式、乡村社会运行机制乃至农民思维方式。为此，我们可以将这些在农业农村领域中重塑了物理形态的产品和生产经营主体的价值创造逻辑，甚至重塑了生产经营流程、模式、业态的农业农村创新活动称为乡村“数字化创新”(digital innovation)。

一方面，乡村数字化创新通常具有以下数字化创新的共性特征：(1)以数字技术为驱动。在某种意义上，数字技术可视为一种“元技术”，并衍生形成以其为核心的“技术簇”，具有强大的经济社会“活性”，释放出无限的社会连接动能。(2)以数据资源为核心。数据资源(或数字化资源)作为一种操作性资源，可以根据与其他资源的不同关联方式呈现不同的功能，已成为创造和捕获价值的新生产要素、新经济资源。数据这种“非人类实体”要素在“元技术”推动的信息革命中日益显现其核心作用，人类要素与非人类要素对技术应用活动的影响已难分难解。(3)以跨界融合为形态。数字社会是联结的社会、边界模糊的社会，既往稳固的要素边界更加易变，价值创造的方式更为丰富，也极大拓展了价值创造的主体、时间、地点等的边界范围，使得社会经济新模式、新业态具有了显著的开放性、跨界性和融合性，进而对形形色色的经济社会活动产生多元、立体的技术效应。(4)以生态构建为支撑。行动者及相关的生态系统是数字化创新中的主体担当和必要内容。生态系统由不同的但相互依赖的行动者组成，他们出于各自的利益诉求、生态位加之数字技术的渗透、应用，通过共生界面形成了各种相对合理的数字化共生模式，从而达致共同进化、协同发展。因此，在很大程度上，数字化创新的成功与否并不在于数字工具拥有什么特性，而在于行动者的目标和能力如何与技术特性所提供的内在潜力相耦合。(5)以产品、服务、流程、模式、业态等方面创新为绩效。应该指出，数字化创新并不简单地指“元技术”及“技术簇”在各类经济社会活动中的扩散和应用，而是指解构性与结构性相结合的具有创构性质的数字技术应用活动。

另一方面，乡村数字化创新也因农业农村生产、生活、生态、文化等特有性状而呈现出显著有别于其他领域的创新特征。其一，当数字技术嵌入农业生产实践中，尽管数字化创新具有创构性，但其底层基础逻辑依然主要是生物生态逻辑，而非数字技术逻辑，任何无视这一点的数字化创新都将失败。其二，面对农耕文化传统、乡村社会结构及其较为特殊的治理场景，乡村数字化社会创新必然呈现出远较城市社会相对稳定的嵌入环境及其创新制约。其三，在乡村人口结构深刻变化的背景下，绝大多数乡村数字化创新都必须回应伴随城市化进程的乡村空心化、老龄化及数字鸿沟困境，以及城乡融合趋势，而适老性、适农性也将始终是乡村数字化创新面临的基本要求。其四，应该承认，与城市相比，由于信息基础设施、应用场景的特殊性、行动者（特别是边缘人群）的数字素养等因素所限，乡村数字化转型发展进程相对较慢。

一般而言，乡村数字化创新通常有三类：其一是数字技术的嵌入所导致的创新，其二是数据资源的驱动所导致的创新，其三是新生态系统的构建所导致的创新。而且，应该区分数字技术在农业农村领域中的扩散性应用与数字化创新（虽然其边界并不特别清晰），其实农业产业数字化中大部分实践都属于前者，而乡村数字化创新更强调因数字技术的嵌入、数字资源的驱动、新生态系统的构建而引致乡村产品属性的变化、价值创造逻辑的重构、生态体系资源的重构、乡村新业态的生成、乡村经济社会实践模式的创构等。在此意义上，若暂且不论数字化农业生产经营活动，则具体如淘宝村、乡村直播、数字减贫、乡村数字普惠金融、县域物流智慧共配、乡村智慧旅游等，皆可认为是较为典型的乡村数字化创新。

二、淘宝村

（一）淘宝村的特征性状

1. 淘宝村的定义

淘宝村是中国农业农村发展进入互联网时代（乃至数字时代）堪称现象级的社会经济事实。根据阿里研究院给出的定义，淘宝村是指很多家网商集聚在某一个村落，以淘宝网为主要交易平台，依托于淘宝电子商务生态系统，形成协同效应以及规模效应的集群现象。并且淘宝村有三条认定标准：（1）交易场所——淘宝村的经营场所位于农村地区，以行政村为基本单元；（2）交易规模——淘宝村的电商年交易总额在 1000 万元以上；（3）网商规模——本村的活跃网店总数在本村家庭户数的 10％以上，或者活跃网店总数在 100 家以上。[①] 据统计，截至 2021 年 10 月，全国 28 个省（区、市）共出现 7023 个淘宝村，较上年增加 1598 个，2021 年实现了近 30％的高增长。[②]

在“淘宝村”的基础上，又形成了“淘宝镇”和“淘宝村集群”。淘宝镇为有 3 个或 3 个以上的淘宝村的乡镇（或街道）。[③] 淘宝村集群为相邻的淘宝村有 10 个或 10 个以上，网商、服务商、政府和行业协会关系紧密，电子商务年交易额在 1 亿元以上。淘宝镇和淘宝村集群的

---

① 详见：阿里研究院．中国淘宝村研究报告（2014）．（2014-12-23）［2021-10-05］．http://www.aliresearch.com/ch/information/informationdetails?articleCode=20049.

② 详见：左臣明．2021 年淘宝村名单出炉 全国淘宝村数量已突破 7000．（2021-10-12）［2022-03-05］．http://www.aliresearch.com/ch/information/informationdetails?articleCode=256317657652006912.

③ 详见：阿里研究院．中国淘宝村研究报告（2014）．（2014-12-23）［2021-10-05］．http://www.aliresearch.com/ch/information/informationdetails?articleCode=20049.

数量可作为观察一个地区淘宝村集聚程度的指标，如果出现淘宝镇或淘宝村集群就意味着当地形成了规模较大的电商集群。目前，全国淘宝村集群所含淘宝村数量占全国总数的比例再上新高，从2020年的76%已上升到2021年10月的83%，呈现出集群化发展态势。①

根据淘宝村主营产品和服务类型的差异，可将其分为农贸类淘宝村、工贸类淘宝村和纯贸易类淘宝村三类。② 而根据空间区位，淘宝村还可分为城市近郊类淘宝村、城镇边缘类淘宝村和独立发展的淘宝村三类；如若以"区位—产业"两维视角进行分类，又可将淘宝村的综合分类确定为七大类，即城镇边缘农贸型、独立发展的农贸型、城市近郊工贸型、城镇边缘工贸型、独立发展的工贸型、城市近郊纯贸易型、城镇边缘纯贸易型。③

应该特别指出，在当今电子商务普及发展的背景下，淘宝村（镇）现象早已超越淘宝电商平台系统，而扩散到整个电商生态系统中，因此，其实质上就是电商村（镇）现象，是乡村电商产业聚落或集群现象。无疑，淘宝村（镇）是典型的乡村数字化创新实践。

2. 淘宝村的特征

总体上，我国淘宝村分布呈现出区域不平衡的特征，中西部等内陆地区淘宝村数量和规模与东部沿海地区存在较大差距，东部沿海地区淘宝村呈团状聚集分布（见表11-1）。具体表现为：(1)淘宝村数量呈梯度分布特征，由东部沿海向西部内陆地区递减；(2)以南北方地理区位为界，淘宝村数量呈现"南多北少"特征；(3)淘宝村呈现多中心的集聚格局，东部沿海地区集聚度较高。东部沿海地区淘宝村相对集聚、优势明显，这与区域经济发展水平密切相关。东部地区拥有绝对区位优势，因其交通便利、配套产业完善，外加开放前沿的商业环境及成熟的消费市场，为农村电商的发展打下了深厚的基础。而中西部地区受交通条件、市场环境、经济发展水平等因素的制约，导致淘宝村发展相对滞后，这些地区的淘宝村经济得到不断发展，但是受自然地理、人文环境的影响未形成大范围的空间集聚且淘宝村经营相对稳定。

表11-1 各省(区、市)淘宝村数量变化情况(2014—2021年)

省份	2014年	2015年	2016年	2017年	2018年	2019年	2020年	2021年
浙江省	62	280	506	779	1172	1573	1757	2203
广东省	54	157	262	411	614	798	1025	1322
山东省	13	63	108	243	367	450	598	801
江苏省	25	126	201	262	452	615	664	745
河北省	25	59	91	146	229	359	500	638
福建省	28	71	107	187	233	318	441	571

① 详见：左臣明．2021年淘宝村名单出炉 全国淘宝村数量已突破7000．(2021-10-12)[2022-03-05]．http://www.aliresearch.com/ch/information/informationdetails?articleCode=256317657652006912．

② 详见：南京大学空间规划研究中心，阿里新乡村研究中心．中国淘宝村发展报告(2014—2018)．(2018-12-16)[2021-10-05]．https://i.aliresearch.com/img/20181216/20181216145248.pdf．

③ 以"区位—产业"两维视角划分淘宝村类型，可以形成九种分类，但实际上城市近郊的农贸型淘宝村和独立发展的纯贸易型淘宝村并不存在，且未来出现的可能性也极低，不具备统计学上的代表性。因此，可将淘宝村的综合分类确定为七大类。

续表

省份	2014 年	2015 年	2016 年	2017 年	2018 年	2019 年	2020 年	2021 年
河南省	1	4	13	34	50	75	135	188
北京市		1	1	3	11	11	38	127
湖北省	1	1	1	4	10	22	40	54
江西省		3	4	8	12	19	34	57
天津市	1	3	5	9	11	14	39	52
上海市							21	78
安徽省			1	6	8	13	27	39
陕西省				1	1	2	16	26
四川省	2	2	3	4	5	6	21	22
湖南省		3	1	3	4	6	12	17
广西壮族自治区				1	1	3	10	17
辽宁省		1	4	7	9	11	9	17
重庆市				1	3	3	9	13
山西省		1	1	2	2	2	7	10
云南省		2	1	1	1	1	6	8
贵州省				1	1	2	4	4
吉林省		1	1	3	4	4	4	4
黑龙江省						1	2	3
新疆维吾尔自治区				1	1	1	3	3
甘肃省							1	2
宁夏回族自治区				1	1	1	1	1
海南省							1	1
合计	212	778	1311	2118	3202	4310	5425	7023

资料来源：左臣明. 2021 年淘宝村名单出炉 全国淘宝村数量已突破 7000.(2021-10-12)[2022-03-05]. http://www.aliresearch.com/ch/information/informationdetails? articleCode=256317657652006912.

在淘宝村发展进程中，电子商务对传统农业经济模式发挥了重构作用，形成了新的商业生态系统，并呈现出独特的发展特征。毛锦庚(2018)指出“互联网＋”背景下淘宝村发展演化的特征主要表现为以下 3 个方面：其一是自组织性，即农村电子商务的发展给予了农民充分的自主权，使其成为市场的真正利益分配者和主体；其二是深刻变革特征，基于“互联网＋”背景下，淘宝村的社会变革、商业模式变革、技术变革非常彻底，传统农户的生活、经济行为方式发生彻底改变，其变革的深度非常大；其三是低路径依赖性特征，表现为生产关系的彻底变异，劳动者身份的快速转变，从被支配地位变为支配地位，新型的商业模式摆脱了对传统产业资源发展的依赖。罗震东(2020)指出，淘宝村这一自下而上城镇化现象的发展特征首先表现为跃迁的就业非农化，淘宝村的产业发展路径是从第一产业直接跳跃到第三产业，进行网上交易，从第三产业推动第二产业发展的格局，是个"一三二"过程。这个过程是通过第三产业带动第二产业的发展，以网络改变交易模式，推动新产业的诞生。通过市场和需求确定供给，使农民避免盲目生产，通过互联网将全国甚至全球分散的需求汇集起来，形成巨量的需求，推动虚拟市场的形成。其次是全面的生活现代化，当互联网平台提供的终端产品丰富到一定程度时，城乡居民购买的商品不会有实质性差异，城乡至少在互联网上实现了均等化。进一步讲，淘宝村在文化生活、家庭艺术追求等方面也会出现变化。最后是集约的空间城镇化。由于近年来严格执行的土地管理制度，乡村的这一轮城镇化进程中利用的基本都是存量空间，比如居民自家庭院、宅基地，甚至是过去农村的闲置集体建设用地。以过去的养鸡场为例，其利润不高，因禽流感等影响，基本不赚钱，如今流转置换成服饰工厂，重焕活力。

3. 淘宝村的贡献

可以确认，作为中国农村电子商务发展的产物，淘宝村不仅推动了乡村相关基础设施建设、促进了乡村产业兴旺，更拉动了农民创业就业、收入增长、脱贫致富，进而促进了乡村振兴。

(1)增加农户收入。淘宝村可以形成显著的财富效应。在农户内在自发的创业致富需求推动下，农户变身为网商，从无到有、由少到多发展起来，从而摆脱贫困，走向富裕。同时，基于农村地区"熟人社会"特性，示范主体的成功经验迅速在民间扩散，进一步扩大了我国电商农户的发展规模。而且，互联网通信技术使得农村地区参与电商的门槛大大降低，农户只要一台电脑甚至一台智能手机就可以实现网上开店，很大程度上便利了农户(包括文化水平不高的农户)参与电商并顺利实现增收。众多淘宝村成功的事例表明，数字技术能够有效助力中国农村经济实现包容性增长。

(2)带动创业就业。以互联网为基础的数字经济，通过技术赋能为农民提供了全新的创业模式。农民不用再东奔西走、异地打工，通过互联网就可以连接全国统一大市场，实现在家创业就业。淘宝村逐渐集聚创业人才、电商服务、配套政策等，成为创业的热土。可以认为，一个淘宝村，就是一个草根创业孵化器。

(3)促进产业兴旺。2021 年，全国淘宝村集群达到 151 个，大型淘宝村集群达到 65 个，超大型淘宝村集群达到 12 个。[①] 在淘宝村集聚化发展的县市，电子商务对产业的直接和间接促进作用尤其明显。以超大型淘宝村集群为例，浙江义乌的小商品、山东曹县的演出服、浙江永康的健身器材、浙江温岭的鞋、江苏睢宁的家具、浙江慈溪的小家电、浙江乐清的电工电气产品等等，电商年销售额达数十亿元甚至上百亿元，有力地促进企业发展和产业升级，可以说每个特色淘宝村都变成了当地最耀眼的名片。

(4)促进脱贫致富。2020 年，119 个淘宝村分布于 10 个省的 41 个国家级贫困县，比 2019 年增加 56 个，增长 89%，年交易总额超过 48 亿元；106 个淘宝镇分布在 12 个省的 75 个国家级贫困县，年交易总额超过 170 亿元，镇均 1.6 亿元，49%的贫困县淘宝村在中西部

① 详见：左臣明. 2021 年淘宝村名单出炉 全国淘宝村数量已突破 7000. (2021-10-12)[2022-03-05]. http://www.aliresearch.com/ch/information/informationdetails?articleCode=256317657652006912.

地区。[①] 贫困地区的淘宝村发展起来后，村民们实现本地就业并获得多样的创业机会，收入不断增加，生活水平不断提高，最终实现连片发展顺利脱贫致富。依靠发展电子商务顺利摘掉“贫困帽”的地区不计其数，例如，2019 年，山东省菏泽市共有 307 个村成为淘宝村，其中 57 个省定贫困村发展成为淘宝村，实现了整村脱贫。[②]

(5)促进乡村振兴。淘宝村已经成为中国乡村振兴战略的先行者。淘宝村吸引大批进城务工的农民返乡创业，使村庄恢复了往日的生机与活力，留守儿童和空巢老人在淘宝村里几乎看不到。此外，淘宝村还吸引大批外地人来此创业，共同推动了当地产业的兴旺发展。村里人人都安居乐业，很多问题都因为经济发展而得到解决。农民生活富足，进而对住房、交通、医疗、教育、环保等有了更高的追求。富裕起来的农民亦有参与推动生态宜居、治理创新、乡村文明的积极性，当地政府更愿意想方设法留住这些成长起来的企业和企业家，他们共同推动了农村地区信息基础设施、生活基础设施的提升。

(二)淘宝村的成长机理

1. 淘宝村的发展阶段

我国淘宝村发展历程大致可分为 3 个阶段，即萌芽阶段、扩散阶段和成熟阶段。

(1)萌芽阶段(2009—2013 年)。少数新农人开始接触电子商务，成为草根创业者，在自家院子里创业、自发成长，相关基础设施并不完善。例如，在沙集模式中，孙寒、陈雷和夏凯被称为“沙集三剑客”。在广东揭阳军埔村，初始创业者为黄海金、许史东等人，他们后来被称为军埔村“电商十二罗汉”。在萌芽阶段，创业能人的带头作用至关重要。

(2)扩散阶段(2014—2018 年)。淘宝村的财富效应迅速向周边村镇扩散，形成淘宝村集群，政府开始有序引导和支持发展，产业空间的规模化建设与配套设施全面扩张。在扩散阶段，由于创业能人的示范效应，再加上农村特有的“熟人型”社会网络，当地农民纷纷效仿，从事网商活动。例如，在河北省清河县东高庄村，在刘玉国的带动下，与刘玉国关系较好的刘玉肖和宋富强等人，也开始经营淘宝店，并且收益颇丰。自此以后，东高庄村掀起了经营网店的热潮。后来，东高庄村的淘宝热潮又迅速向周边村庄蔓延，形成了淘宝村集群。

(3)成熟阶段(2019 年至今)。农村网商的企业家化和电商服务业支撑起的生态大爆发，伴随着人居环境的全面优化和乡村治理体系的现代化转型。在成熟阶段，由于政府的介入，网商协会(或者电商协会)的成立，再加上配套服务商的入驻，网商、供应商和服务商之间分工协作，淘宝村形成完整的产业链，具备一定的农村电商产业规模，进入相对成熟的发展阶段。例如，在浙江义乌青岩刘村，形成了配套的网页制作、产品摄影、店铺装修、物流配送、商品包装、代运营、电商培训等多种业态。

2. 淘宝村的发展要素

作为一种新兴现象，淘宝村是怎样形成的，又是如何演化发展的，主要受以下几方面因

---

① 详见：阿里研究院. 1%的改变 2020 中国淘宝村研究报告. (2020-10-20)[2021-10-05]. http://www.aliresearch.com/ch/information/informationdetails? articleCode=126860487966199808.

② 详见：于兴涛. 菏泽市淘宝村、淘宝镇数量位居全国前列 曹县成为“超大型淘宝村集群”. (2019-08-29)[2021-10-05]. http://m.iqilu.com/pcarticle/4340177.

素影响：

(1)市场需求。市场需求是淘宝村得以形成和发展的基本条件，是淘宝村产业发展的原动力。互联网经济对大量产品和服务的线上交易需求越来越多，消费市场的繁荣带来巨大商机，吸引资本和人员的涌入，推动了淘宝村的形成、发展和扩张。

(2)产业性状。多数淘宝村的形成和发展得益于在当地及周边地区独特的资源禀赋、自然条件或交通区位基础上的良好产业性状。良好的产业性状有效降低了本土网商创业的物质成本、风险成本和学习成本，为当地村民的电商创业提供了最好的货源支持。而产业性状的背后则是一个地区的文化传统，它能激发农民识别、发现和传播电商创业的机会。而淘宝村的形成，会反过来强化产业性状，如增强本地产品知名度、进一步扩大产业规模、加快品牌化建设和技术创新、促进公共服务体系的完善等，形成良性循环。

(3)基础设施。道路、交通、物流、网络、水电等基础设施是淘宝村形成和发展的基本条件。具有良好产业基础或区位条件的地区，基础设施条件通常也比较完善，这些地区一旦形成淘宝村，基础设施还会进一步完善。而基础设施的完善，有助于提升村民电商创业的成功率，加速电商产业集群的形成。

(4)草根创业。创业能人是淘宝村形成和发展的核心主体，他们通过发挥主观能动性将支持电商创业的周边资源和条件成功组合在一起。在淘宝村的形成和发展中，既需要敢为人先、勇于探索的发起型能人，也需要不甘落后、追赶学习的模仿型能人，又需要推陈出新、与时俱进的创新型能人，还需要善于组织、乐于奉献的领导型能人等。这些创业能人的企业家精神是淘宝村形成和发展的关键动能，在较大程度上决定着淘宝村所能达到的高度。

(5)民间扩散。淘宝村的形成还得益于农村社会网络，熟人社会的传统特性是电商技术扩散背后的强大推力。一个商家率先发展起来，会形成模仿学习效应，向身边亲友邻里扩散，带动更多人从事电商及相关行业。另外，信息流也是支撑淘宝村发展的关键一环，网商之间要进行信息交流，卖家和合作商之间也要实现资源共享。此时，熟人社会能够降低信息获取成本和交易成本，增进联系和信任，促进信息传播。在一定程度上，电商平台上的经济活动是嵌入本地行为规范所塑造的线下社会关系的。

(6)平台赋能。以淘宝网为代表的第三方电商平台具有准入门槛低、技术难度小、使用客户多的特点，使大量农户有机会进入网络市场进行尝试，本质上是一种包容性创新平台。借助电商平台，农户避开了实体营销较高的成本与风险，较低成本地切入市场成为一种常态，而在“淘宝村”形成阶段把握住这种创业机遇的农户，往往获得了可观的增收。电商农户发展到一定程度，还可以通过企业化转型，实施电商平台升级或多元化战略，谋求更好的发展。同时，随着农村电商的发展，提供技术、运营支持的各类服务商应运而生，大大减轻了农户的经营难题，加速了农村电商的发展。

(7)政府支撑。淘宝村的发展离不开政府的支持。随着电子商务的快速发展，淘宝村逐渐从早期的野蛮生长过渡到定向培养与规范发展阶段，无论是新淘宝村的创建还是原有淘宝村的持续发展，地方政府的作用显得越发重要。从农户电商创业的角度看，政府的支持作用主要体现在创造创业条件、提高创业能力、激发创业动力和扶持创业活动等方面。从各地实践来看，政府主要在制定规划、营造氛围、招商引资、园区建设、品牌建设、诚信建设、市场监管、对外宣传、创业孵化、组织培训、改善基础设施等方面发挥重要作用。

简言之，淘宝村作为互联网时代一种新型的乡村产业集群，其形成的初始阶段是乡村创业者通过不断尝试，发掘蓝海产品、形成创业突破和示范效应的过程。基于乡村地区长期以来形成的熟人社会关系网络，淘宝村带头人的财富效应迅速吸引周边村民模仿学习，从而使得短时间、特定地理范围内的从业者数量迅速增加，并产生规模效应。随着一定范围内产业集聚高地的形成，人才、资金、技术等外部生产要素开始不断涌入淘宝村，产业集群逐渐形成并不断扩张，专业化服务以及辅助性的配套环节同步增长，迅速构建起日趋完善的产业生态系统。伴随着众多电子商铺的成长、裂变与分立，新出现的淘宝村实体空间相应地呈现出明显的近域复制特征。此外，基层政府的积极扶持能够在一定程度上促使淘宝村的扩散突破邻近效应，形成尺度跃迁。然而，行政力的作用范围通常是有限的，一般只会在行政单元的辖区范围内展开，因而在大尺度上就会表现出明显的行政单元内部集聚和内部裂变式增长的特征，这在一定程度上也可以视为淘宝村制度邻近性的表现。

（三）淘宝村的转型升级

目前，从总体上看，淘宝村发展存在着显著的转型升级困境：一是同质化竞争激烈。与传统的产业集群一样，伴随集群规模的扩张，淘宝村面临内部与外部同质竞争，开始内卷化，存在不少退出现象。商户提供产品的单一化与市场需求的多元化无法匹配，产品质量难以提升，创新不足，价格和利润率不断下滑，引发经营困难甚至是假冒伪劣现象。二是电商专业人才紧缺。目前电商人才供需矛盾在农村地区表现特别突出，多数高校电子商务专业毕业生不愿到农村去，农村地区招人难、留人难的问题突出，严重制约了淘宝村的转型升级。三是网店经营难度加大。目前淘宝村电商农户整体在经营上表现出家庭化、规模小、策略单一等特征。随着网商数量的不断增加，电商市场竞争越发激烈，引流难、网店经营的技术门槛快速抬高、消费者对网店越发挑剔、规则与资本成为形塑农民网店的支配逻辑等，成为广大网商面临的普遍问题。四是公共产品供给不足。随着淘宝村的快速发展，要素资源瓶颈日渐凸显，人才和资金匮乏，土地供应紧张，公共服务不到位，电商发展所需的培训、金融、仓储、审批等配套服务无法满足电商农户日益增长的需求。五是集群协作难以形成。淘宝村集群内部缺乏合作的平台与协调机制，无法使集群内部产生竞合性的发展合力，集群内部拆台多于互补与合作。具有一定规模的电商与众多中小电商间，对于合作的形式与内容，存在明显的分歧，互利共赢的意识一时难以形成。

当淘宝村进入瓶颈阶段，需要从多方面着手谋求转型升级，实现可持续发展。总的来说，寻求内部竞争良性化以及有力应对外部竞争是推动淘宝村演化的内在动力。未来，淘宝村的发展方向可能在于，通过建立和完善以普惠性为导向的农村电商创业创新支持服务体系，引导电商农户向企业化、专业化、组织化和品牌化的方向发展，推动模仿型淘宝村升级成为创新型淘宝村。特别要指出的是，市场本就有推动资源向少数主体集中的趋势，因此政府应本着共同富裕的政策追求，出台一些具有普惠性的政策措施，让所有电商农户都能受益。此外，实施集体行动、主动谋求集体效率是淘宝村发展的重要路径，网商不能局限于自我经营，必须积极参与集体行动，共同提升集体竞争优势，才能有助于提升个体效率。

专栏 11-1

曹县:以淘宝村引领乡村产业振兴①

曹县长期以来是山东省的经济洼地、省级贫困县,一直处于人才、资金单向外流的尴尬境地。近年来,曹县乡村掀起了一股电子商务发展热潮,围绕表演服饰、木制品加工等特色产业,通过推动农村电子商务实现乡村产业裂变式发展。

自2013年大集镇的丁楼村和张庄村首次被认定为中国淘宝村以来,全县淘宝村数量从2013年的2个发展到2020年的151个,占菏泽市全市的38%,占到山东省的四分之一,2020年被阿里巴巴评为全国第二"超大型淘宝村集群"。全县共有16个淘宝镇,其中大集镇32个行政村实现淘宝村全覆盖。截至2020年底,曹县有4000家电商企业,6万家网店,30万人在从事电商,吸引5万余人返乡创业,2019年网络销售额突破198亿元。全县更是有近一半的GDP来自电商。亿级店铺发展到6个、千万级店铺发展到100多个,天猫店2000余个,阿里巴巴跨境电商企业196家。曹县变成淘宝县后,逐渐成为中国最大的演出服装产业集群。曹县周边的县域也纷纷变成"淘宝县",进而让整个菏泽形成了"淘宝县"连片的趋势,催生了全新的产业带。

曹县的淘宝村最初发端于大集镇,这里以前是一个典型的无工业基础、无资源优势的黄淮平原农业乡镇。2010年左右,丁楼村有村民尝试在网上销售演出服饰,并迅速打开了市场。由于生产便捷、利润丰厚,周围村民开始纷纷效仿,并推动了当地农村电商爆发式增长。如今大集镇形成了从原料、服装到配件的完整产业链条,可生产约三千种各类款式的服装,成为中国为数不多的表演服产业集群。据了解,目前全镇电商销售额超100万元的网商已超1000户。电商产业直接带动全镇2万多人从事演出服饰加工行业,吸引了7000多名外出务工人员返乡创业,吸引周边村庄及乡镇近万名村民来此就业,同时不少江浙商户也来此创业。全镇开设有20余家大型布匹批发店,专门从浙江义乌、柯桥等地采购原料,吸引了顺丰、邮政、申通、圆通、韵达等18家物流公司在此开设网点。

大集镇演出服饰产业的发展看似是一个偶然事件,实则不然。当地网商充分利用了互联网的长尾效应,将原本在线下属于小众商品、实体店铺难以经营的演出服饰通过互联网对接到广阔的外部市场,抢占了这一蓝海商品的先机。大集镇电商的迅猛发展也离不开外部环境的支持。中国影视业、演出业的大发展,文艺会演、广场舞比赛、儿童表演活动等的增长迅速,均为演出服饰产业提供了巨量的市场需求。另外,由于演出服饰使用时间短、使用次数少,对于服装质量、材质面料等方面的要求相对较低,这也在一定程度上契合了乡村产业发展初期产品低价低质的特点。而且,乡村熟人社会中的感情纽带无形中推动了熟人网络之间的不断学习、模仿与创新,有效降低了学习成本,推动了电商产业的快速扩散。上述因素的共同作用促使大集镇实现了电商的快速发展。随着产业规模的不断扩大,市场竞争的日趋激烈,大集电商企业主动转型升级,实现了从演出服到汉服的成功延伸,并在汉服中高端市场占有一席之地。随着大集镇的成功,电商发展热潮迅速蔓延至曹县其他乡镇,纷纷依托原有特色产业形成了如木制家具、四件套、床上用品等主打网销产品。

① 改编自《数字经济助力乡村振兴(案例集)》(阿里研究院,2022年3月)中的山东省曹县淘宝村调研报告。

事实表明，接触了先进知识和前沿技术的返乡创业人员成为互联网时代的乡村精英，并在之后的产业成长和扩散过程中承担起电商发展带头人的责任，是推动淘宝村形成的重要动力。在发展农村电子商务之前，曹县长期处于人口净流出状态，据统计，全县每年约有20万劳动力外出。淘宝村的快速发展使得外出务工青年看到了巨大商机，“在外东奔西跑，不如回家淘宝”逐渐成为当地人的共识，越来越多在外务工人员开始返乡创业。与此同时，当地政府积极鼓励在外务工的曹县人返乡创业。2013年至今，曹县已有超过5万人返乡创业。

值得指出的是，淘宝村的裂变式增长离不开政府全方位、多层次的扶持。从曹县淘宝村的发展历程来看，当地政府对农村电商的支持主要表现在3个方面：第一，成立电商服务专设机构。为加快当地电子商务的发展，大集镇政府专门成立了淘宝产业发展服务办公室，曹县县政府成立了电子商务公共服务中心，为电商创业者提供资金帮扶、技术培训、办公场地等服务。第二，率先优化基础设施。当地政府积极改善交通条件，保障电力供应，提升网络带宽。第三，“精明”地保障空间需求。随着曹县淘宝村迅速发展，当地政府协调土地指标，用于大集镇建设电子商务产业园、淘宝商城，以满足商品展示、技术服务、餐饮娱乐等产业配套需求。曹县其他乡镇也通过建设电子商务园区推动乡村电商发展。

三、乡村直播

（一）直播带货的特征性状

1. 直播带货的现状

从2016年开始，直播便走进了人们的生活，在短短几年里，直播内容也随着人们的生活方式不断发生着改变，从秀场直播、游戏直播、泛娱乐直播到如今正迎来风口的电商直播，直播行业越来越显现出其巨大的商业潜能。而且，随着各大互联网公司的加入、各路资本的涌入，我国的直播行业出现了飞跃式的变化。2019年成为真正意义上的“电商直播元年”，电商直播全面爆发，直播带货的情况也成为各大电商平台比拼的一个焦点。直播带货的兴起丰富了直播内容，简化了流量变现方式，为整个直播行业规模的增长注入了新活力，也为我国经济发展、促进消费升级提供了新动能。

在“人人皆主播、万物皆可播”的时代背景下，各行各业、各类人群都在直播场上挖掘着新的可能性。直播模式通常带货效率更高、效果更好，通过直播，明星们与品牌进行着深度融合，县长们找到了助农、扶贫的新窗口，总裁们也纷纷亲自下场直播，将其视为营销的新武器。

《第49次中国互联网络发展状况统计报告》显示，截至2021年12月，我国网络直播用户规模达到7.03亿，占网民整体的68.2%。另据艾媒咨询发布的《2022—2023年中国直播电商行业运行大数据分析及趋势研究报告》，2021年中国直播电商行业的总规模达到12012

亿元，预计2025年将达到21373亿元。①受新冠肺炎疫情的影响，直播带货表现出迅猛的发展势头，“小朱配琦”、薇娅卖火箭以及罗永浩直播等热门事件的发生进一步增加了直播带货的传播热度。目前，直播带货已进入全面爆发期，成为一种新经济业态。

2. 直播带货的特点

当前，作为一种对传统电商具有颠覆性的新商业模式和新经济业态，直播带货已逐渐成为各大电商平台、内容平台相互竞争的重要部分。与传统电商相比，它具有以下几方面特点：

(1)互动性。互动性是直播带货的最显著特征，也是与传统电商的最大差异。在直播带货过程中，主播与观众的关系，除了“买卖关系”以外，还包含了“社交关系”的属性。虽然这样的“社交关系”并非强关系，但是主播通过粉丝经济的效应却可以瞬间将观众调动起来，频繁的互动有利于观众对主播信任的形成和习惯的依赖。主播和观众可以围绕所售产品进行实时互动，及时了解产品详情，提高沟通效率。同时，在直播期间主播们会经常进行弹幕、弹屏、秒杀等抽奖福利活动，增加直播的趣味性，提高观众观看直播的积极性，拉近与观众的距离。如今，在购物过程中，消费者除了关注产品本身以外，尤其注重消费体验，人们已经越来越开始享受购物过程所带来的快感。直播间内的互动行为不仅促进了产品的销售，也增大了观众的黏性，沉淀出主播的私有流量，这也是主播在直播行业得以立足的社会资本。

(2)去中介化。直播带货的爆发是对产业边界和链条的一次重新定义，它的出现对产业边界产生了内爆作用，重塑了产业链条。直播带货不仅改变了产品展示的方式、更换了产品展示的平台，更重要的是它改变了产品供给方和需求方的连接方式。通过直播带货的形式，产品供给方和需求方可以实现直接连接，这样一种“去中介化”的销售方式是对传统销售中各个产业环节的强力冲击。面对信息不对称的市场，直播带货也为实现精准产销对接、降低销售成本、压低产品价格、更好地服务消费者提供了一种全新的选择。同时，基于观众对主播的信任，习惯于观看直播带货的消费者便可能不会去关注电商平台抑或其他第三方，而更加关注主播与产品本身，这也加速了电商平台“去中心化”的形成。

(3)需求驱动供应链。直播带货的火爆主要在于对消费者需求的引爆，通过明确消费者需求反向驱动供应链的重构与变革。从参与式文化理论视角看，直播带货中的消费者既是新媒介空间的构建者也是积极参与的互动者。积极地参与好过被动地消费，直播带货让消费者的主体性得到充分体现，他们从商品信息的被动接收者转变为信息的制造者和传播者，他们可将自己的诉求进行及时有效的反馈。通过直播带货，处于生产端的企业、工厂可以有机会直接对话终端消费者，获得海量关于消费者的真实数据信息，了解消费者真实需求，进而制订生产计划、优化供应链。各大平台中有影响力的头部带货主播，均具有瞬间调动大量消费需求以及增量需求的能力，他们可以在短短的几小时内调动粉丝的量能，产生千亿级的需求。直播带货改变了消费者的消费方式，但同时也对供应链的发展提出了更高的要求。与传统的供应链模式不同，直播带货需要最短的供应链响应时间、最快的出货速度来满足激增的市场需求。对供应链的调度能力是直播带货能否成功的一个关键点，也是各个主播实力比拼的重要内容。

---

① 详见：艾媒咨询. 2022—2023年中国直播电商行业运行大数据分析及趋势研究报告.(2022-06-24)[2022-10-05]. https://www.iimedia.cn/c400/86233.html.

(4)信任体系的重构。直播带货不仅是利用数字技术改变消费者与生产者的关系,实现需求驱动供应链的过程,也是一个重构消费者信任体系的过程。直播带货过程中,主播与消费者可以直接交流,实现了"人与人的对话",这与传统电商中的"商品与人的对话"截然不同。消费者对产品的信任建构路径从原来的"广告—品牌—价格"过渡为"价值—场景—人格"。可以认为,消费者对于主播的信任是促成直播带货顺利进行的底层逻辑。正因如此,主播有时会请名人、专家、官员、权威人士等做客直播间,让观众产生对权威的认可。此外,主播们也会积极打造出自己值得信赖的人设,试图与观众建立情感联系,赢取观众的情绪信任。

直播带货早已不是网红的专属,明星、企业家、官员、科学家抑或普通创业者、农民都可以成为带货主播,他们带货成功的关键主要源于消费者对其的信任,无论是对主播的人格信任、专家信任还是对权威背书的信任,都有利于主播形成值得信赖的人设并实现信任关系的快速建立。此外,直播带货中特有的直播场景也为这种信任的建构提供支持,在许多直播过程中,消费者可以目睹产品的生产、加工等诸多环节,这种直观、透明的直播场景使得他们对主播的信任程度更进一步。

3. 直播带货的类型

目前,对于直播带货的类型并未形成统一的划分标准。大致可将直播带货按照开通平台类型和直播电商模式的不同进行划分。

(1)按照开通平台类型不同,可将其划分为如下三类:第一类为电商平台开通直播功能。在电商平台的基础上开通直播模块,电商平台一般拥有较多的消费流量,同时也可以为消费者提供稳定、流畅、便捷的购物体验。如淘宝直播、京东直播、拼多多直播。第二类为新型直播+电商模式平台。平台建立初期就带有"直播+电商"的标签,两块业务同时发展。如小红唇公司。第三类为直播平台、短视频平台附加经营网上交易。直播平台和短视频平台经过几年的发展,也都拥有了较为稳定的流量。将直播平台和短视频平台作为流量的导入口,随之将其转入第三方电商平台,进行流量变现。如抖音、快手、斗鱼直播。

(2)按照直播电商模式不同,可将其划分为如下三类:第一类为主流模式。具体包括:秒杀模式(即主播凭借其流量优势获得对商品的议价权,并以低价回馈粉丝)、达人模式[即主播拥有某一领域的专业知识或技能,成为消费 KOL(key opinion leader),即关键意见领袖]、店铺直播(即主播对店铺所售产品进行逐一介绍)。第二类为特定地点直播。具体包括:基地直播(即供应链建立直播基地,主播在基地进行直播)、产地直播(即主播前往产品生产地进行直播)、海外代购直播(即主播在海外根据观众需求为其现场采购,并进行直播)。第三类为垂直类型直播。具体包括:砍价模式(即主播在直播过程中与商家现场砍价,协商一致后引导粉丝购买)、博彩模式(即直播赌石、珍珠等商品,博彩性质高,内容趣味性强)、专家门诊模式(即患者生病寻医,医生直播问诊)。

(二)农产品直播带货的特征性状

1. 农产品直播带货的现状

一直以来,众多农业生产者都备受农产品"优质优价"问题的困扰,由于农业生产者与消费者之间的信息不对称,很难真正实现产销对接。而 2020 年突如其来的新冠肺炎疫情更是使农产品市场雪上加霜，受疫情影响，原本超长的农产品上行通道失灵，交通不畅、销售渠道受阻，导致农产品价格下跌、出现大面积滞销。

“组织好产销对接，开展消费扶贫行动，利用互联网拓宽销售渠道，多渠道解决农产品卖难问题。”①习近平总书记在2020年决战决胜脱贫攻坚座谈会上的讲话为探索全新的农产品销售渠道、解决农产品滞销困境、推动助农增收、精准扶贫提供了新思路、新路径。

在当下，直播带货盛行，“人人皆主播，万物皆可播”。在疫情期间，直播带货的模式更是推动了“宅经济”的发展，如此强劲的销售模式也为解决农产品困境提供了可能。淘宝、拼多多、抖音、快手等平台农产品直播带货的兴起，也将农产品置入风口，助力滞销地区打开销路。

农产品直播带货成为助农促销的新风口、新潮流、新亮点，以直播带货的形式销售农产品已成为当下主流的销售模式。不论是普通农民、个体老板、明星、企业家还是政府官员，都化身“带货主播”，纷纷下场直播，通过各大平台带货直播，取得了不错的成绩。直播结束后，滞销的农产品变成了消费者餐桌上的佳肴，农产品直播带货的巨大销量让人惊叹。

农产品直播带货的背后，反映的是农村的信息化、数字化程度。虽然直播带货的方式可以在很大程度上解决农产品滞销问题，但这并非其唯一作用，更重要的是依托产业发展和技术发展，引导和培育更多新农人、新产品和新农业销售模式，推进当地农业的现代化和数字化建设。

专栏 11-2

互联网企业助力农产品直播带货

阿里巴巴：2019年1月，淘宝正式启动面向农村地区特别是贫困地区的“村播计划”，通过UGC（个人）和PGC（栏目）的结合，既有个人主播的单点突破，也有“县长来了”“丰收节”“村播日”等IP栏目互为补益。2019年，淘宝直播村播计划与12个省份深度合作，通过政府引导，定点培育培养超过6万新农人，带动25万就业，带动贫困县农产品上行1.6亿多元，全年的直播间农产品总成交超过60亿元。②

拼多多：自2020年2月初开始，拼多多以“市县长直播带农货”模式，在浙江、广东、广西、重庆等地组织了多场助农活动。截至3月18日中午12时，“市县长助农直播间”已售出近300万斤农产品，拼多多协助开设的农民新网店持续增加，一周内平均单店销售额已超过30万元。③ 截至2020年3月31日，拼多多农货直播累计吸引将近1100万人消费，直播间

① 详见：习近平. 在决战决胜脱贫攻坚座谈会上的讲话.（2020-03-06）[2021-10-05]. http://www.gov.cn/xinwen/2020-03/06/content_5488175.htm.

② 详见：农业农村部管理干部学院，阿里研究院. 农产品电商出村进城研究：以阿里平台为例.（2021-06-25）[2021-10-05]. http://www.aliresearch.com/ch/information/informationdetails? articleCode=216741073748365312.

③ 详见：刘萌萌. 市县长直播卖农产品，拼多多推进农资下行.（2020-04-06）[2021-10-05]. https://www.tmtpost.com/4281068.html.

直接销售农产品超过 800 万斤，直播带动同区域农产品超过 3200 万份订单。①

腾讯：作为短视频、直播行业的头部平台，腾讯微视自 2019 年下半年起就开始把"三农"带货作为其中的一个重点方向，并且策划了大量针对农产品销售的主题活动，如"微爱助农"计划、"保供稳价"政府储备肉专项售卖、"县长带货直播"等系列活动。通过采用"短视频＋电商"形式，成功帮助销售广东农产品超过 100 吨，帮助南充市卖出滞销粑粑柑超过 42 吨。②

京东：2020 年京东全面开启"京心助农""寻鲜人""明星代言"三大主题直播活动，邀请政府官员、生鲜买手、品牌明星走入直播间。618 期间，京东生鲜上线累计超 10000 场直播，为消费者带来更多极具性价比的生鲜好物。京东生鲜开门红期间，京东扶贫馆成交额同比增长 170%，"京心助农"同步 618 大促销量也迎来"爆单"。③

抖音：为了缓解新冠肺炎疫情期间农产品销售受阻的问题，抖音联合今日头条、西瓜视频发起了"战疫助农"公益项目，通过设立农产品供需信息发布专区、上线重点农产品聚合页、开展"县长来直播"系列活动等方式，帮助农产品找到销路。截至 2020 年 4 月 11 日，项目累计助力农产品销售 3.2 亿元。④

快手：新冠肺炎疫情发生以来，农产品的流通和销售受到极大影响，产品面临滞销的困境。4 月，快手"百城县长　直播助农"广西专场收官。三场直播吸引了超过 1296 万人观看，累计销售了黑粽子、蜂蜜、百香果、红糖等超过 20 多种因疫情而滞销的农副产品，下单量超过 17 万单，六县总销售额突破 458 万元。4 月 12 日，快手联合央视新闻共同发起"谁都无法祖蓝我夏丹"公益直播卖货活动。央视主持人欧阳夏丹携手演员王祖蓝、蔡明等，十堰市副市长王晓，以及 66 位快手带货达人，当晚共卖出 6100 万元的湖北产品。⑤

2. 农产品直播带货的特点

与传统农产品销售方式相比，农产品直播带货具有两个突出特点和优势：

(1)直观展示农产品，增强消费者信任。除了聚集流量、积攒人气之外，农产品直播带货与传统农产品电商最大的不同之处在于对农产品直观的线上展示，从而更有利于消费者信任的形成。直播的形式拉近了人与人的距离，跨越了空间界限、制造了现场感，让消费者可以身临其境对所购农产品的品质及生长环境进行提前感知。以各类水果销售为例，消费者可以通过直播间观看到果树的种植条件、生长情况，也可以看主播在直播间试吃过程，更直观地看到水果的新鲜程度、了解产品品质。除此之外，消费者还可以与主播实时在线互动交

① 详见：艾媒咨询. 2020Q1 中国农货电商市场研究报告. (2020-05-18)[2021-10-05]. https://www.iimedia.cn/c400/71530.html.

② 详见：聚焦丰收节三农直播电商 腾讯微视联合发起农产品服务—联盟—平台. (2020-09-08)[2021-10-05]. http://www.ce.cn/cysc/tech/gd2012/202009/08/t20200908_35699342.shtml.

③ 详见：高频直播＋政府领导带货，京东 618 成为农货食品最大增量场. (2020-06-17)[2021-10-05]. https://www.sohu.com/a/402357093_100082659.

④ 详见：抖音，巨量引擎. 2020 抖音直播数据图谱. (2020-04-22)[2021-10-05]. https://www.17emarketing.com/html/dongtai/yejieyaowen/2020/0423/9306.html.

⑤ 详见：三言财经. 直播电商助农成新风口：2019 年快手帮助贫困用户卖货 193 亿. (2020-04-21)[2021-10-05]. https://www.sohu.com/a/389951409_100117963.

流，更方便、快捷地了解关于所售产品的详细信息，若要再加上知名网红或者县、市长做的信任背书，便能在很大程度上获得消费者对产品、对店铺乃至对于该农产品品牌的信任，从而更有利于促进农产品销售。

(2)优化农产品上行，实现精准产销对接。农产品直播带货，一方面，为农业生产者提供了一个更优化的农产品上行通道，重新布局上游环节；另一方面，直连消费者与生产者，实现精准产销对接。农产品上行困难一直是农产品这个万亿级市场发展面临的障碍，虽然现有的电商平台已经在很大程度上有助于这一困境的解决，但由于缺乏足够的农产品表述和表达，单纯地将农产品放到电商平台售卖很多时候并不会起到良好的效果，也不利于农产品上行。而农产品直播带货的形式则给予了农业生产者更多表述和表达的空间，使他们可以有机会展示其所售产品，为他们提供了一个更优化的农产品上行通道。此外，直播的形式可以直连消费者与农业生产者，便于生产者了解需求，便于消费者了解品质，实现精准的产销对接，也缩短了供应链长度，降低销售成本，提高供应效率。

3. 农产品直播带货的类型

目前，对于农产品直播带货的类型并无统一的划分标准。根据现有直播形式，可以按照主播类型和直播地点进行类型划分。

(1)按照主播类型不同可将其划分为如下三类：第一类为市、县长等直播。这种直播形式是当下比较流行的一种，也取得了不错的成绩。与政府官员以往给人们的刻板印象不同，直播间内的他们化身接地气的带货主播，亲民的沟通方式拉近了与观众的距离，同时，利用市、县长的影响力对农产品品质做信任背书，获得消费者信任，从而实现直播带货，达到助农增收的效果。但这种方法缺乏可持续性，仅是起到带动作用，提供一种发展思路。

专栏 11-3

县长直播带货农产品

湖南省桑植县副县长袁宏卫走进某平台直播间，和两位专业主播一起，推荐包括桑植白茶、野生莓茶、红薯粉丝等在内的5种桑植特产。土家族和白族是桑植县人口最多的少数民族，因此，在当晚的两场直播中，袁宏卫分别穿上了白族和土家族的特色服装。袁县长中等身材，圆乎乎的脸上戴着金丝眼镜，包上民族特色的红色布帕，身着藏青色满襟衣，有一种意外的“反差萌”。当晚，除了带货，袁宏卫还介绍起桑植的自然风光和民族风情，并应网友要求唱了一首桑植民歌，“马桑树儿搭灯台，哟嗬，写封书信与也姐带哟”。数据显示，这两场直播中推荐的5种商品共成交了2000单，销售额超过46万元。“按照现有计划，我已经被安排了10场直播。”袁宏卫对新京报记者表示。由于长期从事扶贫工作，他是县里最了解农产品特色和贫困户生产情况的人之一。接下来，他还将入驻另一个平台，为桑植特色农产品“代言”。①

山东菏泽单县县长张庆国与网红朱一旦一起，在拼多多助农主播间推销起了单县本地

① 详见：韩沁珂．风口上的县长直播带货：“是个官儿，但不高高在上”．(2020-04-26)[2021-10-05]．http://www.bjnews.com.cn/inside/2020/04/26/721350.html.

的鸡蛋产品，帮助当地蛋鸡养殖户们解决鸡蛋滞销难题。当时受新冠肺炎疫情的影响，各地农产品滞销严重。朱一旦与张县长在直播间里现场展示了单县鸡蛋的高品质——蛋黄可以用筷子夹起来、牙签捅不破。助农直播的效果立竿见影。截至直播当日24点，有超过160万人在拼多多直播间观看了这场直播。张县长与朱一旦共卖出鸡蛋60万枚，约38吨，预计可为农户带来44万元以上的收入。与此同时，他们还为店铺带来了17万新增粉丝。助农直播，成为电商行业帮助农户解决农产品滞销的重要手段之一。①

第二类为农场主或农户自己做直播。农场主或农户可以对自家农产品的种植环境、生长环境进行直播，或者直播产品试吃过程等，凭借农民真实、淳朴的形象，比较容易取得消费者信任。但由于农民并非专业主播，且只有极少数接受过培训，因此，直播很难达到火爆的效果。

专栏 11-4

赵小斌的"土味直播"②

前几年，家中的猕猴桃卖不出去，赵小斌有了"直播带货"的想法。在自家的猕猴桃树下，他向网友推介陕西猕猴桃，讲述果农的艰辛和不易，希望得到大家关注。当天超过24万网友收看了实时直播，上百人次争先购买，这件事给了赵小斌极大的启发："过去卖猕猴桃，通常是经销商统一来村里收购，或者是果农自己摆摊卖，现在时代不同了，农特产品销售不能再走地摊货模式，推广很重要。"大嗓门、无滤镜、浓重的关中口音，赵小斌出现在网上的形象，确实乡土味十足。这种土，倒也真实。每次面对镜头时，他从不会刻意收拾自己，直播的场景也不是在精心布置的直播间里，而是在田间地头或是自家灶房，台词全靠即兴发挥。他解释："村民自己做出来的土产品虽然质量好，但藏在深闺人未识，需要我们这些年轻人包装，推广出去。"从直播角度来看，"土味直播"展示的是农村真实的生活状态，拉近了与观众之间的距离，村民们纯朴的气质也让人对其产生天然的信任感；从产品角度来看，因为农产品的季节性很强，"土味直播"展现的是农产品的源头，比如从果园里摘回来的石榴、养在深山的土鸡等，起到了溯源的作用，让消费者对于其品质更放心。

第三类为请主播代播。由于部分农户或农场主时间或能力有限，为了能最大限度地发挥直播的作用，他们会请主播为自己代播。现在也有不少头部主播响应国家号召，积极参加助农活动，主动帮助农户进行直播带货。

---

① 详见：蓝莓.一夜涨粉17w，超2000w人观看，农产品直播为何如此火爆？.(2020-04-09)[2021-10-05].https://36kr.com/p/1725400793089.

② 详见：42岁农民做主播一夜成网红土味十足.(2020-01-15)[2021-10-05].https://www.sohu.com/a/367016438_120189043.

专栏 11-5

著名的“小朱配琦”[①]

受新冠肺炎疫情影响，湖北多个市县出现农产品代销或滞销的情况，为保障湖北生产生活秩序的加速“重启”，央视主持人“段子手”朱广权与“带货一哥”李佳琦，担任“带货官”，隔空连线，同框直播，为湖北助力在线卖货，人送称号“小朱配琦”。“小朱配琦”组合不仅令观众全程爆笑，卖起货来也是名不虚传。“没机会为湖北拼命，但可以为湖北拼单！”“信不信把湖北农副产品买断货！”直播间留言屏上，网友纷纷发表拼单“誓言”。两位在镜头前推荐的十几件湖北本地产品——热干面、藕带、香菇、酒酿、茶叶等上架即“秒光”。这惹得许多网友抱怨，人太多抢不到。据统计，该场直播吸引了 1091 万人观看，累计观看次数 1.22 亿，直播间点赞数 1.6 亿，累计卖出总价值 4000 万元的湖北商品。

(2)按照直播地点不同可将其划分为如下三类：第一类为直播间内直播。主播在精心装饰的直播间内为观众介绍售卖的农产品，这种直播方式最为常见，与其他商品的直播带货并无差异。第二类为仓库直播、基地直播。主播在仓库或者基地为大家现场直播产品打包、发货的过程，介绍产品情况，庞大的仓库、基地，忙碌且有序的工作人员，可以让屏幕前的消费者获得现场感，仿佛自己亲临现场采购。第三类为田间直播。农户边干农活边直播。挖地的锄头、保温的大棚、田间的庄稼，满足了广大消费者的好奇心，亲眼见证农产品的采摘过程、生长环境等，也会加深消费者对该农产品的信任程度。

专栏 11-6

文成县特色农产品糯米山药直播首秀[②]

浙江省文成县本地主播“酷摇二姐”等五位网红一同担纲主播，将直播间设在黄坦镇黄垟村糯米山药种植基地的田间地头，现场为文成糯米山药进行“代言”推荐。城里有需求，乡村有产出。手机调试完毕后，五位主播分别在 5 个不同的直播间为网友介绍文成的糯米山药。现挖、现煮、现卖，通过直播的方式将糯米山药销往全国各地。主播以及农户们在大棚中挖糯米山药以及在田间地头忙碌的场景，让网友们看得津津有味。“别小看这些，城里不少人没见过。挖地的锄头、保温的大棚、硕大的山药，甚至田间地头边的庄稼，都能带来流量和粉丝。广大消费者看着农产品在田地当中挖出来，在购买过程中信任度自然也更高一些，销售效果自然会更好。”直播仅开播 7 分钟，主播们就成功完成了第一个订单，当天成交量也达到了 5740 斤。

---

① 详见：陶力.武汉解封前夜：“小朱配琦”直播带货，4000 万湖北产品秒光，武汉醒来了.(2020-04-07)[2021-10-05]. https://m.21jingji.com/article/20200407/herald/37710479e4b4c26c1e9edfa65c96478f.html.

② 详见：刘超荣，潘聪聪，陈洁.“网红”田间直播 助力农产品走上“云端”.(2020-01-17)[2021-10-05]. http://news.66wz.com/system/2020/01/17/105225508.shtml.

(三)农产品直播带货的问题对策

目前,虽然农产品直播带货销量火爆,正值风口,农民们也将其视为万能钥匙,但在这一片热闹的景象背后也存在着不少需要重视的问题。

1. 现存问题

(1)与农产品直播带货配套的基础设施和服务发展尚不完善。一方面,农产品供应链涉及生产、包装、保鲜、运输等一系列复杂环节,牵涉农产品生产者、经营者、电商平台、物流平台等众多主体,供应链体系的搭建与完善仍是农产品直播带货的阻碍;另一方面,我国各地农村发展较不平衡,目前仍有许多地区的电商覆盖率较低,对偏远地区的建设与帮扶仍任重道远。

(2)农产品生产的标准化、规模化水平不高。长期以来,由于农产品多为一家一户小生产为主,标准化、规模化水平不高,品质把控不到位,产品分级不严格,进而影响消费者的消费体验以及信任水平。农产品要想进入流通市场,最基础的一步是要完成农产品商品化,而生产的标准化和规模化就是实现商品化的重要环节。直播带货的出现正倒逼农产品向标准化、规模化发展,不断提高农产品品质。

(3)农产品直播人才匮乏。随着直播带货这一新业态的井喷式发展,专业化信息人才和直播人才短缺问题就凸显出来,农产品直播带货更是如此。当前农产品直播带货主要还是依靠县/市长、明星或知名主播来帮助农民进行产品宣传、推广,而少有农民主播可以独自直播且取得良好效果。此外,由于缺乏直播人才对农产品直播过程的设计,农产品直播内容简单化、同质化严重,大多数农产品直播都局限于农产品展示或田间劳作,而没有其余的延伸和拓展,致使观众审美疲劳甚至产生厌烦情绪。农产品直播行业急需大量直播人才进入,帮助农民主播实现独立且有效的直播带货。

(4)农产品直播行业缺乏有效监管。农产品直播带货的门槛较低,一方面为广大农户的参与提供了机遇,另一方面也为市场监管增加了难度。由于个人销售自产的农副产品无须办理市场主体登记,因此大量不符合标准的农副产品流入市场,这些未经检疫的农副产品也为食品安全问题埋下了隐患。此外,因为缺乏监管,许多无良商家和动机不纯的 MCN 机构(multi-channel network,即网红孵化服务中心)也混入其中,货不对板、产品品质差、直播数据造假等问题时有发生,不但扰乱了市场秩序,也影响着消费者对整个行业的信任。

2. 应对策略

(1)加快农产品直播带货配套的基础设施和服务建设。一是要打造高效、稳定的供应链体系。要积极推进农业生产经营者、电商平台、物流平台的对接,保证生产、加工、仓储、销售、运输、配送等各个环节有序、稳定进行,提升专业化服务水平。二是要加快推进数字乡村建设,同时兼顾中西部偏远地区的发展,提升电商平台覆盖率,缩小地区差距,让农产品直播带货的成果惠及全国。

(2)引领农产品生产走组织化、品质化、品牌化发展道路。政府部门及电商企业要引导小农户走上组织化、品质化、品牌化的发展道路。要将普通农业生产者组织起来,提高农产品质量,提高产销对接水平,提高农产品品牌意识,让消费者从对该地区农产品的信任发展到对品牌的信任,使当地农产品获得长久的生命力。

(3)加大对专业化信息人才和直播人才的培育力度。一方面,要对农业生产经营者进行直播培训,争取培养出一大批有特色的农村网红、知名主播;另一方面,政府部门要制定相关政策、提供相应的福利来吸引直播人才返乡,扩大直播人才的储备,助力当地农产品直播带货发展。此外,要提高全体村民的数字素养,培养他们基本的数字信息处理能力,让每一个人都有热情、有能力参与到乡村数字化建设中来。

(4)建立和完善农产品直播带货的长效监管机制。一方面,要加强对农产品品质的监管。良好产品品质是直播带货的基础,要通过平台监管、政府部门监管、消费者监督等手段,提高造假、失信成本。另一方面,要加强对第三方 MCN 机构的监管,坚决打击数据造假行为,净化直播行业,切实保障普通农业生产经营者利益,为其提供可靠的营商环境。

四、数字扶贫

长期以来,欠发达地区受制于薄弱的产业基础、落后的市场化水平、虚化的基层组织功能以及人口流失导致的创新能力不足等问题,其乡村经济因"要素结构处处落后"而深陷发展之困。由此,欠发达地区的乡村产业振兴是一个极为复杂的系统性工程,其乡村产业若要实现跨越式发展,不仅应基于本地特色资源禀赋,更要积极引入契合时代趋势、具有赋能作用的新发展要素。而随着新一代信息技术的蓬勃发展和广泛应用,数字减贫,亦即通过数字技术赋能乡村经济发展和产业振兴,已成为欠发达地区实现弯道超车的必然选择。

对于欠发达地区而言,数字减贫通常有两条主要途径,一是大力发展农村电子商务扶贫减贫,二是以数字平台为中心构建乡村产业生态体系,实现乡村产业攀升。前者较为通行,后者更加深远。

(一)电商扶贫的特征性状

2016 年,习近平总书记在全国网络扶贫工作现场推进会上对网络扶贫工作作出重要指示:"要实施网络扶贫行动,推进精准扶贫、精准脱贫,让扶贫工作随时随地、四通八达,让贫困地区群众在互联网共建共享中有更多获得感。"[①]2020 年,习近平总书记在陕西考察时说:"电商,在农副产品的推销方面是非常重要的,是大有可为的。"[②]近年来,中央和国家相关部委针对电商扶贫出台了一系列文件政策。2017 年中央一号文件首次将农村电商单独陈列,提出要大力发展农村电商,并专门针对农村电商提出若干意见。2018 年中共中央、国务院印发的《乡村振兴战略规划(2018－2022 年)》中提出:"深入实施电子商务进农村综合示范,建设具有广泛性的农村电子商务发展基础设施,加快建立健全适应农产品电商发展的标准体系。"2020 年农业农村部办公厅发布了《"互联网＋"农产品出村进城工程试点工作方案》,提出要"发挥'互联网＋'在推进农产品生产、加工、储运、销售各环节高效协同和产业化

① 详见:吴楚,李正穹. 网络扶贫:习近平决胜全面小康的新杠杆. (2016-11-30)[2021-10-05]. https://t.m.youth.cn/transfer/index/url/news.youth.cn/wztt/201611/t20161130_8898933.htm.

② 详见:史伟,王鹏飞. 习近平:电商在农副产品销售方面大有可为. (2020-04-21)[2021-10-05]. http://news.cctv.com/2020/04/21/ARTIelH4tfey4dx2uVrdHAZf200421.shtml.

运营中的作用，培育出一批具有较强竞争力的县级农产品产业化运营主体，建立完善适应农产品网络销售的供应链体系、运营服务体系和支撑保障体系，实现优质特色农产品产销顺畅衔接、优质优价，供给能力和供应效率得到显著提升，农民就业增收渠道进一步拓宽”。[①] 由此可见，电商扶贫已得到国家高度重视，电子商务已成为一种重要扶贫工具。

近年来，电商扶贫减贫的成效得到广泛认可，已成为一种日臻成熟且可复制的产业减贫方式。《2021 全国县域数字农业农村电子商务发展报告》显示，2020 年全国 2083 个县域网络零售额达 35303.2 亿元，同比增长 14.02%，占全国网络零售额的比重为 30.0%，提高 0.9 个百分点；县域农产品网络零售额达 3507.61 亿元，同比增长 29.0%。[②]

“中国农村发展的经验早已证明，市场是可以主动创造的。”[③]第三方电子商务平台作为连接生产者与消费者的纽带，作为一种扶贫的手段和工具，其基本逻辑大致如下。

1. 提供小生产对接大市场平台

电商平台是小生产与大市场的连接者，也是助力农产品线上销售的组织者，还在相当程度上是保障交易双方权益的裁判员。其一，电商平台的出现为偏远地区农产品的销售提供了一个全新的渠道。贫困农业生产者通过电商平台销售自己的生态农产品，不但可以对接范围更大、消费能力更强的大市场，更容易实现农产品的优质优价，还可以缩短供应链，减少中间环节，直接面向消费者。长期的品质经营也会形成稳定的客户群，获得稳定的销售渠道。而且，电商平台也为消费者提供了一个更便利、更多选择性、更接近源头的农产品采购渠道，更有可能实现价廉物美的采购目标，更容易满足消费者的个性化需求。其二，贫困农业生产者受限于自己的有限的资本和激烈的竞争，需要电商平台的初期帮扶，因此电商平台可以充当助力农产品线上销售的组织者，为准备加入或刚刚加入电商平台的贫困农户提供适当的帮扶、引导、培训和相应的政策倾斜，为他们提供相同的起跑线。同时，也要促进农村基础设施建设、搭建物流体系，动员小农户加入合作社、发展家庭农场，让贫困农户有组织地进入电商平台，享受数字化带来的福利。其三，电商平台上以次充好的问题时有发生，消费者权益难以得到保障。对于贫困农户来说，由于其拥有的资源和能力有限，面对某些消费者的恶意差评、无理索赔，通常手足无措。因此，电商平台需在买卖双方交易过程中扮演好裁判员的角色。一方面，对于平台所售农产品品质要加强监管，让消费者在电商平台买得安全、放心、有保障。另一方面，要建立更健全的消费者评价体系，谨防恶意差评、职业差评的现象打消贫困农户的经营热情。

2. 带动贫困地区基础设施建设

农村的电子商务发展离不开硬件基础设施、网络基础设施等。为了建立起区域农村电商生态系统，当地政府与各大电商平台必然不断完善当地的基础设施建设。由于电商的进

---

① 详见：农业农村部办公厅关于开展“互联网＋”农产品出村进城工程试点工作的通知.(2020-07-08)[2021-10-05]. http://www.moa.gov.cn/nybgb/2020/202006/202007/t20200708_6348231.htm.

② 详见：农业农村部信息中心，中国国际电子商务中心. 2021 全国县域数字农业农村电子商务发展报告.(2021-09-10)[2021-10-05]. http://www.moa.gov.cn/xw/zwdt/202109/P020210910801016247234.pdf.

③ 详见：李少威. 这才是农村的核心问题.(2020-07-21)[2021-10-05]. https://view.inews.qq.com/wxn2/20200721A0SG4L00.

入，贫困地区在交通、电力、网络、电脑保有量等方面的基础设施设备、基础资源条件等水平都得到快速提升，这些方面的建设与发展不仅为贫困地区发展农产品电商提供了基础保障，也提高了贫困地区的信息化水平，为当地人民架起了连接外面世界的桥梁，提供了更多的发展致富机会。诸如甘肃陇南在发展电子商务时实施了"宽带进村流量补助工程"，对试点地区的上网费用进行补贴，发展当地网络基础设施建设，实现4G网络全覆盖，试点贫困村宽带网络全覆盖；3年间，硬化通村公路1万公里，行政公路畅通率在95%以上；同时，物流设施也得到全面发展，建立物流园、快递站、代办点，形成物流快递服务网络。① 这些方面的发展建设是陇南地区后期形成有规模的淘宝村的前提条件，也为贫困地区实现脱贫致富打下了坚实的基础。

3. 促进贫困地区综合服务协同发展

哈肯(1988)认为，在各个系统之间或整个系统中，各要素之间相互协同发展，可以共同组成一个尚不存在的新的系统结构和特征。对于贫困地区来说，电子商务的发展不仅仅局限于电商平台本身为当地带来的经济效益，也同时带动了许多相关产业和综合服务的协同发展，在多方面、多维度、以多种方式为贫困地区经济发展和农民增收注入了新的活力，提供了新的机遇。电子商务进农村，对于促进当地的特色产业发展、教育水平提高、优秀人才引进等综合服务的协同发展，都发挥着至关重要的作用。

(二)电商扶贫的基本模式

经过多年的实践和发展，电商扶贫的成效已得到广泛的认可，电商扶贫已成为一种日臻成熟且可复制的扶贫方式。近年来，随着互联网技术的变革和人们消费方式的转变，电商扶贫也衍生出多种模式。

1. 电商+产业

电子商务为农村发展带来新思路、新模式、新机遇，但其更多地体现为一种交易模式或商品交易体系，故不能脱离商品要素或其他关联要素独立存在，换言之，电商扶贫需要产业扶贫的协同和支持。产业扶贫是中国特色的扶贫开发路径，但由于贫困农村地区多位于偏远地区，交通不畅、基础设施落后、贫困主体能力有限等现实条件限制了地区资源优势的发挥，丰富的矿产资源、自然资源、文化资源无法有效转换为经济效益，大大削弱了传统产业扶贫的效果。而"电商+产业"的扶贫模式则能够依托电子商务平台，倒逼农村产业升级，促进农村产业融合发展，让贫困农村地区的产业价值得到最大限度的发挥。

具体而言，第一，电商平台主导产业提升，产业发展支撑扶贫进行。在贫困农村地区，自然资源优势明显，主要以第一产业为主，更有利于发展农村电商。电商平台可以根据当地实际情况和市场预测情况，有针对性地给予产业提升引导，促进产业集群形成，利用好当地特色资源，打造特色商品，同时，让贫困农村地区的产业发展和商品生产最大限度地与市场需求吻合。产业的升级发展会进一步推动扶贫工作的进行，减少贫困情况的发生。

---

① 详见：林治波，杜昱欣. 甘肃陇南电商扶贫志在弯道超车 特色农产品卖出好价钱(打赢脱贫攻坚战). (2017-03-19)[2021-10-05]. http://paper.people.com.cn/rmrb/html/2017-03/19/nw.D110000renmrb_20170319_3-01.htm.

第二，充分利用电商平台的资源，吸引更多贫困群体参与产业链。电商企业可利用自身实力做信任背书，在技术、资金、市场等方面为农业生产者提供支持，为他们对接广阔的大市场，提供入驻平台的便利条件，给予相应的优惠政策，吸引更多贫困群体参与到产业链中来。农户以多种合作的方式参与产业链，不但能获得稳定的增收渠道、自身技术能力的提升，还有利于个人自我价值的实现，达到"扶贫""扶智""扶志"的多重效果。

第三，多主体协同，共建扶贫生态系统。以电商扶贫为中心，整合政府、社会、贫困群体的资源，以贫困地区产业为基础，共建扶贫生态系统。各主体通过资源交换和共享制度共同创造价值：一方面，各主体通过共享自身资源从而提升系统创造价值的能力；另一方面，各主体共享系统所创造的价值成果（易法敏，2018）。这样的扶贫生态系统实现了全产业链的融合，带动了贫困群体的参与热情，让他们有机会共享发展成果，是一种可持续、可复制的扶贫模式。

如今，以"电商扶贫"为标志的电商介入脱贫攻坚，特别是阿里巴巴、京东、拼多多等电商平台以及许多社交电商集中发力农产品基地直采，这就进入了农产品"电商基地直采"的新阶段。在农产品数字化供应链价值凸显的背景下，众多电商企业（包括社交电商）对农产品数字化供应链前端进军的热情日益高涨，而优质农产品以及农产品"头部"生产经营主体（也就是一些有规模、有品质、有品牌的农业生产经营主体）正迅速地被各类电商企业（特别是一些"头部"电商企业）发现、对接和网罗。这是在数字经济时代农业组织化的新形态，也是产业扶贫中一种具有时代性的组织创新。

专栏 11-7

乐业开启电商扶贫模式①

12 月中旬，乐业县的砂糖橘陆续上市。由于乐业县独特的地理气候条件，种植出来的砂糖橘甜度高、品质优良，但因交通运输不便、缺乏与市场的有效对接，可谓"养在深闺人未识"。为破解"酒香也怕巷子深"的魔咒，乐业县开启了"电商＋产业＋扶贫"模式，畅通"山货"出山和"网货"下乡的双向通道，使其成为扶贫开发的新引擎。

依托完善的电商产业链，拓宽了销售半径，帮助乐业农产品实现顺畅销售，为农户增收。据统计，2018 年整个猕猴桃销售季中，全县利用互联网销售乐业猕猴桃达 57952 件，销售斤数约为 30 万斤，销售额近 600 万元。其中，微信等微营销平台销售约为 4.5 万件。搭上"电商快车"的乐业猕猴桃价格由 8～10 元/斤提高到 20～25 元/斤，不仅解决了滞销的问题，还大幅提高了种植户的收入，为农户脱贫致富做出了重要贡献。

为了尽快发展乐业电子商务，让更多的农民朋友搭上电子商务这一"致富快车"，乐业县委县政府、县商务局与闻远科技联合践行"电商扶贫，人才先行"理念，积极为乐业县搭建电商人才培育平台，筑牢农村电商发展"基石"。通过搭建乐业县电子商务公共服务中心、建设运营乐业县乡（镇）村级互联网超市站点、举办电子商务技能培训班等方式，为乐业县送来专业的电商服务。截至目前，电商服务中心完成建设运营农村互联网超市站点 62 个；孵化淘

① 详见：新华网. 电商＋产业扶贫 带动富民增收.（2018-12-21）[2021-10-05]. http://it.people.com.cn/n1/2018/1221/c1009-30481163.html. 有删改。

宝个人店铺23家，企业店铺3家；电商培训已覆盖乐业全县4镇4乡，开展理论与实操类电商培训46场，培育逾2539人次，其中培训建档立卡贫困户逾616人次，促进电商就业岗位增加近120个。乐业县电商服务中心作为乐业县电子商务排头兵，在乐业县商务局的指导下，必将助推乐业农特产品出山，带动贫困群众增收致富，推动乐业电子商务与相关产业协同发展。

2. 电商＋旅游

自1999年英国提出PPT(Pro-Poor Tourism)理念以来，人们就开始重视发展旅游业对扶贫效果的影响，世界旅游组织和联合国贸易与发展会议则进一步强调可持续发展与消除贫困的统一。一般而言，"电商＋旅游"是一种在数字化、信息化大时代背景下，顺势而为的扶贫模式，利用数字化手段、信息化赋能的方式改变贫困农村地区的市场基因，催生出新的发展模式和新业态。发展农村旅游电商，也是一种多维扶贫方法，在基础设施、产业发展、品牌建设、生态环境、民生保障等多方面的发展都有助于贫困农村地区贫困问题的解决，也为电商扶贫提供新的发展动力。

第一，该模式会带动贫困农村基础设施建设、完善数字基础，不但让身处贫困偏远地区的人们能享受数字红利，缩小数字鸿沟，也会为他们带来极大的生活便利。第二，充分发挥电商平台的作用，发挥社交口碑传播的优势，开展新型网络营销模式，可以为乡村旅游提供更多样的玩法。例如通过开通预售、众筹、领养、私人定制等多种服务，为贫困地区的乡村旅游做好宣传和推广工作，有利于突破地域限制，扩大消费市场，让偏远农村地区的生态产品、自然景观可以"走出去"。第三，这种扶贫模式不但会通过乡村旅游、售卖乡村特产和纪念品等直接为贫困地区带来经济效益，还可以拉动当地餐饮住宿、体验农业、观光农业的发展，也有助于当地贫困人口就业问题的解决，让贫困人口都有机会参与到扶贫项目中来，实现可持续扶贫。

长期以来，旅游扶贫模式取得了不错的成效，也得到了广泛的认可。但有一些偏远贫困地区，虽然拥有悠久的历史、丰富的旅游资源，其地域局限性却在很大程度上影响了市场的开拓与发展，资源与市场难以对接，旅游人才难以引进。早期的农家乐专业村因其工业化、标准化、商业化严重也一度遇冷。这些问题的存在都制约着旅游扶贫成效的显现，旅游扶贫急需转型升级。

专栏 11-8

云南元阳：旅游电商智慧探索①

云南省元阳县是世界文化遗产哈尼梯田核心区，同时也是国家级贫困县。围绕哈尼梯田这个元阳最可依赖的"IP"，通过信息化赋能的形式，元阳县从旅游电商开始，通过对当地梯田、古村落、丹霞地貌、民俗文化等优势资源的系统开发，综合运用农产品电商、众筹、旅游电商等工具，让贫困地区的资源优势迅速转化为现实的生产力，旅游人数大幅度增加，特色产品上线加速，当地的百姓与产业均受益良多。

① 案例来源：魏延安．县域电商扶贫三大案例．决策，2019(Z1)：53-55．有删改。

元阳旅游电商从旅游的数字化开始，邀请联合国世界自然保护联盟、国家文化和旅游部、云南省旅发委、红河州旅发委、清华大学、阿里巴巴等多家单位的专家学者进行实地调研，全方位对全县旅游交通、旅游消费品、哈尼文化等旅游碎片元素进行调研整理，推出元阳县智慧旅游和旅游电商项目，涵盖智慧管理、智慧营销、智慧服务等板块，还包含梯田红米电商方案、聚土地、梯田认养、欢乐农场游戏等模块互动体验式智慧旅游。

元阳加大特色产品电商化力度，采用线上与线下相结合模式：线上通过与阿里巴巴聚划算平台、中国扶贫基金会善品公社等合作，采用众筹认建的模式，兼顾个性化的需求，在互联网电商平台进行电商团购推广梯田农副产品，如梯田红米、梯田鸭、梯田鸭蛋、梯田鱼、梯田泥鳅、梯田黄鳝、梯田螺等；线下与银行等机构合作，为其大客户量身定制，建立互联网及微营销电商平台，突出客户体验，实现网络口碑营销。

同时，注重民族文化资源深度开发。哈尼梯田不是纯粹的风景，而是哈尼人世世代代生活的地方，是多功能的全球重要农业文化遗产。元阳不仅让大家来看梯田，还着手建立体验式旅游模式，让城市人来农村居住、养生、参与农耕，让他们在闲暇时游梯田、看云海、饮山泉水、观梯田日出日落、品长街宴、尝梯田红米、吃牛肉干巴、住哈尼族蘑菇房，可以捉梯田鱼、摸泥鳅、逮黄鳝，可以享受收获的喜悦。在创新性地传播哈尼民族文化的同时，也让农民重新回到土地上，让哈尼梯田的生态文化系统得以可持续。

3. 电商＋直播

自脱贫攻坚战打响以来，2019 年电商直播的兴起，为扶贫事业的发展提供了新的思路。2020 年突发的新冠肺炎疫情，更是加速了利用电商直播实现农村扶贫的进程，多家互联网平台纷纷启动直播助农的活动。商务部大数据监测显示，2020 年一季度电商直播超过 400 万场，100 多位县长、市长走进直播间为当地产品“代言”，全国 832 个国家级贫困县网络零售额达到 277.5 亿元，增长 13.3%。① 抓住电商直播的风口，让贫困地区的农民共享直播红利，对于推动贫困农村地区农产品上行、帮助贫困地区实现脱贫攻坚具有重要意义。

随着农产品电商直播在农村贫困地区逐渐崛起，农村市场得到激活，农产品的品牌塑造、品牌传播和农产品价值得到全面的提升。第一，电商直播以更直接的方式实现了农户与市场的对接，让数字素养不足的贫困农户能以更简单的方式直接与消费者对话，不但能直接了解消费者需求，而且缩短了农产品供应链，节约了销售成本。第二，市/县长、社会名人的加入为区域性的特色农产品提供了信任背书，更有利于获得消费者的信任和认可，从而实现对农产品品牌和贫困农村地区的宣传和推广。同时，各大电商平台对助农直播给予的流量和政策倾斜也有助于贫困农村地区销售市场的扩大。第三，随着国家的政策引导、各大电商企业的推动、地方政府的大力支持，新技术、新品种、新设备被用于农业产业升级，懂电商、懂农业、爱农村的“新农人”逐渐回归并扎根到发展农村电商事业中来，为普通农民和百姓树立了榜样，有助于激发他们的创业热情、转变自身的思维方式和发展方式。

虽然当前直播火爆，全民皆主播，万物皆可播，但值得注意的是，风口期只是暂时的，如何能发挥出电商直播对农村扶贫的长效作用是值得进一步思考的。若想长期留存电商直播

① 详见：商务部召开网上例行新闻发布会.（2020-04-23）[2021-10-05]. http://www.mofcom.gov.cn/xwfbh/20200423.shtml.

带来的消费者流量，保证农产品品质才是关键。政府、平台要加强引导和监管，让贫困农户能有更长远的目标，不可以诚信和口碑为代价换取短暂的眼前利益，而要借助直播的机会，充分展现地方特色，打造乡村品牌，形成良好口碑，让贫困地区的市场越做越大，实现永久脱贫，避免风口消退后的返贫。电商直播的扶贫模式，是一个系统工程，涉及生产、分级、包装、销售、物流等众多环节，涉及政府、电商企业、农户等众多主体，最终的扶贫成效需要各主体协同发展、各环节配合有序才能显现，电商直播扶贫大有可为，也任重道远。

专栏 11-9

河北沽源打造直播村①

沽源县位于河北坝上地区，是国家级深度贫困县。同时，沽源县也拥有相对丰富的物产资源、广袤的耕地、独特的气候、天然无污染的环境、秀美壮丽的旅游资源、种类丰富的生态农牧产品。全县每年出产大量优质杂粮、马铃薯、牛羊肉等产品，却通过大宗销售渠道以较低价格流入市场，资源优势没能带来市场优势。如何让好的农产品受广大市场认可，卖出好的价格，让贫困群众脱贫增收，成为沽源县产业发展和电商扶贫的重中之重。

结合沽源产业基础等实际情况，适合沽源的电商扶贫模式必须符合以下几个特点：一是门槛要低，只有门槛低才符合沽源人才现状，且能带动更多贫困人口参与；二是不能过于依赖工业基础；三是不能有过高流量和宣传成本。经考察，沽源县大元房子村村委及村民积极性较高，有适合学习电商的群体，具备电商直播村的群众基础；其次，大元房子村具有离主干道和县城较近的地理优势，便于培训，物流方便；最后，有适合的电商直播带头人，能带动村民积极开展。

把大元房子村打造成电商直播村主要做了以下工作。

首先，对全村电商从业人员进行完整摸底，了解村里和村民的基本情况、植入产品的情况、以往销售记录、电商情况、物流情况，形成了一份完整的信息统计表。

其次，对全村电商从业人员进行了集中培训，分别是"微商课程""直播技巧""微店""短视频营销"等课程。通过培训，筛选优秀学员发展成农民主播，加入沽源县农民主播团，成为直播村的中坚力量。另外，利用村级电子商务服务站对接了物流、金融等服务，给沽源县农村电子商务公共服务中心甄选出来的具有带头作用的电商从业人员配备了相应直播设备和加工设备。

再次，为了激发群众的参与热情，并让参与群众能够坚持下去，在村内展开了一系列宣传和氛围营造工作，比如：张贴大元房子村电商扶贫直播小院分布图；树立"大元房子村电商先锋"墙；为优秀电商带头人录制视频并制成二维码贴在沽源县农村电子商务公共服务中心的墙上，访客通过扫描二维码就能观看与学习；每个电商直播小院门口挂上"电商扶贫直播小院"的牌子，对村街道进行命名挂牌，如抖音路；在每个实体商户门口设置微店和微信二维码；设置优秀创客二维码；打造创客房屋、直播背景墙；村口立牌"河北电商扶贫直播第一村"；进村道路两旁插宣传道旗及电线杆道旗，全村沿途道路两旁进行电商氛围宣传标语刷

① 案例来源：沽源电子商务进农村探索新路径 打造直播村模式.(2019-02-25)[2021-10-05]. http://www.ah.chinanews.com.cn/news/2019/0225/184163.shtml.有删改。

墙、墙体彩绘,地上放置制造氛围的装饰。

最后,挖掘大元房子村在外创业人员,让他们与本地创业者结合起来。本地搭建分销商城,为在外创业人员提供产品及分销支持。

打造标杆,选定8个农民主播进行实操培训,全程跟踪辅导,让他们成为全村直播的带头人,通过直播宣传,提升电商直播村的影响力。打造大元房子电商直播示范村,旨在树立典型,通过示范带动更多农民参与,达到以点带面的效果。同时,建立沽源农民主播团的工作同步进行中,将电商直播带动扶贫的模式在全县范围内实施。

通过几个月工作,沽源农民主播团初步形成,电商直播村打造工作稳步开展,带动了一批农民参与并取得了不错的成绩,电商直播扶贫模式的成效开始显现。2018年5—7月,沽源县农村电子商务公共服务中心工作人员带领大元房子村的农民主播开展了以“大美沽源”为主题的15场户外直播,总播放量破百万,为沽源农家院和旅游景点带来了50多个订单,同时,为沽源的农民主播树立了信心,也向全国宣传了沽源的风土人情。沽源农民主播团发展成员30多人,主要通过直播沽源乡土风情、饮食风俗、户外风景等内容对外展示沽源,积累粉丝,引来关注,甚至有成员通过自己的努力,成为一名农民“网红”。目前,沽源农民主播团仍在招募、筛选、培养新的农民主播。

4. 数智企业介入

近年来,借助技术升级和平台聚集效应,信息技术在我国扶贫工作中扮演着越来越重要的角色。众多具有技术优势、平台优势的数智企业积极响应党中央的号召,纷纷入场,利用数字技术,多举措参与农村扶贫事业,打造参与式扶贫模式,助力乡村全面振兴,让数字技术的发展成果惠及广大贫困地区和农民。

阿里巴巴统筹淘宝、天猫等20多个业务构成的数字助农网络,从生产、加工、物流、销售、金融等方面打造数字农业新基础设施,力求实现全链路贯通,形成淘宝直播、盒马鲜生、盒马村等数字农业新业态。在2020年新冠肺炎疫情期间,为了缓解农产品滞销困境,更是推出“爱心助农计划”“春雷计划2020”“网上银行无接触贷款”等多项扶贫、助农政策,多维度开展兴农脱贫项目。

京东同样以数字化供应链能力为基础,致力于打造产业培育、农产品上行、品牌建设的完美电商扶贫闭环。在引领农村产业升级、推动农产品品牌化建设、助力精准营销、保证物流畅通、提供金融支持等方面为扶贫事业助力。

拼多多则通过助农直播,帮助贫困农户解决电商起步难的问题,同时致力于助推农村新基建的建设,数字化产业链也已初具规模。拼多多方面表示,将继续以农产品上行为核心战略,未来5年投入不低于500亿元支持农村“新基建”,并助力农村地区打造100万家年销售额超过百万元的店铺。①

① 详见:赵秋玥.冲刺脱贫攻坚电商平台已成重要抓手.(2020-04-23)[2021-10-05].http://www.xinhuanet.com/2020-04/23/c_1125894725.htm.

专栏 11-10

阿里巴巴乡村特派员①

2019 年 6 月，阿里巴巴创新“脱贫特派员”制，派遣资深员工前往山西、湖南、贵州、甘肃的 4 个贫困县，驻扎当地开展为期一年的定点扶贫工作。第一批派遣的特派员均是工龄超过 10 年的资深员工，他们结合阿里巴巴的扶贫方向，通过带动产业发展、发展农村电商、培育电商人才、构建农村互联网体系等帮助贫困县实现脱贫致富，输出到贫困县半年后，他们就已成为当地脱贫工作的生力军。随着脱贫攻坚的全面胜利，阿里巴巴将此项目升级为“乡村特派员”。集团每年选派一批工龄 10 年以上的资深员工，到脱贫县工作两年，截至目前已经累计派出三批 24 位乡村特派员，工作在山西平顺、湖南城步、甘肃礼县、贵州普安、陕西宜君、吉林汪清等地。

缺乏优秀电商人才的领导一直是制约农村脱贫的一个重要因素，而乡村特派员都是具有丰富互联网经验和思维的行业资深人才，他们的到来为贫困地区的发展起到了良好的带头和引导作用，让互联网与贫困县取得了直接连接。他们带来的不仅仅是技术层面的支持，更重要的是资源的对接和生态的构建。他们为当地带来了一整套数字化运营方案，通过拓宽新渠道、打造新品牌、优化供应链、引入数字化产业等方式，吸引更多人才到县域和乡村扎根创业，培养壮大县域数字经济人才，助力县域农特产品打开新市场，为县域可持续发展注入了新活力。乡村特派员项目，为全面推进乡村振兴和共同富裕提供了一条民营企业扎根泥土带动乡村人才数字化发展的新路子。

在贵州普安，乡村特派员把马云公益基金会、蔡崇信公益基金会的优质教育资源引入乡村学校，覆盖了 83 所小学的 2 万余名学生。在江西寻乌，落地了阿里巴巴首个“客服县”，带动人才回流，带动小镇青年就地实现数字化就业，2000 多名农户通过数字化方式实现增收。在河北张北县，乡村特派员为当地落地假发社区工厂项目，让当地留守女性实现家门口就业。

(三)电商扶贫的问题对策

尽管近年来电商扶贫确实取得了显著成效，但也存在诸多问题。对这些问题的重视和解决将有助于拓展电商扶贫的深度和广度，进一步提升扶贫效果。

1. 现存问题

(1)基础设施建设尚未实现全覆盖。目前，基础设施建设尚未实现全覆盖，农村基础设施建设仍是电商扶贫过程中的薄弱环节。《第 49 次中国互联网络发展状况统计报告》显示，当前我国农村地区互联网普及率仅为 57.6%。许多农村地区仍未建立电商配送站点，物流服务体系尚不健全。大多数贫困地区位置偏远，交通不便，运输成本较高，物流运输只能送至乡镇层级，而没有深入农村地区，“最后一公里”问题仍待解决。

(2)产业基础薄弱制约电商扶贫展开。电商扶贫的主要作用在于实现农产品与大市场的对接，但产业集中化程度、农产品的品质化和品牌化问题却影响着扶贫效果的显现。贫困

① 改编自《数字经济助力乡村振兴(案例集)》(阿里研究院，2022 年 3 月)中相关案例。

农村地区的农产品生产模式大多是传统的家庭生产，缺少标准化规范，品质参差不齐，运输时极易腐烂和变质，影响农产品品质和消费者体验。此外，大多数小农户缺乏品牌化意识，难以打开市场。

(3)电商人才匮乏成为电商扶贫发展瓶颈。目前，电商人才匮乏，难以满足当下电商的发展需要。而对于电商扶贫来说更是如此，严重缺少大量具有实践性、操作性的技术和运营人才。虽然我国农村也有大量网民，但精通电商的农民却较少，难以成为电商扶贫的中坚力量。此外，由于偏远地区本地人才大量外流，农村空心化问题严重，留守人口普遍知识文化水平较低，缺乏数字素养，即使接受电商培训也难以达到预期效果。

2. 应对策略

(1)全面完善农村地区基础设施建设。完善基础设施建设，是新时代实现乡村振兴、实现农村现代化建设的必要条件。要进行电商扶贫，网络、交通、物流体系三方面建设至关重要，需要重点关注贫困偏远的农村地区，尽快实现网络全覆盖，完备交通网，搭建整套物流体系，解决“最后一公里”的难题。对于农村基础设施的建设不平衡、管护不健全等问题，也要尤为重视，针对发展落后的贫困地区，要加大建设、帮扶力度，对基础设施的长期运行要加强监管，让其切实发挥出相应的效用。

(2)夯实电商扶贫的产业基础。要科学布局农村产业发展空间结构，强化县域统筹，推进镇域产业聚集，构建以镇带村、镇村一体的格局。大力发展专业合作社，通过合作社引领农民进行产业发展项目。要加强农村产业融合，发展连接城乡、打通农工、联农带农的多类型、多生态产业。要以质量兴农、绿色兴农，发展绿色产业，建立绿色质量标准，打造出一批有地方特色的农产品品牌，提升农产品的标准化、品质化、品牌化水平。要以创新创业为农村产业发展赋能，不断完善产业建设，延伸产业链条，夯实产业基础，助力电商扶贫工作的开展。

(3)培育本土人才、留住输入人才。面对电商人才匮乏的问题，首先要坚持本土人才的培养，针对有发展潜力的青年群体或有能力参与电商事业的农民，进行规范化、职业化的教育培训和电商培训。要充分整合社会资源，利用好政府、企业、高校的资源，根据实际情况和农民需求，有针对性地给予帮助和培训，切实提升其操作技能和运营水平。其次要出台相关就业政策和鼓励措施，根据地方电商发展需求，吸纳大学毕业生进入基层工作，引进技术人员、专家顾问等高级人才进行问题诊断和工作指导，同时，要给予电商人才更大的发展空间，为他们搭建能够实现个人价值的平台，增加农村电商工作的吸引力。

(四)以数字赋能脱贫攻坚

在电商扶贫的路径之外，还有欠发达地区以数字平台为中心构建乡村产业生态体系，实现乡村产业攀升的路径。前者较为通行，后者更加深远。在此，以甘肃省临洮县为例。

专栏 11-11

临洮：以数字化赋能脱贫攻坚①

作为国家级贫困县，甘肃省临洮县把培育产业作为推动脱贫攻坚的根本出路，以数字化助力脱贫攻坚，推动全县脱贫攻坚取得了明显成效。2020 年，全县城镇和农村居民人均可支配收入分别达 27597 元和 9295 元，同比增长 5%和 7.5%，顺利实现了整县脱贫摘帽目标。

1. 应用数字化服务平台。一是搭建数字临洮 1.0 服务平台。2019 年 9 月，依托阿里巴巴钉钉系统搭建了数字临洮 1.0——全县组织化农业生产服务平台，上线了农资直供、科技小院、数字农场、电商培训、直播互动等服务功能，为农户提供种子、农药、化肥、农机等全品类农资和种养技术指导、电商培训等“一站式”服务。二是持续为数字平台赋能。先后 6 次对平台进行扩容赋能，2020 年 1 月，升级为数字临洮 2.0——“三位一体”为民便民合作服务平台，使服务项目由建立初期的 3 类 12 项增加到现在的 5 类 30 项，吸纳各类市场主体入驻平台，为群众生产生活提供便捷高效服务。三是组织群众广泛参与。引导 18.1 万名群众在手机端下载安装数字化服务平台，激活人数达 17.5 万人，日均活跃量稳定保持在 6 万人。依托平台对群众常态化开展线上惠农政策宣传、法律法规普及、意见建议征求、村级事务管理等便民服务。四是努力拓展服务范围。动员群众广泛安装使用数字化服务平台的同时，在县融媒体中心建成了直播间，邀请农业、畜牧、教育、卫生等各方面专家开展技术培训和授课，并组织开展百合、中药材、芍药等农产品销售直播活动。同时，组织播音员、医生、教师、专家开展直播带货和讲座，使播音员变成了农产品的带货网红，医生、教师、专家变成了大讲堂主播。此外，通过数字化服务平台政务服务功能，召开各类视频调度、协调推进、事务对接等会议 60 多次，有效降低了会议成本、提高了工作效率。

2. 注重多方位服务群众。一是针对群众对生产农资的需求，推动农资直供配送。通过农户网上自主选购、村级供销合作社统一下单、农资企业免费配送的方式，帮助群众购买质优价廉的化肥、饲料等生产农资。二是针对群众对农产品销售的需求，推动线上线下配送。县政府与阿里巴巴在临洮县建立西北第一个产地仓，目前已入驻优质网络店铺 25 家，引进特色农产品 120 种，日发单量达到 1000 单。三是针对群众对生产资金的需求，推动信用贷款投放。在平台上建立县农商银行、县邮储银行、县农行等金融业务端口链接，按照“一次核定、余款控制、周转使用、随用随贷”的原则，通过农户申请、入户调查、评级授信等程序和大数据分析，建立了农户金融信用体系。在短短 1 年内，已为 1.74 万户农户发放信用贷款 10.56 亿元，不良贷款率下降 4.67 个百分点。四是针对群众对公共服务的需求，推动服务多元化。在平台上开设劳务用工、在线教育、医疗服务、专家在线等信息板块，组织教师、医生和农业技术专家开展在线教育、医疗和农技服务。目前，累计上传在线教育课件 832 个，点击量 138 万人次；在线医疗视频 95 个，点击量 8.1 万人次；在线农技课件 261 个，点击量 11.25 万人次。五是针对农业对劳动力供给的需求，推动生产机械化。

① 详见：吴彬，徐旭初，徐菁. 跨边界发展网络：欠发达地区乡村产业振兴的实现逻辑——基于甘肃省临洮县的案例分析. 农业经济问题(网络首发). (2022-05-05)[2022-05-15]. DOI：10.13246/j.cnki.iae.20220429.001.

3. 大力发展农村电商。一是健全电商服务网络。依托国家电子商务进农村综合示范项目实施，建成县级电子商务公共服务中心和县级快递分拨中心各1处、乡(镇)级电子商务公共服务站18个、村级电子商务公共服务点243个，行政村电子商务公共服务点覆盖率达75%。高标准建成乡镇级标准化快递驿站18个，村级快递物流服务点170个，有效解决了快递服务到村"最后一公里"问题。二是强化电商人才培训。先后对县内电商企业负责人、各乡镇及村级电子商务负责人全覆盖轮训4轮，培训电商人才1600余人次。

与单纯以电商扶贫不同，临洮案例揭示了欠发达地区以数字技术赋能乡村产业振兴的实现逻辑，更侧重于后一条路径，其意义也更为深远。对临洮而言，虽然近年来一直积极推动产业组织化与市场化建设，但整体而言，其产业振兴速度依旧缓慢，直至以数字化发展理念搭建"数字临洮1.0"，采用技术赋能乡村产业发展之后，临洮县的乡村产业才真正实现了跨越式发展。无疑，数字平台的搭建为农业产业要素突破物理边界提供了可能，实现了农产品与市场零距离、无障碍的精准匹配。一方面，数字化服务平台可以在线上集结多元生产要素，引入金融、销售、农资等市场主体，提供商贸流通、信息服务、生产协同等基础内容，进而减少农产品流通环节、降低流通成本、拓宽销售渠道、打破信息壁垒等。另一方面，数字技术嵌入在空间、主体和资源方面还具有溢出效应，其对乡村数字生活、数字服务、数字治理等方面都具有提质增效及赋能作用，通过激发乡村内生活力和内生发展动力，可以为乡村产业振兴营造良好的社会环境。

因此，基于临洮案例可以总结出欠发达地区乡村产业振兴的关键性实现逻辑在于跨边界发展网络的构建，即基于本地特色资源禀赋，积极引入新发展要素，突破其后的影响约束条件，通过主体融合、内外融合以及线上线下融合的方式，走以组织化为支撑、以市场化为核心、以数字化为杠杆的乡村产业振兴之路。具体而言，欠发达地区既要不断提升乡村的组织化程度实现主体融合，也要通过市场机制积极推动其乡村(主导)产业进行内外融合，更要充分引入并应用数字技术，通过搭建数字服务平台跨越物理边界，实现乡村产业的线上线下融合发展，以数字化赋能乡村产业跨越式发展。

当然，数字技术的引入并不意味着对传统的组织化和市场化乡村产业发展路径的替代。譬如临洮是在构建一体化组织体系的基础上引入数字化路径的。临洮将村集体经济组织、村级产业合作社、村级供销合作社、村农机服务队、村农金室等组成联合体，在村党组织的领导下一体化推进生产、供销及金融等多方位服务。在生产合作上，每个村成立了由村书记或村主任担任理事长的村级产业合作社，挑起了服务农民、服务农业的大梁，并与一些带动能力较强的农民专业合作社、供销合作社组建成立联合社，使群众聚集在组织链。在供销合作上，县上组建了临洮新供销物流服务有限公司，成立了供销联盟，在18个乡镇组建供销公司，在323个村组建村级供销合作社，构建了"县供销公司＋供销联盟＋乡镇供销公司＋村级供销合作社"的供销服务体系，为群众开展农资供应、农产品销售等服务。在合作金融上，成立了县政府金融工作办公室，组建乡镇金融工作站18个、村级金融工作室323个，依托县农商银行、县邮储银行、县农行开展信用体系建设、贷款发放和农业保险等金融服务工作，形成了县有金融办、乡有工作站、村有工作室的三级金融工作网络。因此，组织化和市场化的逻辑依然有效，只是数字技术将越来越成为欠发达地区实现乡村产业振兴的新要素、新引擎。可以预见，数字技术的引入将使得欠发达地区能够更灵活地调动和整合各类资源及主体，通过构建跨边界发展网络，从本地化发展要素"低端锁定"中突围，最终实现乡村产业全面振兴。

五、乡村智慧旅游

(一)乡村智慧旅游的特征性状

自2009年国务院发布《关于加快发展旅游业的意见》以来,旅游业开始寻求以信息技术为纽带的旅游产业体系与服务管理模式重构方式,以实现旅游业建设成为现代服务业的质的跨越。2010年以来,全国各地逐渐开始建设各自的"智慧旅游"体系。2015年,国家旅游局刊发《关于促进智慧旅游发展的指导意见》,将智慧旅游定义为运用新一代信息网络技术和装备,充分准确及时感知和使用各类旅游信息,从而实现旅游服务、旅游管理、旅游营销、旅游体验的智能化,促进旅游业态向综合性和融合型转型提升,是游客市场需求与现代信息技术驱动旅游业创新发展的新动力和新趋势,是全面提升旅游业发展水平、促进旅游业转型升级、提高旅游满意度的重要抓手。2016年,国家旅游局发布了《关于实施"旅游+互联网"行动计划的通知》,在重点行动中包括了推动智慧旅游乡村建设。该通知将乡村智慧旅游解释为:通过使用互联网和移动互联网,全面提升管理、服务、营销水平的乡村旅游。① 2017年,国家发改委、国家旅游局等十四部委联合发布《促进乡村旅游发展提质升级行动方案(2017年)》,强调了智慧乡村旅游在乡村旅游发展中的重要地位,并适当给出了发展建议。②

乡村智慧旅游与传统乡村旅游存在很大区别,这些区别在不同程度上对传统旅游的劣势进行了补足,这也正是乡村智慧旅游的重要性的体现。

1. 智慧服务,提高乡村旅游服务质量

传统的乡村旅游受限于乡村发展水平,往往不能够提供较好的旅游服务质量。譬如经营项目的单调,往往只有简单的吃、住、观光等严重同质化项目,未能满足游客尤其是年轻游客"尝鲜"的体验需求;乡村旅游住宿和餐饮价格不统一,质量无法追溯的情况广泛存在;农户专业化水平不够,未得到完备的培训和监管,导致游客体验到的服务差异较大;等等。这些问题已成了乡村旅游中的顽疾,也导致很多地区乡村旅游产品与服务已经逐渐丧失对游客的刚性吸引力,游客无法长时间消费或产生再次消费欲望,最终导致经济收益无法达到预期。

而智慧乡村旅游可发挥数字优势,针对以上问题给出解决方案:对于项目单调,智慧乡村旅游建设会因地制宜发挥地区优势,设置采摘、漂流等新型旅游项目,并通过数字化平台公开展现给游客进行选择,大大拓展乡村旅游的服务范围,或利用无人机高清成像,使用5G网络传输数据,回传给VR(虚拟现实技术)、AR(增强现实技术)等虚拟现实设备进行三维建模,补足旅游体验,以此在不同程度上满足游客游玩需求;对于管理和信息公开,通过智慧

---

① 详见:国家旅游局.关于实施"旅游+互联网"行动计划的通知.(2015-09-18)[2021-10-05].http://www.gov.cn/zhengce/2016-05/23/content_5075923.htm.

② 国家发改委,国家旅游局等.促进乡村旅游发展提质升级行动方案(2017年).(2017-07-18)[2021-10-05].http://www.gov.cn/xinwen/2017-07/18/5211529/files/39a42a8001584bf6b21f233720b8a9bd.pdf.

旅游平台后台的管理端与政府数字大脑的对接以实现一体化的管理，有效地提升监管水平和加深管理有序程度；对于农户专业化水平的提升，由于智慧旅游建设存在一定的技术采纳门槛，所以伴随着乡村智慧旅游的推进，通过数字化的线上线下培训能够使农户专业化水平相较传统旅游得到更大提升。

2. 科学规划，优化乡村旅游资源利用

传统的乡村旅游更多依赖于乡村地理或历史文化资源，但这些资源往往相对分散独立，缺乏规模化特征，难以实现精细化、动态化管理，加上乡村地区较弱的资源整合能力，因此无法简单效仿城市成熟的旅游开发模式。传统的乡村旅游往往只是由外来资本圈地大拆大建，不从整体上考虑，忽视乡村旅游的配套基础设施短板补足，未能促进人才返乡就业。若乡村旅游的建设过程中忽略村民态度和利益就难以令乡村旅游真正为乡村振兴助力，反而会导致乡村旅游建设过程中短见地造成环境、民俗文化的破坏或是带来安全隐患。

作为数字乡村建设中的一部分，乡村智慧旅游在建设的时候就被考虑在整个乡村的长远发展和与其他产业的协同作用中，通过旅游舆情监控和数据分析，挖掘乡村旅游热点和游客兴趣点，引导旅游企业策划对应的旅游产品，制定对应的营销主题，同时充分利用新媒体传播特性，吸引游客主动参与旅游的传播和营销，并通过积累游客数据和旅游产品消费数据，形成数字化平台。数字化平台的建设能够将传统旅游中较为独立的如营销、管理、客服等系统集成纳入智慧化乡村旅游管理系统，节约管理成本。此外，通过物联网、大数据等数字技术赋能下的科学规划，将乡村旅游与乡村绿色发展要求结合，有利于随时监测乡村地区旅游资源的使用与开发现状，防止出现旅游资源的过度开发与利用，赋予乡村旅游目的地一个全方位数据承载平台。数字赋能不仅能够帮助乡村智慧旅游在前期规划时给出合理决策，还可以在其运营过程中起到事中协调、事后反馈的作用。

3. 数字赋能，促进乡村全面发展

发展乡村旅游的目的是实现乡村一、二、三产业融合发展，并服务于乡村振兴的顺利推进，但传统旅游与其他产业的融合程度较低，往往是独立运营，很难对其他产业起到反哺作用。

乡村旅游业作为创新型产业，离不开技术的支撑，智慧旅游将数字技术与旅游业态深度融合，成为助推乡村旅游经济发展强有力的驱动力。乡村智慧旅游促进农业增效，大田种植的林果、花卉、粮食等农业产业资源，乡村田园、林地、水库等环境资源，传统村落、民俗村庄、特色经济村以及山村、渔村、湖村等乡村空间资源，乡村民俗、传统节日、生产方式、特色餐饮、民间艺术等物质和非物质文化资源等，都可以通过数字旅游形成具有浓郁乡村特色、附加值高的旅游产品，同时也使设施完备、功能多样的休闲观光园区、森林人家、康养基地、乡村民宿等迎来了发展机遇，实现第一产业与第三产业融合后的叠加效益。

一方面，智慧化平台与设施的投入使用过程中能够创造完善农村基础设施建设，如入村摄像头可在记录客流量的同时起到保护乡村安全的作用，通信基站等公共服务设施的建设也可以在服务于游客的同时给村民提供便利。乡村智慧旅游的建设能够使从事本地旅游业的村民得到更合理安置，并在建设过程中创造了新的就业环境与机会，有助于对本村情况有一定了解的年轻人返乡就业。另一方面，智慧旅游的诸多形式从技术上使得乡村旅游内容得以丰富。可以根据不同游客习惯进行游客画像划分，或根据不同的喜好推荐不同的乡村旅游服务或特色产品，能够有效提升服务效率和经济效益。借此，乡村智慧旅游可以反哺农业根基，提升乡村商业、文化产业水平，推动乡村休闲运动、健康养生新产业发展，兴旺的其他产业也带动乡村旅游口碑提升，从而使乡村智慧旅游与其他产业发展形成良性的内循环，真正实现“农文旅体养”融合。

(二)乡村智慧旅游的实践逻辑

乡村智慧旅游实践必须围绕具备“智慧”功能的平台，因此乡村智慧旅游的实践很大程度上依赖于平台本身的功能逻辑与各外部实体与之进行的业务交互逻辑，具体如下：

第一，对于智慧乡村平台本身，其建设逻辑同乡村数字大脑类似，依赖数据后台、业务中台和服务前台“三台”各自内部的资源整合，形成整个乡村智慧旅游覆盖领域下数据、应用与服务的集成，通过三者的协作，实现每一业务流程的垂直运行，从而提升乡村智慧旅游的业务广度和深度。

第二，在数据后台上，乡村智慧旅游平台依赖于乡村数字大脑，不仅简单记录客流量、营收额等数据，还通过视频监控、环境监控、显控、语音等物联网设备及时反馈乡村各旅游设施温湿度水平和荷载状况、游客来源去向与在村内的游玩轨迹，通过大数据算法反映不同种类游客的游玩与消费喜好，从而起到监测与预测作用，以便合理协调乡村各旅游资源，避免出现资源浪费，为游客、涉旅企业、各旅游机构提供接口服务，为资源保护及游客服务提供基础保障。

第三，在业务中台上，单一乡村经济水平与技术能力往往不足以独立建设乡村智慧旅游项目，因此往往会借助于企业或是市、镇政府提供可复用的业务中台。这类业务中台预设计了智慧停车、预定与核销、指挥调度、特产电商、营销等乡村旅游常用模块，以便不同乡村在进行自己的前台设计时按需选择功能模块。

第四，在服务前台上，乡村智慧旅游平台整合乡村各区域文旅资源，加强线上线下融合，以手机 APP 或微信小程序为载体，将中台提供的各种功能予以呈现，通过乡村自己按需进行的设计实现“吃、住、行、游、购、娱”等场景的多业态整合，以便为游客提供便利的游前咨询预定、游中导览、游后反馈复购的一站式智慧服务，在旅游的每一个环节提供智慧化的体验。

第五，在平台建设之外，由于旅游是一项具备现实属性的行为，因此线下智慧服务也应当予以重视，景区内部设施应当实现智慧化的全方位覆盖，让游客仅凭一部手机扫码就可以完成大量活动；相关从业人员应当加强对智慧旅游新形式的学习和培训，提升服务意识，丰富专业综合知识，提高自己运用智慧化工具为游客提供定制化、个性化、专业化优质服务的能力。

例如，江苏省南京市浦口区面积的 70% 为美丽乡村示范区，全域旅游资源的 80% 为乡村旅游，主要沿老山、长江和滁河分布，浦口乡村旅游接待量占到了南京市的 20.5%。浦口以建设“都市圈最美花园”为目标，通过不断打造数字化平台来推动农旅融合发展。2020 年，浦口区建设了智慧旅游平台，将休闲农业与乡村旅游相结合，同时与国家公共文化云平台、江苏智慧文旅平台“苏心游”无缝对接。①

再如，湖州市安吉县开展了乡村智慧旅游的“一中心、二配套、三平台”的“123工程”建设。其中，“一中心”指打造旅游云数据中心，建设由中心机房、电子大屏监控室以及配套硬软件设施组成的旅游云数据中心；“二配套”指健全基础环境配套和基础管理配套两项智慧旅游基础配套；“三平台”指建设三大智慧旅游功能平台，除了指挥应急平台之外，还有管理决策平台和游客服务平台。② 通过旅游大数据一期工程建设，运用旅游大数据分析游客的消费特征、来源地、营销效果等，精准调配文旅资源。山川度假区作为安吉县首个全域旅游示范乡镇，率先启动智慧旅游平台建设，积极打造度假区旅游智慧管理系统。通过智慧旅游的推进，有效带动产业发展，2020年度接待游客180万人次，旅游总收入4.18亿元，同比增长78.2%、40.7%；各村经营性收入平均超过200万元，农民人均收入达4.4万元，初步形成“老百姓创业增收、村集体经营壮大、投资方创收盈利、乡政府实力增强”的四级联动共赢体系，实现了“绿水青山就是金山银山”理念的科学转化和乡村振兴战略在基层的落实生根。③

专栏 11-12

梁家墩乡村智慧旅游系统④

浙江省海宁市梁家墩旅游景区通过云计算、大数据等技术，将梁家墩景点信息加以整合，多终端、多形式触及，让游客更加直观便捷地了解到景区信息。微信公众号、PC官网门户、在线旅行社平台、H5、多媒体触摸屏，全方位展示梁家墩的景区资源，解决游客“吃、住、行、游、购、娱、商、养、学、闲、情、奇”等方面线上、线下的需求。

该系统分为四大板块，分别是景区展示、游客体验、线上售卖、大数据分析。景区展示板块包括手绘板块、全景实景地图、景点特色介绍。在游客体验板块中，智慧旅游系统，用动听的声音为游客深度讲解每个景点背后的故事，用高级定制的手绘地图为游客更好地展现景区位置，真正实现一对一讲解，一对一导览。游客体验板块可分为实时导航、智能双语讲解系统。在导航系统上，展示梁家墩范围地图，默认自动展示梁家墩范围内的地图；在景点坐标点上，展示各景点坐标点，重要景点可展示不同标签或图像；在民宿/农家乐等坐标点上，展示吃住购等位置坐标点；在社会服务点坐标上，展示洗手间、交通点、旅游咨询点等位置坐标点；在坐标点简介信息窗上，展示弹窗简介及导航、介绍等功能入口；在导航线路上，导航到景区坐标点的线路展示，可进行实时导航跟踪；在当前位置上，定位到我的当前位置，根据

① 详见：李荣坤．“智慧文旅”与乡村振兴融合发展，可好?．(2021-05-10)[2021-10-05]．https://epaper.ccmapp.cn/zh-CN/?date=2021-05-10&page=3&detailId=“智慧文旅”与乡村振兴融合发展，可好?．

② 详见：陈玉兰．打造大数据 构建导览系统 安吉“智慧旅游”建设成效明显．(2017-12-29)[2021-10-05]．https://zj.zjol.com.cn/news.html?id=838475．

③ 详见：91312FMw．“智慧文旅”与乡村振兴融合发展，可好．(2022-11-29)[2022-12-10]．http://www.360doc.com/content/22/1129/06/75016512_1058028358.shtml．

④ 详见：嘉兴首家！当海宁这个小乡村遇上黑科技，竟是这样的！．(2018-10-19)[2021-10-05]．https://www.sohu.com/a/260491483_100014259．

你在景区的不同位置，通过连续的 GPS 定位信息来驱动进行导航。在智能双语讲解系统中，通过智能中英文语音讲解系统，让游客独自游览时也能深入了解景区景点信息。线上售卖板块可分为住宿预订、微店。在住宿预订模块中，线上住宿预订，可在手机端查询房态信息、入住信息、环境布置、周边景观等信息，节省了时间成本，提升了顾客体验。在微店模块中，由梁家墩整合当地农产品资源，通过品牌包装，打造农旅电商新模式。大数据分析板块可分为数据分析、数据共享、人脸识别模块。通过智慧旅游的游客数据积累和分析体系，景区能够全面了解游客的需求变化，实现科学决策和科学管理，为景区发展指明方向。通过各种智能系统实现全程跟踪服务，游客可以在旅游信息获取、旅游计划制订、旅游产品预定支付、享受旅游和回顾评价的整个过程中感受到智慧旅游带来的全新、高品质体验。数据共享提供全方位的信息互通、共享，为景区运营者提供精准的营销数据与决策依据。

(三)乡村智慧旅游的问题对策

乡村智慧旅游被冠以智慧二字，就会让人不自觉地认为其可以完全依照现有的智慧旅游实践来进行部署。但现有的智慧旅游实践往往是城市旅游经验，而乡村与城市在基础设施、知识水平、价值取向等多方面还存在着很大差异，甚至不同乡村之间的旅游环境差异也很大。因此，以城市智慧旅游经验简单延伸不仅达不到预期效果，还有可能适得其反，阻碍乡村智慧旅游建设。现阶段影响乡村智慧旅游建设的问题有如下几点。

1. 相关主体数字素养缺乏

首先，如果当地政府的技术采纳意识和能力不足，无法理解或意识不到智慧旅游的发展趋势及可能受益，就可能错失发展良机或在建设时走入并不“智慧”的方向。其次，乡村智慧旅游也对旅游从业人员的数字素养提出挑战，如今乡村旅游从业人员往往受教育程度与技术采纳能力不高，难以熟练使用乡村智慧旅游工具，严重制约乡村智慧旅游发展。

对此，地方政府应当积极学习全国经验，扩展技术眼界，提高数字素养，吸引和培养集信息技术与旅游管理能力于一身的综合性人才，构建以政府、企业和乡村旅游地为主体的三层次人员培养体系，制定以信息技术和旅游管理培训为主、以实践提升为辅的人才培养模式，快速提升现有相关从业人员的综合能力。

2. 资金需求较高

乡村智慧旅游发展前期投入较大，初期也难看到明显成效，建成后的运营与维护也需要资金持久支持，收回成本获得效益的时间较长。并非所有乡村都有足够的资金投入乡村智慧旅游项目。不能反哺农村农业农民和实现真正意义上乡村振兴的智慧旅游不如不做。

对此，在明晰发展智慧旅游是可行的情况下，乡村政府可以与旅游部门、金融部门、农村发展部门等共同制定合理的财政方案，将数字旅游作为产业来发展，扩大融资渠道，吸引社会投资进入数字旅游市场，形成以政府投资为主导、第三方投资为辅助、景区商户共同参与的数字旅游产业投资体系。同时，构建政府与数智企业的合作机制，引导数智企业、旅游企业共同合作参与乡村智慧旅游的建设。

3. 基础设施建设不足

在传统乡村旅游需要的公共交通与卫生基础设施之外，智慧旅游对更多种类的基础设施提出了要求，如各种监测设备需要高速的网络带宽才能够及时高效进行数据传输，无人机等设备还需要高质量的移动网络信号才能够正常运作，而乡村旅游区域大、分布散、环境复杂的条件也给乡村智慧旅游基础设施建设提出了难题。

对此，有关政府部门需要基于整体规划充分对各类基础设施网络进行有效构建，积极与网络运营商、软硬件公司合作，使乡村地区早日实现5G信号和智能监测设备覆盖，在提升乡村信息化建设水平和居民生活质量的同时为乡村智慧旅游打好基础。

六、若干思考

我们在前文中定义乡村数字化创新为在农业农村领域中重塑了物理形态的产品和生产经营主体的价值创造逻辑，甚至重塑了生产经营流程、模式、业态的农业农村创新活动。其实，这样的定义是相对狭窄的，因为在乡村治理、乡村生活领域中的创新性活动也属乡村数字化创新，只是我们在此章仅限于讨论乡村经济领域。相较而言，在乡村经济领域中的数字化创新通常发端于市场主体、科技主体，甚至很多来自乡村草根主体对数字技术的吸收、采纳和应用，这些创新活动往往是自发的、草根的、自下而上的，或者说“天然地”嵌入乡村社会场域情境；而在乡村治理、公共服务领域中的数字化创新往往源于政府及公共部门的体制机制性创新活动，其更多地显现出制度化、建制性、自上而下的特征，因而也就必然需要经历对乡村基层场景嵌入、适配的过程。但无论如何，乡村数字化创新都是应用数字技术对乡村发展进行赋能、赋权、赋利和赋智的过程，也是典型的技术、政策和市场三轮驱动的发展进程，还是一个多元发展主体互利共生的生态系统的建构和发展过程。

哈维(2003)在20世纪70年代为诠释社会物质实践巨变语境下的时空属性，提出了时空压缩(time-space compression)的概念。时空压缩是一个与人类文明相生相伴的现象，只有进入互联网时代，信息技术革命才真正有效减少信息不对称，加速时空压缩的进程。而正是这种互联网技术给乡村带来的时空压缩、自由传播——目前还更多地体现在农村电子商务上，也开始由抖音之类短视频进入乡村生活中——极大地提升了乡村交易效率和市场容量，引发了乡村产业分工与空间组织的深刻变革，挑战了深嵌于乡村社会政治中的权力关系，从而也赋予乡村居民群体、社会弱势群体及边缘群体以前所未有的发展可能性空间。在乡村经济领域中，淘宝村、乡村直播、数字减贫、乡村数字普惠金融、县域物流智慧共配、乡村智慧旅游等乡村数字化创新形态，都是在数字技术应用的基础上，以城乡双向链接的生产性网络联系为本质的，信息流、交通流、资金流和人流等虚拟要素与实体要素进行集聚、交融和再构，进而推动乡村经济发展、就业增加和消费升级，换言之，也都是信息时代流动空间与乡村地方空间结合的产物。

若是论及乡村数字化创新的基本机制，有几点需要特别指出：一是嵌入式创新主体。在乡村数字化创新的场域中，创新主体较多的是市场主体、技术主体和草根主体，也包括政府及公共部门这样的公共行政主体。重要的是，无论其创新动机如何，都不仅需要在技术性基础上具有创新性，还需要拥有社会嵌入性，因为其社会嵌入性有助于他们了解当地乡村的正式、非正式制度和地方规范，利用当地知识和资源并找到利用社会结构的方法。二是对问题和机会的识别。创新来自问题的挑战和机会的捕捉，无数研究都认识到想象力、创造力和偶然性在创新和发现或创造机会中的重要性。而乡村数字化创新更着眼于寻找创新、有效和可持续的解决方案来增加社会弱势群体的福祉，或解决与边缘化、不平等和社会排斥相关的社会问题。而正如卡斯特(2001)对流空间进行的三层次界定中，占支配地位的管理精英(而非阶级)的空间组织即为其一，这也意味着乡村数字化创新特别依赖于具有互联网精神、企业家才能的乡村创新人才以及有助于其创新活动开展、扩散和迭代的制度环境。三是商业创新、社会优先与技术满意并重。在此，商业创新无疑是乡村可持续发展必不可少的基本机制，同时，社会优先(social-first)的构念与技术满意(technoficing)的原则相结合，将使用一种合宜又合意的技术来有目的地追求社会经济目标。在某种意义上，乡村创新数字化并不完全是商业创新，而是整合了社会创新和数字创新的可持续发展。四是社会影响规模化。在已然市场化、正在城镇化的"城乡社会"乡村场域中，若想有效地将创新影响规模化，可能更有效的方法是极大发挥乡村精英、市场机制和社会网络的重要作用，以及有敏锐的学习和战略性的"漂移"来实现适应性创新。其中，返乡、下乡的"新乡村人"的创新引领作用和乡村社会网络、社会资本的知识扩散力量，无疑将是乡村数字化创新中极为重要的规模化因素。

大致说来，农业农村数字化至今可分为几个阶段：先是信息化阶段，以单机应用为主，例如早年的村村通工程等。后来是电商时代，主要是农产品上行和农村制造品上行(相当多的淘宝村、淘宝镇都是从事非农产品制造、销售)。如今开始进入数商阶段，主要以数据作为决策和应用的依据，例如根据数据反馈决定农产品种植选择、决定物流仓储分布、决定直播卖货推送等。原来的农村电子商务，数字化驱动主要聚焦于流通环节，现在则拓展到了从生产到流通再到销售、消费整个链条。这就意味着数字化可能为乡村发展、县域发展提供弯道超车、蛙跳跃迁的机会。

然而，无论是要实现弯道超车，还是意欲实施数字化转型发展的县域，都需具备一些条件。最基础的就是数字基础设施。必须建设一定水平上的信息基础设施，硬件意义上的如4G、5G网络等，软件意义上的如县域综合的或垂直的基础数据系统、数据中台、应用中台等。其次，要有具有数字素养、数字技能的经营人才、管理人才、创新人才，没有人才就没有数字化，没有创新就没有数字化，而对于许多欠发达地区而言这一点十分薄弱。最后就是政策扶持和资金支持，其中特别是能够包容乡村数字化创新、应用的制度环境。总之，乡村数字化创新的实质在于汇聚数字人才、数据这样的新生产要素，建构基于即时网络的大规模社会协同与共享结构。

第十二章　乡村数字化治理

一、理解乡村数字化治理

（一）乡村数字化治理的基本界定

自20世纪90年代起，“治理”一词逐渐跨越政治学、经济学、社会学、公共行政学等多领域，其概念宽泛且富有弹性，适用范围也日益广泛，应用于公司治理、社会治理、国家治理乃至全球治理等领域。1995年，全球治理委员会在《我们的全球之家》研究报告中，对治理作出了较为权威的界定：治理是各种公共的或私人的个人和机构管理其共同事务的诸多方式的总和。它是使相互冲突的或不同的利益得以调和并且采取联合行动的持续过程。这既包括有权迫使人们服从的正式制度和规则，也包括各种人们同意或以为符合其利益的非正式的制度安排。它有4个特征：治理不是一整套规则，也不是一种活动，而是一个过程；治理过程的基础不是控制，而是协调；治理既涉及公共部门，也包括私人部门；治理不是一种正式的制度，而是持续的互动。俞可平（2002）指出，治理一词的基本含义是指官方的或民间的公共管理组织在一个既定的范围内运用公共权威维持秩序，满足公众的需要。治理的目的是在各种不同的制度关系中运用权力去引导、控制和规范公民的各种活动，以最大限度地增进公共利益。所以，治理是一种公共管理活动和公共管理过程，它包括必要的公共权威、管理规则、治理机制和治理方式。在此基础上，他还提出了“善治”的概念，善治就是使公共利益最大化的社会管理过程。善治的本质特征，就在于它是政府与公民对公共生活的合作管理，是政治国家与市民社会的一种新颖关系，是两者的最佳状态。

由此可见，“治理”不同于“管制”“统治”，治理强调多元分散主体达成多边互动的合作网络，具体体现在治理主体的多元化、治理目标的公共性、权力的平行化和制度的规范化等方面。随着治理理论的深入发展，民主治理、多中心治理、合作式治理、网络治理、整体性治理等模式也应运而生，并由此推动治理实践的发展。

社会治理的概念是中国独有的，与“国家治理”相对应。2013年，党的十八届三中全会首次提出“社会治理”概念，强调创新社会治理，增强社会发展活力，提高社会治理水平，并要求创新社会治理体制，改进社会治理方式①，加快形成科学有效的社会治理体制，自此，原先

---

① 详见：中共中央关于全面深化改革若干重大问题的决定.（2013-11-15）[2021-10-05]. http://www.gov.cn/jrzg/2013-11/15/content_2528179.htm.

的“社会管理”逐渐被“社会治理”一词替代。社会管理强调的是政府单一负责制，政府即是管理主体，其余主体被管理，而社会治理的主体则是多元的，所有的行动者皆可被视作治理主体。社会管理更多地运用正式制度使社会成员服从，而社会治理既包括正式制度，也包括非正式制度。可以说，社会管理在本质上是一种管控，管理主体通过制度安排来规范和监督客体行为，使之符合管理主体的意愿，而社会治理则是多元治理主体在平等对话、合作协调的基础上，通过多样化的手段化解社会矛盾，实现社会公正，激发社会活力，以及促进社会和谐发展。

十八大以来，党和政府在社会治理上更加注重以人民为中心，强调民生服务以及城乡基层治理等。李友梅提出，城乡社区是国家与社会直接交遇的重要区位，也是公共服务与管理传递所依托的基本载体，更是微观社会领域发育的重要依托，为此要加强城乡社区建设，塑造“善治”的微观基础(李友梅，2017)。在基层治理中，乡村治理更为关键。对于中国这样一个有着广大农村人口的特殊国家，乡村治理成效如何将关乎着乡村全面振兴以及共同富裕目标的实现。乡村治理是社会治理的基础和关键，是国家治理的基石，是国家治理体系和治理能力现代化的重要组成部分。在乡村治理这个议题上，学术界进行了长期的探索和研究。乡村治理是指通过乡村公共权力的运行对村庄公共事务进行组织、管理与调控，维护乡村良好秩序并实现乡村的发展和稳定(徐勇，2000；贺雪峰，1999；刘晔，2001)。传统社会的乡村治理，自古延续着“皇权不下乡”的治理传统，国家权力只到县一级，县以下主要依靠非制度权力进行治理，形成上下分治的稳定结构。新中国成立后，国家权力开始真正嵌入乡村，经过多个发展阶段，逐步走向“政社合一”，但同时也暴露出了一系列弊端。改革开放后，我国在农村地区实施基层群众自治制度，即村民自治，通过民主选举、民主监督、民主决策和民主管理的渠道和形式，以村民委员会为依托组织，对本村的公共事务、公益事业依法进行管理，以发挥广大农民的积极性和创造性。自2012年后，乡村治理进入新时期，党中央先后提出“美丽乡村”“精准扶贫”“乡村振兴”等战略，这一系列的政策不仅引领了乡村治理的目标方向，更赋予了乡村治理新的内涵。如今，乡村在经历了改革开放后国家和社会整体转型，工业化、信息化、城镇化等现代性力量不断嵌入乡村内部等一系列的现代性变迁后，“以农为本、以土为生、根植于土”的乡土中国，已经转变为“乡土变故土、告别过密化农业、乡村变故乡”的城乡中国(刘守英、王一鸽，2018)。乡村社会和治理形势发生了复杂而深刻的变化，具体表现在：城镇化发展带来地区发展不均衡，导致农村人口“过疏化”和“过密化”两种格局并存；个人权利意识的崛起与价值观念的多元化，导致“原子化”“个体化”趋势明显；集体资产管理纠纷、征地拆迁纠纷、土地纠纷等多样化的纠纷长期困扰着乡村社会；国家推动的市场化成为乡村发展不平衡主要诱因；等等。时代的发展及乡村社会的变迁意味着乡村治理的情境更加复杂、目标更加多元，为此，乡村治理在面临新挑战的同时，也承载着党中央对其提出的更高发展目标及要求。2019年，中共中央办公厅，国务院办公厅. 关于加强和改进乡村治理的指导意见，要“建立健全党委领导、政府负责、社会协同、公众参与、法治保障、科技支撑的现代乡村社会治理体制”，“构建共建共治共享的社会治理格局”。①

当下是一个技术驱动的数字时代。大数据、云计算、物联网、人工智能等新一代信息技

① 详见：中共中央办公厅，国务院办公厅. 关于加强和改进乡村治理的指导意见. (2019-06-23)[2021-10-05]. http://www.gov.cn/zhengce/2019-06/23/content_5402625.htm.

术加速了社会生产力的释放，促进了数字经济的兴起。治理理论与数字技术的渗透融合，催生出数字治理理论，成为一种新的公共管理范式。如今，随着治理实践的推进发展，数字治理理论愈发成为政府治理、社会治理等领域中的主流。数字治理可以从广义和狭义两个方面来解读：从广义上讲，数字治理不仅仅是信息通信技术在公共事务领域的简单应用，还是一种与政治权力和社会权力的组织与利用方式相关联的社会—政治组织及其活动的形式；从狭义上讲，数字治理是指在政府与市民社会、政府与以企业为代表的经济社会的互动和政府内部的运行中运用信息技术，简化政府行政、简化公共事务的处理程序，并提高民主化程度的治理模式（韩兆柱、马文娟，2016）。翁士洪（2019）在研究中提到，数字治理以问题为中心的治理目标，强调部门跨界合作，信息技术是数字治理的技术基础，以及重视整合和协同合作。简言之，数字治理一方面改革政府职能部门，简化行政流程，提升政府组织管理服务能力，实现数字赋能；另一方面释放个体创造力和行动力，改变社会结构，重塑社会关系，加强政府与社会之间的良性互动，实现数字赋权。而乡村数字化治理则是数字治理在乡村社会中的应用与实践。

社会治理要落实为具体实践，必须以特定规模和具体结构层次的治理单元为实现场域和基础（王阳、熊万胜，2021）。社会治理的重心在基层，以往我们对基层的理解，在农村指乡、镇一级，在城市也包括街道办事处，但也有学者从主体的职能定位出发，将基层的概念扩展至区县一级（郁建兴，2019）。县域在乡村治理中有着极其重要且不可替代的地位和作用。首先，县域是城市与乡村、现代与传统、中心与边缘地带的连接点，起着承上启下的作用，是我国国家治理体系中的重要中间单元，有着特殊的结构定位和功能优势。其次，乡村治理情境的变迁，导致治理形势的复杂性、风险的不确定性以及政策执行的模糊性，这些问题和需求客观上已超越村落、乡镇的界限，仅凭乡镇、村落内部的资源和能力已无法解决，需要从县域层面调动更多的社会资源加以解决。最后，乡村治理数字化转型需要从县域层面统筹。县域具备更多的资源和能力进行数字化基础设施建设，能够汇集各类涉农数据，使其场景更广泛、内容更丰富、数据更多样，而海量数据恰恰是乡村数字治理的核心要素，是科学决策的有效支撑。因此，我们从县域的视角出发，分别从宏观、中观、微观3个层次理解乡村数字化治理：在宏观上指着眼于乡村治理能力和治理体系现代化，从县域统筹引领，利用数字化手段对乡村经济、社会、文化等进行全方位治理；在中观上指乡镇及村社的（除经济发展之外的）社会治理，包括乡镇政府基本社会治理职能的数字化、基层社会治理的数字化以及乡村公共服务的数字化①；而在微观上仅指村社基层的数字治理。可以说，乡村数字化治理秉承技术治理，却又超越技术治理，坚持以人为核心，以数字技术应用为手段，强调政府的公共服务意识和基层管理职能，打造多元主体良性互动治理格局，其最终目的是通过数字化治理转型，为乡村赋能、赋权、赋利、赋智，将其打造成为有秩序、有活力、有品质的乡村。具体而言，数字赋能，精准掌握社会需求，提升乡村整体管理效能；数字赋权，激发乡村内生活力，重塑乡村社会关系；数字赋利，简化公共服务流程，调和多方利益诉求；数字赋智，集中民意民智，

① 乡村公共服务的数字化既是乡村数字化治理（本章议题）的重要内容，也是乡村数字化生活（下一章议题）的主要内容。在现实实践中，人们并不特别清晰区分其究竟属于乡村治理领域还是乡村生活领域，事实上也很难界定清楚。在本书中，我们采取各自表述的做法，即无论在本章讨论乡村治理或是下一章讨论乡村生活，都在其视域中做各自分析。如此，后面讨论中不免有些许重复之处，特此说明。

提升政府决策科学性。

(二)乡村数字化治理的必要性

1. 乡村数字化治理是顺应数字化转型趋势的具体表现

当前,新一代信息技术已成为驱动经济社会发展的新引擎,数字赋能已成为时代发展的新主题。大数据、人工智能、移动互联网等数字技术的崛起,正在推动社会各行各业的数字化转型。数字技术的推动创新,催生新经济形态,数字经济已成为继农业经济、工业经济之后的一种新的经济形态。同时,数字经济引发产业数字化浪潮,随着互联网与实体经济的加速融合,工业、农业、服务业等传统产业相继迈出了数字化转型步伐。每一次的技术革命,都将带给人类社会巨大而深刻的影响,不断提高人类认识世界、改造世界的能力。数字技术正在加速渗透社会各个领域,大到行业生产,小到人类衣食住行,数字化全面影响着人类生产生活,人类社会已进入一个“数字社会”。在治理领域中,数字技术广泛应用于政府治理、城市治理等,“城市大脑”“智慧城管”等智能应用的普遍推广,带来高效能的全方位、全周期、全过程治理,毋庸置疑,数字化治理成为社会治理中成效最为显著的治理范式。移动互联网在实现高效连接、信息交互的同时,激发、释放个体的自我意识,颠覆、重构社会结构和社会关系,重塑社会治理格局。乡村数字化治理,是顺应时代数字化转型趋势的具体表现,以数字技术为载体,构建数字治理平台,由此改变治理场域、过程及方式,赋能乡村治理。

2. 乡村数字化治理是关乎乡村全面振兴的核心关键

党的十九大报告提到实施乡村振兴战略,因为农业农村农民问题是关系国计民生的根本性问题,必须始终把解决好“三农”问题作为全党工作的重中之重。“产业兴旺、生态宜居、乡风文明、治理有效、生活富裕”是实施乡村振兴战略的总要求,其中“治理有效”是核心,要建立完善党委领导、政府负责、社会协同、公众参与、法治保障的当代乡村社会治理体制,健全自治、法治、德治相结合的乡村治理体系,增强农村基层基础工作,加强农村基层党组织建设,推进村民自治实践,建设平安乡村。乡村治理和乡村发展相辅相成:一方面,乡村治理为乡村发展创造良好稳定的秩序环境,集体商议建言献策,为村庄发展贡献一份力量,增强乡村凝聚力;另一方面,乡村发展为乡村治理带来人才、技术、资金等要素,吸引乡村人才返乡创业,带来外出人口回流,增添乡村治理活力。而乡村数字化治理充分发挥数字技术的扩散效应、普惠效应以及信息和知识的溢出效应,对乡村治理中的村务管理、权力监督、社会综治、村民自治等方面进行优化改造,有力破解困扰村庄治理的长期难题和痛点,有效赋能乡村治理,创造充满活力、和谐有序的乡村社会,成为乡村振兴的驱动力量。

3. 乡村数字化治理是建设数字乡村的重要内容

数字乡村是伴随网络化、信息化和数字化在农业农村经济社会发展中的应用,党中央、国务院高度重视数字乡村建设工作。2019 年 5 月《数字乡村发展战略纲要》明确将数字乡村作为乡村振兴的战略方向,加快信息化发展;2019 年 12 月《数字农业农村发展规划(2019—2025)》明确提出,构建基础数据资源体系、加快生产经营数字化改造、推进管理服务数字化转型、强化关键技术装备创新等四方面任务;2020 年 5 月《2020 年数字乡村发展工作要点》提到,推进乡村治理能力现代化;2020 年 7 月《关于开展国家数字乡村试点工作的通知》提到,探索乡村数字治理新模式;2022 年 1 月《数字乡村发展行动计划(2022—2025 年)》

提到，实施数字治理能力提升行动。可以认为，乡村数字化治理是数字乡村建设中的关键一环，作为数字乡村建设的重点任务之一，乡村数字化治理结合各地治理情境，探索数字化治理模式，发挥信息化在推进乡村治理体系和治理能力现代化中的基础支撑作用，构建乡村数字化治理体系，以此助推数字乡村建设发展。

4. 乡村数字化治理是解决乡村治理难题的现实需要

随着工业化、市场化、信息化的渗透，传统以"熟人社会"为基础的乡村秩序开始瓦解，加速乡村社会的流动与开放，大量农村青壮年外出务工，乡村精英外流严重，大城市的虹吸效应加剧了农村人口"老龄化""空心化"。同时，乡村治理也长期面临着村民参与不足、政府服务效能低下、村级组织行政化等治理困境，这一系列的治理难题影响着乡村振兴及乡村建设发展。首先，是乡村治理过程中暴露出的行政化问题。乡村治理工作中存在着结构失衡问题，基层政府权力过于集中，村级组织受到政府的统一管理，不断承接上级政府指派下来的行政性任务，而不是自主解决乡村内部公共性事务，逐渐沦为一个"为政府服务"的机构。其次，人们权利意识急剧膨胀，整个行为的取向逐渐从"义务本位"向"权利本位"转变，"原子化""个体化"趋势明显，随之带来人们价值观念的多元化。乡村内生性人才的不足阻碍了村民自治的发展，人们价值观念的深刻变化导致利益纠纷群体化、利益纷争的"去道德化"，乡村社会矛盾复杂多元。最后，是乡村公共服务供需失衡问题。城乡巨大的公共服务现实差距不仅体现在基础设施建设上，还体现在政务服务、文化、教育、医疗健康等各个方面。农民随着收入水平的增加，需求日益多样化，而现实中的乡村公共服务远远满足不了他们对美好生活的需要。乡村数字化治理将数字技术与现实治理需求有效结合，成为破解乡村治理难点、痛点、堵点的有力工具。

5. 乡村数字化治理是应对新冠肺炎疫情考验的有力工具

突如其来的新冠肺炎疫情，在对我国广大农村地区及农民群众造成了诸多不利影响的同时，也凸显了乡村社会发展和治理中的诸多问题，如：乡村社会治理体系漏洞较多，基层风险防控较为薄弱；乡村环境面貌相对落后，卫生环境较差，更易导致疫病传播；公共服务严重滞后，医疗服务水平较低，与疫情防控需要差距较大；乡村信息传播效率低下，政府相关政策、决策和信息传播受限，而谣言等更易传播；等等。疫情期间，不少地方创新实施"数字乡村一张图＋健康码"这一图码结合的网格化精密智控模式，构建"疫情防控"一张图，实现疫情防控的精准化和高效化，助力广大乡村地区疫情防控，充分印证了数字动能在乡村经济社会发展和社会治理中的现实价值，成功经受住了疫情考验。如今，疫情防控常态化对乡村治理提出了更高的要求。通过乡村数字化治理，构建乡村"全景式"治理模式，动态监测人口流动，能够在未来可能的重大公共安全事件中，加强对广大乡村地区管控治理，有效防范风险。

简言之，乡村数字化治理着眼于乡村治理能力和治理体系现代化，利用数字化手段对乡村经济、社会、文化等进行全方位的治理，并对乡村进行数字监管以及实现公共服务数字化，解决乡村治理难题，加速弥合城乡数字鸿沟，推动乡村全面振兴，促进城乡融合发展。

（三）乡村数字化治理的结构要素

乡村数字化治理可以被视作一个多元要素糅合的系统，至少包含平台、主体、空间、数据、心智及活动等六大基本结构要素（如图 12-1）。六大基本要素发挥着各自的功能作用，

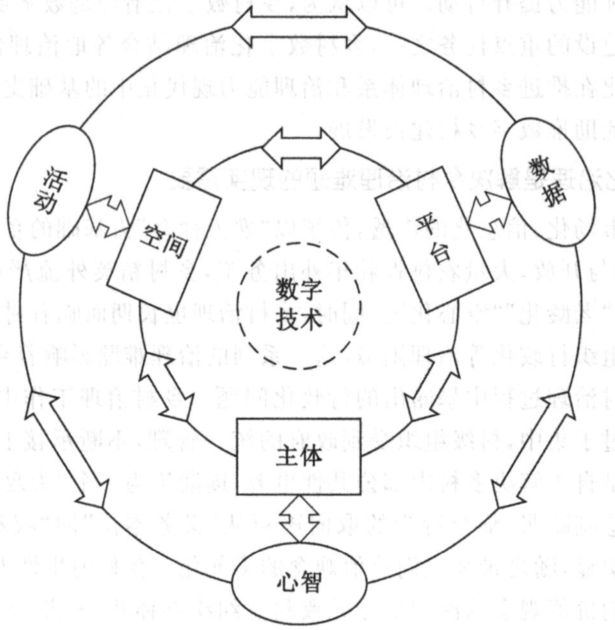

图 12-1　乡村数字化治理六大基本结构要素

共同提升乡村数字化治理的整体效能。

1. 平台

平台最初指的是商业供应链协同与商务生态运行的数据支持平台(何圣东、杨大鹏，2018)，是互联网企业运营的载体。随着数字技术的广泛应用与平台经济的兴起，平台在数字化领域中已经成为一种发展趋势(北京大学课题组，2020)，平台这一全新理念也从互联网运营拓展到了政府治理领域，体现政府治理理念和职能的创新。O'Reilly(2011)最早将平台引入政府治理领域，提出"政府即平台"理论(government as a platform)，将政府本身视作一种平台，协调部门之间的数据、业务、服务等。数字治理这一全新治理模式以平台为中介载体，其核心属性体现为数字化、感知性、互动性、无界性和智慧化[陈水生，2021(5)]，并通过数字技术接入、数据资源互通、治理结构调整、服务协同供给等方式构建起整体智治、横纵联动的数字治理体系，实现政府流程精简、服务优化、能力提升的多重治理目标。首先，平台在形式上是一种技术架构，通过大数据、人工智能、物联网等技术融入贯穿至政府治理、社会治理的全流域、全过程、全周期，汇集整合多领域、多层级、多部门的系统数据，构建市县乡镇村五级联动体系，覆盖生产、生活、生态等领域，直观呈现乡村社会运行的宏观态势。其次，平台是一类多重功能集成系统，借助数字技术的聚合效应、扁平化效应及功能化效应，实现治理资源汇聚、治理场景整合、服务精准推送、风险预测预警、决策智能支持、权力规范运行等复合功能。最后，平台是一种纳入多元行动者的互动载体，通过提供一个链接双边或多边主体的信息共通、资源共享、行动协同的互动渠道[陈水生，2021(8)]，实现随时随地连接互动，打破"自上而下"的科层管理模式，形塑政府、市场与社会的新型关系。

在乡村数字治理场域中，数字治理平台集中表现出数据要素叠加、功能集成融合、主体联通交互等特征。综合性的数字治理平台建立起完善的乡村大数据应用与服务体系，归集人口、资源、经济、治理、生态等多方面的涉农数据，将农业农村海量信息一网打尽，加速全域数据融合，并以多维、动态数据图表的可视化形式，全面、实时反映乡村社会运行态势，“刻画”真实场景。数字治理平台融管理与服务于一体，利用数字技术形成对乡村社会综合治理事项的发现、受理、分流、处置、跟踪、反馈、评价等多种处理机制，高效管理村庄突发事件，同时设置“三务公开”“村民议事厅”等模块，传递政策信息、增强政务透明度、提高政府回应性和优化政府职能。平台是社会技术产物，可以改变参与者之间的互动方式（Klievink et al, 2016），增加沟通交流，连接个人、群体与社会。数字治理平台搭建扁平、虚拟的交互场域，利用新媒体的自组织性，将分散的异质村民个体联系起来，拓展村民社交网络，增加村民交往黏性、集体认同和村社凝聚力。

2. 主体

主体是指人与周围世界相互作用过程中的社会实践者、行为者、改造者、控制者（陈佑清，2000）。行动者（行动主体）构成了社会治理的第一要素（金晓雨、孔繁斌，2020），任何治理活动都以人为主体。治理主体是治理活动的承担者、参与者，是有资格从事治理活动的组织或者个人。乡村数字治理的主体包括政府、村社、村民、数智企业、社会组织等，彼此之间形成交织相依的组织网络结构，在共同利益和利益分歧并存的情况下，以互动协商的方式达到公共利益的最大化，最终实现乡村善治。在乡村传统治理中，“强政府”及其权力垄断和独断决策往往带来村民的“政治冷漠”。而数字技术及应用驱动乡村治理转型，改变“金字塔”的治理结构，实现政府“权力下沉”，同时技术对个人和组织发挥着赋权功能，个体或群体相互学习、对话与交往，凭借获取的信息就特定的社会实践展开行动，完成自我增权，使乡村数字治理实现参与主体拓展、治理结构调整以及个体行动联结。

在乡村治理场域中，赋权是一个社会互动过程，通过数字技术增强政府与村民的社会关联，构建新型政府村民关系，降低村民表达利益诉求和参与社会治理的成本。互联网以虚拟群组的方式将分散的脱离公共议题的个人重新连接、纳入治理过程，村民自发形成媒介自组织，在网络平台上发表自由言论，共商村庄大事，数字化牵引着人人走向自主参与，实现参与主体拓展。“去中心化”是互联网时代社会关系的基本形态，而数据资源在政府、村社、村民、企业等主体之间的重新分配，决定了政府不再是乡村治理的唯一主导者，数字化正在调适、匹配着全新的治理结构。更重要的是，数智企业的加持作用为乡村治理注入新动能。以阿里巴巴、腾讯等为代表的数智企业有着技术驱动、创新人格、互联网精神的显著特征，拥有强大的数字技术优势，这就使得他们必然成为走在数字时代前沿的“造风者”“弄潮儿”，必将在新时代乡村经济社会发展和治理中发挥推动、催化甚或引领作用。在数字技术加持下，如通过阿里巴巴的“乡村钉”和腾讯的“为村”等数字应用，乡村治理将逐步呈现共建共治共享的“多维互嵌”治理格局，各类主体相互协作、整合利益、化解矛盾、互利共赢。社会秩序的形成离不开特定社会中的行动主体及其活动，行动主体之间的相互关系及在其中所呈现的一致行动能力则构成秩序的社会基础。分散的原子化村民借助互联网强化和拓展了社会关联，围绕公共议题和共同利益，在平台上实现交互式信息分享、传播和实时互动，发起公共行动，助推“共同生产”。

3. 空间

空间是基层社会组织和活动的场所载体、物质约束以及行为的结果（杨雪冬，2011）。空间的概念相对宽泛，可以是物理学意义上的具有清晰界限、切实存在的物质空间，也可以是存续在一定范围内的能够实现社会关联和人际交往的公共平台。空间是一切人类社会活动的基本要素，也是乡村治理的载体、生产活动的实践场所。乡村公共空间是一种能够保证各类主体在特定的时空范围内进行自由集会、聚会、表达观点、发表言论、沟通交流的公共场所和平台。不同于以往的宗族祠堂、集市庙宇、空阔场地等物理性公共场所，在乡村数字治理中，我们更关注基于移动互联网技术衍生出的虚拟公共空间，借助手机APP、小程序等移动客户端，突破时空交流局限，将脱嵌不在场的村民重新聚拢起来，使他们实现平等参与、自主表达、博弈互动，由"现实在场"走向"虚拟在场"。

在乡村数字治理场域中，数字技术的介入实现了现实物理空间与虚拟网络空间的复合重组、社会关系和社会结构的再生产以及乡村权力形式的重塑。随着工业化、市场化的渗透以及大城市的虹吸效应，乡村社会的人员流动日益频繁，情感联系日渐疏离，村庄空心化和村民原子化不断侵蚀着日渐萎缩的乡村公共空间，使得村民在村社场域中的"身体缺场"和"政治失语"成为常态。数字技术的发展为乡村社会的时空分离创造重新组织和联结的契机，通过数字治理平台组建不同类型的虚拟群组，打破时空界限，消除物理距离，以虚拟在场的方式实现重新组织与再联结，有效拓展地域空间界限，走向线上线下空间融合。现代媒体建构虚拟空间，这是一种社会关系与社会结构的再生产。正如列斐伏尔所言，时空都是社会构造物，具有社会属性（Lefebvre，1991），社会空间是各种社会关系共同作用的结果。在开放、连接的虚拟公共空间中，脱嵌的村民被重新聚集起来，在村村民与在外村民就村级公共事务频繁互动，以此不断强化彼此的联结关系和情感纽带，形成一种"链接性社会资本"（邬家峰，2021），促成线下交往活动，形成村庄集体行动，让日渐消弭断裂的乡村社会关系得以重新黏合，推动乡村社会治理。福柯认为，空间是权力实践的重要场所（Crampton & Elden，2007）。一方面，空间被社会关系生产，另一方面，空间生产社会关系，约束和引导社会主体的行为（林海彬，2021）。在乡村数字治理中，个体行动者及其关系的变化对空间具有建构性，也必然影响着治理模式的转型、治理主客体关系变化以及权力结构的重塑。数字技术赋权"虚拟在场"的村民，权力在虚拟空间中生产、流动和配置，村民线上参与村庄事务，村民的监督权和管理权扩大，村干部受到更多监督，权力运行合法化、规范化，政府也越来越关注村民的参与意愿和利益诉求表达。在乡村公共议题的讨论中，话语表达和有效回应是权力的重要表现，村民在与村两委干部反复博弈的过程中，不断强化内生话语权，同时约束着村干部的行为，使得村庄的权力结构发生了新的变化。

4. 数据

数据是记载信息的人工符号编码，是可视化的信息载体之一，是承载价值的资源（黄璜，2018）。数据是贯穿全部治理活动和治理过程的核心资源，是乡村数字治理的基底，而构建跨层级、跨部门、跨领域的数据归集、交换、共享的数据资源库是实现乡村数字治理的基础。乡村数字治理平台通过政务数据接入、现场数据采集和物联感知设备推送等渠道，汇集人、房、企、事、物、通信等社会治理要素数据，加快乡村治理数据归集、清洗，构建涵盖乡村、人口、产业、环境、服务、治理等领域的各类数据库，形成庞大丰富的数据底座。数据资源具有潜在价值，只有将数据与数据的采集、存储、处理、分析、应用等一系列劳动相结合，创造价值、实现价值并实现价值增值（倍增），才能充分发挥数据的作用（李海舰、赵丽，2021）。在乡村数据底座中，通过对采集、搜集而来的数据进行清洗筛选、智能关联、挖掘分析，从中掌握隐藏在数据背后的村民真实利益诉求、乡村社会舆情及公共问题，快速定位乡村治理中的“痛点”“堵点”“难点”，从而及时分析、解决问题。数据应该体现技术的价值所在，数据嵌入政府决策中的最大价值在于推动了决策理念和思维的创新，催生科学有效的决策模式。数据的价值被挖掘后，数据积累形成重要的治理资源，有助于决策者准确、及时、全面地了解问题，进而成为政府科学决策的核心依据、精准施策的前提基础，推动政府治理“用数据说话、用数据管理、用数据决策、用数据创新”（北京大学课题组，2020）。卡斯特尔用“流动空间”描述网络社会的宏观动态性，所有形式的流动都以数据为载体或中介，蕴含着社会结构的变革。在治理场域中，封闭的数据如同沉睡的资源，只有公开透明、自由流动的数据才能为治理赋能。在数字时代，数据成为重要的战略性资源，更是权力的象征。谁拥有庞大丰富的数据资源，谁就能够掌握核心话语权和提升决策地位，改变治理结构，影响社会资源的再分配，在此意义上的数据，衍生为一种数据权力。此外，在“万物皆数”时代，数据的背后体现着一种全新的思维模式和价值观念。在乡村数字治理场域中，客观上要求基层政府领导干部具备“循数治理”、流通共享的数据思维，以及能够有效、恰当地发现、评价和使用数据资源。通过数据加工、挖掘、分析、研判等技术，从海量数据中提取最具价值的信息，以此精准定位村民个体需求，释放数字服务活力，优化服务职能，提高公众满意度。

5. 心智

心智是人们心理与智慧的体现，包括人的认知、记忆、思维与创新等心理活动（李其维，2008），主要包括获得信息的能力、应用信息的能力和抽象推理的能力（钱明辉、郭佳璐，2021）。数字时代更强调数字心智，数字心智可以被视为各类主体对数字化应用和模式的认知、接纳、习惯及需求等。数字心智和数字化发展是一个不断互构演化的发展过程。数字化发展提升了经济社会的数字心智，数字心智为经济社会数字化发展奠定基础，并且反过来进一步促进经济社会数字化发展的深化。在乡村社会中，普通村民文化程度较低，缺乏相应的数字技能和数字心智，由此带来数字鸿沟，影响乡村数字治理的效能。数字鸿沟最初是描述不同社会经济背景群体信息技术渗透率的差异，近年来其判定标准逐渐从外部的网络接入演变为内在的心智投入（郭娇，2021）。数字化的信息设备接入已不再成为阻碍，当下的问题在于乡村治理主体技术采纳及技术应用的意愿和能力，而年龄、受教育水平、收入、知识以及对技术的认知等因素共同制约了村民技术采纳的意愿和能力，导致乡村数字治理的推进与数字赋能理想效果之间存在着张力，最终产生乡村社会内生性的技术困境。因此，培育并塑造具备较高水平的数字技能和数字心智的现代化农民，是破解乡村内生性技术困境的关键。村民要加速接纳各类数字化技术和应用，提升数字技能和数字心智，积极融入乡村治理活动。数字心智的日渐成熟，将进一步弥合数字鸿沟，让广大村民能自由平等地获取各类信息，平等享有各类资源，消解数字鸿沟与数字赋能之间的张力。此外，对政府来说，乡村治理数字化转型不仅是技术问题，更是对权力的态度问题。在数字赋权背景下，政府是否愿意和多大程度上愿意赋权于民，将权力分散化、下沉化，这实质上是对政府数字心智的考验。数字心智体现政府以人为本、服务为民的价值取向，在乡村治理工作中更加关注村民的切实利益和情感诉求，重塑服务意识和责任价值。

6. 活动

活动被定义为一种有组织的、有监督的特定行为或行动。乡村是一个复杂的社会系统，乡村治理涉及乡村生产、生活、生态等方面的内容。数字化的渗透,营造了农业生产生活、乡村政务服务、乡村文化繁荣、生态环境整治、乡村公共服务等多方面、多类型的应用场景和活动。譬如,利用数字技术将农村海量信息尽数收集,通过大数据洞察分析,建设乡村综合治理可视化平台,对乡村生产、经营、管理、服务等进行监测、预警、分析、评价、指挥。再如,利用地理信息、遥感技术等手段,实现农田地块数据、气象数据、水资源数据、环境监测数据、产业分布等多源信息的整合,构建乡村自然资源"一张图",共建生态宜居乡村。又如,在村务管理上,开发各类移动端,利用小程序、APP、微信等新媒体实现乡村事务集中管理,展示村情动态、三务公开、乡风文明建设、低保政策查询申请、民情上报等。在平安乡村建设上,通过视频相机、人像抓拍机,利用自主人脸识别算法实时比对分析,划定电子围栏区域,记录出入区域、行进方向、出入次数等,自定义逻辑阈值,掌握重点区域态势。在乡村公共服务上,通过数字技术再造乡村公共服务流程,打造一站式服务体系,覆盖政务、医疗、教育、文化、就业、生活等各方面,让更多村民享受到便捷化服务。在乡村数字治理场域中,以数字技术为依托的乡村治理活动有序开展、循序渐进,目的在于试图以数字化的治理方式融入群众的日常生活实践,打造乡村幸福美好生活,提升乡村生活品质,实现"数字"和"乡村"的深度融合。

二、乡村数字化治理的基本维度

(一)村社内部治理

乡村治理普遍面临着村民主体性缺位的治理困境,一方面,受城乡二元结构影响,自20世纪90年代以来,乡村人口外流现象严重,导致乡村人口过疏,呈现"空心化";另一方面,自农村税费改革后,国家以项目制的方式将资源注入乡村,但在项目实际运行中更多地受上级决定,村民被排除在村庄建设之外,对村庄的认同感和归属感也随之降低。同时,受个人权利观念影响,村民"原子化"倾向日益严重,对乡村建设、村庄治理等相关事务漠不关心,表现出"政治冷漠"。在乡村治理中存在明显的问题导向,而数字技术的加持为解决乡村治理痛点带来了契机和方案。

一是空间重构,再造多元村治主体。行动者构成了社会治理的第一要素(金晓雨、孔繁斌,2020)。乡村治理主体是乡村社会的重要组织力量,在传统的乡村治理中,乡村精英、乡村能人、乡村富人等主体凭借社会地位和自身威望在维护乡村秩序、建设乡村等方面发挥着重要的作用。如今,受大城市虹吸效应影响,这些乡村精英纷纷外流,主体的缺位直接导致乡村治理活力不足,乡村的留守老人、妇女等主体又受自身文化教育程度的影响,无法为乡村的建设发展做出贡献。当下,数字技术的介入实现现实物理空间与虚拟网络空间的复合重组,通过数字治理平台组建不同类型的虚拟群组,打破时空界限,消除物理距离,营造开放、连接的数字虚拟公共空间,为乡村社会的时空分离创造重新组织和联结的契机,以虚拟在场的方式重新聚集"脱嵌"的村民和乡村精英,实现重新组织与再联结,打造多元共治的乡村治理格局。普通村民、乡村精英、外出务工者、社会组织等治理主体通过移动客户端随时随地加入线上乡村群组,彼此交流互动,为乡村的建设发展建言献策,重新构建起多元化的村治主体。

二是关系联结，重塑乡村身份认同。公共性的内在属性要求人与人之间构建关系联结，不同的乡村行动者之间形成紧密的关系联结，在共同参与村庄事务的过程中，增强对村庄的归属感和认同感，培育乡村公共精神，构建乡村共同体。受村民“原子化”倾向的影响，村民与村民、村民与村干部之间的关系日渐疏离，乡村传统的“熟人社会”在现代性因素的影响下逐渐瓦解，村民个体对乡村的归属感也逐渐下降，社会结构和社会关系的颠覆、调整带来村庄集体情感淡化，乡村治理缺乏活力十足的内生秩序和社会基础。数字技术的介入，带来乡村治理结构和关系的解构与重构，实现社会关系和社会结构的再生产。数字技术连接着人与人之间的关系，同时也改变着个体的认知和思维方式，村民围绕乡村公共议题在数字治理平台上展开频繁的交流互动，不断生产和强化村民间的社会关系，形成强烈的情感纽带，以线上沟通交流，促进线下集体行动。这不仅使村民产生强烈的村社认同感，还培育村民的公共精神，使其有序地参与村庄治理。

三是结构优化，构建乡村善治格局。乡村是一个生产、生活、生态和治理的共同体（师曾志等，2019），人们基于共同的历史、传统、信仰、风俗及信任形成一种亲密无间、相互信任、默认一致的关系。乡村善治强调多元主体围绕乡村公共议题发挥各自所长，凝聚共同行动力，实现合作共赢。乡村数字化治理赋权普通村民，通过数字治理平台获取信息、表达思想、采取行动，积极发挥村民的主动性和自主性，同时数字技术将政府、企业、社会组织等主体纳入乡村治理场域，政府改变以往“大包大揽”式的权威统治模式，打造线上乡村治理团队。多元化的治理主体在频繁的交流互动中发挥个体能动性，构建多元、紧密的协商合作关系，汇集民智，凝聚民心，也使得个体与政府、企业在治理权力的博弈中实现动态平衡。通过政府与社会的双向交流与互动，彼此之间形成交织相依的组织网络结构，政府、村民、企业、社会组织等主体彼此熟悉、相互信任、密切联系、有机团结，合力创造丰富而有效的治理场景和路径，形成有效的乡村治理和稳固的乡村社会秩序，共同走向乡村善治。

（二）乡村基层管理

乡村治理是一项长期且艰巨的任务，涉及的活动范围广泛。随着乡村社会经济的快速发展，乡村流动性和开放性进一步加剧，乡村的治理形势更为复杂，传统的乡村治理模式可能已不适用于当下的乡村社会。同时，乡村治理体系和治理能力现代化的高目标和高要求，意味着乡村基层政府面临的任务更重、压力更大。当下，数字化浪潮奔涌而至，乡村数字化治理转型成为应有之义。数字技术的嵌入并应用于村民自治、基层党建、村务管理、公共服务、人居环境整治等领域，创新了乡村治理方法和模式，转变了政府职能，从而全面提升了基层政府的管理效能。

一是数字赋能基层党建，加强村级党组织建设。农村基层党建是党建工作中的薄弱环节，普遍存在着村级党组织涣散、运行不畅、疏于管理等问题，如何加强农村基层党建，关乎乡村建设发展以及乡村全面振兴。党建作为乡村治理中的基础性工作，应着力发挥农村基层党组织在推动发展、服务群众、凝聚人心、促进和谐等方面的领导核心作用，不断夯实党在农村的执政基础，为乡村经济社会发展提供坚强的组织保证。在乡村数字化治理中，利用数字技术为党建赋能已成为党建工作的新趋势。数字化的党建系统能够将党建宣传、党员教育、组织管理、党建服务、数据资源、决策研判等功能纳入一体化平台，通过大数据技术，实时采集汇聚党建数据资源，并利用党务管理、学习教育管理、考核管理等模块加强对各级党组织和党员干部的教育、管理和考核，为党建工作提供实时、精准、有效的数据支撑和信息技术保障，增强党建意识和能力，不断提升党建工作水平。

二是数字赋能村务管理，规范小微权力运行。过去，乡村治理采取垂直式、单一化的管理模式，缺乏双向反馈机制，常常由于村务信息不透明和不公开，导致乡村社会中的政府、企业、社会组织、村民等主体相互猜疑，引发矛盾纠纷，增加乡村治理的成本和难度。数字技术的发展与普及，打破了信息传播的单向性，促进村民话语权的回归。数字技术充当信息传递的工具和沟通交往的媒介，一方面，通过数字治理平台将村务信息获取、村务计划决策、村级资金支出、政务反馈评价等内容汇集起来，村民可以通过移动互联网第一时间了解政策走向和热点问题，及时感知乡村发展动态，推进政策公开和信息透明；另一方面，数字治理平台作为一种新的交流工具为不同主体间沟通对话提供了便捷的渠道，同时拓宽村民参与权力监督的渠道，通过公开工作清单，对权力分解细化，实现对乡村基层权力全方位、多角度的监督，使得小微权力运行可视化、透明化。

三是数字赋能公共服务，助推服务提档升级。广大农村地区"办事难"问题长期困扰着乡村治理，使得农民无法享受到与城市居民均等的公共服务。如何实现城乡公共服务均等化不仅是乡村治理工作中亟须解决的问题，也是实现城乡融合以及迈向共同富裕必须应对的挑战。因此，公共服务是乡村基层管理的重要内容。而数字化技术和工具的应用和融入，为乡村治理提供了便捷、高效、互动的行动方式，建构起数字技术与治理场景的深度融合。依托数字技术和平台，以数据共享交换为支撑，打造跨部门服务、一窗口办理、一站式服务，逐步扩大政务服务事项网上受理和办理的范围，简化审批程序，节省办理时间，提高行政效率。同时，通过大数据采集、开放共享、整合分析以及筛选和甄别形成精准的公共服务需求信息，及时处理村民日常服务诉求，提升乡村服务的精准性，提高人民群众的满意度。

(三)乡村行政监管

在互联网时代，技术有两种相互依存的社会属性：赋权与监管（张丙宣，2018）。数字技术在向国家和社会赋权的同时，也由于技术强化社会的透明性和约束性的属性被广泛应用于社会监管。当下，城镇化的快速发展带来乡村社会内部分化，尤其是城乡接合部和城中村的社会问题进一步集中和凸显，如何在乡村治理工作中加强对这些乡村和地区的社会监管也成为提升乡村治理现代化水平的重点和难点，而数字技术成为解决这一难题的重要突破口。数字技术在城乡接合地带的运用可以推动乡村综合整治从运动式整治转向常态化整治，从单一性整治转向联动性整治，从选择性整治转向全域性整治（李利文，2020）。借助互联网、大数据、人工智能和区块链等数字工具，可将数字技术广泛应用于乡村治理中，动态、全面掌握乡村生产、生活、生态运行态势，提升乡村监管的强度和力度。

一是数据要素汇集，整合治理资源和力量。乡村数字化治理以综合性智能平台建设为核心，建立基础数据支撑，采集人、房、企、事、物等乡村社会治理要素数据，涵盖赋码地址、公共场所、党员信息、经营主体、垃圾分类等领域数据，形成较为充实的数据池。同时，利用数字技术天然的连接特性，通过汇集整合乡村资源、布设物联感知网络、构建数据共享底座等方式，将治理对象、治理要素、治理资源和治理工具有机连接，呈现乡村"全景式"动态运行治理，实现即时感知、动态监测、数字监管、智能预警、权力监督、高效服务等多重功能，有效融合管理与服务，实现乡村社会秩序稳固运行、乡村社会风险主动应对、乡村公共服务有效供给，继而提升乡村治理绩效。

二是发挥乘数效应，助推乡村综治提质增效。利用互联网跨界融合、重塑结构、连接万物等特征，有效连接乡村治理中的违建管理、出租屋管理、垃圾治理等业态，实现乡村综合整治互联互通。利用物联网、云计算等技术，实现对交通秩序、社会治安、消防安全、人居环境等方面的动态监测，遇到紧急情况第一时间自动预警，提高应对突发事件的敏捷性，推动乡村社会综合治理走向精细化、现代化。数字治理平台通过垃圾分类、河道治理、美丽池塘、美丽公路、村口安导、污水处理等功能模块，利用图像识别技术、传感监测与定位设备，实时监测相应场景的异常情况，从而保障乡村生态环境与基础设施的正常维护与管理。

三是风险预警防范，实现乡村精密智控。在经历了乡村社会变迁后，复杂性成为乡村社会的重要特质，数字技术的引介和应用，为乡村治理提供高效治理手段，实现全要素汇聚数据、全流程处置事项、全时空调度指挥、全覆盖智能安防，及时、有效应对乡村社会治安隐患、疫情蔓延、舆情扩散等各种不可预见的风险。在乡村疫情防控常态化治理的过程中，构建"健康码＋地理信息＋网格化"为核心的精密智控机制，对乡村范围内户籍人口和流动人口实时动态监测，实现数据信息实时、动态更新、自动匹配和智能分析，可有效减轻基层工作压力，让群众生活实现最大限度的方便，也加快推进企业复工复产，有序恢复正常的社会经济生活。

三、乡村数字化治理的实践逻辑

乡村数字化治理的建构源于六大基本结构要素，乡村数字化治理的实现则主要基于功能逻辑、技术逻辑、运行逻辑的三重耦合逻辑。其功能逻辑更多地表现出乡村治理的目标导向，通过数字化技术和手段实现精准治理、促进村民自治、提升公共服务、赋能科学决策；其技术逻辑是支撑和关键，直接表现为依托数字技术影响及改善治理结构、连接人与媒介、重塑社会关系；其运行逻辑以三组结构要素交互关系为基础，刻画出乡村数字治理的运行轨迹，全面掌握运行机理。

(一)乡村数字化治理的功能逻辑

1. 走向治理精准化

现代社会在本质上是一种"风险社会"，社会治安隐患、疫情蔓延、舆情扩散等各种不可预见的风险已成为治理常态。随着工业化、市场化的渗透，乡村社会从聚合体逐渐走向离散的原子化个体，社会矛盾风险加剧，复杂性已成为乡村社会的重要特质，这就意味着回应社会问题、解决矛盾张力等成为乡村治理的出发点。乡村数字治理通过数字技术的引介和应用，提供高效治理手段，创新治理模式，走向精准治理，提升治理效能。精准治理的核心内涵是建立以社会问题和社会需求为靶向的有为政府，以技术为手段，精准定位社会问题、需求、层次和难点，以此有效解决相关社会问题(王阳，2016)。传统的乡村治理更多地以治理者的偏好为主，较少考虑村民的真实需求和切身利益，基层政府"权威统治"导向的治理思维往往脱离了治理目标和实际需求，导致无法有效应对治理形势改变带来的治理挑战和精准定位，也无法及时回应治理问题。而乡村数字治理利用数字技术寻找不同数据之间的关联度，挖掘数据背后的特征和规律，监测、推算、预测各类社会问题，能够发现公共服务和社会治理中的“痛点”“堵点”“难点”，明晰乡村治理的目标和指向，找到着力点和突破口，同时利用数字治理平台形成事件签收、处置、流转、反馈、评价的全链条管理闭环，敏捷、精准、高效应对和解决治理问题，推进智能化、精准化治理。例如，重庆渝北区整合农村天、地、人“三网”，利用互联网集成数据，建成乡村综合治理信息系统网，实现全要素汇聚数据、全流程处置事项、全时空调度指挥、全覆盖智能安防。浙江德清利用大数据碰撞分析和电子围栏技术，对村域人群来源、驻留时长、人流趋势等进行分析，实现人流过密预警、人群疏散预警等，加强对乡村社会的精密智控。

2. 走向参与民主化

基于数字技术(特别是移动互联网)强大的分散、集聚和赋权特性，信息的传播方式由传统的单向传播转为双向互动，也在相当程度上重塑了人类的交往互动、话语表达与集体行动，更赋予协商民主新的活力源泉。在乡村传统治理中，普遍存在着村民外出不在场、参与积极性不高的问题，而乡村数字治理以新媒介技术为依托，通过移动互联网将多元主体纳入治理体系，突破时间和空间限制，增强情感和地域联系，让脱嵌在外的务工人员、乡村精英都有机会参与其中，实现“数字民主”。数字技术带来的丰富信息资源让村民能够更加深入、全面地了解公共事务；同时，数字技术赋予每个村民平等参与公共讨论的权利，创造出一个不受外在政治强权和经济利益控制的交互式讨论的虚拟公共领域(赵爱霞、王岩，2020)，村民在网络空间中建立自己的舆论场，也让政府更多听取民众的声音；村民的话语权得到极大提升，进一步促使原子化的个体有意识地联合起来，为共同利益进行集体行动。可以说，技术性催生社会活力，影响传播权力格局和政治权力格局，打破政府在公共权力中“一家独大”的局面。例如，浙江建德“乡村钉”、浙江萧山“平安钉”、四川陶坝“为村”等数字治理平台通过设置类似线上“村民议事厅”模块，创造虚拟数字空间，村民积极建言献策，实现数字赋权。

3. 走向服务高效化

技术不仅仅提高管理效率，改善基层民主，更在于提供优质服务。长期以来，我国乡村公共服务供给都延续着“碎片化”的逻辑，往往是政府单一化供给，村民缺乏诉求表达权利，导致供需错位、回应性弱、可及性差等诸多问题。当下的乡村社会呈现异质、复杂和多元的特征，封闭性和稳定性已被打破，人口结构的快速变化、思想观念的深刻变化带来公共服务整体需求的多样性和复杂性。一方面，数字技术的发展，使得公共服务需求精准识别、公共服务内容精准供给成为可能。数字技术提高了对多元化和个性化服务需求的辨别力，通过数据关联、计算和匹配等，精准感知、快速识别村民服务需求的具体内容及其动态变化，为其量身定制公共服务，满足个性化、精准化、多元化的服务需求，弥补供需差距，提升村民获得感和幸福感。另一方面，数字技术建立整体性、无缝隙、一站式的乡村数字化公共服务体系，以用户为中心，以需求为导向，通过数据资源整合、跨部门协作，打造在线化、全天候的公共服务场景，覆盖教育、医疗、就业、养老、金融服务等领域，村民通过移动客户端接入数字服务链接，轻松实现在线受理、“指尖办事”，增强服务体验感。例如，浙江龙游“龙游通”、浙江宁海“村民 e 点通”平台以数字化打造全链条服务、拓展服务内容、延伸服务触角，形成帮困助学、就业创业、平安建设、环境卫生整治、助残服务、金融扶农等多功能板块，实现线上线下联动服务。广东从化区“仁里集”平台、甘肃两当县“村村享”信息平台都通过数字化手段，将与村民日常生活息息相关的业务融入平台，建立健全便民事项网上“一键办”服务体系，实现村级事务在线零距离即时办。

4. 走向决策科学化

数据是科学决策的核心要素和基石。过去，乡村治理中的各项决策主要基于经验判断，因此往往决策片面化、独断性明显，而决策科学化则以全面、客观、实时、精准的数据为基础。数字技术在解决信息“连接”的基础上，能够汇集不同领域、不同结构、不同维度的“鲜活”数据，全面整合碎片化数据，形成以需求为导向的高关联度的信息链，帮助政府“用数据说话、用数据决策、用数据管理、用数据创新”，由经验决策到“数字决策”。以人为本的价值理念、多渠道的群众意见是决策科学化的保障。在政府决策过程中，村民主动加入政策制定，积极建言献策，广泛纳入多样化的民意诉求，增强决策的合理性和科学性。决策的科学性建立在海量数据精准挖掘和系统分析的基础上，乡村数字治理平台通过聚类分析、并行计算等智能技术，实时动态捕获决策信息，借助算法模型进行精准预测和客观分析，避免决策的主观性和独断性。此外，政府通过数字平台主动收集、储存村民反馈信息，实时发现和纠正决策制定及执行过程中的问题，以防政策制定出现偏差；实时向村民传递决策制定的要点和进度，多元主体互动反思，助推决策科学化、人性化。例如，浙江桐乡“乌镇管家”平台汇聚兴业、民生、治理、政务 4 个专题数据库，整合综合行政执法、市场监督管理局、消防等多个相关部门的基础数据，以及浙江德清“数字乡村一张图”归集水、空气、垃圾、出行等多类数据，收集上千条民情数据，对实时数据进行异动管理，对未来趋势进行分析研判，以数字化辅助管理决策。

(二)乡村数字化治理的技术逻辑

1. 人与媒介融合

正如麦克卢汉(2000)所说：“没有一种媒介具有孤立的意义和存在，任何一种媒介只有在与人的相互作用中，才能实现自己的意义和存在。”人与媒介相互依存、相互促进，构成人媒共生体，以此形塑人与媒介、媒介与媒介、人与人之间的交互关系。人媒融合，一方面是媒介的个人化：数字技术为个体创造了信息分享空间，信息的传播往往也体现了个人化色彩和标签。另一方面则是人的媒介化：人借助媒介，延伸自己的感官能力，媒介又反作用于人的行为。不同的人类个体可以借助多种媒介形态以“虚拟在场”的方式随时随地参与到信息的生产与传播中，以此形塑认知、建构关系，实现人与媒介的感知融合、行为融合。在乡村数字治理中，村民在数字治理平台上随时随地获取信息，学习、交流、分享知识，丰富认知内容，提升认知水平；经由媒介平台，实现在线沟通交流，对村庄事务发表自由言论，主观体验和主体感知得到空前提升，增加了民主参与感和政治效能感，增加信息交往对象，拓宽交往活动范围，建构乡村社会关系。从本质上说，任何一种媒介技术都是对于人的社会关系与关联的一种形式构造(喻国明，2021)，与村民相关的一切数据都在乡村数字治理的场域中聚类，人与媒介成为乡村治理行动场域中的传播节点，连接着人与人、媒介与媒介、人与媒介。同时，媒介引导人的行动，村民及其行动产生的海量数据反过来用于刻画行动者的状态及环境，在技术赋能的基础上形成村庄集体行动，开辟更多的行动场域和治理活动。

2. 连接与智能融合

数字技术天然的连接特性将治理对象、治理要素、治理资源和治理工具有机连接，实现万物互联、人机互联、人人互联、人—组织—制度互联[陈水生,2021(5)]。在乡村数字治理场域中,数字技术将乡村治理的全要素汇集至平台,形成互联互通、共治共享的乡村治理体系,快速敏捷应对紧急突发事件,第一时间动员组织人员,形成"紧急动员圈",实现乡村高效能治理,同时以整体性、一体化方式重塑治理流程,为村民提供方便快捷的一站式公共服务体系,简化审批流程和手续,提高信息传输速度,改善服务质量,实现"最多跑一次""跑也不出村"。互联网的本质是"连接",从"终端"连接到"内容"连接,再到"人"的连接。情感是维系人情社会或者关系社会的纽带,情感在集体行为的发展过程中起着关键作用(赵鼎新,2012)。数字技术连接着人与人之间的社会关联,村民通过诸如"村友圈"之类的各种新媒体渠道,发布村社趣事,交流乡村生活,拉近彼此距离,增强村社归属感,呈现新型的社交关系。与此同时,开放、连接的移动互联网将分散、异质的乡村个体连接起来,因彼此之间的相关利益,组建起多种形式的虚拟群组,受共同情感激发,开展建立在集体认同基础上的公共行动,共同推进乡村治理,以实现公共价值最大化为目标。简言之,乡村数字治理实现数字技术与治理要素、政府职能、社会关系的融合,连接着技术与职能、政府与社会、村民与村民。

3. 内容与关系融合

"传播"可以理解为以内容为载体、以关系为旨归的人类活动(张芳芳,2017),处于基础地位的内容需要经过关系的叠加,才能达到裂变式增殖的传播效果(何国平、何瀚玮,2017)。社交媒体的出现,聚合碎片化的信息、散落的用户以及分散的资源,实现内容与关系的双重生产,不仅随时生产多种形式的内容,产生一定影响力,形成舆论导向,更是赋予社会个体创造、生产与传播内容的能力,释放个体能量,增进群体协同,实现"关系赋权"。关系赋权是指互联网用户在大规模的内容生产、传播、交互、共享中自发地协同合作,个体的力量在无限连接中聚合、放大、爆发,赋予社会中相对无权者话语权和行动权(喻国明、马慧,2016)。在乡村数字治理场域中,伴随着"乡村钉"这一类兼具管理和社交功能的新媒介的出现和发展,以往常被排挤在治理活动之外的普通村民被赋予话语权和行动权,能够就乡村公共事务在线上发言讨论,在此过程中自发形成协同合作,并以群组方式进行集体行动。乡村数字治理在与村民建立"关系"的同时,也提供着优质"内容"的生产。村民可以自主决定媒介内容的生产和传播,通过平台自主发布与村庄治理活动相关的信息,引发广泛讨论,有可能在公共事务上削弱政府的话语权和公信力。此外,在内容和关系的双重生产下,村民通过虚拟群组中的互动,形成关系认同,引发情感共振,建构信任机制,这同样也是形塑乡村共同体的关键因素。可以说,数字时代下的乡村社会,紧密的人际交往关系建立在内容分享式的传播之上,内容与关系的互联互通,使得传播对象无限扩展,传播内容贴近需求,传播方式快捷通畅,村庄中的"关系建构"正助推着新型化、多样化的乡村社会关系建设。

4. 技术与结构融合

信息技术与组织结构之间存在着复杂的互动关系(黄晓春,2010)。技术发展的内在逻辑会导致理想的制度变迁,从而带动组织结构的变迁和社会经济的发展(沈费伟,2021)。数字技术在政府治理中的介入和应用,促进管理体制机制的变革,形塑全新的治理结构,这是技术与组织结构互动融合的结果。技术具有刚性,本身并不具备制度安排的功能,技术一旦内嵌到政府现有组织结构中,在运用过程中,会带来治理结构的调适。乡村数字治理以"整体智治"改变治理理念,重组业务流程、变革服务模式,这些整体功能的输出,客观上要求扁平化、网络化的组织结构作为支撑。乡村数字治理在运行过程中,打破了传统横向分工合作、纵向科层制结构,并通过制度调适,逐步完善政府体制机制建设,形塑动态、协调的组织结构,最终实现技术与组织融合。然而,技术自身并不存在独立于人类之外的固有行动逻辑,技术具有社会和政治属性(张丙宣,2018),技术应用的效能会受到诸如组织文化、领导者价值观念、社会环境等因素的影响。乡村数字治理的有效开展、持续推进,需要与此相适应及匹配的政府组织文化、领导者高水平的数字心智等,以此确保实现系统的功能最大化,提升技术赋能水平。乡村数字治理体现技术与结构的互动融合,结构采纳技术,技术重塑结构,最终实现技术与结构的调试和匹配,提升治理效能。

(三)乡村数字化治理的运行逻辑

1. 平台与数据相互依托

数字化信息系统的建构和完善可以为平台提供可供集成和计算的数据材料。政府、村社、村民、数智企业等主体通过各种信息渠道向数字治理平台贡献数据。数据承载信息、蕴藏价值,平台充当挖掘数据价值的工具。搭建数字治理平台是探索乡村智治的首要之举,依托地理信息技术,以电子地图、遥感影像、三维实景地图等多类型、多尺度、多时态的空间数据为基底,叠加各个子系统数据,融合感知设备,形成触达乡村各角落的物联感知网,实现乡村治理可视化;聚焦数据归集共享,以需求促归集,以归集促共享,以共享促应用;着眼辅助管理决策,实时提供便民服务,掌握村情民意,实现预警监测。数字应用端产生海量数据,数据又汇入平台,通过技术手段实现数据汇集、清洗、挖掘、分析,动态掌握乡村发展态势和村民利益诉求,提供高效精准的服务。

2. 主体与心智交互融合

尼葛洛庞帝(1997)曾预言,数字化生存天然具有"赋权"的本质。互联网技术本身就是一种全新的社会结构和组织形式。数字技术赋权"相对无权者",打破了乡村传统治理中的话语垄断,村民的话语权重新回归,村民主体性得以重构,乡村治理由传统政府权威治理走向多元协同治理。不仅如此,数字心智的成熟与否也影响数字化治理转型的成效。不同的治理主体拥有不同维度、程度的数字心智。乡村数字治理说到底,是为了更好地满足村民的利益需求,其体现的核心价值就是人本和服务理念,因此要求各类治理主体摆正心态,强化自身的责任意识。政府重塑服务价值,实现权力"下沉";村民强化民主参与意识,重构乡村共同体;数智企业明确自身的社会责任感,积极主动融入乡村,促进乡村数字化发展。

3. 空间与活动互构场景

治理活动的开展依赖具体的空间。虚拟空间数字技术衍生出虚拟空间。虚拟空间既是乡村社会现实公共空间的延伸,也是乡村公共空间在互联网时代的新型呈现样态。数字空间为村民的互动交流提供了便捷的媒介。村民在线上空间的互动、交流影响着村民的线下行动,虚拟空间中村民探讨的乡村事务热点,经过网上的发酵会成为线下的集体行动。正是这样持续的线上、线下活动重构了乡村公共空间,拓展了乡村自治空间。在现实空间中,各项治理活动有序开展,治理过程中出现的问题在虚拟空间中得以及时反馈和解决。数字空间实现个体化村民利益诉求的话语表达和意见归集,线上互动推动线下民主协商,发起公共行动,增强集体行动力。

四、乡村数字化治理的应用场景

(一)乡村数字化党建

乡村治理是一个系统性和全局性的体系和过程。随着我国经济社会迈入高质量发展阶段,乡村社会结构和主要矛盾的变化使得乡村治理在主体、资源、机制等各方面均呈现出新特点。当前乡村社会结构的异质性和治理要素分散性明显增强,乡村治理的现实需要和目标的综合性、复杂性决定了仅靠乡村内部资源无法实现乡村有效治理,需要动员与整合全社会力量参与。客观形势变化使得乡村治理急需一种能够统领多元治理主体、整合多方治理资源、汇集多层治理智慧的能动主体,以此引领乡村治理朝着善治方向发展。中国共产党作为国家领导核心,强大的政治优势和组织权威决定了其在乡村治理中扮演着秩序建构和群众动员的双重角色,可以将制度优势转化为治理效能。因此,乡村治理应当始终坚持党建引领,充分发挥党组织统筹全局、协调各方的治理核心作用,形成党组织、基层政府、社会组织、公民等多方主体共同参与、协商共治、合作治理的多元共治格局,逐渐实现乡村治理结构与功能的平衡和统一。

党的基层组织是乡村振兴的"主心骨",是新时代加强和改进乡村治理的核心力量。基层党组织嵌入基层治理场域的目标是激发"活力"和再造"秩序"(蒋卓晔,2019)。党建始终是乡村治理中最基础的工作,其通过发挥党组织的强大整合功能,实现对乡村治理要素的有效整合,激发乡村内生活力,并为乡村治理提供持久动力。随着数字技术的日益成熟和广泛应用,乡村治理中的党建工作也逐步走向网络化、信息化、数据化。乡村数字化党建是依托大数据、互联网等新一代信息技术所开辟的党建工作辅助工程,整合碎片化的条块信息,汇聚分散化的资源,丰富党建数字化综合平台功能,依法依规推动党务、村务、财务等信息网上公开,将基层党建与乡村治理紧密结合,从而能够更加有效地加强组织管理,破解农村基层党组织涣散困境,提高服务群众水平。在党建数字化综合平台建设上,具体包括党务信息数据库建设、党员组织活动系统建设、党员干部培训系统建设、党群服务管理系统建设等内容,将村级党务信息、党员干部信息等内容以数字化的形式纳入党建一体化平台,提升党建工作效率。

一是建立数字化档案,整合党建信息。数字化是数字化党建工作的基础,以数据的形式将纸质档案数字化,建立合适的数据化模型,进行统一处理,形成应用系统。同时,建立党员电子系统档案,完善党员基本信息数据库,将日常党员、支部活动的照片和文字等素材通过相应的设备自动导入数据库中,并实现分类保存、实时更新。例如:湖北省秭归县建立"智慧党建云平台",将全县 1031 个党组织 19000 多名党员全部纳入平台管理,实现党员管理高效化。① 而青海省贵南县则借助全国党员管理信息系统,对 177 个党组织 4351 名党员进行智慧化管理,同时联合农业银行开通"智慧党费"农行掌银 APP 交纳党费系统,推动党务工作

---

① 详见:数字秭归,为乡村发展添"智"提"质".(2021-11-10)[2022-03-05]. http://zigui.cjyun.org/p/30662.html.

信息化、智能化。[①]

二是叠加智能化模块，实现管理精细化。通过手机APP、微信公众号以及门户网站等数字化平台梳理群众需求，加入党务管理、党建宣传、党务活动、党纪监督、党费收缴等内容板块，推行"菜单式"管理模式，村民可自主查询村级党务信息，监督党员干部日常行为规范。同时，党务工作者可以借助数字化党建平台发布各类党务信息和党建活动，召开线上党员会议以及党员学习活动等，并通过线上调查、投票等方式轻松处理党内工作任务。例如：广东省南雄市充分发挥综治视联网等平台作用，搭建好农村基层党建"云平台"，上好"云党课"，实现党建任务线上管理、党员在线教育和党务线上管理，有效落实"我为群众办实事"实践活动，高质量推进党史学习教育，助推乡村振兴。[②] 重庆市荣昌区基层党支部通过"村务云·在村头"智慧党建平台上的村集体经济管理应用，在线登记村集体经济的各方面信息，包括经营类型、经营状况、负责人、合作社等基础信息，并且支持信息管理、查询、财务报表、数据导入导出等便捷功能，可实现村集体经济数据的统计、分析与展示。[③] 再如，河南省临颍县建立"党员之家"微信群，利用手机直播等形式，开展"微信党课"、主题党日等活动，打造党员教育培训、群众学习技术、干群交流沟通线上平台。[④] 而陕西省柞水县则依托基层党建可视化系统和"党建会客厅"平台，合理利用电脑端的党员信息库、考核数据库和学习资料库，实现"柞水先锋"微矩阵和"三级微信群"的全覆盖，打造集宣传、教育、管理、服务、监督为一体的党建工作网上平台，推动党组织、党员考核和学习的数字化管理。[⑤]

三是创新服务方式，助推党群服务精准化。保持与群众的联系是党组织工作的重点，通过数字化党建平台，准确、快速把握和预测群众的需求，对相关数据进行调取、分析，为群众提供有针对性的个性化服务。同时，党务工作者通过抓取、分析、研判平台上的相关信息，掌握村级党组织和党员在线学习情况、网络生活习惯等方面的信息，并以此为依据，提供精准、有效的工作参考，提升党建决策的科学性。例如：山东省高青县田镇街道高苑社区创建党建特色类智慧社区，依托信息技术优化"小办公、大服务、亲情化、敞开式"党群服务中心，推出智慧安防、智能照明、家政服务、缴费查询、便民网购、电子投票等平台服务，打造"服务群众零距离"党建品牌，实现党建服务从线下到线上的不断升级。[⑥] 云南省楚雄市通过"手机屏、电脑屏、电视屏"三屏互通互融方式，开发融基层治理、党政融合、党员教育、基础党务于一体的"威楚智慧党建"系统，与智慧党建大数据指挥中心互联互动，倾力打造广大党员群众的

---

① 详见：马璞馨. "数字乡村"跑出贵南乡村振兴加速度. (2021-12-06)[2022-03-05]. http://www.moa.gov.cn/xw/qg/202112/t20211206_6383845.htm.

② 详见：范永敬. 南雄："数字乡村"添动能，乡村振兴有力量. (2021-08-19)[2021-10-05]. https://new.qq.com/rain/a/20210819A0AYHA00.

③ 详见：人民创投. 智慧党建：为乡村振兴装上"数字化引擎". (2021-03-19)[2022-10-05]. https://baijiahao.baidu.com/s? id=1694596181229062940&wfr=spider&for=pc.

④ 详见：卢松. 临颍县：数字乡村建设赋能"阳光村务". (2021-08-26)[2021-10-05]. https://baijiahao.baidu.com/s? id=1709124158583973124&wfr=spider&for=pc.

⑤ 详见：中共柞水县委组织部. 陕西柞水："党建红云"奏响互联网党建强音. (2017-08-14)[2021-10-05]. http://dangjian.people.com.cn/n1/2017/0821/c411270-29483451.html.

⑥ 详见：李可孝，孙春晓. 黄河青城彩"云"飞. (2021-10-22)[2021-10-25]. https://baijiahao.baidu.com/s? id=1714287803016625665&wfr=spider&for=pc.

"党务政务服务手中宝",深度推进党务政务服务数字化融合。[①] 甘肃省玉门市依托新媒体,创新党员教育管理和服务群众工作新模式,搭建了"铁人先锋网"、"铁人先锋"微信公众号"玉门铁人先锋"频道、"组织工作群"、"甘肃党建玉门平台",构建"五位一体"的微平台,充分发挥网络传播优势,发布工作动态,传递党的"好声音","网"聚正能量,让群众了解党和政府的最新政策,了解党员干部在干什么,加强广大群众和政府的交流互动,架起了服务群众"最后一公里"的网络桥梁。[②]

(二)乡村数字化村务管理

农民是乡村治理的主力军,只有坚持农民主体地位,充分尊重农民意愿,乡村治理才能行得稳、走得远。在传统的乡村治理中,乡村集体资产资源管理情况、强农惠农类资金发放、村级低保补助等村务信息主要依靠在村委会的公告栏张贴向村民进行传达,村民对此往往是被动接受,甚至是漠不关心。此外,受村民参与意识淡薄、缺乏参与村务的有效渠道以及监督机制、精英治村等因素的影响,在村务管理上,村民往往表现出"政治冷漠",同时也缺乏对村干部的监督,导致村务管理的随意性、主观性较强,暴露出村务信息不对称、资金支出不透明等一系列的管理弊端,引发干群之间的矛盾。事实上,村务管理不应该仅是基层政府单方面的行为,村民作为乡村治理的关键主体,最懂得乡村建设、发展和完善的需要,只有充分调动村民参与的积极性、主动性,让村民真正成为村务管理的直接参与者,才能真正实现治理有效。

数字技术的创新应用为丰富村民自治形式、畅通民意表达渠道、解决村务管理问题提供了数字化方案。乡村数字化村务管理是指,以数字治理平台为依托,设置三务公开、参事议事等模块,以数字化创新村务监督管理方式,规范小微权力运行,积极调动村民参与热情,释放乡村自治活力。

一是营造数字公共空间,推进村民在线议事。充分发挥移动互联网优势,突破时间和空间限制,借助微信群、"乡村钉"等数字治理平台设立村民议事厅、矛盾调解社等线上参事议事平台,将多元主体纳入治理体系,让脱嵌在外的务工人员、乡村精英都有机会参与乡村治理,广泛讨论村庄事务,积极建言献策,由"虚拟在场"代替"身体在场"。例如:浙江省桐乡市越丰村通过线上"百姓议事会"充分保证了村民在房屋拆迁、村庄建设等重大问题上的知情权、参与权和建议权。[③] 浙江省萧山区临浦镇在"平安钉"数字治理平台上设立了村民议事模块,通过全域全员覆盖,让"平安钉"成为"全民钉"。[④] 重庆市大足区打造了面向全区居民的专属平台应用"爱大足"APP,搭建"区—镇—村—组—户"五级架构智能通讯录,开发每日

---

① 详见:杨浩,童开鹏.云南楚雄:"智慧党建"引领"智慧城市"建设.(2020-08-07)[2021-10-05].http://yn.people.com.cn/n2/2020/0807/c372451-34211416.html.

② 详见:闫锐.玉门市:党建信息化助力数字乡村提档升级.(2021-11-17)[2022-03-05].https://baijiahao.baidu.com/s?id=1716675470081676604.

③ 详见:曾庆华.浙江桐乡越丰村:全国乡村治理的样板.(2020-05-09)[2021-10-05].https://www.xyshjj.cn/detail-26075.html.

④ 详见:郭燕,方亮.萧山临浦打造乡村数字治理样板.(2020-06-03)[2021-10-05].http://www.xiaoshan.gov.cn/art/2020/6/3/art_1302908_44661803.html.

巡逻、有事找我、网上议事、市民服务等民生服务应用，广泛调动村民的参与积极性。①

二是聚集村务信息公开，强化村民在线监督。在数字治理平台上及时公开党务、村务、财务，将村级集体资产管理、集体资金使用、小微工程建设、农业补助、土地征用等事关群众切身利益的信息全部纳入平台，村民可在线自由查看，村干部在线接受监督。对村级事务实施标准化公开程序，线上公开权力清单、规章制度、运行流程及结果，线上公示资金使用、资产处置、各类补贴等情况。例如：浙江省萧山区义桥镇大力推广“微信治村”模式，利用微信朋友圈公开本村收支账单、务工支出、资产资源发包、村民建房审查等各类村务信息，保证信息公开透明，并在线接受村民监督。② 河南省临颍县对村级权力事项、适用范围进行明确界定，梳理出村级组织权力清单，线上线下全面公开，并统一绘制村级组织权力事项流程图解，制定落实“四议两公开”工作法和村务公开相关制度，对村级权力运行流程和议事程序进行全面规范。③ 陕西省柞水县则采取“互联网＋监督”的管理模式，利用农村信息平台、微信群等把农村财务、村务、党务在网上进行公开，及时向村民公布村务、财务信息，形成线上公开与线下公开有机结合的监督机制，共同监管村务、财务在网上阳光运行。④

三是推广积分管理制度，促进美好乡风文明。依托数字治理平台，应用数字化手段，构建村民参与乡村治理的积分激励方式，将村民日常行为、村规民约等乡村治理相关事项量化为积分指标，通过民主程序制定积分评价办法。运用该办法对相关主体行为进行评价并赋予积分，并根据积分给予相应的精神鼓励、物质奖励或者行为约束。积分管理制度的推广，实现积分内容群众定、积分方式群众议、积分结果群众评，鼓励村民参与各类村级事务，由此确保群众的知情权和参与权，发挥农民的主体地位，激发村民自治的积极作用。例如：重庆渝北区搭建了“乡村钉”数字治理平台，覆盖全区 13 个镇（街道）及其政府部门，各镇（街道）把涉及村居环境整治的清扫保洁、农村基础设施、公共服务设施管护与“数字积分”结合起来，在“乡村钉”上开展积分治理，通过积分奖励兑换，调动村民共治的积极性、参与度。⑤ 陕西省杨陵区积极实施农村社会治理积分制管理，打造了“积分制管理”平台，引导村民、家庭、党员、村（社区）工作人员围绕社会公德、职业道德、家庭美德、个人品德建设，从人居环境、建设发展、公益美德、“无黑无恶”创建、奖励惩罚等 5 个方面建立详细的积分项目体系。⑥ 浙江省慈溪市桥头镇则搭建了以个人信用为基础的乡村数字自治平台“桥头分”，通过“点一点、扫一扫、说一说、拍一拍”的形式，村民登录平台参与民主评议、志愿服务、在线学习等活

① 详见：胡虹，陈卓. 钉钉助力重庆基层治理数字化.（2021-08-25）[2021-10-05]. https://new.qq.com/omn/20210825/20210825A09DFE00.html.

② 详见：萧山义桥镇，用“微信治村”打通“最后一米”.（2019-11-02）[2021-10-05]. https://baijiahao.baidu.com/s?id=1649053530494496838.

③ 详见：郑浩. 临颍县行政服务中心持续提升政务服务效能 优化营商环境前沿阵地.（2021-09-07）[2021-10-05]. https://www.zyjjw.cn/lh/news/2021-09-07/697427.html.

④ 详见：甘甜文. 柞水县乡村治理的“云智慧”.（2022-01-18）[2022-03-05] 网. https://www.thepaper.cn/newsDetail_forward_16337171.

⑤ 详见：胡虹，陈卓. 钉钉助力重庆基层治理数字化.（2021-08-25）[2021-10-05]. https://new.qq.com/omn/20210825/20210825A09DFE00.html.

⑥ 详见：段有为. 杨陵：积分制管理 破解乡村治理难题.（2020-11-03）[2021-10-05]. http://xfj.shaanxi.gov.cn/site/1/html/30/264/6009.htm.

动获得积分。①

(三)乡村数字化综合治理

乡村综合治理是乡村建设发展的中心工作,担负着维护社会秩序、保持社会稳定的重大责任,一般包括社会治安防范、平安创建工作、社会矛盾调解、流动人口管理等方面。在当下的乡村治理中,综治工作的重要性日益被重视和强调。乡村社会在经历了转型变革阶段后,其传统的封闭性被经济社会的快速发展打破,人口流入流出趋势进一步加剧。尤其是一些地处城乡接合部、乡村经济社会发展较快的乡村,乡村治理工作中首要面临的压力就是流动人口管理问题,此外还有一些交通秩序管理、出租房管理、消防安全隐患、邻里矛盾纠纷调解等问题。整体而言,随着乡村社会的变迁,乡村综合治理工作任务加重,综合治理压力大。综合治理工作成效如何,关系着乡村社会能否和谐稳定发展。然而,在传统的乡村综合治理工作中,由于牵扯、涉及的部门较多,部门间责任分工和沟通机制不够明晰,常常导致沟通协调工作较为困难,综合治理工作效率低下。在乡村治理数字化转型中,将数字技术运用于乡村综合治理成为政府行之有效的管理方案。乡村数字化综合治理是指通过数字技术打造"基层治理一张网",建设公共安全视频图像应用体系,以数据大屏的形式动态展示街道、乡镇、村社的交通秩序、人流状况、车辆进出频率等方面情况,同时政府职能部门借助数字化应用有效管理流动人口登记、紧急事件上报、矛盾纠纷调解等工作,推进乡村综合治理精细化,着力解决基层综合治理负担"重"的难题[叶岚、王有强,2019(8)]。

一是搭建乡村数字化综合治理平台。以互联互通的数字化乡村综合治理平台为基础,打破部门之间的分割状态,连接、调用各个不同部门的数据,统筹整合"各自为政"的运行系统和数据资源库,纳入区(县)综合治理平台,实现对辖区内公共安全、乡村环保、拆违建筑、交通秩序、垃圾堆放等各个领域的全方位有效监管。全域布设物联网智能传感器,完善乡村公共安全、社会治安防治系统,形成触达村庄各角落的神经末梢,打造一张"智能感知网",自动上传数据至平台。例如:浙江省绍兴市柯桥区杨汛桥镇建设了统一的数字化综治工作平台,由镇分管领导负责协调指挥,综治办承担该平台的日常管理协调工作,以镇综治办为依托,联合派出所、法庭、检察室、司法所、信访办等方面,强化综合治理、矛盾化解、稳定维护、平安建设等方面的协作联动。② 广西壮族自治区恭城县建立了县、乡、村三级综治管理中心,打造反映社情民意的县、乡、村三级综合治理信息平台,同时开通综治E通手机端,通过建立"互联网+网格化"基础数据库,及时收集分析热点、敏感、复杂矛盾纠纷信息,加强群体性、突发性事件预警监测。③ 云南省开远市则统筹县乡村一体化一张图管理,通过宣传发动鼓励村、企业、农户自建监控接入平台统一管理,有机整合各方社会资源数据,最大化地提高乡村监控覆盖率,实现51个行政村和4个农村社区全覆盖,有效提升农村治安防控信息化

---

① 详见:陈章升. 慈溪"桥头分"数字赋能激活乡村振兴. (2021-11-24)[2022-03-05]. http://news.cnnb.com.cn/system/2021/11/24/030307214.shtml.

② 详见:陈全苗,陈烨,李昊,冯增赟. 高效建设"四个平台" 绍兴市构建基层治理新格局. (2017-12-22)[2021-10-05]. https://zjnews.zjol.com.cn/zjnews/zjxw/201712/t20171222_6103695.shtml.

③ 详见:广西恭城瑶族自治县:数字赋能"组甲" 打造社会治理新模式. (2021-10-19)[2022-03-05]. http://www.cac.gov.cn/2021-10/19/c_1636237140567814.htm.

水平。①

二是推动政府业务部门数据融合、流程再造。做好跨领域、跨层级、跨部门的数据交换、数据共享工作，建立以业务办理为中心的处置流程，推动需要共享、调用信息和数据的畅通流动，明确不同部门、不同主体的职责，保证不同职能部门各司其职、互相配合，共同维护乡村社会的良性运行。依照统筹整合原则，将原本分散的公安、司法、国土规划、环保等部门的服务力量整合在一起，简化处置流程，缩短处置时间，形成工作合力，提高综治效率。例如：浙江省临安区开发了“新临居”平台，通过手机扫二维码，三步即可完成居住信息申报，推行“租客和房东自主申报、村社干部或网格员审核、派出所核准、镇街实时掌控、政府精准监管”五步闭环管理，实现流动人口和出租房精密智控。② 浙江省余杭区西溪源村的“乡村微脑”通过村民点单、派出所与指挥室制单、乡村微脑指挥中心“网连网”派单、警务站工作人员接单、处置后村民评单，实现“警情调配处置”闭环。③

三是创新“互联网＋网格管理”线上线下联动模式。结合“平台＋网格”双向运行，拓宽服务思维，升级服务模式，将区域划分为网格，网格内设定网格员，网格员或辖区管理员通过数字治理平台及时发现问题并上传信息，指挥中心在线及时处置，实现对重大故障、突发事故、应急抢修、隐患排查、疫情防控等工作的全覆盖处置与“无缝隙”对接，极大提高工作效率。例如：浙江省龙游县创新“龙游通＋全民网格”，由网格员承担村社日常巡查、信息采集、问题反馈、服务代办等重要职能，有效推进村庄治理精细化。④ 陕西省杨陵区在实施网格化管理中，建立了管理信息平台，通过开通微信公众号，设置“民声快报”入口，创新“网格＋微平台”模式，形成“人在格中走、事在网上办”的基层社会治理新机制。⑤ 广西壮族自治区恭城县建立了“组甲微网格”微信群，由组甲长担任网格信息员，依托志愿服务队、巡逻队、道德值日等各类实践载体，将日常发现的矛盾纠纷事件，及时上报网格员，网格员通过综治 E 通系统手机端口，即可实现矛盾纠纷发生和处理情况的报送，实现基层治理精准化、基层服务高效化。⑥

（四）乡村数字化应急管理

应急管理是乡村治理工作的重要组成部分，与乡村经济、社会发展密切相关，直接关系着乡村的稳定发展以及广大人民群众的切身利益。随着工业化、市场化、信息化等现代性力

① 详见：杜诗雨. 云南开远数字化建设推动乡村精细化治理.（2021-11-29）[2022-03-05]. http://society.yunnan.cn/system/2021/11/29/031793193.shtml.

② 详见：王逸群，江萍. 提升服务水平 提前预判风险 临安流动人口管理“耳聪目明”.（2020-10-22）[2021-10-05]. https://zj.zjol.com.cn/news.html? id=1547275.

③ 详见：何晟.“微脑”是什么？杭州这个村，打出一套乡村治理的新招.（2020-10-20）[2021-10-05]. https://www.thehour.cn/news/405830.html.

④ 详见：做优“龙游通＋全民网格” 打造基层治理的龙游金名片.（2018-09-21）[2021-10-05]. http://www.zjzzgz.gov.cn/art/2018/9/21/art_1405242_21532578.html.

⑤ 详见：胡明宝. 陕西杨凌示范区杨陵区：答好乡村善治“试验卷”.（2021-12-23）[2022-03-05]. http://www.farmer.com.cn/2021/12/23/99885069.html.

⑥ 详见：广西恭城瑶族自治县：数字赋能“组甲” 打造社会治理新模式.（2021-10-19）[2022-03-05]. http://www.cac.gov.cn/2021-10/19/c_1636237140567814.htm.

量不断嵌入乡村，乡村社会日渐向着多元化、原子化和风险化方向转型：市场化改革带来社会整体利益解体，形成多元社会群体；乡村经济社会的快速发展带来区域间的失衡，群体的需求日益多样化；乡村社会从基于亲情纽带形成的聚合体向原子化转变，个体逐渐失去与乡村共同体的联结；现代社会成为“风险社会”，规避疫情扩散、社会治安隐患等各种不可预见的风险已成为治理常态。乡村治理形势的变化以及风险社会的到来，加重乡村应急管理任务，客观上要求加强乡村应急管理体系和制度建设，推进基层重大风险防范化解。

当前，乡村地区的应急管理存在一些短板和不足，乡村资源有限、治理主体应急治理意识和能力相对不足、应急预防措施粗放、依赖个人经验主义等问题导致应急管理决策缓慢、信息阻滞，进而严重影响应急管理的效率及准确性。如今，我们面临的风险和挑战较以往具有高度复杂、高度不确定的特点，特别是当前疫情防控进入常态化，对乡村社会的疫情防控提出了更高、更严格的要求。而数字技术为乡村应急管理及乡村安全发展提供重要支撑，尽快实现乡村应急管理数字化转型可以更好地识别、应对及防范各类社会风险。乡村数字化应急管理，指的是充分利用大数据、云计算、物联网等新一代信息技术，构建以人为本、全灾种、全流程、全方位、全社会的乡村应急管理体系，做好对自然灾害、公共卫生、安全隐患等重大事件的风险评估、监测预警、应急处置，科学防范灾难，提高保障公共安全和处置突发事件的能力。数字化应急管理体现技术创新，围绕数字化理念和技术应用拓展，丰富应急管理手段，拓宽应急管理渠道，将技术贯穿至突发事件的全生命周期，实现全方位监控和准确预测，及时预防、化解重大突发性事件，提高社会风险应对能力。

一是汇集应急数据，构建全方位应急管理中心。创新推出乡村数字化应急管理一张图及智能化平台建设，利用物联感知技术，接入非煤矿山、危险化学品等安全生产高风险点实时感知信息，包括实时视频，温度、液位、压力、有毒、可燃气体等传感数据，建立健全基础应急数据库，并推广运用至各个场景。由网格员、执法人员通过数字化平台上报排查信息，及时更新网格底图、应急预案、物联感知、风险管控体系建设等数据，确保及时、高效、全面识别安全风险隐患，快速将准确、有效信息上传至平台，反馈给街道应急管理中心。例如：浙江省富阳区全面启动了“应急管理一张图”平台建设，着力打造“应急信息一网汇聚、应急态势一图研判、应急资源一键调度”的数字化协同工作场景，实现全区风险隐患全过程清单化闭环式管理，有效提升应急处置能力和应急管理水平。① 浙江省临安区建立了“地灾管理一张图，预警指挥一平台”，在全省率先实施地质灾害精细化调查评价，率先开展山洪灾害防治县级非工程措施建设试点和“浙江安全码”试点，在全市率先建成区级应急指挥中心，地质灾害等10个重点专网信息、1万余个视频监控、24个专业应急指挥平台全部接入，实现对全区1250平方公里的5706余处地质灾害风险防范区和6.7万人的全区地质灾害风险防范区信息化、全覆盖，打造可视化应急指挥体系。② 云南省石林县按照“云平台化、资源共享、多业务承载、可持续发展”的目标，构建了公共应急智慧广播大平台，依托数字电视智能云平台、融合云计算、大数据、物联网、移动互联网、地理信息技术等先进的信息技术，把应急智慧广

---

① 详见：富阳区构建智慧应急“一张图”打造应急管理闭环系统.(2021-06-01)[2021-10-05]. http://safety.hangzhou.gov.cn/art/2021/6/1/art_1682786_58922983.html.

② 详见：数字乡村建设！临安这样打造全国样板.(2021-11-24)[2022-03-05]. https://www.163.com/dy/article/GPJG0Q6O055247KW.html.

播平台打造成能为党、政府、企事业和广大群众服务的多功能综合信息服务平台。[①]

二是挖掘数据价值，增强风险研判精准性。借助传感器设备、智能终端、网络在线传输以及社交网络的互动等收集事件相关数据，将海量数据汇集至平台，主动挖掘大数据的潜在价值，通过对地理空间、时间分布、历史事件的频率、环境监测、社区成员行为等数据的分析，从整体角度分析各个事件之间的必然联系，进行精准预测。利用特定算法呈现一定时间范围内的普遍和特殊规律，通过算法的不断优化与自学习，提高预测精度，增强乡村应急管理决策目标的可预见性和可控性，做出合理决策，有效保障应急资源配置，及时化解重大社会风险。例如：浙江省桐乡市乌镇建立了"部门多跨联动""特种作业审批""监测预警""安全教育"等模块，重塑应急管理跨部门联动综合数字体系，对全镇重点监管部位，全面布设智能感知终端，形成24小时全覆盖安全生产物联监管网络，有效减少安全生产工作人力投入70%以上，工作效率提升90%以上，达到了主动高效科学预警。[②] 浙江省德清县基于人居环境、人流趋势、矿山开采等具体监管需求开发人流趋势预警研判技术，利用大数据碰撞分析和电子围栏技术，对人群来源、驻留时长、人流趋势等进行分析，实现人流过密预警、人群疏散预警等，在疫情防控、极端自然灾害应急等领域发挥了重要作用。[③] 四川省泸州市则启用"疫情防控人员大数据"建立了疫情防控情况报告制度，通过大数据精准摸排筛查，形成来泸（返泸）人员全覆盖数据包围圈、未满14天的来泸（返泸）人员优选数据包围圈、当日来泸（返泸）人员的重点数据包围圈。在疫情期间，共筛选、分析、处理疫情数据7.6万条，大数据整体覆盖率达89.61%，部分地区实现100%覆盖。[④]

三是打造全周期闭环，呈现可视化应急态势。通过系统自动预警提醒，实现快速组织人员并完成事件处置，第一时间将结果反馈至平台，将其分发至对应乡镇或部门进行处置，对事件事前、事中、事后进行全过程复盘，分析原因，查摆问题，有针对性地进行整改提升，构建应急处置多层闭环。通过空间定位功能，快速查询事发地点周边应急力量，利用短信、钉钉等通信形式将调度指令直接发至救援队伍，实现应急资源科学调度、应急指令一键到达。例如：重庆市大足区创新实施了"大喇叭＋平安监控"模式，通过手机APP一键喊话、文字转语音、定时任务等为群众提供公共应急指挥、疫情防控、社区治理等服务，通过云平台视频会议功能，可快速与区、镇、村任意一个或多个指挥中心进行远程组会，提高基层预防和处置突发公共事件的能力，促进基层社会和谐稳定。[⑤] 云南省开远市在监控基础上打通了"平安乡村监控＋加载云广播业务应用"，实现可看、可听。通过云广播可进行疫情防控、防灾防害、党建宣传、政务公开、文化教育等信息的广播，根据不同点位的监控点实施不同的宣传，实现远

① 详见：张密，杨进取．公共应急智慧广播 打造出媒体融合发展的"石林模式"．(2021-12-14)[2022-03-05]. https://city.huanqiu.com/article/45yrXXXMf3V.

② 详见："乡村治理数字化实践暨党建引领强村善治研讨会"论文集．浙江建德，2020-09-28.

③ 详见：李风，胡盛东，徐斌．浙江省德清县：智慧之光照亮城乡未来．(2021-01-26)[2022-03-05]. https://www.thepaper.cn/newsDetail_forward_10948957.

④ 详见：庞玉宇．泸州两会特别报道丨酒城泸州的数字力量．(2021-02-23)[2022-03-05]. https://baijiahao.baidu.com/s?id=1692464512512339512&wfr=spider&for=pc.

⑤ 详见：赵倩．醉美乡村 大丰大足 数字化建设为乡村振兴赋能．(2021-11-17)[2022-03-05]. http://www.moa.gov.cn/xw/qg/202111/t20211117_6382318.htm.

程控制“一点录入，多终端播放”的实时或定时广播，提升应急指挥能力。[①]

(五)乡村数字化环境治理

乡村，是人们生活空间的载体。自改革开放以来，城镇化带给乡村经济社会快速发展的同时，也加重了乡村环境污染和生态破坏，主要集中在乡村自然生态环境、乡村生产环境、乡村人居环境等方面。乡村工业化导致森林破坏、矿产资源过度开采、生物多样性下降、水土流失、土地荒漠化、水污染等问题，使得自然生态环境脆弱；大量的化肥、农药的使用及其污染造成农业生产环境破坏；生活垃圾管理不当、饮用水源污染、疾病传播等因素导致乡村人居环境不佳。近年来，党和国家高度重视乡村环境治理问题，先后提出“新农村建设”“美丽乡村建设”“环境连片综合整治”“三年人居环境整治”等项目建设。这一系列的政策使农村环境问题在社会快速转型中得到明显遏制，生态环境和人居环境大为改善。但乡村环境治理是长期性问题，并非一劳永逸，需要贯穿至乡村建设发展的整个过程，才能创造经济发展和生态环境的“双赢”局面，推进乡村的可持续发展。此外，在乡村环境治理上，基层政府过于注重 GDP 的增长，忽视农村环境保护，乡镇企业生产技术落后又缺乏必要的排污设备和技术，农村居民环保意识普遍欠缺，同时政府缺乏有效的监管手段，导致乡村环境问题长期存在。

当下，数字技术成熟发展，已广泛应用于农业、气象、交通、医疗、通信等领域，而在乡村环境治理上，也可将数字技术和数字化手段与生态环境治理工作深度融合，以数字化推动乡村生态环境治理体系和治理能力现代化。乡村数字化环境治理，是指以数字化赋能乡村环境治理，构建智慧高效的生态环境管理信息化体系，为精准治污、科学治污、依法治污提供支撑；同时，运用数字技术加强乡村环境监测，改善农村人居环境，建设美丽宜居乡村，将绿水青山就是金山银山的理念贯穿至实践中，促进乡村经济社会与生态环境协同发展。

一是构建乡村生态环境大数据服务平台。充分发挥政府主导作用，鼓励数智企业参与平台建设，利用数字技术建立和完善乡村环境生态数据库建设，将包含基础地理、遥感影像、气候气象等方面的基础支撑数据，包含水、大气、土壤、固体废弃物、噪声、核辐射等方面的环境监测数据，以及包含农田、森林、草地、荒漠、沼泽等方面的自然生态数据全部纳入环境大数据服务平台，实时、动态监测环境数据的更新及变化，提高预警监测能力。例如：浙江省桐乡市上线“智慧环保·桐乡市排污许可证证后执法监管系统”，该系统由 1 个数据中心(桐乡市生态环境数据中心)、3 个移动终端(企业端、属地端和执法端)、4 张图(证后监管一张图、智慧预警一张图、大气环境一张图、水环境一张图)三大板块构成，实现固定污染源信息收集、数据分析、预警派单、及时处置、精准执法的全过程监管。[②] 江西省武宁县则投入 2000 余万元，联合运营商运用物联网、云计算、大数据、5G、AI 等新技术打造武宁县人居环境治理长效管护平台，按照“一平台一中心一张图一个端”运行模式，设置垃圾处理、污水处理、厕所革命、村容村貌、长效管护等板块，实现全县农村人居环境整治工作统一指挥调度、物联预

---

① 详见：杨婧瑶. 云南开远：“千里眼”织密安全网 护航平安乡村. (2021-11-29)[2022-03-05]. http://union.china.com.cn/txt/2021-11/29/content_41805612.html.

② 详见：“乡村治理数字化实践暨党建引领强村善治研讨会”论文集. 浙江建德，2020-09-28.

警分析研判、长效管护综合管理。①

二是建设乡村人居环境数字化管理系统。依托视频监控、污水监测、智能井盖、智能垃圾桶、智能灯杆、交通设施等物联感知设备搭建农村生活污水、垃圾分类、空气指数等监测网络，推进人居环境数字化管理，推进垃圾分类智能管理系统与乡村治理数字化平台对接工作，实现生活垃圾数据接入，真正实现垃圾资源化利用可视可控和垃圾分类智能闭环管理。部署城乡生活污水、垃圾分类、交通设施等物联感知终端，加快智慧多功能杆建设，一次采集、多方共享。例如：浙江省德清县广泛运用无人机督察、遥感影像等数字技术，以"数字乡村一张图"为底板生成全域生态环境整治"三维感知一张图"，对水土环境、空气环境、违章建筑等情况实时反馈，及时发现问题，实现智慧化人居环境管控。河南省临颍县则搭建了农村户厕改造信息管理服务系统智慧平台，将全县户厕改造纳入云平台，通过移动端小程序实现在线核验、在线报修等，灵活快速配置各级核验员、维修员、督察员等相关信息及权限，精准定位展示每个村户厕分布及状态，实时查询、统计、核验各乡镇年度任务完成情况，实现档案数据电子化，形成一套户厕改造线上线下有机高效结合的全流程建管机制。② 贵州省息烽县全县 161 个行政村的 1247 个垃圾收集点、40 辆垃圾清转运车辆全部安装了物联网数据采集装置，并将采集数据实时汇聚到平台，利用物联网、人工智能等信息技术手段，实现对县域农村生活垃圾收集、运输、回收、处理等全过程监测分析，解决农村垃圾清运管理难的问题。③

三是应用环境数据创新环境治理决策模式。依托物联网、互联网、云计算等技术将数据上传至云端，打通政府、企业、居民等主体的数据通道，实现生态数据共享共用。在收集的数据基础上借助智能算法对排污数据与排污企业规模、行业性质等因素进行关联分析，居民获取相关数据也可对排污企业进行外部监督，对企业的排污行为形成刚性约束。同时，完善系统自动预警功能，实时警告大气环境、水环境、污染源超标情况，建立"数据＋模型＋分析"的决策路径，为乡村环境监管提供科学有效的数据支撑，提高乡村环境数字化监管效能。例如：浙江省德清县统一采集遥感监测数据，通过大数据分析、智能分析比对等，自动发现垃圾堆放、违章建筑、河流改道、粮食功能区变化等问题，将农业农村、民政、建设和水利等业务部门的遥感监测治理需求一次性采集，从整体智治的角度，节约资源成本、统筹乡村治理。④

（六）典型应用平台介绍

在乡村数字化治理的应用平台推广上，主要有腾讯集团的"为村"、阿里巴巴集团开发的"乡村钉"，以及一些村社基于微信小程序、朋友圈、公众号等开发的专属村社的应用软件等。这些应用软件功能丰富且各具特色，"乡村钉"偏重管理且实名认证，"为村"兼具管理和乡村

---

① 详见：吴鹏泉. 江西搭建"万村码上通"平台 长效管护农村人居环境.（2020-09-01）[2022-03-05]. https://www.chinanews.com.cn/sh/2020/09-01/9280030.shtml.

② 详见：李闯，臧佳佳. 临颍加快数字乡村建设.（2021-02-03）[2022-03-05]. https://baijiahao.baidu.com/s?id=1690607157443798945&wfr=spider&for=pc.

③ 详见：周燕玲. 乡村上"数"有"智"更有"质".（2021-11-22）[2022-03-05]. http://www.chinanews.com.cn/sh/2021/11-22/9613879.shtml.

④ 详见：中央网信办，等. 数字乡村建设指南 1.0.（2021-09-23）[2021-10-05]. http://www.cac.gov.cn/2021-09/03/c_1632256398120331.htm.

社交功能。

"为村"(WeCounty)是腾讯公司于2015年8月19日面向中国广大乡村及社区推出的智慧乡村信息服务平台,利用"互联网+"模式助力精准扶贫,推动基层党建、社会治理与乡村振兴。"为村"是"应用程序+微信公众号+大数据平台"三者并行的智慧综合体系,提供"村务党务""家乡好物"等多项乡村服务,兼具联系村委村友、查看乡村动态等多项社交功能。"为村"以"互联网+乡村"的模式,为乡村连接信息、连接财富、连接情感。"为村"助力每个村庄打造云端上的党群服务中心、村民手机里的精神家园和属于咱村自己的互联网名片。"为村"为广大乡村及村民提供了一系列的功能:在乡村治理层面,提供了党务村务、议事厅、调查问卷、投票、书记信箱等功能;在乡村社交层面,提供了个人动态、短视频、私信等功能;在财富连接层面,提供了家乡好物、在线直播等功能;在乡村服务层面,通过开放平台的连接,引入了更多的第三方加入乡村信息化建设,为村民们在生产、生活中不断提供金融、医疗、教育、保险、新闻等多维度的服务功能,如生活缴费、手机充值、农村信贷等。

"为村"以村为单位,打造一个线上线下良好互动的乡村共同体,利用网络的虚拟化特点,建立村庄与外界的联系,以及乡村内部的联系。"为村",不仅仅是一个微信公众号的集群,更是一个面向乡村的综合服务平台,涵盖互联网治理、政务、党建、扶贫等功能。从2015年推广至今,"为村"平台上的村民数超251万、党员数超18万,超过1.1万位村支书、1万位村主任在平台上开展日常党务村务工作,共有来自30个省区市超过1.5万个中国乡村,在"为村"打造了互联网名片。例如贵州省黎平县铜关村"为村"平台、四川省邛崃市陶坝村"为村"平台、甘肃省陇南市冯家峡村"为村"平台、山东省菏泽市"为村"模式等都是较为典型的"为村"案例。

专栏12-1

"为村"助力陶坝村基层治理创新①

四川省邛崃市大同镇陶坝村面积约9.13平方公里,总人口1598余人,开设工作群、流动党员群、村民小组群近14个,吸引村民总人数1529人、关注1725人。陶坝村利用腾讯"为村"平台,积极探索网络群众路线,有效开展基层网络理政,基层治理新模式得到创新。主要做法如下:

"微平台"聚焦提升引领的作用。一是建立"一中心三体系"工作机制。由村支部书记任组长、两委干部任成员,村民小组长为负责人、议事会成员为组员的两级为村工作领导小组。大同镇为村工作领导小组服务中心由专人指导,形成为村工作一级抓一级、层层抓落实的工作格局。二是建立网格化管理推进模式。由挂片领导、驻村干部、一村一大包村,村两委干部包组、组干部包户,定期下村对各村认证村民数量、关注度、操作使用等进行指导和督促检查。三是建立推进分析评估制度。定期将为村工作进度、所收集问题形成阶段性评估报告

① 参见:宋晨,闫妍. 四川成都邛崃市:实施全域"为村" 聚力乡村振兴 探索"四微"路径构建新时代党建工作新格局.(2018-10-15)[2021-10-05]. http://dangjian.people.com.cn/n1/2018/1015/c420318-30341723.html;苏振昊. 腾讯"为村"观察报告.(2020-02-17)[2021-10-05]. https://baiji.org.cn/baiji.org.cn/?p=755.

26 篇，分析制定工作措施 26 条。

"微党建"拓展基层组织建设的路径。通过"蓉城先锋""党员 E 家""为村"等数字化党员管理教育平台，建立网上"虚拟党校"，实现党员教育全覆盖。运用"为村""党员在线""党员日记"等板块，推送党员群众学习文章 200 余次 200 余篇，党员网上学习 210 余次，提交党员日记 150 余篇，参与党员 40 余人次。针对外出流动党员以线下开会、线上直播，同步形成会议纪要的方式开展"三会一课"活动 36 场，"围观"党员群众 1500 余人。发出党建信息 230 多条，开展微党课 80 余次。党员、群众学习 30 余次，评论 800 多条。

"微治理"创新乡村治理新模式。充分把握"为村"网络平台速度快、范围广的特点，融合运用"村务公开""书记信箱"等功能开展"阳光晾晒"，实施"阳光政务"，从宣传政策、实施治理、引导监督等进行全面"晾晒"，村民"围观"量突破 1000 人次，评论 2000 多条，共收集村民请求解决事项 40 起，解决 40 起。

"微服务"开创服务群众新速度。通过"为村"党务、村务、便民服务等板块，将三务公开、低保申请、户籍办理、残疾政策、医保社保办理等重要议决事项及时公开，让"信息多跑路、群众少跑腿"，畅通群众信息渠道，缩小"信息鸿沟"。运用"为村"智能化平台共计发布惠民政策、便民指南 400 多条，使用"为村"便民服务功能的村民有 1000 余人。

"微产业"加速农民向"新农人"转变。利用"微店"等互联网平台拓宽销售渠道，提高产品收益，推广股份带动、合作带动、订单带动、资产收益带动等模式，不断提高经济效益，实现良性循环。目前，"微店"销售总额达 3 万元。

"乡村钉"是阿里巴巴旗下钉钉针对基层乡村治理开发的应用平台，主要具备乡镇乡村办公办事平台、基层治理现代化工具、惠民服务三大板块功能。在"乡村钉"平台上，可以直接依托电话号码建立账户，实现与相关人员的快速对接。在功能模块上，"乡村钉"包括数字党建、本村通讯录、便民电话本、书记信箱、信息收集、民情反馈、村务公开等 30 多项基本内容，除此之外，还可以结合当地实际情况开发特殊功能模块，诸如选举投票、租客申报、积分榜单等内容。"乡村钉"是一类具备强大管理功能的数字化应用软件，目前已在全国各地推广开来，像杭州建德"建村钉"、湖北宜城钉钉"百姓通"平台、杭州萧山临浦镇"平安钉"、山东日照车家村"乡村钉"、重庆渝北"乡村钉"、云南楚雄"乡村钉钉"、北京平谷"乡村钉"等都是较为典型的"乡村钉"模式。

专栏 12-2

"乡村钉"助力临浦镇基层治理升级①

临浦镇位于浙江省杭州市南部，镇域面积 42.38 平方公里，下辖 34 个村、社区。现有户籍人口 5.6 万人，外来人口 4.2 万人。在日常乡村治理中，临浦镇面临村民诉求解决慢、信息沟通效率低、村级事务参与少等突出问题。

2019 年，临浦镇应用数字技术助力基层治理升级，基于钉钉平台打造"平安钉"系统，实现全镇每家每户、租客、个体工商户、企业、商店、公共场所等全域覆盖，提升社会治理现代化

① 改编自《数字经济助力乡村振兴（案例集）》（阿里研究院，2022 年 3 月）中相关案例。

水平，现已成为乡村数字治理的样板。目前在“平安钉”上已形成“你钉我办、村民议事、信息报送、巡逻日报、一键呼叫、有奖答题、平安学堂、信用头盔”等八大板块。

在实际运行中，“平安钉”成了有呼必应的民生钉和“村(社)事务的110”。对群众所钉之事“你钉我办”，村社干部或网格员必须在12小时内做出回应，根据事件分类、分级形成了事件签收、处置、流转、反馈、评价的处理闭环。“平安钉”运行半年，共收集处置市政、环境卫生、交通秩序、消防安全等10类事件957例，其中90%上报事件在24小时内处置完毕。

“最多跑一次”服务通过“平安钉”在临浦得到有效延伸。村民可在“一键呼应”模块，添加村干部电话、供电所、自来水公司、镇文化广播站等一系列生活所需的服务电话，实现问题咨询“零次跑”。村民还可以通过“呼叫”片区网格员，通过网格约办，由平安跑腿员上门帮助办理流动人口居住登记、优抚证、老年公交卡等便民事项。通过“信息报送”模块，各村(社区)房东可自主报送流动人口信息，线上办理居住登记、居住证，大大提高了网格员人口管理工作效率。

“平安钉”在保护居民平安方面也能“大发神威”。临浦镇派出所民警每周都会自编自导拍摄防诈骗小视频，上传到“平安钉”平安学堂，提醒居民们防骗。依据公安部交管局“一盔一带”的要求，不按规定佩戴安全头盔、使用安全带的交通违法行为将面临严格查处。临浦镇为此提供便民举措，联合第三方企业，在“平安钉”系统上开发出“信用头盔”新模块。居民只要打开“平安钉”，扫一扫现场二维码，或者点击该模块，填写借用数量后提交，就能借到头盔，并能像共享单车一样异地归还，非常便捷。

据了解，“平安钉”在临浦的探索实践，进一步提升了全镇平安创建指数，创建实绩列萧山区前列，全镇有10个村跻身全区红榜，占比29.41%。当年有效警情同比下降9.4%，求助类警情同比下降5.72%。临浦镇信访、平安工作考核均为优秀，“平安三率”(满意率、参与率、知晓率)同比分别提高18.5%、3.4%和10.2%，让广大群众真正共享了数字治理红利。

可以看到，“为村”和“乡村钉”这两类模式都在乡村数字化治理实践中发挥了积极的作用，且呈现出各自的特色亮点。“为村”用人与人之间的社交加强了乡村情感联系，推动着乡村服务的延伸，“乡村钉”则用强大的管理功能驱使着乡村治理走向和谐有序。

五、乡村数字化治理的县域典例

(一)浙江省德清县[①]

浙江省德清县位于浙江北部，东望上海、南接杭州、北连太湖、西枕天目山麓，处长三角腹地。总面积937.92万平方公里，现辖8个镇、5个街道，户籍人口44万，常住人口65万。德清县依托大数据和地理信息数据服务，聚焦乡村规划、乡村经营、乡村环境、乡村治理和便民服务五大板块，建设乡村治理数字化平台，探索“一图全面感知”乡村智治新模式，有力提

① 详见：“乡村治理数字化实践暨党建引领强村善治研讨会”论文集.浙江建德，2020-09-28.

升乡村治理水平。具体做法如下。

1. 强化顶层设计，推动县域乡村整体智治

一是探索构建“一三五”整体框架体系。德清全力打造乡村治理数字化平台，充分利用“城市大脑”数据支撑，打造乡村治理统一的数据底座，形成“一图一端一中心”应用支撑体系：“数字乡村一张图”用于实时动态呈现、乡村全域运行状况分析，为乡村治理提供统一的辅助决策看板；“一端”包括面向村民提供统一的办事服务的“浙里办”和本地数字生活服务的“我德清”小程序，以及面向基层干部办公的“浙政钉”，统一服务应用端口；“一中心”就是整体谋划建设一个“数据融通、跨域联动、平急结合”的乡村数字治理中心。由此推动乡村经营、乡村服务、乡村监管、乡村治理、基础设施五大领域全方位数字化。具体量化为覆盖全域的城乡三维地图建模、人口动态迁移感知系统、乡村治理多规合一应用等 20 个重点实施项目。

二是重构整体性的决策协调机制。以“最多跑一次”改革为总牵引，坚持“整体智治”理念，明确由县委书记总抓、分管县领导具体抓，县大数据局和农业农村局双牵头，相关职能部门、镇（街道）主要领导作为第一责任人具体落实，同时，建立“专班＋专员”和周例会机制，倒排时间节点、任务进度，迅速迭代、统筹推进。

三是建立多元共治的评价机制。德清依托督查、群众反馈等途径，建立有效的信息搜集机制。通过建立专项督查制度，推动“正向激励、倒逼压力和责任约束”的良性循环。对村民们在“我德清”微信小程序上反映的问题，处置结果反馈村民，实施“好差评”，形成工作闭环。

2. 强化数据治理，实现有效信息实时共享

推进乡村数据全生命周期治理，加强数据共享、开放和安全管控。

一是加快数据归集。以“数字乡村一张图”的多业务协同应用需求为导向，实施“数据治理沃土计划”，有效归集 58 个部门，涵盖水、空气、垃圾、出行等 282 类近 9 亿条基础数据，梳理乡村治理业务及流程，制定数据归集目录，统筹建设时空基础设施，实现全县遥感监测、卫星定位、基础测绘等时空数据的统一标准、统一采集和统一服务。

二是推进数据共享。依托城市大脑数据底座，实现乡村治理数字化平台上集成应用互联互通，实时共享时空信息、基层治理四平台、智慧交通、污水处理等 15 个系统数据。

三是提升数据安全。建立公共数据安全运营工作机制，提升平台网络安全态势感知、监控预警、分析研判、信息通报和应急处置能力，强化通村政务网络安全保障。打通乡村治理数字化平台与浙政钉系统，实现管理员身份实名认证，平台权限分级管理，确保平台安全、稳定运行。

3. 创新应用场景，加快乡村治理流程再造

从整体政府的视角积极创新应用场景，推动乡村治理流程再造，实现跨区域、跨系统、跨部门、跨层级、跨业务的管理和服务。

一是丰富场景化多业务协同应用。以建设省域空间治理数字化平台德清试点为契机，不断丰富“数字乡村一张图”空间数据应用场景，摸清实有人口、实有房屋、经营主体、自然资源等家底，实施水域环境、火灾隐患、空气环境、地质灾害、违章建筑、危旧房屋等实时监测反馈，及时发现问题，实现多规合一、垃圾分类、办事服务等功能应用。特别是新冠肺炎疫情防控期间，创新实施“数字乡村一张图＋健康码”这一图码结合的网格化精密智控模式，红黄绿码及无码人员一目了然,切实守好农村“小门”。

二是打通一站式公共服务通道。大力推动“最多跑一次”改革向村级延伸,组建掌上办代办员和志愿者,建立村级代办点,布设政务服务一体机,推出首批民生审批事项“就近跑一次”,涉及助残服务、退役军人、养老服务等三类 34 个事项。依托“浙里办”“我德清”微信小程序,面向村民提供挂号就诊、求职招聘、12349 养老等数字化生活服务。通过“企业码”浙里办应用让更多的乡村经营主体享受便捷的“一次不用跑”,全县 1.4 万家企业完成在线申领,56 家企业在线领取技改补贴 4000 余万元。

三是构建闭环式民生治理链条。打通多规合一、视频监控、基层治理四平台等 15 个应用系统,构建村情民意、遥感监测等问题事件工单流转处置机制,形成全流程数字化管理闭环。让无人机遥感等感知终端发现的问题能高效化解,形成“巡察—发现—化解—评价—巩固”的闭环链条。完善基层治理四平台功能,通过“随手拍”“随心问”,形成问题建议“收集—交办—办理—反馈”闭环处理机制,打造线上群众路线新载体。通过闭环链条的打通,推进多元协同共治。

4. 聚焦精准分析,有效提升辅助决策能力

构建全领域数字化空间治理体系,全面提升乡村治理辅助决策能力。

一是对历史数据进行量化呈现。全域构建数字乡村一张图,实时动态呈现、分析乡村运行状况,实现涵盖生产、生活、生态空间各基本要素可视化呈现。深化运用农村“三资”县镇村三级联动数字化管理系统,全面掌握和精准分析村集体经济运行状况。聚焦农业全产业链建设,实时掌握经营主体分布、经营状况、收入来源以及带动本村劳动力就业等情况,动态跟踪全县农产品生产销售过程,建立“从农田到餐桌”追溯体系。新冠肺炎疫情期间,德清发挥地信技术优势,创新实施“数字乡村一张图+健康码”这一图码结合的网格化精密智控模式,构建“疫情防控一张图”。

二是对实时数据进行异动管理。融合历年来美丽乡村、城乡一体化建设中布设的智能灯杆、农村污水检测站、污水井盖、垃圾分类收集站等各种感知设备数据,实现对生态环境变化的实时监测,实时分析公共基础设施运行状态,实现运行设备故障自动警报。对入村渣土车抛洒滴漏、未按规定路线行驶等行为进行视频智能分析,提高管理效率。

三是对未来趋势进行分析研判。利用大数据碰撞分析和电子围栏技术,形成全县人口热力图,全面分析人群动态信息,实现人员集聚、人流过密防踩踏预警,为重大活动期间的安全防控提供科学决策依据。高标准建设全域(乡村)数字治理中心,通过实时、全面、多维度数据比对,提高监测预警能力,实现线下迅速联动处置。

(二)湖北省宜城市①

湖北省宜城市位于鄂西北部、汉江中游,面积 2115 平方公里,呈“三山一水六分田”格局。现辖 11 个镇(办事处)、1 个省级经济开发区和 1 个襄阳市级精细化工园区、234 个村(社区),人口 56 万,耕地 130.5 万亩。近年来,宜城市坚持改革创新,先后承担国家新型城镇化综合试点、全国农村土地制度改革试点、全国农村集体产权制度改革试点、全国农村三

① 详见:中央网信办,等.数字乡村建设指南 1.0.(2021-09-23)[2021-10-05].http://www.cac.gov.cn/2021-09/03/c_1632256398120331.htm.

产融合发展试点 4 项国家级改革任务，连续 6 年获评全省县域经济发展先进县市，连续 5 年获评全国最具投资潜力百强县市。在乡村治理上，宜城市于 2019 年、2020 年先后入选全国乡村治理体系建设试点单位、全国首批数字乡村试点县市，创新搭建钉钉“百姓通”平台，助力乡村基层治理提档升级。

宜城市以党建为引领，以共建共治共享为主线，紧密结合本地实际，利用钉钉“百姓通”平台推动乡村治理在线办理，提升村民参与自治能力，打造新时代乡村治理新模式。“百姓通”平台下设 4 个模块，分别是“宜汇办”“宜汇说”“宜汇管”“宜汇建”，助力乡村基层事务办理、村民参与和村务信息公开、积分管理和矛盾化解以及数字化基层党建。具体做法如下。

1. 政务服务数字化，“上下联动”式共治

宜城市创新“互联网＋政务”模式，依托钉钉的数字化“宜汇办”模块全面梳理乡村群众日常办理事项，完善村务、诊疗、文化、互助等各项线上服务，为不同事项配置相应的在线审批流程，促进事务网上办理。“百姓通”作为数字乡村治理整体解决方案，通过搭建“区、镇、村、组、户”五级管理架构，依托钉钉的数字化组织管理和协同优势，推进乡村治理在线办理，促进网上办、指尖办、马上办，既解决了群众办事多跑路问题，也提高了相关事务办理效率，进而有效提升人民群众满意度。

2. 村务信息透明化，“支部＋党员＋村民”多主体共治

线上依托“百姓通”的“宜汇说”模块，村民可以将问题自主上报，实现人人参与，村里第一时间收到上报并受理，做到大小事务快速解决，同时该模块展示党务、村务、财务等事关群众切身利益的信息，强化乡村治理的公开透明性。线下充分发挥农村党支部在教育管理监督党员和引领乡村治理方面的主体作用，邀请群众代表、乡贤能人参与主题党日活动，贴近日常工作实际，围绕村内重点工作开展民主议事、走访慰问等活动，让群众充分参与议事决策，有效推动村级事务决策效率。通过线上线下结合的方式实现乡村社会治理“自上而下”和“自下而上”的良性循环。

3. 矛盾化解快速化，“自治＋法治＋德治”多方式共治

“宜汇管”模块设有积分制管理模块，村民可以通过为乡村建设提出意见等方式获取积分奖励。村内大小问题诸如路灯维修、独居老人生病问诊等都可以通过该模块及时发现和妥善处理。村里大小矛盾均在 24 小时内得到处理，做到小事不出村，大事不出镇，矛盾不上交。通过建立健全自治制度、普法宣传、弘扬文明乡风、网络参与等方式，推动村民参与乡村治理方式多元化，使乡村治理格局更清晰、效能更明显。

4. 基层党建在线化，“党员＋网格＋服务”融入式共治

乡村基层党组织以在地化为基础，依托钉钉的数字化组织管理和协同优势，利用“宜汇建”平台的直播、视频等功能将分散在各地的党员联系在一起，加强基层党组织的领导力和凝聚力。除此之外，数字化方式可以永久保留每一次党建工作内容，便于后期查看学习。线上平台丰富了党员干部联系群众的方式，更便于有效收集、整理群众意见和需求。线下推行网格制度，实行党员责任区包保责任制，建立“四联”工作机制，打通党员服务群众“最后一米”。通过线上线下结合的方式，充分发挥党建引领优势和模范作用。

宜城市全市 190 个行政村、44 个社区搭建钉钉“百姓通”平台，实现了数字治理平台全覆盖，有效推动“互联网＋政务服务”向乡村延伸覆盖，实现乡村基层事务网上办、指尖办、马上办，提升服务效率和村民满意度。从统计数据来看，截至2021年7月底，宜城市在钉钉"百姓通"平台上发布共享信息13.9万条，累计处理事件2784件，90%村民反映的事件24小时内就能处置完毕，村民满意率提升2.7个百分点，参与率提升3.3个百分点，知晓率提升40.7个百分点。

(三)江苏省张家港市①

江苏省张家港市位于长江经济带和21世纪海上丝绸之路交汇处，以境内天然良港——张家港港而命名。市域总面积999平方公里，其中陆域面积777平方公里，下辖10个区镇、3个街道，拥有2个国家级开发区、1个省级高新区、1个省级冶金产业工业园，总人口167万，其中户籍人口93万。

近年来，张家港市顺应信息化、数字化改革趋势，积极探索智慧城市建设，推广电子政务、信息惠民等建设，极力打造全国智慧城市的县域标杆。2020年，张家港市全力推进以政务服务"一网通办"改革为特色的政务服务改革，通过两年时间打造了"一网通办"平台，以服务为导向牵引整体协同，以政务服务"一网通办"业务中台为枢纽促进多方合作，广泛联系公众、企业、部门，通过有序的数据流动、有效的数据治理、安全的数据共享，实现政务服务数字化转型。具体做法如下。

1. 以"七个中心、两套工具、四种路径"为基础，打造政务服务"一网通办"业务中台

"七个中心"包含事项中心、证照中心、AI审批中心等，强大的业务中台使各中心各司其职，对各类事项和业务进行分领域、中心化、结构化管理，为支撑"一网通办"高效稳定运行提供技术保障。创新推出"统一受办""受办分离""受办独立""二次录入"四种对接路径，市行政审批局对全市各政务部门的服务事项及其办理平台进行逐一排摸和梳理，打破部门间的信息壁垒，最大限度地将政务服务事项纳入"一网通办"。

2. 以打通业务堵点为关键，激发政务服务整体合力

将业务流程拆解为运行依据、信息字段、申请材料、岗位角色、环节程序等最小颗粒度的流程要素，通过对每一项要素分类建库，建成法规库、材料库、人口库等基础要素库，实现要素的规范化管理，将业务根据申报材料的组合形式，理清业务场景。以规范化管理的流程要素为基础，结合"互联网+"的业务运行模式，优化原有的业务运行流程，剔除不必要的环节和层级，合理配置流程环节的串并联关系，明确组织成员的责任分工，规范业务运行流程，提升业务运行效率。将法规库中明确的审核要点和运行规则叠加到最优化的业务流程中，结合电子证照库、大数据基础资源目录、空间地理库等基础功能的建设成果，实现事项的AI智能审批。

3. 以"集成式"政务服务为核心，"一站式"服务方便快捷直达村社

为了让群众"好办事""办好事"，张家港不断夯实数字基础设施，构筑起全国县域首个能力服务共享平台，提供统一身份体系、统一电子证照等20多项公共应用能力支撑，实现各类政务服务事项网上申报、现场受理、审批(审查)结果查询和证照领取等，提升政务服务能力

---

① 详见：中央网信办信息化发展局，农业农村部市场与信息化司. 数字乡村建设典型案例汇编2020. (2020-11-28)[2021-10-05]. http://www.cac.gov.cn/2020-11/28/c_1608138320808839.htm.

和质效，同时推进乡村领域政务服务流程式变革，压缩审批环节50%以上。坚持以企业群众需求为导向，创新推行不动产登记“一窗联办”新模式，全力破解企业群众在不动产登记领域中办事“来回跑”问题。

4. 以全方位服务优化为亮点，营造服务群众温馨氛围

在下级门户网站上设立公共服务栏目，提供本地居民办事入口与操作界面。整合手机端、自助机等终端应用，实现24小时全天候服务。村民就近选择便民服务中心站点，由全科社工辅助申请，形成线上线下相融合的多渠道服务体系。搭建“智能问答”系统，在全省率先推广政务服务收件“智能问答”，通过“群众问、电脑答”的“智能问答”形式，群众只需根据电脑操作提示，一步步完成“问答”，就能快速、精准定位申请材料。另外，进一步分析业务特征、细分服务群体，探索主题类服务方式，不断整合同类业务，将原本的单事项对外转变为主题对外，实现特定人群的全方位服务。积极探索利用个人大数据，实现涉农服务从被动式、粗放式逐渐转向主动式、精准化。

截至2021年，全市已有35个部门、1296个事项纳入“一网通办”平台，事项纳入率达100%，已有93个公共服务事项、100个“一件事”因重塑流程，压缩了审批时限，减少了群众“来回跑”的情况，达到信息惠民、技术惠民的效果。张家港市以数字乡村建设为契机，不断提升业务水平、创新服务举措，全面提升政务服务的“速度”和“温度”。

(四)四川省邛崃市①

四川省邛崃市地处成都西南，面积达1377平方公里，辖8个镇、6个街道，户籍人口66万，境内横贯高山、低丘和坝区，群众服务半径较大。为切实打破空间壁垒，近年来，邛崃市创新实施全域“为村”工程，探索实践线上线下开展“为党建、为服务、为治理、为产业”“两轨四为”工作模式，不断探索乡村振兴新路径，构建乡村治理新体系，催生乡村发展新动力。具体做法如下。

1. 推进“为党建”，强化乡村领导核心

一是搭建网上课堂，延伸党员教育路径。搭建线上农民夜校、“微党校”，建立涵盖习近平总书记最新重要讲话、党的政策理论、各级党代会精神、农村实用技术等内容的党员学习资源库，同步推送共产党员网、四川党建、天府先锋、蓉城先锋等党建平台信息，确保党的声音及时传递到基层。二是突出在线互动，创新党员管理方式。建立党建之家栏目，通过党员实名认证，对党员进行在线管理。依托党员日记等功能，开展党员互动交流，动员外出经商的流动党员、优秀农民工返乡创业，带动家乡产业发展。发布“为村献计”等话题，及时收集党员关于村庄发展治理金点子、好做法。三是开展线上活动，拓展组织生活载体。通过“三会一课”活动室，对外出不能及时参加组织生活的党员进行远程连线，在线直播党内组织生活，确保党员教育全覆盖。同时，及时将“三会一课”、主题党日等党内组织生活内容进行梳理上传，方便党员随时学习、开展讨论。

2. 开展“为服务”，提升群众服务效能

一是及时回应，顺应群众期盼。畅通“书记信箱”“村友圈”等干群沟通渠道，引导群众通

① 详见：“乡村治理数字化实践暨党建引领强村善治研讨会”论文集. 浙江建德，2020-09-28.

过平台反馈政策咨询、急难愁盼和各类矛盾纠纷问题，村组干部第一时间收集并回应群众反映的意见建议，建立问题逐级回应机制，及时帮助解决。二是精准对接，优化服务水平。将基层服务与群众多元需求精准对接，在平台上链接汽车票务、医疗挂号等10项智能便民服务和169项“不见面审批”政务服务，实现数据多跑路、群众少跑腿。三是多元参与，提升服务效能。积极动员机关单位、企业、社会组织、群团组织等多元社会力量入驻所在村(社区)“为村”，梳理群众需求和驻区单位优势资源，建立需求、资源、项目“三张清单”并及时向群众发布，切实推动供需精准衔接、群众高效服务。

3. 实施“为治理”，拓展乡村治理路径

一是以自治为基础，激发内生动力。利用“村务公开”等模块，及时将社区发展治理专项资金使用等重大事项及时公开，方便群众发挥监督作用。开通网络议事厅，在线开展村级事务等交流讨论，督促事项落地落实。二是以法治为根本，强化治理保障。实施“为村＋公共法律服务”，依托“法律援助”“律师在线”等功能栏目，组织一批专业知识过硬、服务水平够高的律师入驻平台，在线推进法律咨询服务，定期开展法治宣传教育，推动法律进入农村。三是以德治为引领，培育文明乡风。采取一月一主题方式，开展“晒晒我的小幸福”“最美人缘评比”等群众喜闻乐见的“为村荟”系列活动，让群众在“为村”平台上扎堆，学习文化、沟通感情、促进村庄和谐团结。整合邛崃乡村特色文化资源，定期向群众推送红色文化、文君相如文化、邛窑文化、乡贤文化等特色文化宣传专报，丰富群众精神文化生活，共同推进乡风文明。

4. 发展“为产业”，推动乡村产业振兴

一是创新模式，助力特色产品销售。整合邛崃文君酒、黑猪、黑茶等区域特色产品，发布“邛崃为村·特色农产品地图”，对全市25种具有代表性的特色产品进行集中展示。开设“为村一起卖·邛崃市集”，设置“特色产品店铺”“特色农产品打卡地导航地图”等功能板块，加强乡村产品营销，推动产销精准对接。二是技能培训，培育新型职业农民。搭建“为村智库”，整合农技站、农业社会化服务组织等资源，邀请田秀才、种养殖能人等145名农业专业人才入驻，通过“为村”及时提供农业技术指导、及时满足农业生产物资需求，助力春耕复产。同时，依托“为村”农民夜校、微党校、农技咨询等栏目，在线开展农业政策、种养技术等方面培训，培育乡村产业人才。三是强化宣传，助推文旅融合发展。挖掘村庄历史沿革、文化名人、特色产业、美食美景等资源，打造村庄电子名片，通过“为村”社交圈向全国推广，提升乡村知名度。组织开展线上智慧旅游活动，广泛发布“每日一景”等话题，鼓励群众通过“村友圈”等栏目上传村庄美图，广泛宣传天台山、平乐古镇等旅游资源，打造线上旅游打卡地。

综上，邛崃市坚持以“为村”平台为基础，积极探索乡村数字化治理模式。从目前取得的成效来看，基层党员通过“为村”平台开展活动，提升了党组织的组织力；构建起精准智慧的组织动员和服务引领体系，实现了群众精准服务；构建“一核三治、共建共治共享”基层治理格局，延展了群众治理触角；以“为村”平台为窗口，打通商品流通链，拓宽了市场，提升了农产品价值，增强了产业发展动能。

六、若干思考

首先需要认识到，乡村数字化治理是数字治理在乡村社会的应用和延伸。乡村数字化治理转型一方面赋能政府治理，借力数字技术实现"数字监管"和"服务下沉"，提高管理效能、优化服务职能，另一方面改变乡村治理结构，数字赋权普通村民，重新聚焦脱嵌的原子化个体，增强乡村认同和凝聚力，形塑乡村共同体。然而，在具体实践中，乡村数字化治理面临着数字化基础设施薄弱、数据资源共享不足、数字化体系亟待完善、数字化思维亟须转变等方面的困境和挑战。

一是数字化基础设施薄弱，缺乏资金和技术支撑。乡村数字化基础设施往往投入成本大、建设周期长，很多农村地区缺乏足够的财政资金支持，导致数字化基础设施建设进程缓慢。在平台建设上，乡村网络基础设施覆盖率较低，在一体化的综合性云计算中心、数字治理平台、大数据中心等公共服务平台建设上缺乏资金支持和技术指导，影响乡村数字化治理工作的开展。在技术层面上，诸如公安、电力等单位的专网数据尚未完全打通，关键节点信息获取滞后，无法实现数据实时、动态呈现。此外，乡村社会数据庞杂，大量乡村治理工作信息电子化存档率低，大多采用纸质保存，且信息管理和数据整合技术与操作能力不足，大量数据被简单堆砌，处理不及时、不规范，容易出现数据缺漏、错误、重复等问题。在日常运维上，感知设备投运成本较高，导致乡村数字化治理的设备日常运维成本较高，长期仅靠政府投入难以为继，面临资金短缺问题。

二是数字化资源共享不足，部门协同治理程度不够。乡村数字化治理是一项系统性工程，数字化变革涉及多个政府部门，需要各个职能部门相互协调、相互配合，加强沟通协作，形成部门合力。在实践中，政府职能部门在数据融通、服务联通、标准统一等方面缺少协同合作，数据的传输往往是单向地向地方党委政府集中，未能在各个治理主体和部门间实现多向传输与共享，"数据孤岛"现象严重。同时各个部门数字化应用边界不清，也尚未建立起统一的乡村治理数字化内容、技术应用、数据共享等方面的技术标准，导致数据质量不佳、数据融合程度低，平台重复建设明显。不少乡村在乡村数字化治理建设过程中，综合性的数字智能大屏是建立起来了，但是其中海量的数据归集、整合、共享仍存在不少问题，数千万条涉农数据汇集至平台，但由于技术标准等问题，无法实现数据于各个部门顺畅流通。

三是数字化体系亟待完善，乡村治理结构有待优化。完整的乡村治理结构、优化的乡村治理功能、配套的体制机制建设能够为乡村行动者提供稳定的制度环境和合法的手段，并通过个体行动和社会实践强化制度的有效性。在实践中，基层政府运行保障机制尚停留在传统政府阶段，缺乏相应的数字化管理机制，尚未构建起相适配的乡村数字化治理体系，许多具体的实践和规则尚在摸索和改革之中，专门的法律法规很难在短期内制定和完善，这容易导致在实践过程中产生一些界定模糊的问题，如多元治理主体的权责边界、数据产权归属、数据开放与共享的标准等，引发社会矛盾。另外，基层管理人员数据保护意识淡薄、能力较弱，尤其是在整合过程中存在数据漏洞、数据质量不高、数据造假、数据泄露等问题，可能会出现一些不法分子利用法律的不完善谋取个人私利，同时诸如网络造谣传谣、网络虚假宣传等无序的网络参与行为也会引发一些社会纠纷，给乡村的安全与稳定带来负面影响。

四是数字化思维亟须转变，数字素养影响治理效能。在建设乡村数字化治理过程中，不少地方领导干部缺乏数字化的思维和意识，对乡村数字化治理的建设目标不清晰，概念相对模糊，数字化“一盘棋”意识淡薄，将乡村数字化治理简单地理解为设备、网络设施等硬件方面的建设，在实际建设中过于注重“数字大屏”建设，没有深刻地认识到乡村数字化治理背后的理念、方式、体系等方面的转变，不自觉地陷入了“数字形式主义”。一方面，乡村基层干部在实际工作中缺乏数字思维和服务意识，数据意识淡薄，不重视数据的采集与分析，对村民的利益诉求关注度不够。另一方面，因缺乏足够的数字化技能培训与宣传，大多数村民对数字化治理的认识仅停留在利用微信、钉钉等手段发布信息上，对数字化治理平台认识不足，利用程度不高。数字素养的相对不足，在一定程度上增加了乡村社会治理成本，也导致村民乡村数字化治理的参与积极性不高。

随着乡村数字化治理的步伐加快，在实践过程中看到数字技术带来显著的乡村治理效能的同时，也需要反思技术治理背后隐藏着的“数字陷阱”，思考如何发挥数字技术的积极效应，规避负面影响，真正实现公共价值的最大化。

其一，秩序与活力的平衡问题是社会治理的核心议题，而数字技术在建构良好有序的乡村社会秩序的同时，也带来了强有力的社会管控，数字治理平台往往沦为政府发布公告、下达政策意见的工具，内容生产单一化、行政化，反而进一步压制了乡村内生活力。需要思考，这样的“数字管控”是否走向了过度？技术是否过于冰冷？移动互联网的发展，理应走向“去中心化”，但在政府主导下的乡村数字治理在现实中却又体现“再中心化”的倾向，“秩序”与“活力”关系的平衡问题，考验着政府的治理能力。

其二，客观存在的数字鸿沟造成乡村治理内生活力的消解，影响村民对政治知识的获取，以及对乡村公共议题的讨论热情，技术使用差距导致乡村治理主体缺位，最终影响乡村数字治理的理想效能的发挥。如何破解乡村社会内生性的技术困境，培育并塑造具备较高水平的数字技能和数字心智的现代化农民，也成为乡村数字治理长期发展的关键。

其三，任何技术都具有两面性，数字技术存在“赋”能和“负”能的双重面向。乡村治理数字化转型要实现的理想效果是数字赋能，而现实中，不少地方数字形式主义普遍存在，本应是为基层“减负”的工具，在实际运行中却无形之中加重了基层干部工作，刻意追求政绩指标、群众满意度、回应速度等数字指标，背离乡村数字治理的公共价值，一度陷入“数字陷阱”。

此外，尤其是在当下的乡村数字化治理建设中，试点示范快节奏推进，相应的体制机制却滞后发展，因此需要适度控制数字化转向的快慢张力。同时，不但要处理好顶层设计与数字应用之间的关系，还要调和数字治理与传统制度体系之间的矛盾，更要关注数字化转型与治理主体（特别是基层政府、村民）数字心智的匹配性。

第十三章　乡村数字化生活

一、理解乡村数字化生活

（一）乡村数字化生活的基本界定

乡村是乡村居民生活的空间载体，是一个地域性概念。乡村综合体由人文、经济、资源和环境构成，是具有一定结构、功能和区际联系的乡村空间体系，其兼具生产、生活、生态、文化等多重功能。乡村生活则是一个多元化、多维度的社会经济范畴，既包括个体的物质精神消费，又涵盖社会条件和消费环境，其涉及基础设施建设、生活消费、文化教育、社会保障、医疗保险、生态环境等多方面内容。乡村数字化生活即利用数字化技术和信息化手段实现乡村生活的数字化和智慧化转型。

具体来看，乡村数字化生活大致可包括乡村数字化服务、乡村数字化文化、乡村数字化消费等3个部分。[①] 其中，乡村数字化服务不仅如前所述是乡村数字化治理的重要内容，也是数字服务乡村生活的主要内容，更是狭义上的数字服务乡村生活，是指以云计算、大数据、物联网、区块链、人工智能等新一代信息技术的发展、接入和应用为基础，由政府主导提供，与社会经济水平相适应，致力于提升乡村居民在政务、教育、医疗、养老等服务领域质量和水平的乡村公共服务供给和创新。乡村数字化文化是指通过数字技术赋能乡村文明，激活广大乡村地区的文化活力，创造独特魅力的乡村文化，并借助微博、微信、直播、短视频等新媒体技术，实现乡村文化的输入输出，让每个农民都可以成为乡村文化内容的生产者、传播者和接收者。乡村数字化消费是指借助电子商务、移动支付以及数字技术的发展推动农村消费转型升级，主要表现为农村居民消费类型由生存型消费向品质化、多样化消费转变，消费方式由单一的线下消费向网络化、智能化消费转变，由此促使农村消费需求成为带动农村经济发展的新的增长点。

（二）乡村数字化生活的必要性

自党的十九大报告中首次提出乡村振兴战略以来，提升乡村生活品质就成为乡村振兴

---

① 在相关研究中，谈及乡村数字化生活的内容，通常较为狭义地限定在乡村数字化服务上，而将乡村数字化文化归于乡村数字化治理中，也不太关注乡村数字化消费。我们认为，乡村数字化服务固然是乡村数字化生活的主要内容，但乡村数字化文化、乡村数字化消费也是其重要组成部分。

战略的重要目标之一。同时，当前我国人民日益增长的美好生活需要和不平衡不充分的发展之间的矛盾在乡村尤为突出，乡村生活品质影响农民生活的获得感和幸福感。因此，提升乡村生活品质对于乡村振兴、全面建成小康社会以及全面建设社会主义现代化强国至关重要。此外，当前经济社会的快速发展虽使农村温饱问题得到了有效解决，也进一步提升了农民的生活质量，但城乡生活质量差距依旧较大，仍制约乡村发展，城乡差距有待进一步弥合。

具体来看，城乡生活差距主要体现在以下几方面：一是城乡居民收入差距。城乡居民收入差距过大极大制约着我国全面小康社会的建设，城乡收入的明显差距严重影响我国经济社会的可持续发展。二是城乡居民消费差距。城乡居民消费无论是在总量还是在各项支出上差距都很大，除此之外，城乡居民的消费方式、消费结构和消费观念也存在差距，城镇居民娱乐休闲消费支出远高于乡村居民，且更加追求高质量、个性化、定制化的消费体验，支付方式脱离传统的纸币交易，数字化支付手段更加普遍。三是城乡公共服务供给差距。由于城乡分割的二元结构体制长期存在，城乡公共服务供给不平等问题一直存在，尤其是基础设施建设、义务教育、医疗卫生、社会保障等方面(谢秋山、陈世香，2021)。此外，我国在公共服务供给的其他方面，财政支出往往也更加倾向于城市，资源分配不对等最终也导致了农村落后的面貌，基础设施不完善、通信网络建设仍处于初级阶段、生态环境恶劣、社会保障水平低下等问题影响了乡村未来的建设发展和共同富裕的目标。数字技术与乡村生活相融合是大势所趋，借助数字化技术和信息化手段可以推动乡村公共服务、消费模式、乡村文化、生态环境等方面的现代化，促进农民生活在形式和内容上的数字化转型发展，满足广大农民日益增长的美好生活需要，而实现乡村数字化生活转型发展是解决我国城乡发展不平衡的现实需要，也是缩小城乡数字鸿沟、实现共同富裕的关键之举。

事实上，数字化重塑乡村生活已成为活生生的社会现实。随着数字技术和数字经济的快速发展，人们的生活方式有了前所未有的巨大变化，数字化深刻改变并形塑着当下的社会形态和人们的生活方式。数字化正改变着人们的衣食住行，线上网购、手机支付、线上课程、线上文娱、网络医疗、手机点餐、机器人送菜、智能家居等一系列数字化生活服务，极大提升了社会服务的便捷性，优化了人们的生活品质。可以说，数字化生活已经成为一种常态。

就乡村场域而言，数字技术的快速发展为乡村数字化生活转型奠定坚实基础，可以带给乡村全新的发展面貌，带给村民不一样的生活体验。根据《第 49 次中国互联网络发展状况统计报告》，截至 2021 年底，我国农村网民规模已达 2.84 亿，农村地区互联网普及率为 57.6%，较 2020 年 12 月提升 1.7 个百分点，城乡地区互联网普及率差异较 2020 年 12 月缩小 0.2 个百分点。由此，乡村紧跟城市发展步伐，借助数字化技术和手段，正欲积极构建智慧、持续的农村发展模式，打造乡村数字生活。

对于当今农村而言，数字化生活已不再是一种选择，而是一种必需。微信的崛起，拓展了农民的朋友圈，丰富了农民的业余生活，满足了农民的社交需要；直播、短视频等新媒体的发展，为农民的日常生活增添了乐趣；数字化综合服务平台的建设，减少了行政审批环节，实现村民“办事不出村”；支付宝、微信等数字生活开放平台的使用，进一步为农民提供了便捷的生活服务，从政务审批、社保缴费到交通查询、出行旅游等，打造全方位的数字生活；电子商务增加农民收入的同时，实现了农村网购的便捷化，激发了农民网购的热情；物流基础设施的建设，打通了农村“最后一公里”；数字技术监测农村生态污染问题，实现了垃圾清理、垃圾分类的数字化，打造了宜居生态环境；等等。

乡村数字化生活满足农民个性化需求的同时，也推动农业农村现代化发展。农村通信网络的建设发展，为传统的乡村打开了一片新天地，更多的农民开始主动接触互联网，学会运用各种移动支付手段。电子商务在数字化的大背景下乘势而起，引导农民学习网上购物，将消费阵地转移至互联网。消费品下乡与农产品进城同步进行，在各种电商交易平台上，农民借助互联网将各种农产品直接展示给全国网民，颠覆了传统的农产品销售渠道，“互联网＋农业”通过电子商务将农产品推向更大的市场。与此同时，快递、物流、农村金融等业务的兴起催生出农村多业态、现代化的产业形态，改变了农村地区传统的生产生活方式。数字化生活步入农村，带来的更多是一种前所未有的生产生活方式的变革，进而形成城乡融合一体化发展格局。

二、乡村数字化服务

(一)乡村数字化服务的内涵

公共服务是指建立在一定社会共识基础上，一国全体公民不论其种族、收入和地位差距如何，都应平等、普遍享有的服务(俞雅乖，2014)。公共服务具有公共产品的特点：一是效用的不可分割性，公共产品是为全体社会成员提供的，其效用是为全体社会成员所共享的；二是消费非竞争性，任何一个人的享用都不影响其他人享用该公共产品的数量和质量；三是受益非排他性，很难通过技术或其他方法将为之付费的个人排除在公共产品的受益范围之外。因此，公共服务的供给要着眼于满足全体社会成员的公共需要，以及公共服务应为全体社会成员普遍公平享有，也就是在公共服务有效供给上，既强调效率，又考虑公平问题。就农村地区而言，农村公共服务是指为农村居民所共同享用，满足农业、农村发展和农民生产生活共同需要的具有非排他性和非竞争性的产品和服务(周美岑，2010)，主要包括政务服务、基础设施、医疗卫生、交通设施、社会保障、生态环境、文化教育等在内的基础性民生与社会事业。

我国农村地区公共服务供给长期延续着“碎片化”逻辑(杜春林、张新文，2015)，在供给主体、供给模式、供给内容、供给过程等方面都体现出政府与农村居民的利益协调不一致，供给与需求的不匹配。在公共服务上，城乡差距日益扩大，农村居民无法享受到与城市居民同等质量的公共服务。随着城镇化的发展，农村生活水平的改善，农村居民对高质量、多层次、个性化的公共服务需求也日益增加。随着数字社会的到来，数字技术不断驱动着公共服务领域的创新，并为公共服务高质量发展提供了有效的技术支撑。2016 年底，浙江省率先提出“最多跑一次”改革，旨在以“最多跑一次”的理念和目标深化政府自身改革，并由此撬动经济体制改革、公共服务体制改革和权力运行机制改革等。“最多跑一次”以市民、企业等的办事体验为出发点倒逼政府及其部门改革，具有显著的“需求导向”“问题导向”“效果导向”等特点(郁建兴、高翔，2018)，成为公共服务数字化转型的典范。乡村数字化公共服务是指，以用户需求为导向，通过云计算、大数据、人工智能等数字技术构建智能化的综合服务平台，整合数据资源，重塑服务体系和流程，提供简明高效的数字化服务链接，以线上线下联动的方式，实现跨区域、跨部门、跨层级的服务协同，打造整体性、无缝隙、一站式服务，以此满足公民的个性化、精准化、多元化服务需求。乡村数字化公共服务旨在促进城乡共同繁荣以及均衡充分发展，为所有人提供可持续、包容和公平的公共服务，让农村居民“足不出户”也能享受到与城市居民相同的数字化公共服务，助推城乡公共服务均等化。

目前，公共服务行业与其他服务行业共处于“全数字化旋涡”中心①，急需通过数字化转型来提高其服务质量、满足公众日益增长的服务需求。而在经济社会发展和数字化水平发展相对落后的农村推动公共服务数字化转型，更是国家推进乡村振兴战略下的必然选择，也是更好应对全球范围内数字化转型的必由之路。在乡村振兴的战略视角下审视乡村公共服务体系，其实质是政府运用互联网、大数据、人工智能等数字化理念、工具和规则，对包括乡村基础设施、医疗卫生、交通设施、社会保障、生态环境、文化教育在内的公共服务流程进行再造，以实现精准供给与智慧服务。数字乡村公共服务体系的内涵在于用“数字化治理”取代“条块化管理”，摒除信息分散化、应用机械化、服务割裂化的体制顽疾，使数据、信息和服务在政府与社会、城市与乡村及不同群体之间顺畅流动，达到乡村善治的目标（方堃等，2019）。

（二）乡村数字化服务的必要性

1. 城乡公共服务供给异质性突出

目前，我国基本公共服务水平不断提升，基本公共服务的差距并没有明显缩小，在某些领域甚至存在扩大趋势。其差距表现出显著的异质性，即城乡差距和东西部地区差距，具体表现为大部分城市的高公共服务水平与多数农村的低公共服务水平，以及某些东部发达地区的高公共服务水平和部分西部落后地区的低公共服务水平之间的差距，这些差距以城乡差距为主，较为突出地表现在基础教育、医疗卫生、养老保障、基础设施建设等方面。

（1）城乡基础教育差距。长期以来，中国农村地区经济发展水平落后，制约着农村教育事业的发展。农村中小学教师队伍无论是从数量、质量还是结构上都满足不了农村义务教育发展的需要（李迎生，2013），留守儿童的教育问题亦是农村教育的一大痛点。城乡二元社会结构是导致城乡教育巨大差距的根源，优质的教育资源集中在城市，城乡教育在设施建设、教学设备、教师资源、教学质量等方面存在巨大差距（张旺，2012）。另一个重要原因就是财政教育支出规模比较小，中央财政在教育方面的支出远远不及地方财政，而农村地区普遍经济发展水平低下，地方政府财政薄弱，承担不起农村教育的巨额投入。教育经费的不足进一步导致农村教育在师资、教学设备等其他条件上远远落后于城市。实际上，我国农村地区与城市地区在基础教育上的差距不仅体现在教育本身，也体现在基础教育的信息化上。首先，城乡地区在信息网络化建设及硬件等基础设施方面存在差距。多年来，城乡经济发展差距不断增大，城乡间政府财政收支状况也出现了明显的差异，导致各地区对管辖区内的城镇中小学的硬件基础设施投入相对较大而处于偏远地区的农村中小学的硬件基础设施投入相对较小的失衡现象。其次，城乡地区的学校在师资队伍的信息化水平上也存在差异。有研究以河南省部分地市为研究区域，以城乡中小学为研究对象展开问卷调查，发现城市地区的

① “全数字化旋涡”是思科与瑞士洛桑国际管理发展学院2019年提出的一个说法。他们认为，全数字化旋涡是各行各业向“全数字化中心”移动的一种不可避免的运动。其中，业务模式、产品和价值链都将最大限度地进行数字化。

教师在信息化能力上与农村地区教师存在差异(万淼,2017)。最后,城乡地区学校的课程信息化建设存在差异,其差异分别体现在现代信息技术开课率和数字化课程资源的库存与运用上。

(2)城乡医疗卫生差距。关于基本医疗卫生服务内涵的讨论由来已久,世界银行在《1993年世界发展报告》中提出:“基本公共医疗卫生计划”包括“免疫、艾滋病防治以及基本临床服务。最低标准的临床一揽子服务应包括患儿护理、计划生育、围产期护理以及肺结核及性传播疾病的治理等”。[①] 学界对城乡基本医疗卫生服务差距问题的讨论一般表现为对城乡基本卫生服务均等化问题的讨论。我国城乡医疗卫生服务失衡问题可以从居民人均医疗保健支出、城乡医疗卫生服务的人力资源和城乡医疗卫生设施配置三方面讨论。首先,从居民人均医疗保健支出来看,城乡医疗卫生服务处于明显失衡状态。其次,从城乡基本医疗卫生服务的人力资源来看,城市卫生技术人员配置均优于农村。最后,从城乡医疗卫生设施的配置看,我国医疗卫生设施、设备、先进技术基本上集中在经济发达的都市区和城市大医院,农村缺少卫生资源,造成城乡居民在医疗保健服务和卫生健康水平方面存在明显差距。

(3)城乡养老保障差距。改革开放以来,随着经济体制的转型发展,我国城镇地区普遍建立起较为完善的以养老保险、医疗保险和失业保险为主要内容的社会保障体系。相对城镇社保体系建设而言,农村社会保障制度建设长期滞后。尽管农村地区逐步完善新型农村合作医疗制度、社会救助制度,但仍暴露出我国农村社会保障制度建设中的短板,农村设备覆盖面过窄、保障水平低下、社保基金来源有限等(李迎生,2013)。农村目前社会保障主要包括农村社会养老保障和农村最低生活保障,农民参保水平相当低。随着我国人口老龄化趋势加剧,农村老年人口数量庞大,由于我国城市老年人的养老保障相对来说较为完善,而农村地区一方面养老保障体系不够完善,另一方面其大量剩余劳动力向城市转移,“空巢老人”数量庞大且无人照顾,因此农村养老问题较为严重。受制于农村经济社会发展水平,社会养老保障水平低下,无法为农村老年人提供高水平高品质的养老服务。如今随着城市化的快速发展,农村老年人的养老需求大幅增加且呈现出多样化,农村地区普遍面临着养老供需矛盾突出的难题。

(4)城乡基础设施差距。农村基础设施是指为农村社会生产和农民生活提供公共服务的物质工程设施,是用于保证农村地区社会经济活动正常进行的公共服务系统,是农村社会赖以生存发展的一般物质条件(周美岑,2010)。全国城乡居住地公共设施水平的差异十分明显,各项公共设施基本上都呈现“城市—县城—建制镇—乡驻地—村庄”梯度递减的显著特征。城乡之间在污水处理率、生活垃圾无害化处理率、园林绿化、燃气普及率、供水普及率等公共设施水平方面的差距较大。目前大多数城市已经建立起较为完善的交通网络、信息通信网络、污水处理体系、集中供热、环境绿化等基础设施,而农村在基础设施建设中存在的问题主要有:农田水利设施结构不合理、质量较差、建设技术含量不高;农村交通设施规划不合理、重速度轻质量、重建设轻养护;电力容量低,电力设备落后;卫生环境设施进展缓慢;网络基础设施供给严重不足等(曾福生、蔡保忠,2018)。在基本生活设施方面,城市、县镇、建制镇、乡驻地、村庄依次递减,城市与村庄之间的供水普及率相差20.67%,燃气普及率相差68.11%;在环境基础设施方面更为明显,城市与乡驻地之间的污水处理率相差76.74%,其

---

① 详见:卫生部.2010中国卫生统计年鉴.北京:中国协和医科大学出版社,2010.

中污水集中处理率相差 82.23%；生活垃圾处理率城市与乡驻地之间相差 26.31%，其中无害化处理率相差 66.78%(盛广耀，2020)。城乡居住区生活环境、公共设施方面的差距是全方位的，农村地区总体上缺乏良好的人居环境。

2. 乡村公共服务的“碎片化”难题

如前所述，我国农村地区公共服务供给延续着“碎片化”逻辑，其“碎片化”根源在于行政体系的条块分割，在供给主体、供给模式、供给内容、供给过程等方面都体现出政府与农村居民的利益协调不一致，供给与需求的不匹配(杜春林、张新文，2015)。

(1)乡村公共服务供给主体碎片化。在乡村公共服务供给的过程中存在政府、村民自治组织、非政府组织以及农民个人等多元主体，易出现政出多门、重复供给、真空地带等现象，呈现碎片化状态。基于政府机械的部门分工和项目制的运作思路，在提供某项公共服务时，各个部门之间推行的模式不同，导致基层政府在提供乡村公共服务时部门间联动力弱，进而将乡村公共服务推向碎片化方向。加之从“八二宪法”确认村委会为村民自治组织起，村民自治组织成为乡村公共服务供给的核心主体之一。由此，其直接后果就是政策分散在各个组织和部门，并呈现出孤立的状态。

(2)乡村公共服务供给决策碎片化。乡村公共服务供给决策碎片化表现为供给主体不健全或决策机制不完善。一方面，政府作为唯一的决策者，忽视了公共服务对象村民的决策地位。一直以来，政府作为乡村公共服务供给决策者“一家独大”，在代表村民公共利益时，通常会将本位政治利益最大化掺杂其中。而村民受传统思维影响，普遍存在政治依附心理，缺乏集体行动意识，参与能力也相对不足，往往仅将视角局限于自身利益得失而忽视公共利益。另一方面，决策机制不完善主要表现为自上而下的“政府偏好”的决策机制。基层政府往往根据本位供给偏好或执行上级政府的政策来代替村民真实诉求，村民的意愿得不到有效体现，与村民切身相关的公共服务往往得不到有效供给。

(3)乡村公共服务供给内容分散化。乡村公共服务供给内容的分散化体现为供需失衡、不匹配，造成农村公共产品的浪费与低效。随着国家治理权力向基层让渡和治理资源的下沉，乡村公共服务的供给呈现多样化发展势头，涵盖农村就业和社会保障、农村基础教育、农村医疗卫生、农村公共文化、环境与治安等基本公共服务，农业、财政、民政、文化、环保等政府部门及其派出机构依据自己的权责清单向农村提供公共服务。在行政建制上，乡镇政府作为承接国家与农村社会联系的“最后一公里”，理应发挥服务农村社会、引领农村自治的功能，实则处于官僚制组织结构的底层，且对基层自治的管控权大量渗透于基层群众自治组织之中，农村自治组织依赖于上级部门拨款，农村间的公共服务供给内容极度匮乏，从而导致乡村公共服务的供给与需求的不匹配。

3. 公共服务数字化成为全球趋势

从全球范围来看，公共服务数字化转型已经成为世界各国数字政府建设的核心组成部分，尤其是以“智慧城市”为载体的城市公共服务数字化转型已经取得了显著成效。不少发达国家寄希望于通过公共服务数字化转型来促进公共服务治理提升。比如，2012 年，美国白宫发布《数字政府：构建一个 21 世纪平台以更好地服务美国人民》的战略规划；韩国于 2012 年实施了“智慧政府实施计划”；英国于 2012 年推出“政府数字战略”，并于 2017 年出台《政府转型战略(2017—2020)》；2020 年，联合国经济和社会事务部在《2020 年电子政务调查报告：数字政府助力可持续发展十年行动》中更是对公共服务数字化转型寄予厚望，认为“数字政府可以通过为所有人提供可持续、包容和公平的公共服务，不让任何一个人掉队”①。

近年来，中国政府和以浙江、江苏等为代表的东部发达地区政府都表现出了对乡村公共服务数字化转型的高度重视。自2016年国务院发布《关于加快推进“互联网＋政务服务”工作的指导意见》以来，全国各大试点城市初步实现政务服务“一号申请、一窗受理、一网通办”的“互联网＋”政务服务体系，持续提升政府公共服务质量和公民体验感。② 2020年，农业农村部和中央网信办印发《数字农业农村发展规划（2019—2025年）》，明确提出要逐步实现公共服务等村级事务网上运行，推进农村公共服务供给在线管理。江苏省政府于2020年12月出台《关于高质量推进数字乡村建设的实施意见》，提出力争到2030年实现“城乡公共服务基本实现数字化”的规划目标；浙江省于2021年1月出台《浙江省数字乡村建设实施方案》，提出力争到2035年实现“数字乡村公共服务体系、治理体系全面建成”的规划目标。随着数字时代的到来，利用大数据、人工智能、互联网等新一代信息技术提升电力、燃气、交通、水务、物流等公用基础设施智能化水平，实行精细化运行管理，打造智慧社区；利用数字技术建立大数据辅助决策系统，对数据进行汇集、筛选、分析、研判，精准定位公众需求，提升决策科学性，赋能社会治理；借助大数据、区块链技术汇聚人口、建筑、街道、管网、环境、交通等数据信息，构建庞大的数据综合库和数据分析平台，打通政府各部门信息渠道，构建多元、普惠的民生信息服务体系，实现在教育文化、医疗卫生、社会保障等领域，为公众提供更加方便、及时、高效的公共服务，最终构建一个跨功能、跨部门及跨地域整合的乡村数字治理体系（详见图13-1）。

（三）全面推进乡村数字化政务

乡村数字化政务是指在乡镇国家机关政务活动中，将互联网、大数据、人工智能等现代化信息技术全面应用到办公、管理以及为乡村社会提供公共服务等领域，从而实现基层政府职能转变、政务高效处理与公共产品有序分配的一种全新服务模式，也就是老百姓到政府“办事”的数字化。将现代信息技术融入乡村政务服务过程是弥合城乡数字鸿沟的重要举措，也是推进乡村治理转型的重要抓手，更是实施乡村振兴战略的应有之义。

通过数字技术嵌入乡村场域，可以构建跨部门、跨层级、跨地域的一体化综合政务服务体系，缝合“碎片化”的农村公共服务，实现公共服务供给个性化、精准化、均等化，提升公共服务质量。数字技术疏通政府各部门间公共服务信息脉络，调整自下而上等级式运作流程，线下审批转为线上审批，节省村民办事时间，提高政府行政效率；数字技术通过数据搜寻、汇集、挖掘、分析，全面精准掌握居民动态需求，架起公共服务供给侧与需求侧桥梁，调和底层群众利益诉求，改变了过去在农村公共服务供给上政府的独断性；数字技术实现公共服务由经验决策向数字决策转变，在智能化的数字信息资源库中，围绕决策

---

① 详见：联合国经济和社会事务部. 2020联合国电子政务调查报告.（2020-08-25）[2021-10-05]. https://www.hrssit.cn/info/2078.html.

② 详见：国务院关于加快推进“互联网＋政务服务”工作的指导意见.（2016-09-25）[2021-10-05]. http://www.gov.cn/zhengce/content/2016-09/29/content_5113369.htm.

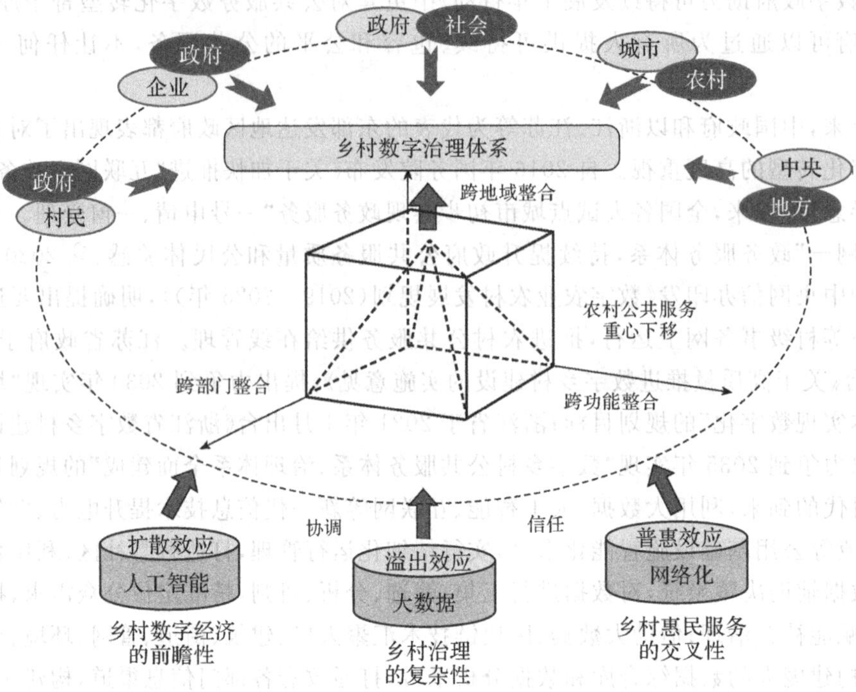

图 13-1 数字化赋能乡村公共服务的整体性建设框架

资料来源：方堃，李帆，金铭. 基于整体性治理的数字乡村公共服务体系研究. 电子政务，2019(11)：72-81.

目标，主动搜寻、汇集与之相关的数据资源，在整合数据的过程中，通过对数据的采集、分析、研判，建立精确的决策机制，并对各个环节进行实时数据跟踪、监测和监督，及时发现和处理问题，政府决策考虑民意、体现民意、听取民意、集中民智；数字技术实现公共服务内容形式的多样化，依托数字技术实现“智慧教育”“智慧医疗”“智慧出行”“智慧养老”等一系列智慧服务功能。

其具体举措大致如下：

一是构建城乡互联互通的数字化公共服务平台。强化顶层设计和统筹规划，整合各类“互联网＋政务服务”平台，推动城乡间、县乡间、部门间信息共享、互联互通和业务协同，实现跨部门服务、一窗口办理、一站式服务，推进政务服务马上办、就近办、同城通办、异地可办，在最大程度上实现便民利民。同时，不断拓展城管、医疗、房管、安监、市场监管、旅游、环保、消防等应用领域，丰富数字化公共服务内容，更为精准、快速地回应社会需求。例如：辽宁省凌源市深入推进“一网通办”，37 个政务部门的服务事项通过政务服务网或“辽事通”全部网上可办，283 个村(社区)便民服务驿站全部建成，真正实现群众办事“就近办”。[①] 黑龙江省望奎县建设现代化融媒体技术平台，整合民政、社区、公安、卫生、低保、教育等各部门网

① 详见：辽宁省农业农村厅. 朝阳凌源数字乡村试点县建设工作快速推进. (2021-08-23)[2022-03-05]. http://www.agri.cn/V20/ZX/qgxxlb_1/ln/202108/t20210823_7746021.htm.

站和服务账号公共服务功能，打通数据壁垒，打造“指尖上的政务服务中心”掌上望奎APP。① 福建省上杭县则依托闽政通、e龙岩、微信等平台，在全省率先开发县级轻应用“杭好办”，整合34个部门60项政务服务，实现“一网通办、一网协同”，有效提升行政办事效率。②

二是打造覆盖乡村全域的智能感知体系。推进乡村公用设施、建筑、电网等的物联网应用和智能化改造，提升乡村基础设施和公用设施的信息化、智能化水平。深化“雪亮工程”，加快公共安全视频和社会视频监控建设联网应用。构建深度应用、上下联动、纵横协管的协同治理大系统，通过数据流、业务流、信息流实时同步，实现“一次填报、全网共享”和“一处变更、全网更新”。从网络覆盖、移动终端、信息内容、电商平台、公共服务、培训体验等方面系统部署，提升乡村治理和农民生活的数字化水平。例如：广东省南雄市加快“三农”信息数字化进程，推进乡村教育信息化，建成疫情防控智能监测体系，深化乡村智慧医疗服务，使广大农村群众生活更便利，享受到更多“数字实惠”。③ 云南省楚雄市推进基层整合审批服务及综合执法力量试点改革，推动政务数据资源互联互通，重构政务服务流程，加快推进基层政务专线光网建设，探索建设“政务服务机器人”，推进更多政务服务事项“一网通办”“最多跑一次”。④ 湖北省江夏区则实现了14项数据的区、街、村（社区）三级4G网络和广电数字网络、数字电视、视频会议系统、公共安全视频监控联网、政务服务站点及自助终端、中小学光纤宽带、医疗机构电子病历推广、远程心电图和放射影像医疗服务、农村电子商务服务站、农户农房田块资源地理信息化、北斗农机信息化、畜禽养殖自动化、供水过程实时监测、水务信息采集及应用平台全覆盖。⑤

三是推进数字化政务服务向乡镇、村社延伸。充分发挥新媒体优势，依托政务服务小程序、手机APP、“钉钉”等数字技术应用，将社保、户籍、公安等政务服务纳入数字化平台，引导村民网上办事，实现手机端直接办理业务、查询进度、反馈结果，实现村民生产生活“一生事”网上办、自助办、掌上办，以更好达到群众办事“最多跑一次、跑也不出村”的效果。推进镇（街）、村级便民服务中心的规范化、标准化以及数字化改造提升，将邮政、银行等网点纳入政务服务体系，打造全方位的“一站式”快捷服务，提升村民办事满意度和体验感，组建线下志愿者团队，帮助特殊群体现场协助操作、代办代跑业务等，打造向基层延伸的虚实结合的服务网络。例如：河南省临颍县在县行政服务中心设置互联网政务服务专区11个，引导群众通过“豫事办”“漯易办”APP进行网上办理，1768项政务服务事项全部实现“网上可办”，

① 详见：黑龙江省绥化市望奎县：释放信息技术驱动效应助力乡村振兴.（2021-07-20）[2021-10-05]. https://m.thepaper.cn/newsDetail_forward_13660010.

② 详见：上杭：打造县域数字经济发展新模式.（2021-10-29）[2022-03-05]. https://baijiahao.baidu.com/s?id=1714921993197410217.

③ 详见：范永敬. 南雄：“数字乡村”添动能，乡村振兴有力量.（2021-08-19）[2021-10-05]. https://xw.qq.com/amphtml/20210819A0AYHA00.

④ 详见：云南省楚雄市实施“六大工程”扎实推进国家数字乡村试点工作.（2021-05-28）[2021-10-05]. http://www.cac.gov.cn/2021-05/28/c_1623784667219777.htm.

⑤ 详见：刘益谦.“数字”赋能乡村振兴，湖北这样干！.（2021-11-12）[2022-03-05]. http://news.hbtv.com.cn/p/2080086.html.

全面提高群众办事效率，着力提升政府服务效能。[①] 浙江省德清县大力推动“最多跑一次”改革向村级延伸，组建掌上办代办员和志愿者，建立村级代办点，布设政务服务一体机，推出首批民生审批事项“就近跑一次”，涉及助残服务、退役军人、养老服务等三类 34 个事项。[②] 山东省高青县通过数字乡村智慧平台，先后推出“就近办”“智慧办”“委托办”“合作办”“帮办代办”服务品牌，加速政务服务向基层的下沉和延伸，打通村居民生服务的“最后一米”。[③]

专栏 13-1

安吉：让数字化遍布每一个角落[④]

浙江省安吉县是“绿水青山就是金山银山”理念的发源地，是国家全域旅游示范区、全国投资潜力百强县、全国乡村治理体系建设试点单位、国家新型工业化产业示范基地、中国夏季休闲百佳县。“十三五”期间，安吉县深化“千万工程”，大力推进新时代美丽乡村升级版建设。截至“十三五”末，安吉县实现 187 个行政村美丽乡村建设全覆盖，创成精品示范村 62 个。2020 年以来，安吉县提出打造“全国首个数字生活县域”，让绿水青山跑出数字经济加速度。

2021 年初开始，随着数字化改革的开展，安吉县紧紧围绕“152”工作体系，对准跑道、奋勇争先，逐步形成高效协同、整体推进的数字化改革良好态势，取得了阶段性成效。一是聚焦整体推进，合力有效形成；二是聚焦“三张清单”，应用加快建设；三是聚焦“两大体系”，成果初步显现。着力打造具有安吉辨识度的数字化改革最佳实践、鲜活样本，不断推进数字化改革走深走实。在数字化改革工作引领下，安吉县通过推进城市大脑、数字乡村建设，借力支付宝等国民应用，伴随一大批数字化场景的落地，在提高公共服务均等化水平方面取得了卓越成效，显著提升居民们的获得感与幸福感。

第一，上线“安吉应用汇”平台。公共服务数字化转型，关键是抓住人的体验度，让广大市民可感、可知、可及。目前，“安吉应用汇”平台已集成“浙里办”的交通违法处理、预防接种、公积金查询、社保查询、缴学费、不动产权属证明、非浙 A 急事通等 8 项高频事务办理事

---

① 详见：郑浩．临颍县行政服务中心持续提升政务服务效能 优化营商环境前沿阵地．(2021-09-07)[2021-10-05]. https://www.zyjjw.cn/lh/news/2021-09-07/697427.html.

② 详见：湖州市民政局．德清县三方面推进民生服务．(2020-09-17)[2021-10-05]. http://mz.huzhou.gov.cn/art/2020/9/17/art_1229207378_57737259.html.

③ 详见：高青县：“五办”助力政务服务向基层延伸．(2021-09-06)[2021-10-05]. https://baijiahao.baidu.com/s?id=1710132260060006400.

④ 综合参考自：章婧．安吉连续两年获评“全国县域数字农业农村发展先进县”．(2020-12-09)[2022-03-05]. http://app.meilianji.cn/ajnews/news.html?news_id=58034；湖州市人民政府．安吉：数字化改革赋能公共就业服务．(2021-10-22)[2022-03-05]. http://www.huzhou.gov.cn/art/2021/10/22/art_1229213489_59045881.html；安吉县人民政府办公室．关于印发安吉县推动数字化改革、打造绿色智慧城市“十四五”规划的通知．(2021-09-03)[2022-03-05]. http://www.anji.gov.cn/hzgov/front/s136/zwgk/ghzj/sswgh/zxgh/20210903/i3027224.html；安吉县统计局．2020 年安吉县国民经济和社会发展统计公报．(2021-04-02)[2022-03-05]. http://www.anji.gov.cn/art/2021/4/2/art_1229518619_3727786.html.

项，以及健康安吉、健康证、企残通、三务公开、智慧犬管、5189000、城乡供水等10项安吉本地特色应用。群众通过该平台，不用出门就能享受多项便利服务。“智慧犬管”让文明养犬成为新风尚；“老兵驿站”里，退役军人可以享受商家优惠活动；“法律直通车”开进村社，打通法律服务群众“最后一公里”；民政“安心养”，使养老服务更加普及，看病就医也正变得越来越便利、省心。

第二，拓展各服务领域创新亮点。安吉县政府数字化转型成效显著，领跑者、竞跑者、典型案例多，在各服务领域均有创新亮点。如“逝者身后一件事”改革、刷脸就医、“新生儿”出生五证一窗办理等，并在全市率先完成“无证明县”创建。发挥本地信息化公司技术优势，不断深化媒体融合发展，积极探索“媒体＋互联网＋智慧产业项目＋移动端”的发展路径，打造了爱安吉、游视界、指惠家等众多优质应用。持续推进“数字金融生态城市”项目，已签约全国300家以上县级城市，上线140家县级城市。积极推进“最多跑一次”工作，100％实现网办、掌办，100％实现“跑一次”；完成社保系统与“一证通办”系统、“一窗平台”的对接；完成办事服务和行政监管办件信息汇聚，推进政务服务网电子归档；完成全县信息系统普查等相关工作。此外，安吉县卫健部门围绕社会各界关注的急救领域中的响应速度、质控管理、入院服务等问题，在全省率先上线首个县级120智慧院前急救系统，推进院前急救整体智治，受理时间从原先平均90秒缩短至62秒，平均出车时间缩短至2分钟以内。

第三，优化公共就业服务。安吉县人力社保局积极探索打造政府、企业、村(社区)、群众四位一体的“智就业·慧服务”数字化就业应用场景，以精准解决企业、群众、基层就业服务难点、痛点。2021年9月底，安吉县人力社保局正式发布“智就业·慧服务”数字化就业应用场景第一批上线事项——高校毕业生就业补贴“智享宅急送”，还将实现用工保障、送岗服务、结对帮扶、技能培训服务、补贴智享宅急送、帮办秘书等工作任务。

第四，优化社会治理结构。在村务上，安吉一直在探索一条具有地方特色的数字乡村建设路径。利用数字化协同发展打造“掌上矛调”，建设村级矛盾调解平台。尝试以“互联网＋”的方式打造镇、村、网格三级社会治理结构，提高老百姓参与社会治理的积极性，实现基层社会治理过程让群众参与、成效让群众评判、成果让群众共享。此外，借助地理信息、遥感测绘、人工智能等技术，集成了环境检测平台、垃圾分类处理平台、旅游接待中心停车场系统等，实现了“信息一张图、保障一张网”，通过电子大屏，实时呈现全村的运行状态。各村整合原有数字基础并结合各村的发展特色，通过数字平台实现信息互通，提高村里的办事效率，促进农村的产业发展。

第五，农产品生产加工数字化。安吉县成立“物联网＋区块链”大数据中心，从生产源头到采摘、摊青、杀青等每一道加工工序，都有信息记录，消费者只要一扫二维码，产品的“前世今生”就能详细展现，还能查看实景监控。除了生产和加工的透明化，灌溉用水标准、土壤重金属含量检测、农残含量检测等，都做到了精细化和标准化。数字化赋予了农场从生产到销售全程监管的“最强大脑”，确保消费者利益的同时，也实现了农场利益最大化。借助区块链技术使得信息更可信，而通过品质溯源认证，也让生产与管理更规范，品质保障更有力。安吉县积极打造智慧农业应用场景，探索出以数字技术赋能现代农业发展的路径，推进农业生产智能化、管理数据化、服务在线化。

第六，建立数字化综合管理平台。2021年初，安吉县农业农村局数字化综合管理平台完成一期建设。该平台集行政监管综合数据分析、农业农村资源数据中心、病虫害监测管理、农村经营管理、农业项目管理、农业农村综合服务平台、应急指挥系统、智慧农机等多方面需求于一体，面向农业农村管理部门、企业、专家、公众等多层次用户体系，充分利用数字化技术，实现全县农业生产、经营、管理的统一管控和预警。

(四)大力实施乡村数字化教育

关于教育数字化的讨论由来已久，有学者认为智慧教育是指运用物联网、云计算为代表的一批新兴的信息技术，统筹规划、协调发展教育系统各项信息化工作，转变教育观念、内容与方法，以应用为核心，强化服务职能，构建网络化、数字化、个性化、智能化、国际化的现代教育体系(尹恩德，2011)。2021 年，我国在《"十四五"国家信息化规划》中就明确提出，要开展终身数字教育，推进乡村教育信息化建设，到 2023 年初步形成全民数字技能教育教学资源体系。① 党的十九大报告指出，要推动城乡义务教育一体化发展，高度重视农村义务教育，办好学前教育、特殊教育和网络教育，普及高中阶段教育，努力让每个孩子都能享有公平而有质量的教育。

数字时代，学习资源的数字化、信息化、互联网化，正在成为教育信息资源建设领域的核心任务。数字化学习资源的生产、消费、传递、共享与管理的所有任务都将依托数字技术开展，呈现"高质生产、高速传递、高效管理、高端应用"的"四高"发展趋势，助推教育的全面数字化。促进教育数字化转型，是破解城乡教育发展不平衡困境的有效途径之一。其具体做法大致如下：

第一，完善农村地区教育数字化基础设施。信息化装备是教育信息化建设的基础和保障，普及教育信息化必须首先做到信息化装备配置的均衡化和标准化(王培培，2020)。要实现农村地区教育数字化转型，首要工作就是加快建设农村地区教育教学数字化资源设施，在农村地区实现与城市学校相同标准的信息化基础设施配置。其次，加快网络设施建设，使数字化教学资源能够高效共享，避免出现城乡间的"教学信息孤岛"。再次，实现数字化教学资源配置一体化。均匀分配教学资源，有助于实现优质教学资源均等化，缩小城乡间教学质量的差距，促进农村地区教育数字化发展。

第二，打造城乡互联互通的基础教育数字化平台，构建城乡教育互联共享体系。基础教育数字化平台将全面推动城镇优质教育资源与农村中小学全面对接，为下属的学校和单位提供教育资源、网络教学、办公自动化、信息发布、网络应用、技术维护等全方位的服务，提升城乡教育一体化发展水平。城乡教育互联共享体系以教育局、学校、教师、学生为建设主体，教育局组织开发区域公开课、在线教研、远程评教等活动，学校以同步课堂和家校互动为核心活动，同时创新教师翻转课堂模式，学生获取名师直播、市场课程等数字学习资源，详见图 13-2。

第三，数字化推进媒介素养教育，硬件配置与软件建设同步运行。媒介素养教育是人们采用适当的策略对各种媒介信息的批判性选择、理解、质疑和评价的能力，以及合理有效地使用媒介信息为个人生活、社会发展所用的能力(胡钦太，2012)。我国许多农村地区存在软件硬件建设不同步问题，大大降低了数字化教学资源的使用效益，也在一定

① 详见：中央网络安全和信息化委员会."十四五"国家信息化规划.(2021-12-27)[2022-03-05].http://www.cac.gov.cn/2021-12/27/c_1642205314518676.htm.

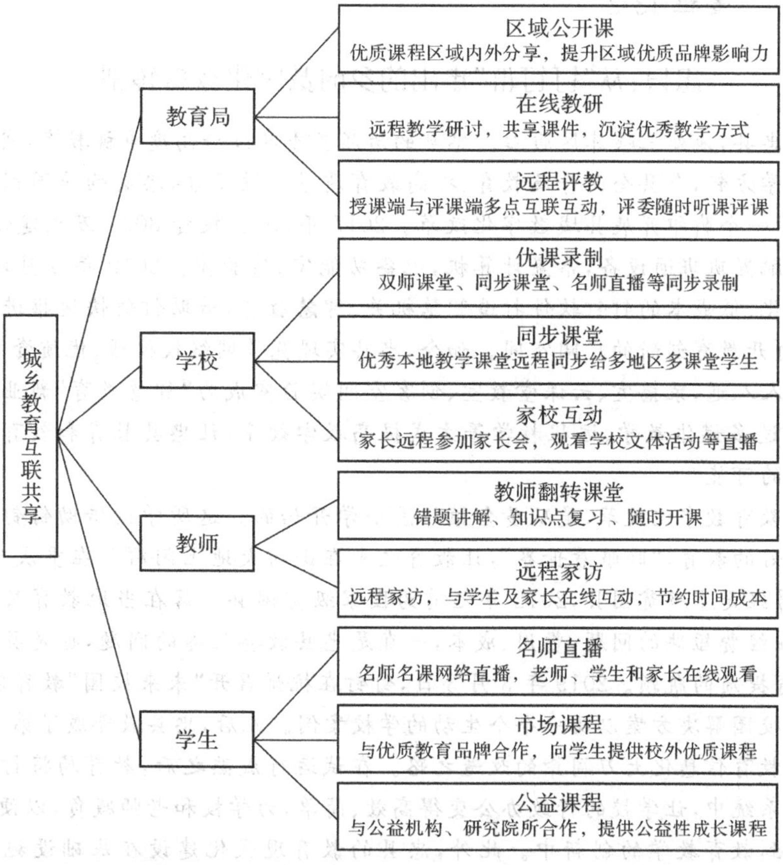

图 13-2　城乡教育互联共享体系

资料来源：根据《阿里乡村治理平台实施方案 2020》构思并绘制。

程度上影响了教学质量。在数字化教育转型建设中，提升整体师生的媒介素养水平，是实现农村教育数字化的保障，同时，加大对教师媒介素养的培训力度，重视农村学校师资队伍的建设。

第四，强化农村本土文化与教育数字化融合，综合推进农村特色的教育信息资源建设。布尔迪厄(2004)认为，作为社会文化再生产的工具，作为推进教育工作载体的学校需要承担起文化创造的责任与担当。在农村教育数字化建设过程中，学校肩负着文化创造的功能与责任，因此在推行教育数字化转型中需要强化本土化的农村文化服务意识。在农村教育数字化建设中嵌入本土文化价值，立足于传承乡土文化，农村教育信息资源的建设要结合当地农村生产、生活的特点与需要，突出当地农村特色文化和特色经验，使所开发的教育信息资源既能适合农村教育特点，又能反映当地农村的特色与优势。

第五，完善农村教育公共服务人才队伍建设。农村数字教育公共服务人才建设是农村教育发展的决定性因素，随着数字化教学平台的建立、线上线下教育的融合，现代化教育模式的发展对高新科技和教育人才队伍的依赖程度日益增强。教育者的个人素质匹配上农村教育公共服务的软硬件设施，才能够发挥农村教育公共服务体系的最大功效。

专栏 13-2

忠县:从“钉钉群”走出的乡村数字化教育转型①

重庆市忠县,地处三峡库区腹心。忠县的历届县委县政府高度重视教育,实行公办和民办并举的办学方针,全县全面普及教育、提高教育质量。近年来,忠县响应国家数字化改革的号召,一步一个脚印开展县域数字化改革。2017 年,忠县投资 8000 万元建设“数字化校园”,为校园配置班班通设备,添置计算机,配备功能室、实验室。2019 年 3 月以来,县教委尝试用信息化、低成本的钉钉软件打造智慧机关、智慧教育,借助钉钉快速推进教育的智慧云端建设,打开教育创新的广阔空间。如今,忠县实现宽带网络校校通、优质资源班班通、网络学习空间人人通,录播室、云课堂教室、创客空间实验室成为“智慧教育”新业态。全县各学校不断通过多媒体教学、远程教学等方式提高教学效率,让忠县教育和教育信息化有了“变道超车”的可能。

忠县的教育数字化改革,是从黄金镇绍溪小学开始的。这所学校借助钉钉群直播让孩子们能接受好的教育,“睁眼看世界”,让教育之光在山村大地上闪耀。在重庆市的 38 个区县中,忠县曾经是市级贫困县,2012 年之前为国家级贫困县。落在当地教育及教育信息化上,同样存在经费短缺的问题,费用、成本,一直是忠县教委头疼的问题,也是县教育信息化提升、县教育提质的瓶颈。2019 年 3 月 3 日,钉钉在杭州召开“未来校园”教育发展峰会,展示钉钉未来校园解决方案以及一个个生动的学校案例。此后,忠县教委成了第一片试验田,走上了忠县教育信息化大刀阔斧的改造之路。在试运行成熟之后,教育局将钉钉推广应用到全县教育系统中,让学校的行政办公变得高效、简单,为学校和老师减负,以便投入更多的时间和精力到教育教学的创新中。此外,忠县的教育现代化建设在基础设施方面也成效显著。

一是宽带网络校校通实现全覆盖。全县所有学校(包含村小教学点)实现光纤宽带接入,50 所学校带宽达 1G,47 所学校带宽为 200M。76 所村小最低接入带宽达 20M,全县中小学平均接入速率高于 50M,为学校办公和教学使用提供了网络保障。

二是优质资源班班通实现全覆盖。全县共装备班班通设备 3407 套,建成多媒体教室 2064 间,多媒体教学设备配备率达到 100%。

三是无线网络学习空间实现全覆盖。累计投资 1200 余万元,为教师配备笔记本电脑 7000 余台,安装无线 AP 877 台,配备计算机教室 195 间,城、乡、村所有学校实现无线网络全覆盖,推行一套网络、一个用户名、一个密码认证,实现有线无线一体化建设,为师生教与学方式变革、教师研修、资源共享和教学管理提供了重要平台。

四是教育信息化管理实现全覆盖。投入资金 1690 万元,按照云平台架构建成教育城域网,做到辖区内所有学校全覆盖,搭建云平台,为学校提供云服务。

五是教学资源实现全覆盖。大力推进教学资源建设,以恒谦教育资源云平台为依托,建成教学资源公共服务平台,并与市教学资源公共服务平台互联互通。

六是教学点数字资源实现全覆盖。利用农村义务教育薄弱学校改造计划资金和“全

---

① 详见:钉钉给教育带来了什么?重庆忠县,一个城市的力量在实践.(2019-07-03)[2021-10-05]. https://tech.chinadaily.com.cn/a/201907/03/WS5d1c6a97a310a6dd41e842c0.html.

面改薄”资金，采购76套教学点资源接收和播放设备，实现所有村小教学点数字资源全覆盖。

（五）积极发展乡村数字化医养

医疗与养老是两大共存相关的社会问题。当前，老龄化和数字化是社会发展的两个重要趋势：一方面我国人口老龄化速度加快，老年人口日益增多，如何养老已成为社会保障的重要内容，对人们的高质量养老需求的满足也成为一个重要挑战；另一方面数字技术应用正逐渐成为一种社会运营常态，颠覆着传统服务业发展模式，数字技术赋能不但有助于促进养老服务业高质量发展，也为解决养老难题和摆脱养老困境提供了新的机遇。2018年4月，国务院发布《关于促进“互联网＋医疗健康”发展的意见》，提出要健全“互联网＋医疗健康”服务体系，发展“互联网＋”医疗服务，创新“互联网＋”公共卫生服务，优化“互联网＋”家庭医生签约服务，完善“互联网＋”药品供应保障服务。此外，目前各大城市积极打造各类医疗健康平台，实现在线诊断、远程医疗等数字化医疗服务。数字技术与传统医疗健康的渗透融合，为我国实施“健康中国”战略打下了重要的技术基础，同时也有助于解决长期困扰农村居民医疗健康问题，真正实现“病有所医、老有所养”。其具体做法大致如下：

第一，搭建医疗信息共享服务平台，实现医疗数据共享交换。借助数字化医疗信息共享平台，连接城乡范围内的所有医疗机构，共享医疗数据资源，实现信息的最大化，消除“医疗信息孤岛”，加速医疗资源的流动，打破区域限制，实现医疗资源的跳跃性配置。通过医疗信息共享平台，为医护人员提供远程培训，为患者提供优质远程诊疗服务，实现医疗卫生信息在社区医院和中心医院间双向传输，实时获取专家建议、工作培训、患者转诊等信息，实现高度共享优质资源。

第二，以互联网为依托，发展在线咨询和远程医疗，优化医疗资源配置。在线医疗咨询突破了传统的现场看病模式，实现有限医疗资源的跨时空配置，借助数字技术实现线上诊断，促进医生与患者交流。远程医疗在医院内部以及医院之间实现医疗数据资源共享，充分利用稀缺医疗资源，改善城乡之间医疗资源配置不合理局面。在线健康咨询服务通过建立疾病数据库和整合医生资源，将需要到医院就诊的患者导诊到相应的部门，有效解决患者看病无序现象。

第三，以数字技术重塑医院服务流程，提高医疗服务效率。通过开发小程序、APP等，将预约诊疗、候诊提醒、划价缴费、诊疗报告查询等传统服务集中在手机客户端，患者通过移动应用实现自助挂号、门诊和住院缴费、检查和化验报告查询、专家排班等信息查询及满意度评价等服务，减少候诊就诊时间，提高服务便捷度和满意度。

第四，建立数字家医服务平台，解决乡村医疗服务“最后一公里”问题。通过互联网开展签约医生线上问诊、线下配药的惠民服务，实时归集乡村医生诊疗及健康数据，为村民提供健康咨询服务。积极探索互联网延伸医嘱、电子处方等网络医疗健康服务应用。“互联网＋医疗健康”服务实现对自身健康状况进行全周期的观察监测。居民可以借助物联网技术直观感知自己的身体状况，通过实时数据监测辅助治疗，保护身体免遭疾病侵袭；借助数据的云存储实现开放和共享，并通过大数据分析，实现潜在病患的排查和疾病趋势的预测。

第五，搭建智慧养老云平台，创造“互联网＋养老”环境。“互联网＋养老”由智能设备、线上软件、服务平台和线下服务三大板块组成，以智能设备为基础设施，以老年人服务需求信息为要素，以线下服务为支撑，共同构成一个闭合的供给与需求链，见图13-3（于潇、孙悦，2017）。健康养老服务平台的建设以各项数据库为运行基础，涵盖需要养老服务老人的基本信息、服务需求信息、健康档案、资源共享等方面的数据库，在上述数据库的基础上实现与社保、财政、人力资源等相关数据部门及医疗、金融等方面的养老服务机构互通。健全老年人健康档案，推广智能监测设备应用，打通养老机构与基层医院、乡村医生、社区医生的联动通道。

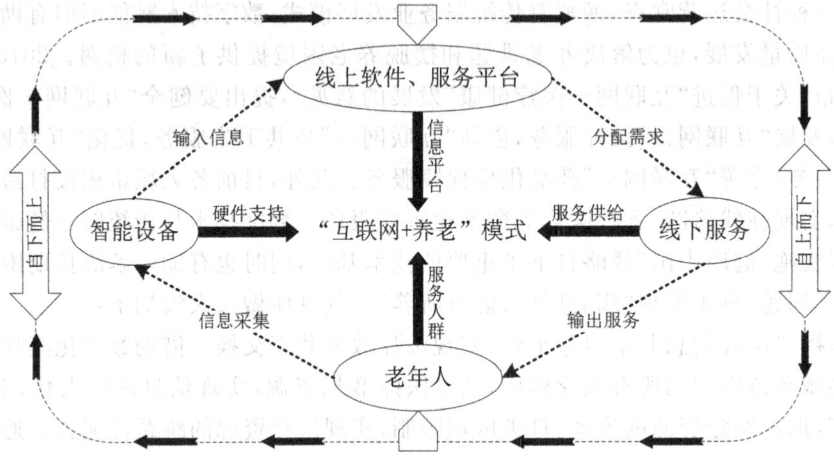

图13-3 “互联网＋养老”模式

资料来源：于潇，孙悦．“互联网＋养老”：新时期养老服务模式创新发展研究．人口学刊，2017(1)：58-66.

专栏13-3

抚州：智慧百乡千村医养服务工程①

抚州智慧百乡千村医养服务工程是江西省抚州市卫健委和广昌、崇仁、临川卫健委共同合作实施的一项农村医疗精准扶贫、健康惠民的重大创新工程。抚州智慧医疗工程与普通医疗信息化和“互联网＋医疗”项目的主要区别有3个：一是实现了互联网、移动网、物联网三网合一；二是实现健康档案、日常监测、健康关爱、专业体检、慢病筛查、评估干预、远程就医的全链条服务；三是实现村、乡、县、市多层级机构和医疗健康养老多种服务智慧平台的全联通、全覆盖，打破了现有各种健康医疗养老机构的信息孤岛。

例如，临川区智慧百乡千村医养服务工程主要在区卫健委建设了管控中心、特色体检中心，在区人民医院、区第一人民医院两家综合医院建设了18个平台和视频屋，在32个乡镇

① 综合参考自：让医疗变得智慧起来．(2021-01-05)[2022-03-05]. https://0555mas.com/xinwen/29974.html；临川区“五型”政府建设领导小组办公室．三增四减五到位 百千乡村万民赞——临川区智慧医疗惠及千家万户．(2020-11-30)[2022-03-05]. http://www.jxlc.gov.cn/art/2020/11/30/art_5128_3591069.html.

卫生院、社区服务中心及200个村卫健室建设了视频小屋和第四代智慧健康服务小屋，为6户空巢老人安装了智慧养老关爱系统。特色体检中心有三大亮点，15分钟内完成125项人体生理生化指标检测及身心健康分析。一是血细胞形态分析物联检测：依据国际最新的血红细胞形态学理论，通过高倍显微镜与电子计算机的结合，观察、分析血红细胞的形态与活性，从而判断出人体的健康、疾病或衰老情况。血细胞形态分析检测科学、直观，可同步物联存档保留在个人智慧健康医疗系统，具有极强的健康参考价值。二是25项全身心健康评估物联分析检测：使用苏联经过20多年由100多位各学科的科学家为航天员研制的健康管理评估系统，15分钟即可得出125项人体生理生化指标及身心健康分析报告，其中还包括肿瘤筛查、老年痴呆筛查、心理情绪指数测定等普通医院难以实现的高端体检项目，并通过物联网技术同步上传个人智慧健康医疗系统。这些报告在一般医院里需要做三天体检才能得出结果。三是高端特色体检组合还可通过平台配备的个人专属智慧健康医疗系统，将125项常规体检的定量分析与血细胞检测的形态分析对照比较，互相验证，从而极大地提高了健康体检的便捷性、系统性、预警性和震撼度。

专栏 13-4

大足：线上线下结合的智慧养老新模式①

重庆市大足区，全区现有60岁以上老龄人口20.6万人，养老床位7432张，街道、社区养老服务设施实现全覆盖，2019年被列为全国第四批居家和社区养老服务改革试点地区、重庆市失能特困人员集中照护工程试点区、重庆市智慧民政建设试点区。近年来，大足区积极响应关于加强智慧民政建设的要求，建设了以智慧养老为重点的智慧民政系统，打造"区镇街村(社区)"互联互通的智慧养老服务体系，开展线上线下结合的养老服务和农村互助养老服务。截至2021年6月，已采集完成全区20.97万名老人基础信息，整合173家养老服务设施，为4600余名农村困难老人购买了智慧养老居家服务，已在122个村建立起互助式养老模式，向全区老人提供养老顾问服务，基本实现养老服务基础数据、养老服务业务和服务质量监管的智能分析应用。

第一，整合资源、夯实基础，建成养老服务数据库。依托重庆市首个智慧民政系统平台，对全区高龄、独居、空巢、失能等特殊困难老年人开展摸查，全覆盖绘制老年人动态管理数据库、老年人能力评估等级档案、养老服务需求、养老服务设施"关爱地图"，有效整合社会资源、政府资源、信息资源等各类养老服务资源。

第二，以人为本、城乡互助，探索养老服务新模式。坚持"区级指导、镇街主导、村级主办、政府支持、社会参与、因地制宜、社区互助、邻里自助、社会共助"原则，依托镇街养老服务中心、村社区养老互助站和"孝善之家"等，在首批122个重点村(社区)试点推行农村社区互助养老模式，培育起122支为老服务互助队伍和5000余名邻里互助人员，建成"村(居)委会

① 详见：重庆市大足区农业农村委."互联网＋智慧养老"实践与创新探索.(2021-11-16)[2022-03-05]. http://www.dazu.gov.cn/qzfbm/qnyncw/zwgk_53321/zfxxgkml/xczx_307515/gzjz/202112/t20211214_10167128.html.

十居家养老服务十医养结合服务十社会志愿服务”的运行方式，探索开展“积分兑换”制度。结合区内资源禀赋和人文底蕴，将龙水湖康养产业和大足康养文化园作为重点打造的成渝地区双城经济圈养老领域项目。依托重庆市唯一的世界文化遗产大足石刻、国家级水利风景区龙水湖、国家级森林公园玉龙山休闲旅游资源，发展康养、栖居、文化养老新模式。同时，依托大足石刻文创园打造大足康养文化园，按园区即景区思路，规划布局养老服务中心、川美艺术及雕塑中心、老年艺术大学、文化养老园区等，配套酒店、民宿，建成“产业十文化十旅游十养老”为一体、深度融合的城乡康养文化园区。

第三，智慧引领、网络助力，开展“互联网十养老”服务。通过老人个人健康管理和健康数据人工智能分析业务应用，实现老人健康电子档案管理、体检报告管理、健康大数据分析服务。建立智慧养老呼叫服务中心，整合为老服务资源，委托第三方为首批近4600名城乡低保、特困、空巢等困难老人提供服务，服务涵盖紧急援助、主动关爱、健康管理等线上支持和助洁、助餐、助浴、助行等线下上门内容，实现服务派单、工单跟踪、服务项目和服务评价的整合。满足老人不同的养老需求，是高质量践行“老有所养”的关键所在。针对特困人员供养服务存在机构单个规模小、点多面广、房屋新旧不一、设施设备内部管理与标准养老机构要求有较大差距、床位利用率低等问题，大足区充分利用现有资源，将条件较好且能覆盖多个镇街的供养服务机构规划为区域性供养服务机构，全面推行“10＋2＋1＋N”区域性供养模式。“10”即设立拾万、双桥、邮亭、宝兴、珠溪、高坪、回龙、玉龙、龙岗、棠香（中心敬老院）10个供养服务机构为自理型区域性供养服务机构，用于服务本辖区及周边镇街自理型特困人员。“2”即设立铁山、智凤2个供养服务机构为失能型区域性供养服务机构，用于服务全区身体失能、半失能特困人员。“1”即以大足区第三人民医院为依托，设立万古精神卫生福利服务中心，用于服务全区精神失能特困人员。“N”即将万古、国梁、宝顶、龙水等富余的供养服务机构作为经营性使用，面向社会招商，积极引进公办或社会力量参与运营管理，发挥国有资产效益。

第四，全程管理、保障质量，推行养老服务在线监管。利用智慧民政平台，结合机构视频监控、消防报警设施，实现对养老机构远程、实时、动态、高效的日常安全监督和管理。针对机构安全管理体系建设、消防安全、突发事件应急管理，建立养老视频监管中心，全区52家养老服务机构、各级社区养老服务设施的公共区域视频均接入监管系统，为安全教育与培训、安全巡检监督、防灾控灾工作开展提供技术支撑，实现机构安全和服务质量全过程实时监管。其中，大足智慧民政发放的手机，可通过SOS一键求助，自推出以来，挽救了不少老年人的生命。

大足区智慧民政平台通过构建统一智慧养老服务体系，实现了虚实结合、线上线下协同、多渠道感知、多元服务主体共存、多类养老模式融合的新型养老管理服务模式。目前，已收集全区21万名户籍老人基础信息，为5000余名特殊困难老人建立完整服务档案；实现了养老服务设施、养老服务信息化全覆盖；整合管理各类社区养老服务机构（设施）201家，生成养老服务“关爱地图”，实现了养老设施基础数据、养老服务基础数据、养老服务管理数据、社会救助“一门受理协同办理”数据和服务质量监管数据的智能分析应用；通过信息平台与前端设备智能对接，为全区4000余名特殊困难老人开展了线上线下相结合的智慧养老家庭生活照料服务。由此全面提升了全区养老服务“智慧化、一体化、协同化、标准化、产业化”水平，助力大足智慧民政体系打造成为全市标杆。

三、乡村数字化文化

（一）乡村数字化文化的内涵

乡村文化是人们在长期的农村生产生活实践中形成的带有地域性、乡土性的物质文明和精神文明的总称，尤其是农民在长期农业生产和乡村生活中逐渐形成并发展起来的思想观念、心理意识和行为方式等无形文化形态。一方面，乡村文化是农民生活世界的重要组成部分，是农民安身立命的价值和意义所在，具有极强的地域性和自发性。另一方面，乡村文化是助推乡村振兴的动力源泉、内生活力，也是实现乡村振兴的灵魂与价值指引。①

以互联网、大数据、云计算、人工智能为代表的新一代数字技术的快速发展，其影响渗透到经济、社会、政治、文化、生活等各个方面。2019 年 5 月出台的《数字乡村发展战略纲要》中明确指出，要繁荣发展乡村网络文化，推进乡村优秀文化资源数字化。乡村数字化文化转型指的是通过数字技术赋能乡村文明，激活广大乡村地区的文化活力，创造出具有独特魅力的乡村文化。数字时代下的乡村文化振兴，既要重视传统乡村文化的重塑与改造，也要重视虚拟乡村文化的建设与发展。乡村数字化文化建设正在不断加强。据《中国数字乡村发展报告(2020)》，截至 2020 年上半年，全国共建设 230 多个不同层次的地方文化云，数字图书馆推广工程已覆盖全国 41 家省级图书馆(含少儿馆)，服务辐射 2744 个县级馆；共享服务的数字资源超过 140TB，共计精准帮扶 133 家县级图书馆，在文物数字资源方面，近 400 个村落实现全景网络漫游，覆盖 4.3 万栋以上传统建筑和 7500 项以上非物质文化遗产数据。

（二）乡村数字化文化的必要性

1. 数字化重构乡村文化建设主体

随着城镇化推进和市场经济的深入，乡村大量人口外流，乡村社会早已呈现出与传统熟人社会所不同的景象。乡村公共文化空间的衰弱，使得乡村人民对乡村文化产生了疏离感，造成乡村公共文化活动传承的断裂与消解。而乡村空心化进一步衍生出乡村文化建设主体的空心化。越来越多的农民不愿意在传统的集体文化活动中找寻情感交流与寄托，文化交流的形式也日趋单调。

数字时代，微博、微信、直播、短视频等新媒体技术赋予每一位农民进行文化输出和乡村文化创造的权利，每一位农民都可能成为乡村文化内容的生产者和传播者。与农民的生活文化脉络交融在一起的短视频作为一种新媒介，不再只是一种简单的娱乐事项，而是一种能动的、嵌套于人们日常生活的、能够给他们带来多重体验的新型生活方式，其背后反映的是农民群体对数字生活的再嵌入，可以帮助农民实现线上与线下、自我与地方、私人与公共的勾连，为其丰富自我生活、接入数字生活等提供了极大的可能(何志武、董红兵，2021)。

---

① 不少相关研究中将乡村数字化文化归于乡村数字化治理领域，主要是基于乡村文化的教化或“德治”功能。而我们更强调乡村文化是乡村生活的重要组成部分，认为乡村文化并非“架空”，而是寓于活生生的乡村日常生活之中。

在新媒介赋权的背景下，个体的自我意识和能力被激发、被释放，社会结构和社会关系被颠覆、被重构，多元主体在动态博弈平衡中共同参与到乡村振兴中来（师曾志等，2019）。例如，网络红人“李子柒”借助移动互联网和短视频将乡村优美的田园生活进行场景式传播，唤起大众对乡村文化的回忆和向往，将中国传统文化传递到世界各地。又如，2019年淘宝推出的“村播计划”，借助直播产业帮助农民脱贫，让农民自己成为农产品的代言人，同时也借助直播形式向社会大众传播传统乡村文化。

2. 数字化弥补乡村文化资源匮乏

受传统的城乡二元体制的影响，传统乡村文化发展所需的各项资源投入较少，且不断流向城市，加剧了传统乡村文化发展困境。乡村文化基础设施落后，资金短缺，直接导致了许多农村文化馆和文化站面临关闭的窘境。此外，基层政府在管理乡村文化建设上缺乏整体性规划，在管理过程中存在着职责不明、边界不清的问题，使得乡村文化建设过程中出现的问题得不到及时反馈和解决。乡村文化建设面临着文化资源匮乏的困境，而资源匮乏又会直接导致乡村文化传承的断裂。

而数字化加速城乡文化资源流动，突破乡村文化资源局限，数字技术为更广泛的文化传播创造条件，为更生动的文化活动开辟可能，为弥补乡村文化资源匮乏提供有效途径。数字文化资源是指以数字技术手段开发、生产、传播和利用的文化资源，主要包括以数字化形式生产的文化资源和文化资源的数字化；数字文化传播是指文化生产经营主体基于数字网络等手段将数字化的文化资源以数字化呈现方式传输给受众并实现与受众互动的过程；数字文化活动是指提供数字文化资源及数字文化服务的活动。

数字技术有效解决农村文化资源不足的问题，充分利用各种短视频、微博、微信等新媒体发布乡村传统文化内容，不断提供形式多样、内容丰富的数字文化产品和服务使农民随时随地获取数字文化服务，为其提供深度参与、交互开放的信息传播交流环境，并且借助新媒体传播的优势，扩大乡村传统文化的传播范围和影响力，促进乡村文化积累。诸如短视频在农村社会的嵌入，极大地丰富了农民的精神生活，弥补了政府在公共文化资源供给方面的不足，形塑了农村文化生活新秩序。短视频等新媒介在农村社会的嵌入，离不开农民的参与，他们在深度卷入的过程中获得了数字赋权。数字赋权不仅考验农民对外来文化的适应性，也对其文化生活的形塑产生了积极影响，帮助农民镌刻集体记忆、提升自我价值、实现自我表达（倪菁，2017）。

3. 数字化弥合乡村文化供需脱节

当前，乡村文化供给与需求脱节，供给内容无法反映农村居民的实际需求。农村目前正在建设的各个文化项目难以实现农民的实际文化需求与现实文化供给对接，乡村文化建设需要以需求为导向才能保证服务供给的整体效益。在公共文化服务中，农村居民更加偏好文艺表演、文体娱乐等活动，对常规健身器材、文体活动室、文体广场等文体活动设施或场所需求较大，但政府在这些方面的投入却严重不足，许多农村公共文化设施简陋，文体娱乐经费短缺，文艺节庆会演等活动难以开展。另外，政府耗巨资建设的农家书屋往往脱离农村生产生活实践，难以引起农村居民的兴趣，农家书屋使用率普遍较低，部分农家书屋甚至成为“农家锁屋”（陈建，2017）。在农村公共文化供给上“重整顿，轻培育”，文化供给产品单一，内容单调，没有注重培育自身特色的乡村传统优秀文化，乡镇政府更多地是进行基本的文化设施建设工程项目。

当前,数字化正日益成为拓展乡村文化发展领域、优化乡村文化服务供给的有效抓手。数字技术的应用为传统的乡村文化产业锦上添花,乡村文化旅游的智慧平台建设、乡村传统文化的数字化体验、乡村文创产品的数字化营销等都推动着乡村文化产业的数字化体验消费,冲击着村民传统产业发展观念。将互联网、虚拟现实、全息成像、裸眼3D等技术应用到文化生产上,摆脱文化建设集中在乡村演出、乡村旅游、节庆文化等传统模式,推动数字内容、数字出版、数字表演、数字教育等新兴文化业态在乡村落地生根,改变文化供给单一的现状(李翔、宗祖盼,2020)。利用数字技术在传播方式上便捷、快速、智能的特点,有利于打破文化生产和消费的垄断。"万众皆媒"时代的到来,使人人成为文化内容的生产者和传播者,进一步拓宽了乡村文化发展的领域,提升了乡村文化品质。

(三)繁荣发展乡村数字化文化

当下,利用数字技术发展乡村数字文化日益成为发展趋势。数字赋能乡村文化,其主要做法大致如下。

第一,加强农村地区数字文化基础设施建设。在当前乡村文化振兴的背景下,政府作为公共资源的供给主体,需尽责履职,将农村公共文化资源配置与乡村振兴战略有机融合,整合各类政策和项目资源,建设一批高水平、符合农民期待、贴近农民生活的公共文化基础设施。利用互联网、物联网、云计算、大数据等技术掌握信息,捕捉需求,构建更具适用性的公共数字文化平台,为村民提供订单式服务,打通线上线下相结合的服务通道。完善农村新闻出版广播电视公共服务覆盖体系,推进数字广播电视户户通,消除服务盲区,逐步弥合数字鸿沟。加强城乡数字文化互联互通,构建县、乡、村三级数字联动机制,为村民提供更多更优质的文化信息资源。加强面向农村地区人民群众的数字文化资源建设,深入调研,建设农村地区人民群众喜闻乐见的优秀数字文化资源库。

第二,在乡村数字文化建设中发挥农民主体性。农民既是乡村文化的消费者,又是乡村文化的参与者、建设者,更是乡村文化的创造者、拥有者。在乡村文化建设中,要尊重农民主体性,调动和发挥好农民的主动性与创造性,走内源式发展道路。农民要增强积极主动参与乡村文化建设的意识,提高数字文化运用、数字软件和设备使用的能力,多多参与线上活动,提出问题意见,进行需求反馈,为乡村文化建设建言献策。同时,农村人民群众可以运用手机媒体、微信公众号、网络直播、短视频等新媒体手段,将体现乡村历史文化、风土民情、传统美德的优秀乡村文化以数字化的方式展现出来,把原本抽象的乡村价值理念、传统美德用全新技术手段和动感时尚、视听兼备、图文并茂、方便快捷的方式呈现及传播出来,赋予乡村优秀传统文化以新生趣和新生命,扩大乡村文化的影响力。

第三,增加乡村数字文化产品和服务的有效供给。随着农村地区网络基础设施的完善和互联网的普及,农村居民能够畅通无阻地使用无限丰富的互联网资源消费国内乃至全球的文化艺术产品。但从当前现实情况看,我国数字文化产品和服务主要还是面向城市居民,针对广大乡村、贴近"三农"的数字文化产品还十分有限,远远不能满足乡村民众对数字文化的需求。因此,要以农民的需求为导向,通过建立需求表达反馈机制,定期了解农民的意见和需求,从而及时调整政府的文化供给内容,实现农村文化产品的供需平衡。在政策层面,也可引导文娱行业从业者瞄准广大农村市场,深耕内容,创作贴近农民生产、生活实际和为农民所喜闻乐见的精良作品(倪菁,2017),大力开发采用农村题材、深受农村居民欢迎的数字文化产品和服务。

第四,弥合城乡文化数字鸿沟,鼓励数字文化消费。在农村地区,普通农民文化教育程度不高,缺乏对数字技术相应的使用技巧和能力,老年人的文化水平、知识技能等较为有限,他们面临更大的文化数字鸿沟。提高农民的科学文化素质是乡村文化建设的重要组成部分,也是培育乡村文化自信的重要途径,同时还需要进一步增强智能应用的适老性,提高老年人的数字素养。增加农村数字文化产品和服务的有效供给,补齐内容短板,丰富服务模式,扩大消费范围,提升消费体验,引领消费潮流;大力创作与"三农"有关的数字音乐、网络文学、动漫、影视、游戏、直播等数字文化内容,形成有效优质供给;提升农村知识产权保护意识,培养用户付费习惯,普及网络支付手段,充分挖掘农村数字文化产品消费潜力和市场价值,建立完善与互联网、移动终端发展相适应的数字文化服务系统。

四、乡村数字化消费

(一)乡村数字化消费的内涵

消费活动是乡村生活的重要组成部分。过去,信息的闭塞导致农村消费受到严重束缚,农村人民的大部分消费集中于食品、儿女教育、红白喜事和住房建筑等方面。而当下农民消费依托于数字化时代的优势特点形成了区别于传统消费的新内涵和新特征,主要表现在:(1)消费结构的转变。农村居民的消费逐渐由生存型消费转向享受型消费,消费结构更加趋于多样化。(2)消费理念的转变。由于数字化所带来的便捷高效以及消费信贷的推广,农村居民的可支配收入提高,消费选择范围更加广,使得消费理念升级,主动型、引致型消费迅速攀升。(3)消费周期的转变。在数字化的经济背景下,农村居民的消费周期由集中性向日常性转变,相较于传统的"一次性采购"的模式,数字化时代下时间和空间的限制被打破,大大提高了消费的个性化、多元化和便利化。(4)消费行为的转变。互联网产生的信息效应和技术效应使得农村居民的消费行为逐渐由线下采购转化为线上购买,同时更迅捷、更丰富的信息的获得,有助于扩张农村居民的消费边界,进一步改变其消费行为。

研究报告显示,2021 年第 3 季度,我国第三方移动支付交易规模增长至 77.46 万亿,环比增长 2.55%。[①] 移动支付迅速发展,演化成数字消费。数字消费是一种以智能化、精准化为导向的新型消费模式,移动支付与消费服务紧密结合,连接各类交易场景。借助移动手机客户端,用户轻松实现数字消费,在此过程中,服务商通过数据反馈精准获知客户动态需求,创造新的消费需求。就农村地区而言,推动乡村消费升级是数字生活的必然要求。农村居民不仅要实现消费结构的优化升级、消费内容的丰富多样,更要迎合当下数字技术的发展,迈入数字消费时代。

---

① 详见:胡精华. 移动支付行业数字化进程分析. (2021-12-31)[2022-03-05]. https://www.analysys.cn/article/detail/20020351.

(二)乡村数字化消费的必要性

我国农村地区消费潜力巨大,而其消费需求目前并没有充分释放。电子商务、移动支付、数字技术的发展机遇,有助于推动农业现代化及农村消费升级,农村消费需求成为带动农村经济发展的新的增长点。有研究指出,互联网技术从产品、渠道、服务三方面创新,通过提供消费对象升级所必需的产品、迎合消费方式换代所需要的渠道、满足消费环境与消费观念变革所需要的服务,实现消费升级(王茜,2016)。"互联网+"通过对消费主体、客体、载体的整合改造,重塑消费环境、重建消费逻辑与重整消费层次,打造多点支撑的消费增长格局(杜丹清,2017)。农村电子商务的发展改变了农村居民消费结构,减少了供需矛盾,满足了消费需求,促进了消费增长(刘根荣,2017)。

1. 数字化转型释放乡村消费活力

数字技术更新农村居民的消费理念,推动了服务型消费,使消费需求得以释放。商务部电子商务和信息化司的《中国电子商务报告 2020》显示,2020 年中国农村网络零售额达 1.79 万亿元,同比增长 8.9%。农产品网络零售额达 4158.9 亿元,同比增长 26.2%。随着电子商务的快速发展,农村网民数量及网购规模持续快速增加,突破农村居民传统消费理念,改变传统消费模式,进一步释放了农村潜在的消费需求。此外,移动支付颠覆传统支付方式,提升消费的便捷高效度,带给农村居民更舒适便捷的消费过程和消费体验。支付宝、微信支付等第三方支付平台的迅速崛起,使移动支付成为农村网络支付的主导。央行数据显示,2020 年,银行业金融机构共处理农村地区移动支付业务 142.23 亿笔,同比增长 41.41%;网上支付业务 118.77 亿笔,同比下降 6.18%。非银行支付机构共处理农村地区网络支付业务 4670.42 亿笔,同比增长 5.99%。①

数字技术产生信息效应,扩张消费边界,释放消费潜力。正如尼葛洛庞帝(1997)所说,"网络媒介是传统媒介的掘墓人",可见,互联网媒介的发展带来了信息传播形态、消费行为模式等方面的巨大变革。在淘宝、京东、拼多多等互联网购物平台上,用户可以即时获取丰富多样的信息,微信、淘宝旺旺等在线聊天工具使买家与卖家之间可进行即时交互沟通,数字消费在降低信息获取成本的同时,提升了信息的可得性和透明度。以数字技术为基础演化而来的数字消费是一种无边界消费,借助数字化技术实现商品和服务的自由流动,创造出极为丰富的消费品,刺激消费欲望,创造新的消费需求。

2. 乡村消费升级拉动经济增长

数字技术可以实现资源重组整合,优化资源配置,降低交易成本。消费者会自主运用搜索引擎展开大范围的信息搜索,在此过程中创造产品、搜集、配对、供需等信息,增强各主体之间的互动,而信息搜寻成本的降低提升消费活动交易效率。电子商务打破了长期以来城乡资源配置单向流动的困局,电商的发展赋予农村地区各类小微生产经营主体新的经济增长空间,将农产品的生产、流通、销售构成新的生态系统,以数字化带动整体产业化,推动农村市场消费升级。

① 详见:中国人民银行金融消费权益保护局.中国普惠金融指标分析报告(2020 年).(2021-09-08)[2021-10-05]. http://bank.hexun.com/2021-09-08/204322809.html.

消费升级畅通则进一步促进了农村地区经济循环。一个完整的社会生产过程包括生产、分配、流通和消费，生产促进消费，消费反过来作用于生产。释放消费活力才能更好地促进社会再生产的顺利进行。随着经济的发展和农民收入的增加，需求的多样化将带动供给侧提质增效，农产品借助电商平台的技术优势和市场规模成功"进城"。而电子商务的发展，同时也促进了农村地区基础设施的建设、物流体系的完善、就业岗位的增加，从而带动整个农村地区的经济发展。数字消费则可以更高效、快速地匹配供需双方，挖掘各地产业集群优势，激活农村相关产业链。生产商也可根据消费需求的变化调整及优化生产，提供个性化和定制化的产品服务，创造全新的商业模式，推动乡村产业结构升级改造，助推乡村振兴。

(三)积极促进乡村数字化消费

为促进乡村消费升级，进一步释放乡村消费潜力，需要借助数字技术打造乡村数字消费生态圈。其具体做法大致如下：

第一，加快建设新型消费基础设施，优化乡村消费服务场景。农村地区基础设施建设滞后、物流产业发展滞后、流通效率低下、流通成本过高等制约农村消费需求的升级和实现，农村居民对消费品的巨大需求难以转化为现实的购买力，阻碍农村市场的开拓，因此，农村居民消费升级需要农村流通体系的优化、消费基础设施的提升。要推进智慧广电建设，推动5G网络、物联网等优先覆盖乡村核心集市、产业园区、交通枢纽。发展物流新业态新模式，加快乡村商贸流通数字化升级，推进乡村快递服务站、智能快件箱、无人售货机、智能仓储保鲜柜等智能型终端设施建设和资源共享。继续提升市场化基础设施服务能力，确保产品标准化，建设农产品分拨、包装、预冷等集配装备和分拨仓、前置仓等仓储设施，提高市场标准化、智能化水平。

第二，支持乡村电子商务发展，发展数字化消费新业态。要加快乡村电商产业集聚发展，依据地方产品特色建设电子商务专业村。优化乡村快递服务和互联网接入，加快县乡村三级物流网络和中心站点建设，加快实现建制村邮政快递物流服务站全覆盖。鼓励支持乡村邮政网点、便民服务站向快递超市转型。基于网络数字技术的新业态、新模式，通过设立产业培育补助基金、税费减免等方式支持互联网平台企业发展乡村消费新场景。深入实施电子商务进乡村行动，鼓励发展直播带货、社交电商、社群电商等新模式，拓展乡村市场消费品类。

第三，深度应用大数据技术，赋能农产品追溯与城乡产销资源配置。积极发展"互联网+"农产品批发市场销售新业态，发挥数字化在供应链响应中的作用，建立集采模式，快速响应，以最低成本满足市场全方位多频次的需求。鼓励电商平台与物流服务企业发展城乡商贸流通大数据平台，围绕城乡流通大数据开展消费偏好和消费特点分析，提高城乡产销资源配置的科学性。支持乡村零售门店对接大数据平台和数字化管理系统，依托数字化实现乡村零售门店的统一管理、连锁经营，并开展"联采共配"，提升门店订补货物资配送效率和管理水平。综合应用区块链、云计算、物联网及RFID标签等数字技术，建立线上线下相结合的农产品数字化安全追溯体系，实现对农产品整个产销供应链的信息可视化追踪。

第四，增强农村居民数字消费意识，倡导数字消费文化。数字技术的扩散和渗透是不均衡的，在群体之间体现出巨大差异，尤其是农村地区，大多数普通农民文化程度较低，对数字技术使用不娴熟，导致一大部分人游离在数字社会外，成为数字弱势群体。因此，要建立乡村消费教育基地，科学合理引导乡村居民消费决策和消费行为，树立发展型和前瞻性消费新理念。通过电视广播、网络媒体、乡村大篷车等方式开展知识宣传，结合走访交流等活动，对乡村居民最关心的生产资料识假辨假、食品安全、消费维权、数字化消费新模式等知识进行普及教育。支持乡村零售网点和农批市场发展“线上支付、线下配送”服务，引导和培养乡村居民的数字化消费习惯。积极推广乡村地区在线教育、互联网诊疗等服务型和发展型消费项目。增强农民的数字消费意识，使其在日常生活中能够使用各种移动客户端进行线上购物、订餐、订酒店等，使人人都能享受数字红利，形成数字消费氛围。

五、若干思考

首先，我们应高度重视乡村数字化生活的深刻影响。当前，人们通常会将农业农村数字化转型发展更多地视为农业产业数字化和乡村经济数字化，或者再包括乡村治理数字化，而相对忽视乡村数字化生活。其实，就数字技术的能动机制、其解构传统农业农村生产生活方式的程度以及其在农业农村现代化过程中所发挥的影响而言，尽管当下印迹还不显著，但可以肯定的是，数字乡村几乎与以往的所有形式的农业农村演进都迥然不同。这些并非仅仅表现为经济转型、治理转型，更将深刻地改变乡村生活方式乃至村民日常社会生活的实质，也影响村民认知和经验中最为个人化的那些方面。

以乡村居民(特别是老年群体)近年来日渐风行的短视频实践而言，如今观看短视频已成为村民消磨时间的主要选择，这并非只是一种简单的娱乐活动，更是一种能动的、嵌套于他们日常的新型生活方式，其背后反映的是数字对村民生活的嵌入。在此场域中，媒介不仅仅是一种中介性工具，更是一种形构社会的重要力量，它以不同的维度改变着使用媒介的人及其生活环境；而作为主体的人亦借助媒介调整其行为习惯，使媒介能更好地适应其所处的场景情境。媒介、村民及其生活环境正通过不断的互动生产出新的价值意义。毋庸置疑，短视频在很大程度上丰富了村民的精神生活，弥补了政府在公共文化资源供给方面的不足，形塑了农村文化生活新秩序。但这并不意味着政府可以从农村公共文化生活中彻底退出。在当前乡村文化振兴的背景下，作为公共资源的供给主体，政府需尽责履职，将农村公共文化资源配置与乡村振兴战略有机融合，整合各类政策和项目资源，建设一批高水平、符合村民期待、贴近村民生活的公共文化基础设施，其中包括贴近村民生产生活实际而为他们所喜闻乐见的精良作品。

其次，要注意克服数字技术带来的异化问题，以良善数字化为指引，提升乡村公共服务效率与品质。其一，乡村服务数字化是通过依托数字技术面向乡村主体提供多元服务的过程。在这个过程中，服务内容是重点，数字技术是手段。然而，当前在利用数字技术为乡村生活提供便捷高效的现代化条件时，往往重形式轻内容，容易造成技术依赖惰性，难以保障基本的服务效率和品质，使得数字技术非但没有服务乡村生活，反而成为乡村生活的负担。其二，在数字嵌入乡村生活过程中，大数据逐渐渗透至公共服务各个层面与环节，成为回应服务现代化的必然要求和确定趋势。然而在实际运行过程中，数字的服务功能却常常在无形中异化为服务内容提供和服务全流程发展的操纵力和控制权，数字依赖严重阻碍数字对乡村生活的服务作用。此外，数字依赖还潜藏着数字冷漠的风险。对数字技术的过度依赖容易掉入机械化、程式化、僵化死板的服务陷阱，导致社会互动减少，情感联结减弱，进而使得服务结果背离人性化理念和便民利民的服务初衷。基于此，在利用数字技术服务乡村生活的过程中，不能盲目追求技术引入和应用，而应高扬人文主义的旗帜，首先将提升服务效率与品质摆在关键位置，充分发挥数字技术的良善作用。

最后，要警惕数字鸿沟，提升服务适农性与适老性水平。实现乡村数字化生活既是解决我国城乡发展不平衡的现实需要，也是缩小城乡数字鸿沟的关键之举。当前，在数字技术和数字服务下沉乡村的过程中，因计算机或上网技能差异、网络使用方式差异而导致的数字鸿沟对于数字服务乡村生活产生较大阻力，因此造成数字服务产品的适农性和适老性相对不足。广大村民和老年群体是数字服务的需求主体，也是数字技术使用者，但大多数村民文化程度相对较低，老年人对新鲜事物的接受能力有限，对数字化的设备接触相对较少，使用相对生疏，与城市居民存在一定差距。数字鸿沟的客观存在阻碍着城乡一体化建设进程，致使诸多数字化设备和应用无法真正走进老年人生活，诸多功能服务无法切实惠及广大村民。为了保证数字服务的普惠性与公平性，让全体村民拥有优质体验与获得感，提升数字服务的适农性与适老性水平具有重要意义。

第十四章　数字乡村的国际实践

农业是人类社会不断进步发展的物质基础，也是各国发展的重中之重，需要不断提升、创新和现代化。舒尔茨(1987)在《改造传统农业》一书中指出，在传统农业的背景下，“来自农业生产的收入流来源的价格是比较高的”，即“传统农业中资本的收益率低下”，这就造成传统农业的停滞落后，也就无法刺激经济的增长。为此，他进一步指出要想改造传统农业就必须寻找一些新的生产要素作为经济增长的源泉，即引进现代农业技术，开展农业技术变革，通过技术变化使生产要素发生改变。从西方发达国家的早期经验来看，非农业部门的机械化和工业化所带来的技术进步进一步辐射到农业中，从而获得了较高水平的土地或劳动生产率，进而实现了传统农业向现代农业的质的转型。那么，在现代农业环境下，是否也存在这样高兼容性、强延展性的技术可以为农业带来进一步发展？

当前，全球数字化进程不断提速，数字科技成为各国迈向强国的必经之路，发达国家将数字技术与其他行业的融合发展作为构筑现代化国家的主要方向。如今，数字技术被看作是一种“元技术”，其兴起不仅激活了既有的“技术存量”，而且发明创制出更多的新技术，进而推动传统体系的迭代升级与交融互构(姜华、张涛甫，2021)。也正因如此，农业生产经营与数字技术不断融合、创新，从而使得现代农业迈入数字化时代。可以确认，数字技术正是我们所寻找的刺激现代农业再次增长的技术变革驱动源。

2019 年 5 月，《数字乡村发展战略纲要》提出立足新时代国情农情，要将数字乡村作为数字中国建设的重要方面，加快信息化发展，整体带动和提升农业农村现代化发展。2021 年 3 月，《中华人民共和国国民经济和社会发展第十四个五年规划和 2035 年远景目标纲要》指出要“打造数字经济新优势”，将数字经济发展和数字化转型的目标与作用提高到国民经济的高度。显而易见，农业农村数字化是技术、经济及社会发展的趋势使然，对于加快实现农业农村现代化具有极为重要的意义。应该看到，我国尽管目前农业农村数字化转型发展进程未必落后于西方发达国家，但依然与之存在着显著的结构性差距。为此，我们引入农业技术扩散理论以及速水佑次郎和弗农·拉坦关于各国农业生产率差别源泉的研究，对发达国家农业农村数字化转型的共性和个性经验进行总结，为我国农业农村数字化发展提供一些可能的借鉴。

一、发达国家农业农村数字化的共性经验

近年来，农业农村数字化作为一种迈向现代农业的新型农业技术路径，在发达国家中广泛地传播、推广和扩散。早在 2008 年，欧盟农业和农村发展总局就成立了欧洲农村发展网

络(ENRD),旨在帮助成员国有效实施农村发展计划(RDP);近几年,ENRD发布了大量欧洲国家在农业农村数字化转型上的实践案例,并启动了"欧盟智慧乡村行动",该行动包含多项行动计划,得到了法、德、芬等欧盟成员国的积极响应,如德国东威斯特法伦-利普(Ostwestfalen-Lippe)未来村庄项目、英国的康沃尔(Cornwall)地区数字化项目和法国洛尔姆(Lormes)智慧村庄项目。德国于2015年在工业4.0的基础之上提出了农业4.0,希望在政府的支持下大力发展农业农村数字化,强调生产智能化与精准化、农业全产业链协同化、农民普遍职业化和农业生态化。2013年,英国政府发布了《农业技术战略》,该战略旨在促进英国农业与高科技技术的融合创新,进一步激发英国农业在全球的优势。美国2018年发布的《国家网络战略》重点提及对于数字技术的投资以及数字化优秀人才的培养。日本从2000年开始就连续发布了"e-Japan""u-Japan""i-Japan"战略,希望通过政策和资金来扶持日本偏远地区基础设施建设和技术创新;农林水产省积极开展"21世纪农林水产领域信息化战略"计划,该计划通过大力发展农村的基础信息设施,进一步推动日本农业的发展。那么,发达国家对于农业农村数字化的重视,是否意味着数字化可以在国际范围内与当地农业生产相结合?是否在各个国家转型路径下存在一些共同的经验?

早在20世纪初,塔德(Tarde,1903)在其著作 *The Laws of Imitation* 中首次提及了技术扩散的概念。技术扩散理论最早被用于研究为什么在工业化过程的大量技术中有一些得以传播,而另一些却逐渐走向消亡。后来技术扩散理论也被延展运用到农业技术创新扩散研究领域。根据刘笑明等(2006)对于农业技术创新扩散理论的研究,在一项新技术的传播过程中有利于农业技术创新扩散的5个特征分别是:相对优势、兼容性、复杂性、可试性以及可观察性。早期的农业技术创新扩散理论主要聚焦于农作物新品种的扩散研究,包括对于杂交玉米扩散的研究和我国杂交水稻的研究。传统农作物新品种的扩散往往受到当地资源禀赋的影响,如气候、土壤质量、降雨量等等,有着较差的兼容性以及相对优势不明显的缺点。数字技术作为"元技术"的基础性特性使得传统型技术可以通过与数字技术结合而大大提高效率,农业技术亦然,农业传统技术与数字技术的融合可以使农业生产率大幅度提高,可见数字技术加持下的农业技术相较于传统的农业技术有着十分明显的优势。同时,数字技术受传统的土壤质量和环境因素等影响较少,数字技术是在原有的技术基础上进行创新型升级,具有高兼容性、高可试性以及易于观察的特点。还有,人们往往因为刻板印象认为数字技术代表着复杂、烦琐,但实际上往往相反,农业农村数字化转型能够带给农民更大的便利性,提高农民生产劳动效率;而且农业生产智能化技术,如智能农机具、无人机技术、自动灌溉系统等,甚至在一定程度上可以降低农民对于传统农机具技术的知识要求,有着智能、更易操控、技术要求低等特点。在多种优势特征的基础上,农业农村数字化在国际上的扩散愈发明显。

正因为数字技术的扩散性和普遍性,发达国家争相开启了农业农村数字化转型之路:数字技术贯穿整个农业生产的产前、产中和产后环节,这是农业数字化;数字技术赋能乡村治理,加强乡村基础设施建设,提升乡村公共服务水平,这是农村数字化;数字技术提高人力资本的投入效率,进一步发展农民的教育、在职培训和健康水平等,这是农民数字化。显然,各个发达国家的农业农村数字化转型必然存在共性因素。通过对于各发达国家转型发展的分析,不难发现各发达国家农业农村数字化转型发展主要包括以下四方面路径(参见图14-1)。

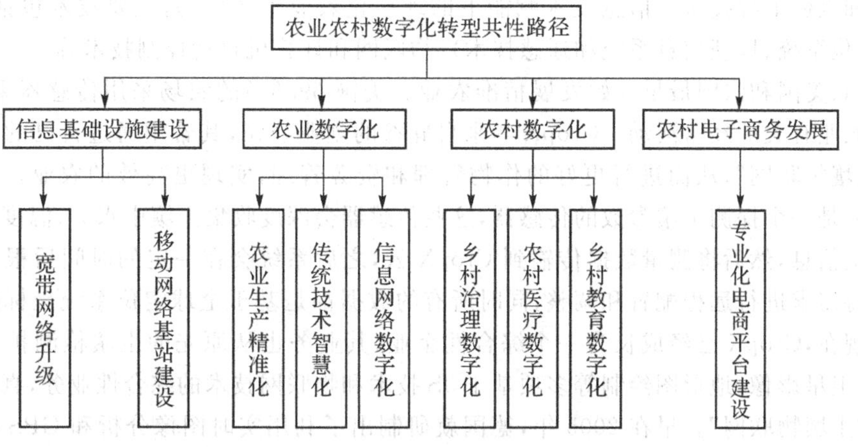

图 14-1　各国农业农村数字化转型的共性路径

(一)信息基础设施建设

随着互联网技术的不断发展,全世界的网民数量呈现指数增长的态势,《2021 全球网络概览》显示,截至 2021 年 1 月,全球 46.6 亿人使用互联网,全球网络互联网普及率达到 59.5%,同时全球有 52.2 亿人使用手机。① 早在农业信息化转型时期,发达国家就十分重视农村信息基础设施的建设,开始推动农村信息基础设施普及工作。随着数字化时代的到来,农村信息基础设施仍然存在"最后一公里"和宽带升级等问题。从发达国家的实践经验来看,其主要通过两方面努力完善信息基础设施建设:第一,政府提供法律法规、政策和资金支持。美国政府为信息基础设施普及提供了大力支持,奥巴马任总统时签署了《美国复苏和再投资法案》,法案中规定将 72 亿美元用于刺激宽带网发展,其中 25 亿美元是用于发展美国农村宽带网的专项财政拨款和政府贷款。2018 年,美国发布了《美国国家网络战略》《加强网络和关键基础设施的网络安全》《国家安全战略》来保障网络安全。第二,政府推动电信运营商和企业帮助乡村基础设施建设。2020 年,英国政府联合四大运营商共同推出了"共享农村网络(SRN)协议",并将投入 10 亿英镑用于实现该协议,同时预计到 2025 年,英国 95%的居民都能接入 5G 网络。基础设施的建设对于农业农村数字化转型有着十分重要的意义,农村地区的互联互通有利于更好地进行乡村治理工作,更有利于农业信息的收集,完善农业信息网络的建设,推进农业农村数字化。

(二)农业数字化

1. 农业生产精准化

20 世纪 80 年代初,美国提出了"精准农业"的构想,强调的是运用数字技术监控生产过程中信息的变化,从而对农业生产进行定量决策、变量投入,定位实施现代农业操作技术系统。20 世纪 90 年代,随着数字化时代的到来,精准农业逐步转变为现代空间信息技术、生

---

① 详见:We Are Social, Hootsuite. Digital 2021 Global Overview Report. (2021-11-30) [2022-03-05]. https://wearesocial.com/uk/blog/2021/01/digital-2021-the-latest-insights-into-the-state-of-digital.

物技术和机械工程技术等信息技术赋能下的现代化农业生产形态，主要技术包括3S技术（卫星定位系统、地理信息系统和遥感技术）、物联网和计算机自动控制技术等。

德国、美国和法国最早开始发展精准农业。美国69.6%的农场采用传感器采集数据，进行与农业有关的经营活动。CropX是来自硅谷的创业公司，其希望通过自己的技术建立一个"土壤物联网"，从而进行更好的作物管理和资源管理，实现更高效的农业。CropX最初的产品是一个探测土壤参数的传感器，这些传感器会深度收集土壤中水分、温度和电导率这些关键信息，然后将测量数据传输到CropX云，之后系统会在一定的时间后根据每种作物的独特需求进行远程配置和调整，同时所有的数据都是基于全球定位系统坐标的地理标签。到现在，CropX已经成长为一个综合性企业，其业务也从原先的土壤检测扩充到了天气预测、卫星影像、地形图绘制等多项基于3S技术和物联网技术的综合性业务，真正意义上实现了"土壤物联网"。早在2005年，德国就研制出了利用实时图像分析和GPS控制的斑块喷洒系统进行耕地作物的智能化除草。如今，德国将3S技术应用于农产品状况信息收集、自然灾害监测预报、土地资源管理保护、农机具智能化管理4个方面。如在生产环节中，通过遥感技术和地理信息技术来完成土壤相关信息的采集和分析，物联网技术主要应用于家畜饲养和动物身份识别领域；计算机自动控制系统主要应用于农业生产要素的监测和自动控制；计算机生长模型和专家决策系统则是对农产品的生长进行研究，并建立相应的模型如农作物病虫诊断模型，从农作物收益最大化角度分析虫害危险对于农产品不同生长阶段的影响，并做出相应的预测。法国有多家初创企业如Weenat、Hiphen、CarbonBee将传感器应用于温度湿度监测、作物生长监测和疾病早期监测等；在精准化预测方面，Farmstar是一个基于卫星和无人机技术支持的作物分析和控制系统，通过利用作物图像分析与农艺模型系统对作物的生长状况进行分析。①

2. 传统技术智慧化

当前的国际环境中，非农业部门对于农业劳动力的吸引以及人口老龄化的问题越发凸显，使农民数量锐减且平均年龄较大，农业数字化的目的之一就是使现有的技术更加智慧化，通过更少的人力实现更加便捷的农业生产工作，以及更加有效地利用资源。刘建波等(2018)指出智慧农业以现代信息技术为手段，运用先进的数字技术对农业生产经营进行智能化管理，实现农业生产可视化、智能化。赵春江(2021)指出智慧农业强调通过综合运用智能技术，提高人类对农业系统综合管控的能力。美国的约翰迪尔(John Deere)是世界领先的农业和林业领域先进产品和服务供应商，致力于研发精准施工技术、精准农业技术和精准林业技术相关的智能农机具。2001年约翰迪尔第一次推出了AutoTrac自动导航系统，用于提高作业效率和延长有效工作时间。除此之外，约翰迪尔还开发了John Deere Field Connect解决方案，利用新型的环境传感器探测土壤和农作物环境状况。门卫(Gatekeeper)是英国自主研发的专家系统，用于提供辅助决策和农场管理服务，据统计使用该项系统的大型农场就有4000多家；除此之外，LELY企业研发的人工智能机器人用于给奶牛挤奶等。法国在"农业-创新2025"计划中针对农业数字技术研发提出，将机器人引入农业生产有非常广阔的前景，Naïo Technologies是法国有名的农业机器人公司，已经研发了自动除草机

① 详见：吴晓璇，李若男. 当数字科技闯入法国农业——法国迈向农业4.0时代(下). (2020-07-15)[2021-10-05]. https://www.sohu.com/a/407708115_120168591.

器人、用于蔬菜种植的自动跨式除草机器人和用于葡萄园的多功能除草机器人三款主打产品。① 同时法国关于传感器的研究非常丰富，包括传感器与无人机的结合、传感器与智能农机具的结合等等。

3. 信息网络数字化

随着数字化时代的到来，大数据、云计算、人工智能等技术迅速发展，数字技术对于信息的处理挖掘和分析能力越来越强大，能够根据农业生产经营过程中的各种信息，构建智能化的分析系统，并为农民提供相应的信息化服务。目前，各发达国家农业生产经营体系均具有规模化生产的特点，如美国的大型家庭农场、欧洲的农业合作社等。企业为农民带来的信息服务是有成本的，规模化的经营方式在很大程度上可以缓解这些高额成本给农民带来的压力。

发达国家构建信息网络主要包含两大部分：第一，构建信息收集和存储体系。Keith Coble 等（2016）提出大数据时代大量信息也为美国带来了很多潜在的挑战，包括信息的所有权和保密问题、信息的访问和破坏问题、信息的不对称问题以及连接受限问题等。② 为了更好地解决上述问题，政府必须作为信息网络的强力保障，对于信息的收集、调查、处理和发布都提供支撑。针对农业信息的收集方面，日本政府十分注重对于相关科技生产信息的推广，将 29 个国立农业科研机构、381 个地方农业研究机构及 570 个地方农业改良普及中心全部联网，271 种主要农作物的栽培要点按品种、地区特点统一进行收集汇总。在信息存储方面，各发达国家都建立了大型数据库进行数据存储，如德国在 20 世纪末就开始着手于基础数据库的建设，如害虫管理数据库、农药残留数据库、植物保护剂数据库、植物保护文献数据库等等。

第二，为农民提供信息服务，信息服务提供的主体主要有政府和企业。法国农业信息服务呈现多元化特点，不同的主体服务于购买其服务的特定群体：农业商会主要负责收集和传播高新技术信息；研究、教学系统整合各类的农业科技信息，再将这些信息用于培养学生或者面向社会咨询；各种行业组织和专业的技术协会收集符合自己组织特点的政策、法规、市场、技术信息，主要面向的服务对象也都是自己组织的成员；法国的民间信息媒体多是私营组织，例如《法国农业》杂志，用户占法国农场主的 40%，信息也大多是关于欧盟新政策、法国政府政策、市场行情分析、新技术的运用等等；法国还有大量的农业合作社，例如葡萄生产合作社、粮食合作社等等，这些合作社会为本组织成员收集关于自身合作社的农业信息。

（三）农村数字化

发达国家较早就开始了智慧村庄的建设，如 2011 年，欧盟和英国合作开展了 Superfast

---

① 详见：吴晓璇，李若男．当数字科技闯入法国农业——法国迈向农业 4.0 时代（下）．(2020-07-15)[2021-10-05]. https://www.sohu.com/a/407708115_120168591.

② 详见：Coble K, Griffin T, Ahearn M, et al. Advancing U.S. Agricultural Competitiveness with Big Data and Agricultural Economic Market Information, Analysis, and Research. (2016-01-10) [2021-10-05]. https://www.cfare.org/UserFiles/10-10-2016BigAgData.pdf.

Cornwall 项目，使得康沃尔郡 95%的家庭和企业实现了光纤宽带连接；①2015 年，法国洛尔姆当地政府启动了未来村庄项目，为社区提供数字融合和教育支持。通过为乡村建设开放的信息基础设施和环境，新的数字技术革新正在成为连接现在和未来的战略桥梁。

农村数字化转型主要包括以下措施：

第一，乡村治理数字化，即在乡村治理过程中与数字技术结合，从而高效地进行乡村政务信息公布、民众意见收集等治理工作。在德国的莱茵兰-普法尔茨州的贝茨多夫村，当地政府出台了 DorfFunk 作为数字村庄的主要接入点，村里的居民会在该应用程序上浏览当地的活动信息、组织拼车信息以及获知如何为社区提供服务等等。而在此基础上，当地政府新增加了 DorfNews 功能用来增强政府和农村居民之间的联系。DorfNews 是一个地方新闻门户，同时也是当地政府迅速向居民传递地方新闻和事件的窗口。该应用程序也向本地记者、俱乐部、当地组织提供访问权限，并会自动整合来自网站和社交媒体的所有新闻。

第二，农村医疗数字化。农村医疗往往面临设施落后、看病难、信息沟通滞后等问题，发达国家通过远程医疗、决策支持系统平台等数字技术拉近了患者与医疗资源的距离。如英国推出了 EPIC 项目来解决农村缺乏医疗服务和设备的难题。EPIC 项目由欧洲发展基金(ERDF)资助，该项目涉及医院、农村、护理院三方，尝试运用人工智能机器人进行健康和护理，现已配备协助痴呆症患者的机器人 Paro，人形机器人 Giraff 和 Pepper 等，进一步的措施还包括：医院使用视频电话更好地联系护理院居民、将护理机器人广泛运用在农村地区、使用无人机快速运送应急设备到农村地区等。日本企业 Allm 自主研发了智能手机软件“Join”，当地医生可以通过“Join”共享患者的信息，从而达到远程问诊或者提前了解病情的目的，这种做法提高了患者就诊的效率。②

第三，乡村教育数字化。生产要素的更新不应该仅仅包括技术和生产资料的物，更应该包括作为劳动力的人；引进新的生产要素，不仅要引进先进的数字技术，还要引进现代科学知识，培养能运用新生产要素的人。回顾历史，农民的技能和知识水平与其劳动生产率之间存在着密切的正相关关系，正因如此才要重视人力资本的投入，包括对于农民的一般型知识培养和技术型知识培养。如法国朗德省的公立学校为攻读农业高级技术员文凭的学生创建了新的课程——“无人机”培训课程，在学校中，可以学习很多与无人机有关的专业知识和理论，同时法国昂热高等农业学院的多个专业增设了数字农业相关课程。③

(四)农村电子商务发展

电子商务在全球范围内快速发展，并不断渗透到农村。随着农村宽带和光纤的普及以及 4G、5G 时代的到来，农村与现代化发展逐渐紧密相连，形成了“工业品下行、农产品上行”的新局面，农村传统的线下销售模式开始了新一轮革命。各发达国家在 21 世纪初就开启了

---

① 详见：张敏翀，唐宇. 国际乡村数字化转型建设实践与启示. (2021-12-14)[2022-03-05]. https://www.tisi.org/22922.

② 详见：钟书毓. 偏僻地区就医难？日本推进“移动医疗”手机 APP. (2019-01-25)[2021-10-05]. https://news.sina.cn/gj/2019-11-25/detail-iihnzhfz1625451.d.html.

③ 详见：吴晓璇，李若男. 当数字科技闯入法国农业——法国迈向农业 4.0 时代(下). (2020-07-15)[2021-10-05]. https://www.sohu.com/a/407708115_120168591.

农村电子商务的发展之路，逐渐形成"互联网＋农业平台"的发展新格局，通过大数据、物联网、云平台等数字技术，整合各类社会资源，从而提升生产经营流通效率。黄曦(2016)指出国外农产品电商正在走向渠道融合化、市场全球化和通信服务移动化。石少春(2017)指出国外农产品电子商务的交易规模较小、模式创新多样化、网站内容日趋丰富、基础设施比较完善、对农业经济发展产生重要影响的总体态势。如美国 Seam 电商平台专注于棉花的电商交易，Dairy 电商平台则更加关注乳制品的交易。法国创建农业电子商务平台 Agriconomie，该平台价格实惠，直接配送，既省时间又省资金。此平台在四年间收获了 2.5 万客户，在西班牙、意大利、比利时等周边国家也颇有市场。[①] 除此以外，法国农业和食品部与法国农业商会联合推出了"新鲜＋本地"网站。目前，该网站已上线超过 8000 个农场和销售点。2003 年，英国农场网上采购比例就已经达到了 26％，利用计算机或互联网开展农场业务的比例达到了 35％，到 2013 年两者比例分别达到了 89.9％与 87％。现在英国有了多个大型农产品电子商务交易平台，如 farms.com 是英国综合性的电商平台，不仅包括农产品，还有农机具的销售；Ocado 是英国最大的农产品电商平台，其余电商平台还包括 Foodtrader、DirectAg 和 Agribuys 等等。

二、发达国家农业农村数字化的个性经验

为了进行各发达国家的个性化经验研究，我们从不同国家对于农业生产率的增长方式出发进行分析。对于各国来说，衡量农业生产水平的重要指标莫过于农业生产率。速水佑次郎和弗农·拉坦(2000)在《农业发展的国际分析》中将农业生产率的提高归结为两个方面：土地生产率的提高和劳动生产率的提高。劳动生产率提高的主要原因是机械技术的进步促进了其他劳动力对人力的替代；土地生产率提高的主要原因是生物技术的进步使作物拥有了更好的耐抗性、适应性和生长环境，从而获得更高水平的产量。从早期发达国家的实践来看：在新大陆国家(美国)，长期制约产量增长的主要因素是相对缺乏弹性的劳动力供给，为了消除这种制约因素，主要通过机械技术进步的手段来提高自身的劳动生产率；在亚洲发达国家(日本)，人们长期用人造投入品(如化肥)，使有限的土地获得最大的经济产出；在传统的欧洲发达国家中，英国由于受到工业化影响，其大量农民向非农业部门转移，扩大了每个农民劳动力所拥有的土地面积，从而获得了农业的高劳动生产率，法国则通过实行促进农民利益的政策以保护农民的家庭农场免受内外部因素的冲击，从而拥有了较高的土地生产率。

就各发达国家现代化农业转型过程而言，农业数字化都是具有高度的区域特色的，只有转型方式与当地的生态和社会经济条件相接近，才能产生有利的效果。速水佑次郎和拉坦指出，要素禀赋的稀缺性与技术创新的关系，不仅仅是前者对后者起着诱导的作用，技术变革本身也能够改变要素禀赋的性质。不仅如此，技术还能够通过对稀缺要素的深度开发而在一定程度上改变其稀缺性。为了进一步论述技术变革、要素禀赋和农业生产率三者的关

---

① 详见：吴晓璇，李若男．当数字科技闯入法国农业——法国迈向农业 4.0 时代(下)．(2020-07-15)[2021-10-05]．https://www.sohu.com/a/407708115_120168591.

系，他们将各国农业生产率的差别归结为三项因素，分别是资源禀赋、现代投入品和人力资本。但是也有学者（何秉孟，2000）指出，《农业发展的国际分析》一书忽视了不同国家的小农户在实际规模上的巨大差异，所以在保持原有要素禀赋的基础上，进一步引入了农业的生产经营体系这一要素，以期更加科学地论证三者的关系。资源禀赋代表当地所拥有的土地资源以及一系列自然环境资源；现代投入品原先代表机械和化肥的投入，随着数字化时代的到来，现代投入品逐渐指向数字技术的投入；人力资本代表当地对于农民的一般型教育、技术型教育以及医疗健康供给；生产经营体系则代表农业生产经营主体的规模及其具有当地特色的农业经营方式。除此以外，随着技术投入所带来的农业生产率的提高也会激发政府颁布和实施相关的政策，提供刺激转型所需要的资金，出台保护数字化转型的一系列法律法规，从而进一步加速农业数字技术的进步并改善自身的禀赋要素，实现农业农村数字化发展的良性循环，这也正是速水佑次郎和拉坦所说的技术变革和要素禀赋的相互影响、相互促进。

在世界范围内，各发达国家的农业组织形式已经在一定程度上达到了规模化经营，如美国的大型家庭农场和欧洲的各种农业合作社。但是，出于非农业部门对于农业劳动力的吸引等原因，全球的农业劳动力逐年递减。根据联合国粮食及农业组织（FAO）发布的《2021年世界粮食及农业统计年鉴》可以发现，2000—2020年，包括林业和渔业在内的全世界从事农业人数下降了17%，2020年人数仅为8.74亿，同时欧洲的农业人口下降幅度最大，达到了50%，其他国家都呈现不同幅度的下降趋势。除此以外世界农田也越来越不适合生产，世界上25%的农田已经被评为高度退化，另有44%的农田被评为中度或轻度退化，过度砍伐植被、不当安排的休耕期以及作物轮作和牲畜过度放牧造成耕地被不断侵蚀。为此，在数字技术革命的背景下，各国开始进行以农业农村数字化、精准农业、大数据等数字技术为核心的数字化转型之路，进一步提高劳动生产率和土地生产率。

无疑，各国农业农村数字化转型路径必然会受到自身条件的“路径依赖”影响。以美国为首的新大陆发达国家有着得天独厚的资源条件，人少地多。因为丰富的耕地资源，美国早期形成以提高劳动生产率为主的发展方式，随着家庭农场的规模不断扩大，以及早期良好的农业信息化基础，美国开启了全面发展的转型模式。传统的欧洲发达国家受资源禀赋的影响，人多地少，需要根据自身的主导产业发展推进农业数字化进程，进而同时提高土地生产率和劳动生产率。如在荷兰，设施农业成为农业经济的重要支柱产业，所以形成了荷兰以物联网工厂化为主的转型模式；德国基础设施完善，但农业用地不足，近几年陷入老龄化、劳动力相对不足的困境，因此德国政府提出农业4.0，希望通过精准农业的方式提高劳动生产率和土地生产率。亚洲发达国家日本，由于面临农业用地不足和近几年严重的人口老龄化问题，在禀赋资源的多方限制下，不得不通过数字技术来弥补其禀赋要素短板，从而进一步提高劳动生产率。农业农村数字化转型存在其共性经验，但也绝非宇内皆同，根据各自禀赋要素的限制，不同的发达国家进行着具有不同侧重点的农业农村数字化转型发展。

（一）美国：全面发展模式

新大陆发达国家往往有着较为有利的人地比例。以北美发达国家美国为例，美国有着世界上最为广阔的农业用地面积，约为406万平方公里，人均耕地面积位居世界前列，且耕地土壤十分肥沃。美国天然的湖泊河流较多，为美国农业提供了很好的灌溉条件。

从生产经营体系来看，随着非农业部门对于农业劳动力的吸引，同时机械化推动劳动生产率不断提高，美国越来越多的农民退出农业经营的行列，农业生产日益趋于组织化、规模化。美国农业迈进现代农业发展阶段，其独具特色的家庭农场向着多元化、集约化方向发展。美国农业部（USDA）发布的《美国家庭农场多样性（2020 年）》报告显示，美国根据农场的总现金收入（GCFI）将农场划分成了四大种类，分别是小型家庭农场、中型家庭农场、大型家庭农场以及非家庭农场。2019 年，不同类型的家庭农场占总农场数量的 98%，产量占总产量的 86%，其中大型农场的生产份额占生产总份额的 44%。①

从人力资本投入来看，美国幅员辽阔，针对一般型教育，农村地区普遍师资匮乏且农村学校位置偏远，导致学生与学校、学校与校外组织之间的协作存在障碍。为了解决相关问题，美国对于农村 12 年级之前的教育，以在线混合类学习方式来满足农村地区的教育要求，提供课程的主体十分多样化，所提供教育服务的程度也不同。程度较低的有由立法机构和州政府机构创建的公立性质的州立虚拟学校，该类学校是为了对传统学校的教学内容进行补充，也有在政府监督下的供应商为农村学生提供在线课程；教育程度较高的，则有全日制的网络学校以及由多个学校或者校区、区域服务机构组成的教学联盟所构成的人才培养机构为学生提供全程的教育支持。而对于技术型教育，早在北美殖民地时期，美国就面临学科设置不具有实用性、缺乏对于技术型农业知识的专项教育等问题，缺乏农业相关的专业人才。为了解决这一问题，1862 年颁布的《莫里尔法》推进了赠地大学的建设，从而扭转了高等教育不重视实践的现状，学院主要开设有关农业和机械技艺方面的专业，培养工农业急需的人才，为提高劳动生产率、推动美国农业现代化和数字化做出了重要的贡献。

从现代投入品来看，美国政府在农业农村数字化转型中充分发挥自身推动和刺激的职能，通过政策和资金等手段加速企业对于农业生产技术创新的研发进度，如加大对于研发数字化农业技术企业的补贴。美国在此基础之上形成了产学研结合的科技创新模式，该创新模式由农业部、赠地大学和私人企业三方组成，研究工作则通过政府资助的公共研究机构和企业进行。②

得天独厚的资源禀赋开启了美国全面发展模式化的农业农村数字化转型。数字技术可以提供给农民帮助，但是这种帮助并不是无偿的，美国的家庭农场在不断发展中体现出强合作性、内部分工明确、经营模式国际化和市场化的特征，在面对外来企业时有了更多的话语权，对于组织本身来说也有了更多的资产累积，可以很好地解决数字农业所带来的成本压力。根据速水佑次郎和弗农·拉坦的理论，美国人少地多更加适合大力提高劳动生产率以弥补农民劳动力稀缺的现状，但是随着数字化转型的进行，美国也逐渐转变为劳动生产率和土地生产率同时提高的全方位发展路线。从数字技术使用情况看，根据 2017 年普渡大学精准农业服务经销商的调查，只有 4%的受访者没有使用数字化农业技术，74%的受访者使用自动导航系统，66%的受访者使用自动喷雾器臂段或喷嘴控制技术，数字技术已经贯穿整个

① 详见：USDA. America's Diverse Family Farms: 2020 Edition. (2020-12-10)[2021-10-05]. https://www.ers.usda.gov/publications/pub-details?pubid=100011.

② 详见：亿欧智库. 2021 中国农业生产数字化研究报告. (2021-10-18)[2022-03-05]. https://www.iyiou.com/research/20211018916.

农业生产过程。[①] 从数字技术的发展情况来看，美国已经将传统的3S技术、传感器、卫星和无人机等非农业技术与传统农业技术深度融合，如传感器对于植物叶绿素的监测、杀菌剂或除草剂的施用航空图像和自动控制GPS导航系统等等。农业农村的全面数字化发展快速推动了美国农业的进步。

Climate公司是美国著名农业跨国企业孟山都的子公司之一。站在农业数字化的风口浪尖上，Climate公司将数据科学应用于农作物、田地和天气等方面的数据分析，从劳动生产率和土地生产率两方面出发，为农民日常生产出谋划策。2015年，Climate公司推出了数字化农业平台Climate FieldView，使用来自土壤、农田以及气候的大数据来帮助农民们更好理解农田的可行性，并进一步提供定制化的农业操作，以挖掘每块农田的最大潜力。FieldView平台被应用于农业生产的全过程：针对产前阶段，FieldView平台利用基于历史作物、田间和天气数据的数据科学，为农民提供其田间的监测数据，并通过综合农业系统(IFS)，推荐适合的杂交品种；针对产中阶段，FieldView平台推出了Planting Advisor、Nitrogen Advisor、Pest and Disease Advisor、Health Advisor四大功能，并通过数据可视化的方式为用户提供播种、施肥、杀虫和种植的全过程建议；针对产后阶段，FieldView平台通过大数据分析，结合天气状况、商品价格和投入成本来评估产量预测。[②]

在农业信息存储方面，从1984年开始，美国就开发了大量农业基础及应用型数据库，代表性企业包括AGRICOLA、AGRIS和PubAg等。这些公司通过提供强大的数据库以及农业科技应用，为美国农业发展提供了技术支持和数据保障。除此之外，美国还拥有世界上最大的农业计算机网络系统AGENT，该系统覆盖范围甚广，除了覆盖美国国内46个州以外，还覆盖了加拿大等7个国家的省市。在信息收集和提供信息服务方面，美国农业部为保证信息的真实性和时效性，在全国各地建立了庞大的信息网络体系，该信息网络运用大数据、云计算等信息技术为农户和不同农业部门的生产、管理、科研、决策等提供了便利。信息网络体系以传感器、农业智能设备为主组成数据收集层，收集层将收集到的数据通过传输网络送达数据管理中心，并对数据进行处理，随后处理过的数据将再次通过传输层到达美国政府建立的各级农业信息中心的服务机构，为农民提供相应的农产品信息，农户可以通过手机、电脑等移动设备实现资源的共享。[③]

(二)日本：重点突破模式

在亚洲，制约产量提高的主要因素是土地资源，人们往往通过人造投入品提高土地生产率，从而使有限的土地获得更大的经济产出。以亚洲发达国家日本为例，相较于美国，日本农业早期呈现人多地少的特点，但近几年随着日本医疗水平的上升以及新生儿出生率的逐年下降，日本陷入了严重的老龄化危机，农业生产产值低，农业劳动力效率低，再加上土地资

---

① 详见：Mitchell S, Weersink A, Erickson B. Precision Aagriculture in Ontario: 2017 Precision Agriculture Services Dealership Survey. University of Guelph, Institute for the Advanced Study of Food and Agricultural Policy, 2017.

② 详见：哈佛商业评论经典案例 | 数字化农场：数据科学在农业中的应用. (2020-04-10)[2021-10-05]. https://www.sohu.com/a/387009378_774914.

③ 详见：亿欧智库. 2021中国农业生产数字化研究报告. (2021-10-18)[2022-03-05]. https://www.iyiou.com/research/20211018916.

源相对匮乏，因此，日本加速农业数字化转型的进程，企图通过数字化克服自身种种的禀赋制约，从而实现农业发展的重点突破。

根据世界数据图谱分析平台的统计，截至 2020 年，日本的农业用地面积资源十分贫乏，只有 4.4 万平方公里，日本的农村人口占总人口的 8.2%，农村土地面积占总土地面积的 12.1%；截至 2018 年，日本的人均农业增长价值 24195 美元，相比之下，美国的人均农业增长价值达到了 93728 美元，这接近于日本人均农业增长价值的 4 倍之多。① 日本农田资源十分分散，且日本多山，农田住宅交错建设，农田种植多样化，经营规模普遍较小。尽管如此，在 20 世纪 70 年代日本就实现了全面农业机械化，机械化设备普及程度较高，在世界处于领先地位。近几年来日本老龄化趋势明显，日本 65 岁及以上老人占总人口的 28.4%。随着农业劳动人口的流失和老龄化的加剧，日本农民的平均年龄已经达到了 66 岁。② 在多方面资源禀赋的限制之下，日本开启了农业数字化转型之路。

日本农业教育由四部分构成：首先是农业高中，农业高中会开设一些基础性的农业课程；其次是农业大学校，农业大学校主要提供农业技术型教育，学校的服务宗旨是培养具有现代农业经营、管理知识的人才，为本地的农业发展做出积极贡献；再次是农科类大学和综合性大学的农学部，这类大学承担日本高等农业教育，对于培养日本高层次农业人才有重要的意义；最后是农业技术培训班，这些培训班直接对农民进行培训，传授农业技术型知识，进而提高农民的科技素养。

日本农业经营规模普遍较小，农户无法承担高成本的精准农业相关技术。政府为了解决精准农业技术成本过高、农田分散等问题，推进形成了精准农业共用体模式。精准农业共同体由两部分组成，第一部分是以农户为主体的农业经营团体，第二部分是以开发精准农业相关技术和农产品销售的企业为主体的技术平台。农业经营团体主要负责农户组织化，而技术平台则负责精准农业技术的开发和推广，二者相互协调以消减精准农业技术引入费用和实现农业可持续性发展。

日本农业农村的数字化转型受制于其土地资源分散以及人口老龄化，为此日本政府着力推进智能农机具、无人机技术、人工智能和机器人以及物联网技术的应用，希望通过劳动生产率的增长弥补自身的土地资源和劳动力资源的劣势。在轻便型智能农机具应用方面，日本自主研发了一种自动六排水稻插秧机，通过实时动态的全球定位系统(RTKGPS)进行精准定位，且能够将误差范围控制在 2 厘米以内，最终达到插秧的效果；在无人机技术应用方面，日本花了 30 年在农业航空植保方面经历了从有人直升机到无人直升机的发展阶段，现如今日本无人机主要任务是航空精准施药、施肥和农情信息的获取，其关键技术包括农业航空遥感技术、精准导航控制技术和变量施药技术；在人工智能和机器人的应用方面，1984 年日本就发布了《人工智能与农业：精农技术与尖端技术的融合》白皮书，希望通过人工智能与农业实践相结合解决劳动力不足和老龄化的问题，2015 年日本政府公布了“机器人新战略”，强调在五年之内达成世界机器人创新基地、世界第一的机器人应用国家、迈向世界领先

① 详见：Knoema. World and National Data, Maps & Rankings. (2021-10-18). [2021-10-25] https://cn.knoema.com/atlas.

② 详见：张旌. 人口老龄化！日本农民越来越少越来越老. (2015-11-29)[2021-10-05]. http://www.xinhuanet.com/world/2015-11/29/c_128478647.htm.

的机器人新时代三大核心目标。人工智能和机器人技术广泛应用于农业信息识别与探测、农产品的耕作播种和采摘以及畜牧业领域；在物联网技术的应用方面，2004年日本政府提出了“u-Japan”战略，即物联网战略，核心目标之一是实现人与人、人与物和物与物之间的互联互通。2010年，日本物联网技术产品的市场规模已经达到了820亿日元，2017年日本提出“未来投资战略”，将人才投资作为支柱，重点推进物联网建设。在此环境下，日本成为物联网投入最多的国家之一，同时出现了很多成功的物联网项目，比如创建一个可以收集全球所有地区的气象相关数据的Live-E项目，该项目已经发展到了泰国和加拿大。

（三）欧洲国家：双轨发展模式

欧洲农业现代化水平较高，是世界上重要的农产品进口和出口地区，以法国、德国、英国等为首的欧洲发达国家实现农业机械化较早，有着很好的农业农村数字化发展的基础。欧洲国家的国土面积相对较小，土地资源呈现人多地少的局面，由于受到土地资源以及非农业部门对农业劳动力吸引的限制，欧洲各国开启了提高劳动生产率和土地生产率的双轨发展模式，因地制宜地开展农业农村数字化，形成了具有本地特色的发展模式，如荷兰的因势利导转型模式和德国的技术集成转型模式等。

1. 荷兰：因势利导转型模式

荷兰是欧洲农产品出口大国，产品主要以鲜花和乳制品为主。但是荷兰的资源禀赋条件较差：第一，荷兰国土面积较小，仅为4.15万平方公里，但人口众多，其人口密度达到了中国人口的2.8倍，有着十分典型的人多地少的欧洲国家农业特点；第二，荷兰被称为低洼之国，大量的土地海拔不到一米，甚至有四分之一的土地低于海平面，而国内河流河床多数高于地面，为了防止水淹，必须修建堤坝，不断地排除积水，同时较低的地势使得荷兰土壤盐碱化问题突出；第三，荷兰受大西洋暖流影响，属于温带海洋性气候，全年光照不足，十分影响农作物生长。多种条件的制约下，荷兰并不适合粮食作物的种植，因此在20世纪50年代，荷兰大幅度削减属于自身劣势的大田作物的种植面积，大力发展畜牧业和园艺业，逐步向设施农业转型，荷兰玻璃温室技术闻名世界。在农业农村数字化转型的过程中，荷兰围绕自身的优势产业，因势利导地开展围绕全产业链的数字化转型之路。

在畜牧业养殖方面，荷兰形成了一种新的畜牧饲养管理模式：VELOS智能化母猪饲养管理系统。VELOS系统是一种照顾生物学特性的养殖模式，系统给每头母猪配上了电子耳标，相当于为母猪配上了身份证，在此基础上系统通过单体精确饲喂器、发情检测器和自动分离器三大技术解决了母猪群养之后给母猪喂料、监测发情母猪以及处理发情或生病母猪的难题，真正实现猪场管理智能化。在园艺业方面，荷兰有大量的高标准玻璃智能温室，其玻璃温室面积占全球的四分之一。荷兰依靠智能化的环境控制体系进行光照管理、加温管理、通风降温管理和现代化水肥检测，同时运用现代化栽培技术进行作物培养，通过“卫星＋大数据”技术收集农作物信息，进而形成了病虫害防治体系，能够做到病虫害隔离、精准的环境调控、岩棉栽培基质、多种防治手段综合应用和监测预警，实现了全种植过程的智能化、数字化。①

---

① 详见：亿欧智库．2021中国农业生产数字化研究报告．(2021-10-18)[2022-03-05]．https://www.iyiou.com/research/20211018916.

2. 德国:技术集成发展模式

德国的国土面积约为 34.94 万平方公里,可耕种土地仅为 11.85 万平方公里①,在欧洲属于农业用地紧缺国家。德国南部和西部农耕区主要以大陆过渡性气候为主,降水相对丰富且均匀,气候较为适宜农业发展,而且德国境内河流湖泊较多、纵横交错,水资源十分丰富。德国农业人口仅 61.7 万,约占劳动力总数的 2%,②且农业人口老龄化较为严重,使得德国农业劳动力相对不足。

德国农业发展迅速,具体表现在农业生产率高、机械化程度高、农民组织化程度高等。2010 年,欧盟提出了“地平线 2020”计划,将“智能”一词引入国家发展,并将农村地区数字化发展作为欧盟战略的一部分;2013 年,德国提出工业 4.0,将突破农业信息中的关键技术作为战略目标;2015 年,德国弗劳恩霍夫实验软件工程研究所(IESE)与莱茵兰-法尔茨州内务和体育部合作发起“数字农村”项目;2017 年,欧盟发起智慧村庄行动,并且成立了欧洲农村发展网络。德国也因此开启了技术集成化的农业农村转型之路。

在技术实践方面,早在 2005 年,德国就研制出了利用实时图像分析和 GPS 控制的斑块喷洒系统来进行耕地作物的智能化除草的技术,如今,德国将 3S 技术应用于农产品状况信息收集、自然灾害监测预报、土地资源管理和保护、农机具智能化管理 4 个方面。如在生产环节中,通过遥感技术和地理信息技术来完成土壤相关信息的采集和分析,同时德国还注重将 GPS 技术与智能农机具相结合,通过在农机具上安装卫星信号接收器,再经由人工智能分析,根据土壤营养状况和作物长势确定播种、施肥和用药量,这样既可以优化农机具的行进路线,还能够在一定程度上缩减成本。物联网技术主要应用于家畜饲养和动物身份识别领域;计算机自动控制系统主要应用于农业生产要素的监测和自动控制;计算机生长模型和专家决策系统则是对农产品的生长进行研究,并建立相应的模型,如农作物病虫诊断模型,从农作物收益最大化角度分析虫害危险对于农产品不同生长阶段的影响,并做出相应的预测。

德国集中发展全球定位系统技术、遥感技术、地理信息系统技术、物联网技术、电子计算机技术、计算机辅助决策信息技术等,在各项技术逐渐发展成熟之后,德国力图将多项技术集成化,进一步提高农业的智能化和数字化程度,如德国波恩大学通过光学传感器和数据挖掘技术对植物疾病进行诊断和监测。

三、对我国数字乡村建设发展的启示

(一)明确政府在数字化转型的主导地位

正如舒尔茨(1987)所说,“营利企业在从事农业研究中不能达到社会最优化”,其中需要政府发挥主导作用去积极开展农业农村数字技术的研发和推广工作,需要政府在财政、法

① 详见:FAO 数据库数据. https://www.fao.org/faostat/zh/#data.

② 详见:Knoema. World and National Data, Maps & Rankings.(2021-10-18). https://cn.knoema.com/atlas.

律、政策等多方面提供支撑。尽管发达国家的数字化转型各有特点，但是在任何发达国家的转型过程中，政府始终起着支撑性的主导作用。如美国政府开发了大量数据库，农业部下设AGRICOLA数据库；联合国粮农组织下设AGRIS数据库，其拥有美国最大的农业信息网络AGENT；美国农业部对于相关的信息处理和发布都十分重视，建立了严格的规章制度。德国粮食和农业部门(BMEL)计划在2022年之前将5000万欧元经费运用于数字化实验项目。2020年，德国已经启动了8个和研究所以及大学合作的项目，包括由德累斯顿工业大学开展的关于农村地区的通信和云网络支持项目Landnetz，由莱比锡大学开展的关于数据驱动网络和农业数字化主题项目Express等。2017年，法国农业部为加深农业数字化进程，投入了1.5亿欧元成立了DigitAG农业创新孵化器。政府还会搭建线上的农业信息平台和社交平台以及线下的农业博览会，进一步进行数字化农业技术的推广。2019年，法国政府推出了Farm'r农民社交网络，用于农民进行农业设备、技术诀窍、农业人力资源等信息的分享交流。① 尽管不同发达国家的农业农村转型模式存在各自个性特点，但是政府都必须明确自身在转型过程中的定位，发挥主导性的作用，无论是在农业数字化转型抑或农村数字化转型之中。对于我国而言，中央政府以及各级地方政府应根据自身的主导性定位，为农业农村数字化转型提供财政、法律和政策上的大力支持，根据自身的禀赋条件开展具有中国特色的转型之路。

(二)加强农村信息基础设施建设

农村地区最需要数字连接，但是农村的基础设施和数字包容性也相对较差。根据中国互联网络信息中心在2022年2月25日发布的《第49次中国互联网络发展状况统计报告》，截至2021年12月，我国网民规模达到了10.32亿，互联网普及率达到了73.0%，同时我国农村网民规模达到了2.84亿，农村互联网普及率为57.6%，我国的5G网络已覆盖全国所有地级城市、95%以上的县域地区、35%的乡镇地区。尽管截至2021年11月，我国现有行政村已全面实现"村村通宽带"，贫困地区通信难等问题得到历史性解决，但是我国在农村网民互联网普及率以及5G网络乡镇地区的互联网覆盖率方面都与发达国家有较大差距。为了进一步消除城乡之间的数字鸿沟，政府应发挥自身的主导性作用，通过实施相应的政策和资金支持加速农村基础设施普及，如加强农村光纤建设、5G基站建设等等；除此以外政府可以与网络运营商共同合作，协同推进农村数字化建设，以达到提升农村网络运营速度和降低农村社区网络建设成本的效果。在信息基础设施普及的同时也要重视"最后一公里"现象，农村互联网普及的难题往往集中在"最后一公里"的村庄，而这些"最后一公里"的村庄数字隔离较强，也是最需要宝贵数字化资源的地方。

在信息基础设施普及的同时，我们应该考虑如何更好地将农村融入数字化环境中。根据《第49次中国互联网络发展状况统计报告》，我国非网民规模为3.82亿，其中农村地区非网民规模占比为54.9%。数据显示，大部分网民因为不懂电脑和网络而不上网，少部分因为缺少上网设备、年龄太大或者文化水平有限无法上网，我国农村数字融合开展仍然有很大提升空间。从英国发展经验来看，为了进一步促进农村的数字融合，政府会在农村的图书

① 详见：吴晓璇，李若男．当数字科技闯入法国农业——法国迈向农业4.0时代(下)．(2020-07-15)[2021-10-05]．https://www.sohu.com/a/407708115_120168591.

馆、村会堂、社区中心连接宽带和电脑，并定期向60岁以上的老人开展基础的数字培训课程；企业也会通过定期开展研讨会收集社会各领域专家关于数字技术如何根据当地农村的特色进行推广的意见。

（三）加速数字技术集成化发展

根据发达国家的经验，单项技术难以实现农业农村智能化操作，只有将原先的数字技术集成化，不断将技术结合组成相应的技术系统，才能进一步推进农业农村数字化。针对我国农业农村数字技术相对落后的情况，应重点推进数字技术集成化水平的提高。一是促进数字技术的应用、研发和推广。政府要进一步加大对于农业数字技术研发的投入和扶持力度，同时政府可以和科研机构合作开展相关的技术研讨会和分享会，加大对于前沿技术的推广力度。二是从数据收集出发促进农村信息网络的发展。中国现阶段数据收集效率和质量都较低，政府应该进一步推动前沿技术的集成化发展，将多项技术集成运用于农业农村生产生活具体场景中，提高数据收集效率。从数据存储出发，国家应该加强对于相关数据库的建设，同时加强数据之间的互联互通，形成省市县三级信息交流网络。从信息服务出发，应鼓励市场信息主体和社区信息主体开展对农户的信息服务，形成多元主体共同推进的信息服务体系。三是加强法律法规的建设。数字技术是农业农村数字化转型的核心，政府应该颁布相应的法律明确数字技术的扶持政策和保护措施。

（四）提升农村社区数字化服务

数字融合和农村数字技术推广成效好不好，重点要看农村社区建设和服务能不能惠及当地农民。发达国家的农村数字化转型往往从以下几方面入手：针对社区服务，当地政府可以通过推出APP或微信小程序的方式将原先村庄中的日常事项数字化，例如德国通过DorfFunk作为村庄日常活动的接入点，里面包含了组织拼车、社区新闻和社区服务等等的功能。通过APP将村民们进行初步的数字连接，为后续的农村数字化做好铺垫。针对农村医疗方面，为了解决医疗资源短缺的问题，政府可以和医院进行合作开通远程治疗服务，这样既解决了医生短缺问题，还提高了治病的效率。为了解决患者信息交流闭塞问题，当地农村可以配备相应的电子健康档案，来记录患者的详细信息。针对教育，农村教育往往存在师资力量短缺以及相关课程缺乏多样性的问题，为了解决这个问题，应该更加看重网课教育。新冠肺炎疫情的到来让我们看到了网课的便捷性，但是却没有赋予网课权威性。美国推出了全日制的网络学校，使得农村孩子的高中全程教育都可以通过网课的方式进行，这样学习网课有了实质性的证明价值，网课也就被赋予了权威性。我国应该进一步推行农村的网课教育，形成更加科学的、权威的农村网课教育系统。

（五）加强电商在农业农村中的作用

根据《中国电子商务报告(2020)》，中国电子商务交易额已经达到了37.21万亿元，同比增长4.5%，全国网上零售额达到11.76万亿元，同比增长10.9%。根据《第49次中国互联网络发展状况统计报告》，2021年1月至10月，快手有超过4.2亿个农产品订单经由直播电商从农村发往全国各地，农产品的销售额和订单量与2020年同期相比，分别增长了88%和99%。中国因为人口基数大、物流体系发展完备、人民网上购物热情高等，有着十分领先的电子商务资源基础。我国丰富的电子商务资源基础是帮助农村数字化转型的十分重要的切入点，国家应该重视电子商务在农业农村数字化转型中发挥的作用，实现具有中国特色的"以商哺农"的农业农村数字化转型新模式。国家应该依托电子商务进一步推进农村数字融合，在供给侧优化传统农产品的供应链模式，助力农产品的线上销售，在需求侧不断改善农村的消费环境，进一步带动农村消费。

第十五章　研究结论与趋势研判

一、研究结论

(一)数字乡村建设的重大意义

务农重本,国之大纲。当前,中华民族正经历举世瞩目的伟大复兴,中国乡村正迎来前所未有的数字化转型。党的十九届五中全会明确提出,要坚定不移地建设数字中国,同时,要坚持把解决好"三农"问题作为全党工作重中之重,优先发展农业农村,全面推进乡村振兴,走中国特色社会主义乡村振兴道路。《中共中央关于制定国民经济和社会发展第十四个五年规划和二〇三五年远景目标的建议》也对全面推进数字中国建设和乡村振兴建设做出了具体部署。自 2018 年以来,历年中央一号文件更连续提出要实施数字乡村战略。可以确认,作为数字中国和乡村振兴战略实施的最佳组合点,数字乡村建设势在必行。在未来一段时期,数字乡村建设将是引领乡村振兴的实践热点、建设数字中国的实践重点、构建国内国外双循环的聚焦之一。在国家层面,数字乡村建设关乎数字中国战略及国家整体数字化转型升级;在乡村层面,数字乡村建设关乎乡村振兴及农业农村现代化的实质性突破。

在数字经济新时代,农业农村数字化为世界主要发达国家及我国所共同关注。世界主要发达国家都将数字农业农村作为战略重点和优先发展方向,构筑新一轮产业革命新优势。我国则将农业农村数字化作为乡村振兴的战略方向及建设数字中国的重要内容。因此,在我国大力推进数字中国战略和乡村振兴战略的背景下,应抢抓我国信息化与农业农村现代化的历史交汇机遇期,直面我国在农业农村现代化发展中所面临的农业农村数字化生产力低下、城乡数字鸿沟长期存在、乡村数字治理尚未破局等现实问题,加快推进数字乡村高质量建设发展。

(二)数字乡村建设的理论建构

本研究认为,数字乡村是伴随网络化、信息化和数字化在农业农村经济社会发展中的广泛应用以及农民现代信息技能的提高,用以实现乡村经济发展、乡村社会治理、乡村生活服务、乡村文化发展等方面数字化转型的发展进程和现实形态,具有显著的技术性、政策性、市场性、创新性、综合性和演化性等本质特征,其既是乡村振兴的战略方向,也是建设数字中国的重要内容,更是解决"三农"问题的历史机遇和时代要求。

事实上,需要认识到,"数字乡村"是一个包容性概念。数字乡村的建设发展涵盖了生产、生活、生态、治理等各领域，涉及主体除了传统的、现代的乡村居民，还涉及诸多的“非农”主体。而最为关键的，数字乡村将各类先进的数字技术视为“元技术”，并极力促成以数字技术为核心的农业农村“技术簇”逐渐形成、壮大，并在农业农村各个领域中逐渐渗透、扩散和广泛应用，这势必改变农业生产方式、农村生活方式、乡村社会运行、乡村治理方式乃至农民思维方式。

在具体构成内容上，数字乡村包含设施、素养、平台、数据、场景及应用六大结构性要素。具体而言，信息基础设施与相关主体的数字素养是数字乡村建设发展的两大底座，其中信息基础设施是“硬条件”（相当于数字乡村的“骨骼”），数字素养是“软条件”（相当于数字乡村的“毛细血管”）；数字平台及数据属于核心层级，其中数字平台（中台）是数字乡村的中枢（相当于数字乡村的“大脑”），数据则是最活跃的要素（相当于数字乡村的“血液”）；具体场景及其应用是数字乡村的前台内容（相当于数字乡村的“器官系统”），二者最能反映农业农村经济社会发展的性状和数字乡村建设发展的内涵外延。由此，可以认为，较为理想化的数字乡村内容架构应涵盖基础层、控制层、内容层和环境层4个层级，大致体现为“223(N)1”的形式。第一个“2”指数字乡村建设的基础层主要包含两大基础条件，即作为物质条件的乡村信息基础设施和作为认知条件的相关主体数字素养，两大基础条件缺一不可，相辅相成；第二个“2”指数字乡村建设的控制层主要包括基于乡村基础数据系统构建的乡村数据中台和乡村应用中台两大中台系统；“3(N)”表示数字乡村建设的内容层，也即应用场景，主要包括乡村数字经济、乡村数字治理和乡村数字生活三大领域及其下N个具体场景。“1”表示数字乡村建设的一套制度保障体系，主要包括组织领导、机制保障、政策支持、人才支撑、氛围营造5个方面。

从数字乡村的实现逻辑来看，首先，在一定意义上，数字乡村需要通过解放和发展乡村数字化生产力并革新生产关系，推进农业农村现代化和最终实现乡村全面振兴。其次，从发生学角度看，数字乡村的建设发展大体包括建设（政策导向）、运行（市场导向）和发展（技术导向）3个方面，是一个技术、政策和市场三轮驱动的发展进程，其中技术是第一驱动力。最后，从具体的功能运行视角看，数字乡村的实现是应用数字技术对乡村发展进行赋能（即应用数字技术赋能农业数字化生产、物流和营销等体系，并衍生出诸多的乡村经济新业态新模式）、赋权（主要指依托数字平台和数字化应用，营造数字公共空间，打造共建共治共享的基层治理格局）、赋利（主要指借助数字化技术推动乡村公共服务、消费模式、乡村文化、生态环境等方面的现代化，满足广大农民日益增长的美好生活需要）和赋智（主要指通过打造乡村数字大脑，有效统筹推动数据资源整合汇聚、辅助决策，支持政府农业农村发展决策的精准化、动态化、科学化）的过程。

需要指出，对于数字乡村而言，其本身是一个复杂的动态系统，是从对立竞争到和谐共生的演进结果。由此可以认为，数字乡村在本质上也是农业农村领域中相关共生单元通过共生界面形成一种数字化协同发展共生系统的过程及其结果。概言之，数字乡村建设发展中的各相关主体（共生单元）在一定共生环境中，出于其利益诉求和生态位的差异，以及数字技术的渗透、应用，通过共生界面形成了相对理想的数字化共生模式，旨在构建一个共同进化、协同发展的数字乡村共生系统。

还需要认识到，数字乡村是一个演进性建设发展过程，并非一蹴而就；数字乡村是一个综合性建设发展过程，应该选择适合自身情况的切入点渐次挺进；数字乡村更是一个改革性建设发展过程，必然伴随和促进对乡村生产方式、生活方式、治理方式乃至思维方式的深刻革命。资源禀赋、信息化基础、经济社会条件、政府偏好以及特殊发展契机的差异，导致实现农业农村数字化转型的起步方式和发展路径不尽相同，必然会造成我国数字乡村建设和发展的目标、方式和走向的独特性。总之，要适配本地资源禀赋、信息化基础和经济社会发展水平的场景内容，逐步探索出具有本地特色的数字乡村发展路径。

（三）数字乡村建设的实践路径

本研究的基本理念是：在农业农村发展进入数字时代的大背景下，要以解放和发展数字化生产力为核心，以农业农村数字化转型发展为主线，以数字技术与农业农村经济社会深度融合为主攻方向，通过技术赋能农业发展全链路、农村治理各领域、农民生活各方面，促进数字兴业、数字治理、数字惠民、数字决策，以此全面提升农业农村数字化水平，进而促进乡村振兴和农业农村现代化。

由此，我们认为，在发展数字乡村建设时应基本遵循以下实践路径。

第一，数字乡村建设发展的前置条件是要具有扎实的硬件环境，即乡村信息基础设施条件。数字乡村的信息基础设施包括乡村网络设施、信息终端、数字化转型的乡村基础设施。其中，乡村网络设施包括农村宽带通信网、移动互联网、数字电视网、下一代互联网，以及升级改造的广播电视基础设施；信息终端包括适应“三农”特点的信息终端、技术产品、移动互联网应用软件，以及为农综合服务平台等；数字化转型的乡村基础设施包括农村地区数字化、智能化转型的水利、公路、电力、冷链物流、农业生产加工等基础设施。当前，我国乡村网络设施建设已取得显著成效，乡村广播电视网络也基本实现全覆盖，水利网信发展、农村公路数字化改造以及乡村智慧物流建设均取得显著成效。然而，乡村信息基础设施建设仍然存在区域差异较大、标准化建设不足、融合应用不够以及资金投入不足等瓶颈。为此，应围绕乡村信息基础设施建设的需要，加快出台相应的顶层规划，同时要注重区域推进梯次性，注重融合应用，更要注重资金投入，尤其要对资金薄弱地区加大资金倾斜和支持，助推全国乡村信息基础设施建设的协同共进。

第二，在数字乡村的基本架构中，乡村数字大脑是中枢系统，当为重中之重。在乡村数字大脑的建设过程中，自上必须始终坚持系统性的思维强化顶层设计，自下必须从场景和需求出发，通过数据创新实现业务流程和服务流程再造。换言之，健康的乡村数字大脑应当既能够有效满足IT资源需求，支撑数据创新，又要拥有高度灵活的可扩展性，可以支持多层体系架构，支持多部门并行部署，能够实现多层级、跨业务的端上用户需求，以便最大化发挥“大脑”优势。因此，设计架构乡村数字大脑应至少从数基（即数字基础设施，是乡村数字大脑的数据采集前端）、数聚（即数据汇聚，是乡村数字大脑架构中数据中台的入口）、数通（即数据融通，是乡村数字大脑的精髓）以及数智（即乡村数字大脑根据不同场景与应用实现数据智能输出的过程，具体是指基于农业农村一张图的应用交互体系）等四大方面着眼。

第三，在数字经济板块，主要包含农业数字化生产、乡村数字化物流、乡村数字化营销、乡村数字化金融以及乡村数字化创新等关键领域。具体而言：

关于农业数字化生产，其具体应用场景主要包括农田信息的数字化监测（包括墒情、苗情、病虫情、灾情农业“四情”等监测）、农田生产的自动化管理（包括作物生长过程的自动化管理和农机作业的自动化管理）、畜牧业数字化管控（包括疫病管控数字化和养殖管控数字化)、渔业数字化管服(包括渔船渔港管理信息化和渔业服务的数字化)、农业生产数字化工厂(包括数字农场、数字牧场、数字渔场)、农产品质量追溯数字化管理体系(主要是区块链技术应用)以及农业的数字化服务体系(包括农业生产的数字化服务和农业市场数据的数字化服务)等。需要注意,农业数字化生产应重点关注以下几个关键问题。其一,信息感知设施是农业数字化生产的硬件基础,只有通过各种传感设施获取信息数据,才能够为后续各种操作提供信息依据;其二,通过算法赋能是发挥数据效能的关键,也是构建农业数字化生产"智能大脑"的核心技术;其三,实现农业数字化生产精准执行,就是要提高农业数字化生产技术系统的稳定性,并根据具体场景构建技术逻辑,推进执行设施设备建设。总之,农业数字化生产就是希望通过数字技术赋能农业,使得农业产业的自然环境变成一个可控的要素,从而降低农业生产风险、提高生产效率、提升产品品质等。

关于乡村数字化物流,其关键技术包括信息化技术、智能化装备、系统集成技术等。同时,乡村数字化物流也是技术赋能下的综合性体系,各技术环节协同发挥作用,才能实现乡村数字化物流高效运作,保障物流运转各环节有序进行。由此,乡村数字化物流发展是市场和技术双重驱动的结果,市场需求是乡村数字化物流发展的根本因素,而技术因素是乡村物流效能提升的重要支撑。然而,我国经济社会发展总体不平衡,以致市场需求和技术基础在不同区域具有较为明显的差距,使得我国乡村物流发展过程中呈现嵌入性发展的不均衡态势。当前,乡村数字化物流主要体现在乡村智慧共配物流和数字化冷链物流上。总体来看,乡村智慧共配物流在数智企业的大力参与下呈现蓬勃发展势头,但数字化冷链物流因建设成本较高、技术要求较高等各种不利因素,建设发展进程相对缓慢。因此,应围绕助力现代农业发展和促进城乡经济内循环,加快推进数字化冷链物流体系的建设和完善,积极推进乡村智慧共配物流发展。

关于乡村数字化营销,其主要实现路径包括:一是完善信息基础设施,夯实乡村电商发展基础;二是制定产品标准体系,助力乡村产品品质提升;三是开展品牌开发运营,打响市场知名度美誉度;四是应用电商新兴方式,提升农村产品营销效能;五是建设电商产业园区,促进农村电商集聚发展;六是加强电商人才培养,强化农村电商人才支撑;七是构建运营服务平台,提供农村电商服务保障。需要注意,乡村数字化营销应重点关注以下几个关键问题。其一,在数字技术赋能下,伴随着生产和消费层面的数字化转型和链接,不同利益主体追逐数字化营销的新利益空间驱动着乡村数字化营销的不断发展;其二,包括平台电商、社交电商以及新零售等在内的农村电商形态,其本质是营销领域在数字技术加持下的这一种创新,发展路径正体现了鲜明的致富示范效应加速发展过程;其三,参与农村电子商务的驱动者会不断摸索出相对成熟的农村电子商务知识、经验、技能和模式等,然后通过农村社会经济网络和乡土文化,以圈层的方式不断地向外传播;其四,农村电子商务相关的主体、资源、产业、技术等要素会不断聚集,形成单一的规模产业或者产业集群。

关于乡村数字化金融,其主要模式大体可分为基于商业银行的数字普惠金融模式、基于数字平台的数字普惠金融模式、基于龙头企业的数字普惠金融模式以及数字农业保险。具体而言:其一,商业银行作为服务"三农"、振兴乡村的传统金融机构,一直以来是农村金融的供给主体,其传统线下业务模式和以物理网点经营为主的重资产经营模式,在继续提供普惠金融服务的同时,不断向"线下+线上"联动服务转型;其二,随着大数据、云计算及人工智能技术的日趋成熟并不断应用到农村电商行业中,一些大型的综合电商和金融科技公司开始迅速向农村金融市场拓展,形成的数字普惠金融下的数字平台模式;其三,农业龙头企业利用其在农业产业的市场势力,通过打造基于互联网平台的农业综合服务生态圈,积极为农业生产上下游提供融资、资信、投资理财等金融服务产品,逐步形成了基于龙头企业的农业数字普惠金融模式;其四,通过将大数据、云计算、人工智能、物联网、移动互联和遥感技术等数字技术与农险业务流程有机结合形成的数字农业保险,可以有效实现业务数据的便捷获取、精准管理和灵活应用,形成了农业保险新技术应用体系。需要注意,乡村金融数字化转型是必然趋势,但并不一定带来乡村普惠金融的发展,由此,乡村金融在数字化转型的同时必须坚持普惠金融的基本方向。

关于乡村数字化创新,其主要包括三类:其一是因数字技术的嵌入引致的创新,其二是因数据资源的驱动引致的创新,其三是因新生态系统的构建引致的创新。可以认为,乡村数字化创新更强调因数字技术的嵌入、数字资源的驱动、新生态系统的构建而引致乡村产品属性的变化、价值创造逻辑的重构、生态体系资源的重构、乡村新业态的生成、乡村经济社会实践模式的创构等。因此,除开数字化农业生产经营活动,具体如淘宝村、乡村直播、数字减贫、乡村数字普惠金融、县域物流智慧共配、乡村智慧旅游等,皆可认为是较为典型的乡村数字化创新形态。而且,这些乡村数字化创新形态都是在数字技术应用的基础上,以城乡双向链接的生产性网络联系为本质的,信息流、交通流、资金流和人流等虚拟要素与实体要素集聚、交融和再构,进而推动乡村经济发展、就业增加和消费升级,换言之,也都是信息时代流动空间与乡村地方空间结合的产物。

第四,关于乡村数字化治理,其主要应用场景包括数字党建(将制度优势转为治理效能)、政务服务(以数字赋能助推政务服务下沉)、村务管理(以数字技术激活村庄内生动力)、数字监管(以精准监管增强综治应急效能)、环境整治(以智能监测打造美丽家园)。可以认为,乡村数字化治理是一个多元要素糅合的系统,至少包含平台、主体、空间、数据、心智及活动六大基本结构要素。这六大基本结构要素发挥着各自的功能,共同提升乡村数字化治理的整体效能。还需要认识到,乡村数字化治理本质上是数字治理在乡村社会的应用和延伸。乡村数字化治理转型一方面赋能政府治理功能,借力数字技术实现"数字监管"和"服务下沉",提高管理效能、优化服务职能,另一方面改变乡村治理结构,数字赋权普通村民,重新聚集脱嵌的原子化个体,增强乡村认同和凝聚力,形塑乡村共同体。然而,在具体实践中,乡村数字化治理面临着数字化基础设施薄弱、数据资源共享不足、数字化体系亟待完善、数字化思维亟须转变等方面的困境和挑战。同时,随着乡村数字化治理的步伐加快,在实践过程中看到数字技术带来显著的乡村治理效能的同时,我们也需要反思技术治理背后隐藏着的"数字陷阱",思考如何发挥数字技术的积极效应,规避负面影响,真正实现乡村公共价值的最大化。

第五,关于乡村数字化生活,其主要应用场景包括乡村数字化办事、乡村数字化教育、乡村数字化医疗、乡村数字化养老、乡村数字化消费、乡村数字化文化等。可以认为,实现乡村生活数字化既是解决我国城乡发展不平衡的现实需要,也是缩小城乡数字鸿沟的关键之举。然而,当前,人们通常会将农业农村数字化转型发展更多地视为农业产业数字化和农村经济数字化,或者再包括乡村治理数字化,而相对忽视乡村生活数字化。其实,就数字技术的能动机制、其解构传统农业农村生产生活方式的程度以及其在农业农村现代化中所发挥的影响而言,尽管当下印迹还不显著,但可以肯定的是,数字乡村几乎与以往的所有形式的农业农村演进都迥然不同。这些并非仅仅表现为经济转型、治理转型,更将深刻地改变农村生活方式乃至村民日常社会生活的实质,也影响村民认知和经验中最为个人化的那些方面。在推进乡村生活的数字化转型过程中,一方面要注意克服数字技术带来的异化问题,以良善数字化指引,提升服务效率与品质;另一方面,要保证乡村数字服务的普惠性与公平性,让全体乡村居民获得优质体验与获得感,提高数字服务的适农性与适老性水平。

第六,应该看到,当前,"用数据说话,靠数据决策,依数据执行"正成为许多地方数字化转型中强调的新范式、新习惯。然而,如果由此在乡村社会的特殊情境中,执着于对"数据"的追求和对"计算"的迷信,抹杀个体的差别,无视人性的复杂,忽略乡村社会的特殊性,将鲜活的人"理想化"为一个个质点,"操作化"为一组组数据,那就误入歧途了。由此,在数字乡村建设发展进程中,应始终坚守以人民为中心的价值取向,务必走出"重数轻人"的思维误区,坚持"科学性"与"人文性"的有机结合。

第七,还应指出,在数字化浪潮的穿透和裹挟之下,各级地方政府(特别是县域政府、乡镇政府)的体制机制、组织架构、工作方式与绩效管理等都不可避免地面临挑战和重构。对于地方政府而言,上有政策刺激不断鞭策,下有基层需求亟待满足,左有周遭区域进展参照,右有数智新势力迅猛夹击,"数字化"早已是箭在弦上。更重要的是,各地经济社会的数字化竞争力和发展质量离不开数据、科技和投入,对于不少并不发达的区域而言,这三者恰好都是其软肋。因此,各地数字乡村建设或农业农村数字化转型,建什么、转什么、改什么,怎么建、怎么转、怎么改,或许是比急躁的盲目行动更重要的议题。

尤其值得强调的是,各级地方政府在全面推动数字乡村建设时,应充分考虑如下问题:有思路清晰、上下衔接的数字乡村建设规划吗?有相应的物理性的、数据性的信息基础设施建设吗?有足够的数字素养吗?有本地化的活跃主体(在地性的生态伙伴、乡村小微企业主体、新农人)吗?如何解决数据的准确来源、标准采集、有效连通、智能应用问题?如何解决数字农业建设的投入产出比问题?如何引入数字营销,并使大多数普通小农有效掌握、利用?如何使数字金融真正普惠大多数普通小农?如何使数字监管更有效、更合理、更具人性?如何让普通村民参与到数字村务中去?如何使数字服务真正造福于普通小农?如何依托数字经济优化县域和乡村产业发展原有结构?如何深挖数据应用实现县域和乡村治理能力显著提升?如何激发数智企业独特优势以投入数字乡村的建设发展?如何扶持活跃主体保障县域和乡村经济活力充分释放?

二、数字乡村的发展趋势

(一)数字乡村将成为提升乡村振兴效能的"新基建"

自2020年以来,突如其来的新冠肺炎疫情在世界范围内蔓延,全球经济及治理体系发生了深刻复杂的变化。应当指出的是,我国在取得抗击新冠肺炎疫情重大战略成果的同时,紧紧抓住新一代信息革命的历史机遇,将建设数字中国作为新时代国家信息化发展的总体战略,尤其重视推进5G网络、数据中心、人工智能等新型基础设施建设(简称"新基建")。可以确认,"新基建"既是立足当前也是面向未来的投资,"新基建"把短期需求和长期潜在增长机遇相结合，将为众多行业和领域带来空前的发展机会。在我国广大乡村地区，新冠肺炎疫情虽然凸显了乡村经济社会发展和治理中的诸多问题，但也印证了新一代信息技术手段在疫情防控中的现实价值。另外，进入新发展阶段之后，随着信息基础设施日益完善，数字经济背后的新技术逐渐成熟，数字经济模式推陈出新，县域经济结构将不断优化调整，经济社会发展内生动能将得到极大释放。因此可以预见，在后疫情时期，尤其是“十四五”期间，我国必将加快推进农业农村的数字化转型，数字乡村建设发展将成为提升乡村振兴效能的“新基建”，并为构建新发展格局培育强大的内生动能。具体而言，各地将以县域为基本场景，加快部署5G、数据中心、云计算、人工智能等科技创新领域的基础设施建设，以及教育、医疗、社保等民生消费升级领域的基础设施建设。随着新型信息基础设施日益完善，数字经济模式推陈出新，县域经济结构将不断优化调整，同时，数字技术将促进乡村治理和公共服务数字化转型，涌现出一批县域经济社会发展“换道超车”的鲜活实践和典型案例。还需指出，在着力提升农村“新基建”过程中，将兼顾农村传统基础设施的数字化改造升级，加快推动农村地区农田、水利、公路、电力、冷链物流、农业生产加工等基础设施的数字化转型，推进数字水利、数字交通、数字电网、数字农业、数字物流建设。

（二）农业生产数字化转型步伐将明显加快

数字经济的蓬勃发展，带来人工智能、5G、云计算、大数据和区块链等数字技术在各产业中的广泛应用和渗透，驱动着传统产业的数字化转型。在此背景下，为解决农业发展过程中存在的诸多问题，我国加快了数字技术与农业产业转型升级的融合步伐，数字农业等成为新时期农业现代化发展的新形态。尤其自2019年我国大力推进数字乡村战略以来，我国农业产业数字化转型发展开启了新阶段，相应涌现出诸多数字技术赋能农业产业转型发展的创新形态，如云农场、定制农业、共享农业等。在此过程中，数字技术赋能农业产业现代化发展将逐渐展现瞩目成效，农业生产的抗自然病虫灾害等能力将大幅加强，农产品品质将大幅改善，农业生产效能和效率将显著提升。可以预见，在数字经济浪潮和农业数字化转型实践先行先试并展现瞩目效能的双重驱动下，数字技术融入农业产业的步伐将加快，表现为农业产业数字化将日趋成熟，农业数字化设施设备将不断创新研发，数字设施设备的使用推广将日益普遍，农业产业将日益由生产环节的数字化转型发展迈向农业产业链全过程和全领域的数字化转型发展。进而，农业数字化设施设备的建设将日益完善，种植业、畜牧业、渔业等产业的数字化作业场景将日益丰富，农业数字化应用将日益集成、便捷，数字农场、数字牧场、数字渔场、共享农业、定制农业等农业生产新模式和新形态将持续涌现。与此同时，农民的数字素养将日益成熟，“数据”成为新农资、“手机”成为新农具将构成农民生产的新图景，从而重塑农业生产力并重构农业生产关系。

（三）数字技术将推动乡村数字经济不断创新发展

数字化浪潮驱动着数字技术日益成熟，并逐渐融入消费领域，对城乡居民的消费意识、消费习惯、消费方式等产生深远的影响。而消费端的改变，以及数字技术日益融入消费领域，驱动着经济结构和产业形态的创新发展，尤其改变了乡村传统的经济结构和产业形态，促进了乡村传统经济的数字化转型发展，乡村经济的新模式和新业态不断涌现、创新发展。具体来看，电子商务由城及乡，不仅重塑了乡村的消费方式，更促进了乡村电子商务的蓬勃发展，村播、县域新零售等乡村电子商务新模式和新业态在数智企业等农村电子商务先行者和跟随者的不断投身过程中持续创新发展。在此进程中，营销端日益激烈的市场竞争驱动着农产品电子商务基于模式创新构建竞争优势，越发朝向网罗优质农产品以构筑竞争优势的方向转变，农产品电商经营者寻找优质农产品供货基地抑或自建生产基地的明显态势，驱动着农产品电商基地直采等新模式涌现，农产品生产端与消费端将日益紧密对接，最终促进农业生产的提档升级；数字技术促进乡村产业融合发展，为乡村旅游产业带来了新机遇和新动能，促进乡村旅游业的数字化转型发展，在线品牌宣传、在线订票、景区消费数字化服务等日益成为乡村旅游业消费方式和服务模式的基本形态，大幅提升乡村旅游业的附加值和消费体验；数字技术为乡村草根经济崛起带来新机遇，大量的传统乡镇经济在数字技术赋能下得以快速发展，淘宝村镇等新业态新模式不断涌现，乡村日渐成为创业者和社会资本争相进入的热土，外出务工人员逐渐回流就业创业，新农人积极投身农业农村，这些都带来了乡村创新创业的新活力新浪潮，为乡村数字经济创新发展提供了持续动力。可以预见，随着数字乡村的建设发展，乡村的信息基础设施将不断完善；数字心智的不断成熟，将对乡村数字经济的产业结构、运行逻辑、发展方向等产生深远的影响，使得乡村数字经济的新模式新业态在这种趋势中不断涌现。

（四）乡村社会的数字治理水平将进一步巩固提升

随着数字乡村战略的深入推进，数字技术必然极大促进乡村社会的全方位数字化转型。数字技术天然的“连接”特性，可以将治理对象、治理要素、治理资源和治理工具有机连接，促进形成互联互通、共治共享的乡村治理体系。通过塑造全新的乡村治理场域，势必突破时间和空间限制，增强情感和地域联系，连接起原子化的个体村民、脱嵌在外的务工人员及乡村精英等主体，推动着乡村基层治理由村两委单一治理模式走向数字技术赋能下的村民全员参与治理模式。同时，数字技术将实现“赋权”与“赋能”的双向结合，一方面，数字赋权普通村民，将极大地激活乡村内生动力，释放治理活力，打造共建共治共享的治理格局；另一方面，通过数字赋能政府管理，将有效融合乡村管理与服务，融服务于治理之中，构筑高效务实的乡村数字化公共服务体系。此外，数字技术在乡村社会的应用和发展，将大力助推政府实现对乡村环境发展、社会治安、灾害防治、疫情防控等多方面的实时掌控和有效治理。与此同时，农村政务管理在线化、智能化将得以加速推进。具体而言，“互联网＋”政务服务将持续向村社延伸，逐步打通市、县、乡、村四级数据通道，通过构建闭环共享的数据体系，集成服务民众的政务事项，推广以“零见面”为目标的急速审批。同时，基层综合信息平台建设日益加强，将推动党务、村务、财务等信息及时公开，有效监督村级集体资产管理、集体资金使用、小微工程建设等事关群众切身利益的事项，最终提高村级综合服务信息化水平。可以预见，乡村治理数字化转型势必加快，农村政务管理在线化、智能化将成趋势，未来将继续立足“场景化”“一件事”应用需求，加快推广政务审批线上办理、“指尖”办理，着重打造智慧化、便捷化、线上线下融合的乡村政务服务体系。

（五）乡村基础设施和公共服务信息化水平将加快提升

长期以来，我国经济社会发展不平衡不充分的问题在乡村最为突出，而数字技术嵌入乡村将为相对落后的欠发达地区和农村地区提供更广阔的市场空间和发展机遇，对于促进乡村发展、加快推进农业农村现代化、缩小城乡差距大有裨益。依托数字技术提高乡村公共服务水平、为村民提供高质量生活环境将成为乡村发展转型升级的必然要求，农村公共服务的在线化和智能化也将成为当代经济社会快速发展的必然趋势。与此同时，信息基础设施建设是数字乡村建设的前提和基础，是激发乡村发展内生动力、释放巨大潜力的重要前提，随着政府在推进农村公共服务在线化、智能化方面投入和建设力度加大，城乡信息基础设施建设水平差距势必进一步缩小。进而，可以通过推广应用乡村政务服务一体机和个人智能终端设备，以及政务服务小程序、手机移动 APP 等，准确、全面、高效获取公共信息，实现村民生活事项网上办、自助办、掌上办。因此，农村公共服务也将越来越趋于智能化，教育、医疗、养老方面的公共服务将日益满足乡村居民多样化的服务需求。具体而言，通过数字平台将线上线下教育活动相结合，汇集城乡教育信息资源，乡村教育教学内容和形式将不断丰富；通过搭建医疗信息共享服务平台，医疗资源的区域限制将被打破，医院服务流程得以重塑，乡村医疗服务效率进一步提高；通过构建城乡一体的数字养老服务平台，智慧养老服务体系将日益完善；等等。

(六)数字技术将助推智慧绿色乡村建设迈上新台阶

农村生态建设是我国生态文明建设的重要组成部分，是乡村全面振兴的应有之义。数字技术的日益成熟，也将为治理乡村生态环境和促进乡村绿色健康生活提供重要抓手，通过数字技术全方位全过程动态监测乡村环境、农业生产等领域，最终实现乡村绿色健康生活。具体而言，数字技术赋能农村生态环境整治，可以利用卫星遥感技术、无人机、高清远程视频监控系统对农村人居环境进行综合监测，强化农村饮用水水源水质监测与保护，实现对农村污染物、污染源全时全程监测，打造生态宜居美丽乡村。同时，可以通过数字技术倡导乡村绿色低碳生活方式，推进智能垃圾分类行动，提高村民垃圾分类意识，建立农村污水处理智能化系统，有效践行“绿水青山就是金山银山”理念。可以预见，数字技术将助推智慧绿色乡村建设迈上新台阶。首先，通过推广乡村智慧绿色生态模式，从乡村实际出发，因地制宜、因村制宜，精心规划乡村生态保护方案，打造生活宜居、设施配套、生态绿色、环境优美的乡村绿色生态，推动实现农村河湖信息化管理、水土流失信息化动态监测、乡村水利数字化监管。其次，通过数字技术推动乡村绿色生活，建设农村人居环境综合监测平台，重点推进农村生活垃圾污水治理、厕所革命，引导公众积极参与农村环境网络监督，共同维护绿色生活环境。再次，通过数字技术打造乡村智慧生活场景，迭代乡村教育、健康、养老、文化、旅游、住房、供水、灌溉等数字化应用场景，推动城乡公共服务同质化，增强群众生活幸福感。最后，通过数字技术继续营造智慧平安乡村，建设乡村气象、水文、地质、山洪、旱情等数据实时发布和预警应用系统，实现农村应急广播和“雪亮工程”全覆盖。

(七)数字乡村将助力脱贫攻坚成果与乡村振兴有效衔接

脱贫攻坚与乡村振兴是我国全面深化改革、推进农业农村现代化的重要战略。当前，我国的脱贫攻坚战已经取得全面胜利，但“脱贫摘帽不是终点，而是新生活、新奋斗的起点”，如何有效巩固脱贫攻坚成果与全面推进乡村振兴成为重要的现实议题。在促进我国农业农村数字化转型发展的背景下，数字乡村建设既为我国巩固脱贫攻坚成果提供可行路径，也是实现乡村全面振兴的重要途径。具体而言，农民生活、农业发展和乡村治理等方面是数字乡村建设的重点内容，以数字技术作为核心驱动力，可以有效激活乡村要素流动、助力乡村产业发展、促进传统农业智能化升级、提升乡村治理效能，以此有效推进脱贫攻坚与乡村振兴有效衔接，助力农村高质量发展。具体而言，在农民生活方面，对于新型农民的帮扶和支持更多体现在资源要素提供和市场机制稳定方面，因此可以有效利用数字经济整合数据信息、扩大农村贸易网络、破解信息不对称难题、拓展经营销售渠道，从而促进农民增收；在农业发展方面，信息化和数字化的嵌入可以使农业生产、产业结构、产业模式方面得以突破和升级；在乡村治理方面，数字化、信息化程度的提高将直接影响乡村治理的精细化与科学化水平，对信息公开透明、治理效能提升具有重要作用。

（八）县域基础数据资源体系和数字中台建设将成为重点任务

"十四五"期间，随着我国数字乡村建设发展进入发力期，县域将成为城乡融合发展的重要切入点和关键支撑，各级政府将更加重视并加大对县域经济社会数字化转型发展的资金投入和政策支持，尤其将加强乡村信息基础设施建设（包括乡村"新基建"和传统基础设施的数字化改造升级），为加快数字乡村建设发展提供设施保障。其中，基础数据资源体系建设和数字中台建设无疑是乡村信息基础设施建设的重中之重，更是促进乡村数字经济运行和发展的基础要件。基础数据资源体系建设和数字中台通常包括农业自然资源、重要农业种质资源、农村集体资产、农村宅基地、农户和新型农业经营主体、农村社会综合治理等多方面的大数据，并且据此进一步构建类似基于"地—空—星"一体化的乡村全域管理图，以数字村民管理平台为基础的识别码体系，或乡村数字经济发展指数等数字乡村应用工具。可以预见，随着数字乡村建设发展驶入快车道，各级政府将日益加强相关政策支持和资金投入，并通过与技术实力强劲的数智企业合作，大力推进基于县域的乡村基础数据资源体系和数字中台建设，以资源整合、数据共享为途径，推进数据融合、挖掘与应用，搭建共享平台，真正实现农业农村数据互联互通、资源共建共享、业务协作协同，为城乡融合发展提供有力的数据动能和中台保障。

（九）数智企业将日益全面投身数字乡村建设发展

当前，我国农业农村发展已经走到了信息化和现代化的历史交汇期，数字经济的新动能作用越发显现。同时，我国社会政治结构对企业（特别是数智企业）的社会责任期待日益显著。在此背景下，阿里巴巴、腾讯、拼多多、华为等数智企业既感受到宏观环境传导的政策激励和社会期待，也察觉到农业农村数字化进程带来的巨大风口，纷纷以农业农村数字化创新主体的态势，抢抓农业农村数字化转型发展的历史机遇。数智企业将根据自身技术和市场优势，在农业产业数字化、城乡物流数字化、普惠金融数字化、乡村治理数字化等方面进行布局，力图在农业农村现代化中占据新蓝海，构建新高地，形成新优势。应当承认，数智企业已陆续做出引人瞩目的创新探索，使得我国农业农村数字化进程呈现出快速迭代、多维进化的创新趋向。可以预见，在数字技术赋能和市场竞争牵引下，数智企业（包括数字化平台企业的业务生态网络）基于市场诉求和社会担当，必然蓄积更大动能，更加主动作为，将日益重仓投入农业农村领域，在更高层面上整合农业、食品、生态、治理、服务等乡村发展资源及其数字化形态，形成数字乡村建设发展的市场化竞争生态，助推数字乡村建设发展和乡村全面振兴。

(十)数字乡村将与县域智慧城市建设融合发展

当前,我国社会主要矛盾已转化为人民日益增长的美好生活需要和不平衡不充分的发展之间的矛盾,而城乡差距正是我国发展不平衡的主要表现之一。因此,随着智慧城市、数字乡村建设的不断深入,基于数字化背景的城乡融合发展已成为主导趋势。需要指出,县域治理和乡村振兴是保证国家高质量发展的重要组成部分,也是推动中央政策在基层落实的重要载体。随着智慧城市建设在全国各地如火如荼地开展,城市建设的规模也从大城市下沉到县域层级。在国家乡村振兴战略的推动下,县域智慧城市作为连接智慧城市和数字乡村的重要纽带,面临着新挑战和新机遇。可以预见,城市和乡村今后可能在信息基础设施统筹、新模式新业态创新发展等方面率先突破,在县域城乡建设规划衔接、数据资源共享、公共服务联通、技术体系协同、具体应用融合等方面陆续跟进,进而极大推动城乡资金流、人才流和科技流的加速流转及转化。在"十四五"发展的新时期,县域智慧城市建设将持续迭代,根据城市和乡村的不同需求,打造更完善的智慧城市体系,实现乡村振兴和智慧城市的高质量发展。当然,同样可以预见的是,由于城乡发展差距较大,城乡数字鸿沟短期内难以有效消除,而以城带乡困难极大,因此数字乡村与智慧城市建设融合发展也必将面临诸多挑战。

参考文献

Baldwin C Y, Woodard C J. The Architecture of Platforms: A Unified View. In Gawer A (ed.). Platforms, Markets and Innovation. Northampton: Edward Elgar, 2009: 19-44.

Benke K, Tomkins B. Future Food-Production Systems: Vertical Farming and Controlled-Environment Agriculture. Sustainability: Science, Practice and Policy, 2017, 13(1): 13-26.

Brand U. Green Economy—the Next Oxymoron? No Lessons Learned from Failures of Implementing Sustainable Development. GAIA-Ecological Perspectives for Science and Society, 2012, 21(1): 28-32.

Corsini L, Dammicco V, Moultrie J. Frugal Innovation in a Crisis: The Digital Fabrication Maker Response to COVID-19. R&D Management, 2021, 51(2):195-210.

Colbert A, Yee N, George G. The Digital Workforce and the Workplace of the Future. Academy of Management Journal, 2016, 59(3): 731-739.

Crampton J W, Elden S. Space, Knowledge and Power: Foucault and Geography. Oxford: Taylor and Francis, 2016.

Dagar R, Som S, Khatri S K. Smart Farming—IoT in Agriculture. 2018 International Conference on Inventive Research in Computing Applications (ICIRCA). IEEE, 2018: 1052-1056.

Dawson J A, Sparks L. Issues in Retailing: Trends and Implications for the Planning of Retail Provision in the Major Scottish Cities. Stirling: University of Stirling, Institute for Retail Studies, 1985.

De Clercq M, Vats A, Biel A. Agriculture 4.0: The Future of Farming Technology. Proceedings of the World Government Summit, 2018: 11-13.

De Tarde G. The Laws of Imitation. New York: H. Holt, 1903.

Du M, Noguchi N. Monitoring of Wheat Growth Status and Mapping of Wheat Yield's Within-Field Spatial Variations Using Color Images Acquired from UAV-Camera System. Remote Sensing, 2017, 9(3): 289.

Duara P. Culture, Power, and the State: Rural North China, 1900-1942. Palo Alto: Stanford University Press, 1991.

Dunleavy P, Margetts H, Bastow S, et al. Digital Era Governance: IT Corporations, the State, and E-Government. Oxford: Oxford University Press, 2006.

Dunleavy P, Margetts H, Bastow S, et al. New Public Management is Dead-Long Live Digital-Era Governance. Journal of Public Administration Research and Theory, 2006, 16(3): 467-497.

Durkheim E. The Elementary Forms of Religious Life. New York: Free Press, 1965.

Eom Seong-Jun, Kim S B, Cho S Y, et al. Plans to Improve Smart Village and Its Challenges. Journal of Agricultural Extension & Community Development, 2020, 27(4): 173-184.

Esfahani L P, Asadiye Z S. The Role of Information and Communication Technology in Agriculture. 2009 First International Conference on Information Science and Engineering. IEEE, 2009: 3528-3531.

Eshet-Alkalai Y. Digital Literacy: A Conceptual Framework for Survival Skills in the Digital Era. Journal of Educational Multimedia and Hypermedia, 2004, 13(1): 93-106.

Eshet-Alkalai Y. Thinking in the Digital Era: A Revised Model for Digital Literacy. Issues Informing Science and Information Technology, 2012(9): 267-276.

Etzkowitz H, Leydesdorff L. The Triple Helix-University-Industry-Government Relations: A Laboratory for Knowledge Based Economic Development. EASST Review, 1995, 14(1): 14-19.

Felson M, Spaeth J L. Community Structure and Collaborative Consumption: A Routine Activity Approach. American Behavioral Scientist, 1978, 21(4): 614-624.

Friestad M, Wright P. The Persuasion Knowledge Model: How People Cope with Persuasion Attempts. Journal of Consumer Research, 1994, 21(1): 1-31.

Fu Y. Development Trend and Promotion Strategy of Smart Logistics in China. Foreign Trade and Economic Practice, 2018, 1: 90-92.

Futch M D, McIntosh C T. Tracking the Introduction of the Village Phone Product In Rwanda. Information Technologies & International Development, 2009, 5(3): 54-81.

Gawer A. Bridging Differing Perspectives on Technological Platforms: Toward an Integrative Framework. Research Policy, 2014, 43(7): 1239-1249.

Gerhards R, Oebel H. Practical Experiences with a System for Site-Specific Weed Control in Arable Crops Using Real-Time Image Analysis and GPS-Controlled Patch Spraying. Weed Research, 2006, 46(3): 185-193.

Gilster P. Digital Literacy. New Jersey: Wiley Publishing, 1997.

Goedde L, Katz J, Ménard A, et al. Agriculture's Connected Future: How Technology Can Yield New Growth. New York: McKinsey and Company, 2020.

Goffman E. The Presentation of Self in Everyday Life. New York: Anchor Books, 1959.

Hajli N, Sims J. Social Commerce: The Transfer of Power from Sellers to Buyers. Technological Forecasting and Social Change, 2015, 94: 350-358.

Hayes B. Cloud Computing. Communications of the ACM, 2008, 51(7): 9-11.

Kang Y R, Park C. Acceptance Factors of Social Shopping. 2009 11th International Conference on Advanced Communication Technology. IEEE, 2009, 3: 2155-2159.

Klievink B, Bharosa N, Tan Y H. The Collaborative Realization of Public Values and Business Goals: Governance and Infrastructure of Public-Private Information Platforms. Government Information Quarterly, 2016, 33(1): 67-79.

Lefebvre H. The Production of Space. New Jersey: Wiley-Blackwell, 1991.

Leyshon A, Thrift N. The Restructuring of the UK Financial Services Industry in the 1990s: A Reversal of Fortune. Journal of Rural Studies,1993, 9(3): 223-241.

Mahlein A K. Plant Disease Detection by Imaging Sensors-Parallels and Specific Demands for Precision Agriculture and Plant Phenotyping. Plant Disease, 2016, 100(2): 241-251.

Marsden, P. Social Commerce: Monetizing Social Media. Homburg: Syzygy Group, 2010.

Martin A, Grudziecki J. DigEuLit: Concepts and Tools for Digital Literacy Development. Innovation in Teaching and Learning in Information and Computer Sciences, 2006, 5(4): 249-267.

McKinnon R. Money and Capital in Economic Development. Washington D. C.: The Brookings Institutions, 1973.

Montanari R. Cold Chain Tracking: A Managerial Perspective. Trends in Food Science & Technology, 2008, 19(8): 425-431.

Moustier P, Tam P T G, Anh D T, et al. The Role of Farmer Organizations in Supplying Supermarkets with Quality Food in Vietnam. Food Policy, 2010, 35(1): 69-78.

Nagasaka Y, Umeda N, Kanetai Y, et al. Autonomous Guidance for Rice Transplanting Using Global Positioning and Gyroscopes. Computers and Electronics in Agriculture, 2004, 43(3): 223-234.

O'Reilly T. Government as a Platform. Innovations: Technology, Governance, Globalization, 2011, 6(1): 13-40.

Oulhen N, Schulz B J, Carrier T J. English Translation of Heinrich Anton de Bary's 1878 Speech "Die Erscheinung der Symbiose" ("De La Symbiose"). Symbiosis, 2016, 69(3): 131-139.

Park J, Lee S. Smart Village Projects in Korea: Rural Tourism, 6th Industrialization, and Smart Farming. In Visvizi A, Lytras M D, Mudri G (eds.). Smart Villages in the EU and Beyond. Bradford: Emerald Group Publishing, 2019: 139-153.

Parker E B. Closing the Digital Divide in Rural America. Telecommunications Policy, 2000, 24(4): 281-290.

Posner M V. International Trade and Technical Change. Oxford Economic Papers, 1961, 13(3): 323-341.

Premack D, Woodruff G. Does the Chimpanzee Have a Theory of Mind? Behavioral and Brain Sciences, 1978, 1(4): 515-526.

Prestby J E, Wandersman A, Florin P, et al. Benefits, Costs, Incentive Management and Participation in Voluntary Organizations: A Means to Understanding and Promoting Empowerment. American Journal of Community Psychology, 1990, 18(1): 117-149.

Qi J, Zheng X, Guo H. The Formation of Taobao Villages in China. China Economic Review, 2019, 53: 106-127.

Rad A A, Benyoucef M. A Model for Understanding Social Commerce. Journal of Information Systems Applied Research, 2011, 4(2): 63-73.

Rahwan I, Cebrian M, Obradovich N, et al. Machine Behaviour. Nature, 2019, 568 (7753): 477-486.

Rao S S. Social Development in Indian Rural Communities: Adoption of Telecentres. International Journal of Information Management, 2008, 28(6): 474-482.

Rhodes R. The New Governance: Governing without Government?. Political Sciences, 1996, 44(4): 652-667.

Roedder D L, Didow N M, Calder B J. A Review of Formal Theories of Consumer Socialization. ACR North American Advances, 1978, 5(1): 528-534.

Rogers E M. Diffusion of Innovation. New York: Free Press, 1983.

Salemink K, Strijker D, Bosworth G. Rural Development in the Digital Age: A Systematic Literature Review on Unequal ICT Availability, Adoption, and Use in Rural Areas. Journal of Rural Studies, 2017, 54: 360-371.

Schultz T. Transforming Traditional Agriculture. New Haven: Yale University Press, 1964.

Schwab J C. Review of The World in 2050: Four Forces Shaping Civilization's Northern Future. Journal of Homeland Security and Emergency Management, 2011, 8 (1): 1-7.

Schwab K. Die Vierte Industrielle Revolution. Kursdaten: Pantheon Verlag, 2016.

Schwaiger M. Components and Parameters of Corporate Reputation: An Empirical Study. Schmalenbach Business Review, 2004, 56(1): 46-71.

Sept A. Thinking Together Digitalization and Social Innovation in Rural Areas: An Exploration of Rural Digitalization Projects in Germany. European Countryside, 2020, 12 (2): 193-208.

Shaw E S. Financial Deepening in Economic Development. New York: Oxford University Press, 1973.

Shimamoto D, Yamada H, Gummert M. Mobile Phones and Market Information: Evidence from Rural Cambodia. Food Policy, 2015, 57: 135-141.

Stergiou F. Effective Management and Control of the Cold Chain by Application of Time Temperature Indicators (TTIs) in Food Packaging. Journal of Food and Clinical Nutrition, 2018, 1(1): 12-15.

Stiglitz J E, Weiss A. Credit Rationing in Markets with Imperfect Information.

American Economic Review, 1981, 71(3): 393-410.

Stoker G. Governance as Theory: Five Propositions. International Social Science Journal, 1998, 50(155): 17-28.

Walter A, Finger R, Huber R, et al. Opinion: Smart Farming is Key to Developing Sustainable Agriculture. Proceedings of the National Academy of Sciences, 2017, 114 (24): 6148-6150.

Yaseen H, Dingley K, Adams C. The Government'S Role in Raising Awareness Towards E-Commerce Adoption: The Case of Jordan. Proceedings of the 15th European Conference on eGovernment, 2015.

Zhang X D, Seelan S, Seielstad G. Digital Northern Great Plains: A Web-Based System Delivering Near Real Time Remote Sensing Data for Precision Agriculture. Remote Sensing, 2010, 2(3): 861-873.

安宁,王宏起.创业者先前经验、学习模式与新技术企业绩效——基于初始条件视角的实证研究.商业经济与管理,2011(9):34-42.

白朋飞.美英农业电子商务的发展应用.世界农业,2015(1):123-126.

白启鹏.大数据时代农村社区信息化治理方案及实现路径研究.情报科学,2020(7):85-92.

白钦先,佟健.重提普惠金融是对金融普惠性异化的回归.金融理论与实践,2017(12):1-4.

北京大学课题组.平台驱动的数字政府:能力、转型与现代化.电子政务,2020(7):2-30.

布尔迪厄.国家精英——名牌大学与群体精神.杨亚平,译.北京:商务印书馆,2004.

布朗.数字素养的挑战:从有限的技能到批判性思维方式的跨越.肖俊洪,译.中国远程教育,2018(4):42-53.

蔡斯.共享经济:重构未来商业新模式.王芮,译.杭州:浙江人民出版社,2015.

曹冰雪,李瑾,冯献,等.我国智慧农业的发展现状、路径与对策建议.农业现代化研究,2021(5):785-794.

曹海林,史敏烨.盒马鲜生新零售模式的发展分析及对策.中外企业家,2019(31):16-17.

曹海林.村落公共空间演变及其对村庄秩序重构的意义——兼论社会变迁中村庄秩序的生成逻辑.天津社会科学,2005(6):61-65.

曹海林.乡村社会变迁中的村落公共空间——以苏北窑村为例考察村庄秩序重构的一项经验研究.中国农村观察,2005(6):61-73.

曹宏鑫,赵锁劳,葛道阔,等.农业模型与数字农业发展探讨.江苏农业学报,2012(5):1181-1188.

曹孟勤,姜赟.改造自然界与人的道德责任——论对世界存在和人存在的重新开启.道德与文明,2020(1):115-123.

曹卫星,李存东.基于作物模型的专家系统预测和决策功能的结合.农业网络信息,1998(2):8-10.

常倩,李瑾.乡村振兴背景下智慧乡村的实践与评价.华南农业大学学报(社会科学版),

2019(3):11-21.

陈芳.农户融资需求和融资约束——基于贵州省4018个样本农户调查数据.农村金融,2016(10):65-69.

陈锋.分利秩序与基层治理内卷化:资源输入背景下的乡村治理逻辑.社会,2015(3):95-120.

陈建.农村公共文化服务碎片化问题研究——以整体性治理为视角.图书馆工作与研究,2017(8):5-10.

陈剑,黄朔,刘运辉.从赋能到使能——数字化环境下的企业运营管理.管理世界,2020(2):117-128.

陈杰,丁晓冰,王晓红.全民直播.知识经济,2020(11):10-27.

陈雷,金海平,徐中强,等.改革开放40年安徽省乡村住户生活质量的影响——以安徽省三县为例.智库时代,2020(3):121-122.

陈明,刘义强.交互式群治理:互联网时代农村治理模式研究.农业经济问题,2019(2):33-42.

陈水生.迈向数字时代的城市智慧治理:内在理路与转型路径.上海行政学院学报,2021(5):48-57.

陈水生.数字时代平台治理的运作逻辑:以上海"一网统管"为例.电子政务,2021(8):2-14.

陈苏广.大数据时代下我国农产品物流体系建设探析.物流技术,2014(23):429-431.

陈潭,王鹏.信息鸿沟与数字乡村建设的实践症候.电子政务,2020(12):2-12.

陈婷."互联网+"背景下农村电商发展的现实意义及对策分析.农业经济,2021(2):143-144.

陈炜,张志明.全域旅游视域下青海民族地区包容性旅游扶贫模式研究.青海民族研究,2018(4):48-55.

陈文理.信息基础设施的逻辑结构、特点与发展模式选择.广东行政学院学报,2012(3):5-11.

陈文涛,罗震东.互联网时代的产业分工与集聚——基于淘宝村与专业市场互动机制的空间经济学分析.南京大学学报(哲学·人文科学·社会科学),2020(2):65-78.

陈希凤,李新鹏,汪金祥.青海省农牧区普惠金融商业可持续问题调查.西部金融,2019(9):63-65.

陈锡文.理解当代中国经济社会现状的逻辑原点.北京日报,2018-07-30.

陈翔宇,郎诵真.我国情报社会化服务模式探讨.图书情报工作,1996(3):38-42.

陈潇.美国农业现代化发展的经验及启示.经济体制改革,2019(6):157-162.

陈永晴.基于"熟人经济+数字化"的农村消费新业态新模式研究.商业经济研究,2020(21):146-149.

陈佑清.从认识主体到实践主体——实践唯物主义视野中的教育目的观探析.中国教育学刊,2000(1):24-28.

陈媛媛,游炯,幸泽峰,等.世界主要国家精准农业发展概况及对中国的发展建议.农业工程学报,2021(11):315-324.

陈志刚,刘纯阳.贫困山区农产品物流体系建设——基于湘西自治州椪柑滞销的调查与思考.吉首大学学报(社会科学版),2008(5):160-164.

程萌萌,夏文菁,王嘉舟,等.《全球媒体和信息素养评估框架》(UNESCO)解读及其启示.远程教育杂志,2015(1):21-29.

崔凯,冯献.数字乡村建设视角下乡村数字经济指标体系设计研究.农业现代化研究,2020(6):899-909.

崔丽丽,王骊静,王井泉.社会创新因素促进"淘宝村"电子商务发展的实证分析——以浙江丽水为例.中国农村经济,2014(12):50-60.

崔洛源,赵鲁南.数字普惠金融促进乡村振兴的政策与方式.国际金融,2019(5):48-51.

崔松子,金华.区域经济增长:走出低效益陷阱的途径.延边大学学报(社会科学版),1996(3):17-22.

戴华兵.无线传感技术在物联网农业中的应用.信息系统工程,2019(7):131-132.

戴建平,袁志霞,方锐.社交电商情境下社会临场感效应研究综述.商业经济研究,2019(21):75-78.

戴宴清.美国、日本都市农业信息化实践与比较.世界农业,2014(5):24-28.

邓斌,汪维清,张乐柱.农村互联网金融体系整合与路径研究.技术经济与管理研究,2020(4):107-111.

邓大才.社会化小农:动机与行为.华中师范大学学报(人文社会科学版),2006(3):9-16.

邓琳佳.精准扶贫下农村本土化电商发展的现实困境与优化路径.农业经济,2021(8):134-136.

邓喆.政府官员直播"带货":政务直播+助农的创新发展、风险挑战与长效机制.中国行政管理,2020(10):80-85.

丁世华.数字文化治理赋能乡村文化振兴.湖北文理学院学报,2020,41(4):33-38.

丁志刚,王杰.中国乡村治理70年:历史演进与逻辑理路.中国农村观察,2019(4):18-34.

董建文,葛东旭.互联网金融提高"三农"金融活力研究.时代金融,2019(26):19-21.

董坤祥,侯文华,丁慧平,等.创新导向的农村电商集群发展研究——基于遂昌模式和沙集模式的分析.农业经济问题,2016(10):60-69.

董玲玲.我国冷链物流发展态势、问题与对策——源于商贸流通业发展视角.商业时代,2019(12):94-96.

董玉峰,陈俊兴,杜崇东.数字普惠金融减贫:理论逻辑、模式构建与推进路径.南方金融,2020(2):64-73.

杜春林,张新文.乡村公共服务供给:从"碎片化"到"整体性".农业经济问题,2015(7):9-19.

杜丹清.互联网助推消费升级的动力机制研究.经济学家,2017(3):48-54.

杜鹏.社会性小农:小农经济发展的社会基础——基于江汉平原农业发展的启示.农业经济问题,2017(1):57-65.

杜睿云,蒋侃.新零售:内涵、发展动因与关键问题.价格理论与实践,2017(2):139-141.

杜赞奇.文化、权力与国家——1900—1942年的华北农村.王福明,译.南京:江苏人民出版社,1996.

段伟文.大数据知识发现的本体论追问.哲学研究,2015(11):114-119.

范东君,朱有志.农村劳动力流出对农业劳动力老龄化影响探究.西北人口,2012(3):104-109.

范先佐.义务教育均衡发展与农村教育难点问题的破解.华中师范大学学报(人文社会科学版),2013(2):148-157.

范新成.WTO条件下农业产业结构调整的难题与对策研究.财贸经济,2003(2):80-83.

范轶琳,姚明明,吴卫芬.中国淘宝村包容性创新的模式与机理研究.农业经济问题,2018(12):118-127.

范增民,路健,王立坤.社交网红电商风口下新零售的消费驱动因素与模式创新.商业经济研究,2021(8):42-44.

方堃,李帆,金铭.基于整体性治理的数字乡村公共服务体系研究.电子政务,2019(11):72-81.

方伟,王达.大数据与社会排斥:现状、影响与对策.今日科苑,2019(3):49-57.

方伟,向川子.乡村振兴视角下的农村居民数字素养研究——基于雄安新区居民的调查.今日科苑,2019(10):52-66.

方伟.大数据时代数字鸿沟的社会影响及对策.青年记者,2019(6):35-36.

方向明,李姣媛.精准农业:发展效益,国际经验与中国实践.农业经济问题,2018(11):28-37.

方迎君.数字乡村评价指标体系构建与分析.山西农经,2020(11):21-23.

房冠辛.中国"淘宝村":走出乡村城镇化困境的可能性尝试与思考——一种城市社会学的研究视角.中国农村观察,2016(3):71-81.

丰华,王金山.农业产业链组织发展的演变趋势与改革创新.经济体制改革,2021(2):74-80.

冯富帅.可持续发展理论下的地区产业发展对策——以巴彦淖尔为例.现代商业,2020(33):105-106.

冯献,李瑾,崔凯.乡村治理数字化:现状、需求与对策研究.电子政务,2020(6):73-85.

付豪,赵翠萍,程传兴.区块链嵌入、约束打破与农业产业链治理.农业经济问题,2019(12):108-117.

傅利国.谋划"乡村大脑"打造"掌上智村":鄞州区积极探索乡村数字化治理新路径.宁波通讯,2021(11):56-58.

傅泽.数字经济背景下电商直播农产品带货研究.农业经济,2021(1):137-139.

高帆.农村双层经营体制的新内涵.光明日报,2019-03-19.

高复先.信息工程与总体数据规划.交通与计算机,1988(2):8-14.

高国伟,郭琪.大数据环境下"智慧农村"治理机制研究.电子政务,2018(12):101-111.

高梦妮.电商物流智能搬运机器人路径规划研究.商讯,2019(27):107-109.

高万林,李桢,于丽娜,等.加快农业信息化建设 促进农业现代化发展.农业现代化研究,2010(3):257-261.

高彦彦，荣宇鹏，纪帅. 农村电商的农民增收效应估计——来自浙江省淘宝村镇的证据. 现代管理科学，2021(2)：112-120.

葛和平,朱卉雯.中国数字普惠金融的省域差异及影响因素研究.新金融,2018(2):47-53.

葛佳琨,刘淑霞.数字农业的发展现状及展望.东北农业科学,2017(3):58-62.

葛坚,马丹妮.我国IPv6发展现状与问题分析.信息通信技术与政策,2020(6):84-88.

葛林. 我国农村电商供应链模式及创新发展研究. 农业经济，2022(2)：128-130.

工业和信息化部科技司.深入学习贯彻习近平总书记重要指示精神 加快制造业数字化网络化智能化发展——肖亚庆赴重庆出席中国—上海合作组织数字经济产业论坛暨2021中国国际智能产业博览会并调研.互联网天地,2021(9):2.

工业和信息化部运行监测协调局.2021年通信业统计公报解读.(2022-01-25)[2022-03-05]. https://www.miit.gov.cn/gxsj/tjfx/txy/art/2022/art_e2c784268cc74ba0bb19d9d7eeb398bc.html.

梁龚仕建.乡村振兴人才是关键.人民日报,2019-02-17.

贡祥林,杨蓉."云计算"与"云物流"在物流中的应用.中国流通经济,2012(10):29-33.

关佳.金融精准扶贫的数字普惠面向:核心动力与实现路径.现代经济探讨,2020(10):56-64.

郭承龙.农村电子商务模式探析——基于淘宝村的调研.经济体制改革,2015(5):110-115.

郭芳."为村"十年:乡村振兴的数字化实验和变革.中国经济周刊,2019(19):44-47.

郭红东,陈潇玮.建设"数字乡村"助推乡村振兴.杭州,2018(47):11-12.

郭红东,曲江.直播带货助农的可持续发展研究.人民论坛,2020(20):74-76.

郭建伟,祁丽君.数字农业如何破解传统农业发展瓶颈.农业知识,2019:8-11.

郭娇.数字鸿沟的演变:从网络接入到心智投入——基于疫情期间大学生在线学习的调查.华东师范大学学报(教育科学版),2021(7):16-26.

郭凯凯,高启杰.农村电商高质量发展机遇、挑战及对策研究.现代经济探讨,2022(2):103-111.

郭明.虚拟型公共空间与乡村共同体再造.华南农业大学学报(社会科学版),2019(6):130-138.

郭全中. 中国直播电商的发展动因、现状与趋势. 新闻与写作，2020(8)：84-91.

郭永田.英国农业、农村的信息化建设.世界农业,2013(2):105-109.

郭正林.当代中国农民政治参与的程度、动机及社会效应.社会学研究,2003(3):77-86.

郭正林.卷入民主化的农村精英:案例研究.中国农村观察,2003(1):66-74,81.

哈肯.协同学——自然成功的奥秘.戴鸣钟,译.上海:上海科学普及出版社,1988.

韩彩珍,王宝义."新零售"的研究现状及趋势.中国流通经济,2018(12):20-30.

韩俊.大数据技术在数字化物流中的应用研究.经济研究导刊,2020(36):36-37.

韩磊,张生太.农村普惠金融之发展现状、问题及应对.财会月刊,2020(7):148-153.

韩楠.我国发展智慧农业的路径选择.农业经济,2018(11):6-8.

韩鹏云. 乡村治理现代化的实践检视与理论反思. 西北农林科技大学学报(社会科学版)，2020(1)：102-110.

韩庆龄.规则混乱、共识消解与村庄治理的困境研究.南京农业大学学报(社会科学版)，2016(3)：47-54.

韩瑞波.技术治理驱动的数字乡村建设及其有效性分析.内蒙古社会科学，2021(3)：16-23.

韩瑞波.敏捷治理驱动的乡村数字治理.华南农业大学学报(社会科学版)，2021(4)：132-140.

韩尚宜，许晶晶.农村金融需求调查与精准供给策略研究.中国农业会计，2020(5)：59-63.

韩兆柱，马文娟.数字治理理论研究综述.甘肃行政学院学报，2016(1)：23-35.

郝爱民，王章留.论我国农村消费升级的趋势与流通业发展方式转变及扩大农村消费的对策.农业现代化研究，2011(2)：179-183.

郝政，何刚，王新媛，等.创业生态系统组态效应对乡村产业振兴质量的影响路径——基于模糊集定性比较分析.科学学与科学技术管理，2022(1)：57-75.

何秉孟. 当前亟须继续深入研究的十大理论问题. 中国经贸导刊，2000(18)：9-10.

何包钢，王春光.中国乡村协商民主：个案研究.社会学研究，2007(3)：56-73.

何国平，何瀚玮.内容-关系的组合界面：微博传播力考察.山东社会科学，2012(4)：74-78.

何圣东，杨大鹏.数字政府建设的内涵及路径——基于浙江"最多跑一次"改革的经验分析.浙江学刊，2018(5)：45-53.

何铁林.普惠金融赋能农村电商产业升级机制与空间溢出效应.商业经济研究，2021(11)：169-172.

何阳，汤志伟.互联网驱动的"三治合一"乡村治理体系网络化建设.中国行政管理，2019(11)：69-74.

何志武，董红兵.短视频"下乡"与老年群体的日常生活重构——基于一个华北村庄的田野调查.新闻与传播评论，2021(3)：14-23.

贺爱光."猪联网"——"互联网＋"养猪服务平台.四川农业与农机，2019(4)：16-18.

贺海波.村民自治的社会动力机制与自治单元——以湖北秭归双层村民自治为例.华中农业大学学报(社会科学版)，2018(6)：104-111.

贺剑武.智慧旅游对乡村旅游资源开发与利用的赋能研究.农业经济，2021(9)：100-102.

贺盛瑜，马会杰.农产品冷链物流生态系统的演化机理.农村经济，2016(10)：114-117.

贺雪峰.村民自治的功能及其合理性.社会主义研究，1999(6)：60-64.

贺雪峰.村治研究的意义与方法——兼评几种流行的村治研究倾向.青海师范大学学报(哲学社会科学版)，1999(2)：31-36.

贺雪峰.论乡村治理内卷化——以河南省K镇调查为例.开放时代，2011(2)：86-101.

贺娅萍，徐康宁.互联网对城乡收入差距的影响：基于中国事实的检验.经济经纬，2019(2)：25-32.

贺业红. 农村电商发展对我国城乡收入差距的影响效应分析. 商业经济研究，2020(16)：91-94.

洪勇. 我国农村电商发展的制约因素与促进政策. 商业经济研究，2016(4)：169-171.

侯光文，黄超越，张鸿，等. 陕西数字乡村高质量发展测度及评价. 西安邮电大学学报，2020(6)：87-94.

胡海，庄天慧. 共生理论视域下农村产业融合发展：共生机制、现实困境与推进策略. 农业经济问题，2020(8)：68-76.

胡江波. 数字农业的概念及设计技术体系. 农业与技术，2018(6)：53.

胡钧铭，王锐，李世君，等. 数字农业在新农村建设中的主体作用及发展对策. 广西农业科学，2007(3)：343-346.

胡钦太. 信息化视野中的教育均衡发展：关系、命题与对策. 华南师范大学学报(社会科学版)，2012(6)：29-34.

胡天石，傅铁信. 中国农产品电子商务发展分析. 农业经济问题，2005(5)：23-27.

胡卫卫，辛璄怡，于水. 技术赋权下的乡村公共能量场：情景、风险与建构. 电子政务，2019(10)：117-124.

胡卫卫. 外部嵌入与内生整合：乡村政治生态优化的路径指向. 理论导刊，2019(2)：41-46.

胡祥培，王明征，王子卓，等. 线上线下融合的新零售模式运营管理研究现状与展望. 系统工程理论与实践，2020(8)：2023-2036.

胡象明，唐波勇. 整体性治理：公共管理的新范式. 华中师范大学学报(人文社会科学版)，2010(1)：11-15.

胡晓杭. 完善电商服务体系 满足农村电商多元化发展. 浙江大学学报(人文社会科学版)，2017(1)：55.

胡亚兰，张荣. 我国智慧农业的运营模式、问题与战略对策. 经济体制改革，2017(4)：70-76.

胡钰. "数字农业"迎来发展春天. 中国城乡金融报，2019-12-18.

黄敦高，吴雨婷. 浅谈智慧供应链的构建. 中国市场，2014(10)：20-21.

黄璜. 对"数据流动"的治理——论政府数据治理的理论嬗变与框架. 南京社会科学，2018(2)：53-62.

黄璜. 数字政府的概念结构：信息能力、数据流动与知识应用——兼论 DIKW 模型与 IDK 原则. 学海，2018(4)：158-167.

黄君录. 协商民主的地方治理模式及其内生机制——基于村民自治地方经验的四种模式. 南京农业大学学报(社会科学版)，2019(4)：69-77.

黄曦. 国外农产品电子商务发展及对我国的启示. 改革与战略，2016(6)：160-162.

黄小娟. 基于 5G 通信技术的物流智慧化发展分析. 商场现代化，2020(5)：45-46.

黄晓春. 技术治理的运作机制研究——以上海市 L 街道一门式电子政务中心为案例. 社会，2010(4)：1-31.

黄益平，黄卓. 中国的数字金融发展：现在与未来. 经济学(季刊)，2018(4)：1489-1502.

黄宗智. 华北的小农经济与社会变迁. 北京：中华书局，2000.

黄宗智.小农经济理论与“内卷化”及“去内卷化”.开放时代,2020(4):126-139.

黄宗智.再论内卷化,兼论去内卷化.开放时代,2021(1):157-168.

黄祖辉.现代农业能否支撑城镇化?.西北农林科技大学学报(社会科学版),2014(1):1-6.

姬亚岚.农业性质与中国的“三农”问题.农业经济问题,2006(5):45-48

贾立,汤敏.农村互联网金融:模式与发展形态.西南金融,2016(9):7-11.

简成熙.重审教育理论性质:纪念保罗·赫斯特教授.当代教育科学,2021(3):3-20.

江凤香,史立军,杜谋涛,等.数字技术助力传统农业转型升级为数字农业的对策.农业工程,2020(4):132-134.

江明融.公共服务均等化问题研究.厦门:厦门大学,2007.

江苏省农业委员会课题组.智能农业是农业现代化的重要标志和支撑——江苏智能农业发展专题研究.江苏农村经济,2017(11):7-11.

姜大立,张巍,王清华.智慧物流关键技术及建设对策研究.包装工程,2018(23):9-14.

姜华,张涛甫.传播结构变动中的新闻业及其未来走向.中国社会科学,2021(8):185-203.

姜竹,徐思维,刘宁.信息基础设施、公共服务供给效率与城市创新——基于“宽带中国”试点政策的实证研究.城市问题,2022(1):53-64.

蒋敏娟,黄璜.数字政府:概念界说、价值蕴含与治理框架——基于西方国家的文献与经验.当代世界与社会主义,2020(3):175-182.

蒋亚萍,任晓韵.从“零售之轮”理论看新零售的产生动因及发展策略.经济论坛,2017(1):99-101.

蒋勇,刘庆华,韩莹.基于信息生态理论的农业产业链优化路径研究.中国农业资源与区划,2017(11):102-108.

蒋正伟,张瑞东.电商赋能 弱鸟高飞:电商消贫报告(2015).北京:社会科学文献出版社,2015.

蒋卓晔.党建引领中国社会治理的实践逻辑.科学社会主义,2019(2):74-78.

焦瑾璞.普惠金融发展应坚持商业可持续原则.清华金融评论,2016(12):20-21.

金恩焘,王瑞军,郑克强.新时代农村电商治理机制、模式与路径.农业经济,2019(6):129-131.

金建东,徐旭初.数字农业的实践逻辑、现实挑战与推进策略.农业现代化研究,2022(1):1-10.

金晓雨,孔繁斌.社会治理行动主体:存在方式及关系结构.江海学刊,2020(4):230-235.

金雪莹.关于推动辽宁农村电商高质量发展的对策建议.农业经济,2021(6):131-132.

金勇,王柯.复杂科学管理视角下的农村电商集群生态系统研究.决策与信息,2019(3):102-110.

卡斯特.网络社会的崛起.夏铸九,等,译.北京:社会科学文献出版社,2001.

匡远配,易梦丹.精细农业推进现代农业发展:机理分析和现实依据.农业现代化研究,

2018(4):551-558.

兰虹,赵佳伟.新冠疫情背景下新零售行业发展面临的机遇、挑战与应对策略.西南金融,2020(7):3-16.

兰玉彬,王天伟,陈盛德,等.农业人工智能技术:现代农业科技的翅膀.华南农业大学学报,2020(6):1-13.

蓝庆新,窦凯.共享时代数字经济发展趋势与对策.社会科学文摘,2018(2):46-48.

郎友兴.政治精英与中国的村民自治:经验与意义.浙江社会科学,2006(6):15-25.

郎友兴.走向总体性治理:村政的现状与乡村治理的走向.华中师范大学学报(人文社会科学版),2015(2):11-19.

雷尼,威尔曼.超越孤独:移动互联时代的生存之道.杨柏溆,高崇,等,译.北京:中国传媒大学出版社,2015.

李彩丽.直播+电商模式在农产品电商中的应用探究——基于中小卖家运营视角.中国市场,2017(20):199-201.

李谷成,李烨阳,周晓时.农业机械化、劳动力转移与农民收入增长——孰因孰果?.中国农村经济,2018(11):112-127.

李国英.我国农村互联网金融发展存在的问题及对策.中山学刊,2015(11):54-58.

李海舰,赵丽.数据成为生产要素:特征、机制与价值形态演进.上海经济研究,2021(8):48-59.

李海玉.马克思恩格斯小农经济改造理论及其现实意义.黑龙江社会科学,2008(3):18-20.

李红玲,何馨,张晓晓.中国淘宝村发展中的政府行为研究:包容性创新理论和政策文本分析视角.科研管理,2020(4):75-84.

李红玲,张晓晓.中西部地区淘宝村发展的关键路径研究.科学学研究,2018(12):2250-2258.

李慧.区块链技术的勃兴与“新零售”服务转型发展研究.商业经济研究,2020(19):167-170.

李季,任晋阳,韩一军.农业技术扩散研究综述.农业技术经济,1996(6):48-51.

李坚强.农村电商集群发展的基本模式与路径选择研究.农业经济,2018(1):142-144.

李瑾,冯献,郭美荣,等.“互联网+”现代农业发展模式的国际比较与借鉴.农业现代化研究,2018(2):194-202.

李磊,晏志阳,马韶君.城市群“互联网+医疗健康”的内涵解析与路径构建——基于新区域主义视角的分析.北京行政学院学报,2020(4):1-9.

李利文.乡村综合整治中的数字监管:以D村经验为例.电子政务,2020(12):13-23.

李良杰.浅谈农行“惠农e通”助力“三农”服务.现代金融,2019(6):40-42.

李宁,史婷婷,徐国栋.村级基层组织建设:法制化与集体经济——江苏村级组织个案调查.学术界,2015(8):223-230.

李沛强.后脱贫时代农村电商可持续发展促进乡村振兴的路径选择.全国流通经济,2020(25):108-110.

李其维."认知革命"与"第二代认知科学"刍议.心理学报,2008(12):1306-1327.

李秋斌."互联网+"下农村电子商务扶贫模式的案例研究及对策分析.福建论坛(人文社会科学版),2018(3):179-188.

李世杰.智慧农业发展双向驱动机制研究.科技管理研究,2019(10):85-90.

李荣坤."智慧文旅"与乡村振兴融合发展可好?.中国文化报,2021-05-10.

李微微,曹丽英.基于物联网云的智慧农业生产模式的构建.中国农机化学报,2016(2):263-266.

李伟春,孙亮,闫子彤.生鲜电商云物流平台构建.商业经济研究,2017(13):78-79.

李武,钱贵霞.农村集体经济发展助推乡村振兴的理论逻辑与实践模式.农业经济与管理,2021(1):11-20.

李湘棱.产业链视域下农村电商可持续发展的动力机制探讨.商业经济研究,2019(2):73-75.

李翔,宗祖盼.数字文化产业:一种乡村经济振兴的产业模式与路径.深圳大学学报(人文社会科学版),2020(2):74-81.

李向阳.电子商务为精准扶贫提供新引擎.人民论坛,2017(10):64-65.

李晓娟,陈存社,曾德超.数字农业中作物生长模拟软件的应用.计算机工程与应用,2004(31):190-192.

李晓晴.全国农村实用人才约2254万人.人民日报,2020-11-20.

李晓夏,赵秀凤.直播助农:乡村振兴和网络扶贫融合发展的农村电商新模式.商业经济研究,2020(19):131-134.

李晓颖,李旭光.赵光农场数字农业管理系统建设研究.中国农资,2014(12):281.

李依浓,李洋."整合性发展"框架内的乡村数字化实践——以德国北威州东威斯特法伦利普地区为例.国际城市规划,2021(4):126-136.

李义华,吕名锐,孙凤英.生鲜农产品智慧冷链物流体系优化研究.中南林业科技大学学报(社会科学版),2018(6):63-67.

李义天.何种品质堪称美德?——论赫斯特豪斯的新亚里士多德主义美德标准理论.华东师范大学学报(哲学社会科学版),2021(6):44-52.

李迎生.农村社会保障制度改革:现状与出路.中国特色社会主义研究,2013(4):76-80.

李莹.论乡村治理面临的问题与对策.农业经济,2019(11):35-37.

李永峰.基于共享物流的农村电子商务共同配送运作模式.中小企业管理与科技(上旬刊),2020(12):20-21.

李永红,黄瑞.我国数字产业化与产业数字化模式的研究.科技管理研究,2019(16):129-134.

李友梅.中国社会治理的新内涵与新作为.社会学研究,2017(6):27-34.

李友梅.组织社会学及其决策分析.上海:上海大学出版社,2001.

李振,张瑜.辽宁省数字乡村发展就绪度评价研究.当代农村财经,2022(2):7-13.

李志平,吴凡夫.农村电商对减贫与乡村振兴影响的实证研究.统计与决策,2021(6):15-19.

梁斌,吕新,王冬海,等.规模化数字农业农村发展趋势探讨——以新疆生产建设兵团为例.农业经济,2020(12):36-38.

梁发芾.城乡公共服务为何天壤之别.中国经营报,2015-10-25.

梁鹏,杨鹏.应对疫情促进农产品流通的对策探讨.商业经济研究,2020(18):132-134.

梁强,邹立凯,王博,等.关系嵌入与创业集群发展:基于揭阳市军埔淘宝村的案例研究.管理学报,2016(8):1125-1134.

梁瑞仪.物联网核心技术及其在农业领域的应用研究.乡村科技,2019(14):125-126.

林海彬.治理空间生产:人民政协参与社会治理的新路径——基于G市"有事好商量"平台的分析.探索,2021(6):93-102.

林航,林迎星.社区新零售的发展模式——基于资源共享角度的分析.中国流通经济,2018(9):3-10.

林建华.普惠金融的商业可持续性.中国金融,2017(14):85-87.

林兰.技术扩散理论的研究与进展.经济地理,2010(8):1233-1239.

蔺小清.大数据时代下基于O2O的农业产业发展路径研究.农家参谋,2018(10):25+51.

凌红.网络经济视角下农村电商发展模式分析.商业经济研究,2017(3):108-110.

凌建刚.浙江鲜活农产品产地预冷发展现状与对策.农业工程技术(农产品加工业),2014(4):27-30.

刘放.基于国外经验的农产品营销对策分析.世界农业,2014(6):147-150.

刘根荣.电子商务对农村居民消费影响机理分析.中国流通经济,2017(5):96-104.

刘鸿儒.简明金融词典.北京:改革出版社,1996.

刘建波,李红艳,孙世勋,等.国外智慧农业的发展经验及其对中国的启示.世界农业,2018(11):13-16.

刘金爱."数字农业"与农业可持续发展.东岳论丛,2010(2):70-73.

刘金海."社会化小农":含义、特征及发展趋势.学术月刊,2013(8):12-19.

刘静娴,沈文星.农村电子商务演化历程及路径研究.商业经济研究,2019(19):123-126.

刘军林,范云峰.智慧旅游的构成、价值与发展趋势.重庆社会科学,2011(10):121-124.

刘俊杰,李超伟,韩思敏,等.农村电商发展与农户数字信贷行为——来自江苏"淘宝村"的微观证据.中国农村经济,2020(11):97-112.

刘俊祥,曾森.中国乡村数字治理的智理属性、顶层设计与探索实践.兰州大学学报(社会科学版),2020(1):64-71.

刘可,庞敏,刘春晖.四川农村电子商务发展情况调查与思考.农村经济,2017(12):108-113.

刘利宁.智慧旅游评价指标体系研究.科技管理研究,2013(6):67-71.

刘莉亚,胡乃红,李基礼,等.农户融资现状及其成因分析——基于中国东部、中部、西部千社万户的调查.中国农村观察,2009(3):2-10.

刘美平.先天弱质性产业的后天强势化改造.江西财经大学学报,2009(2):22-26.

刘培谦,陈颖悦.新零售背景下互联网商业生态比较——以阿里和腾讯为例.商业经济研究,2021(4):90-93.

刘平，罗云川．让数字文化传播在农村落地生根．人民论坛，2016(32)：130-131．

刘平胜，石永东，林炳坤．电商直播背景下社群互动信息对用户购买意愿的影响．企业经济，2020(9)：72-79．

刘守英，王一鸽．从乡土中国到城乡中国——中国转型的乡村变迁视角．管理世界，2018(10)：128-146．

刘守英，熊雪锋．中国乡村治理的制度与秩序演变——一个国家治理视角的回顾与评论．农业经济问题，2018(9)：10-23．

刘天元，王志章．稀缺、数字赋权与农村文化生活新秩序——基于农民热衷观看短视频的田野调查．中国农村观察，2021(3)：114-127．

刘婷，唐可鑫．区块链赋能新零售：研究热点与理论框架．消费经济，2021(6)：81-90．

刘通．数字经济背景下农村电商平台创新与发展策略．商业经济研究，2021(19)：141-144．

刘湘蓉．我国移动社交电商的商业模式——一个多案例的分析．中国流通经济，2018(8)：51-60．

刘笑明，李同升．农业技术创新扩散的国际经验及国内趋势．经济地理，2006(6)：931-935．

刘亚军，储新民．中国"淘宝村"的产业演化研究．中国软科学，2017(2)：29-36．

刘彦随．中国新时代城乡融合与乡村振兴．地理学报，2018(4)：637-650．

刘洋．美国农村 K-12 数字化学习最新进展——《美国农村数字化学习策略(2018 年度)》解读．中国电化教育，2019(9)：91-97．

刘晔．治理结构现代化：中国乡村发展的政治要求．复旦学报(社会科学版)，2001(6)：56-61，79．

刘钰滢．禅城"乡村大脑"探索数字化治理 乡村管理共纳"一张图"．南方都市报，2022-01-18．

刘元胜．农业数字化转型的效能分析及应对策略．经济纵横，2020(7)：106-113．

刘运国，徐瑞，张小才．社交电商商业模式对企业绩效的影响研究——基于拼多多的案例．财会通讯，2021(2)：3-11．

刘兹恒，周佳贵．日本"U-JAPAN"计划和发展现状．大学图书馆学报，2013(3)：38-43．

卢涛，周寄中．我国物联网产业的创新系统多要素联动研究．中国软科学，2011(3)：33-45．

鲁钊阳．政府扶持农产品电商发展政策的有效性研究．中国软科学，2018(5)：56-78．

陆刚，孙芸莉．电商扶贫助力乡村振兴：基于河北省实践的再思考．当代经济管理，2019(8)：27-33．

罗必良．小农经营、功能转换与策略选择——兼论小农户与现代农业融合发展的"第三条道路"．农业经济问题，2020(1)：29-47．

罗春龙，蒋春祥，陆宁．基于"数字城市"视角的"数字乡村"探析——以云南省为例．经济研究导刊，2009(18)：45-47．

罗西瑙．没有政府的治理：世界政治中的秩序与变革．张胜军，等，译．南昌：江西人民出版社，2001．

罗震东. 新兴田园城市：移动互联网时代的城镇化理论重构. 城市规划，2020(3)：9-16.

骆婉琦. 数字普惠金融助力农村电商发展研究. 电子商务，2019(12)：43-44.

吕宾. 乡村振兴视域下乡村文化重塑的必要性、困境与路径. 求实，2019(2)：97-108.

吕慧珍. 乡村振兴视域下涉农电商发展对农村居民致富成效的影响评估. 商业经济研究，2021(19)：145-149.

吕烈武，郭彬. 精准农业的研究应用现状及其在我国的发展方向. 现代农业科技，2008(21)：338-339.

吕普生. 数字乡村与信息赋能. 中国高校社会科学，2020(2)：69-79.

吕童. 技术、结构与制度：智慧治理能力建设的优化路径探讨. 城市问题，2021(11)：53-60.

马步飞. 信息孤岛对领导与下属高效沟通的制度化阻碍及其消解路径. 领导科学，2019(20)：69-71.

马德新，徐鹏民，赵晓春，等. 数字化农业平台科技传播服务系统的构建. 安徽农业科学，2007(2)：614-615.

马君，刘强，孙先明. 数字农业现状及其工程技术发展方向. 农机使用与维修，2019(12)：1-3.

马丽，张国磊. "互联网＋"乡村治理的耦合、挑战与优化. 电子政务，2020(12)：31-39.

马丽. 浅谈数字农业. 云南农业，2020(7)：23-24.

马晓河，胡拥军. "互联网＋"推动农村经济高质量发展的总体框架与政策设计. 宏观经济研究，2020(7)：5-16.

马晓蕾，云振宇，张延龙，等. 城乡融合发展视角下数字乡村评价指标体系构建. 中国农学通报，2021(35)：147-153.

麦克卢汉. 理解媒介：论人的延伸. 何道宽，译. 北京：商务印书馆，2000.

毛海军. 江苏物流创新典型案例. 南京：东南大学出版社，2018.

毛锦庚. "互联网＋"背景下淘宝村的发展特征与动力机制. 商业经济研究，2018(18)：131-133.

毛学伟，王海芹，吴昊，等. 江苏省数字农业农村发展现状及对策. 安徽农业科学，2021(1)：240-242.

毛烨，王坤，唐春根，等. 国内外现代化农业中物联网技术应用实践分析. 江苏农业科学，2016(4)：412-414.

梅燕，鹿雨慧，毛丹灵. 典型发达国家数字乡村发展模式总结与比较分析. 经济社会体制比较，2021(3)：58-68.

门豪. 从自组织到市场秩序：淘宝村的发展与治理(2009～2019)——基于"曹村"的个案. 深圳社会科学，2019(3)：93-105.

孟萍莉，董葆茗. "互联网＋"背景下农业产业链中关键链环的析取与升级. 农业经济，2019(11)：21-22.

孟庆鹏，王诚杰. 生鲜农产品智慧物流推进策略研究. 农业经济，2019(5)：141-142.

孟天广. 政府数字化转型的要素、机制与路径——兼论"技术赋能"与"技术赋权"的双向驱动.治理研究,2021(1):5-14.

米尔斯.白领——美国的中产阶级.杨小东,等,译.杭州:浙江人民出版社,1987.

苗娜娜.我国农村物流末端配送的机遇、挑战及优化.农业经济,2020(2):140-141.

莫媛,周月书,张雪萍.县域银行网点布局的空间效应——理解农村金融资源不平衡的一个视角.农业技术经济,2019(5):123-136.

慕丽杰,郭昆宇.网络还是网点?——农村普惠金融发展两种路径效率的比较分析.农村金融研究,2020(4):37-46.

尼葛洛庞帝.数字化生存.胡泳,等,译.海口:海南出版社,1997.

倪冰莉."互联网+"时代农业全产业链发展模式创新.商业经济研究,2020(21):87-90.

倪菁.多中心治理视角下的数字文化治理体系.新世纪图书馆,2017(12):8-12.

倪卫涛.基于智能物流的供应链包装系统集成分析.包装工程,2016(23):203-208.

聂召英,王伊欢.链接与断裂:小农户与互联网市场衔接机制研究——以农村电商的生产经营实践为例.农业经济问题,2021(1):132-143.

牛耀红.建构乡村内生秩序的数字"社区公共领域"——一个西部乡村的移动互联网实践.新闻与传播研究,2018(4):39-56,126-127.

钮钦.中国农村电子商务政策文本计量研究——基于政策工具和商业生态系统的内容分析.经济体制改革,2016(4):25-31.

农业农村部,中央网信办.数字农业农村发展规划(2019—2025年).(2019-12-25)[2021-10-05].http://www.moa.gov.cn/govpublic/FZJHS/202001/P020200120391822331350.pdf.

农业农村部信息中心课题组.数字农业的发展趋势与推进路径.智慧中心,2020(4):74-76.

农业农村部市场与信息化司,农业农村部信息中心.2020全国县域数字农业农村发展水平评价报告.(2020-11-27)[2021-10-05].http://www.agri.cn/V20/ztzl_1/sznync/ltbg/202203/P020220316385238438183.pdf.

农业农村部市场与信息化司,农业农村部信息中心.2021全国县域农业农村信息化发展水平评价报告.(2021-12-20)[2022-03-05].http://www.agri.cn/V20/ztzl_1/sznync/ltbg/202112/P020211220311961420836.pdf.

农业农村部信息中心,中国国际电子商务中心.2021全国县域数字农业农村电子商务发展报告.(2021-09-20)[2022-03-05].http://www.agri.cn/V20/ztzl_1/sznync/sjbg/202112/P020211213406903958977.pdf.

农业农村部信息中心.2019全国县域数字农业农村发展水平评价报告.(2019-04-26)[2021-10-05].http://www.agri.cn/V20/ztzl_1/sznync/ltbg/201904/P020190426321538343246.pdf.

农业农村部信息中心课题组.数字农业的发展趋势与推进路径.智慧中国,2020(4):74-76.

农业农村信息化专家咨询委员会.中国数字乡村发展报告(2020).(2020-11-29)[2021-10-05].http://www.moa.gov.cn/xw/zwdt/202011/P020201129305930462590.pdf.

欧阳涛,李群.论数字农业对中国农业发展的影响.湖南农业大学学报(社会科学版),2000(4):1-3.

潘聪平.数字场景时代"县长直播带货"现象解读.青年记者,2020(24):38-39.

潘劲平，王艺璇．技术的社会嵌入：农产品淘宝村形成机制研究——基于W村的实证分析．西南大学学报(社会科学版)，2020(1)：61-68.

彭超．数字乡村战略推进的逻辑．人民论坛，2019(33)：72-73.

彭力，徐华．无线射频识别技术与应用．西安：西安电子科技大学出版社，2014.

彭澎，徐志刚．数字普惠金融能降低农户的脆弱性吗?．经济评论，2021(1)：82-95.

彭炜峰，李光林．智能分区农业滴灌系统的研究——以丘陵山地为例．农机化研究，2018(11)：85-90.

彭燕萍，肖龙海．日本农业教育对我国农村教育的启示．继续教育研究，2010(9)：125-126.

钱辉，张大亮．基于生态位的企业演化机理探析．浙江大学学报(人文社会科学版)，2006(2)：20-26.

钱坤．技术监管：智慧社区大脑新型风险监测与处置模式建构．行政论坛，2020(4)：99-104.

钱明辉，郭佳璐．从社区认同到品牌认同：如何基于在线社区提升品牌的消费者心智份额．中国管理科学，2022(5)：263-274.

钱晔，孙吉红，黎斌林，等．大数据环境下我国智慧农业发展策略与路径．云南农业大学学报(社会科学)，2019(1)：6-10.

秦勃．村民自治、宗族博弈与村庄选举困局——一个湘南村庄选举失败的实践逻辑．中国农村观察，2010(6)：86-94.

秦金风，高传华．数字普惠金融与数字乡村协同发展探究．中国经贸导刊，2019(11)：120-121.

任保平，赵通．发展数字经济 培育高质量发展新动能．光明日报，2019-3-1.

任传华．"互联网+"时代中国农业3.0发展成效评估——基于产业链角度．世界农业，2018(5)：171-176.

任鹏飞，黄辉，吴森．农村偏远地区金融基础设施使用效率调查——基于甘肃庆阳市．西部金融，2017(1)：54-57.

任天浩，曹小杰．从技术到架构：网络媒介进化对社会平台化的驱动作用．西安交通大学学报(社会科学版)，2020(5)：144-152.

任友群，随晓筱，刘新阳．欧盟数字素养框架研究．现代远程教育研究，2014(5)：3-12.

任中平．村民自治遭遇的现实困境及化解路径．河南社会科学，2017(9)：7-12.

阮俊虎，刘天军，冯晓春，等．数字农业运营管理：关键问题、理论方法与示范工程．管理世界，2020(8)：222-233.

商务部，中央网信办，发展改革委．"十四五"电子商务发展规划．(2021-10-26)[2022-03-05]．http://images.mofcom.gov.cn/dzsws/202110/20211026104704129.pdf.

商务部电子商务和信息化司．中国电子商务报告(2020)．(2021-09-03)[2021-10-05]．dzsws.mofcom.gov.cn/article/ztxx/ndbg/202109/20210903199156.shtml.

单强．公共部门在普惠金融发展中的作用．福建金融，2020(1)：4-11.

尚勤．阳光下的美丽舞台——福建农信社阳光招聘写真．中国农村金融，2014(12)：

96-97.

舍恩伯格，库克耶. 大数据时代. 盛杨燕，周涛，译. 杭州：浙江人民出版社，2013.

沈费伟，叶温馨. 数字乡村建设：实现高质量乡村振兴的策略选择. 南京农业大学学报(社会科学版)，2021(5)：41-53.

沈费伟，叶温馨. 数字乡村政策扩散的现实困境与创新路径——基于衢州市柯城区的案例分析. 中共杭州市委党校学报，2020(6)：44-50.

沈费伟，袁欢. 大数据时代的数字乡村治理：实践逻辑与优化策略. 农业经济问题，2020(10)：80-88.

沈费伟，诸靖文. 数据赋能：数字政府治理的运作机理与创新路径. 政治学研究，2021(1)：104-115.

沈费伟. 技术嵌入与制度吸纳：提高政府技术治理绩效的运作逻辑. 自然辩证法通讯，2021(2)：80-86.

沈费伟. 教育信息化：实现农村教育精准扶贫的战略选择. 中国电化教育，2018(12)：54-60.

沈费伟. 数字乡村的内生发展模式：实践逻辑、运作机理与优化策略. 电子政务，2021(10)：57-67.

沈费伟. 乡村技术赋能：实现乡村有效治理的策略选择. 南京农业大学学报(社会科学版)，2020(2)：1-12.

沈剑波，王应宽. 中国农业信息化水平评价指标体系研究. 农业工程学报，2019(24)：162-172.

沈维维，周波. 智慧农业发展脉络和关键领域研究. 绿色科技，2020(8)：192-195.

生吉萍，莫际仙，于滨铜，等. 区块链技术何以赋能农业协同创新发展：功能特征、增效机理与管理机制. 中国农村经济，2021(12)：22-43.

盛广耀. 中国城乡基础设施与公共服务的差异和提升. 区域经济评论，2020(4)：52-59.

师曾志，李堃，仁增卓玛. "重新部落化"——新媒介赋权下的数字乡村建设. 新闻与写作，2019(9)：5-11.

石少春. 国外农产品电子商务发展对我国的启示. 改革与战略，2017(3)：165-167.

世界银行. 1993年世界发展报告：投资于健康. 北京：中国财政经济出版社，1993.

舒畅. 信息高速公路与中国特色的信息资源建设. 湖南人文科技学院学报，1997(4)：49-52.

舒尔茨. 改造传统农业. 梁小民，译. 北京：商务印书馆，1987.

舒林. "淘宝村"发展的动力机制、困境及对策. 经济体制改革，2018(3)：79-84.

斯坦纳. 算法帝国. 李筱莹，译. 北京：人民邮电出版社，2014.

宋斌文. 农村劳动力转移对农村老龄化的影响及其对策建议. 公共管理学报，2004(2)：74-79.

宋乃庆，杨欣，李玲. 以教育信息化保障城乡教育一体化. 电化教育研究，2013(2)：32-35.

宋伟，吴限. 大数据助推智慧农业发展. 人民论坛，2019(12)：100-101.

宋治国. 消费升级背景下电子商务从C2C到C2B2C的发展探索. 商业经济研究，2017

(14):66-68.

苏杭,马晓蕾.日本智慧农业的发展及启示.日本问题研究,2020(3):29-36.

苏江丽.美国思想库的功能探讨.理论探索,2013(5):68-71.

苏岚岚,彭艳玲.农民数字素养、乡村精英身份与乡村数字治理参与.农业技术经济,2022(1):34-50.

苏岚岚,彭艳玲.数字乡村建设视域下农民实践参与度评估及驱动因素研究.华中农业大学学报(社会科学版),2021(5):168-179.

苏岚岚,张航宇,彭艳玲.农民数字素养驱动数字乡村发展的机理研究.电子政务,2021(10):42-56.

苏运勋.乡村网络公共空间与基层治理转型——以江西省赣州市C县村务微信群为例.中共福建省委党校(福建行政学院)学报,2021(1):117-124.

速水佑次郎,拉坦.农业发展的国际分析:修订扩充版.郭熙保,张进铭,等,译.北京:中国社会科学出版社,2000.

粟芳,方蕾."有为政府"与农村普惠金融发展——基于上海财经大学2015"千村调查".财经研究,2016(12):72-83.

粟芳,方蕾.中国农村金融排斥的区域差异:供给不足还是需求不足?——银行、保险和互联网金融的比较分析.管理世界,2016(9):70-83.

孙柏瑛,李卓青.政策网络治理:公共治理的新途径.中国行政管理,2008(5):106-109.

孙萍.算法化生存:技术、人与主体性.探索与争鸣,2021(3):16-18.

孙铁波.无人机在精准农业中的关键技术及应用.湖北农机化,2020(1):53-54.

孙新华,宋梦霜.土地细碎化的治理机制及其融合.西北农林科技大学学报(社会科学版),2021(1):80-88.

谭杰,张富春,张水利.基于互联网技术的大棚智能农业监测控制系统研究.电子设计工程,2018(4):38-42.

谭九生,任蓉.大数据嵌入乡村治理的路径创新.吉首大学学报(社会科学版),2017(6):30-37.

汤建华,陈树人,花银群,等.称重传感器在精准农业装备中的应用研究综述.江苏大学学报(自然科学版),2018(5):543-549.

唐飞泉,杨律铭.新零售背景下我国物流业转型升级探讨.商业经济研究,2018(20):78-79.

唐青生.农村金融学.北京:中国金融出版社,2014.

唐世浩,朱启疆,闫广建,等.关于数字农业的基本构想.农业现代化研究,2002(3):183-187.

唐艺,刘昊,徐建奎.基于农村电商融资的创新思维模式研究——以江苏省沭阳县花木行业为例.农业经济问题,2021(9):97-105.

陶建杰,尹子伊.数字乡村背景下农村居民数字化渠道选择.华南农业大学学报(社会科学版),2022(1):33-42.

陶希东.全球城市区域跨界治理模式与经验.南京:东南大学出版社,2014.

田敏,夏春玉.契约型农业中收购商管理控制与农户投机行为和绩效:农户感知公平的作用.商业经济与管理,2016(5):5-17.

田娜,杨晓文,单东林,等.我国数字农业现状与展望.中国农机化学报,2019(4):210-213.

仝志辉.村民自治的研究格局.政治学研究,2000(3):70-76.

万力勇,舒艾.以信息化促进民族地区义务教育均衡发展:机制与策略.中南民族大学学报(人文社会科学版),2017(3):59-62.

万淼.基础教育信息化城乡差异性及影响因素研究.现代远距离教育,2017(6):40-46.

汪娟.数字乡村视角下"新零售"农村电商模式研究.武汉商学院学报,2019(4):31-34.

汪茫,杨兴洪.农村电商发展对区域农民收入的影响研究.电子商务,2020(4):17-19.

汪懋华."精细农业"发展与工程技术创新.农业工程学报,1999(1):1-8.

汪向东.四问电商扶贫.甘肃农业,2015(13):18-20.

汪旭晖,杜航.基于物联网采纳的生鲜农产品冷链物流决策——成本收益分析视角.系统工程,2016(6):89-97.

汪旭晖,王东明.互补还是替代:事前控制与事后救济对平台型电商企业声誉的影响研究.南开管理评论,2018(6):67-82.

汪旭晖,张其林.基于物联网的生鲜农产品冷链物流体系构建:框架、机理与路径.南京农业大学学报(社会科学版),2016(1):31-41.

王宝义."新零售"的本质、成因及实践动向.中国流通经济,2017(7):3-11.

王宝义.我国"新零售"实践回顾与展望——基于上半场"需求端"与下半场"供给端"转型期视角.中国流通经济,2019(3):19-30.

王翀,何克清,王健,等.化解"信息孤岛"危机的软件模型按需服务互操作技术.计算机学报,2018(6):1094-1111.

王冬屏.农村电子商务产业集群影响因素的层次分析.商业经济研究,2020(17):128-131.

王法硕,丁海恩.移动政务公众持续使用意愿研究——以政务服务APP为例.电子政务,2019(12):65-74.

王芳,曾令秋.农业全要素生产率与农业优先发展.财经科学,2021(2):121-132.

王鹤霏.农村电商扶贫发展存在的主要问题及对策研究.经济纵横,2018(5):102-106.

王红,王鄂湘.农业产业结构优化调整与农业经济增长关系研究——以湖南省为例.中南林业科技大学学报,2017(6):119-124.

王金杰,牟韶红,盛玉雪.电子商务有益于农村居民创业吗?——基于社会资本的视角.经济与管理研究,2019(2):95-110.

王金秋.电商扶贫平台的重塑与转型.兰州学刊,2020(1):199-208.

王镜天,李峻.互动仪式链视角下的县长直播带货分析.休闲,2020(13):116-119.

王凯,卫舒晨,岳国喆.公共服务城乡融合发展现实困境、发展原则及推进理路.改革与战略,2019(3):57-67.

王坤."互联网+"时代我国农村电商产业集群发展问题研究.农业经济,2021(8):125-127.

王磊.新零售驱动的“互联网+”农超对接模式探讨.商业经济研究,2021(4):125-128.

王利民,刘佳,杨玲波,等.中国数字农业的基本理念与建设内容设计.中国农业信息,2018(6):71-81.

王泖善.中国农业银行普惠金融发展路径研究.呼和浩特:内蒙古财经大学,2019.

王美美.基于“熟人经济+多功能便利店”的乡村新零售模式研究.商业经济研究,2021(9):127-130.

王培培.后疫情时代农村数字教育公共服务体系的构建研究.山东师范大学学报(自然科学版),2020(4):481-486.

王鹏,黄贤金,张兆干,等.生态脆弱地区农业产业结构调整与农户土地利用变化研究——以江西省上饶县为例.南京大学学报(自然科学版),2003(6):814-821.

王谦,付晓东.数据要素赋能经济增长机制探究.上海经济研究,2021(4):55-66.

王谦.城乡公共服务均等化问题研究.济南:山东大学,2008.

王茜.“互联网+”促进我国消费升级的效应与机制.财经论丛,2016(12):94-102.

王瑞峰.农村电商多维度动态特征构念与量表开发.中国流通经济,2021(10):55-64.

王瑞峰.涉农电商平台对我国农业经济发展的影响效应评估——以农村淘宝为例.中国流通经济,2020(11):68-77.

王山,王丹玉,奉公.“互联网+”驱动下的农业产业化经营体系创新——“猪联网”的实践与启示.中国科技论坛,2016(9):155-160.

王甡,张震宇,武洪涛,等.数字农业的构建研究.农机化研究,2006(7):12-14.

王胜,余娜,付锐.数字乡村建设:作用机理、现实挑战与实施策略.改革,2021(4):45-59.

王术峰,何鹏飞,吴春尚.数字物流理论、技术方法与应用——数字物流学术研讨会观点综述.中国流通经济,2021(6):3-16.

王帅,林坦.智慧物流发展的动因、架构和建议.中国流通经济,2019(1):35-42.

王帅.数字化背景下传统零售向新零售模式转型路径机制研究.商业经济研究,2021(8):27-30.

王苇航.关于发展农村资金互助合作组织的思考.农业经济问题,2008(8):61-65.

王文佳.农村电商发展影响因素与对策——以中部欠发达地区为例.商业经济研究,2019(12):129-132.

王文生.德国农业信息技术研究进展与发展趋势.农业展望,2011(9):48-51.

王欣亮,魏露静,刘飞.大数据驱动新时代乡村治理的路径建构.中国行政管理,2018(11):50-55.

王欣悦.我国数字化物流发展问题及对策研究.铁道运输与经济,2017(4):37-41.

王新锐,郭君磊,罗为.从实务视角解读《关于促进互联网金融健康发展的指导意见》.互联网金融法律评论,2015(2):124-129.

王旭,都晓辉,陈昌麟,等.机器学习在卫星遥测分析建模中的应用.计算机测量与控制,2021(1):210-214.

王阳,熊万胜.市域社会治理现代化的结构优势与优化路径.中州学刊,2021(7):81-87.

王阳.从“精细化管理”到“精准化治理”——以上海市社会治理改革方案为例.新视野,

2016(1):54-60.

王耀宗,牛明雷.以"数字乡村"战略统筹推进新时代农业农村信息化的思考与建议.农业部管理干部学院学报,2018(3):1-8.

王盈盈,王敏.数字地理视角的乡村研究及展望.世界地理研究,2020(6):1248-1259.

王颖,曾康霖.论普惠:普惠金融的经济伦理本质与史学简析.金融研究,2016(2):37-54.

王应宽,谭利伟,刘祖昕,等.联合搭建国际交流舞台,共商数字农业方案未来——2018年FAO-ITU数字农业国际论坛综述.农业工程技术,2018(36):18-24.

王佑镁,杨晓兰,胡玮,等.从数字素养到数字能力:概念流变、构成要素与整合模型.远程教育杂志,2013(3):24-29.

王瑜.电商参与提升农户经济获得感了吗?——贫困户与非贫困户的差异.中国农村经济,2019(7):37-50.

王雨.乡村振兴战略背景下江苏农村电商创新发展策略.农业经济,2021(7):122-124.

王玉玲.发挥金融优势打赢脱贫攻坚战.中国金融,2020(15):46-48.

王珍珍,鲍星华.产业共生理论发展现状及应用研究.华东经济管理,2012(10):131-136.

王铮,唐小飞.数字县域建设支撑乡村振兴:逻辑推演和逻辑框架.预测,2020(4):90-96.

王志辉,祝宏辉,雷兵.农村电商产业集群高质量发展:内涵、困境与关键路径.农村经济,2021(3):110-118.

魏晓梦.大数据环境下的智慧农业物联网系统研究.无线互联科技,2019(9):38-39.

魏延安,智敏,贺翔.淘宝村的产生发展与趋势研究.南方农村,2016(4):24-28.

魏哲平.政策变动下的县域金融机构发展策略:以雅安市荥经县煤炭贷款为例.当代县域经济,2018(10):76-79.

魏振锋,明海波,施星君.数字经济促进乡村振兴的路径与策略研究——以温州市为例.山西农经,2020(14):22-23.

温佳伟,黄金柏,徐乐.日本精准农业发展现状与展望.中国农机化学报,2014(2):337-340.

温靖,郭黎.数字农业的中国实践——我国数字农业建设发展概览.农业工程技术,2018(36):12-17.

温涛,陈一明.数字经济与农业农村经济融合发展:实践模式、现实障碍与突破路径.农业经济问题,2020(7):118-129.

温涛,朱炯,王小华.中国农贷的"精英俘获"机制:贫困县与非贫困县的分层比较.经济研究,2016(2):111-125.

翁士洪.数字时代治理理论——西方政府治理的新回应及其启示.经济社会体制比较,2019(4):138-147.

翁一.数字化是新生产力.深圳特区报,2020-04-21.

邬家峰.技术赋权:乡村公共能量场与乡村治理转型.华中农业大学学报(社会科学版),

2021(6):121-128,191-192.

吴彬,徐旭初,徐菁.跨边界发展网络:欠发达地区乡村产业振兴的实现逻辑——基于甘肃省临洮县的案例分析.农业经济问题(网络首发)(2022-05-05)[2022-05-15],DOI:10.13246/j.cnki.iae.20220429.001.

吴彬,徐旭初.农业产业数字化转型:共生系统及其现实困境——基于对甘肃省临洮县的考察.学习与探索,2022(2):127-135.

吴昊,孙宝文.当前我国电子政务发展现状、问题及对策实证研究.国家行政学院学报,2009(5):123-127.

吴勉.农业信息基础建设与推进农村信息化.广西农学报,2008(3):89-91.

吴娜琳,张娣,李二玲,等.涉农人员对智慧农业建设的支持意愿及影响因素研究——以新疆察布查尔锡伯自治县为例.农业现代化研究,2018(5):845-854.

吴清华,周晓时,冯中朝.基础设施对农业经济增长的影响——基于1995—2010年中国省际面板数据的研究.中国经济问题,2015(3):29-37.

吴贤纶.美国有线电视产业参与其全国宽带计划.有线电视技术,2010(4):3-7.

吴雪.新常态下农村电子商务创新发展路径分析.商业经济研究,2020(5):87-89.

吴园.数字乡村发展评价指标体系构建研究.江西农业学报,2022(1):236-241.

武小龙.乡村建设的政策嵌入、空间重构与技术赋能.华南农业大学学报(社会科学版),2022(1):9-22.

夏显力,陈哲,张慧利,等.农业高质量发展:数字赋能与实现路径.中国农村经济,2019(12):2-15.

肖红利,王斯佳,许振宝,等.德国农业4.0发展经验对中国农业发展的启示.农业展望,2019(12):117-120.

肖俊洪.数字素养.中国远程教育,2006(5):32-33.

肖培林,陈潜,陈培彬,等.福建省农村金融服务存在的问题与对策.台湾农业探索,2017(2):55-59.

谢琳.数字农业农村发展下农村数字普惠金融创新模式分析.农业经济,2020(11):12-14.

谢秋山,陈世香.中西部农村公共服务数字化转型面临的挑战及其应对.电子政务,2021(8):80-93.

谢升峰,牟素涵.农村数字普惠金融巩固与拓展脱贫攻坚成果的绩效——基于武汉市商业银行的调研分析.长江大学学报(社会科学版),2021(3):73-80.

谢祝捷,曹卫星,罗卫红.作物生长模拟模型在上海精准农业和智能温室中的运用及前景(综述).上海农业学报,2001(2):17-21.

新农业编辑部.国外数字农业关键技术发展与应用.新农业,2020(9):9.

熊本海,杨振刚,杨亮,等.中国畜牧业物联网技术应用研究进展.农业工程学报,2015(S1):237-246.

熊德平.农村金融与农村金融发展:基于交易视角的概念重构.宁波大学学报(人文科学版),2007(2):5-11.

熊航.智慧农业转型过程中的挑战及对策.人民论坛·学术前沿,2020(24):90-95.

熊恒晓.基于社交电商平台的UGC伦理问题研究.广州:暨南大学,2017.

熊雪,张学彪.乡村振兴战略背景下的电商减贫机制.农业展望,2018(9):36-40.

熊雅芬.农村电商发展对农民家庭收入增长的影响机制——基于农户调研数据的实证.商业经济研究,2021(18):144-148.

熊冶琛.新公共服务理论视角下我国城乡基本公共服务均等化的路径选择.西部皮革,2016(18):81.

熊易寒."半城市化"对中国乡村民主的挑战.华中师范大学学报(人文社会科学版),2012(1):28-34.

徐君,郭鑫.区块链技术驱动新零售生态圈的作用机制及提升策略.经济体制改革,2021(2):180-186.

徐可英.国内外精确农业发展现状与对策.中国农业资源与区划,2002(21):53-56.

徐苗.新零售业态发展动因与路径研究.西南科技大学学报(哲学社会科学版),2018(2):66-70.

徐瑞娥.加快我国农村金融体制改革的观点综述.经济研究参考,2009(30):40-45.

徐旭初,金建东,嵇楚洁.组织化小农与小农组织化.学习与探索,2019(12):88-97.

徐旭初,吴彬.合作社是小农户和现代农业发展有机衔接的理想载体吗?.中国农村经济,2018(11):80-95.

徐旭初,吴彬.推进数字乡村与乡村振兴全面对接.中国社会科学报,2021-01-19.

徐旭初.把握数字乡村发展趋势,促进农民合作社数字化发展.中国农民合作社,2020(7):16-18.

徐旭初.合作社在农业产业组织体系中的角色及策略.新疆农垦经济,2018(1):28-33.

徐旭初.略论数字乡村发展十大趋势.国家治理,2021(20):7-11.

徐勇,邓大才.社会化小农:解释当今农户的一种视角.学术月刊,2006(11):12-20.

徐勇,赵德健.找回自治:对村民自治有效实现形式的探索.华中师范大学学报(人文社会科学版),2014(4):1-8.

徐勇.挣脱土地束缚之后的乡村困境及应对——农村人口流动与乡村治理的一项相关性分析.华中师范大学学报(人文社会科学版),2000(2):5-11.

徐智邦,王中辉,周亮,等.中国"淘宝村"的空间分布特征及驱动因素分析.经济地理,2017(1):107-114.

许爱花,甘诺.转型社会中农村社区治理困境及对策.青海社会科学,2011(6):165-169.

薛桂霞,孙炜琳.对农民专业合作社开展信用合作的思考.农业经济问题,2013(4):76-80.

薛楠,韩天明,朱传言.数字经济赋能乡村农业振兴:农业平台生态系统的架构和实现机制.西南金融,2022(3):58-67.

燕洁,王双进,李蕊.农业产业链发展国际经验借鉴.农业经济,2020(10):120-122.

闫慧丽,彭正银.嵌入视角下社交电商平台信任机制研究——基于扎根理论的探索.科学决策,2019(3):47-72.

严鹏,陈文佳.工业革命:历史、理论与诠释.北京:社会科学文献出版社,2019.

严瑞珍.中国农村经济学.北京:中国经济出版社,1994.

阎楚良,杨方飞.农业机械产品数字化设计技术及展望.中国工程科学,2006(9):13-18.

姚伟波.大数据背景下我国电子商务发展对居民消费的影响研究.镇江:江苏大学,2019.

杨慧玲,张力.数字经济变革及其矛盾运动.当代经济研究,2020(1):22-34.

杨吉华.数字乡村:如何开启乡村文化振兴新篇章.安徽农业大学学报(社会科学版),2019(6):14-19.

杨君,徐选国,徐永祥.迈向服务型社区治理:整体性治理与社会再组织化.中国农业大学学报(社会科学版),2015(3):95-105.

杨克,贺也平,马恒太,等.精准执行可达性分析:理论与应用.软件学报,2018(1):1-22.

杨坤,胡川江,罗永.县域数字农业农村发展路径探析——以成都市为例.中国建设信息化,2020(15):61-63.

杨立新.智慧农业驱动湖北农业现代化创新发展.决策与信息,2020(8):12-13.

杨璐璐,马黎,徐文静.共益性结构洞与超越精英俘获的"三变"改革——基于宜宾市L社的案例研究.学术研究,2020(11):75-81.

杨嵘均,操远芃.论乡村数字赋能与数字鸿沟间的张力及其消解.南京农业大学学报(社会科学版),2021(5):31-40.

杨瑞,高启杰,王彦杰.农村电商发展对非农就业的影响.商业经济研究,2021(20):90-93.

杨盛琴.不同国家精准农业的发展模式分析.世界农业,2014(11):43-46.

杨晓北.中美精准农业发展评价及路径选择.世界农业,2018(9):143-149.

杨旭,李竣.县域电商公共服务资源投入与治理体系.改革,2017(5):95-105.

杨雪冬.基层再造中的治理空间重构.探索与争鸣,2011(7):21-23.

杨艺.浅谈日本农业信息化的发展及启示.现代日本经济,2005(6):60-62.

杨岳.始终牢记总书记殷殷嘱托努力率先实现农业现代化.群众,2017(21):5-7.

姚行洲,赵红梅,闪茜.基于"新零售"的新型生鲜农产品物流配送模式研究.商业经济研究,2020(15):125-127.

姚贱苟,于恩洋.农村公共服务供给碎片化困境与整体性突破.农业经济,2022(2):45-47.

姚庆荣.我国农村电子商务发展模式比较研究.现代经济探讨,2016(12):64-67.

叶岚,王有强.基层智慧监管的政策过程与创新机制——以东部沿海城市区级市场监管部门为例.中国行政管理,2019(8):35-40.

叶岚,王有强.中国数字化监管的实践过程与内生机制——以上海市L区市场监管案例为例.上海行政学院学报,2019(5):70-79.

叶秀敏.涉农电子商务的主要形态及对农村社会转型的意义.中国党政干部论坛,2014(5):59-61.

叶怡雄.自媒体时代我国电子商务对消费升级的影响.人民论坛(学术前沿),2019(23):126-129.

易法敏,孙煜程,蔡轶.政府促进农村电商发展的政策效应评估——来自"电子商务进农村综合示范"的经验研究.南开经济研究,2021(3):177-192.

易法敏.产业参与、平台协同与精准扶贫.华南农业大学学报(社会科学版),2018(6):12-21.

易强,杨慧敏,王柯欣.区块链技术在物流领域应用研究综述.物流技术,2020(3):134-138.

殷浩栋,霍鹏,汪三贵.农业农村数字化转型:现实表征、影响机理与推进策略.改革,2020(12):48-56.

殷浩栋,霍鹏,肖荣美,等.智慧农业发展的底层逻辑、现实约束与突破路径.改革,2021(11):95-103.

尹恩德.加快建设智慧教育 推动教育现代化发展——宁波市镇海区教育信息化建设与规划.浙江教育技术,2011(5):56-60.

尹恩德.中小学教育技术装备均衡发展的探索——2010年镇海区教育技术装备专项检查工作调研报告.中国教育技术装备,2011(17):15-18.

尹国伟.德国农业农村数字化做法及进展.农业展望,2020(11):78-83.

尹选春,兰玉彬,文晟,等.日本农业航空技术发展及对我国的启示.华南农业大学学报,2018(2):1-8.

尹优平,陈伟,王军.数字赋能:疫情下的金融消费权益保护.金融博览(财富),2020(7):40-43.

于法稳.基于绿色发展理念的智慧农业实现路径.人民论坛·学术前沿,2020(24):79-89.

于凤霞.i-Japan战略2015.中国信息化,2014(13):13-23.

于海云,汪长玉,赵增耀.乡村电商创业集聚的动因及机理研究——以江苏沭阳"淘宝村"为例.经济管理,2018(12):39-54.

于敏.数字农业的战略意义及实践策略探析.农家参谋,2020(16):30,32.

于潇,孙悦."互联网+养老":新时期养老服务模式创新发展研究.人口学刊,2017(1):58-66.

余娟.我国数字化物流发展趋势、存在问题和对策研究.价格月刊,2019(2):65-69.

余世英.电子商务经济学.武汉:武汉大学出版社,2011.

余文建,尹优平,白当伟,等.中国数字普惠金融的探索与实践.金融时报,2019(10):13-16.

余文建.新发展理念引领普惠金融发展.中国金融,2020(1):18-19.

余晓红.我国农村电商发展的瓶颈及对策.商业经济研究,2020(24):72-74.

余欣荣.坚持农业农村优先发展 构建"三农"多元投入格局.中国农村金融,2019(4):39-41.

俞可平,徐秀丽.中国农村治理的历史与现状——以定县、邹平和江宁为例的比较分析.经济社会体制比较,2004(2):13-26.

俞可平.全球治理引论.马克思主义与现实,2002(1):20-32.

俞雅乖.农村公共服务供给:模式创新与城乡均等化.北京:中国人民大学出版社,2014.

郁建兴,高翔.浙江省"最多跑一次"改革的基本经验与未来.浙江社会科学,2018(4):76-85.

郁建兴. 社会治理共同体及其建设路径. 公共管理评论，2019(3)：59-65.

喻国明，马慧. 互联网时代的新权力范式："关系赋权"——"连接一切"场景下的社会关系的重组与权力格局的变迁. 国际新闻界，2016(10)：6-27.

喻国明.未来媒介的进化逻辑:"人的连接"的迭代、重组与升维——从"场景时代"到"元宇宙"再到"心世界"的未来.新闻界,2021(10):54-60.

袁纯清.共生理论——兼论小型经济.北京:经济科学出版社,1998.

袁宇阳,张文明.智慧乡村发展中的潜在风险及其规避策略研究.电子政务,2021(12):100-109.

曾德彬.互联网经济视角下农村消费特征及其影响因素.商业经济研究,2018(8):45-47.

曾福生,蔡保忠.农村基础设施是实现乡村振兴战略的基础.农业经济问题,2018(7):88-95.

曾亿武,蔡谨静,郭红东.中国"淘宝村"研究:一个文献综述.农业经济问题,2020(3):102-111.

曾亿武,郭红东,金松青.电子商务有益于农民增收吗?——来自江苏沭阳的证据.中国农村经济,2018(2):49-64.

曾亿武,郭红东.电子商务协会促进淘宝村发展的机理及其运行机制——以广东省揭阳市军埔村的实践为例.中国农村经济,2016(6):51-60.

曾亿武,郭红东.农产品淘宝村形成机理:一个多案例研究.农业经济问题,2016(4):39-48.

曾亿武,宋逸香,林夏珍,等.中国数字乡村建设若干问题刍议.中国农村经济,2021(4):21-35.

詹国辉,张新文,杜春林.公共服务对城乡收入差距的转化效应——来自全国基础数据的实证检验.当代经济科学,2016(5):50-58.

詹金斯,伊藤瑞子,博伊德.参与的胜利:网络时代的参与文化.高芳芳,译.杭州:浙江大学出版社,2017.

湛青青.浅析乡村旅游信息化建设与智慧旅游融合发展路径.科技风,2021(18):72-73.

张丙宣.政府的技术治理逻辑.自然辩证法通讯,2018(5):95-102.

张博."互联网+"视域下智慧社区养老服务模式.当代经济管理,2019(6):45-50.

张宸,周耿.淘宝村产业集聚的形成和发展机制研究.农业经济问题,2019(4):108-117.

张诚. 电子商务环境下第三方物流企业业务模式研究. 营销界，2020(52)：64-65.

张春霞,彭东华.我国数字化物流发展对策.中国流通经济,2013(10):35-39.

张丹.数字经济、普惠金融与包容性增长.大众投资指南,2019(17):255.

张党利. 农村电商与农村经济发展关系分析. 商业经济研究，2020(10)：131-133.

张栋浩,尹志超.金融普惠、风险应对与农村家庭贫困脆弱性.中国农村经济,2018(4):54-73.

张恩典.大数据时代的算法解释权:背景、逻辑与构造.法学论坛,2019(4):152-160.

张芳芳."关系"统合"内容":社会化媒体时代媒介生产之变.传媒,2017(17):90-93.

张昊,林勇.共享经济结构演化的微观机理:"赋权"还是"赋能"?.经济问题探索,2019

(2):163-172.

张合成.农业信息监测预警的三点认识.农产品市场周刊,2014(48):10-11.

张会萍,周靖方,赵保海.乡村振兴视阈下乡村治理的困境与出路.农业经济,2019(3):9-11.

张鸿,杜凯文,靳兵艳.乡村振兴战略下数字乡村发展就绪度评价研究.西安财经大学学报,2020(1):51-60.

张继梅.我国智慧农业的发展路径及保障.改革与战略,2017(7):104-107.

张继强.新基建加速中国高端装备制造业崛起.中国工业报,2020-03-16.

张杰,陈凌云.农村电商发展对城乡居民消费差距的影响及差异性——基于区域差异性的比较.商业经济研究,2021(2):46-49.

张娟.农民专业合作社联合社的变迁路径.农村经济,2012(11):121-125.

张康之,程倩.网络治理理论及其实践.新视野,2010(6):36-39.

张磊,韩雷.电商经济发展扩大了城乡居民收入差距吗?.经济与管理研究,2017(5):3-13.

张李明."新零售"模式下零售企业创新路径探索.经济师,2018(12):47-48.

张凌云,黎巎,刘敏.智慧旅游的基本概念与理论体系.旅游学刊,2012(5):66-73.

张曼曼.美国公立及赠地大学协会对美国高等教育的影响.世界教育信息,2018(15):44-49.

张敏,吴郁松,霍朝光.我国电子政务的研究热点与研究趋势分析.情报杂志,2015(2):137-141.

张绍宏.素养学论纲.求索,2000(5):70-73.

张旺.城乡教育一体化:教育公平的时代诉求.教育研究,2012(8):13-18.

张喜才,李海玲.基于大数据的农产品现代冷链物流发展模式研究.科技管理研究,2020(7):234-240.

张夏恒.电子商务进农村推动精准扶贫的机理与路径.北京工业大学学报(社会科学版),2018(4):26-32.

张晓辉,李汝莘.法国的精确农业研究及应用现状.农机化研究,2002(1):12-15.

张晓山,韩俊,魏后凯,等.改革开放40年与农业农村经济发展.经济学动态,2018(12):4-16.

张晓忠,杨嵘均.农民组织化水平的提高和乡村治理结构的改革.当代世界与社会主义,2007(6):133-136.

张新文,张国磊.社会主要矛盾转化、乡村治理转型与乡村振兴.西北农林科技大学学报(社会科学版),2018(3):63-71.

张义博.国内外农产品电子商务主要模式比较及启示.中国经贸导刊,2018(25):50-53.

张奕芳.互联网贸易能否缩小收入差距?——双异质模型及来自中国的经验.经济问题探索,2019(6):50-58.

张滢.农村电商商业模式及其进化分析.商业经济研究,2017(6):161-163.

张永缜.共生:一个作为事实和价值相统一的哲学理念.西安交通大学学报(社会科学版),2009(4):60-64.

张跃强，陈池波. 财政农业科技投入对农业科技创新绩效的影响. 科技进步与对策，2015(10)：50-54.

张志鹏，陈盛伟. 保险科技在农业保险领域的发展现状与应用前景分析. 对外经贸，2020(5)：107-110.

张忠广. 企业应重视智囊团的作用. 中国水运，2001(11)：14-15.

赵爱霞，王岩. 新媒介赋权与数字协商民主实践. 内蒙古社会科学，2020(3)：50-58.

赵春江，李瑾，冯献，等. "互联网+"现代农业国内外应用现状与发展趋势. 中国工程科学，2018(2)：50-56.

赵春江，杨信廷，李斌，等. 中国农业信息技术发展回顾及展望. 农学学报，2018(1)：172-178.

赵春江. 对我国未来精准农业发展的思考. 农业网络信息，2010(4)：5-8.

赵春江. 农业的数字革命已经到来. 农业信息化，2020(5)：25-26.

赵春江. 我国智慧农业发展的目标与任务. 农机科技推广，2019(7)：4-6.

赵春江. 智慧农业的发展现状与未来展望. 华南农业大学学报，2021(6)：1-7.

赵鼎新. 社会与政治运动讲义：第二版. 读书，2012(3)：171.

赵广华. 基于共享物流的农村电子商务共同配送运作模式. 中国流通经济，2018(7)：36-44.

赵国栋. 数字生态论. 杭州：浙江人民出版社，2018.

赵恒. 苏南在智慧农业发展方面的有益探索. 苏州：苏州大学，2016.

赵建伟，彭成圆，冯臻，等. 特色农产品电商发展及其影响因素研究——基于江苏省农户电商的调研数据分析. 价格理论与实践，2020(8)：164-167.

赵敬丹，李志明. 从基于经验到基于数据——大数据时代乡村治理的现代化转型. 中共中央党校(国家行政学院)学报，2020(1)：130-135.

赵琨，苏昕. 乡村政务服务数字化的三点对策. 理论探索，2021(3)：23-28.

赵丽，曹星雯. 美国农村宽带政策变化及对我国的启示. 信息通信技术与政策，2018(9)：63-68.

赵敏娟. 智慧农业的经济学解释与突破路径. 人民论坛·学术前沿，2020(24)：70-78.

赵然. 农村金融供给不足的思考和质疑——基于农户对金融需求的微观调研. 现代营销(下旬刊)，2020(6)：30-31.

赵树梅，徐晓红. "新零售"的含义、模式及发展路径. 中国流通经济，2017(5)：12-20.

赵思健，张峭，陈敬敏. 大数据视角下的农业保险创新与提升. 保险理论与实践，2017(12)：22-42.

赵文涛. 城乡一体化视角下运输成本、消费潜力与农村电商发展. 商业经济研究，2021(18)：136-139.

赵霞，姜利娜. 荷兰发展现代化农业对促进中国农村一二三产业融合的启示. 世界农业，2016(11)：21-24.

赵秀玲. 协商民主与中国农村治理现代化. 清华大学学报(哲学社会科学版)，2016(1)：40-52.

赵艺. 素养逻辑的理论与方法研究. 华南师范大学学报(社会科学版)，2009(1)：43-48.

赵元凤. 发达国家农业信息化的特点. 中国农村经济，2002(7)：74-78.

赵早. 乡村治理模式转型与数字乡村治理体系构建. 领导科学，2020(14)：45-48.

甄鸣，涛高波. 智慧农机大数据平台发展的问题及对策. 农业经济，2018(12)：14-16.

郑二利. 互联网场景：社会、空间与人的媒介化. 同济大学学报(社会科学版)，2021(4)：60-67.

郑军南，徐旭初. 数字技术驱动乡村振兴的推进路径探析——以浙江省德清县五四村为例. 农业农村部管理干部学院学报，2020(2)：15-18.

郑可锋，祝利莉，胡为群，等. 数字农业技术研究进展. 浙江农业学报，2005(3)：170-176.

郑理致，陈雯. 余东装上“乡村大脑”——生活越来越便利 管理越来越智慧. 衢州日报，2021-07-30.

郑美华. 农村数字普惠金融：发展模式与典型案例. 农村经济，2019(3)：96-104.

郑其明，窦亚芹，郑明轩. “新零售”背景下数字化物流治理策略探讨. 铁道运输与经济，2020(4)：12-17.

郑秋丽. 我国智慧物流发展模式、问题及对策. 商业经济研究，2019(18)：108-111.

郑永兰，信莹莹. 乡村治理“技术赋能”：运作逻辑、行动困境与路径优化——以浙江F镇“四个平台”为例. 湖南农业大学学报(社会科学版)，2021(3)：60-68.

中共中央，国务院. 关于构建更加完善的要素市场化配置体制机制的意见. (2020-04-09)[2021-10-05]. http://www.gov.cn/zhengce/2020-04/09/content_5500622.htm.

中共中央办公厅，国务院办公厅. 数字乡村发展战略纲要. (2019-05-16)[2021-10-05]. http://www.xinhuanet.com/politics/2019-05/16/c_1124504231.htm.

中国互联网络信息中心. 第48次中国互联网络发展状况统计报告. (2021-09-15)[2022-03-05]. http://www.cnnic.net.cn/hlwfzyj/hlwxzbg/hlwtjbg/202109/t20210915_71543.htm.

中国互联网络信息中心. 第49次中国互联网络发展状况统计报告. (2022-02-25)[2022-03-05]. http://www.cnnic.net.cn/hlwfzyj/hlwxzbg/hlwtjbg/202202/t20220225_71727.htm.

中国人民银行金融消费权益保护局. 中国普惠金融发展研究. 北京：中国金融出版社，2020.

中国信息通信研究院. 中国数字经济发展白皮书. (2021-04-24)[2021-10-05]. http://www.caict.ac.cn/kxyj/qwfb/bps/202104/P020210424737615413306.pdf.

中华人民共和国卫生部. 2010中国卫生统计年鉴. 北京：中国协和医科大学出版社，2010.

中央网信办，等. 2020年数字乡村发展工作要点. (2020-05-09)[2021-10-05]. http://www.cac.gov.cn/2020-05/08/c_1590485983517518.htm.

中央网信办，等. 关于开展国家数字乡村试点工作的通知. (2020-07-18)[2021-10-05]. http://www.cac.gov.cn/2020-07/17/c_1596539938841028.htm.

中央网信办，等. 数字乡村发展行动计划(2022—2025年). (2022-01-26)[2022-03-05]. http://www.cac.gov.cn/2022-01/25/c_1644713315749608.htm.

中央网信办，等. 数字乡村建设指南1.0. (2020-09-23)[2021-10-05]. http://www.cac.

gov.cn/2021-09/03/c_1632256398120331.htm.

钟文晶，罗必良，谢琳. 数字农业发展的国际经验及其启示. 改革，2021(5)：64-75.

钟燕琼. 农村电商发展现状及对农村居民消费的影响. 商业经济研究，2016(11)：173-175.

钟园. 农村金融服务数字化转型的思考与实践. 中国农村金融，2020(1)：74-75.

周常春，刘剑锋，石振杰. 贫困县农村治理“内卷化”与参与式扶贫关系研究——来自云南扶贫调查的实证. 公共管理学报，2016(1)：81-91，156-157.

周海琴，张才明. 我国农村电子商务发展关键要素分析. 中国信息界，2012(1)：17-19.

周鸿卫，田璐. 农村金融机构信贷技术的选择与优化——基于信息不对称与交易成本的视角. 农业经济问题，2019(5)：58-64.

周劲波，郑艺杰. 农村电商创业胜任力模型的构建与实证研究. 当代经济管理，2017(10)：23-31.

周丽，范建华. 形塑信任：网络电商直播的场景框架与情感逻辑. 西南民族大学学报（人文社会科学版），2021(2)：142-147.

周路. 中美智慧农业的比较分析与启示. 中国集体经济，2020(20)：167-168.

周美岑. 新农村公共服务体系的构建研究. 重庆：西南大学，2010.

周强，傅少川. 智能化冷链物流综合防控技术体系研究. 科技管理研究，2020(13)：196-201.

周清波，陈仲新，等. 国家级农情遥感监测与信息服务系统. 中国科技成果，2008(4)：42-42.

周统权，徐晶晶. 心智哲学的神经、心理学基础：以心智理论研究为例. 外语教学，2012(1)：8-15.

周学馨，李龙亮. 以“三治”结合推动乡村治理体系整体性变革. 探索，2019(4)：156-163.

周亚丽，曹艺文. 社交电商发展中的问题及建议. 合作经济与科技，2016(11)：164-165.

周应恒，刘常瑜.“淘宝村”农户电商创业集聚现象的成因探究——基于沙集镇和颜集镇的调研. 南方经济，2018(1)：62-84.

周竹露. 互联网金融产品创新法律规制研究. 南昌：江西财经大学，2015.

朱行. 正在不断普及美国精确农业. 粮食与油脂，2003(1)：51.

朱秀芬. 美国、日本农产品电子商务发展模式及对中国的借鉴. 价格月刊，2016(10)：82-85.

祝君红，朱立伟，黄新飞. 中国“淘宝村”形成机理：路径、成因和动力研究. 上海商学院学报，2017(2)：6-12.

祝仲坤. 互联网技能会带来农村居民的消费升级吗？——基于 CSS2015 数据的实证分析. 统计研究，2020(9)：68-81.

庄科君，张文兰，刘盼盼，等. 美国农村教育信息化发展框架与策略管窥及启示——基于对《成功指南：农村学校个性化学习实施策略》的解读. 电化教育研究，2019(10)：102-108.

宗乾进. 国外社会化电子商务研究综述. 情报杂志，2013(10)：117-121.

邹进泰，王薇薇，肖艳丽. 补齐“数字短板” 助力疫后农村全面进步. 湖北日报，2020-04-05.

后 记

这部著作是我在近年开始转入数字乡村研究的记录和成果。

2019年,中共中央办公厅、国务院办公厅发布《数字乡村发展战略纲要》,也开启了数字乡村建设发展的进程。也正是这一年,应阿里巴巴集团时任农办负责人、B2B事业群总裁戴珊的邀请,我开始介入阿里巴巴的农业农村数字化业务。其后至今,我就在继续从事农业农村组织制度研究的同时,逐渐转入农业农村数字化研究领域。在此基础上,我于2021年成功申报获批国家社科基金重大项目立项,因此,本著作无疑是该重大项目"加快数字乡村建设的理论创新与实践探索研究"(课题号:21ZDA031)的关键性成果。

近年来,虽受新冠肺炎疫情所限,我还是跑了国内许多地方,看了不少数字乡村的探索性实践。我深刻感受到,数字技术正在迅速渗透所有经济和社会场域,而乡村作为重要的应用场域,已构成"数字中国"的战略要冲。作为"数字中国"和"乡村振兴"战略实施的最佳组合点,数字乡村建设势在必行、刻不容缓。换言之,在国家层面,数字乡村建设发展关乎数字中国战略及国家整体数字化转型升级;在乡村层面,数字乡村建设发展关乎乡村振兴及农业农村现代化的实质性突破。因此,建设发展数字乡村,既是建设数字中国、实施乡村振兴的战略需求,也是催生乡村发展内生动力、推进乡村治理转型、促进城乡融合发展、提升乡村生活服务水平的现实需求,对筑牢数字中国根基、拓宽农民增收渠道、助力脱贫攻坚、保障改善农村民生、促进城乡融合发展等具有重大意义。可以确认,数字乡村建设发展必定是引领乡村全面振兴的实践热点,未来三到五年是我国数字乡村建设发展的窗口期、风口期。在后疫情时代,特别是在国际形势复杂、经济显著下行、提振内需迫切的双循环新发展格局下,数字乡村建设不仅不会停滞,反而会加快并进入换轨发展的新阶段。然而,就理论研究而言,有关数字乡村建设的研究还处于探索阶段,既缺乏系统性理论阐释,也缺乏紧扣产业、区域和相关主体异质性基础和数字乡村"互利共生"发展生态系统动态过程的具体研究,更没有形成相应的科学方法论,理论研究进展滞后于数字乡村建设实践。为此,我和我的团队聚焦国家重大战略任务,总结我国农业农村数字化转型发展、数字乡村建设的具体实践,揭示其模式、机制与路径,并且力图提出系统且富有解释力的基础理论体系,也为构建我国数字乡村建设的发展模式和政策支持体系做出贡献。

本书写作主要是我和吴彬、金建东共同完成的。吴彬和金建东都是我在杭州电子科技大学社会学专业培养的学生,如今吴彬是我在杭州电子科技大学法学院的同事,而金建东也成为浙江经贸职业技术学院的老师,这些年两人都逐渐成长起来,可以独当一面了,我甚为欣慰。我们之间的具体分工是:我提出基本构想、主要理念和著作纲目,并且负责撰写第二章、第十章、第十一章、第十二章、第十四章;吴彬负责撰写第三章、第四章、第六章、第十三章、第十五章,他还承担了书稿统稿与具体编校工作;金建东负责撰写第一章、第五章、第七章、第八章、第九章，而且承担了大量的资料整理工作。此外，杭州电子科技大学信息工程学院谢蓓蓓与我共同完成第十章的撰写。我在杭州电子科技大学的硕士研究生吴儒雅、余夏、董维倩、徐菁、朱梅捷、葛平、韩昊峰、徐之倡、郭惠鑫、李婷、杨威、李静静也参与了有关部分的研究。

在此书付梓之际，无疑，首先应该感谢阿里巴巴集团及戴珊（“中国数字商业”分管大总裁）、李少华（时任集团副总裁、数字乡村与区域经济发展事务部总经理）、项煌妹（集团副总裁、数字乡村与区域经济发展事务部总经理）、余涌（集团副总裁）、方晓敏（集团副总裁）以及郑斌（时任集团数字乡村实验室首席科学家）、盛聪（时任集团数字农业事业部采销总经理）、胡雪莺、左臣明、孟晔、黄柏江、李晓燕等同学。我虽然关注数字社会议题由来已久，但真正进入数字乡村研究领域也属机缘巧合，而最重要的引介人便是他们。近两年来，我受邀深度介入集团数字乡村业务，与集团的同学们一起推进农业农村数字化，这种参与式研究不仅使得我对数字乡村建设实践有了极为难得的切身体验和深入思考，也使我近距离感受到阿里巴巴集团及其同学们的社会责任感、创新精神和科学态度，更使我接触到了更为广阔的、立于时代潮头的大型数智企业形式及其丰富多彩的企业实践。

应该感谢我们曾经调研过的浙江、江苏、四川、重庆、河北、河南、安徽、云南、湖南、广东、海南等地从事农业农村数字化工作的地方官员、基层干部、各类营农主体、各类在地数智经济主体以及许多知名或不知名的基层实践者。仅就浙江而言，就应该感谢杭州市萧山区新塘街道派出所所长沈世芳、新塘街道涝湖村书记陈伟东、瓜沥镇东恩村书记王建刚、益农镇群围村书记郑剑锋、义桥镇新坝村书记张肖林、戴村镇佛山村书记钟望达，建德市三都镇松口村书记胡光兴、大洋镇高垣村书记翁寨红、大洋镇里黄村书记黄永健，临安区太湖源镇指南村书记郤华峰，余杭区径山镇小古城村书记林国荣，富阳区永昌镇唐昌村书记蒋大海，钱塘区义蓬街道火星村书记倪卫星，桐庐县分水镇后岩村书记沈柏潮，淳安县枫树岭镇下姜村书记姜丽娟，慈溪市匡堰镇五姓村书记毛佳文等许多基层干部工作者。正是他（她）们及其身边的广大农民、各类农业生产经营主体、各类农村经济主体，使我深切地感悟到中国乡村可能的未来图景，感受到中国农业农村数字化转型的现实生态及其坚定步伐。

应该感谢农业农村部、浙江省委网信办、浙江省农业农村厅以及我们曾经调研过的浙江省德清县、临安区、平湖市、建德市、淳安县、义乌市、慈溪市、宁海县、象山县、龙泉市等地，还有甘肃省临洮县，山东省淄博市、曹县、惠民县，四川省崇州市、新津区、邛崃市，河北省保定市、肃宁县、南和区，江苏省沭阳县、睢宁县等地政府的相关领导和工作人员。正是他们的支持，使得我与数字乡村领域有了零距离接触和深入探究。同时，也应该感谢河北、河南、甘肃、四川、重庆、云南、海南、浙江、江苏、新疆等地其他接受我们调研和访谈的相关政府官员和各界人士，正是他们使我对数字乡村研究有了现在这般真切的体验。

应该感谢浙江大学中国农村发展研究院（CARD）首席专家黄祖辉教授为本书作序。他是我和吴彬的博士生导师，近年来一直大力支持我们开拓新领域、做出新成果。还要感谢浙江大学胡祥培教授、钱文荣教授、郭红东教授、黄鹏强教授、梁巧教授、傅荣校教授等对本研究的支持。

应该感谢杭州电子科技大学为我们提供了和谐的工作氛围和良好的教研环境。感谢我的同事马香媛教授、段显明教授、张宁教授、李庆真教授、梅燕教授等，同时也应该感谢我带领的杭州电子科技大学“数字社会研究中心”团队，该团队对本研究给予了许多关心和帮助。

还要感谢浙江大学出版社总经理助理陈丽霞老师和责编闻晓虹老师为本书出版所做的工作，以及对我们一再推迟交稿的耐心和宽容。

最后还应说明的是，数字乡村是一个正在迅速发展中的新生事物，我们虽尽力对其给出解读与论证，但限于水平、时间和疫情，遗憾之处甚多，竭诚欢迎各位专家、读者不吝指正。

二〇二二年五月于杭州城西和家园

图书在版编目(CIP)数据

数字赋能乡村:数字乡村的理论与实践 / 徐旭初,吴彬,金建东著. —杭州:浙江大学出版社,2022.12(2024.1重印)
(数字社会与文化研究系列丛书/徐旭初主编)
ISBN 978-7-308-23381-1

Ⅰ.①数… Ⅱ.①徐… ②吴… ③金… Ⅲ.①数字技术—应用—农村—社会主义建设—研究—中国 Ⅳ.①F320.3

中国版本图书馆CIP数据核字(2022)第239366号

数字赋能乡村:数字乡村的理论与实践
徐旭初 吴 彬 金建东 著

责任编辑 闻晓虹
责任校对 张培洁
封面设计 雷建军
出版发行 浙江大学出版社
(杭州市天目山路148号 邮政编码310007)
(网址:http://www.zjupress.com)
排　　版 浙江时代出版服务有限公司
印　　刷 浙江新华数码印务有限公司
开　　本 787mm×1092mm 1/16
印　　张 23.5
字　　数 572千
版 印 次 2022年12月第1版 2024年1月第3次印刷
书　　号 ISBN 978-7-308-23381-1
定　　价 88.00元
